经济新常态与河南新方略

喻新安 主编

经济管理出版社

图书在版编目（CIP）数据

经济新常态与河南新方略/喻新安主编. —北京：经济管理出版社，2015.5
ISBN 978-7-5096-3753-1

Ⅰ.①经… Ⅱ.①喻… Ⅲ.①区域发展战略—研究—河南省 Ⅳ.①F127.61

中国版本图书馆 CIP 数据核字（2015）第 088781 号

组稿编辑：陈　力
责任编辑：陈　力　范美琴
责任印制：司东翔
责任校对：超　凡　王纪慧

出版发行：经济管理出版社
　　　　　（北京市海淀区北蜂窝 8 号中雅大厦 A 座 11 层　100038）
网　　址：www.E-mp.com.cn
电　　话：（010）51915602
印　　刷：北京易丰印捷科技股份有限公司
经　　销：新华书店
开　　本：787mm×1092mm/16
印　　张：29.5
字　　数：663 千字
版　　次：2015 年 5 月第 1 版　2015 年 5 月第 1 次印刷
书　　号：ISBN 978-7-5096-3753-1
定　　价：88.00 元

·版权所有　翻印必究·

凡购本社图书，如有印装错误，由本社读者服务部负责调换。
联系地址：北京阜外月坛北小街 2 号
电话：（010）68022974　　邮编：100836

序

按照建设高水平智库的目标和要求，近年来河南省社会科学院一直把开展年度省情研究作为科研工作的重中之重。

2014年的河南省社科院年度省情研究不同于以往。最大的不同是，在确定的17个重大研究课题中，有13个是河南省政府下达交办的。2014年4月20日，河南省人民政府省长谢伏瞻亲自批示，要求河南省社科院"深入开展调查研究，争取9月底前出一批成果"。省长直接批示省社科院完成如此多的重要课题，并且有明确的时间要求，此前是没有过的。另一点不同在于，此次省政府交办的13个课题，都附有"课题研究提纲"，包括了六七个方面的内容，重点十分突出，指向十分清楚，明确地表明了省政府想要的是什么样的成果。坦率地说，所列"研究提纲"有很高的专业水平，突破了过去应用对策研究"基本情况"、"问题分析"、"对策建议"三段式模式和套路，要求有"理论综述及评价"、"国内外创新实践及评价"、"发展历程及趋势"、"发展前景分析"、"国内各地区的经验与典型案例"等方面的内容，真正做好十分困难。还有一点不同在于，谢伏瞻省长是全国著名经济学家，著述甚丰，是孙冶方经济学奖获得者，曾长期在国家级智库担任领导职务，我们的研究成果要进入他的"法眼"，得到他的认可，难度可想而知。

在接到河南省政府下达的"2014年重点研究课题"后，河南省社科院领导班子高度重视，多次开会研究，并结合研究领域、研究基础将13个课题分为三类：第一类是河南省社科院有过比较系统的研究，需要根据新的实践和情况进一步深化研究的课题，如《河南加快服务业发展的对策研究》、《河南区域协调发展问题研究》、《河南信息化发展问题研究》、《加快构建中原城市群有关问题研究》等；第二类是河南省社科院有一定的研究基础，需要进一步拓展、聚焦和破难的课题，如《河南科学推进新型城镇化涉及的改革问题研究》、《河南电解铝产业解困问题研究》、《郑州航空港经济综合实验区若干问题研究》、《河南国有企业改革及混合所有制经济发展问题研究》等；第三类是河南省社科院过去关注不够，属于新研究领域的课题，如《河南商业模式创新问题研究》、《河南产业融合发展问题研究》、《河南省黄河滩区移民搬迁问题研究》、《河南扩大社会事业开放问题研究》、《美丽河南建设问题研究》等。经过分析我们认识到，这次省政府交办的课题，涵盖当前河南经济社会发展的方方面面，事关实现中原崛起河南振兴富民强省的大局，都是河南经济社会发展亟须破解的重大问题。课题涉及多个学科和领域，难度较大、任务繁重，具有一定的挑战性；而认真组织好此次研究，也是对社科院应用对策研究能力的考验和检阅，是智库建设一次真刀真枪的实战演练，是提高广大科研人员大局意识和科研能力的机遇和契机，必须作为全院年度工作任务的重中之重。

根据这些情况，河南省社科院组成了由院领导分别牵头，经济所、工经所、农发所、城环所、金融财贸所、社会所、政法所、《区域经济评论》杂志社等单位70多名科研人员参与的13个课题组，遵循"研究提纲"，多次开会研究，制定落实措施，突出重点，分类进行，制定了详细的研究计划，组织了多个课题组到地市调研，进行了为期四个月的专题研究工作。研究大体经历三个阶段：第一阶段，根据课题研究指向，注意学科的融合，配置研究力量，召开全员参加的开题讨论会，明确研究的主攻方向和重点、难点，开展了必要的省内外调研；第二阶段，在查阅资料、逐一梳理各个课题所涉及问题的脉络、要点的基础上，根据中央和省委省政府最新决策部署，开展务实研究，完成初稿；第三阶段，召开联组会议，对文稿进行反复讨论，提出修改和完善的意见，在各个课题组多次修改基础上，又抽调骨干力量协同攻关，进行集中修改和再提升，最终圆满完成了研究任务，形成了一批研究报告和政策建议。课题研究报告上报后，谢伏瞻省长、李克常务副省长给予了充分肯定，做出了重要批示。

此次承担研究河南省政府"2014年重点研究课题"，历时五个多月，是河南省社科院历史上规模最大的一次多学科综合研究，所有参研人员都得到了难得的学习和锻炼机会。特别令人欣慰的是，一批青年科研人员在课题研究中挑了大梁，发挥了骨干和中坚作用，显示了他们知识结构新、创新意识强、研究方法新的优势，迅速成长、成熟起来，这是社科院的希望所在。

本书取名《经济新常态与河南新方略》，主要体现在经济新常态下河南这个经济大省的主要应对方略。本书除汇集了13个"2014年省政府重点研究课题"研究报告外，还收录了2014年度河南省社科院院级的三个重点课题：《区域经济新棋局下的河南发展研究》、《大数据时代河南经济转型升级的思路与举措》、《河南实施三大国家战略规划的总体评估、战略指向及对策建议》。按照课题的内在联系，课题以章节顺序排列，另外，增加了《经济新常态下的河南经济发展态势分析预测》，作为全书的第一章。希望本书的出版，能有助于人们对当前河南经济社会发展重大问题的关切、了解和认识，有助于省内外同行们深化对河南乃至全国此类发展难题的研究，有助于中原崛起河南振兴富民强省宏伟目标和中华民族伟大复兴中国梦的实现。

喻新安
2014年12月于郑州

目 录

第一章 经济新常态下的河南经济发展态势分析预测 … 001

一、新常态下2014年河南经济形势及特点分析 … 001
（一）2014年河南经济发展的总体评价 … 001
（二）新常态下2014年河南经济运行的新特征 … 003
（三）新常态下2014年河南经济运行的新亮点 … 005
（四）2014年河南经济运行中凸显的主要问题 … 007

二、2015年河南经济主要指标及总体走势展望 … 009
（一）2015年河南主要经济指标分析 … 009
（二）2015年河南经济运行环境与总体走势判断 … 011

三、新常态下河南经济稳增长保态势的思路与建议 … 014
（一）以全面深化改革为引领，先行先试抢占先机 … 015
（二）以关键环节突破为抓手，加快郑州航空港经济综合实验区建设 … 016
（三）以重大项目建设为手段，持续扩大有效投资 … 016
（四）以三个大省建设为目标，推进产业转型升级 … 017
（五）以城乡统筹发展为导向，构建现代城镇体系 … 017
（六）以创新能力提升为核心，实施创新驱动战略 … 017
（七）以完善支撑条件为重点，提高综合竞争优势 … 018
（八）以分享发展成果为目的，保障改善民生福祉 … 018

第二章 区域经济新棋局下的河南发展研究 … 021

一、区域经济新棋局的内涵及意蕴 … 021
（一）区域经济新棋局提出的背景 … 021
（二）区域经济新棋局的内涵 … 023
（三）谋划区域经济新棋局的战略意义 … 024
（四）区域经济新棋局对区域发展的意蕴 … 025

二、区域经济新棋局下河南发展面临的机遇和挑战 … 027
（一）河南在区域经济新棋局中的战略地位 … 027
（二）区域经济新棋局下河南发展面临的机遇 … 028

（三）区域经济新棋局下河南发展面临的挑战 ……………………………………… 030
二、区域经济新棋局下加快河南发展的总体思路 ……………………………………… 032
　　（一）指导思想 ……………………………………………………………………… 032
　　（二）战略定位 ……………………………………………………………………… 033
　　（三）战略目标 ……………………………………………………………………… 034
　　（四）总体布局 ……………………………………………………………………… 034
四、区域经济新棋局下加快河南发展的对策建议 ……………………………………… 035
　　（一）加快推进三大国家战略实施 ………………………………………………… 035
　　（二）丰富完善一个载体四个体系 ………………………………………………… 036
　　（三）持续强化中原大枢纽地位 …………………………………………………… 039
　　（四）构建内陆开放合作新格局 …………………………………………………… 040

第三章　大数据时代河南经济转型升级的思路与举措 ……………………………… 043

一、大数据时代及其对区域经济转型升级的影响机理 ………………………………… 043
　　（一）大数据时代及其特征 ………………………………………………………… 043
　　（二）大数据时代对经济发展相关主体的影响机理 ……………………………… 044
　　（三）大数据时代对区域经济转型升级的影响机理 ……………………………… 046
二、大数据时代河南经济转型升级的现状与环境分析 ………………………………… 050
　　（一）河南推动经济转型升级的主要历程 ………………………………………… 050
　　（二）河南推动经济转型升级的主要成效 ………………………………………… 051
　　（三）当前河南经济转型升级的整体态势判断 …………………………………… 052
　　（四）利用大数据时代促进河南经济转型升级的环境 …………………………… 053
三、国内外利用大数据时代推动区域经济转型发展的考察及启示 …………………… 054
　　（一）国外利用大数据时代推动区域经济发展的主要探索及成效 ……………… 055
　　（二）国内利用大数据时代推动区域经济发展的主要探索及成效 ……………… 056
　　（三）国内外利用大数据时代推动区域经济转型发展实践对河南的启示 ……… 058
四、大数据时代推动河南经济转型升级的总体思路 …………………………………… 059
　　（一）注重三个结合 ………………………………………………………………… 060
　　（二）强化三个对接 ………………………………………………………………… 060
　　（三）打造四个平台 ………………………………………………………………… 060
　　（四）关注五大领域 ………………………………………………………………… 061
五、大数据时代河南经济转型升级的对策建议 ………………………………………… 062
　　（一）把握大数据发展战略机遇，大力推进大数据产业发展，促进产业结构
　　　　　 转换 ………………………………………………………………………………… 062
　　（二）强化大数据技术支撑，提升产业发展质量，促进产业的提质升级 ……… 062
　　（三）运用大数据信息技术，创新商业模式，促进企业提质增效 ……………… 063

（四）发挥大数据的支撑作用，加快推进载体平台建设，促进产业集聚区提质发展 ………………………………………………………………… 063

　　（五）利用大数据信息平台，提升自主创新能力，强化科技创新支撑 ……… 064

第四章 河南实施三大国家战略规划的总体评估、战略指向及对策建议 ………………………………………………………………… 065

一、河南实施三大国家战略规划的主要进展和成效 …………………………… 065

　　（一）保持经济社会持续健康发展 …………………………………………… 065

　　（二）在服务全国大局中发挥更大作用 ……………………………………… 066

　　（三）综合实力和竞争力不断提高 …………………………………………… 066

　　（四）发展动力活力不断增强 ………………………………………………… 067

　　（五）民生持续改善 …………………………………………………………… 067

二、河南实施三大国家战略规划的总体评估 …………………………………… 068

　　（一）粮食生产核心区实施情况评估 ………………………………………… 068

　　（二）中原经济区规划实施情况评估 ………………………………………… 076

　　（三）郑州航空港经济综合实验区规划实施情况评估 ……………………… 082

三、河南实施三大国家战略规划的战略指向分析 ……………………………… 085

　　（一）着力转化，增创发展新优势 …………………………………………… 085

　　（二）着力提升，增强综合素质和竞争力 …………………………………… 085

　　（三）着力协调，统筹兼顾全面发展 ………………………………………… 086

　　（四）着力深化，激发发展动力活力 ………………………………………… 086

　　（五）着力创新，探索中原特色崛起之路 …………………………………… 087

四、河南实施三大国家战略规划的对策建议 …………………………………… 087

　　（一）服务全国大局与加快河南发展并重 …………………………………… 088

　　（二）改革创新与发展稳定并重 ……………………………………………… 088

　　（三）增量升级与存量优化并重 ……………………………………………… 089

　　（四）拓展空间与夯实基础并重 ……………………………………………… 090

　　（五）先行先试与有序推进并重 ……………………………………………… 090

第五章 河南加快服务业发展的对策研究 ……………………………………… 091

一、服务业发展规律、趋势及国内外实践 ……………………………………… 091

　　（一）世界产业演进规律及服务业发展趋势 ………………………………… 091

　　（二）国内外服务业发展主要做法 …………………………………………… 093

　　（三）国内外发展服务业的经验启示 ………………………………………… 095

二、河南加快服务业发展的必要性与可行性 …………………………………… 095

　　（一）必要性 …………………………………………………………………… 095

    （二）可行性 …… 097
  三、河南省服务业发展的现状、问题及原因分析 …… 098
    （一）河南服务业发展现状 …… 098
    （二）河南服务业发展存在的问题 …… 100
    （三）制约河南服务业发展水平的因素分析 …… 104
  四、河南加快服务业发展的总体构想、战略重点和对策建议 …… 107
    （一）总体构想 …… 107
    （二）战略重点 …… 108
    （三）对策建议 …… 110
  五、河南加快服务业发展的工作思路、工作重点及政策措施 …… 112
    （一）工作思路 …… 112
    （二）工作重点 …… 114
    （三）政策措施 …… 117

第六章 河南商业模式创新问题研究 …… 119

  一、商业模式创新的理论综述及评价 …… 119
    （一）商业模式创新理论综述 …… 119
    （二）商业模式创新理论评价 …… 121
  二、国内外商业模式创新实践及评价 …… 121
    （一）企业视角下的商业模式创新实践 …… 121
    （二）行业视角下的商业模式创新实践 …… 124
    （三）区域视角下的商业模式创新实践 …… 128
    （四）商业模式创新实践的总体评价 …… 129
  三、河南商业模式创新面临的新形势 …… 130
    （一）河南商业模式创新的必要性 …… 130
    （二）河南商业模式创新的可行性 …… 131
    （三）河南商业模式创新面临的问题 …… 135
  四、河南商业模式创新的总体设计和对策建议 …… 138
    （一）总体设计 …… 138
    （二）对策建议 …… 140
  五、推动河南商业模式创新的工作重点及政策措施 …… 142
    （一）工作重点 …… 142
    （二）政策措施 …… 143

第七章 河南产业融合发展问题研究 …… 145

  一、当前国内外产业融合发展的理论与实践 …… 145

（一）产业融合发展的基本理论 ·· 145
　　（二）国外产业融合的发展历程及国内产业融合的发展现状 ············· 148
　　（三）当前国内外产业融合发展的特点及趋势 ································ 149
　　（四）国内外产业融合发展的经验启示 ··· 151
二、加快推进河南产业融合发展的必要性、可行性 ······························ 153
　　（一）必要性 ·· 153
　　（二）可行性 ·· 155
三、河南产业融合发展的现状分析 ·· 157
　　（一）发展现状 ··· 157
　　（二）存在问题 ··· 163
四、促进河南产业融合发展的总体思路和对策建议 ······························ 164
　　（一）总体思路 ··· 165
　　（二）对策建议 ··· 167
五、当前河南推进产业融合发展的工作重点 ·· 170
　　（一）编制产业融合发展规划 ·· 170
　　（二）完善产业融合规制政策 ·· 170
　　（三）构建产业融合要素支撑平台 ·· 171
　　（四）完善产业融合企业主体机制 ·· 172
　　（五）提升产业技术创新能力 ·· 173
　　（六）培育产业融合的高端人才 ··· 173

第八章　河南电解铝产业解困问题研究 ·· 175

一、当前河南电解铝产业困境剖析 ·· 175
　　（一）价格持续倒挂导致河南电解铝行业整体亏损 ························· 175
　　（二）区域电价偏高严重侵蚀河南电解铝企业利润 ························· 177
　　（三）行业产能过剩倒逼河南电解铝企业减产停产 ························· 178
　　（四）融资困难加剧推高河南电解铝企业财务风险 ························· 180
二、河南电解铝产业陷入困境的深层原因 ·· 181
　　（一）世界经济复苏乏力拖累全球铝消费增速明显放缓 ·················· 182
　　（二）产能过剩加剧供需形势恶化，压低原铝价格 ························· 182
　　（三）区域电价不平衡下地方政府助推产能逆势扩张 ······················ 185
　　（四）本地产业链分割发展削弱了河南电解铝竞争优势 ·················· 185
三、河南电解铝产业的发展前景分析 ··· 187
　　（一）产能过剩铝价继续承压，世界铝工业面临深度转型 ··············· 187
　　（二）国内低成本产能陆续释放，行业成本曲线继续下移 ··············· 189
　　（三）我国铝消费仍具拓展空间，结构优化新红利有待释放 ··········· 189

经济新常态与河南新方略

  （四）电解铝产业调整进入实质阶段，河南仍具优势和竞争力 …… 191
 四、河南电解铝产业解困之策 …… 192
  （一）河南电解铝解困的总体思路 …… 193
  （二）河南电解铝解困的具体策略 …… 193
 五、当前促进河南电解铝产业解困的工作重点与政策措施 …… 194
  （一）工作重点 …… 194
  （二）政策措施 …… 195

第九章　河南信息化发展问题研究 …… 197

 一、国内外信息化发展的历程及趋势 …… 197
  （一）全球信息化发展进入新阶段 …… 197
  （二）中国信息化发展面临转折点 …… 199
 二、河南信息化发展的主要做法、成效及问题 …… 201
  （一）做法与成效 …… 201
  （二）存在的问题 …… 203
 三、河南信息化发展面临的新形势 …… 206
  （一）河南信息化发展面临的新机遇与有利条件 …… 206
  （二）河南信息化发展面临的新挑战与制约因素 …… 210
 四、当前及今后一个时期河南信息化发展的战略构想、主要目标及
  对策建议 …… 211
  （一）战略构想 …… 211
  （二）主要目标 …… 212
  （三）对策建议 …… 213
 五、当前河南信息化发展的主要任务、工作重点及政策措施 …… 214
  （一）主要任务和工作重点 …… 215
  （二）政策措施 …… 217

第十章　河南科学推进新型城镇化涉及的改革问题研究 …… 219

 一、河南科学推进新型城镇化涉及的主要改革问题分析 …… 219
  （一）以户籍制度改革为核心的人口管理制度改革 …… 219
  （二）以统一城乡土地市场为核心的土地制度改革 …… 220
  （三）以社会保障制度为核心的公共服务均等化改革 …… 220
  （四）以财税金融为核心的城镇化投融资体制改革 …… 221
  （五）以优化配置公共资源为核心的行政管理制度改革 …… 221
  （六）以城镇化绿色循环低碳发展为核心的生态环境保护制度改革 …… 222
 二、国内外推进城镇化改革的主要做法评析及其启示 …… 222

(一) 世界主要发达国家和地区城镇化改革发展的主要做法	222
(二) 主要新兴国家城镇化改革发展的主要做法	225
(三) 国内先行地区推进城镇化改革发展的主要做法	228
(四) 国内外经验教训对河南省推进新型城镇化改革的启示和借鉴	229

三、河南推进城镇化改革的历史回顾 ······ 231
 (一) 河南推进城镇化改革的主要做法 ······ 231
 (二) 河南推进新型城镇化改革取得的成效 ······ 237
 (三) 河南推进新型城镇化改革存在的问题 ······ 237

四、河南科学推进新型城镇化改革的有利条件与不利因素分析 ······ 239
 (一) 河南科学推进新型城镇化改革的有利条件 ······ 239
 (二) 河南科学推进新型城镇化改革的不利因素 ······ 241

五、河南科学推进新型城镇化改革的对策建议 ······ 243
 (一) 加快户籍制度改革，全面实施居住证制度，积极推进城镇基本公共服务向常住人口全覆盖 ······ 243
 (二) 优化城镇用地结构，集约节约利用土地，保护农民的土地财产权利 ······ 244
 (三) 建立健全现代财政制度，扩大税收来源，摆脱土地财政依赖 ······ 244
 (四) 建立多层次的社会保障体系，促进不同群体间基本公共服务均等化 ······ 245
 (五) 深化行政管理体制改革，减少行政层级，逐步实现政府公共资源配置与行政级别脱钩 ······ 245
 (六) 加大生态环保职能和相关资源的整合力度，建立职能有机统一、运行协调高效的生态环境保护管理体制 ······ 246

六、今后河南科学推进新型城镇化各项改革的主要任务、政策措施及阶段性目标 ······ 247
 (一) 河南科学推进新型城镇化各项改革的主要任务 ······ 247
 (二) 河南科学推进新型城镇化各项改革的政策措施 ······ 250
 (三) 河南科学推进新型城镇化各项改革的阶段性目标 ······ 251

第十一章 河南国有企业改革及混合所有制经济发展问题研究 ······ 253

一、河南国有企业改革及混合所有制经济发展的历史回顾 ······ 253
 (一) 历程、做法与成效 ······ 253
 (二) 存在的问题 ······ 255
 (三) 经验与借鉴价值 ······ 260

二、河南国有企业改革及混合所有制经济发展面临的新形势 ······ 262
 (一) 当前全国各地国企改革对比研究分析 ······ 262
 (二) 面临的机遇与有利条件 ······ 266

（三）国企改革面临的挑战因素 …………………………………………… 267
三、当前及今后一个时期河南国有企业改革及混合所有制经济发展的
　　总体构想 ………………………………………………………………………… 271
　　（一）总体战略 ……………………………………………………………… 271
　　（二）路径选择 ……………………………………………………………… 272
　　（三）战略重点 ……………………………………………………………… 274
　　（四）战略步骤 ……………………………………………………………… 276
　　（五）战略目标 ……………………………………………………………… 276
　　（六）对策建议 ……………………………………………………………… 277
四、今后河南国有企业改革及混合所有制经济发展的工作思路 ………… 278
　　（一）主要任务 ……………………………………………………………… 278
　　（二）工作重点 ……………………………………………………………… 279
　　（三）政策措施 ……………………………………………………………… 280

第十二章　河南扩大社会事业开放问题研究 …………………………………… 283

一、国内各地区社会事业领域开放的经验与典型案例 …………………… 283
　　（一）扩大社会事业开放的基本含义与主要内容 ……………………… 283
　　（二）国内各地区社会事业领域开放的经验与典型案例 ……………… 284
二、近年来河南社会事业领域开放的主要做法、取得的成效和存在的
　　突出问题 ………………………………………………………………………… 291
　　（一）河南扩大社会事业开放的主要做法 ……………………………… 291
　　（二）河南扩大社会事业开放取得的主要成效 ………………………… 293
　　（三）河南社会事业开放存在的突出问题 ……………………………… 295
三、河南社会事业开放面临的新形势 …………………………………………… 303
　　（一）河南社会事业开放面临新形势 …………………………………… 303
　　（二）国际、国内资本流动与合作交流出现新趋势 …………………… 305
　　（三）资本流动的新趋势对扩大社会事业开放的新要求 ……………… 309
四、当前及今后一个时期河南扩大社会事业开放的总体设计及对策建议 …… 310
　　（一）河南扩大社会事业开放的总体设计 ……………………………… 310
　　（二）河南扩大社会事业开放的总体目标 ……………………………… 310
　　（三）河南扩大社会事业开放的基本原则 ……………………………… 311
　　（四）河南扩大社会事业开放的对策建议 ……………………………… 312
五、当前及今后一个时期河南扩大社会事业开放的重点领域、重点工作和
　　政策措施 ………………………………………………………………………… 316
　　（一）今后河南扩大社会事业开放的重点领域 ………………………… 316
　　（二）今后河南扩大社会事业开放的重点工作 ………………………… 317

（三）今后河南扩大社会事业开放的政策措施 ·················· 322

第十三章　河南区域协调发展问题研究 ·················· 329

一、区域协调发展理论综述及实践 ·················· 329
　　（一）区域协调发展的内涵 ·················· 329
　　（二）区域协调发展的机制机理 ·················· 330
　　（三）区域协调发展的路径 ·················· 331
　　（四）近年来我国区域协调发展的实践 ·················· 332

二、河南区域协调发展的探索历程、主要成效及存在的突出问题 ·················· 333
　　（一）探索历程 ·················· 333
　　（二）主要成效 ·················· 334
　　（三）存在的突出问题 ·················· 337

三、当前及今后一个时期河南促进区域协调发展的战略意义、总体思路及
　　对策建议 ·················· 338
　　（一）战略意义 ·················· 338
　　（二）总体思路 ·················· 339
　　（三）基本原则 ·················· 340
　　（四）关键环节 ·················· 340
　　（五）对策建议 ·················· 341

四、近期河南促进区域协调发展的主要任务、工作重点及政策措施 ·················· 343
　　（一）主要任务 ·················· 344
　　（二）工作重点 ·················· 344
　　（三）政策措施 ·················· 346

第十四章　加快构建中原城市群有关问题研究 ·················· 349

一、中原城市群概念的提出与发展历程 ·················· 349
　　（一）中原城市群的酝酿与提出 ·················· 349
　　（二）中原城市群空间范围和发展思路的演进 ·················· 350
　　（三）国家对中原城市群发展的定位和要求 ·················· 351

二、中原城市群空间范围的界定 ·················· 352
　　（一）中原城市群空间范围的界定 ·················· 352
　　（二）依托中原经济区构建中原城市群的特征 ·················· 353
　　（三）依托中原经济区构建中原城市群的必要性 ·················· 354
　　（四）依托中原经济区构建中原城市群的可行性 ·················· 358

三、构建中原城市群难点、突破难点的战略构想和具体对策 ·················· 363
　　（一）构建中原城市群的难点 ·················· 363

（二）突破难点的战略构想 ··· 364
　　（三）突破难点的具体对策 ··· 366
四、近期构建中原城市群的主要任务、工作重点、政策措施和阶段性目标 ······ 368
　　（一）近期构建中原城市群的主要任务与工作重点 ······················ 368
　　（二）近期构建中原城市群的政策措施 ································· 369
　　（三）近期构建中原城市群的阶段性目标 ······························· 370

第十五章　河南省黄河滩区移民搬迁问题研究 ······························ 373

一、世界有关国家大规模移民搬迁的主要模式和经验教训述评 ··············· 373
　　（一）世界有关国家大规模移民搬迁的主要模式 ························ 373
　　（二）世界有关国家大规模移民搬迁的经验与启示 ······················ 374
二、我国长江、淮河、海河流域滩区移民搬迁的特点、经验及存在的问题 ····· 375
　　（一）我国长江、淮河、海河流域滩区移民搬迁的主要政策措施与
　　　　　效应分析 ··· 375
　　（二）长江、淮河、海河流域滩区移民搬迁的基本特点 ·················· 376
　　（三）长江、淮河、海河流域滩区移民搬迁的经验总结 ·················· 377
　　（四）长江、淮河、海河流域滩区移民搬迁过程中存在的主要问题 ········ 378
三、黄河流域滩区移民搬迁的经验、做法与成效分析 ························ 379
　　（一）黄河流域滩区移民搬迁的经验分析 ······························ 379
　　（二）黄河流域滩区移民搬迁的做法及成效分析 ························ 380
四、河南黄河滩区实施移民搬迁的特殊性与复杂性、必要性和可行性、
　　艰巨性和长期性研究 ··· 382
　　（一）河南黄河滩区移民搬迁的特殊性与复杂性 ························ 383
　　（二）河南黄河滩区实施移民搬迁的必要性和可行性 ···················· 386
　　（三）河南黄河滩区实施移民搬迁的艰巨性与长期性 ···················· 389
　　（四）当前加快黄河滩区移民搬迁进程需要解决的主要问题 ·············· 391
五、河南省黄河滩区移民搬迁的总体设计及对策建议 ························ 392
　　（一）总体设计思路 ··· 392
　　（二）对策建议 ··· 395
六、今后河南黄河滩区移民搬迁的主要任务、工作重点和政策措施 ············ 397
　　（一）主要任务 ··· 397
　　（二）工作重点 ··· 398
　　（三）政策措施 ··· 399

第十六章　郑州航空港经济综合实验区若干问题研究 ······················· 401

- 一、国际上主流航空港发展模式综述 ……………………………………… 401
  - (一) 国际上航空港发展的典型模式介绍 ……………………………… 401
  - (二) 国际上主流航空港发展的经验总结 ……………………………… 404
- 二、郑州航空港经济综合试验区建设的"瓶颈"及产生的原因 ………… 406
  - (一) 机场发展水平较低,保障能力明显滞后 ………………………… 406
  - (二) 管理体制不顺畅,项目落地效率偏低 …………………………… 408
  - (三) 产业支撑较弱,核心驱动力不强 ………………………………… 409
  - (四) 高层次人才缺失,空港经济发展受限 …………………………… 411
  - (五) 海关监管区功能分散,通关条件尚不便利 ……………………… 411
  - (六) 要素支撑能力不足,先行先试意识不强 ………………………… 412
- 三、加快推进郑州航空港经济综合实验区建设的对策建议 ……………… 412
  - (一) 面向全球招聘专业高级主管,打造高素质港区管理服务团队 … 413
  - (二) 高水平建设产业发展载体,构建临空指向型产业体系 ………… 413
  - (三) 加快出台"四特"支撑体系,建设省级人才特区 ……………… 413
  - (四) 积极借鉴上海自贸区可复制可推广经验,力争进入自贸区
        第二方阵 …………………………………………………………… 414
  - (五) 加快多式联运体系建设,推进航空物流与贸易一体化 ………… 415
- 四、近期推动郑州航空港经济综合实验区建设的主要任务、工作重点和
     政策措施 …………………………………………………………………… 415
  - (一) 主要任务和工作重点 ……………………………………………… 415
  - (二) 政策措施 …………………………………………………………… 417

第十七章 美丽河南建设问题研究 ………………………………………… 419

- 一、美丽河南建设的理论阐释与战略意义 ………………………………… 419
  - (一) 美丽河南建设的理论阐释 ………………………………………… 419
  - (二) 建设美丽河南的战略意义 ………………………………………… 420
- 二、国内外生态建设和环境保护的经验借鉴和教训启示 ………………… 422
  - (一) 国外生态建设和环境保护的典型案例 …………………………… 422
  - (二) 国内生态建设和环境保护的经验教训 …………………………… 424
  - (三) 国内外生态建设和环境保护实践对美丽河南建设的启示 ……… 425
- 三、河南生态建设和环境保护的历史考察与现状分析 …………………… 426
  - (一) 近年来河南生态建设和环境保护采取的主要措施 ……………… 426
  - (二) 近年来河南生态建设和环境保护取得的主要成效 ……………… 428
  - (三) 河南生态建设和环境保护存在的主要问题 ……………………… 429
- 四、当前及今后一个时期美丽河南建设的总体思路、目标设计及对策建议 …… 430
  - (一) 当前及今后一个时期美丽河南建设的总体思路 ………………… 430

(二) 当前及今后一个时期美丽河南建设的目标设计 …………… 430
　　(三) 当前及今后一个时期美丽河南建设的对策建议 …………… 431
五、近期加快美丽河南建设的主要任务、工作重点、政策措施和要达到的
　　阶段性目标 ………………………………………………………………… 437
　　(一) 近期美丽河南建设的主要任务和工作重点 ………………… 437
　　(二) 近期美丽河南建设的政策措施 ……………………………… 440
　　(三) 近期美丽河南建设要达到的阶段性目标 …………………… 441

参考文献 ………………………………………………………………………… 443

后　记 …………………………………………………………………………… 453

第一章 经济新常态下的河南经济发展态势分析预测

2014年,在世界经济复苏缓慢、全国经济处于新常态"三期叠加"阶段的复杂形势下,河南全省上下认真贯彻落实中央和省委省政府的决策部署,坚持调中求进、变中取胜、转中促好、改中激活,统筹稳增长、促改革、调结构、强基础、控风险、惠民生各项工作,确保了经济运行总体平稳、稳中趋好的态势,各项指标比较协调,发展的科学性继续增强。但是同时也要清醒地看到,在自身结构性矛盾与外部严峻复杂环境交织叠加作用下,经济下行压力依然较大,新常态下既要坚定信心、谋划发展,也要增强危机感和紧迫感,不掉以轻心,确保实现河南经济稳增长保态势目标。

一、新常态下2014年河南经济形势及特点分析

2014年,国际国内形势日趋复杂严峻,经济下行压力不断增大。河南认真贯彻落实中央决策部署,在经济新常态下坚持调中求进、变中取胜、转中促好、改中激活,有效促进了经济平稳较快增长。同时,新常态下河南经济运行也表现出一些新变化、新特征,既要坚定信心进一步做大新亮点、新优势,也要充分认识面临的风险问题,不掉以轻心,把握机遇、应对挑战,努力实现2015年河南经济稳增长保态势各项目标。

(一) 2014年河南经济发展的总体评价

从2014年前三季度河南经济运行主要指标变化趋势来看,表现出总体平稳、小幅波动、缓中趋升等特点。首先,稳增长体现在几大主要经济指标增速上。据初步核算,2014年前三季度全省生产总值实现25445.43亿元,按可比价格计算,比上年同期增长8.5%,虽然较上季度放缓0.3个百分点,但与全国平均水平相比,快了1.2个百分点,如图1-1所示,规模以上工业增加值增速、固定资产投资增速、社会消费品零售总额增速等主要经济指标在全国的位次也均处在前15位以内,依然属于增速较快、回落较少的平稳运行省份之一。同时,农业和粮食生产在遭受63年以来最严重干旱的情况下,全年粮食总产实现"十一连增";地方公共财政预算收入和城镇居民人均可支配收入、农民人均现金收入

经济新常态与河南新方略

均保持稳定增长;经济减速换挡的同时,就业指标好于预期,城镇新增就业 113.13 万人,超额完成全年 100 万人的目标任务。

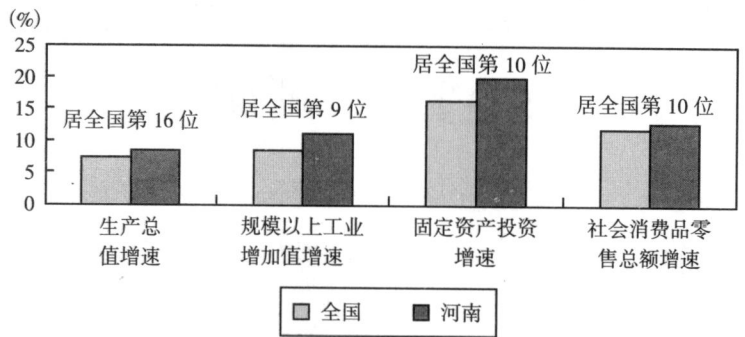

图 1-1 2014 年前三季度河南主要经济指标增速与全国平均水平相比较
资料来源:河南省统计局。

从缓中趋升来看,2014 年前三季度河南经济运行的质量效益和科学性在持续提升。随着河南先进制造业大省、高成长性服务业大省和现代农业大省三个大省建设不断深化,经济发展的抗压性不断增强,在秋粮遭受 63 年以来最严重干旱的情况下,由于持续加强粮食生产核心区建设,高标准粮田和抗旱保收措施得力,全年粮食总产有望实现"十一连增";规模以上工业增加值增长 11%,在全国位次同比前移 6 位;服务业增加值增长 8.7%,占生产总值比重同比提高 0.6 个百分点。从发展效益来看,前三季度河南地方公共财政预算收入增长 13.1%,高于全国地方级平均收入 3 个百分点;城镇居民人均可支配收入、农民人均现金收入分别实际增长 7.3%和 10%,同比均提高 0.6 个百分点。

从指标波动情况来看,2014 年第三季度末规模以上工业增加值增速、固定资产投资增速、社会消费品零售总额增速、地方财政总收入增速等指标均出现小幅回调情况,分别比上半年回落了 0.2 个百分点、1.4 个百分点、0.1 个百分点、1.0 个百分点。如图 1-2 所示,虽然出现波动回调,但均为小幅缓降,且均处在可控范围之内,不会出现失速风险,经济运行的基本面是好的。

从上述对于河南经济运行出现小幅回调、缓中趋稳的特点分析中不难发现,总体上,河南经济进入新常态的特征明显,一方面,随着河南转型升级和结构调整的不断深入,一些经济指标出现波动回调符合经济新常态的内在规律;另一方面,经济减速换挡也为河南加快推进转方式、调结构、促改革提供了空间。

根据河南省宏观经济数量预测模型并结合各类影响变量的综合评估,预计 2014 年河南省生产总值比上年增长 8.6%左右,其中第一、第二、第三产业分别增长 4.0%、11.8%、8.9%;规模以上工业增加值增长 11.2%;固定资产投资增长 20.5%;社会消费品零售总额增长 12.9%;居民消费价格指数为 102(以上年为 100);出口预计增长 8%,进口预计增长 7.5%(见表 1-1)。

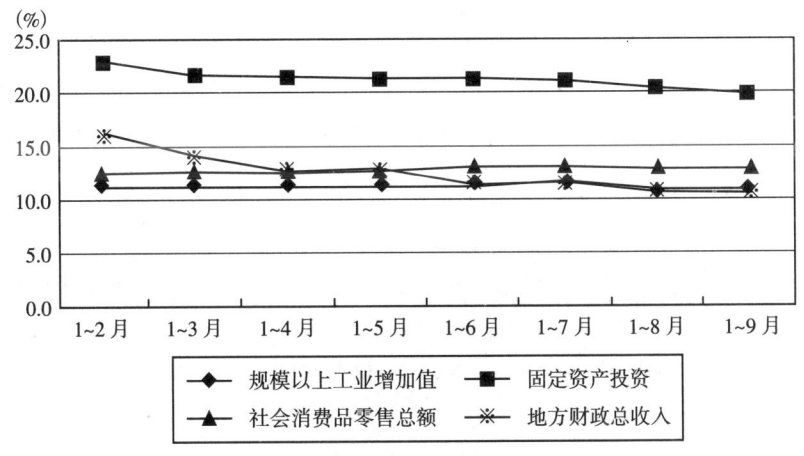

图 1-2　2014 年 1~9 月河南主要经济指标走势

资料来源：河南省统计局。

表 1-1　2014 年河南主要经济指标预测

单位：%

指标	时间	1~9 月	全年（预测）
1. 地区生产总值增长率		8.5	8.6
其中：第一产业增长率		4.3	4.0
第二产业增长率		9.4	11.8
第三产业增长率		8.7	8.9
2. 规模以上工业增加值增长率		11.0	11.2
3. 固定资产投资增长率		19.7	20.5
4. 社会消费品零售总额增长率		12.8	12.9
5. 居民消费价格指数（以上年为100）		101.9	102
6. 出口增长率		7.8	8
7. 进口增长率		7.1	7.5

（二）新常态下 2014 年河南经济运行的新特征

经济新常态的外在表征是由高速增长转向中高速增长，同时，转型与调整这两个新常态的根本要求也使得河南经济在减速换挡的同时，以提高发展质量和效益为核心，表现出一些快与慢、增与减并存的新变化新特征。

1. 增长速度中的慢与快

2014 年，河南生产总值增速放缓，前三季度生产总值增速分别比第一季度末、第二季度末和上年同期慢了 0.2 个百分点、0.3 个百分点、0.2 个百分点。GDP 增速"下台阶"的同时（如图 1-3 所示），河南居民收入稳定增长、服务业加快发展，城镇居民人均可支配收入增速、农民人均现金收入增速和服务业增速等一些体现民生改善、体现调整升级的指标增速均快于 GDP 增速，这也是河南大力推进调中求进、转中促好的现实体现。

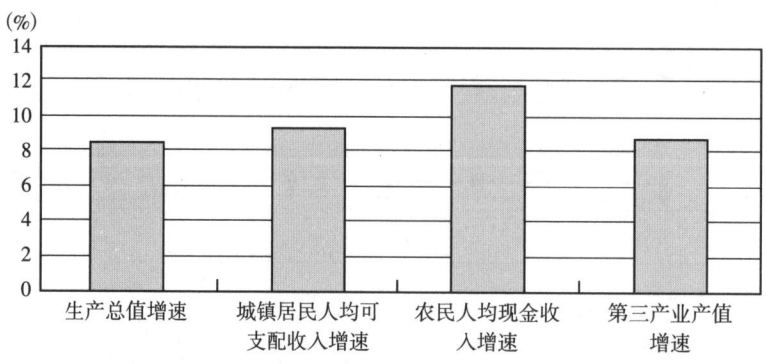

图 1-3　2014 年前三季度河南生产总值增速与人均收入和第三产业增速对比

资料来源：河南省统计局。

2. 结构调整中的退与进

新常态下的结构调整，要求经济结构中不协调、不可持续内容的"退"，更高质量、更利民生内容的"进"。从产业结构来看，前三季度河南第二产业增加值的增速和占生产总值比重分别由第一季度末的 9.6%、61.05%，降至第三季度末的 9.4%、54.2%；而第三产业增加值的增速和占生产总值比重则分别由第一季度末的 8.2%、30.3%，升至第三季度末的 8.7%、31.2%，河南服务业发展明显滞后的问题有所缓解。从投资结构来看，第三季度末工业、建筑业投资增速分别比上年同期降低了 0.9 个百分点、35.1 个百分点；同时，教育、水利环境和公共设施管理业投资增速分别比上年同期提高了 13.4 个百分点、18.4 个百分点，民生领域、公共服务领域投资在优化投资结构、提高投资效益中的作用得到显著提升。

3. 发展动力中的减与增

经济新常态需要形成新的动力机制，改变过去投资依赖型增长方式，不断增强消费的拉动作用。2014 年前三季度，河南投资增速趋缓，9 月末增速不仅比 2 月末增速减少了 3 个百分点，而且是近年来首次低于 20%。投资拉动作用趋减的同时，消费的拉动作用不断增加，投资、消费与出口对拉动经济发展的作用协调性稳步增长。2014 年以来，社会消费品零售总额增速稳中有升，9 月末增速比 2 月末增速快了 0.4 个百分点；第三产业对 GDP 增长的贡献率为 28.6%，同比提高 0.7 个百分点；外贸出口增长 7.8%，高于全国平均水平 2.7 个百分点。

4. 优化升级中的下与上

河南经济保持总体平稳运行的同时，在产业优化、发展升级等方面都表现出一些新的特征。如图 1-4 所示，2014 年前三季度，河南高成长性制造业增加值增速高于规模以上工业增加值增速 1.7 个百分点，高于传统支柱产业增加值增速 3.2 个百分点，高成长性制造业已经成为河南经济增长和产业升级的新亮点。在促进经济平稳健康发展的同时，河南经济增长的代价也逐步下降，2014 年前三季度六大高载能行业增加值增速分别比第一季度末和第二季度末降低了 0.2 个百分点和 0.3 个百分点。

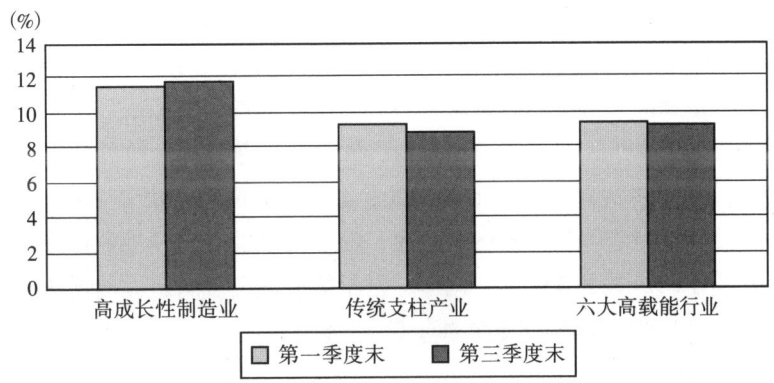

图 1-4　2014 年前三季度河南高成长性制造业、传统支柱产业和六大高载能行业增速对比
资料来源：河南省统计局。

（三）新常态下 2014 年河南经济运行的新亮点

2014 年，河南经济运行中涌现出的一些新亮点，成为增创发展新优势、让中原更出彩的重要支撑。

1. 郑州航空港建设全面发力

郑州航空港经济综合实验区作为战略突破口和核心增长极，一年多以来随着实验区建设全面展开，表现出了好的趋势、好的态势、好的气势，几个主要经济指标增速均明显高于全省平均水平，如图 1-5 所示，航空港的生产总值增速、规模以上工业增加值增速、固定资产投资增速、社会消费品零售总额增速、实际利用外商直接投资增速、地方公共财政预算收入增速分别高出全省平均水平 6.1 个、6.4 个、64.9 个、2.5 个、47.6 个和 48.1 个百分点。在下行压力持续增大、全省主要经济指标均出现趋缓回调的同时，郑州航空港以其独特的战略优势、优良的发展环境、高端的产业体系和先行先试的政策优势成为领先发展的热点和亮点。

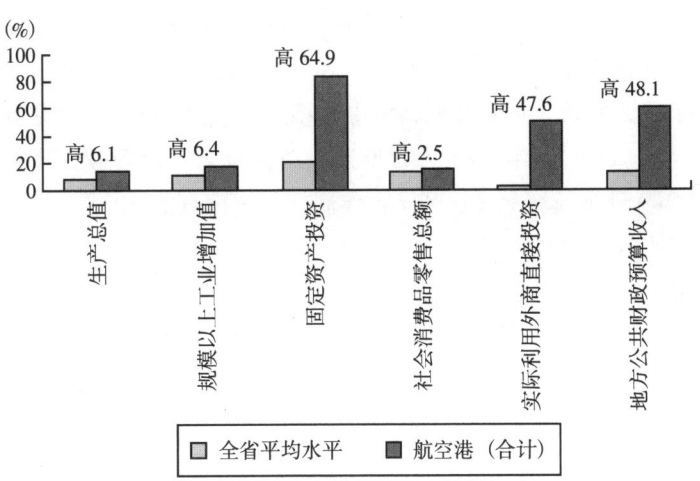

图 1-5　2014 年第三季度末郑州航空港主要经济指标增速与全省平均水平对比
资料来源：河南省统计局。

2. 先进制造业成长性增强

2013年12月，《河南省人民政府关于加快推进产业结构战略性调整的指导意见》发布，提出要突出发展电子信息、装备制造、汽车及零部件、食品、现代家居、服装服饰等高成长性制造业，着力扩大产业规模，成为引领带动工业结构升级的核心力量。2014年前三季度，河南高成长性制造业增速比规模以上工业增加值增速快了1.7个百分点，尤其汽车、电子信息、装备制造等几大先进制造业，随着集群发展、基地建设等快速推进，表现出突出的高成长性，如图1-6所示，汽车、电子信息、装备制造业的增速分别比高成长性制造业增速快了3.7个百分点、8.8个百分点、2.4个百分点。

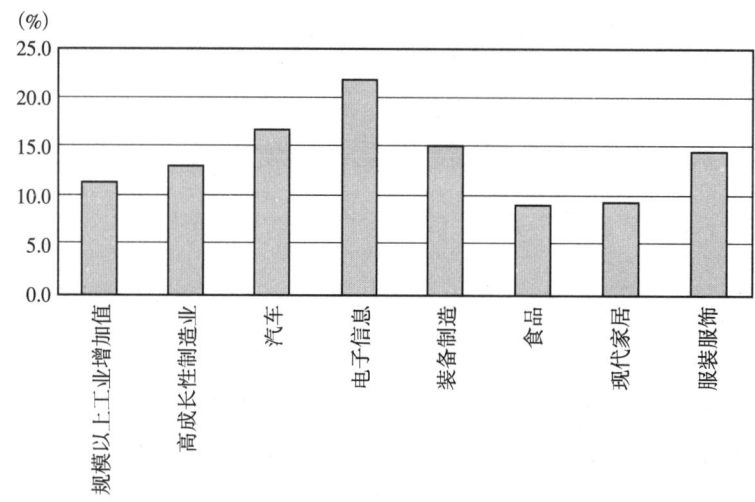

图1-6　2014年1~9月河南高成长性制造业增长速度
资料来源：河南省统计局。

3. 金融业呈现较快发展态势

2014年前三季度，河南金融业产值增速达到13.9%，在第三产业分行业统计中，是增速唯一达到两位数增长的，比生产总值增速和第三产业增速分别快了5.4个百分点、5.2个百分点。金融市场健康较快发展还体现在一改之前短期贷款多于中长期贷款的情况，中长期贷款出现了较大增长，到9月末新增中长期贷款额达到1927.12亿元，比上年同期多增了693.16亿元，其中，无论是个人贷款还是单位贷款都出现较大增长，尤其单位中长期贷款至2014年9月末新增额度达到了上年同期新增额度的210%。

4. 产业创新发展能力持续提升

河南在做强工业、建设先进制造业大省中大力发展技术含量高、市场潜力大的高成长性制造业，不断强化产业创新发展能力。2014年以来，河南高技术产业保持了平稳较快发展态势，如图1-7所示，至第三季度末增速达到18.8%，比同期规模以上工业增加值增速快了7.8个百分点。

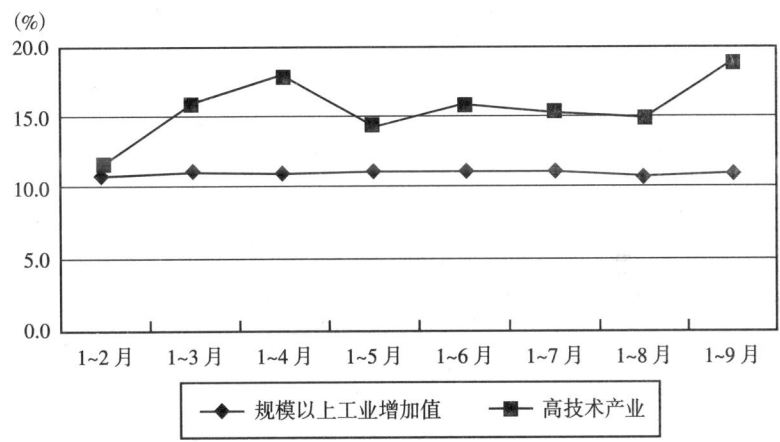

图1-7　2014年1~9月河南高技术产业增速与规模以上工业增加值增速
资料来源：河南省统计局。

（四）2014年河南经济运行中凸显的主要问题

新常态下，河南经济运行表现出了一些增强发展科学性的新特征、新亮点，在坚定发展信心的同时也要清醒地看到，在自身结构性矛盾与外部严峻复杂环境交织叠加作用下，经济下行压力依然较大，对于一些矛盾问题不能掉以轻心，应增强危机意识和风险防范意识。

1. 工业企业运行困难

从2014年工业经济运行及企业经营效益情况来看，去产能、去库存以及市场需求不足、价格波动等问题都使得工业企业运行更加困难。从统计数据来看，2014年1~8月，规模以上工业企业主营业务收入增速比年初和上年同期分别下降了0.7个、2.7个百分点；利润总额增速分别比年初和上年同期下降了2.2个、4个百分点；应收账款增速已经连续5个月环比增加；产成品库存增速则在不断加快，分别比年初和上年同期多了7.3个百分点、11.2个百分点。

2. 投资增长活力不足

2014年前三季度，全省固定资产投资同比增长19.7%，比上半年和第一季度分别回落1.4个和1.8个百分点。其中，工业投资和基础设施投资分别比前8个月回落0.7个和3.5个百分点，住宅投资比1~2月减少了12.1个百分点。民间投资作为优化投资结构、激发投资活力的重要力量，1~9月以来虽然总体增速保持在较快水平，达到23.8%，但是比第二季度末、第一季度末和上年同期分别降低了1.2个、3.3个、1.1个百分点，增速下滑趋势较为明显。

3. 财政减收压力增大

2014年以来，河南地方财政总收入增速回落，从1月的19.3%降至9月末的10.3%，增速低于上年同期1.2个百分点。从几大税种情况来看，国内增值税和营业税都出现增速回落情况，国内增值税9月末增速为0，且分别比1月和上年同期降低了5.9个、0.5个百分点；营业税 9 月末增速 4.9%，分别比 1 月和上年同期降低了 11.8 个、20.9 个百分点。

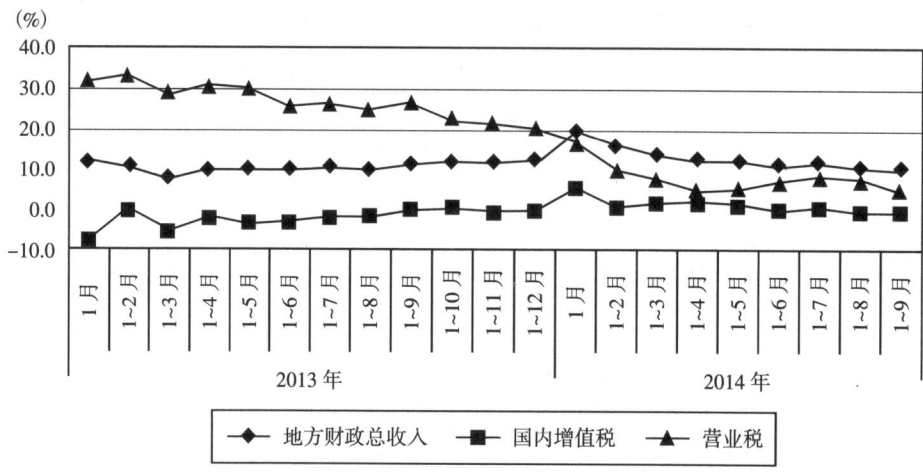

图 1-8　2013 年 1 月到 2014 年 9 月河南地方财政总收入、国内增值税、营业税增速
资料来源：河南省统计局。

4. 开放发展增长放缓

河南进出口增速虽然比全国平均水平快，但是从主要指标走势来看，回调压力正在不断增大。1~9 月海关进出口总值增速虽然比 2 月末快了 5 个百分点，但是比上年同期减少了 6.9 个百分点；外商实际投资额增速连续 8 个月出现负增长，虽然在 9 月末恢复至 2.4%，但是依然比上年同期降低了 4.8 个百分点，持续保持扩大开放良好态势面临严峻挑战。

5. 运输邮电业增速回落

河南推进三大国家战略规划的一大战略定位和目标要求就是要打造交通运输和现代物流中心枢纽。近年来，随着郑州航空港和现代综合交通运输体系建设不断推进，河南运输邮电业得到快速发展。2014 年开始，对于运输邮电的统计数据调整为铁路、公路、水路和航空四种运输方式之和，更能体现公铁水空综合交通运输体系发展状况。但是从前三季度统计数据来看，河南货物运输量、货物周转量均出现较为显著的增速回落情况，如图 1-9 所示，9 月末货物运输量和货物周转量增速分别比年初降低了 18.9 个、13.3 个百分点。

6. 房地产业活跃度降低

2014 年前三季度，河南房地产市场虽然总体平稳，但是出现了本年购置面积和新开工面积"双负增长"，同时竣工面积增加与商品房销售面积降低"一升一降"并存等现象，房地产库存水平不断提高，销售则出现回落，市场活跃度明显减低，保持房地产业健康运行面临的压力不断增加。其中，9 月末本年购置土地面积增速、新开工面积增速、住宅新开工面积增速均为负值，分别为 -20.3%、-15.2%、-19.4%；竣工面积增速达到了 22.9%，比上年同期快了 15.5 个百分点；商品房销售面积增速则是由年初的 25.% 下降至 9 月末的 11.7%。

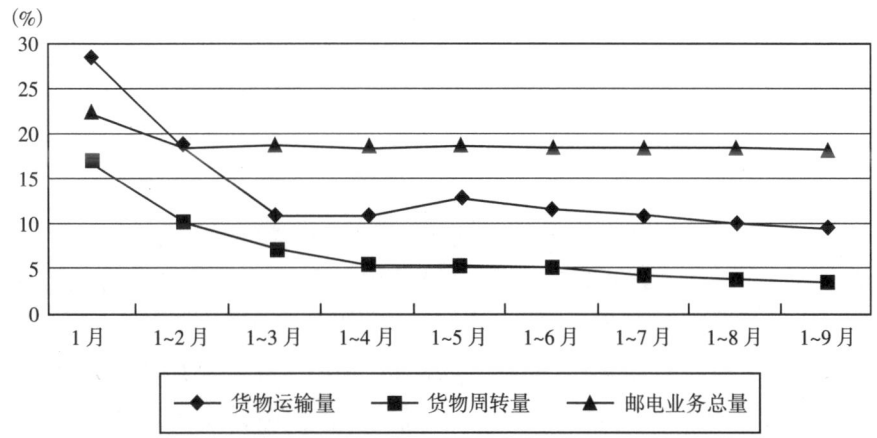

图 1-9　2014 年 1~9 月河南货物运输量、货物周转量、邮电业务总量增速

资料来源：河南省统计局。

二、2015 年河南经济主要指标及总体走势展望

（一）2015 年河南主要经济指标分析

1. 工业增速趋缓，下行压力持续增大

在全国经济持续下行的背景下，河南工业生产增幅也持续下滑，部分行业经营困难较大。2014 年 1~9 月，全省规模以上工业增加值增长 11.0%，同比下降 0.6 个百分点。化工、冶金、建材、轻纺、能源五大传统支柱产业和六大高载能产业增加值增速持续回落，企业经营压力较大。在当前有效需求不足、行业竞争加剧的情况下，作为河南经济增长最重要动力的工业生产面临较大困难，2015 年河南经济仍将在较大程度上受到工业产出低迷的影响。

针对经济下行暴露出来的问题，河南加快工业结构调整，大力发展高成长性制造业和战略新兴产业。电子信息、装备制造、汽车及零部件、现代家居、食品、服装服饰等高成长性制造业，正逐步取代能源原材料产业成为河南经济增长的主要增长源，形成对 2015 年工业生产的支撑。同时，随着经济持续下行，央行有可能推出定向降准、再贷款、PSL（抵押补充贷款）等精准刺激、微刺激政策，有利于降低贷款成本，减轻企业负担，刺激工业投资，推动 2015 年全省工业生产发展。综合分析，预计 2015 年工业增长仍将面临较大压力，规模以上工业增加值增长 11% 左右。

2. 资金紧张状况持续，固定资产投资增长面临较大压力

在工业增速持续下行的压力下，2014 年全省企业盈利水平普遍下降，众多企业出现亏损，自有资金不足，投资扩张动力减弱。由于市场资金面紧张，资金成本上升，企业获得贷款的难度也明显增加，2015 年全省工业投资增长的压力较大。与此同时，房地产业投

资也面临着较大的下行压力。2014年前三季度，房地产开发投资增长16.9%，比2013年同期回落7.4个百分点。尤其是房屋新开工面积、土地购置面积持续负增长，对于2015年的房地产投资增长将产生重要影响。按照目前中央调控经济的思路，预估2015年中央不大可能出台大规模的刺激政策，省政府也不大可能出台临时性的帮扶措施，固定资产投资增长面临较大的压力。

同时，针对经济持续下行，2015年中央可能会出台一些刺激政策。尽管全面降息、降准的可能性不大，但是通过定向降准、再贷款等方式，向市场注入流动性，还是值得期待的。2015年河南工业融资环境仍将会有所改善、企业利息负担也将有所减轻，工业投资增长压力将会有一定程度的缓解。同时，河南加大基础设施投资力度，以弥补工业投资和房地产投资下滑。2015年河南将加快推进郑州航空港、新郑机场二期工程、"米"字形高铁等一批重大基础设施建设项目，对投资增长形成一定的支撑。综合预计，2015年全省固定资产投资将会增长20%左右。

3. 扩大消费政策发酵，消费增长将保持基本稳定

当前，河南经济增速放缓，下行压力持续加大，对居民收入增长形成了较大压力。受生产成本上升、下游需求不振等因素的影响，年初以来，河南企业经济效益不断下滑，导致居民收入增速放缓。2014年1~9月，全省城镇居民可支配收入和农民人均现金收入分别增长9.3%、11.8%，同比分别下降0.6%和0.7%。与此同时，经济增速放缓对就业的影响开始显现。全省城镇新增就业增幅逐步下降，企业招聘岗位减少，登记失业人数增加，形成居民收入增长的制约因素。2015年，全省经济增长仍将面临较大压力，企业经营困难依然较多，新增就业增幅下滑幅度将加大，居民实际收入增长的困难增加，形成全省社会消费品零售总额增长的制约。

尽管国内消费增速放缓，但网上零售等新商业模式带来的增量不容小觑，从结构来看消费增长仍具有巨大潜力。郑州是我国首批跨境贸易电子商务服务试点城市，目前E贸易试点运行良好，发展潜力较大。与此同时，2014年河南出台了一系列促进消费的政策，扩大信息消费、养老消费、健康消费、节能环保消费等需求，大众化的餐饮、休闲、娱乐、网络消费等热点正在形成，消费市场继续保持稳定快速的发展态势。预计，2015年消费市场还会保持稳定快速增长的势头，全年社会消费品零售总额有望实现13%以上的增长速度。

4. 外部环境更趋复杂，出口增长面临较大挑战

2014年，河南外贸形势严峻复杂，下行压力较大，对2015年河南的出口增长构成了威胁。一是世界经济发展分化加剧，外需不振持续。伴随着美国经济强劲复苏，美国退出量化宽松导致资本大量回流，各新兴经济体经济持续下滑，外需不振的局面将继续存在，对2015年河南出口形成严峻挑战。二是贸易保护主义加剧。欧美国家针对中国的贸易摩擦频发，河南光伏、新能源、纺织品、农产品等传统出口商品受阻，对河南2015年出口增长形成利空。三是随着经济持续下行和劳动力成本的不断上升，河南对外出口低成本优势逐步削弱，对2015年出口形成不利影响。

为应对出口增长的不断下滑，河南加快对外贸易的载体和平台建设。通过郑州航空

港,积极发展国际航空货运,促进智能手机、生物医药等产品出口;通过开行郑欧班列,打通了河南商品出口中亚乃至欧洲的通道;通过跨境电子贸易平台,积极开展网上出口业务。2015年河南将继续大力发展外向型经济,引进"两头在外"的加工贸易项目,形成2015年河南进出口增长的重要支撑。预计2015年河南出口增长10%,与2014年相比略有增加。

5. 物价水平低位运行,工业领域通缩风险隐现

2014年,河南居民消费价格总水平(CPI)低位运行,而工业生产者出厂价格(PPI)跌幅则持续扩大。2014年1~9月,全省居民消费价格指数同比上涨1.9%,工业生产者出厂价格同比下降1.8%,通货紧缩压力隐现。2015年,随着国际资本外流以及国内流动性紧张状况的持续,CPI将进一步下探,预计2015年CPI或将步入"1"时代,通缩已成为威胁。从目前上游产业产能严重过剩、下游生产行业依然疲弱的情况来看,PPI在短期难以出现转正的动力,工业领域的通缩风险需要警惕。同时,欧洲通缩风险持续加重,日本经济依然乏力,美元指数走高,国际大宗商品价格下跌压力不减,导致中国购进价格跌幅持续扩大,输入型通缩压力加大。总体来看,2015年物价通缩压力上升,预计2015年全省居民消费价格指数同比上涨1.6%左右。

(二)2015年河南经济运行环境与总体走势判断

1. 有利条件

货币政策或将适度放松。当前我国经济增长正处于"弱平衡"格局,内生动力匮乏、风险仍趋下行。随着未来增长形势进一步恶化,预计2015年央行将适度放松货币政策,以降低实际利率、防止不良贷款激增。由于央行退出常态干预,2015年全面降息的可能性不大,但是通过定向降准、再贷款、PSL等方式注入流动性的力度将会增加。而未来一年随着美联储加息、美元升值加剧跨境资本波动,央行在面对资本大规模外流的冲击时也可能会考虑降准。货币政策的适度宽松,有利于缓解企业"融资贵"、"融资难"的压力,对工业发展具有一定的刺激作用,同时也有利于刺激投资和消费,对2015年河南经济增长形成实质利好。

改革红利持续释放。2014年,中央全面深化改革,出台了一系列重大改革举措,在政府职能转变、市场体系完善、金融财税体制改革等关键领域和环节寻求突破。在这一背景下,河南突出抓好简政放权、工商登记制度改革、国有企业改革、投融资体制改革等9个方面35条重点改革事项。在此基础上,2015年河南将继续推进农业农村、财税金融、价格、医药卫生体制、党政机关公务用车、交通执法以及社会事业领域改革。这些改革措施对激发市场主体活力、增强经济发展内生动力、解决政府干预过多等问题具有积极作用。随着这些改革措施的逐步落实到位,2015年河南经济发展的动力将明显增强。

结构调整成效凸显。近年来,在经济增速逐步下行的同时,河南经济结构调整持续加快。全省六大高成长性制造业比重稳步上升,五大传统支柱产业和六大高载能产业比重日益下降。1~9月,汽车、电子信息、装备制造、食品、现代家居、服装服饰六大高成长性

制造业增加值增长12.7%,对全省工业增长的贡献率超过60%,成为拉动经济增长的主体力量。与此同时,全省现代物流、信息、金融、文化、旅游等高成长性服务业也快速成长,成为经济稳定增长的重要力量。1~9月,全省服务业占GDP的比重达到31.1%,同比增加0.6个百分点。高成长性制造业和高成长性服务业"双轮"驱动,已成为当前河南经济运行的重要特征,经济发展的抗风险能力显著增强,形成了2015年全省经济稳定发展的重要支撑。

"四个效应"持续发酵。近年来,国家粮食核心区、中原经济区、郑州航空港经济实验区等相继上升为国家战略,河南获得了在土地流转、人口转移、行政管理、海关监管、服务外包等方面先行先试的权利和政策优惠,面临的机遇前所未有。河南发挥先行先试的先发效应,打造人、财、物等生产要素的"集聚核",继而发挥带动效应和示范效应,成为引领整个中原崛起乃至中部崛起的核心增长板块。六年来,通过先发效应、带动效应、聚合效应、示范效应,河南培育了经济发展的内生动力,全省经济获得了平稳较快的发展。"四个效应"的持续发酵,为2015年河南经济"抗下行、稳增长"提供了强大动力。

对外开放的载体和平台日益扩大。近年来,郑州航空港以建设国际航空货运枢纽为依托,打通了中原地区面向世界的物流、客流新通道,通过发展航空物流和临空产业,带动了河南进出口贸易的飞速发展。在此基础上,河南以洛阳、郑州、开封为节点,积极融入丝绸之路经济带,通过开行郑欧货运班列,河南打通了直通中亚、欧洲和大西洋的重要通道,成为新的时期河南融入全球价值链、融入全球市场的重要载体和平台,对于促进河南对外贸易发展、中原文化振兴具有重要的意义。随着郑州航空物流和郑州班列的进一步发展,2015年河南对外开放的条件将更加优越,对外贸易将会有进一步的发展,形成2015年全省经济发展的重要支撑。

2. 制约因素

国际资本加速外流。2013年以来,美国经济强劲复苏,特别是2014年第二季度,美国GDP增速强劲反弹至4.6%,创下金融危机以来美好的季度增长数据。据此,美国于10月30日宣布正式终结其第三轮量化宽松政策,预计6个月内启动加息进程的可能性较大。受此影响,国际资本加速从新兴市场流出,进入美欧等发达经济体。巴西、印度、俄罗斯等新兴经济体市场流动性紧张状况加剧,经济持续下滑。国际金融研究所(IIF)公布的数据显示,2014年10月至今投资者从非洲、拉美、东欧、亚洲股市合计撤出90亿美元。中国作为一个新兴经济体,国际资本流出将导致未来几年国内出现持续的钱荒,投资减速、外贸下滑、产能过剩、房地产深度调整,经济面临的下行压力增大。就河南来说,2015年市场资金紧张的局面将很难有显著改善,"融资难"、"融资贵"的状况仍将持续,经济增长面临着较大的压力。

资源型经济持续低迷。由于进口煤炭的冲击、火电机组开工不足以及企业经济效益下滑等多种因素相互叠加,近年来,国内煤炭库存大幅增加,价格大幅下降,其紧缩效应迅速向下游扩散,资源型经济受到较大冲击。以山西为例,受国内经济下行的影响,2014年前三季度地区经济遭遇"断崖式"下滑。尽管河南经济近年来经济结构快速调整,资源型产业占比逐步减少,但其比重仍占半数以上。煤炭、钢铁、电解铝等行业深陷困境,生产经营非常困难。虽然2014年8月份钢铁、电解铝行业生产经营形势一度有所好转,但9月份以来,由于产品价格大幅下滑,企业生产经营再度陷入困境。在经济下行趋势没有明显改变的情况下,2015年河南经济仍将受到资源型经济下行的拖累,形成河南经济增长的重要制约。

房地产市场继续调整。2014年初以来,由于市场流动性持续紧张,金融对房地产供需双方的支持力度不断下降,全国房地产进入了一个以销售疲软、价格下跌、开工不足为特征的调整期。为了刺激经济增长,各地纷纷取消限购限贷等房地产调控政策。然而,受制于资金紧张的压力,银行仍然对两套以上住房采取限购政策,客观上抑制了居民的房地产需求。尽管2015年央行可能会出台一些货币宽松政策,但是央行极可能实施的是定向降准等精准刺激政策,对房地产的作用有限。可以预期,2015年、2016年两年全省房地产仍将呈持续下滑的态势。房地产开发投资占全省投资的15%,房地产市场的持续下行,将会对2015年保增长构成较大挑战。

要素与环境约束趋紧。一是建设用地需求缺口较大。根据预测,2015年全省各项建设需新增用地约80万亩,而国家安排河南省的新增建设用地计划指标仅为20万亩,与实际需求相比缺口达60万亩。一批技术含量高、市场前景好的好项目难以落地,成为制约2015年经济发展的重要因素。二是人才需求缺口较大。目前,河南高成长性制造业和高技术产业发展较快,专业技术人员和技术工人短缺,高层次技术人才尤其缺乏;同时,随着经济下行压力加大,企业受到产品价格下降和用工成本提高的双重压力,企业招工难、用工贵等现象比较突出。三是支撑经济增长的环境承载力明显不足。河南钢铁、化工、有色金属等高耗能、高污染产业比重相对较大,粗、低、重、耗产品较多,污染排放强度大。2015年是"十二五"规划的最后一年,全省完成"十二五"规划节能减排目标的任务还比较艰巨,将会给全省经济增长造成一定的压力。

地方政府调节能力下降。在这一轮经济下行周期中,房地产调整的特征相对明显。2014年前三季度,房地产开发投资增长16.9%,比2013年同期回落7.4个百分点。尤其是房屋新开工面积、土地购置面积持续负增长。房地产增速的下滑,一方面,房地产开发商减少土地购置,政府土地出让金收入明显下降;另一方面,房地产交易额的降低,也影响了政府房产税的收入。另外,随着流动性的紧张,金融机构对政府投融资平台的贷款也相对减少,导致政府可支配财力的下降,客观上降低了政府干预经济的能力,对2015年河南经济增长形成一定的压力。

3. 对2015年河南经济增长的总体判断

2015年,世界经济复苏缓慢曲折、全国经济处于"三期叠加"阶段,河南经济发展面临的国内外环境仍然复杂。长期积累的结构性矛盾短期内难以根本破解,产能过剩矛盾短期内难以明显缓解,外需不足的状况短期内也难以改观,市场流动性紧张与房地产加速下行将继续存在,部分行业和企业面临的困难仍在累积加深,经济运行面临的困难具有长期性、复杂性,经济增速放缓可能还会持续较长一段时间。

应当看到,河南经济运行基本面是好的。2015年,全面推进各项改革,推进各项政策措施落实，因应形势变化，实施精准刺激，积极应对不确定因素可能带来的冲击，经济能够保持平稳较快发展。从中长期看，河南省正处于新型工业化、新型城镇化加速推进阶段，市场需求潜力巨大，区位、交通、资源、政策等优势进一步凸显，发展载体、开放平台、基础设施等战略支撑条件日趋完善，发展后劲持续蓄积，为河南经济可持续发展提供了重要支撑。

综合判断，2015年全省经济仍处于结构调整中，工业增速将趋缓，下行压力持续增大，投资、消费、出口增速均面临一定下行压力，物价水平低位运行，工业领域通缩风险隐现，经济增长与2014年大体持平。考虑所处的发展阶段和潜在的不确定性，为河南经济在寻求新平衡的过程中保持稳定，并为全面改革和结构调整创造条件，预计2015年河南生产总值增长8.5%。从主要经济指标看，预计2015年全省规模以上工业增加值增长11%；城镇固定资产投资增长20%；社会消费品零售总额增长13%；出口预计增加10%；居民消费价格指数为101.5，如表1-2所示。

表1-2 2015年河南主要经济指标预测

单位：%

指标 \ 年份	2014	2015
1. 地区生产总值增长率	8.6	8.5
其中：第一产业增长率	4.0	3.9
第二产业增长率	11.8	11.5
第三产业增长率	8.9	9.2
2. 规模以上工业增加值增长率	11.2	11
3. 固定资产投资增长率	20.5	20
4. 社会消费品零售总额增长率	12.9	13
5. 出口增长率	8	10
6. 居民消费价格指数（以上年为100）	102	101.5

三、新常态下河南经济稳增长保态势的思路与建议

2015年是实施"十二五"规划的收官之年、"十三五"规划的启动之年，也是全面深化改革的关键之年、推进中原崛起河南振兴富民强省的承上启下之年。在国内资源环境约束加强、国际经济复苏不稳定的双重压力下，我国经济进入了以中高速、优结构、新动力、多挑战为主要特征的新常态，适应新常态已经上升到战略高度。面对新的发展阶段，全省要深入贯彻落实党的十八大以及十八届三中、四中全会精神和习近平总书记对河南工作的新要求，适应新形势，把握新特征，抓住新机遇，以深化改革为统领，坚持顺势而为、转中求新、以改促活、速效兼取，把稳增长、促改革、调结构、惠民生贯穿到全省经

济发展的全过程，着力在提质增效上见成效，在改善民生上出实招，在狠抓落实上下功夫，更好地发挥比较优势、放大后发优势、释放潜在优势，以新作为应对新常态，重塑河南发展新优势。

——顺势而为。要深刻认识新常态是经济规律变化的必然反映，把思想和行动统一到中央对新常态的科学判断和决策部署上来，保持平常心态和战略定力，将河南放在全国的大局中来定位，放在全球的大势中来考量，在错综复杂的形势中看清主流，在不断变化的环境中把握趋势，围绕"坚定总坐标、坚持总思路、完善总方略"，持续推进三大国家战略，聚焦三个大省建设，全面深化改革，强化创新驱动，加快结构调整，切实改善民生，因势而谋、应势而动、顺势而为，推动全省经济爬坡而行、拾阶而上。

——转中求新。转就是转理念、转方式，新就是新举措、新动能。要转变发展理念，从思想上、思维上适应新常态，彻底摆脱速度情结和换挡焦虑，把发展最终目的确定在生产力水平提高、人民生活水平提升、综合实力增强、整体结构优化上，形成新思路、新举措进而把握发展主动权，应对新挑战。要转变发展方式，持续强化经济结构调整、产业结构升级，大力发展先进制造业、现代服务业、战略性新兴产业，培育新业态、新商业模式和新的经济增长点，形成推动全省经济高效率、低成本、可持续、中高速增长的新动能。

——以改促活。要把全面深化改革作为全年工作的重中之重，围绕使市场在资源配置中起决定性作用和更好发挥政府作用，坚持问题导向、需求导向和民生导向，抓好中央和省委已经出台的各项改革举措落实，重点在国企改革、投融资体制、行政管理体制、新型城镇化及民生等领域找准改革的发力点、突破口，力求尽快释放改革红利，见到改革成效。用全面深化改革的办法，激活资金、资源、人才、技术、信息等要素市场，激发和释放更大的市场活力、社会活力和企业活力，迈出适应新常态的新步伐。

——速效兼取。要全面认识持续健康发展和生产总值增长的关系，兼顾发展速度和发展效率。发展不足是河南面临的最大问题，新常态下要坚持发展是第一要务，以经济建设为中心，保持合理速度、继续做大规模和总量，避免经济增长"失速"、"掉挡"，引发房地产、金融等潜在风险；同时，更要持续强化创新驱动、深化改革等对经济增长有"加法效应"、"乘法效应"的政策组合和有效举措，追求有效益、有质量、可持续的经济发展，使做大经济总量和规模与提高经济增长质量和效益统一起来，助力全省经济行稳致远。

应对经济新常态、确保实现2015年河南经济稳增长保态势目标，提出以下建议：

（一）以全面深化改革为引领，先行先试抢占先机

改革催生的竞争优势最全面、最稳定、最持久。全省各项工作都要坚持以深化改革为统领，在改革上动真格、来硬的，用改革的思路和办法破解难题，制定和落实好改革的时间表、路线图和任务书，统筹谋划、重点突破，切实把改革贯穿到全省经济社会发展各领域各环节。要加快政府简政放权，建立权力清单制度。按照"能放则放，能简则简，能联则联，能快则快"的原则，扎实推进审批权力下放；对没有法律法规依据的，一律取消；对一些虽有法律法规依据，但不符合改革精神和发展实际的，要认真评估，予以严格管

理；对直接面向基层、量大面广、由地方管理更方便更有效的经济社会事项，一律下放给市县；通过清权、减权、制权，减少政府对微观事务的管理，激发民间活力。要切实加快市场化改革，更大程度地发挥市场在资源配置中的决定性作用。着力建立统一开放、竞争有序的市场体系，着力清除市场壁垒；在激活非公经济活力和创造力上下功夫，在鼓励民间投资上下功夫；在投融资体制改革、农村集体土地改革、金融改革和国有企业改革方面取得突破性进展。以改革的主动赢得先机，以改革的成效取信于民。

（二）以关键环节突破为抓手，加快郑州航空港经济综合实验区建设

把郑州航空港经济综合实验区建设摆在全省工作的突出位置，围绕机场建设、产业支撑、体制机制、对外开放等关键环节，多措并举，力促软、硬件共同提升。加强基础设施建设。抓好机场二期、口岸通关及物流设施等基本能力建设，实现机场二期年底投入运营，完成郑州至机场城际铁路、机场高速改扩建、国道107、省道102等配套项目建设。强化产业支撑。大力发展航空物流，加快机场核心区物流园区和功能区布局，加强与菜鸟科技、京东商城等国内外知名电商合作，实施航空偏好型产业重大项目，加快建设全球重要的智能手机生产基地，积极引进培育以郑州机场为基地的大型货物承运商和物流集成商，形成高端产业集群。理顺管理架构。建立"两级三层"的管理体制，设立实验区管委会，建立联席会议制度，形成省市联动机制。搞好郑州市跨境贸易电子商务服务试点。建成以郑州国际陆港、郑州航空港和重点物流园区为基础的全省物流信息公共服务平台，实现各物流节点设施信息实时共享。大力扩大对外开放。发挥航空港开放龙头作用，提升郑州、洛阳作为新亚欧大陆桥经济走廊重要节点城市支撑作用，强化郑欧班列纽带功能，全面融入丝绸之路经济带建设；加强各类开放载体平台建设，开展"全链条、全要素、全服务、无障碍"立体招商，形成"一港带全局"局面。

（三）以重大项目建设为手段，持续扩大有效投资

项目是发展的引擎，是有效拉动经济增长的主要因素，经济进入中高速增长时期，要坚持把抓项目、扩投资作为稳定经济增长的关键举措，始终把项目建设作为推动四化同步发展、富民强省的关键抓手，保持适度的投资规模和合理的投资增速。全力推进重大项目建设。要继续在交通、能源、生态环保、健康养老、粮食水利等领域推出一批带动作用强、事关全省长远发展的重大项目，加强与国家有关部委的对接，力争获得国家支持。加强重大项目建设调度。严格落实重大项目协调联动推进机制，对计划开工项目，加快推进联审联批，力争早日开工；对在建项目，落实好"周协调、月督促"制度，协调解决项目实施中的征地拆迁等问题，确保项目顺利推进。着力扩大民间投资。通过多渠道将国家、省重大项目向省内外社会资本推介；创新重点领域投融资机制，建立健全合理利益补偿机制，推行政府和社会合作模式，向社会资本开放更多投资领域，增强投资稳定增长的内生动力。实行项目建设推进责任制。各级政府负责的项目推进情况统一纳入省、市、县责任目标考核范围，加强对项目资金落实、征地拆迁等方面的考核，确保项目早日落地、达产和增效。

(四) 以三个大省建设为目标，推进产业转型升级

经济增速放缓，发展面临的外部约束越来越多、越来越严格，要充分利用外部倒逼时机，围绕三个大省建设，加快产业转型升级，带动全省经济提质增效。加快构建现代服务业体系。现代物流业要突出航空港、无水港、国际物流园区以及区域物流节点建设；金融业要实施引金入豫、金融主体培育、地方金融体系建设以及金融集聚工程，加快龙湖金融中心建设；信息服务业要着力加快"宽带中原"建设、"三网融合"步伐、各类服务平台建设以及打造呼叫服务基地；加快旅游业、商贸等消费服务业提升以及文化产业、养老及家庭服务业等公共服务业发展；全面推进"两区"建设成规模、见效益，同时推进国家、省级服务业综合改革试点，发展服务贸易和服务外包。加快构建新型工业体系。以产业集聚区为平台载体，加大承接产业转移力度，围绕电子信息、装备制造、汽车及零部件、食品加工等高成长性制造业，引进一批基地型、龙头型项目，通过建链、补链、延链和强链，提升竞争力；坚持运用高新技术、先进适用技术和信息化技术改造提升化工、有色、钢铁、纺织等传统优势产业；实施重大应用示范工程，壮大新能源汽车、新材料、生物医药等战略性新兴产业规模。大力发展现代农业。切实加强粮食生产、流通、储备、调控体系建设，做到"产粮于田"、"购粮于市"、"储粮于库"、"稳粮安民"；持续实施高标准粮田"百千万"工程和现代农业产业化集群培育工程，构建新型农业经营体系。

(五) 以城乡统筹发展为导向，构建现代城镇体系

推动城乡统筹发展、构建现代城镇体系是破解河南发展难题、谋位新棋局、优化资源配置的必由之路。要科学推进新型城镇化。重点要围绕"产业集聚、人口集中、土地集约"形成有利于新型城镇化发展的体制机制，在省直管县体制、户籍制度、农业转移人口市民化成本分担机制、农村产权制度、建立城乡统一建设用地市场等方面取得更大突破；抓住中原城市群列入国家重点培育发展的跨省级行政区的国家级城市群的机遇，建立五省省级政府联动协调发展机制，加快打造大郑州都市区，培育洛阳、南阳、商丘、安阳四大副中心城市，推进郑州与开封、新乡、焦作、许昌对接融合，打造一批跨区域战略合作示范区，全面提高中原城市群综合实力。要扎实推进新农村建设。围绕"以人为本、产业为基、城乡统筹、'五规合一'、因地制宜、分步实施"的基本思路，完成"十三五"新农村建设规划；按照"农业强、农村美、农民富"的要求，加快改善农村人居环境，不断提高美丽乡村建设水平；加大农民转移就业扶持力度，积极培养新型职业农民，不断完善农民收入较快增长机制；深入推进城乡一体化示范区和试点建设，深化统筹城乡综合配套改革，总结一批成功典型、推广一批可行经验、突破一批制度瓶颈。

(六) 以创新能力提升为核心，实施创新驱动战略

经济进入新常态背景下，通过创新促进经济发展已成为关键因素，要紧跟国内外科技发展新形势，以提升全省创新能力为核心，深入实施创新驱动战略，全面建设创新型河

南。强化科技战略谋划。大力支持平顶山、焦作高新区升格为国家级高新区,连同郑州、洛阳、新乡等国家级高新区实现连片联动发展,争创国家自主创新示范区;组织开展规划战略研究,完成"十三五"科技规划编制。加强技术创新体系建设。继续实施产业技术创新战略联盟发展工程;巩固企业创新主体地位,强化企业与高校、科研院所联系,形成以企业为中心、具有河南特色的"企业出题、政府立项、共同破题"的产学研用协同创新模式。实施重大科技专项。依托重大科技专项整合科技资源,完善重大专项决策、执行、评价机制,加强过程管理,重点在战略性新兴产业、高成长性产业、传统优势产业以及现代农业领域组织实施,在关系全省创新发展的基础性、战略性、前瞻性重大科技问题上力争突破。深化科技体制改革。出台《关于全面深化科技体制改革 加快创新驱动发展的决定》,加快科技管理体制、成果转化机制、协同创新机制、经费管理机制等改革,全面激活创新活力。

(七) 以完善支撑条件为重点,提高综合竞争优势

完备的基础设施支撑和有力的要素保障是加快经济社会发展的基础和先导,要突出重点、弥补短板、强化弱项,全方位提高基础支撑和要素保障能力,推动局部优势向综合优势转变。加快现代交通体系建设。全力推进"米"字形快速铁路网建设,力促郑万铁路早日开工、郑焦城际铁路年底通车运营;抓好航空港、铁路港、公路港等枢纽场站建设,开拓国际货运航线,进一步完善高等级公路网,形成大交通格局。完善信息网络系统。以打造全国重要信息网络枢纽为目标,大力支持信息服务业,加大农村信息化示范省建设、两化融合示范工程投入力度,发展电子政务,不断推进全省信息基础设施建设。提高水利保障能力。推进大中型防洪、灌排工程建设,建设一批抗旱应急水源工程,强化城市供水、排涝以及生态水系建设。提高能源保障能力。大力推广节能技术,重点推进"一枢纽两中心"建设。持续改善生态环境。继续实施蓝天工程、碧水工程、乡村清洁工程,打造"美丽中原"人居环境。深入挖掘人力资源红利。加快国家职教改革实验区建设,深入实施全民技能振兴工程和职业教育攻坚二期工程,不断提高劳动者素质。提高资金支撑能力。以解决融资问题为重点,积极落实国家融资政策,继续实施银企对接等措施,加快发展多层次资本市场,在股票市场、债券市场、保险市场、区域股权市场等领域多做探索,扩大直接融资规模。

(八) 以分享发展成果为目的,保障改善民生福祉

民为邦本,本固邦宁,民生福祉是改革发展最鲜明的价值取向,要坚持把保障和改善民生作为一切工作的出发点和落脚点,优先解决人民群众最关心、最直接、最现实的问题,实现城乡居民共享发展红利。大力发展社会事业。按照"保好基本、放开非基本"的原则,推进义务教育和高中段教育均衡发展、职业教育加快发展、高等教育提质发展,推动优质医疗资源向基层倾斜;加大社会事业对外开放,大力发展民办教育、民办医疗、民办养老、民办文化、民办体育等,促进全省社会事业大发展、大提升。加大扶贫开发力

度。扎实推进黄河滩区居民迁建试点工作，积极争取国家支持，完善试点方案，适当扩大迁建试点范围，建成一批移民迁建示范社区。确保房地产行业健康发展。加快保障性安居工程项目建设进度，高质量完成年度建设任务；全面落实国家有关房地产领域的信贷、税收优惠政策，支持居民合理住房需求。加快完善社会保障制度。进一步提高城镇职工和城乡居民养老、医疗、失业、工伤、生育等各项基本保险的覆盖面，推动社会保障"一卡通"试点实现社会保障卡对参保人员、人社业务全覆盖。深化"平安河南"建设。加强社会治安综合治理，完善立体化社会治安防控体系，依法严密防范和严厉打击各类违法犯罪活动，确保居民安居乐业。

第二章 区域经济新棋局下的河南发展研究

当前，国内外发展环境复杂多变，全球经济发展格局正处于再平衡之中，国内区域发展格局演变呈现新态势，影响区域发展的要素发生深刻变化，新的增长极正在培育并逐步形成。在此背景下，谋划区域经济新棋局，将助推区域发展由"政策市"走向"市场市"，促进区域间竞争与合作的再强化，推动区域发展战略的再整合。

一、区域经济新棋局的内涵及意蕴

区域经济新棋局是在新的发展背景下谋划提出的区域发展新战略，将对促进区域发展战略整合和区域发展格局重构起到重要的推动作用。

（一）区域经济新棋局提出的背景

当前，国内外发展环境复杂多变，全球经济发展格局正处于再平衡之中，国内区域发展格局演变呈现新态势，影响区域发展的要素发生深刻变化，新的增长极正在培育并逐步形成，这些都为区域经济发展新棋局孕育了条件。

1. 全球经济发展格局面临深度调整和重组

当前，全球经济格局深度调整，国际竞争更趋激烈，特别是在应对国际金融危机的过程中，新兴经济体迅速崛起，成为拉动国际经济增长的重要力量，但自2013年以来普遍遇到了前所未有的诸如产能过剩、中等收入陷阱、新经济增长点薄弱等挑战，面临经济下行的巨大压力，而发达国家则渐次走出了困境，进入经济复苏。在国际经济格局处于再平衡的背景下，与世界经济联系越来越紧密的我国经济，需要通过主动参与到国际经济分工体系中，为我国发展营造一个有利的外部条件。特别是经济发展中遭遇的对外经济依赖度较高、资源缺乏等瓶颈，决定了我国必须积极利用国内国外两种资源、两个市场，加强丝绸之路经济带、海上丝绸之路建设等战略谋划，拓展我国的发展空间。

2. 我国区域发展格局演变呈现新态势

新中国成立以来，随着社会经济的快速发展，我国区域经济发展格局总体上经历了均衡发展阶段、非均衡发展阶段、非均衡区域协调发展阶段以及统筹区域协调发展阶段四个历史阶段。近年来，随着一系列区域振兴规划的密集出台，国内区域经济协作程度的增强，以都市经济圈为主导的区域经济一体化进程加速发展，国内区域经济逐步形成"东部率先发展、西部大开发、中部崛起、振兴东北老工业基地"的区域经济协调发展新格局。目前，国内区域经济格局发展的新趋势主要体现在五个方面：一是主体功能区全面展开。目前，国家已经颁布了主体功能区建设规划，各地区将依据自身资源条件走特色发展之路。二是区域产业重组和转移趋势明显。东部资源投资报酬率的下降，倒逼资源向中西部地区转移，中西部地区将会成为国内经济潜在增长极区。三是大都市圈和城市群在区域经济发展中的主导地位增强。以中原城市为代表的新兴城市群将加快中西部地区区域经济发展的步伐。四是区域经济合作关系明显加强。以长江经济带为代表的"四带一区"将会构建横跨南北的区域合作新格局。区域合作由政府主导的格局逐渐转变为由市场主导，大企业、大项目在区域资源配置中发挥更加关键的作用。五是全方位对外合作格局逐步形成。近年来，国家加强了与周边地区的合作关系，逐步构建以南亚线、西北亚线、东南亚经济圈、东北亚经济圈以及亚太经济中心为核心的"两线两圈一中心"跨国区域经济合作新格局。

3. 影响区域发展的要素发生深刻变化

当前，随着我国区域发展态势的重大变化及部分产业的布局大尺度转移，影响区域发展的要素正在发生深刻变化。传统因素的影响日趋下降，矿产资源、水资源、交通等曾经是中外大多数国家工业化和发展中的重要因素，这些因素曾经影响甚至决定了我国的区域发展和生产力布局的基本格局。但是，经过改革开放以来特别是近年来的结构调整，这些传统因素的作用正在下降，一些新兴因素越来越发挥着关键的作用。比如，经济国际化成为高速增长地区发展的主导因素，信息化发展促使我国地区发展差距扩大，科学技术发展和创新能力成为极为重要的发展因素，生态和环境因素成为区域可持续发展的重要因素，体制创新是近年来区域发展差距扩大的重要原因之一。以信息化和科技创新为例，其对区域发展的影响主要有三个方面：一是由于产业结构水平和各类产业和服务业中技术含量的增加，我国高新技术产业占国民经济中的比重逐步上升；二是科学技术在改造传统产业和提高整个社会经济生活水平的作用愈来愈显著；三是高新技术产业在一定区域的集聚，成为带动整个地区经济发展的创新空间，如高新技术企业、相关的R&D机构和必要的信息设施、金融机构及其他一系列服务设施等构成的产业群。

4. 新的增长极正在培育并逐步形成

改革开放以来形成的战略支点主要有：长三角地区、珠三角地区和环渤海地区；中部崛起促成了新的战略支点的形成，包括长江中游地区和中原经济区；西部大开发也促成了若干新的战略支点，主要有成渝经济区和关中—天水经济区。随着中国区域经济的进一步均衡和城镇化进程加快而形成大面积的城市地区，更多的战略支点可能会出现，如北部湾经济区、天山北坡地区、东北中部地区、海峡西岸地区等，都可以形成新的战略支点。这些战略支点的出现，使新发展的区域有机会进入国家发展的核心区域，获得更好的发展条件和环境，拥有更多的发展资源，同时也在国家的经济发展中起到更重要的作用。城市群实力的增强，使得城市群所在地区发展成为区域经济的支点。特别是由于中国的工业化进程远未结束，中国经济的空间分布受到工业分布的影响，呈现出与工业特别是制造业走向相一致的方向性变化。也就是说，中国的整体经济布局正在由过去各种经济要素和工业活动高度在东部地区集聚的趋势，逐步转变为由东部沿海地区向中西部和东北地区转移扩散的趋势。发展现代产业成为打造新的战略支点的核心和关键，而产业转移的加速使新的战略支点产业体系加快形成，因此，未来的新战略支点将主要分布在中西部。

（二）区域经济新棋局的内涵

十八届三中全会以来，党中央对实施区域发展战略做出了一些新的部署。中央明确提出，以京津冀为突破口的东部三大城镇群核心区协同发展和以内地沿边地区与新丝绸之路经济带协调发展的"抓两头"区域战略。2014年，新一届中央政府在《政府工作报告》中明确提出，把培育新的区域经济带作为推动发展的战略支撑。深入实施区域发展总体战略，优先推进西部大开发，全面振兴东北地区等老工业基地，大力促进中部地区崛起，积极支持东部地区经济率先转型升级，加大对革命老区、民族地区、边疆地区、贫困地区的支持力度。要谋划区域发展新棋局，由东向西、由沿海向内地，沿大江大河和陆路交通干线，推进梯度发展。依托黄金水道，建设长江经济带。以海陆重点口岸为支点，形成与沿海连接的西南中南、东北、西北等经济支撑带。推进长三角地区经济一体化，深化泛珠三角区域经济合作，加强环渤海及京津冀地区协同发展。实施差别化经济政策，推动产业转移，发展跨区域大交通大流通，形成新的区域经济增长极。

这一区域经济新棋局，是要在继续深入实施区域发展总体战略的基础上，更加重视区域统筹协调，以市场为基础，从更高的层次、更广的空间，来促进资源的优化配置和要素的自由流动，优化区域发展格局。全面把握区域经济新棋局的内涵，需要从以下几个方面着手：一是更加注重促进东中西部、沿海和内地的联动发展，来加快缩小区域发展的差距；二是更加注重沿大江大河和陆路交通干线的引领发展，积极培育新的区域经济带和增长极；三是更加注重促进区域一体化的发展和协同发展，促进资源要素的自由流动和高效配置；四是更加注重推进国内与国际的合作发展，推动对内对外开放相互促进；五是更加注重促进区域可持续发展，进一步提高我们国土空间开发的科学性；六是在布局形态上，不再是"块"，而是"带"，即沿大江大河和陆路交通干线布局经济带，以海陆重点口岸为支点，形成与沿海连接的西南中南、东北、西北等经济支撑带；七是在政策取向上，实施差别化的经济政策，推动产业转移，发展跨区域大交通大流通，把培育新的区域经济带作为推动发展的战略支撑。

2013年以来，我国区域发展的经济带建设思路已经比较明确。目前已经形成或重点打造的国家级经济带主要有：

——环渤海经济带。环渤海经济带处于东部地区，贯通南北、连接陆海，总人口2.5亿人，GDP以及投资、消费、进出口等主要指标都约占全国的1/4，作用独特、区位优越、基础雄厚，正处于转型发展的关键阶段，是中国经济最有潜力的新增长极之一。尤其是京津冀协同发展,将成为面向未来打造的新的首都经济圈。

——长江经济带。依托长三角城市群、长江中游城市群、成渝城市群,做大做强上海、武汉、重庆三大中心城市三大航运中心,推进长江中上游开发,构建沿海与中西部相互支撑、良性互动的发展格局,拓展我国经济发展空间,形成直接带动超过1/5国土、约6亿人的强大发展新动力。

——丝绸之路经济带。以综合交通通道为展开空间,依托以沿线交通基础设施和中心城市,对域内贸易和生产要素进行优化配置,促进区域经济一体化,最终实现区域经济和社会同步发展。丝绸之路经济带是在古丝绸之路概念基础上形成的一个新的经济发展区域。东边牵着亚太经济圈,西边系着发达的欧洲经济圈,被认为是"世界上最长、最具有发展潜力的经济大走廊",是打造西部大开发的"升级版"。

中国经济带的建设是为了构建中国区域空间的战略格局,形成覆盖全部国土的科学开发的框架体系。因此,目前还是处在"织网"的阶段。在中国区域空间的战略格局的大网中,至少还将有若干经济带已经或即将形成:

——东南沿海经济带。随着沪深高铁的全线贯通,上海自贸区、天津滨海新区、粤港澳合作区等助其提速,一个连接长三角城市群、海峡西岸城市群、珠三角城市群和北部湾城市群的经济带已经呈现。

——珠江经济带。与长江经济带平行、支撑我国南方发展的珠江经济带,包括广东、广西、贵州、云南,它是以珠三角为龙头,涵盖整个西江流域的一个经济整体,并将进一步拓展中国的区域经济空间。

——东北中部经济带。从黑龙江北部一直到辽东半岛,形成一个纵贯东北平原腹地的经济带。这里有中国最大的平原,有丰富的煤炭、石油、粮食等资源产品。东北中部经济带的建设将有利于本区的东北亚区域中心作用的发挥。

——黄河经济带。包括山东、河南、陕西、甘肃、青海。黄河经济带东到黄海,西接丝绸之路经济带,是中国的经济脊梁。

——长城经济带。在中国的北方,沿长城一线,包括北京、河北、山西、内蒙古、宁夏,在中国的北方内陆形成一个强大的经济地带,将承担起中国最大的能源基地的职能。

(三)谋划区域经济新棋局的战略意义

经过改革开放以来30多年的持续快速增长,我国经济社会发展已经进入一个新的历史阶段。谋划区域经济新棋局,契合中国经济大转型、大发展的需要,并将为大超越构建新的载体和支点。

1. 是实现经济结构转型升级的重要载体

从经济发展的全局着眼,培育新的区域经济带,以此构建推进中国经济转型发展的战略支撑,对于有效扩大内需、促进经济稳定增长、调整经济结构具有重要意义。在经历一个持续的"赶超"过程之后,特别是在中国年度国民经济活动总量超过日本之后,中国经济发展就历史性地进入了一个真正的"大超越"阶段。大超越需要以大转型为前提,大转型、大发展、大超越需要新载体。丝绸之路经济带等战略安排就是这类新载体之一。当前我国区域发展是在东部率先发展、西部大开发、东北振兴、中部崛起四大传统战略基础上的进一步深化和细化。其主要特点是更加注重东中西部的连接和贯通，强调跨省、跨区域的大区域发展；在开放层面上，从沿海开放转向更注重空间和内容的全面开放，以构建新的开放型经济体系，比如"一带一路"战略构想的提出；在内容上，更强调可持续发展，强调环境保护和经济发展的有机结合。在相关规划驱动下，我国区域结构将进一步改善，中部、西部和东北地区将加快发展，经济增长将进一步提质增效，区域发展不平衡将转化为中国经济梯级发展的强大动力。

2. 是培育新的经济增长极的战略举措

当前，我国正处于发展速度换挡期、结构调整阵痛期、前期刺激政策消化期三期叠加阶段，经济增长仍面临较大的下行压力。谋划区域经济新棋局，实施东西双向开放战略，与依托亚欧大陆桥的丝绸之路经济带相连接，将构建沿海、沿江、沿边全方位开放新格局，在提升东部沿海发展质量的同时，重视做好内陆开发开放，推动中西部沿长江区域积极承接沿海产业转移，加大力度推进对内对外开放，大力推进城镇化，将让更多的农业人口有序进城，加强城际间联系，把发展潜力和空间释放出来，进而为中国经济长期持续健康发展提供支撑。此外，通过建立健全区域间互动合作机制，完善长江流域大通关体制，更好发挥市场对要素优化配置的决定性作用，也是深化改革开放、打破行政区划壁垒、建设统一开放和竞争有序的全流域现代市场体系的重要举措，对于新的经济增长极的发展，将提供重要的体制机制保障。

3. 是应对全球经济格局新调整的必然选择

区域经济新棋局的谋划，尤其是丝绸之路经济带、海上丝绸之路的构想，展现了中国发展区域共赢合作的新理念、新蓝图、新途径和新模式。这一构想提出丝绸之路沿线国家合力打造平等互利、合作共赢的"利益共同体"和"命运共同体"的新理念，即通过加强政策沟通、道路联通、贸易畅通、货币流通、民心相通等新途径，以战略协调、政策沟通为主，与现有的区域合作机制如上合组织、欧亚经济共同体、亚太经合组织、东盟、海合组织和欧盟等合作协调发展。中国将以带状经济、走廊经济、贸易便利化、技术援助、经济援助、经济一体化等各种可供选择的方式与沿线国家共同推进欧亚区域经贸发展，这种创新的合作模式，可以使欧亚各国经济联系更加紧密，相互合作更加深入，发展空间更加广阔，新的地缘格局必将再度深刻影响世界。而且，将丝绸之路经济带与长江经济带等经济带相结合，将形成引领未来中国西部大开发、实施向西开放战略的升级版，有利于释放中西部地区的发展潜力，拓展开放型经济发展的广度和深度。

（四）区域经济新棋局对区域发展的意蕴

区域经济新棋局标志着区域经济发展布局从"块"到"带"的演变，因其组织方式和发展方式的根本差异，也促使各区域对其现有的区域发展战略进行必要的再审视。

经济新常态与河南新方略

1. 区域经济新棋局将助推区域发展由"政策市"走向"市场市"

经济带是在区域分工基础上形成的不同层次和各具特色的带状地域经济单元,内在要求内部各经济板块间有明确的定位和明晰的分工。因此,区域经济新棋局将推动区域发展从行政区思维转向经济区思维,更多地尊重和遵循市场规律,打破"要政策、抢优惠"的惯性,破除对政策的一味"等靠要",除针对特别困难地区或承担先行先试任务的特殊功能区,不搞特殊和优惠政策,从而有助于深化对政府与市场关系的再认识,遏制对违规优惠政策的侥幸期待,让区域发展真正由"政策市"回归"市场市",让经济活动回归法制和市场轨道。最近,愈演愈烈的自贸区申报热潮被紧急叫停,也在一定程度上凸显了区域发展新棋局下区域发展战略理念的深层次转变。

2. 区域经济新棋局将促进区域间竞争与合作的再强化

区域经济带意味着建立在比较优势和市场选择基础上的更多的区域分工与合作,这将在加速区域经济一体化的同时,也强化着经济带内各经济板块或地区间的竞争与合作。即便强调经济带内区域协调发展,先发地区对后发地区的推动和支持,也要更多地基于市场规律和市场调节,在优势互补、互利共赢的基础上实现协调发展。因此,在区域发展新棋局下,各区域必须尊重历史规律和经济规律,加快清理、废除妨碍全国统一市场形成和公平竞争的各种规定和做法,着力建立统一开放、竞争有序的市场体系,促进人口等资源要素在不同区域间自由流动、优化配置。

3. 区域经济新棋局将推动区域发展战略的再整合

2013年底召开的中央经济工作会议明确提出,要完善并创新区域政策,缩小政策单元,重视跨区域、次区域规划,提高区域政策的精准性。在区域发展新棋局下,原有的区域发展战略与新的区域经济带之间势必出现重合、交叉或相互补充等情形,是固守原有的区域发展战略,还是积极融入区域发展新棋局?由于以往的区域发展战略或规划均既体现了国家意志,又结合了地方的比较优势,且从基础设施、产业、社会发展、环境保护等方面配套有一系列政策措施和项目安排,操作性强、含金量高,所以地方多有争取区域发展战略或规划的内生动力。所以,鉴往知来,区域经济新棋局下,相关区域对自身发展战略或规划也不难有再审视再选择的内生动力。比如,在继陆续上升为国家战略的区域振兴规划热潮后,2014年已有陕西西咸新区、贵州贵安新区、青岛西海岸新区、大连金普新区、四川天府新区5个城市新区成为国家级新区(见表2-1)。

表2-1 国家级新区及其特色定位

新 区	国务院批复时间	特色及定位
上海浦东新区	1992年10月	科学发展的先行区、"四个中心"(国际经济中心、国际金融中心、国际贸易中心、国际航运中心)的核心区、综合改革的试验区、开放和谐的生态区
天津滨海新区	2009年11月	我国北方对外开放的门户、高水平的现代制造业和研发转化基地、北方国际航运中心和国际物流中心
重庆两江新区	2010年6月	包括内陆重要的先进制造业和现代服务业基地等五大功能定位

续表

新　区	国务院批复时间	特色及定位
浙江舟山群岛新区	2011年6月	浙江海洋经济发展的先导区、海洋综合开发试验区、长江三角洲地区经济发展的重要增长极
甘肃兰州新区	2012年8月	带动甘肃及周边地区发展、深入推进西部大开发、促进我国向西开放
广州南沙新区	2012年9月	打造粤港澳全面合作示范区
陕西西咸新区	2014年1月	富有历史文化底蕴特色的现代化城市
贵州贵安新区	2014年1月	探索欠发达地区后发赶超路子，加快推进体制机制创新
青岛西海岸新区	2014年6月	担负海洋强国和改革开放的双重使命
大连金普新区	2014年6月	进一步深化与东北亚各国各领域的合作
四川天府新区	2014年10月	以现代制造业为主、高端服务业集聚、宜业宜商宜居的国际现代新城区

二、区域经济新棋局下河南发展面临的机遇和挑战

河南是人口大省、产粮大省，又地处连接东西、贯通南北的战略枢纽，在中华文明发展进程中占有重要地位，是区域经济新棋局中举足轻重的"中原板块"。在区域经济新棋局下，这一板块的发展既面临前所未有的难得机遇，又面临前所未有的严峻挑战。

（一）河南在区域经济新棋局中的战略地位

近年来，国家陆续出台区域发展规划，内陆地区多个城市群上升为国家战略，丝绸之路经济带、长江经济带等发展构想相继提出，意在运用新地缘经济和新信息技术条件下的交通、物流和信息流等综合优势，推动内陆地区与沿海、沿边地区联动发展。习近平总书记强调，河南地处连接东西、贯通南北的战略枢纽，希望河南建成连通境内外、辐射东中西的物流通道枢纽，为丝绸之路经济带建设多做贡献。作为中国的心脏地带，河南的发展不仅仅是自身的问题，对全国发展大局也具有重要意义，国家对中原经济区的五大战略定位提升了河南在全国区域经济发展格局中的地位，也让当下的中原肩负着国家在诸多领域先行先试、探索经验的光荣使命。河南要自觉担负起服务国家大局、推动自身发展的双重责任，加快构建覆盖中西部、辐射全国、连通世界的铁路、公路、航空、信息综合枢纽，实现服务全国大局与加快自身发展的有机统一。

国际金融危机爆发以来，国内区域产业梯度转移明显提速，中原地区成为承接产业转移的重要载体。2009年10月《促进中部地区崛起规划》发布，中部六省立足自身比较优势谋划、完善、提升区域发展思路，鄱阳湖生态经济区、武汉城市圈、长株潭城市群、皖江城市带、山西省国家资源型经济转型发展综合配套改革试验区、中原经济区等陆续上升

为国家战略，中原地区在全国区域发展格局中的地位稳步提升。习近平总书记指出，河南的发展在中原地区崛起中发挥了重要作用。近些年，河南抓住产业转移的战略机遇，积极谋划适应新阶段的发展思路，2011 年中部地区第一个综合保税区新郑综合保税区建成运行，2012 年郑州获批全国唯一综合性跨境贸易电子商务试点城市，2013 年我国第一个航空港经济综合试验区上升为国家战略。2014 年 5 月，国家发改委正式启动新十年促进中部地区崛起规划前期研究工作。河南的区位、交通、能源、人力资源等传统优势依旧明显，航空枢纽、对外贸易、新兴产业等新优势逐步强化，更应在促进中部地区崛起中发挥更大作用。

（二）区域经济新棋局下河南发展面临的机遇

1. 中部崛起新机遇

在"两横三纵"的带状区域发展新棋局中，中原板块在"两横一纵"经济带范围之内，战略地位将更为突出。其中，河南在陇海经济带与京广经济带的交会处，湖北、湖南在长江经济带和京广经济带的交会处，山西在沿京广经济带范围，江西、安徽都属于长江经济带范围。《全国主体功能区规划》也把中部地区的中原经济区、皖江城市带、江淮地区、长江中游地区等定位为重点开发区域。同时，中部崛起战略自提出、实施到深入推进已经 10 年。按照《促进中部地区崛起规划》，中部地区着力构建"两横两纵"经济带，即沿长江经济带、沿陇海经济带、沿京广经济带和沿京九经济带，取得了较为明显的成效，与国家"两横三纵"的带状区域发展新棋局相吻合。可以看出，以河南为中心的中原板块在中部地区区域发展新棋局中承东启西、通南贯北的战略地位更加突出。促进中原地区崛起，要依托其在带状区域发展新棋局中的战略地位，积极融入"两横两纵"经济带，把握国家促进中部崛起的新机遇，使其成为支撑全国经济增长的重要板块。

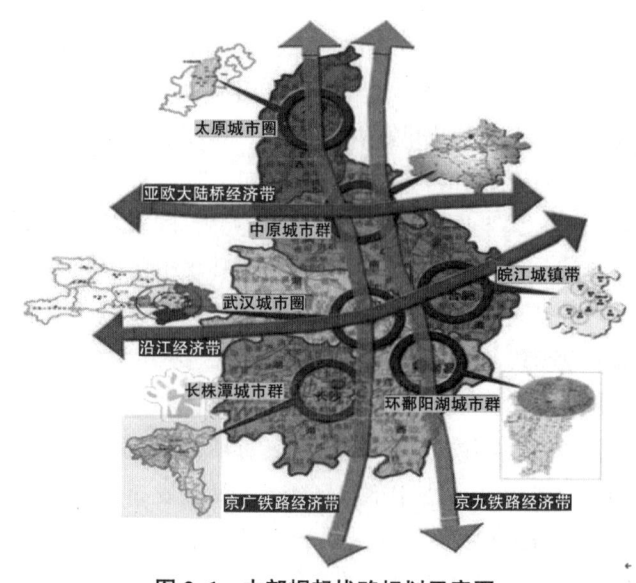

图 2-1 中部崛起战略规划示意图

2. 城市群发展新机遇

城市群是城镇化高级发展阶段的城市空间形态。目前，我国东部地区京津冀、长江三角洲、珠江三角洲三大城市群，以2.8%的国土面积集聚了18%的人口，创造了36%的国内生产总值，成为带动我国经济快速增长和参与国际经济合作与竞争的主要平台。而中西部地区城市群发展较为滞缓，城市群一体化程度较低，尚未形成发展合力，带动区域经济社会发展的作用尚未发挥出来。当前，我国高度重视城市群发展，尤其是中西部地区城市群的发展。《全国主体功能区规划》提出，在优化提升东部地区城市群的同时，在中西部地区资源环境承载能力较强的区域，培育形成若干人口和经济密集的城市群，通过推进城镇化带动中西部地区发展。《国家新型城镇化规划（2014~2020年）》提出，以城市群为主体形态，推动大中小城市和小城镇协调发展；中西部地区城市群要成为推动区域协调发展的新的重要增长极；加快培育成渝、中原、长江中游、哈长等城市群，使之成为推动国土空间均衡开发、引领区域经济发展的重要增长极。2014年国务院《政府工作报告》又提出，加快推进交通、水利、能源、市政等基础设施建设，增强中西部地区城市群和城镇发展后劲。因此，中原城市群作为中西部地区重要的城市群，将在区域经济新棋局下迎来前所未有的发展机遇。

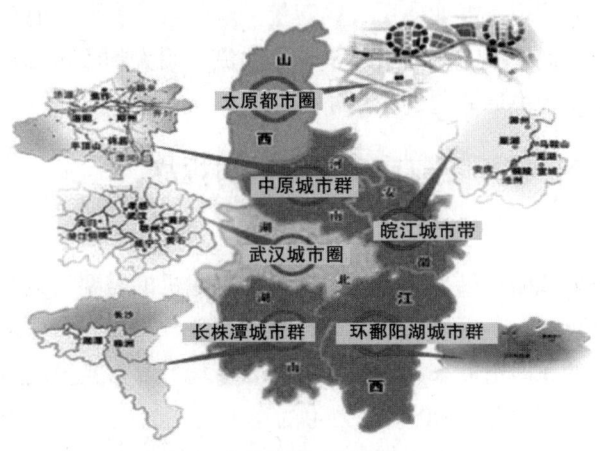

图2-2 中部地区主要城市群

3. 城镇化发展新机遇

城镇化发展水平滞后是制约河南经济社会发展、实现中原崛起的重要因素。2014年国务院《政府工作报告》提出，加大对中西部地区新型城镇化的支持，引导约1亿人在中西部地区就近城镇化。《国家新型城镇化规划（2014~2020年）》提出，以合法稳定就业和合法稳定住所（含租赁）等为前置条件，全面放开建制镇和小城市落户限制，有序放开城区人口50万~100万的城市落户限制，合理放开城区人口100万~300万的大城市落户限制，合理确定城区人口300万~500万的大城市落户条件，严格控制城区人口500万以上的特大城市人口规模。与之相适应，2014年10月召开的推进新型城镇化工作部际联席会议第一次会议指出，将出台《城市规模划分标准调整方案》等配套政策。按此方案，大中小城市的人口规模将进行重新界定,河南除郑州属于严格控制城区人口规模的特大城市外,其他均属于要大力发展的城市(见表2-2)。这些都将为推动河南城镇化进程提供难得机遇。

表2-2 城市规模划分标准调整方案

城市类型	原标准	新标准
特大城市	100万以上	500万以上
大城市	50万~100万	100万~500万
中等城市	20万~50万	50万~100万
小城市	20万以下	50万以下

4. 开放发展新机遇

区域经济新棋局要求以带状经济推动开放向内陆发展,加快建设面向东南亚、中亚、欧洲等地区的国际物流大通道,支持内陆城市增开国际客货航线,发展江海、铁海、陆航等多式联运,这有利于河南克服既不靠海也不沿边的区位劣势,充分发挥郑州航空港经济综合试验区的国家战略优势,打破开放口岸少、物流费用高、区域转关难等诸多亟待破解的制约因素,并通过深化改革、扩大先行先试,充分发挥交通、区位等优势,积极融入区域分工与协作,不断完善现代产业体系,构建统一、开放、竞争、有序的市场体系,形成以改革促开放、以开放促发展,用大交通带动大物流、用大物流带动产业群、用产业群带动城市群、用城市群带动中原崛起的发展格局。

(三)区域经济新棋局下河南发展面临的挑战

1. 政策红利明显减少

随着我国区域发展战略的转变以及应对国际金融危机的需要,近几年国家密集出台了各具特色的区域发展规划,各区域之间的综合实力竞争日趋激烈,区域竞争的内涵和主要内容也发生了明显转变,即由原来的政策、资金、市场、要素甚至名分之争,转变为区域核心竞争力之争;由原来的以GDP总量为主的竞争转变为以经济结构、技术水平、创新能力、资源环境协调、人民生活水平等经济发展质量为主的竞争。新形势下区域竞争内涵和竞争内容的转变,将为河南发展带来新的压力和深刻影响,特别是河南普遍存在经济结构不尽合理、资源过度消耗、生态环境恶化、区域技术创新能力弱、人民生活质量提升缓慢等突出问题,再加上诸多区域发展规划出台,导致先行先试的政策作用递减,在先行先试方面的政策红利明显减少。

2. 传统优势逐渐衰减

当前,河南传统的人口优势、资源优势、产业基础优势面临衰减可能。一是人口优势可能会衰减。河南人口众多,为经济社会发展提供了丰富的劳动力资源,但是随着劳动力成本的不断提升,廉价劳动力的竞争优势将逐渐丧失。同时,河南城镇化水平不高,农业人口向城镇转移任务艰巨,而大部分农业人口文化和科技素质不高,影响着以提高城镇化质量为主导的新型城镇化的快速推进。二是资源优势可能会衰减。河南是我国的矿产资源密集区，煤炭、石油、铁、铜、铝等矿产资源丰富，为河南乃至全国发展提供了丰富的能源和原材料。随着我国更加强调经济发展质量，资源开发的生态环境成本不断提升。同时，随着科技发展，资源利用效率提高，对能源、原材料和资源性产品的需求将减少，河南的资源优势将会逐渐衰减。三是传统产业优势可能会衰减。长期以来，作为我国重要的能源、原材料基地，河南形成了煤炭、石油、电力、冶金、机械等传统工业为主体的颇具特色的重工业体系，而高附加值的新兴工业发展缓慢，产业结构升级乏力。随着区域竞争的日趋加剧、高技术产业快速发展、产业结构优化升级步伐加快，河南传统产业优势可能会衰减。

3. 深层次矛盾仍然存在

由于长期以来粗放型经济发展方式的惯性作用，河南经济发展质量问题更加突出。一是经济结构偏重。从产业结构看，重工业和资源性产业比重大，生产性服务业支撑力弱、新兴产业发展缓慢，重型化特征明显；从发展方式看，经济增长主要依赖于能源原材料产业，经济增长过度依赖投资拉动，自主创新对经济增长贡献偏低；从产业链角度看，中上游产业多，能源、原材料比重大，产业延伸度不够；从价值链角度看，中原地区产业偏低端的特征明显，传统优势产业大多集中在中间制造环节，自主创新能力弱。二是城镇化发展滞后、发展质量不高。农村人口众多，城镇化水平低于全国平均水平；"摊大饼"式的城市扩张模式使得土地利用方式粗放，大量的耕地资源被浪费，导致大城市辐射和带动能力有限，中小城市功能不完善，集聚人口能力不足。三是资源环境约束加大。河南长期以来一直沿用"高投入、高消耗、高排放、低效益"的粗放型生产方式和发展模式，资源利用效率低，污染排放强度大，使得资源环境瓶颈制约日益加剧，主要依靠资源的消耗推动经济社会快速发展的模式不可持续。

4. 新的竞争优势尚未形成

近年来，河南抢抓并充分利用国家粮食生产核心区、中原经济区、郑州航空港经济综合实验区三大国家战略，着力扩大增长点、转化拖累点、抓好关键点、抢占制高点，强化增量优化、存量调整，延伸产业链、完善创新链、提升价值链，培育了一批电子信息、生物医药、现代物流等战略性新兴产业，这些产业增速很快，比如电子信息产业增加值保持年均80%左右的增速，生物医药产业增加值增速也在20%以上。但同时也面临着资源环境约束趋紧的困扰，建设用地需求缺口较大，企业用工成本上升，支撑发展的资源环境承载力明显不足。据测算，2014年全省建设用地需求为60万亩，但是新增建设用地供给只有20万亩，只能满足1/3的用地需求，一批技术含量高、市场前景好、投资强度大的好项目难以落地，成为制约企业发展的主要矛盾。这些都决定了战略性新兴产业和产业集聚区正在成长发展之中，还未形成可以替代传统优势产业和原有战略支撑的新支撑力量。因此，全省总体上仍处于转型升级的过程之中，处于爬坡过坎、攻坚转型的关键时期，许多工作取得了明显成效，传统优势减弱或已失掉但新的支撑力量尚在形成之中，深层次矛盾正在缓解但还没有根本解决。

三、区域经济新棋局下加快河南发展的总体思路

（一）指导思想

以邓小平理论、"三个代表"重要思想、科学发展观为指导，全面贯彻落实中共十八大、十八届三中全会精神与省委决策部署，紧抓谋划全国区域经济新棋局的背景和机遇，把改革创新、扩大开放贯穿于经济社会发展各个领域各个环节，坚定总坐标，坚持总思路，完善总方略，加快实现中原崛起河南振兴富民强省总目标，聚焦实施粮食生产核心区、中原经济区、郑州航空港经济综合实验区三大国家战略规划，积极融入丝绸之路经济带，加快建设先进制造业大省、高成长服务业大省和现代农业大省，实现中原板块在区域发展新棋局中的战略崛起。

——把握棋局，站位全局谋发展。谋划区域发展新棋局是我国改革开放30多年，实施沿海开放战略和主体功能区规划后，对于全国总体发展格局的新谋划，其战略意义重大而深远。区域发展新棋局下的布局形态不再是"块"，而是以"带"将"块"连接起来，把全国区域经济总体战略的"四大板块"和客观发展中形成的东、中、西部"三大地带"贯通为网络，统筹东西部、协调南北方，推动经济由东向西、由沿海向内地梯度发展。"不谋全局者不足以谋一隅"，在区域发展新棋局下要实现河南更好更快的发展，就要站位全局谋划，领会新棋局的布局、棋路和棋力，河南在区域发展新棋局中有承东启西、通南贯北的战略地位，未来要积极融入"两横三纵"经济带，努力成为支撑全国经济增长的重要板块，在区域发展新棋局下实现中原崛起。

——紧抓机遇，发挥优势抢先手。河南地处全国"两横三纵"战略格局中欧亚陆桥通道横轴和京哈京广通道纵轴的交会处，地理位置优越，公路、铁路和空运形成的交通网络四通八达，是传统的农业大省和人口大省，又是新兴的经济大省、工业大省和文化大省。河南要紧抓机遇，立足自身产业和人口禀赋，聚焦三大战略，发挥区位和交通优势，突出科学推进新型城镇化、承接产业转移、建设以产业集聚区为主的发展载体、构建现代综合交通物流体系等发展重点，利用郑州的综合交通枢纽地位，把郑州建设成为丝绸之路经济带的"桥头堡"，并积极推动区域经济一体化、泛区域经济合作与跨区域经济协作，加快建设先进制造业大省、高成长服务业大省和现代农业大省，在新一轮发展中抢得"先手"。

——谋定中腹，崛起中原城市群。棋盘正中央的星位被称为"天元"，象征着由众星烘托的"北极星"，又可象征群星中最光彩夺目的第一明星。河南正处于我国版图的中腹和天元位置，坚持依托中原城市群全面谋划、科学发展，从新棋局的中腹谋划出一片天地。中原城市群要加大开放力度，有序承接国际及沿海地区产业转移，壮大现代产业体系，完善基础设施网络，全面发展社会事业，健全功能完备、布局合理的城镇体系，强化

城市分工合作,形成经济充满活力、生活品质优良、生态环境优美的新型城市群,打造引领区域经济发展的重要增长极,成为支撑中部崛起的战略平台和重要支撑。

——深化改革,持续开放求突破。经济带是在区域分工基础上形成的不同层次和各具特色的带状地域经济单元,内在要求内部各经济板块间有明确的定位和明晰的分工。因此,区域发展新棋局将推动区域发展从行政区思维转向经济区思维,更多地尊重和遵循市场规律,不搞特殊和优惠政策,以改革激发内生动力,以开放带动区域协同发展。新棋局下的河南要按照建立统一开放、竞争有序的市场体系的要求,坚持深化改革、简政放权,加快形成富有效率的体制机制,全面提升发展活力和竞争力。利用新丝绸之路经济带和建设郑州航空港经济综合实验区的契机,不断拓宽开放领域,不断优化开放环境,发展更高水平的开放型经济体系,加快形成全方位、宽领域、多层次开放格局。着力探索市场化的区际利益分享与协调平衡机制,推动区域间在产业升级、资源环境保护等方面的互利共赢、共同发展。

——创新驱动,累积发展新势能。当前,我国经济整体上正处于"三期"叠加的阶段,加上世界经济还处于深度调整之中,河南发展面临的内外环境更趋复杂。中共十八届三中全会以来,改革红利逐步释放,人口数量红利向质量红利转变,复杂程度较高、人力资本密集的行业孕育着新优势;城市化与信息化、绿色、低碳等新趋势相结合,能释放出产业升级的新动力;居民消费升级将持续推进,服务消费发展潜力巨大;全球化深入发展为中国发展提供新的机遇等。在区域发展新棋局下,在区域产业合作和产业转移、人口等资源要素跨区域流动、环境治理联防联控、交通通信快速发展等传统动力之外,河南还必须积极寻求协同发展新动力。要强化创新驱动,推动经济发展更多地依靠提高生产效率和创新能力,而不是单纯依靠要素投入,加快培育创新高地,形成持续发展的内生动力。

(二)战略定位

参考三大国家战略对中原板块的战略定位,深刻把握区域经济发展新棋局的新内涵,未来一段时期河南经济社会发展的战略定位是:

——国家重要的粮食生产基地和现代农业大省。集中力量建设粮食生产核心区,巩固提升在保障国家粮食安全中的重要地位;大力发展畜牧业生产,建设全国重要的畜产品生产和加工基地;加快转变农业发展方式,发展高产、优质、高效、生态、安全农业,培育现代农业产业体系,不断提高农业专业化、规模化、标准化、集约化水平,建成全国农业现代化先行区。加强粮油等农产品生产和加工基地建设,建设现代化农产品物流枢纽。

——全国区域协调发展的战略支点和重要的现代综合交通枢纽。充分发挥在"两横三纵"格局中承东启西、连南贯北的区位优势,加速生产要素集聚,成为从东向西实现产业转移和梯度发展、南北区域交流合作的支撑板块;加快现代综合交通体系建设,促进现代物流业发展,形成全国重要的现代综合交通枢纽和物流中心。建设郑州国际航空货运机场,完善陆空衔接的现代综合运输体系,逐步发展成为全国重要的国际航空物流中心。

——丝绸之路经济带的重要节点和内陆对外开放新高地。积极融入丝绸之路经济带,利用欧亚路桥通道，把郑州、洛阳建设成为丝绸之路经济带的重要节点以及城市和内陆对外开放的重要区域，提升参与国际产业分工层次，构建开放型经济体系，建设富有活力的开放新高地。

——全国重要的经济增长板块和中部崛起的核心地带。推进区域互动联动发展，发展壮大城市群，建设先进制造业、现代服务业基地，人力资源高地，使其成为与长江中游地区南北呼应、带动中部地区崛起的核心地带，引领中西部地区经济发展的强大引擎，支撑全国发展新的增长极。

（三）战略目标

紧扣"两个一百年"的奋斗目标，通过"三步走"战略，让中原在实现中国梦的进程中更加出彩。

第一步，到2020年，三大国家战略顺利推进，各项指标按时完成，综合经济实力明显增强，粮食综合生产能力稳步提高，工业化、城镇化达到或接近全国平均水平，居民收入增长与经济发展同步，基础设施全面提升，生态环境全面改善，资源节约取得新进展，与全国同步全面建成小康社会，形成发展活力彰显、崛起态势强劲的经济区域。

第二步，到2030年，各项发展指标超过全国平均水平，在全国区域发展格局中地位持续强化，区域经济交流合作水平和层次显著提升，对外开放水平显著提高，全国区域协调发展的战略支点作用更加凸显，成为全国重要的经济增长极。

第三步，到2050年，逐步达到高收入发展水平，三化协调四化同步的发展格局全面形成，在实现中国梦的进程中实现中原更加出彩。

（四）总体布局

国务院总理李克强在人代会上作政府工作报告时说，要谋划区域发展新棋局，由东向西、由沿海向内地，沿大江大河和陆路交通干线，推进梯度发展。河南在区域发展新棋局下要实现更好更快发展，就必须重新审视并明确自己的战略定位和发展目标，把河南放在全国发展的大格局中来谋划。按照《中原经济区规划》和《河南省主体功能区规划》的要求，依据"核心带动、轴带发展、节点提升、对接周边"的原则，谋划"一核、四轴、五门户"的总体布局，加快形成放射状、网络化、板块式的发展格局。

1. 一核：打造郑汴洛大都市区

突出郑州航空港经济综合实验区，进一步提升郑州全国区域性中心城市地位，增强郑州区域性中心城市的辐射带动作用，深入推进郑汴一体化，提高洛阳副中心城市带动力，提升发展郑汴洛工业走廊，强化郑州、洛阳作为丝绸之路经济带重要节点作用，推动多层次高效便捷快速通道建设和基础设施互通互联，培育形成郑汴洛大都市区，带动中原城市群融合发展，形成高效率、高品质的组合型城市地区和发展核心区域，辐射带动全省经济社会的转型升级和跨越发展。

2. 四轴：构建"米"字形发展轴

提升陆桥通道和京广通道功能，加快东北西南向和东南西北向运输通道建设，构筑以郑州为中心的"米"字形重点开发地带，形成支撑河南全省与周边经济区相连接的基本构架。依托陆桥通道，增强三门峡、洛阳、开封、商丘等城市的支撑作用，形成沿陇海发展轴，建设贯通东中西部地区的先进制造业和城镇密集带。依托京广通道，提升安阳、鹤壁、新乡、许昌、平顶山、漯河、驻马店、信阳等城市的综合实力，形成沿京广发展轴，构建北接京津、沟通南北的产业和城镇密集带。依托东北西南向、东南西北向运输通道，培育新的发展轴，形成"米"字形重点开发地带。逐步扩大轴带节点城市规模，完善城市功能，推进错位发展，提升辐射能力，形成大中小城市合理布局、城乡一体化发展的新格局。

3. 五门户：培育五个新兴副中心城市

按照对接周边的思路，积极培育三门峡、南阳、信阳、商丘、濮阳五个新兴副中心城市，依托5个新兴副中心城市积极推进跨省域合作，形成各具特色的跨省域合作示范区，把三门峡、南阳、信阳、商丘、濮阳培育成支撑中原板块发展的豫陕晋门户、豫鄂陕门户、豫鄂门户、豫鲁苏皖门户、豫鲁冀门户五大门户，进而通过五大门户积极对接我国区域发展的西北板块、成渝板块、珠三角板块、长三角板块、环渤海湾板块，构建中原板块对接我国主要经济区的区域发展新格局。

四、区域经济新棋局下加快河南发展的对策建议

区域发展新棋局的谋划为河南更好更快发展带来了重大契机，在区域发展新棋局中，河南的战略定位将更加清晰，发展空间将更加广阔，地位作用将更加重要。准确把握区域发展新棋局给河南带来的机遇和挑战，深刻认识河南发展的矛盾和问题，科学合理布局，明确重点任务，从战略层次上思考如何加快实现中原崛起河南振兴富民强省的宏伟目标。

（一）加快推进三大国家战略实施

三大战略是河南谋位新棋局的重要支撑，加快提升实施水平是未来一段时期河南经济社会发展的重中之重，也是提高在全国区域发展大局中的战略地位的重要支撑。

1. 加快推进郑州航空港建设

抓住丝绸之路经济带发展机遇，提高郑州航空港发展水平。一是进一步理顺体制机制，把各项职能配置到位，组建港区综合审批局，简化审批流程，涉及的省、市、县（区）的有关审批部门要在港区审批局开设窗口，真正形成一站式审批，提高效率。二是全球招聘高级专业主管，重点招聘港务、海关、物流、跨境电商等高级专业主管，提高港区管理服务水平。三是创新内陆加工贸易模式，推进整机生产、零部件、原材料配套和研

发结算在内陆地区一体化集群发展，使内陆地区成为沿海加工贸易链条的承接地。四是统筹推进内陆地区国际大通道建设，推动内陆沿海沿边通关协作，实现口岸管理相关部门信息互换、监管互认、执法互助，扩大"属地申报、口岸放行"等改革试点，使内陆地区货物进出口逐步实现"一次申报、一次查验、一次放行"，提高口岸通行效率，降低通关成本。

2. 开创中原经济区建设新局面

中原经济区规划是国家对河南经济社会发展的战略谋划和总体要求，需要创新思路，积极开创中原经济区建设新局面。一是找准中原经济区建设的战略突破口，近期应把郑州航空港、产业集聚区、中原城市群等作为中原经济区建设的战略突破口，加快推进，实现重点突破。二是建立一批跨省域合作示范区，推广黄河金三角基于大旅游的合作经验，重点推进三门峡、南阳、商丘、信阳、安阳、濮阳、济源等探索跨省域合作发展模式，探索区域合作新路径。三是搭建中原经济区合作平台，创建中原城市群市长论坛，探索区域协作发展交流平台，引导龙头企业、行业协会，民间组织等组建区域性行业协会、创新联盟、行业论坛等合作交流平台。

3. 高水平建设粮食生产核心区

围绕粮食生产优势这张王牌，按照"根本在耕地，命脉在水利，出路在科技，动力在政策"的要求，高水平建设粮食生产核心区，在提高粮食生产能力上开辟新途径、挖掘新空间、培育新优势，努力在高基点上实现粮食生产新突破。一是推进农业改革创新示范区建设，重点推进高标准粮田综合开发示范区、农村改革发展综合试验区、统筹城乡发展试验区等专业示范区建设，引导各地创建涉及"三农"创新的改革试验区，探索超前的改革创新措施，如城乡社会保障网络一体化建设，积极探索土地流转、土地承包权和林权质押贷款等办法，探索农村小额贷款及互助金融组织发展经验。二是推进农业产业化集群建设，加快建成一批各具特色、优势明显的粮食作物、畜禽养殖、特色种植等大型原料生产基地，推动农业产业化龙头企业采取多种形式与农民专业合作社对接，鼓励和支持农业产业化龙头企业和农民专业合作社相融合，引导农业经营管理方式创新，实现农业产业链的有效对接。

（二）丰富完善一个载体四个体系

一个载体四个体系是河南谋位新棋局的核心支撑，持续丰富完善一个载体四个体系，依托一个载体构建四个体系，提高中原板块的经济综合竞争力。

1. 提升科学发展载体建设水平

依托产业集聚区、商务中心区、特色商业区、农业产业化集群等提高科学发展载体水平，强力支撑先进制造业大省、高成长服务业大省和现代农业大省建设。一是提升产业集聚区发展水平，引导产业集聚区进一步明确主导产业，围绕主导产业招商引资，支持产业链集群发展，提高产业链接度和企业关联度，构建现代产业分工合作网络，形成真正的产业集群，加快培育一批专业化特色产业基地。二是提升两区发展水平，重点在郑州建设一批专业化现代服务业产业集群，支持中心城市建设科技商务区、商贸服务区等，引导县级特色商业区差异化发展。三是提升农业产业化集群发展水平，依托农业龙头企业打通三次产业链条，创新经营模式和商业模式，实现产业融合发展。四是引导科学发展载体联动发展。引导两区在中心城区、产业集聚区、农业产业化集群周边布局，实现产业集聚区、商务中心区、特色商业区、农业产业化集群的联动发展。

2. 构建竞争力强的现代产业体系

构建现代产业体系，既是保持经济平稳较快发展的根本举措，也是调整优化产业结构、转变经济发展方式的重要抓手。近年来，河南大力构建现代产业体系，取得了明显的成效，产业结构调整步伐加快，产业核心竞争力不断增强，符合省情的现代产业体系基本框架正在形成。但是，与实现中原崛起河南振兴富民强省的宏伟目标相比，尚存在不小的差距。区域经济新棋局下要实现河南更好更快发展，还是必须坚定不移地加快构建竞争力强的现代产业体系，加快建设先进制造业大省、高成长服务业大省和现代农业大省。为此，一是要加快推进产业转型升级。河南应注重破解产业层次低端化难题，按照"竞争力最强、成长性最好、关联度最高"原则，大力发展河南在现代产业体系构建方面选择的六大高成长性产业、四大传统优势产业、四大战略性新兴产业以及四大现代服务业，培育产业发展新动力。二是要打造先进制造业发展平台。依托重工业优势，在有色金属、装备制造、钢铁、化工等产业领域加大投入，延伸产业链条，提高加工度与附加值，培育一批新产业和新产品；利用高新技术、先进适用技术、信息化技术改造提升机械装备、有色、建材等传统优势产业，大力推动传统优势产业的传统制造业向现代制造业转变。三是要积极发展高成长性服务业。在运用现代管理理念和新型商业模式改造提升传统服务业的同时，发挥河南比较优势，进一步加大服务业的对外开放力度，以现代物流业、金融业、信息服务业、文化旅游业、商贸流通、健康、医疗、养老、家庭服务及教育培训等重点产业的突破带动全省服务业的发展。

3. 构建以人为本的现代城乡体系

城镇化滞后已经成为中原地区扩大内需、转型升级、加快崛起的瓶颈制约。要把握区域发展格局新调整的机遇，充分发挥新型城镇化在经济社会发展中的重要牵引作用。加快推进以人为本的新型城镇化建设，构建统筹协调的现代城乡体系，不仅是破解二元经济结构矛盾的根本出路，也是河南当前及未来一段时期经济增长的一个主动力，对于河南经济社会的发展意义重大。一是按照尊重意愿、自主选择，因地制宜、分步推进，存量优先、带动增量的原则，以农业转移人口为重点，兼顾高校和职业技术院校毕业生、城镇间异地就业人员和城区城郊农业人口，统筹推进户籍制度改革和基本公共服务均等化。二是根据综合承载能力和发展潜力，引导农业转移人口空间合理分布。三是推进农业转移人口享有城镇基本公共服务，保障随迁子女平等享有受教育权利，完善公共就业创业服务体系，扩大社会保障覆盖面，改善基本医疗卫生条件，把进城落户农民完全纳入城镇住房保障体系。四是建立健全农业转移人口市民化推进机制，建立多元化的城镇化发展投融资机制，拓展筹资、融资渠道，加快城市基础设施、社会保障、公共服务能力建设，构建政府主导、多方参与、成本共担、协同推进的农业转移人口市民化机制。五是突出抓好中原城市群建设。进一步提升郑州全国区域性中心城市地位,提升洛阳副中心城市地位,培育南阳、信阳、安阳、商丘四个新兴副中心城市,做大做强区域中心城市,强化城市分工合作,形成经济充满活力、生活品质优良、生态环境优美的新型城市群。

4. 加快构建自主创新体系

当前,我国经济整体上正处于增长速度换挡期、结构调整阵痛期、前期刺激政策消化期叠加的阶段,加上世界经济还处于深度调整之中,所以河南发展面临的内外环境更趋复杂。在区域发展新棋局下,在区域产业合作和产业转移、人口等资源要素跨区域流动、环境治理联防联控、交通通信快速发展等传统动力之外,要实现中原崛起河南振兴,必须依靠新的可持续的发展动力,也就是要强化创新驱动,推动经济发展更多地依靠提高生产效率和创新能力,而不是单纯依靠要素投入,加快培育创新高地,增强经济发展的内生动力。一要制定引导区域创新能力的创新战略。通过区域重大科技计划确定战略性、前瞻性技术领域,聚焦自主创新的方向和重点,提高关键行业和关键领域的自主创新能力,并带动其他行业和领域自主创新能力的提高。二要建设和完善研发机制。要发挥企业在创新活动中的主体地位,对高等院校、科研机构、企业及中介机构等从整体上进行合理布局,形成对创新的全方位和持久性的激励和支持,对重大科技项目开展联合攻关。同时要加大研发投入,并逐步实现研究资金来源的多元化,使企业成为应用性研究的投资主体。三要营造宽松的创新环境。鼓励并激发创新型的工作方式和团队合作,对研究成败提供很大自由度,让研究人员不急于求成、不怕失败,更加自由地进行科学探索和技术发明。

5. 着力构建现代市场体系

中共十八届三中全会明确提出,经济体制改革的核心问题是处理好政府和市场的关系,使市场在资源配置中起决定性作用和更好发挥政府作用。省委书记郭庚茂强调,坚持务实改革,主要是做到"两放活、两提升",即把市场主体放活,把生产要素放活,提升公共服务能力和服务效率,提升资源配置科学化和集约化水平。河南不靠海、不沿江、不沿边,现代市场体系的发育和完善程度与东部发达省份还有不小的差距,市场规则有待进一步统一,市场竞争有待进一步培育。当前,区域经济新棋局为河南加快现代市场体系建设,带来了新的机遇和有利条件,我们必须把现代市场体系建设摆在事关全局的战略位置,充分发挥河南交通、区位、人口优势,加快形成特色突出、布局合理,多层多元、有机衔接、功能完善、覆盖广泛,与产业发展和城市建设相适应的现代市场体系,把河南省打造成为中西部乃至全国重要的商品和要素集疏中心。为此,一是要加快构建高层次的要素市场,积极发展人力资源市场、土地市场、资本市场、产权交易市场、技术交易市场,推动要素自由流动、高效配置;二是要大力发展商品交易市场,做大做强一批具有影响力的专业市场,如大力支持农产品批发市场、全国文化产品交易市场建设等;三是要大力培育新兴交易市场,加强物联网、云计算等技术的应用,大力发展电子商务、网络营销等新业态、新模式,完善物流配送体系,培育形成一批在全国具有较强影响力的电商企业,让实体市场"上网",让虚拟市场"落地"。

(三) 持续强化中原大枢纽地位

突出中原区位优势，进一步完善公路、铁路、高铁、航空、信息等网络，提升中原在全国综合交通和信息网络中的大枢纽地位，促进物流、人流、信息流在中原的汇聚，强化中原在区域发展新棋局中的地位。

1. 持续强化综合交通枢纽地位

河南位于我国内陆腹地，具有承东启西、连南通北的区位优势，是全国多方向跨区域运输的交通要冲和多种交通运输网络交会的枢纽地区，在全国现代综合运输体系和物流体系中具有举足轻重的地位。当前，区域发展新棋局的谋划，强调完善综合运输通道和区际交通骨干网络，发挥综合交通运输网络对城镇化格局和增长极的支撑和引导作用。河南要充分发挥本省的交通区位优势，着力发展大交通大流通，用大交通带动大物流，用大物流带动产业群，用产业群带动城市群，用城市群带动中原崛起。为此，一要全面提升河南在全国路网格局中的枢纽地位。重点抓好航空港、铁路港、公路港等枢纽场站建设，积极开拓国际货运航线，全力推进"米"字形快速铁路网建设，进一步完善高等级公路网，提升水运通道功能，努力打造覆盖中西部、辐射全国、连通世界的现代综合交通枢纽。二要发挥河南贯通东西、连接南北的作用，在形成与沿海连接的西南中南、东北、西北等经济支撑带之间发挥通道和节点作用。三要在经济增长极和腹地之间打造快速交通运输通道，强化"核心—边缘"区域有序分工合作格局，使其区位交通优势转化为流通和经济优势。

2. 持续强化信息网络枢纽地位

抓住当前信息化和互联网蓬勃发展的战略机遇，突出抓好郑州国家级互联网骨干直联点建设，加快信息基础设施建设，实施"宽带中原"工程，推进智慧城市建设，提升互联网安全支撑能力，强化信息网络枢纽地位。一是争取国家级重点信息化项目落户郑州，加快推进中原数据基地、呼叫中心和大型 IDC 数据中心等重大项目建设，围绕交通物流、金融服务、电子商务、电子政务等重点领域，加快建成公共信息服务平台和业务应用平台，吸引物流、金融等现代服务业以及制造业研发环节等领域国内外大型企业在郑州建立区域性总部和研发中心；二是争取第三方数据平台落地，重点推进阿里巴巴、浪潮等区域性大数据、云计算平台落地河南；三是加快推进郑州市"国家级信息化和工业化融合试验区"建设，优先布局新一代移动通信网络，推进物联网产业园建设，实施重点领域物联网应用示范工程，扩大无线城市覆盖范围，率先打造"移动互联网落地"、"物联网应用"、"移动电子商务"、"信息惠民服务和业务应用互动聚合"四个新锐服务平台；四是提高无线城市群建设水平，建成无线城市省级门户平台，坚持"平台上移，服务下延"，提高郑州信息中心枢纽的辐射带动作用，形成郑州与其他城市协同发展格局；五是加快谋划空间信息产业和地理信息产业发展，加快制定相关产业发展规划，积极争取国家有关空间信息和地理信息数据中心落地河南；六是加快研究制定郑州（或中原）云计算产业发展规划，培育发展云计算产业链，以及城市云、教育云、医疗云、社区云、金融云、科技云、企业云七大城市"云服务"，力争让郑州在云计算、云服务领域走在中西部前列。

（四）构建内陆开放合作新格局

坚持对外开放基本省策，放大郑州航空港综合效应，抢抓产业转移新机遇，优化区域发展环境，构建内陆开放合作新格局。

1. 全方位深化改革开放

河南作为内陆地区，长期以来开放型经济发展较为滞后，区域经济新棋局的谋划为河南通过改革促开放、加快发展开放型经济发展带来了历史性机遇。按照打造区域发展新棋局的部署，以带状经济推动开放向内陆发展，加快建设面向东南亚、中亚、欧洲等地区的国际物流大通道，支持内陆城市增开国际客货航线，发展江海、铁海、陆航等多式联运，有利于河南克服既不靠海也不沿边的区位劣势，有利于河南打破开放口岸少、物流费用高、区域转关难等诸多亟待破解的制约因素。为此，河南要做大扩大内陆开放这篇大文章，一是从体制机制、政策环境等方面下功夫，全面夯实内陆开放型经济发展的基础；二是创新内陆加工贸易模式，推进整机生产、零部件、原材料配套和研发结算在内陆地区一体化集群发展，使内陆地区成为沿海加工贸易链条的承接地；三是统筹推进内陆地区国际大通道建设，推动内陆沿海沿边通关协作，实现口岸管理相关部门信息互换、监管互认、执法互助，扩大"属地申报、口岸放行"等改革试点，使内陆地区货物进出口逐步实现"一次申报、一次查验、一次放行"，提高口岸通行效率，降低通关成本。

2. 高水平推进区域分工协作

在谋划全国发展新棋局、布局区域经济发展新热点的背景下，河南应牢牢把握发展机遇，重新审视并明确自己的功能定位，找准融入点和切入口，探索新思路、寻求新方位、重塑新坐标，积极融入新的区域支撑带，摆脱长期在国家区域发展战略重构中长期战略腹地而非战略核心的"困境"，变被动为主动，变"腹地"为"核心"，强化和凸显河南在区域发展新棋局中的战略枢纽地位与价值。一要进一步强化河南在推动内陆地区与沿海、沿边地区联动发展的战略地位。河南地处京广经济带和丝绸之路经济带的十字交叉线上，东邻东陇海经济带和淮海经济区，西接西北丝绸之路通道和关中—天水经济区，应充分发挥全国区域协调发展的"国家战略支点"作用。要把握丝绸之路经济带、21世纪海上丝绸之路与长江经济带的重大战略机遇，着力强化郑州航空港综合试验区的国际功能定位，提升郑州作为中心城市的综合竞争力，着力打造丝绸之路经济带供应链的东方中心和价值链的高端基地。二要加强区域分工协作的顶层设计和制度安排。明确不同城市功能、产业、物流等定位，解决沿大江大河、主要交通干线、主要联系通道的产业布局、城镇分布、基础设施共建、生态环境共治等问题。充分发挥企业在区域分工与合作中的主体地位和政府在地区经济合作中的协调作用，培育区域合作发展的市场体系和市场机制，促进市场中介体系的完善，为区域合作营造一个比较成熟的市场经济体制环境。

3. 高起点承接产业集群转移

谋划区域发展新棋局的提出，有利于河南发挥资源丰富、要素成本低、市场潜力大的优势，通过承接产业转移促进产业结构优化升级，进而提升全省经济发展的质量和效益。

一要承接发展中部地区传统优势特色产业。承接、改造和发展纺织、服装、玩具、家电等劳动密集型产业，承接能源矿产资源开发和精深加工产业，承接发展农产品加工业、生态农业和旅游观光农业，承接新能源、节能环保等产业所需的重大成套装备制造关联产业和配套产业，承接发展商贸、物流、文化、旅游等产业，承接发展电子信息、生物、航空航天、新材料、新能源等战略性新兴产业。二要建立一批承接产业转移示范区。着力培育和壮大一批承载能力强、发展潜力大、经济实力雄厚的重点经济区（带），把产业园区作为承接产业转移的重要载体和平台，加强园区交通、通信、供水、供气、供电、防灾减灾等配套基础设施建设，引导转移产业和项目向园区集聚，形成各具特色的产业集群。发挥园区已有重点产业、骨干企业的带动作用，吸引产业链条整体转移和关联产业协同转移，提升产业配套能力，促进专业化分工和社会化协作。三要以全面深化改革优化承接产业转移环境。加快引入负面清单管理模式，全面推进行政审批制度改革，改善营商环境，促进投资贸易便利化。完善承接地交通基础设施，强化公共服务支撑。建立完善公共信息、公共试验、公共检测、技术创新等服务平台，规范发展技术评估、检测认证、产权交易、成果转化等中介机构。加快社会诚信体系建设，建立区域间信用信息共享机制。

第三章　大数据时代河南经济转型升级的思路与举措

河南省委书记郭庚茂同志在全省市厅级主要领导干部学习贯彻习近平总书记系列重要讲话和十八届三中全会精神研讨班上的辅导报告中指出，信息化是当今世界发展的大趋势，是推动经济社会变革的重要力量，必须紧紧抓住和用好新一轮科技革命和信息化快速发展的机遇，抢占信息化创新发展的制高点。这为新时期加快推进河南信息化提出了新的要求。作为新一代信息技术产业的重要组成部分，大数据已成为新时代重要的战略资源，大数据产业将对信息技术和信息产业以及未来经济社会发展产生重大影响。

一、大数据时代及其对区域经济转型升级的影响机理

当前，大数据已被视为提升创新力和生产力的下一个前沿，成为堪比土地、石油和资本的重要战略资源，也成为新时期产业竞争力和商业模式创新的制高点、区域竞争力乃至国家竞争力的重要因素。

（一）大数据时代及其特征

1. 大数据

大数据（Big Data）并不是简单字面意义上的大量数据，也没有统一共识的说法，综合维基百科、麦肯锡、国际数据公司（IDC）等观点，较为普遍接受的是，基于大数据本身特点的"5V"定义，也即规模性（Volume），数据体量巨大，规模一般在PB至EB级；多样性（Variety），类型繁多，更多是非结构化、分布式和单调模式的数据；价值性（Value），数据价值密度低，需对海量数据进行挖掘才能得到真正有用的信息；高速性（Velocity），数据处理速度快；精确性（Veracity），实现数据处理的意义和目的。

2. 数据产业

大数据产业的崛起源于大数据与云计算的内在联系。大数据技术在云计算服务框架下发挥优势作用。按照"大数据云图"的概念，二者结合过程中的"基础设施"板块，属于云上的部分，相当于整个大数据产业中分享固定成本的承重部分；相对的"应用程序"板块，与云相对分散的端，对应整个大数据产业中相当于边际成本的部分。二者是基于云计

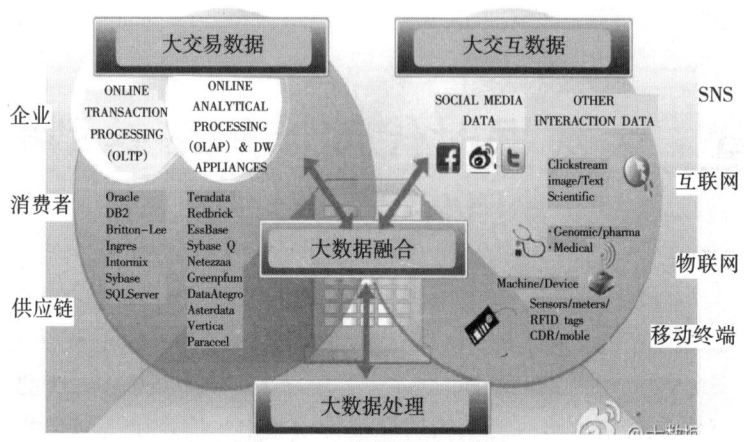

图 3-1 大数据原理示意图

资料来源：互联网、光大证券。

算的固定投入与边际投入大分工的关系。大数据在实践中通过云计算转化为产业，大数据产业的形成推动数据存储、分析、可视化等技术发展，促进 IT 技术与产品创新加速，促进 IT 行业的进一步垂直整合。

3. 大数据产业尤其契合后发地区跨越发展的需要

大数据是近年来伴随云计算、物联网等新一代信息技术而出现的一种相对于传统数据处理方式的信息处理技术和方法革命的统称，尽管迄今对其概念尚无统一的界定，但其核心是指基于获取更强洞察力、决策力、执行力和生产力的目标，而综合运用现代信息技术快速获取、处理、分析数据资源并从中提取海量、多样化的信息资产。它不仅仅是技术层面的"数据的工业革命"，能够迅速衍生为新兴信息产业，更因与电子商务、社交网络、智慧城市等新型商业应用深度融合，加速信息技术向传统产业的渗透，从而为新产业革命注入新的动力，成为新产业革命的重要引擎。而且，大数据产业作为信息产业，不像传统产业那样对现有基础有着较高的要求，也没有太多的地域限制，因此，大数据产业尤其适合后发地区跨越发展的需要，也是欠发达地区实现后发赶超的重要契机。

（二）大数据时代对经济发展相关主体的影响机理

1. 大数据影响思维决策方式

随着云计算、物联网等新一代大数据的创新应用，大数据正在形成非线性的、面向不确定性的、自下而上的决策基础。决策可以放弃对其中因果关系的渴求，只关注相关关系，只需知其然，不用知其所以然，从而开启思维决策方式的转变，并推动思维决策更理性更可靠。由于数据种类多、覆盖广、多元化，借由前沿技术从宏观群体走向微观个体，数据分析进入全方位事实分析阶段，来自内部的数据同时纳入第三方的竞争数据，并以非结构化数据为主等大数据决策的支撑基础，使得相伴相生的思维决策将根据设定好的参数自动化制定策略。同时，大数据也推动思维决策过程改变。决策参与者不仅源自领导层，更多依赖数据分析师，决策出炉是二者共同作用的结果。决策组织架构的主流模式呈现扁平化、单元式的显著特征。决策链条由组织架构底层向上层传递，决策机制由自上而下的正三角形模式，向自下而上的倒三角形机制转变。

2. 大数据影响价值创造方式

首先，大数据改变价值创造的信息条件。对传统信息经济理论造成冲击，赋予信息新的价值创造含义。信息更多以数据形式出现，市场参与者将会留下可发掘的活动足迹，决策主要依靠数据驱动，成本隐藏信息和行为极易被发现，大数据本身的交叉聚合突变效应越发明显。其次，大数据将改变价值创造和分配方式。大数据提高价值创造的市场透明度，消除信息不对称，促进数据共创、共有、共容、共享，并创造出新的价值。大数据促进客户群精确细分，以接近精确地了解客户习惯，以便锁定价值创造的促销和广告方式，增加新的个性化附加值。大数据导致价值创造的实验方法改进，以准确了解细枝末节信息，通过海量数据的近乎全样本的分析，将错误纠正在实验阶段。

3. 大数据影响企业行为方式

大数据可使企业从非结构化的海量数据中挖掘出新知识并与业务融合，促进生产模式、商业模式、管理模式等方面的深刻变革。首先，大数据促进营销方式变革。大数据可通过多种途径提升信息的可访问度、数据透明度及其广泛可获取性，利用云计算技术可更加贴近消费者、深刻理解需求、高效分析信息并做出预判，促进消费需求预测。勾勒用户"数字剪影"，促进量身定制，促进对产品功能验证，大大缩减产品与最终用户的沟通成本，使得实时个性化成为可能。其次，大数据促进企业组织结构变革。大数据导致信息传输突破传统活动空间，使产品设计、生产制造、市场营销等各价值链环节通过网络完成，为传统组织的改造和新型组织的建立提供组合分工和加大管理跨度的可能性，横向组织取代纵向层级组织，动态化、虚拟化组织成为企业组织结构主体。信息传递方式由等级型变为水平型，组织跨度不断加宽，组织层次不断减少，中层管理人员让位于信息系统，组织结构趋于扁平化，反应更加灵敏、快捷。最后，大数据促进企业管理模式变革。大数据增强企业管理功能。利用大数据实现物流、资金流和信息流的统一，改善物流各环节，迈向零库存管理；提供全新管理模式和技术，借助网络充分开发利用企业内外信息资源，提高快速反应能力；丰富管理设计创新，促进对传统管理模式的业务流程再造和柔性管理。

4. 大数据促进生活方式变革

大数据影响包含衣食住行在内的生活的方方面面，围绕大数据商业价值利用的数据仓库、数据安全、数据分析、数据挖掘等逐渐成为争相追捧的利润焦点。首先，大数据促进行为选择的主动变革。促进行为选择的优化。消费者不再是被动地跟随信息流，而是越来越善于筛选和分析数据，已成为了解各种信息、善于分析决策的主动选择者；越来越多地依赖于网络和各种"云端"工具，使购物和消费越发理性；提升生活质量、和谐程度，降低个体在群体中所面临的风险。其次，大数据可提供智能化和个性化的服务。大数据促进"数据人"的出现，汇集以个体为中心的个人网上言行举止数据，在隐私保护前提下提供服务智能化和个性化。促进人工智能在搜索、识别和学习等方面快速发展；促进网络公共数据服务异军突起，走向集成、动态、精细和主动的新阶段，扩展和充实互联网服务的空间和深度。最后，大数据促进生活选择的关联分析和精准预测。数据分析可发现和涵盖生活中几乎所有的关联需求。基于网络浏览经历数据分析，可推测出特定个体的生活状态，且当不同的数据流被整合后，预测生活偏好的广度和精度会大规模提高。

表 3–1 线下数据采集方式

方　式	采集内容
Wi-Fi	位置、行走路线数据
二维码	位置、支付的数据
车载终端	行车路线位置数据，实时交通数据
智能家居终端	家庭应用数据
POS 机	商品属性、交易数据

5. 大数据影响政府治理模式

首先，大数据影响政府治理的信息获取模式。信息获取方式从有目的的调查采集转向现有大数据的分析挖掘；制度设计从以机构为中心，转向以有需求价值的指标为中心；调查主体从政府单一机构转向社会各机构联合。信息获取的分工由过去纵向层层布置或者加工汇总上报转变为由不同的部门直接按照自身实际需求挖掘整理。其次，大数据可能引致产权变革与制度创新。大数据导致私人产品生产方式的转变，易诱发产权变革。大数据和云计算背景下的生产资料虚拟化，通用性强而专用性弱，导致商品或服务的生产方式发生变化。基于大数据技术的云计算基础设施和软件平台，反复多次使用几乎不会耗损价值，且没有排他性，导致形成新的人与自然间的技术性关系，并正在内化为人与人的制度性关系，成为制度创新的新生力量。最后，大数据助力政府治理的决策科学化，公共服务个性化、精准化。大数据导致公共产品提供方式的转变，易诱发制度创新，助推云服务型政府建设，助推创新支持自我服务的政府服务，促进政府机关依法行政，提高决策科学化、民主化水平，增加透明度，加强社会监督和防治腐败；有利于规范部门职能、协同部门业务、提高工作效率，使政府更好地履行经济调节、市场监管、社会管理、公共服务的职能，可扩大公众的知情权、参与权和监督权；可为深化企业、财税、金融等方面的改革提供有力支持，健全宏观调控体系，提高资源配置水平。

（三）大数据时代对区域经济转型升级的影响机理

1. 大数据优化区域资源要素配置

经济增长因素结构中信息因素的作用日益重要，基于大数据基础的信息已成为经济增长的内生变量，促进生产力质量提升，引导生产要素合理配置，促进生产力系统运行有序，实现经济规模增长与结构优化。

首先，大数据加快区域内知识积累的速度，增强报酬递增强度，加速区域经济的发展。知识积累的过程，一般要经历会意知识向清晰知识的转化，再到对清晰知识的整合，得出新的知识体系，而这正是依托大数据技术构建知识库的本质所在。

其次,大数据改变需求结构。大数据及其产业发展,开拓新的需求,挤占市场空间,削弱传统产业市场地位,增加可替代资源,改进产品性能,实现生产规模扩大,同时增加相关传统产业的需求。大数据的快速发展,缩短大数据相关产品或服务的周期,使得产品更新换代快,花样品种多,改变消费观念。

再次,大数据提升劳动要素利用效率和区域配置水平。依托大数据向相关领域的渗透,在生产技术方面强化智能系统的作用,在企业管理方面构建完善的管理信息系统,在事务处理方面带来办公自动化(OA),大量及时地获得和处理决策信息,提高决策水平,推动整个技术体系升级,推进整个经济与社会活动的发展基础优化改良,极大地提高劳动生产率。同时,大数据提升劳动力区域配置结构水平。大数据应用要求生产资料向信息形态变动,也要求向与其相适应的劳动力结构变动。技术结构变化导致就业结构变动,与大数据产业吸引高素质的劳动力,使劳动力配置结构水平发生变化。

最后,大数据优化区域投资要素配置。大数据应用导致大量投入流入高新技术产业和第三产业。大数据的研究与开发、人员培训等无形投资的比重会逐渐上升。大数据不断改变消费需求习惯、消费对象和消费方式,不断创造新的需求;大数据带动的技术进步直接推动着生产对象、生产方法和生产方式的创新,促使劳动生产率提高和生产成本降低;需要投资结构与需求结构相适应,保证协调发展;需要投资结构与资源结构相适应,促进社会生产力的人力、物质和资本等资源的转型发展。

2. 大数据促进区域产业结构优化升级

首先,大数据引领产业链重构。大数据通过对产业链业务流程和组织结构的影响,快速高效催生新的产品、新的服务和商业模式,对一些行业的整个产业链带来破坏,产生新的产业形态。比如对传统的B2C即从原材料采购、商家再到渠道商,最后到消费者的产业链营销流程而言,大数据将通过强化消费者的角色,由消费者发起需求,通过互联网渠道传递给厂家,再由厂家对原材料进行采购、生产商品或提供服务,从而形成C2B乃至O2O的产业链营销流程(见图3-2)。

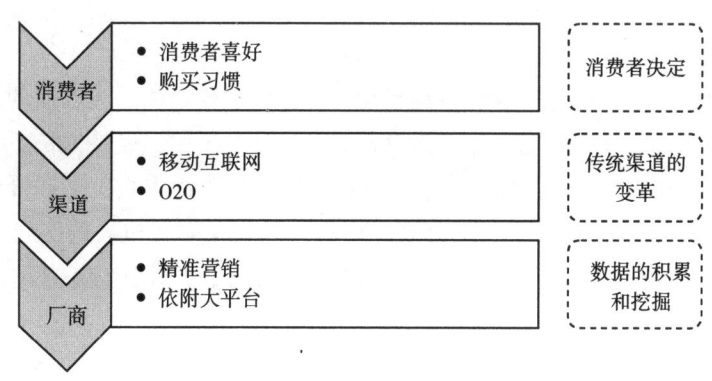

图3-2 产业链营销流程变革

资料来源:国金证券。

其次,大数据的产业关联度很大,对其他产业具有极大拉动力。作为提高劳动生产率的有力工具,大数据具有很高的渗透性,通过产品和服务广泛渗透到其他产业和部门中,促使生产方式发生重大变革,增强安全性,降低能耗,提高产品合格率和生产效率。通过直接提供有偿信息服务,直接影响其他产业的发展,促进产业尤其是传统制造业改造、提升产业层次,推进传统服务业向现代服务业转变。

最后,大数据促进产业结构优化和梯度提升。大数据使得国民经济中专门从事大数据活动的信息等产业获得了独立地位,取得迅速扩张,一系列相关联的新行业从无到有地快速发展起来,对经济增长起到决定性、引导性作用。大数据过程所投入的基础设施,使得产业生产、经营、管理、营销等方式发生重大变化,生产和经营效益提高。大数据的关联效应使得产业部门间出现重新调整态势,新兴部门不断涌现,原有产业相互融合、重组,结构不断优化,直接表现为附加值低的劳动密集型生产相对减小,附加值高的信息密集型生产相对增大。

3. 大数据拓展区域经济发展创新空间

首先,大数据全面推动区域创新工作。大数据的利用,CAD、CAM、CIMS 和 ERP 的实施,可以实现管理创新,有力推动本地区内的科技创新工作,提高区域经济发展效益和市场竞争力。

其次,大数据降低交易成本。依托市场透明化和信息对称化,大数据降低交易的不确定性和复杂性,为交易活动提供新的生产力。导致决策方式由感性驱动走向数据驱动,大大降低有限理性;市场透明化导致监督成本下降和违约成本上升,减少投机行为;伴随大数据精确细分市场而来的智能制造,将改变传统产业形态,大大降低资产专有性,提高通用性。

最后,大数据促进企业、政府等变革,为区域经济发展营造创新空间。大数据采用使得企业发生质的变化,消除时间和空间障碍,实现实时监控、集中监控;同时,把不同职能间的自我约束转化为基于大数据的强制约束,构建"集权+分权+自律"的管理体制,以提供强有力的经营发展支撑环境。在政府层面,大数据提高监管力度,减少腐败现象,在加速政府职能转变等方面起着重要作用。

4. 大数据推进区域竞争优势凸显集聚

首先,大数据对打造区域竞争优势具有从属功能与引导功能。大数据的基础设施体系从属于区域经济社会发展的功能目标,建设的重要依据在于区域经济增长、发展战略布局和竞争优势构建。在市场竞争机制和产业关联机制的作用下,大数据基础设施体系通过其服务的空间不均衡性,发挥对区域社会经济结构、规模和空间布局的引导功能与反馈作用,形成增长极或点轴系统、产业区位优化系统、区域分工协作协同系统递进演化的主要驱动力。

其次,大数据依托生产率提高和生产环境改善发挥作用。作为生产的中间投入,大数据基础设施减少服务成本投入,提高生产效益;大数据基础设施服务的改善能够提高关联要素(劳动力和其他资本)的产出率。优良的大数据服务网络可对某些新兴行业、新生技术产业化起"孵化"作用,成为区域创新发展的积极因素。大数据基础设施的高度发达引致资源要素大量流入，可减少区域生产要素的投入和交易等成本，使生产环境相对优越，提高生产效率和效益，形成区域竞争优势。

最后，大数据提高区域发展的行政环境质量。大数据有力助推行政管理理念和管理方式的转变，提高政府公共服务水平，降低企业运行成本，规范市场秩序，提高区域经济增长的质量和效益，推动区域竞争优势打造。

5. 大数据推动区域经济社会全面进步

作为新的生产前沿，大数据应用对于诸多行业的效率提升起到了巨大的推动作用，金融、零售、政府、房地产、电信等都将从中受益（见图3-3）。大数据可以促进区域经济社会发展的互动融通、新技术转移、人才和资金的有序流动、先进文明的社会文化、新生产模式和生活方式的构建。大数据促进区域内信息产生、交流、释放和传递的有序化、高效化，促进现有经济制度的规范和完善，提高本地区的综合竞争能力。大数据推进城镇服务完善，消除区域内经济社会发展不平衡，大数据推进社会和谐稳定，促进社会全面进步。

总之，大数据利用可以促进经济社会发展方式的高级化，促进经济发展的要素结构重心由劳动密集型转向资本密集型，再转向知识技术密集型；促进经济发展的资源消耗结构重心由高物耗型、高能耗型转向节物型、节能型；促进经济发展的技术结构重心由初级技术型转向高级技术型；促进经济发展的软硬结构重心由硬型结构转向软型结构，推动区域经济转型升级。

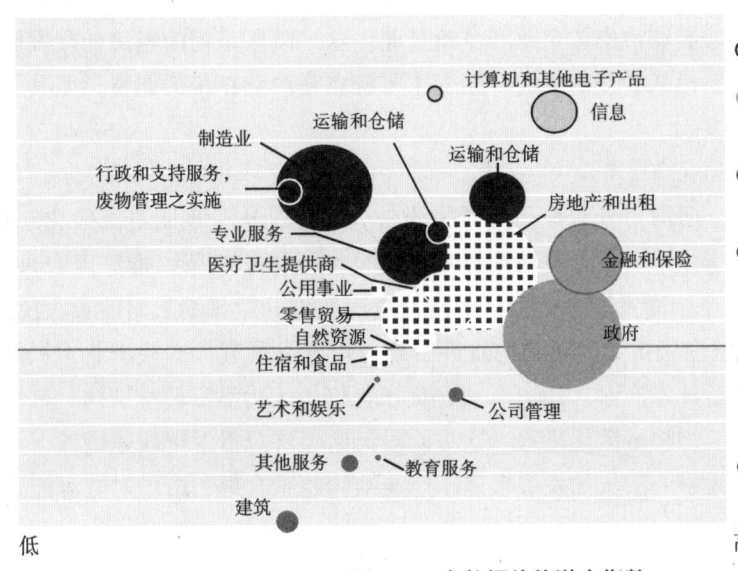

图3-3 大数据价值潜力指数

资料来源：麦肯锡全球研究院、东方证券。

二、大数据时代河南经济转型升级的现状与环境分析

当前我国经济发展方式尚未实现根本性转变,长远发展面临重大结构性问题。而河南经济转型升级过程与东部沿海相比属于跟进地区,同时要承担全国粮食安全的重任,这对河南设定了强有力的外生环境。遵循发展方式转变和经济转型的内在规律,河南经济转型升级走过了艰辛之路并取得了显著成就,这对目前整体态势的判断和大数据时代河南实现经济转型升级具有重要的启示意义。

(一)河南推动经济转型升级的主要历程

1. 初步探索阶段(1978~1990年)

改革开放后,计划经济向市场经济的转轨,造成要素的流动由纵向的调拨转为以需求和效率为导向的横向流动,河南经济发展进入新的历史阶段。1979年河南国民经济进行第二次大调整,工作重点转向社会主义现代化建设和逐步进行农业生产责任制改革。1980年确定加快发展农业、轻纺工业和其他消费品的方针。"六五"期间执行抓紧农业、确保轻工业、积极发展重工业的方针。"七五"期间提出合理调整投资结构,加快企业的技术改造,积极兴办第三产业,发展城镇集体企业和乡镇企业。这一阶段是河南经济社会发展战略和经济体制由旧模式向新模式转变的关键时期,主要特点是产业结构的调整,尤其是农业、轻工业和重工业的调整。

2. 稳步推进阶段(1991~2002年)

20世纪90年代以来,河南对外开放迈出较大步伐,产业结构呈现明显高级化趋势,经济进入快速稳定增长时期。"八五"时期重点深化城乡经济体制改革,推进以农兴工、以工促农,发展县域经济,全面发展农村商品经济,全面实施开放带动战略的重大决策。"九五"时期提出促进区域内城市和产业加快发展,着力培育发展五大支柱产业,积极发展第三产业,积极推进高新技术产业。2000年提出突出抓好扩大内需、调整结构、科技进步及国有企业改革和发展,加快城镇化进程。这一阶段河南经济总量继续快速增长,经济增长方式转向以质量效益为核心的集约发展轨道,产业结构趋于合理,市场对资源配置的基础性作用增强。

3. 加快推进阶段(2003~2008年)

进入21世纪,河南经济社会发展迈向转型的关键时期,明确提出"加快工业化、城镇化,推进农业现代化",之后又强调要走"在不牺牲、不削弱农业的前提下推进'三化'的路子",加快由经济大省向经济强省跨越,努力在中部崛起中走在前列。这一阶段是河南全面建设小康社会、奋力实现中原崛起的关键时期,主要工作是以科学发展观为指导,坚持"五个统筹"和"六个注重",转变经济增长方式,发展开放型经济以及加快工业化、

城镇化,推进农业现代化的协调发展。

4. 系统提升阶段(2009年至今)

2009年以来国际金融危机对河南经济的影响日益加深,经济发展面临严峻挑战,河南提出把构建"一个载体三个体系"作为推动科学发展、加快经济发展方式转变的具体实践形式,并与"三规合一"、"四集一转"的理念相结合。先后谋划实施粮食生产核心区、中原经济区、郑州航空港经济综合实验区三大国家战略规划,坚持对外开放基本省策,持续扩大开放招商,以开放促改革、促转型、促发展。在提出"五网一系统"的基础上进行升级和拓展,着力建设现代交通、信息网络、水利支持、能源支撑、生态环境"五大基础",着力打造河南经济升级版。

(二)河南推动经济转型升级的主要成效

进入21世纪,河南推动经济转型升级取得显著成效,步履坚实,产业结构矛盾得到显著改善,产业集聚区发展态势良好,城镇化和区域协调发展稳步推进,现代产业体系逐步构建,自主创新能力持续提升。

1. 产业结构矛盾得到显著改善

20世纪90年代以来,河南一直在探索推进产业结构优化,加快经济增长方式转变,取得了一定效果。2003年、2009年、2013年中原城市群、豫北、豫西豫西南、黄淮四大经济区以及全省的三次产业结构比重趋于合理(见表3-2)。

表3-2 四大经济区及全省三次产业结构比重

	三次产业结构		
	2003年	2009年	2013年
中原城市群	11.7:53.5:34.8	9.3:60.2:34.5	7.9:60.9:31.2
豫北	17.1:55.4:27.5	13.7:63.9:25.4	12:63.3:24.7
豫西豫西南	23.1:50.2:26.7	17.7:56.3:29.0	14.5:56.3:29.2
黄淮	29.3:41.1:29.6	28.7:43.6:29.6	24.3:45.0:30.7
全省	17.4:50.7:31.9	14.2:56.5:29.3	12.5:57.3:30.2

2. 产业集聚区发展态势良好

河南启动实施了现代农业产业化集群、商务中心区、特色商业区等服务业发展载体建设,改变分散、错位、无序的粗放式布局模式,推动生产力由分散向集聚布局,破解了经济集聚度偏低的难题。2012年产业集聚区投资占全省固定资产投资比重达到49.0%,完成投资与2009年相比增长3倍,规模以上工业企业主营业务收入占全省比重达到47.9%,与2009年相比提高15.6个百分点,产业集聚区对全省规模以上工业增加值、规模以上工业增速、固定资产投资增速的贡献率分别达到63.9%、74.3%、68.3%。

3. 城镇化和区域协调发展稳步推进

2003~2013年,全省城镇化率从2003年的20.2%提高到2013年的45.53%,中原城市群城镇化率从26.3%提高到52.85%,高于全省平均水平,豫北经济区从22%提高到

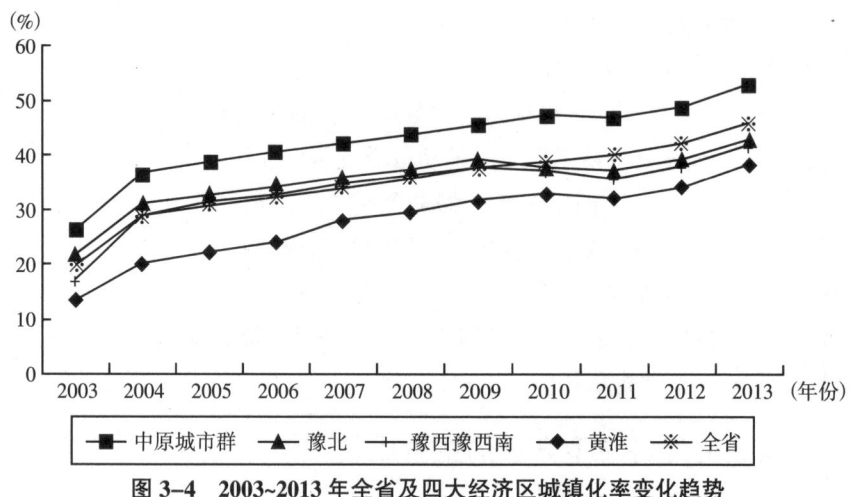

图3-4 2003~2013年全省及四大经济区城镇化率变化趋势

42.82%，豫西豫西南经济区从17.2%提高到42.07%，黄淮经济区从13.8%提高到38.43%（见图3-4），四大经济区城镇化率实现同步提升。

4. 现代产业体系逐步构建

河南在现代产业体系构建上重点选择六大高成长性产业、四大传统优势产业、四大战略性新兴产业以及四大现代服务业共18个产业。2012年六大高成长性产业规模以上工业增加值占全省比重达到57.9%，成为拉动工业增长的主动力；全省规模以上高新技术产业增加值突破2750亿元，占规模以上工业增加值的比重达到5.6%。

5. 自主创新能力持续提升

河南经济发展动力出现由投资向创新驱动等方向转换的迹象。2012年河南全社会研发投入实现299亿元，占国民生产总值比重由2008年的0.6%提高到1.0%左右，其背后是区域创新能力的持续提升，2008~2012年，河南新建国家和省级产业技术创新战略联盟5家和14家，拥有5家国家级高新区，数量居中部地区首位，新增国家企业技术中心28家，国家重点实验室和国家级工程实验室实现突破。

（三）当前河南经济转型升级的整体态势判断

目前，河南牢牢把握发展主题主线，统筹兼顾，经济社会发展呈现出良好的态势，经济保持了平稳较快发展。但人口多、底子薄、发展不平衡的基本省情从根本上没有改变，并受国际金融危机影响集中凸显，推动经济转型升级尤为紧迫。

1. 基本省情：爬坡过坎

河南已经站上一个新的战略起点，特别是随着国家粮食战略工程核心区、中原经济区、郑州航空港经济综合实验区三大国家战略规划的实施，河南在全国的地位和影响力持续提升。但是，人口大省、农业大省和能源原材料大省依旧是河南的省情，面临着加快经济结构战略性调整和产业转型升级的任务，以及力争经济增长速度高于全国平均水平，要与全国同步实现全面建成小康社会的宏伟目标，处在必须爬升级之坡，过调整之坎，持续保持经济社会发展良好局面的关键时期。

2. 面临挑战：攻坚转型

当前我国经济正处于增长速度换挡期、结构调整阵痛期、前期刺激政策消化期叠加的阶段。河南也正处于经济增长方式、经济体制、社会结构加快转型时期，也处在工业化、城镇化、农业现代化、信息化加速发展的重要阶段。河南经济社会在与全国竞相发展的格局中，面临破解科学发展的结构性、体制性问题，进入自身体制机制更新临界点，跨越中等收入陷阱实现自身经济社会转型和缩小与发达地区差距的双重任务。

3. 现实约束：负重升级

河南肩负保障国家粮食安全的重任，经济发展不能以牺牲农业和粮食生产为前提，这注定要负重前行。近些年全省产业发展虽有明显进步，但结构性矛盾并未完全解决。服务业发展慢、比重低，对工农业生产和居民生活服务的保障能力较弱；能源资源型和初加工型产业比重大，产业链条短，高附加值和深加工产品少；农产品加工层次低，"三农"问题突出；城乡经济发展不协调差距拉大。此外，经济增长的资源环境约束不断强化，主要以资源型工业和原材料工业为支撑、以增加生产要素投入为手段的粗放型发展方式没有改变。

4. 竞争形势：进慢亦退

三大国家战略性规划的陆续批复，为河南创造经济发展新优势打开了新视野、拓展了新空间、提供了新动力。但同时必须看到，国家战略仅仅是为发挥区域比较优势、培育区域竞争优势提供了可能，但要变为现实还需要长期的转化过程。目前，河南经济发展的总方略初定，需要进一步扩大增长点、转化拖累点、抓住关键点，夯实支撑竞争优势的自主创新能力基础。面对前所未有的发展机遇，如果没有足够的危机感和创新意识，抢占发展制高点，就会不进则退、进慢亦退。

（四）利用大数据时代促进河南经济转型升级的环境

1. 发展基础良好

近年来，河南高度重视推进信息化，实施信息化提速工程、"宽带中原"战略等，出台加快信息化建设、推进两化深度融合等指导意见和专项行动计划，积极建设"智慧中原"，特别是依托郑州航空港经济综合实验区、跨境E贸易试点城市等，重视云计算和大数据等新业态经济的发展，将其确立为全省重点发展的战略性新兴产业，积极发展电子商务、现代物流和交通网络、互联网和信息消费、金融结算等，全省信息化步伐明显加快、整体水平不断提升，已成为全国数据中心建设布局二类地区，郑州也成为全国互联网、物联网和云计算的重要核心节点，并引来阿里巴巴和浪潮等知名企业开展云计算和大数据战略合作，这些都为河南发展大数据产业奠定了坚实的基础。

2. 优势得天独厚

河南是人口大省、全国重要的经济大省，又地处连接东西、贯通南北的战略枢纽地带，地理位置优越，综合交通运输体系日益完善，新郑国际机场货邮吞吐量尤其是国际货邮吞吐量大幅增长，郑欧国际货运班列实现每周两班常态化、满载运行，巨大的人口基数、经济体量和需求,使河南发展大数据拥有得天独厚的优势。特别是当今信息化的发展潮流已冲破了传统的市场交易模式和地域空间限制,线上线下联动发展、有形无形市场相互促进,买全球卖全球成为发展的趋势,为河南放大区位交通等优势,加强物联网、云计算、大数据等技术的应用,大力发展电子商务、网络营销等新业态、新模式,让实体市场"上网",让虚拟市场"落地",形成利用大数据、建设大枢纽、发展大物流进而带动产业群、城市群发展的格局,提供了新的机遇和有利条件。

3. 发展潜力巨大

当前,河南正处于工业化、城镇化加速推进阶段,也正处于爬坡过坎、转型攻坚的紧要关口,经济社会发展加速转型升级、社会事业发展和社会治理模式的改进,将为大数据产业发展提供巨大的数据资源和广阔的市场需求。这在促进河南大数据产业发展的同时,也将扩大大数据产业人才需求,而河南人力资源优势将为此提供源源不断的有力支持。此外,近年来河南依托产业集聚区,引进了一批关联度高、辐射力大、带动力强的龙头型、基地型电子信息产业项目,建成了一批国家级、省级电子商务示范基地、示范企业和电子产业园,推动全省信息产业进入了加速发展阶段,这也为大数据产业发展蓄积了强劲的潜力。

4. 竞争态势逼人

数据生产信息,信息改善决策,进而提高生产力。大数据以海量数据为基础,但其本质并不在于"大",即掌握庞大的数据资源并不是大数据的根本目的,而是要以全新的思维和技术对数据资源进行专业化处理,提供有巨大价值的产品、服务或深刻见解,从而使数据资源转化为信息资产。所以,大数据的关键在于"加工",但数据太大往往也容易造成规律的失真和丧失,由于现实中并不可能穷尽所有数据,所以就容易产生"数据孤岛"现象。更为重要的是,尽管大数据本身是可以共享的,但共享的主导权是有区分的;而且,由于大数据产业发展的进程不是等速的,对大数据的获取、处理、分析和利用的机会就难以均等,要么谋定而后动、抢占制高点,要么被动跟进或无动于衷、成为"数据殖民地"。当前,由于大数据对全球资源配置方式产生全局性的颠覆、整合和创新,大数据产业发展得到越来越多的关注,随着"十三五"发展规划的谋划和制定,围绕大数据产业发展的竞争也必将越发激烈。

三、国内外利用大数据时代推动区域经济转型发展的考察及启示

当前,大数据产业日趋活跃,技术演进和应用创新加速发展,很多国家和地区逐渐认识到大数据在推动区域经济发展、保障国家安全方面的重大意义,纷纷积极出手推动,形成了"政府主导、企业参与、部门联动"的大数据研发和利用模式,不断完善大数据发展环境、创新大数据发展模式、拓展大数据应用领域积极支持和加快发展大数据产业,推动

各领域、各行业生产模式、商业模式、管理模式的变革和创新。

(一) 国外利用大数据时代推动区域经济发展的主要探索及成效

1. 政府推动，开放大数据资源，强化顶层设计

美国在推动大数据研发和应用上最为迅速和积极，强化顶层设计，力图引领全球大数据发展。早在2012年2月，美国就在全球率先推出"大数据行动计划"，又于3月发布《大数据研究和发展倡议》，重点加大基础技术研究和公共部门应用投入。美国政府还积极推动数据公开与应用，并积极使用大数据，2012~2013年美国政府机构还大量采购亚马逊的云服务，2013年曝光的棱镜门事件显示出美国国家安全部门大数据应用的强大实力。英国将大数据列为战略性技术，推出一系列支持大数据的发展举措，给予研发资金支持，并促进政府和公共领域开放大数据资源。2013年1月，英国政府向航天、医药等8类高新技术领域注资6亿英镑研发，其中大数据技术获得1.89亿英镑的资金，是获得资金最多的领域。欧盟委员会提出"欧盟开放数据战略"，重点加强在数据处理技术、数据门户网站和科研数据基础设施的投入，旨在欧洲企业与市民能自由获取欧盟公共管理部门的所有信息，建立一个汇集不同成员国以及欧洲机构数据的"泛欧门户"。日本政府把大数据作为提升日本竞争力的关键，日本总务省2012年7月推出了新的综合战略"活力ICT日本"，将重点关注大数据应用，并将其作为2013年六个主要任务之一。此外，澳大利亚、新加坡等国也非常重视大数据发展。2013年8月初，澳大利亚出台公共服务大数据政策，提出大数据分析的实践指南。在新加坡，多个国际领先企业在当地设立大数据技术研发中心，加速数据分析技术的商业应用。

表3-3 国外加快发展大数据的主要做法

国家	文件或计划	主要内容
美国	大数据行动计划	先期投资超过2亿美元的资金，用于研发大数据关键技术
英国	将大数据列为战略性技术	注资1.89亿英镑支持大数据研发，是8类高新技术领域中获得支持力度最大的领域
日本	活力ICT日本	重点关注大数据应用，并将其作为2013年六个主要任务之一
澳大利亚	出台公共服务大数据政策	提出大数据分析的实践指南

2. 企业主导，发展大数据技术，增加研发投入

近年来，全球企业巨头纷纷把长期部署的海量数据设备、数据分析、商务智能等硬件、软件与服务以"大数据"这一概念推向战略前沿。尤其是近两年来，IBM、甲骨文、EMC等国际企业巨头已经花费超过15亿美元用于收购相关数据管理和分析厂商，以实现大数据领域的技术整合。早在2010年11月IBM公司就斥资17亿美元收购数据分析公司Netezza，对数据库内分析和并行网格架构进行有效整合，先后发布专门针对大数据分析的平台产品，开发一体机分析工具、专家集成系统，进行大数据战略的全面布局。甲骨文于2011年10月宣布推出Oracle Exalytics商务智能云服务器，并在2012年初就发布Oracle大数据机，通过开发软硬一体化的集成设备为客户提供应用最广泛、高度集成化的系统产品

组合，为企业用户提供端到端的大数据解决方案。谷歌公司利用海量搜索数据，成功预测2013年美国流感暴发。日本NEC利用独自开发的脸部验证技术"Neo-Face"这一优势，向用户企业提供基于云计算的各种大数据分析服务。除了传统的信息技术企业，在大数据分析、应用及安全等领域还涌现出一批像Splunk、Teradata等创新性较强的创业公司，这些公司在风投资本市场的支持下，快速成长并引导新的市场趋势，为各界应用大数据提供了丰富的创新工具。

3. 部门联动，推广大数据应用，提供公共服务

一些非营利组织和教育机构积极利用大数据开展公共服务。例如，美国"数据无边界运动"通过收集大量数据并加以分析，借助信息可视化技术为非营利性组织开展公益性的服务提供帮助。美国的高等院校已着手开始培育与大数据相关的高级人才，其中有些大学已开设与大数据相关的新课程，如密歇根州立大学、伊利诺伊州立大学、亚利桑那州立大学都已经开设了与大数据相关的课程和研究方向，特别是亚利桑那州立大学根据元数据、数据迁移等主题开设了数字馆藏课。荷兰政府推出了一项名为数字三角洲的大数据工程，通过协调环境部、税务部门和国家研究所三方的财力、人力和物力，研究如何利用大数据预测，改变防洪策略以及整个荷兰水资源系统的管理工作。对比传统的水资源建设项目，这种合作组合预计可以节省高达15%的荷兰年度水资源管理预算。

（二）国内利用大数据时代推动区域经济发展的主要探索及成效

1. 不断优化大数据发展环境

国家层面，先后出台《"十二五"国家战略性新兴产业发展规划》、《物联网"十二五"发展规划》等，提出支持海量数据存储、处理技术的研发与产业化，将信息处理技术列为四项关键技术创新工程之一。2014年《政府工作报告》明确提出，要以创新支撑和引领经济结构优化升级，设立新兴产业创业创新平台，在新一代移动通信、集成电路、大数据等方面赶超先进，引领未来产业发展。地方政府纷纷出台政策，积极推动大数据发展。广东省是国内率先关注并推动大数据的地方之一，早在2012年广东省经济和信息化委员会就开展了"广东省实施大数据战略工作方案"的研究，并于2013年5月出台《广东省信息化发展规划纲要（2013~2020年）》。同年12月，陕西省发布《大数据产业发展战略》与《沣西大数据产业园发展规划》，预计到2017年，建成以西咸新区为核心的国家级大数据处理与服务产业集群，成为国家政务信息资源的汇集地、社会信息资源的集散地。2013年7月，上海启动推进大数据研究与发展的三年行动计划，重点研究大数据基础理论，研制大数据核心装备，加速大数据资源的开发利用，推进行业应用，培育数据技术链、产业链、价值链，支撑智慧城市建设。同年7月底，重庆也启动大数据行动计划。贵州省也在积极布局大数据产业，2014年3月颁布《关于加快大数据产业发展及应用若干政策的意见》和《贵州省大数据产业发展应用规划纲要（2014~2020年）》，列出了30条鼓励措施，明确从2014年起连续3年，贵州省和贵阳市、贵安新区每年各安排不少于1亿元资金，用于支持大数据产业发展及应用。

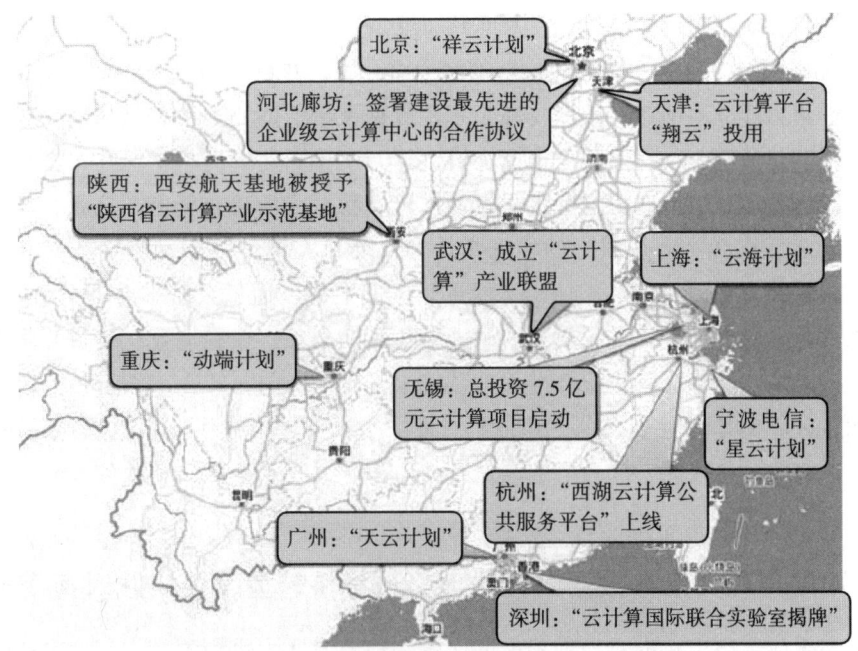

图 3-5 国内相关地区制定的云计算"十二五"规划

资料来源:公开资料、国金证券。

2. 不断创新大数据发展模式

总体上看,各地结合自身实际明确大数据发展定位,不断探索、培育和挖掘满足国内市场特性的新业态。一是公共领域应用推动模式。如上海市重点选取医疗卫生、食品安全、终身教育、智慧交通、公共安全、科技服务等具有大数据基础的领域,探索交互共享、一体化的服务模式,建设大数据公共服务平台。二是产业转型升级引领模式。如北京中关村着力充分发挥大数据在工业化与信息化深度融合中的关键作用,推动中关村国家自主创新示范区产业转型升级。贵州着力实现大数据产业与商业、金融、高端制造、新材料、节能环保、旅游等领域的深度融合和创新应用,加速农业、制造业和服务业等产业转型升级。三是产业基地带动模式。强调建立大数据基地,吸纳企业落户。如重庆、贵州、陕西、湖北等地都提出建设大数据产业基地的计划,集聚一批大数据存储、分析、应用、加工等服务企业,提供面向政务、商贸、金融等领域的大数据应用服务,力图打造成国家级大数据产业基地。同时,结合其经济、技术、产业等发展要求,以战略合作等形式推动大数据基地建设。如闽台合作建立海峡两岸旅游大数据基地,共同服务两岸旅游业发展。京冀合作建立"京北云谷"大数据基地,实现两地产业转型升级、协同发展。

3. 不断拓展大数据应用领域

目前,大数据已应用于商业、金融业、制造业等多个行业和领域。在商业领域,淘宝推出"数据魔方"应用,开展基于淘宝网交易数据的分析和挖掘。腾讯发布面向营销的大数据战略,调动腾讯7亿活跃账户数据去服务门户,打造基于用户社交关系链的"下一代腾讯网"。搜狐正着手搭建基于云计算的大数据平台,将旗下数据资产全面打通整合,获取每月9亿多人次的用户数据资产。京东将其交易、营销、供应链、仓储、配送、售后和IT七大系统所产生的数据,通过其数据平台全面开放,并提供超过500个API的调用,用户可以通过调用其提供的API来获得在京东大数据平台上的相关数据,从而为其相关的应用提供便利。在金融业,阿里公司根据在淘宝网上中小企业的交易状况筛选出财务健康和诚信经营的企业,无须担保向这些中小企业提供贷款,目前已放贷上千亿元,坏账率仅为0.3%,远低于我国四大商业银行的坏账率。2012年京东商城收购网银在线,联手中国银行为商家提供贷款,2013年12月"京保贝"正式上线,通过京东平台上的大数据分析,自动完成审批和风险控制,实现放款的时间缩短到3分钟。在制造业,通过互联网平台的大数据分析应用,能够从战略角度准确地预见未来市场走向,并在市场营销阶段更精准地进行营销服务。例如,宝马汽车正在携手百度大数据引擎,在保证用户隐私的前提之下,通过更为可靠的量化数据,深入了解消费者的需求,适时调整产品和服务,来更好地适应用户需求。

(三)国内外利用大数据时代推动区域经济转型发展实践对河南的启示

综观国内外利用大数据时代推动区域经济转型发展的实践探索,可在发展战略、发展模式、发展基础、发展环境等层面得出一定的经验与启示,有利于河南利用大数据促进经济转型升级发展。

1. 发挥比较优势,制定发展战略

通过国内外大数据领域先发地区发展实践可知,大数据在助推区域经济转型发展进程中具有重要的战略支撑作用。哪个地区先根据自身优势,明确区域大数据发展定位,制定科学的发展战略规划,在未来,哪个地区在战略层面就具有明显的先发优势,进而能够集聚大数据相关的技术、资本、人才等资源,助推区域经济发展转型。鉴于此,河南应明确大数据在助推区域经济发展中的战略地位,尽快开展相关战略性研究;结合河南经济转型升级的战略目标,厘清河南依托大数据产业助推经济转型升级的比较优势和制约因素,明确河南大数据产业的发展定位,制定河南大数据发展战略规划和路线图,形成河南大数据助推经济转型升级的顶层设计。

2. 推广应用先行,转变发展模式

国内外相关实践和探索表明,大数据推动区域经济转型升级的本质就是在立足地区发展现状、发挥区域比较优势的前提下,通过信息技术领域的原始创新和集成创新,培育大数据相关的战略性新兴产业,并着力以大数据技术为基础,通过集成创新改造传统产业,加速信息化与工业化深度融合,促进产业向价值链高端迁移,加快转变发展模式,助推区域经济转型升级。大数据技术助推经济发展,根本在于技术与产业结合的应用创新。河南应引导支持信息服务企业向数据应用企业转型,推进大数据产业化进程;鼓励传统产业实施大数据战略,向服务升级转型;以电子政务、电子商务、智慧城市等核心领域为重点,加快大数据技术推广应用,引导大数据产业发展,助推河南经济转型升级。

3. 重视技术创新，夯实发展基础

大数据助推经济转型发展需要有强大的信息技术原始创新和集成创新能力，各先发地区的经验表明，加大大数据相关技术的研发投入力度，加快大数据技术原始创新和应用创新，掌握大数据产业核心技术资源是抢占大数据时代区域经济发展制高点的关键。鉴于此，河南应尽快启动大数据技术与产业研究计划，投入专项资金，组建专业研究团队，引导企业加大研发力度，支持大学"大数据研究中心"建设，支持大数据技术的开发研究；同时，积极整合来自于政府职能部门及企事业单位、行业协会、中介组织的信息资源，打通信息横向和纵向的共享渠道，推进跨地区、跨部门信息资源共享和业务协同，构建公共基础信息平台，促进大数据技术成果的应用示范。

4. 注重人才培养，优化发展环境

在大数据时代对智力资本的依赖超越了以前任何历史时期，国内外相关实践表明，注重大数据相关专业人才培养，优化大数据产业发展环境，是加快大数据产业发展，推动区域经济转型升级的重要保障。应结合河南产业、技术等发展现状，厘清大数据相关专业人才的供需状况，加大人才培养力度，占据大数据时代人才资源优势与先机。通过加强产业联盟建设，深化科研机构、院校和企业合作，鼓励院校增设相关数据分析、数据挖掘、数据应用课程，确保毕业生获得必备的专业知识和技能，帮助在校学生以及在职人员提升职业技能，鼓励院校开设相关专业，提供专业化人才。同时积极加强宣传培训，组织专家学者开展面向政府、行业、企业的大数据专题讲座和培训，形成学历教育与职业培训相结合的大数据人才培养机制，为河南以大数据助推经济发展转型提供充足高质量的人才保障。

5. 出台鼓励政策，加大扶持力度

大数据产业作为战略性新兴产业，其发展直接决定了未来区域经济的发展质量和竞争力，从国内外大数据发展实践来看，政府出台相应鼓励政策，加大财政扶持力度，引导大数据产业发展，是大数据助推经济转型升级的重要举措。鉴于此，河南应为大数据的发展提供积极的鼓励政策，优先发展在重要部门应用的大数据产业，降低大数据发展的门槛；完善科技创新奖励机制，创造良好的科研环境；加强财政税收扶持，增加大数据产业的财政投入，建议每年扶持资助一批获得大数据核心技术突破并实现产业化的项目，设立大数据产业发展专项基金；对大数据企业按比例减免营业所得税，为企业提供补贴，重点扶持核心技术部门的发展。

四、大数据时代推动河南经济转型升级的总体思路

加快发展河南大数据产业，推动经济转型升级，要抢抓机遇、统筹谋划，坚持应用导向、创新驱动、高端引领，着力完善平台、突出重点、夯实支撑，加强大数据技术创新及产业应用，推进大数据产业集聚集群发展，努力抢占信息化创新发展的制高点，为打造经

济升级版提供有力支撑。

（一）注重三个结合

一是区域发展与国家战略相结合。充分利用三大国家战略规划的机遇，结合区域发展实际，坚持长远兼顾，既围绕制约大数据产业发展的共性关键技术集中力量攻关，又注意高新技术的开发和储备，增强优势领域的创新力和竞争力。

二是市场选择与政府推动相结合。发挥市场在资源配置中的决定性作用，增强创新的市场价值取向，努力形成有市场竞争力的大数据产业和产品，同时，政府要通过加大创新扶持力度、推进购买服务等方式，积极引导、扶持大数据产业发展，创新体制机制，优化发展环境。

三是自主创新与开放合作相结合。持续扩大开放，充分利用、积极整合国内外科技资源，积极深化对外合作，加大创新人才队伍的建设，深入开展产学研合作，加强自主创新和共性技术的攻关，加速提升大数据产业发展水平。

（二）强化三个对接

一是强化集成，推进数据流与信息流对接。利用大数据信息搜集和处理平台，广泛搜集相关行业和领域的物流、资金流、人才流等海量数据流，集成丰富数据资源，大力推进原始创新和集成创新，通过云计算等方式对其进行集成处理并转化为信息流，为改善决策、提高生产力提供基础依据和参考。

二是强化集聚，推进创新链与产业链对接。以推动大数据创新应用为导向，构建产学研用相结合的信息技术创新体系，推进"应用、数据、技术"三位一体协同发展，推动技术产品、应用模式、商业模式和体制机制的协同创新，鼓励和引导企业开展基于大数据的商业模式创新，探索产业发展的新型驱动模式，推动大数据技术与经济社会各领域相关应用的深度融合、集聚发展，支撑和促进经济社会发展。

三是强化集群，推进供应链与价值链对接。以企业作为创新发展的主体，发挥市场在资源配置中的决定性作用，鼓励并扶持龙头企业提升创新能力，加快大数据产业相关核心技术、关键软硬件和商务模式的突破，健全和完善大数据产业链的关键环节，引导大数据产业上下游优势企业落户大数据产业基地聚集发展，打造覆盖云计算、大数据全产业链的产业集群，引领产业高端化发展。

（三）打造四个平台

一是建设大数据产业发展基地。加快"宽带中原"和郑州国家级互联网骨干直联点建设，在合理规划大数据产业空间布局的基础上，重点建设一批大数据产业基地，完善基础设施，在数据标准化、数据获取、数据存储、数据挖掘、数据交易、数据消费等方面，构建大数据产业创新生态体系，形成大数据企业和研发机构集聚集群发展的大数据应用产业链。

二是成立河南大数据产业技术创新战略联盟。以大数据技术创新及产业应用为目标，促进产学研用协同，建设一批大数据重点实验室、大数据工程技术研究中心等，打造一批大数据龙头企业和知名品牌，促进形成一批引领大数据产业技术创新的企业联合实体，发展一批拥有自主知识产权且符合国内外产业发展需求的共性应用技术、产业标准和产品规范。

三是建设大数据公共服务平台。顺应政府部门提高职能效率、实现跨部门信息资源共享和推进政府信息公开的需求，在公共安全、科技服务、食品安全、医疗卫生等领域，加快建设覆盖全省的跨部门、跨地区的数据资源目录体系与交换体系，提供以数据为驱动的业务支撑服务和城市管理相关决策辅助服务，促进云服务等大数据技术成果交互共享、惠及公众。

四是建设大数据交易平台。建立高效、便捷的数据资源集成机制以及公平、公正的大数据信息资源交换机制和服务机制，广泛聚集大数据开发者、数据提供方、大数据使用方及数据投资者，构建门类齐全的大数据交易平台，为政府机构、科研单位、企业乃至个人提供数据交易和数据应用服务。同时，以数据交易平台为载体，汇集全国乃至全球相关行业相关领域数据资源，形成覆盖全国乃至全球的数据资源聚集地和完整的大数据流通、开发、应用产业链。

（四）关注五大领域

一是智慧城市。顺应现代城市精细化管理的需要，加强对城市经济、社会、文化、地理、人口、气候、环境、交通、医疗、教育等信息的搜集和处理，构建城市日常运营以及应急联动指挥响应管理平台，提高对自然灾害、突发事件的安全防范能力和应急处理能力，在降低城市运行管理成本的同时，提升城市规划、管理和服务的水平。

二是智慧交通。顺应交通规划、综合交通决策、跨部分协同管理、企业运营、百姓出行等个性化的公众交通信息服务需求，通过对公路、水路、铁路、航空等运输方式监控体系和信息系统的数据处理，提供交通诱导、应急指挥、智能出行、出租车和公交车管理、航空流量管理、智能导航等服务，实现交通信息的充分共享、交通状况的实时监控及动态管理，提升交通规划和智能化管理水平。

三是智慧物流。顺应物流作业与行业管理需求，大力推进物流领域信息基础设施建设，整合不同行业、不同领域的商品信息、交通路网、货物运输、货物周转等物流数据，建立集仓储管理、业务协同、订单管理、运输管理等于一体的大数据系统，为个人和企业提供统一窗口，开展市场需求信息查询、市场供给信息查询、业务运作管理咨询等服务，满足物流系统中各个环节不同层次的信息需求和功能需求。

四是智慧金融。顺应金融领域高频算法交易、数据综合分析、违规操作监管、金融研究报告交易、金融数据服务等方面的需求，通过对金融领域、实体经济相关数据以及行业媒体实时资讯与舆情的综合分析，建立金融大数据分析和风险管控等智能决策支持系统，为相关机构提供金融监管和风险管控等智能决策支持，为投资者提供金融市场数据和经济数据、投资方向等个性化的金融数据服务。

五是智慧治理。顺应推进国家治理体系和治理能力现代化的需要，推进遥感信息、电子政务、数字城管、应急管理、公共安全管理、社会信用以及环保、医疗、教育等社会事业和社会治理领域的信息处理与政务业务协同系统建设，并建立网络舆情监测体系，绘制不同时段情绪波动的实时色彩图，监控社会情绪，构建主动式虚拟社会治理体系和治理模式，实现从"经验管理"到"科学治理"的转变。

五、大数据时代河南经济转型升级的对策建议

在大数据时代，推进河南经济转型升级，既要抓住大数据发展的战略机遇，积极谋划大数据产业发展；又要积极利用大数据技术改造，提升河南产业发展的质量和效率；同时又要加强载体平台建设、信息基础设施建设和科技人才培育引进工作，为经济转型升级奠定基础和提供动力。

（一）把握大数据发展战略机遇，大力推进大数据产业发展，促进产业结构转换

要紧紧抓住大数据发展的战略机遇，加快推进河南大数据产业发展，为促进河南经济的转型升级和提质增效，抢占未来产业发展的制高点提供重要支撑和动力。一是坚持把发展大数据产业发展上升到全省发展的战略高度，积极加强政策支持和措施保障，着手成立河南大数据发展和促进机构，负责制定全省大数据产业发展的战略重点和政策体系，编制河南省大数据产业发展规划，统筹推进全省大数据产业发展事宜。二是编制河南省大数据产业发展战略规划和专项发展规划，制定河南大数据产业发展行动计划，对全省大数据产业的发展目标、主要任务、发展重点、政策措施、招商计划等进行统筹谋划和安排布局。三是实施大数据重大应用示范工程，可重点选择金融、现代物流等产业进行大数据产业发展的试点示范，培育大数据产业集群，打造河南省大数据产业基地；着重选取环保、医疗、教育、交通等具有大数据基础的领域稳步实施，探索交付共享一体化的服务模式，建设大数据公共服务平台，促进大数据技术成果惠及民生，在全社会形成推广示范效应，带动大数据信息技术的广泛应用。四是建立大数据创新中心，积极整合全省政府数据、行业数据、企业数据、市政数据，谋划建设河南省大数据中心，为河南产业发展和经济转型升级提供技术支持和创新支撑。

（二）强化大数据技术支撑，提升产业发展质量，促进产业的提质升级

紧紧围绕河南省的产业结构和优势产业，积极嵌入和利用大数据技术，着力改善和提升河南产业发展的质量和效益，促进产业的转型升级和价值攀升。一是促进大数据技术在电子信息、装备制造、汽车及零部件、现代家居、食品、服饰服装等高成长性制造业中的

应用，支持生物医药、节能环保、新材料、新能源等战略性新兴产业嵌入大数据信息技术，不断提升产业发展的质量和技术水平，抢占未来产业发展制高点。二是积极支持冶金、建材、化工、轻纺、能源等传统优势产业，实施互联网化改造，发展电子商务，进行数据中心建设，着力提升传统产业的科技含量和智能化水平。同时，对那些技术落后、装备落后、能耗高、污染重、长期亏损、扭亏无望的行业和企业，要遵循市场法则，下决心淘汰。三是坚持做大服务业，加快发展现代物流、信息服务、金融、旅游和文化等高成长性服务业，积极培育科技研发、工业设计、教育培训、商务服务、健康服务、养老及家庭服务新兴服务业，通过引入现代管理理念、新型商业模式和信息技术改造提升房地产、商贸流通等传统服务业。四是坚持做优农业，紧紧围绕稳粮、提效、转型的目标，以实施"三大工程"为抓手，以提升物质技术装备水平、物联网和大数据运用等为重点，加快提升农业发展水平，着力推进农业现代进程。

（三）运用大数据信息技术，创新商业模式，促进企业提质增效

在大数据时代，数据成为继土地、劳动力、资本之后的新要素，构成企业未来发展的核心竞争力。因此，在促进河南经济转型升级过程中，应鼓励支持企业应用大数据技术进行商业模式创新、拓展增值空间和提升企业竞争能力。一是支持企业依靠大数据和互联网建设生产规划与评价系统，建立用户需求与质量体系、工序管理、成本核算、市场营销等活动关系模型，加强数据分析对生产经营决策的服务能力。二是促进企业向互联网、移动电子商务方向发展，鼓励企业建立收集、挖掘商品和服务供需信息的大数据分析和服务系统，支持基于大数据分析的精准营销、精准物流、销售趋势预测、广告精细管理、市场决策分析等商业服务。三是加大电子商务在农产品产地与销售对接、消费类商品个性化定制服务、线下销售与线上服务结合等方面的应用和商业模式创新，加速传统营销向互联网营销转型。四是鼓励企业进行大数据创新战略联盟建设，支持龙头企业牵头建立大数据应用服务联合体，围绕大数据关键技术构建专利池和专利群，支持行业数据标准创新，提升大数据产业竞争力。五是鼓励企业建设大数据技术研发、服务平台、控管中心、计算中心和数据中心，支持企业尤其是中小企业进行电子商务化建设和改造，对于进行数据运用中心建设和电子商务化改造的企业，给予一定的税收减免，给予一定的资金、信贷支持和用地保障。

（四）发挥大数据的支撑作用，加快推进载体平台建设，促进产业集聚区提质发展

在前几年发展的基础上，要继续按照企业集中布局、产业集群发展、资源集约利用、功能集合构建、人口有序转移"四集一转"的要求，抓住大数据产业发展的重大战略机遇，深入推进产业集聚区建设，着力推动产业集聚区向更大规模、更高水平、更好质量发展，打造产业集聚区升级版。一是积极开展大数据产业发展的试点示范工程，积极选择一批发展质量高、成长性较好的产业集聚区，鼓励进行物联网、云计算中心、数据中心等的建设，鼓励支持发展大数据产业，不断提升其发展质量和信息化水平。二是深入实施基础

设施提升工程,围绕集聚区建设,加快推进基础设施和公共服务设施建设,特别是要重点加快信息化设施建设,着力提升产业集聚区发展的基础支撑能力。三是着力实施商务中心区和特色商业区建设工程,突出培育特色产业,提升区域服务功能,培育一批税收超千万元的金融、商贸、信息、总部经济等商务楼宇,建成一批现代物流、电子商务、展示交易有机融合的专业市场,打造一批旅游文化融合发展的知名商业街区,形成一批具有区域影响力的商务中心区和特色商业区。四是积极实施产业集聚区融合发展工程,强化载体间的联系,引导同一地域内的工业、服务业和农业发展载体融合发展,不同层级的载体互动发展,相邻地区的载体联动发展,新老载体耦合发展。

(五) 利用大数据信息平台,提升自主创新能力,强化科技创新支撑

依托大数据技术,积极实施科技创新发展工程,着力推进科技体制改革创新、信息基础设施建设和人才引进培育工作,不断强化经济转型升级的创新支撑、信息化支撑和科技人才支撑。一是强化创新支撑。深化科技体制改革和机制创新,强化企业创新主体地位,大力发展科技型中小企业,加快国家技术转移郑州中心等载体平台建设,加强与国内外科研机构和创新基地的合作,新建一批产业技术创新战略联盟,组织实施一批重大科技专项,努力突破一批关键核心技术和共性技术。二是强化信息化支撑。加快信息基础设施建设,实施"宽带河南"工程,推进郑州国家级互联网骨干直联点建设;推动4G技术规模商用,吸引知名企业在河南布局数据基地,以电子商务、物联网、云计算、移动互联网等为重点,培育发展新兴信息服务业态;实施两化深度融合示范工程,加快智慧城市和国家农村信息化示范省建设,大力发展电子政务及民生和社会领域信息化应用。三是强化科技人才支撑。大力实施大数据人才培育和引进工程,积极培育和引进一批大数据技术研发人才、数据分析和管理人才等;着力实施全民技能振兴工程、职业教育攻坚工程、技能人才回归工程,努力培育、吸引高素质技能型人才;深入实施高校综合实力提升工程和基础能力建设工程,调整优化高等教育结构,切实提高办学质量和水平,着力培育高层次人才。

第四章 河南实施三大国家战略规划的总体评估、战略指向及对策建议

三大国家战略规划是河南增创战略优势、实现中原崛起河南振兴富民强省的根本所在。在经济新常态下，要保持河南经济社会发展的良好态势，就需要进一步聚焦实施三大国家战略规划。本研究主要通过对三大战略规划的阶段性、综合性、数量化评估，核算进度、预测趋势，摸清现状、剖析问题，进而明确今后推进三大国家战略规划实施的战略指向和对策建议，为实现规划目标、更好地服务全国大局、推动河南发展提供支撑。

一、河南实施三大国家战略规划的主要进展和成效

（一）保持经济社会持续健康发展

1. GDP继续以较快速度增长

2013年，河南省国民生产总值32155.86亿元，名列全国第五位，比2012年增长9.0%；全省CPI比上年上涨2.9%；城镇化率达到43.8%。GDP继续以较快的速度增长，其中，前两个季度分别增长8.4%，第三、第四季度分别增长9.1%、9.7%。全年GDP的增速较全国平均增速为高，在全国属于中上水平。

2. 三次产业发展迅速，结构更加合理

河南三次产业发展迅速，其中第一产业实现增加值4058.98亿元，增长4.3%；第二产业17806.39亿元，增长10.0%，全部工业增加值15960.60亿元，增长9.9%；第三产业10290.49亿元，增长8.8%。一二三次产业比重为12.6:55.4:32.0，结构较以往更加合理。

3. 消费、投资、进出口"三驾马车"稳中有增

全省固定资产投资保持平稳较快增长、消费品市场平稳运行、进出口总值保持增长。2013年全省固定资产投资25321.52亿元，比上年增长23.2%。社会消费品零售总额12276.61亿元，比上年增长13.8%。进出口总值599.51亿美元，比上年增长15.9%，其中出口359.92亿美元，增长21.3%，出口增长态势尤为明显。从整体上来看，消费、投资和进出口呈稳中有增态势。

（二）在服务全国大局中发挥更大作用

1. 在高基点上实现稳产增产，保障国家粮食安全

2013年，河南粮食总产量达到1142.74亿斤，较上年增长15亿斤，实现连续十年增产，粮食产量连续8年超千亿斤。进入21世纪以来，河南粮食产量实现了"十连增"，成为了全国的"米袋子"和"菜篮子"，有力地保证了国家粮食安全。

2. 打造全国区域协调发展的战略支点

"米"字形快速铁路纳入规划，郑欧国际铁路货运班列开通，中原国际陆港建设加快了脚步；内连外通高速公路网加速推进；中原城市群纳入国家新型城镇化规划。疆电入豫工程建成调试，多气源网络初步形成，并覆盖了全部省辖市；"南水北调"中线工程总干渠全线贯通。

3. 抓住航空经济发展主动权，构筑内陆开放新高地

2013年3月7日，《郑州航空港经济综合实验区发展规划（2013~2025年）》被国务院正式批复，郑州航空港经济综合实验区上升为国家战略。围绕着郑州航空港建设，河南省一方面推动专项规划编制，建立"两级三层"管理体制，在级别和权限上将其定位为省辖市级，并实行了其与省级部门直通车制度；另一方面积极推动综合交通枢纽体系建设，加快建设新郑机场二期和配套工程，并在此基础上开展招商引资、产业培育和政策争取等各项工作，在发展航空经济上取得了显著的成绩。

（三）综合实力和竞争力不断提高

1. 发展质量效益明显提升

近年来，河南的经济发展水平有了较大的提升，2013年河南省GDP为3.22万亿元，增长率约为9%，三产比重为12.6∶55.4∶32.0，第二产业已占主导地位，第三产业发展迅速，在经济中的比重也大大超过第一产业。企业效益也大大提高，全省企业累计实现营业总收入24174.3亿元，同比增长7.5%。

2. 产业结构调整和优化升级成效显著

农业占GDP比重不断下降，服务业比重持续提高，高新技术产业也有相当程度的发展，突破了一批如高世代液晶玻璃基板、特高压直流输电控制设备等在国内尚属罕见的关键技术。六大高成长性产业成为带动工业经济增长的主动力，产业链得到延长，初级产品比重下降，精深加工和终端产品占比加大；高技术产业增加值占规模以上工业增加值比重达到5.6%；现代服务业包括物流、金融、文化、旅游、信息等得到快速发展。

3. 基础支撑能力不断提高

郑州航空枢纽建设顺利推进，以郑州为中心的"米"字形高铁框架建设全面展开，具有战略意义的郑徐高铁开工，郑西高铁、京广高铁、郑州东站建成投用，高速铁路建成866公里；高速公路新增1240公里、达到5800公里，所有县城实现20分钟内上高速。郑州新郑国际机场旅客年吞吐量突破千万大关，进入全国大型机场行列。能源结构得到优化,供应能力稳步提高,新增电力装机 2728 万千瓦,500 千伏"两纵四横"主网架和市域 220 千伏环网、县域 110 千伏双电源供电格局基本形成。

(四) 发展动力活力不断增强

1. 重要领域和关键环节改革不断深入

省属国有企业股份制、公司制改革和企业内部改革不断深化,法人治理结构不断完善,厂办大集体企业改革全面推开,鼓励支持企业跨行业、跨地域、跨所有制战略重组;积极支持中小企业发展并落实相关政策,下大力气解决融资难题,实施促进民营企业、中小企业健康发展行动计划;深化农村综合管理体制改革,推进集体林权、国有林场和供销合作社改革,启动农村金融改革实验区建设,开展 107 个县供电代管体制改革;深入推进医药卫生体制改革,巩固完善基本药物制度和基层运行新机制,改革县级公立医院运营机制;推进财税体制改革,2013 年成为国家"营改增"试点;省直管县和经济发达镇行政体制改革试点继续推进,事业单位分类改革继续深化,事业单位分类基本完成。

2. 技术实力和创新能力较以往大为增强

自主创新体系构建进程加快,新建一批企业研发中心、产业技术创新战略联盟,2013 年新增国家级企业技术中心 10 家,现代农业生产技术发展态势良好,河南粮食作物协同创新中心入选国家首批协同创新中心。国家技术转移郑州中心建设规划获批,国家专利审查协作河南中心挂牌成立。

3. 大开放大招商取得突破性进展

河南省 2013 年实际利用外商直接投资、实际利用省外资金、完成进出口总额分别增长 11.1%、23.3%和 15.9%,先后与央企新签订战略合作协议 18 项、重大合作项目 64 个,渣打银行郑州分行正式开业,引进了一批电子信息、航空航材、高端制造、生物医药、新兴服务业龙头企业,吸引了大量为这些企业配套的中小企业入驻。全省对外开放力度加大,开放领域继续拓宽,现代农业、基础产业、城乡建设领域开放加速推进,金融保险、商贸物流、文化旅游等现代服务业对外开放力度也不断加大,实现了新的突破;同时双汇集团、洛阳钼业等条件较佳的企业顺利实现了海外并购。

(五) 民生持续改善

1. 城乡居民收入持续提高

居民收入的高低不但体现了某地的市场容量,更体现了发展成果是否为普通民众所共享。近些年来河南城乡居民的收入不断提高,其中,城市居民 2010~2012 年可支配收入分别为 15930.26 元、18194.80 元、20442.62 元元,农村居民纯收入分别为 5523.73 元、6604.03 元、7524.94 元。随着经济的发展,河南居民的收入正呈现出加速上升的态势。

2. 城乡面貌大为改善

截至 2013 年,河南城镇化率约为 43.8%,比 2012 年增长约 1.4%。进入 21 世纪以来,河南围绕城镇化这一中心任务,推动信息化和工业化深度融合、工业化和城镇化良性互动、城镇化和农业现代化相互协调，促进工业化、信息化、城镇化、农业现代化同步发展，将发展新型农村社区作为河南城镇化的重要组成部分，积极统筹城乡一体化发展，建立城乡一体的交通、供水、流通、能源、信息网络体系，大力发展农村各项社会事业，促进基础设施建设和公共服务的区域共享、城乡统筹，初步建立了城乡一体化的社会保障体系和就业体系。

  3. 公共服务和社会保障水平快速提升

  2013年城乡居民养老保险参保人数增加57.4万人，城镇职工基本养老、基本医疗参保人数分别增加214.8万人、58.5万人，新农合和城镇居民医保财政补助标准也逐年提高，新农合重大疾病保障病种不断增多；制订并推行学前教育三年行动计划，改造农村义务教育薄弱学校和县镇普通高中，免费向集中连片特殊困难地区义务教育阶段学生提供营养餐，免费向城市义务教育阶段学生提供教科书，基本解决了农民工随迁子女在城市接受义务教育问题；支持职业教育品牌示范院校和特色院校建设。深化医药卫生体制改革，加强城乡医疗和公共卫生服务体系建设，政府办基层医疗卫生机构全部实施国家基本药物制度，12类45项基本公共卫生服务免费向城乡居民提供，40个县级公立医院综合改革试点稳步推进。

二、河南实施三大国家战略规划的总体评估

（一）粮食生产核心区实施情况评估

  以2009年8月国家发改委《关于印发河南省粮食生产核心区建设规划的通知》为标志，河南省成为全国重要的粮食生产核心区。该规划中明确提出要经过10多年的努力，全面提高河南省的粮食综合生产能力和农业综合效益。目前，粮食生产核心区规划已经实施了将近5年，既取得了突出成效，实现粮食生产"十连增"、夏粮"十一连增"，为保障国家粮食安全做出了重大贡献，被总书记称为河南的"王牌"；但同时也面临着高基点稳产增产、抵御连续出现的重大灾害以及农业生产方式转变、全面深化农村改革等诸多问题和挑战，实现规划目标依然存在较大压力。在此规划实施中期阶段，对规划实施情况进行较为系统、全面的指标分析和定量评估，对于摸清现状、核算进度、把握问题、剖析原因，进而采取更有针对性、有效性的措施以推进规划进程具有重要指导作用和实践意义。

  1. 规划实施成效评估

  河南省粮食生产核心区建设规划明确了总体目标：到2020年，在保护全省1.03亿亩基本农田的基础上，粮食生产核心区粮食生产用地稳定在7500万亩，使河南省粮食生产的支撑条件明显改善，抗御自然灾害能力进一步增强，粮食生产能力达到650亿公斤，成为全国重要的粮食生产稳定增长的核心区、体制机制创新的试验区、农村经济社会全面发

第四章 河南实施三大国家战略规划的总体评估、战略指向及对策建议

展的示范区。基于此,在对规划实施成效评估中,立足规划要求及总体目标,从四个方面出发,分别对粮食综合生产能力、农业综合效益、粮食生产支撑条件、抗御自然灾害能力进行单项评估,并采用德尔菲法确定权重,进而对规划实施成效进行总体评估。

(1)粮食综合生产能力评估。

规划实施以来,河南省紧紧抓住粮食生产核心区建设这个重心,毫不放松地抓好粮食生产,从政策支持、科技强农、高产创建等着手,稳步提高粮食综合生产能力,实现了总产量"十连增",取得了连续8年超1000亿斤,连续3年超1100亿斤的骄人成绩,打造了河南"王牌",切实保障了国家粮食安全。如图4-1所示,2007~2013年,河南省粮食总产量从1049亿斤上升到1143亿斤(注:文中除标明外,数据均来自河南省统计局相关资料),年均增速达到1.44%;在河南省正处在工业化与城镇化中期阶段、经济社会快速发展的背景下,依然实现了播种面积从14202万亩上升到15123万亩,年均增速达到1.05%,有力支撑了稳产增产目标。

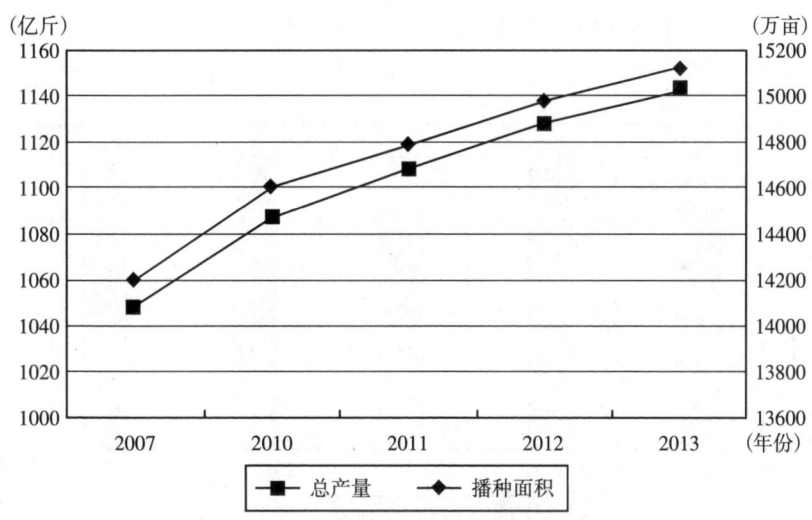

图4-1 2007~2013年河南省粮食总产量和播种面积

在对粮食综合生产能力的评估中,主要基于规划提出的稳定面积、主攻单产的基本思路,分别从是否实现"稳定面积"目标、实现亩产量情况这两个方面进行评估。如表4-1所示,2013年河南省粮食播种面积超过15万亩,比2010年增长3.51%,保持了连年平稳增长,实现了"稳定面积"的目标。从亩产量来看,2010年以来,河南省粮食亩产量在实现了从中低产向中高产的提升后,在达到750斤的基础上继续保持了增长态势,但是与在稳定面积前提下实现总产量目标所需的规划亩产量相比,依然略有差距,故此在实现亩产量情况的评估中,根据实际亩产量与规划亩产量的量化比,得分率为98.9%。在综合两个指标的单向评估结果的基础上,进而可以得到河南省粮食综合生产能力的综合评估结果为99.45%。

(2)农业综合效益评估。

在规划各项目标中,明确提出了农民人均年纯收入力争超过全国平均水平这一目标。

表 4-1 粮食综合生产能力评估表

		2010年	2011年	2012年	2013年	单项评估 (%)	综合评估 (%)
稳定面积	播种面积（万亩）	14610	14790	14978	15123	100	99.45
	增速（%）	0.95	1.23	1.27	0.97		
	是否实现"稳定面积"目标（%）	100	100	100	100		
主攻单产	实际亩产量（斤）	744	750	753	756	98.9	
	规划亩产量（斤）	753	757	761	766		
	完成比例（%）	98.8	99.1	98.9	98.7		

基于此，在对农业综合效益评估中，选取了第一产业增加值增速、农民人均现金收入这两个体现农业、农民效益情况的指标进行评估。从第一产业增加值增速来看，如图 4-2 所示，2009 年以来，除了 2011 年河南省第一产业增加值增速低于全国平均水平 0.6 个百分点外，其余各年均与全国平均水平持平或是快于全国平均水平。

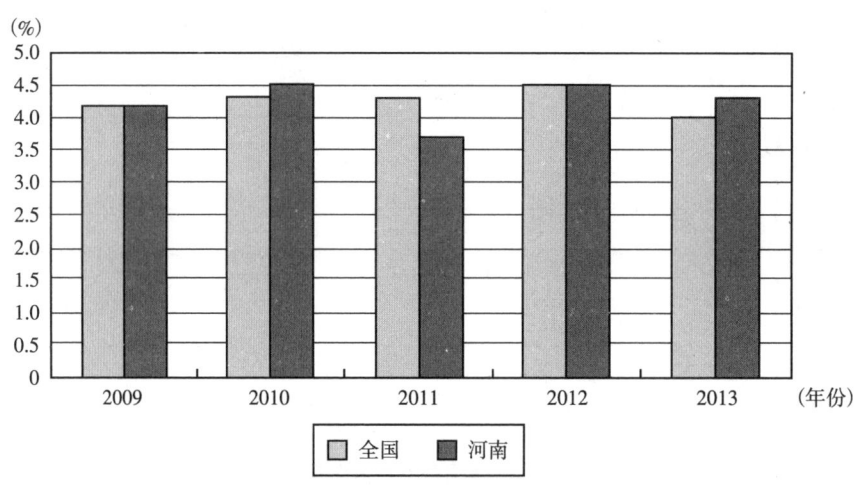

图 4-2 2009~2013 年河南省第一产业增加值增速及与全国平均水平比较

从农民人均现金收入情况来看，如图 4-3 所示，2009~2012 年，河南农民人均现金收入均低于同期全国平均水平，其中，2010 年差距最大，达到 395 元。但是同时也要看到，2009~2012 年河南农民人均现金收入平均增速为 16.11%，快于全国农民人均现金收入平均增速 0.71 个百分点，收入差距呈逐步缩小趋势。另外，作为农业和粮食生产大省，进一步比较农民人均第一产业收入状况可以发现，河南农民的第一产业收入水平明显高于全国平均水平，且保持了平稳增长态势。

按照农民人均年纯收入超过全国平均水平这一目标要求，对第一产业增加值增速和农民人均现金收入这两个指标与全国平均水平进行量化比较，如表 4-2 所示，可以得出 2009~2013 年的年度评估结果，进而取平均值得到农业综合效益的综合评估结果为 95.18%，其中，第一产业增加值增速完成得分情况明显好于农民人均现金收入的评估得分。

第四章 河南实施三大国家战略规划的总体评估、战略指向及对策建议

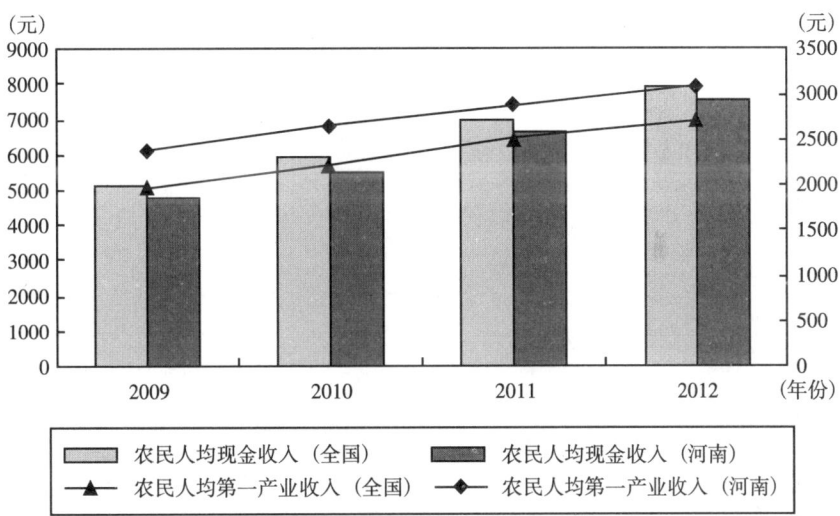

图 4-3　2009~2012 年河南农民人均现金收入、农民人均第一产业收入及与全国比较

表 4-2　农业综合效益评估表

年份	第一产业增加值增速（%）			农民人均现金收入（元）			年度评估（%）	综合评估（%）
	全国	河南	完成比例	全国	河南	完成比例（%）		
2009	4.2	4.2	100	5153.2	4806.95	93.3	96.65	95.18
2010	4.3	4.5	104.7	5919	5523.73	93.3	99	
2011	4.3	3.7	86	6977.3	6604.03	94.7	90.35	
2012	4.5	4.5	100	7916.6	7524.94	95.1	97.55	
2013	4	4.3	107.5	10982.7	8475.34	77.2	92.35	

（3）粮食生产支撑条件评估。

在规划提出的目标中明确指出要使河南省粮食生产的支撑条件得到明显改善，考虑到粮食生产的支撑条件与农业科技、财政投入、农业基础设施、机械化水平以及现代农业载体建设密切相关，因此，从科技支撑、投资支撑、基础设施条件、机械化水平、载体建设5个方面分别进行单项评估，进而得出粮食生产支撑条件的综合评估结果。

①科技支撑。河南省坚持大力实施科技兴农战略，农业新品种、新技术、新方法不断得到推广应用，农业科技水平得到大幅提升。全省小麦良种覆盖率基本达到100%，玉米、水稻等良种覆盖率达到98%以上。在高标准粮田区域内，良种覆盖率达到100%。通过重点加强稳产增产和抗灾减灾关键技术的集成应用，达到测土配方施肥100%、病虫害统防统治100%。但是综合来看，河南省农业科技发展总体水平还不高，农业科技贡献率为51%，低于全国平均水平。考虑到科技支撑的总体状况和现实需求，采用农业科技贡献率作为科技支撑评估结果。

②投资支撑。2008~2012年，全省公共财政用于农林水事务支出累计达2002.6亿元，占全部财政支出额的11.2%，这一比例比"十一五"期间提高了0.8个百分点。在进行

投资支撑评估中,采用各考核年农林水事务支出额增速与全国平均水平进行比较得出,再用各年度评估结果加权平均可以得到投资支撑的综合评估结果,如表4-3所示。

表4-3 地方财政农林水事务支出情况评估表

年份	全国		河南		完成比例(%)	综合评估(%)
	支出额(亿元)	增速(%)	支出额(亿元)	增速(%)		
2008	4235.63	37	209.59	37.4	101	
2009	6401.71	51.1	361.6	72.5	142	
2010	7741.69	20.9	399.19	10.4	50	90.7
2011	9520.99	23	480.48	20.4	88.7	
2012	11471.39	20.5	551.73	14.8	72	

③基础设施条件。从河南省粮食生产基础设施条件来看,2012年,农田有效灌溉面积达到7809万亩,比2007年增加了375.2万亩,其中,机电灌溉面积占有效灌溉面积的比重保持在80%左右,考虑到机电灌溉的重要性并且是体现农业现代化水平的重要指标,采用这一指标值80%作为基础设施评估结果。

④机械化水平。近年来,河南省农业机械化水平全面提高,农业机械总动力由2007年的8718.7万千瓦增长到了2012年的10872.7万千瓦,增幅达24.7%。小麦机播和机收水平稳定在95%以上,基本实现了机械化;水稻机收率达到了76.5%;玉米机播水平超过80%,机收水平接近50%,实现了连年翻番。基于此,采用机收率作为评估指标,分小麦、水稻、玉米三个作物,采用德尔菲法确定权重,进而进行加权评估,可以得到机械化水平的综合评估结果为80.45%,如表4-4所示。

表4-4 机械化水平评估表

	小麦	水稻	玉米
权重(%)	0.5	0.3	0.2
机收率(%)	0.95	0.765	0.5
综合评估(%)	80.45		

⑤载体支撑。按照省高标准粮田建设规划和任务安排,2013年,全省要建设900万亩高标准粮田。2012年开始的粮食生产核心区高标准粮田"百千万"工程建设进展顺利,两年来,全省完善建成高标准粮田2623万亩,其中2013年建成970.9万亩。建成的高标准粮田"百千万"区内,粮食平均亩产1153公斤,比未建成区内每亩增产293公斤,增幅34%。根据目标值与实际完成情况比较,得到载体支撑评估结果为100%。

根据科技支撑、投资支撑、基础设施、机械化水平、载体支撑5个指标的单指标评估结果,进行加权综合可以得到粮食生产支撑条件评估结果为80.43%,如表4-5所示。

第四章 河南实施三大国家战略规划的总体评估、战略指向及对策建议

表 4-5 粮食生产支撑条件评估表

	科技支撑	投资支撑	基础设施	机械化水平	载体支撑
单项评估（%）	51	90.7	80	80.45	100
粮食生产支撑条件综合评估（%）	80.43				

（4）抗御自然灾害能力评估。

近年来，河南粮食生产在遭遇雨雪冰冻、特大旱灾等的情况下，依然保持了高基点连年增产，取得了傲人的成绩。其中比较典型的包括 2008 年遭遇的严重雨雪冰冻灾害；2009 年遭遇的 50 年不遇的特大旱灾，秋季狂风暴雨造成未成熟作物大面积倒伏；2011 年遭遇的 60 年来最严重的干旱等重大灾害影响。基于此，在进行抗御自然灾害能力评估中，重点选取了有重大灾害的典型年份，并以该年粮食总产量是否保持了持续增长、完成规划增速的比率这两个指标作为重点评估指标，进而可以得到 2008 年、2009 年、2011 年这 3 个年度的评估结果，进行加权平均可以得到抗御自然灾害能力综合评估结果为 91%，如表 4-6 所示。

表 4-6 抗御自然灾害能力评估表

年份	2008	2009	2011
自然灾害情况	雨雪冰冻灾害	50 年不遇特大旱灾，秋季狂风暴雨造成未成熟作物大面积倒伏	60 年来最严重干旱
粮食总产量（亿斤）	1073	1078	1109
是否保持持续增长（%）	100	100	100
实际增速（%）	2.29	0.47	2
规划平均增速（%）	1.7	1.7	1.8
完成规划增速（%）	135	28	111
综合评估（%）	91		

资料来源：《河南统计年鉴》（2009，2010，2012）。

（5）实施成效总体评估。

根据粮食综合生产能力、农业综合效益、粮食生产支撑条件、抗御自然灾害能力 4 个单指标评估结果，采用德尔菲法确定各指标权重，加权后进而可以得到规划实施成效的总体评估结果为 92.54%，如表 4-7 所示。综合来看，5 年多以来河南粮食生产核心区建设规划实施情况评估，在粮食综合生产能力、农业综合效益方面为略有差距，抗御自然灾害能力方面为存在差距，粮食生产支撑条件方面为较大差距，综合评估结果为"存在差距[①]"。

---

① 评估结果阈值划分：

评估值	(1, ∞)	(0.95, 1]	(0.9, 0.95]	(0.8, 0.9]
评估结果	超额完成	基本完成，略有差距	存在差距	较大差距

表 4-7 规划实施成效评估表

	粮食综合生产能力	农业综合效益	粮食生产支撑条件	抗御自然灾害能力
权重	0.3	0.3	0.2	0.2
单项评估（%）	99	95.18	80.43	91
	略有差距	略有差距	较大差距	存在差距
规划实施成效总体评估（%）	92.54 存在差距			

2. 规划实施进程评估

河南省粮食生产核心区建设规划明确了总体目标：到 2020 年，粮食生产能力达到 650 亿公斤。在规划实施进程评估中，采用各年度实际总产量与规划目标值进行比较，得出各年度完成目标比例，进而求出平均值作为完成目标进程情况的评估结果。如表 4-8 所示，根据前述评估方法，得到综合评估结果为 98.8%，与目标进程相比还略有差距。

表 4-8 规划实施进程评估表

年份	规划目标值（亿斤）	实际总产量（亿斤）	完成目标比例（%）	完成目标进程评估
2010	1100	1087	98.8	略有差距
2011	1120	1109	99	
2012	1140	1128	98.9	
2013	1159	1143	98.6	
合计	4519	4467	98.8	

3. 差距构成结构性分析

从前述规划实施进程评估中可以看到，各考核年实际完成值与目标值相比均略有差距。为对差距构成进行深入分析，分别采用播种面积、亩产量两个指标，分夏粮、秋粮进行纵向比较。如图 4-4 所示，2007~2013 年，夏粮的播种面积年均增速为 0.46%、亩产量年均增速为 0.84%，亩产量增速高于播种面积增速，总体上夏粮生产保持了稳定增长的良好态势。从秋粮生产情况来看，则表现出与夏粮生产较为不同的特征。秋粮播种面积年均增速为 1.77%，是夏粮播种面积年均增速的 3.8 倍多，然而秋粮亩产量存在明显波动，且考核年间表现出波动下降趋势。例如，2013 年全省粮食总产量与规划目标总产量相差 17 亿斤，是 2010 年以来差距最大值；其中就受到该年度秋粮亩产量出现负增长，且为 2010 年以来最小值的直接影响。由上述分析可以发现，保持夏粮稳定增长、激活秋粮增产潜力，是有效缩小差距、实现既定目标的路径选择。

4. 规划目标完成趋势预测

2013 年河南粮食总产量为 1143 亿斤，与规划目标值 1159 亿斤相比略有差距。按照规划总目标，即到 2020 年，粮食总产量达到 1300 亿斤，对规划目标完成趋势进行预测。如表 4-9 所示，分别按照 2010~2013 年的年均增速、最大增速、最小增速，对 2014~2020 年的粮食总产量进行预估，如图 4-5 所示，如果按照年均增速、最小增速，均不能实现 2020 年规划目标值；按照最大增速预估，到 2018 年即可达到规划产量值，如果继续保持

第四章 河南实施三大国家战略规划的总体评估、战略指向及对策建议

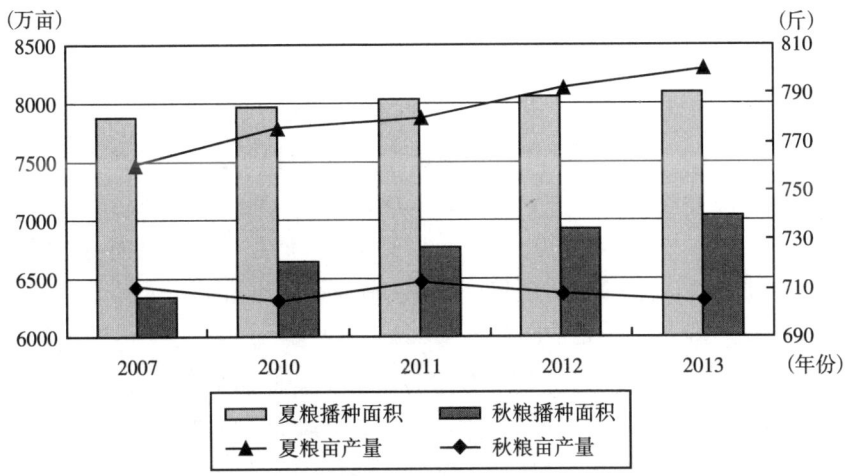

图 4-4 夏粮与秋粮的播种面积、亩产量变化情况

这一增速,到 2020 年,粮食总产量将达到 1312 亿斤,高出规划目标值 12 亿斤。

基于可行性考虑,从完成趋势模拟结果来看,在目前粮食总产量基础上,如果在 2014~2018 年实现年均 2% 增长,在 2019~2020 年实现年均 1.6% 增长,则既能实现 2020 年规划总目标值,又相对更具可行性。但是必须看到的是,河南在保持了粮食总产"十连增"、夏粮"十一连增"的同时,要想在 2014~2018 年达到总产年均增速 2% 这一近几年仅出现一次的增速最大值,实现年均增产 23 亿斤,挑战极其严峻。

表 4-9 实际总产量和规划目标值增速分析

年份	规划目标值(亿斤)	规划年均增速(%)	年份	实际总产量(亿斤)	实际增速(%)
2010	1100	1.8	2010	1087	年均增速:1.7
2012	1140	1.7	2011	1109	增速最大值:2
2015	1200	1.7	2012	1128	增速最小值:1.3
2020	1300	1.6	2013	1143	

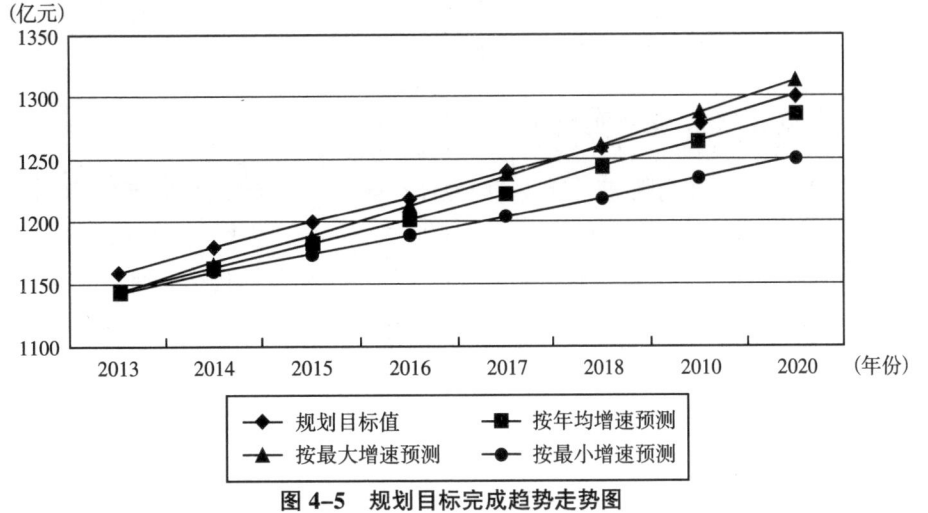

图 4-5 规划目标完成趋势走势图

5. 实现规划目标面临的主要问题

(1) 农业科技支撑能力不强的问题。

粮食增产的根本出路在科技，但从综合性指标来看，河南农业科技贡献率为0.51，低于全国平均水平，还亟待提升。同时，在农业服务体系建设方面也存在一些问题，直接影响着农业科技的转移、转化，导致一些先进农业适用技术难以及时推广普及，如良种良法配套技术的推广应用，玉米仅有70%左右，小麦50%左右，水稻55%左右。但是也要由此看到，通过科技服务和精耕细作提高单产的潜力还很值得开发。

(2) 基础设施支撑能力不足的问题。

在评估中，粮食生产支撑条件是得分最低的一项。目前全省仍有5000多万亩中低产田，近3000万亩不能得到有效灌溉，还有1519万亩低洼易涝地需要治理。差距也同时意味着潜力，加快中低产田改造、提高有效灌溉面积等，均是挖潜、提产、增效的关键点和着力点所在。另外，随着生态环境保护压力增大、极端气候出现频率增多，重大自然灾害频发直接影响着粮食稳产增产目标的实现，而这一问题更是给基础设施支撑能力提出了更高要求。

(3) 种粮比较效益偏低的问题。

2013年河南省夏粮每亩生产收益361.3元，秋粮每亩均生产收益504.3元，两季相加共865.6元，抵不上农民外出打工半个月的收入。近年来，粮食价格虽有上涨，但涨幅有限，农资、劳动力成本等的涨幅却很大，尽管国家采取了一系列措施，农民种粮的收益依然偏低，直接影响其种粮积极性的提高。

(4) 边际产量递减的问题。

2008~2013年，河南粮食总产量累计达到6617.3亿斤，粮食产量年均递增1.4%，粮食单产超过750斤/亩，实现了从中低产到中高产的跨越。河南以全国1/16的耕地，生产出了全国1/10的粮食，1/4的小麦，除了解决河南1亿人口的粮食消费，每年还调出400多亿斤的原粮及加工制成品，为国家粮食安全做出了重要贡献。但是同时，河南粮食单产已经达到中高产水平，受边际效应影响，要在高基点上、中长期内保持粮食总产量持续增长，到2020年实现1300亿斤的目标，面临着较大挑战。

(二) 中原经济区规划实施情况评估

自2012年11月，国务院正式批复《中原经济区规划（2012~2020年)》以来，河南省以规划为引领，着力破解难题、加快发展。规划实施一年半以来，河南的综合实力不断增强、在区域发展中的作用不断凸显。目前，距离第一个阶段性目标，即2015年目标已经只有不到一年半的时间。此时，对规划实施情况进行量化评估和综合分析，了解规划实施的现有成效、实施进程情况，以及对规划目标完成趋势进行预测评估，对于摸清现状、把握问题，并进而采取更有针对性的对策措施具有重要意义。

本评估报告以《中原经济区规划》提出的"到2015年，初步形成发展活力彰显、崛起态势强劲的经济区域。粮食综合生产能力稳步提高，经济结构调整取得重大进展，经济社

第四章 河南实施三大国家战略规划的总体评估、战略指向及对策建议

会发展水平进一步提升,在提高效益和降低消耗的基础上,主要经济指标年均增速高于全国平均水平,人均地区生产总值与全国平均水平的差距进一步缩小;城镇化质量和水平稳步提升,'三化'发展协调性明显增强;生态环境明显改善,主要污染物排放量大幅减少,可持续发展能力显著增强;人民生活水平明显提高,农村居民人均纯收入力争达到全国平均水平,城镇居民人均可支配收入与全国平均水平差距进一步缩小,基本公共服务水平和均等化程度全面提高",以及主要规划指标及其目标值为量化评估依据,具体规划指标及目标值见表4-10。

表4-10 中原经济区主要规划指标

类别	指标	2011年	2015年	2020年
经济发展	人均地区生产总值(元)	26317	38000	60000
	地区生产总值占全国比重(%)	9	9.5	10.5
结构调整	粮食综合生产能力(万吨)	9326	10000	10800
	战略性新兴产业增加值占地区生产总值的比重(%)	4	7	15
	服务业增加值比重(%)	29.5	32	37
	城镇化率(%)	40.6	48	56
	社会消费品零售总额年均增速(%)	18	16	16
资源环境	耕地保有量(万公顷)	1423	1423	1423
	单位地区生产总值能耗下降(%)	—	比2010年下降16%	比2010年下降30%左右
	万元工业增加值用水量(吨)	145	130	110
	森林覆盖率(%)	22	23	25
民生改善	城镇年新增就业人数(万人)	219	220	220
	城镇居民人均可支配收入(元)	17813	25000	38000
	农村居民人均纯收入(元)	6629	10500	16000
	中等职业教育在校生人数(万人)	265	300	350
	高等教育毛入学率(%)	28	35	40

1. 规划实施成效评估

在规划实施成效评估中,指标选取及目标值确定,均依据《中原经济区规划》中"第二章总体要求"、"第三节发展目标"中提出的中原经济区主要规划指标及其分阶段目标值,在单指标评估的基础上,分经济发展、结构调整、资源环境、民生改善4类进行分项评估,进而得到总体评估结果,具体指标及数据评估如表4-11所示。

表4-11 河南实施中原经济区规划成效评估

类别	指标	2011年实际值	2013年实际值	2011~2013年年均增速(%)	2011~2015年规划年均增速(%)	指标评估	分项评估	总体评估
经济发展	人均地区生产总值(元)	28661	34187	9.22	7.31	较好完成	完成	总体完成规划目标
	地区生产总值占全国比重(%)	5.75	5.7	-0.44	1.36	略有差距		

续表

类别	指标	2011年实际值	2013年实际值	2011~2013年年均增速（%）	2011~2015年规划年均增速（%）	指标评估	分项评估	总体评估
结构调整	粮食综合生产能力（亿斤）	1109	1143	1.52	1.99	略有差距	略有差距	
	战略性新兴产业增加值占地区生产总值的比重（%）	4	5.3（2012年预计目标值）	15.11	15	完成		
	第三产业增加值比重（%）	28.8	32	5.41	2.05	较好完成		
	城镇化率（%）	40.6	44.3	4.46	4.27	完成		
	社会消费品零售总额增速（%）	18.1	13.8			差距明显		
资源环境	粮食播种面积（万亩）	14790	15123	1.12	1.0	完成	完成	
	单位地区生产总值能耗（等价值）同比下降（%）	3.6	4.1（前三季度）	6.72	—	完成		
	森林覆盖率（%）	22.68	22.98	0.66	0.35	完成		
民生改善	城镇年新增就业人数（万人）	141	143.13	0.75	0.11	完成	较好完成	
	城镇居民人均可支配收入（元）	18194.8	22398.03	10.95	8.27	较好完成		
	农村居民人均纯收入（元）	6604	8475.34	13.29	12.29	完成		
	高等教育毛入学率（%）	24.63	30.1	10.55	9.18	完成		

注：①评估表中均为河南省数据。②中原经济区规划提出的主要规划指标中，万元工业增加值用水量、中等职业教育在校生人数这两个指标，因为缺乏连续性权威统计资料，未做相关评估。

2. 规划实施进程评估

在对中原经济区规划实施进程进行量化评估中，依据"中原经济区主要规划指标"，采用了14个指标，包括经济发展2个、结构调整5个、资源环境3个、民生改善4个，分别对各指标的2011年基期值、2013年规划值、2013年实际值进行了比较评估，以2013年实际完成值与规划目标值的比率作为实施进程的评估重点，得到如表4-12所示的评估结果。从完成比率情况来看，有11个指标超额完成，其中达到或超过105%的指标有3个；未完成规划目标进程的指标有3个，分别是地区生产总值占全国比重、粮食综合生产能力、社会消费品零售总额增速。综合来看，各指标完成比率平均值达到105%，总体实施进程评估为完成规划进度目标。评估结果见表4-12。

第四章 河南实施三大国家战略规划的总体评估、战略指向及对策建议

表 4-12 河南实施中原经济区规划的进程评估

类别	指标	2011年实际值	2013年规划值	2013年完成值	完成比率（%）	实施进程综合评估
经济发展	人均地区生产总值（元）	28661	33004	34187	103.6	完成规划进度目标
	河南地区生产总值占全国比重（%）	5.75	5.91	5.7	96.4	
结构调整	粮食综合生产能力（亿斤）	1109	1153.6	1143	99.1	
	战略性新兴产业增加值占地区生产总值的比重（%）	4	5.29	5.3（2012年预计目标值）	100.2	
	第三产业增加值比重（%）	28.8	29.99	32	106.7	
	河南城镇化率（%）	40.6	44.14	44.3	100.4	
	社会消费品零售总额增速（%）	18.1	16	13.8	86.25	
资源环境	粮食播种面积（万亩）	14790	—	15123	102	
	单位地区生产总值能耗（等价值）同比下降（%）	3.6	2.5	4.1（前三季度）	164	
	河南森林覆盖率（%）	22.68	22.84	22.98	100.6	
民生改善	河南城镇年新增就业人数（万人）	141	141.31	143.13	101.3	
	河南城镇居民人均可支配收入（元）	18194.8	21328.7	22398.03	105	
	河南农村居民人均纯收入（元）	6604	8327	8475.34	101.8	
	河南高等教育毛入学率	24.63	29.36	30.1	102.5	

资料来源：《河南统计年鉴》、《中国统计年鉴》（2012，2014）。

3. 规划目标完成趋势预测

在对中原经济区规划实施进程评估的基础上，进一步对规划目标完成趋势进行预测。从经济发展、结构调整、资源环境、民生改善4个分项14个指标的已完成情况与预计实现2015年、2020年规划目标所要达到的增速进行对比发现，其中11个指标能够完成甚至能够超额完成规划目标；地区生产总值占全国比重、粮食综合生产能力、社会消费品零售总额增速这3个指标，按照2011~2013年实际达到的增速情况来进行完成趋势预测评估，与实现2015年规划目标值还存在一定差距，必须在加速增长甚至在倍增的条件下才能完成预期目标。预测结果见表4-13。

但是也要看到，河南实施三大国家战略规划目前总体正处在起步期或成长期，增长具有逐步加速的基本特征。同时，在坚定总坐标、坚持总思路、完善总方略的指引下，随着各项规划举措逐步深入推进，实施效应逐步显现，并且河南推进新型城镇化、打造内陆开放高地等重大举措的加快实施，对于激活市场潜力、需求潜力均具有重大推动作用。在此背景下，河南实现稳增长、扩需求的同时，经过努力预计这3个指标有望实现赶超并完成规划目标值。

表 4-13 河南实施中原经济区规划的目标完成趋势预测

类别	指标	2011年实际值	2013年完成值	2015年规划值	2020年规划值	2011~2013年实际年均增速	实现2015年目标需达到的增速（2013年为基期）	实现2020年目标需达到的增速（2013年为基期）	规划目标完成趋势预测
经济发展	河南人均地区生产总值（元）	28661	34187	38000	60000	9.22	5.43	8.37	较好完成
	河南地区生产总值占全国比重（%）	5.75	5.7	6.07	6.7	-0.44	3.19	2.34	存在差距
	粮食综合生产能力（亿斤）	1109	1143	1200	1300	1.52	2.46	1.86	略有差距
结构调整	战略性新兴产业增加值占地区生产总值的比重（%）	4	5.3（2012年预计目标值）	7	15	15.11	14.92	16.02	能够完成
	第三产业增加值比重（%）	28.8	32	31.24	36.13	5.41	已完成	1.75	超额完成
	河南城镇化率（%）	40.6	44.3	48	56	4.46	4.09	3.4	能够完成
	社会消费品零售总额增速（%）	18.1	13.8	16	16	—	—	—	存在差距
资源环境	粮食播种面积（万亩）	14790	15123	稳定面积	稳定面积	1.12	—	—	能够完成
	单位地区生产总值能耗（等价值）同比下降（%）	3.6	4.1（前三季度）	比2010年下降16%	比2010年下降30%左右	6.72	平均每年下降1.5%	—	能够完成
	河南森林覆盖率（%）	22.68	22.98	23	25	0.66	0.04	1.21	能够完成
民生改善	河南城镇年新增就业人数（万人）	141	143.13	141.62	141.62	0.75	—	—	超额完成
	河南城镇居民人均可支配收入（元）	18194.8	22398.03	25000	38000	10.95	5.65	7.84	超额完成
	河南农村居民人均纯收入（元）	6604	8475.34	10500	16000	13.29	11.31	9.5	能够完成
	河南高等教育毛入学率（%）	24.63	30.1	35	40	10.55	7.83	4.15	能够完成

第四章 河南实施三大国家战略规划的总体评估、战略指向及对策建议

4. 实现规划目标面临的主要问题

一是虽然总体来看已经完成现状目标,并且预期能够完成2015年、2020年的阶段性规划目标,但是从各指标现状值来看,距离全国平均水平依然存在差距,且差距逐步拉大。例如,规划明确提出,"到2015年,人均地区生产总值与全国平均水平的差距进一步缩小;农村居民人均纯收入力争达到全国平均水平,城镇居民人均可支配收入与全国平均水平差距进一步缩小"等目标。从相应各指标实际变化及对比情况来看,如图4-6、图4-7所示,2011年、2012年、2013年,河南人均GDP与全国平均水平相比分别少了6536元、6960元、7720元,河南城镇居民人均可支配收入与全国平均水平相比分别少了3615元、4122元、4557元,河南农村居民人均纯收入与全国平均水平相比分别少了373元、392元、420元,尤其值得关注的是,这三个指标的差距均表现出逐步扩大的趋势。

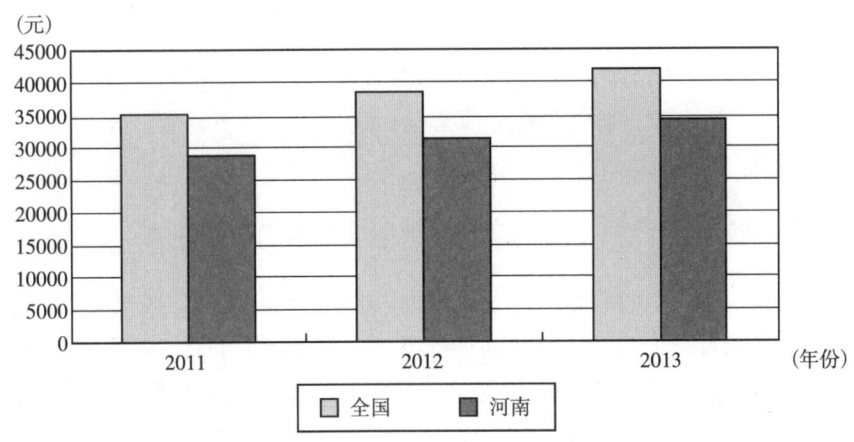

图 4-6　2011~2013 年河南人均 GDP 与全国平均水平比较

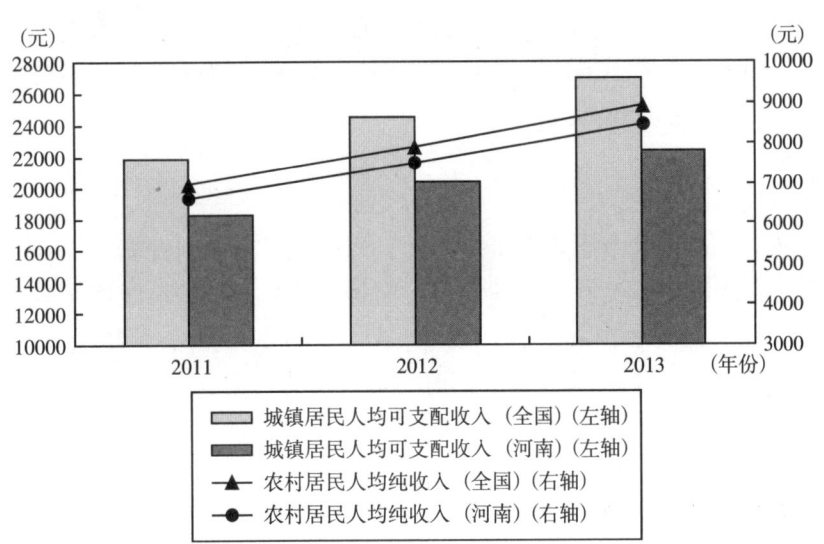

图 4-7　2011~2013 年河南城镇居民人均可支配收入、农村居民人均纯收入与全国平均水平比较

二是本次规划实施情况量化评估，依据就是规划中明确提出的主要规划指标及其目标值。但是也要看到，中原经济区规划作为指导区域发展的、具有系统性、全面性的综合性规划，在"主要指标"中选取的指标基本都是体现经济社会发展的大项指标，且考虑到重点突出及可操作性等问题，共选取了4类16个指标，从规划涵盖面而言数量相对较少。结合河南发展来看，一些体现河南近年来面临的主要问题挑战、采取的重大实践举措等的指标并未能得到充分体现，例如，工业结构调整相关指标、科技创新相关指标、现代服务业发展相关指标、对外开放相关指标，等等。因此，本次评估结果即使数据总体情况尚属乐观，依然需要保持清醒冷静。

三是本次量化评估中，未完成或存在差距的指标共有3个，分别是河南GDP占全国比重、粮食综合生产能力、社会消费品零售总额增速，这也反映出河南在综合实力、粮食生产、消费这三个方面依然面临着如何推动扩总量与提水平、增效益并进等问题。

四是中原经济区主要规划指标共选取了4类，分别是经济发展、结构调整、资源环境和民生改善，从量化评估结果来看，结构调整分项评估是四个分项评估中最差的，3个未达标指标中有2个都是属于结构调整分项指标，这也从一个方面反映出河南在加快转方式、调结构、促转型中依然面临较大挑战。

（三）郑州航空港经济综合实验区规划实施情况评估

2013年3月7日，国务院批准了《郑州航空港经济综合实验区发展规划》（以下简称《规划》）。作为全国首个上升为国家战略的航空港经济发展先行区，郑州航空港经济综合实验区对中原崛起河南振兴、打造中原经济区的核心增长极、为中西部地区扩大开放提供强力支撑都具有重大意义。实现良好开局，是《规划》能够高效、快速、有序推进的基本要求。在本评估报告中，依据2013年统计数据资料，基于规划明确的"到2025年，航空货邮吞吐量达到300万吨左右，进出口总额达到2000亿美元"等重点指标目标值，对《规划》开局一年的实施成效、实施进程、完成趋势预测等进行量化分析，进而提出《规划》推进中面临的一些问题和挑战。

1. 规划实施成效评估

（1）分项评估。

①国际航空货运集散中心建设。2013年，郑州机场全年新开航线53条，达到143条，基本形成覆盖欧洲、美洲、亚洲、大洋洲等国家和地区的航线网络。其中，如图4-8所示，已开通全货运国际航线达到19条，货邮吞吐量完成25万吨，同比增长69.5%，增速居全国大型机场第一位。同时，郑州机场还是中部地区唯一开展国际快件的机场、货运航线总数位居中西部第一的机场。显然，国际航空货运集散中心建设取得突破性进展。

②开放门户建设。2011~2013年，实验区完成进出口总额分别达到95亿美元、285亿美元、348.8亿美元，占全省的比重始终在50%以上，对全省进出口增长的贡献率始终在95%以上，推动了全省进出口增长的强劲攀升，航空港开放门户地位已初步奠定。实验区

第四章 河南实施三大国家战略规划的总体评估、战略指向及对策建议

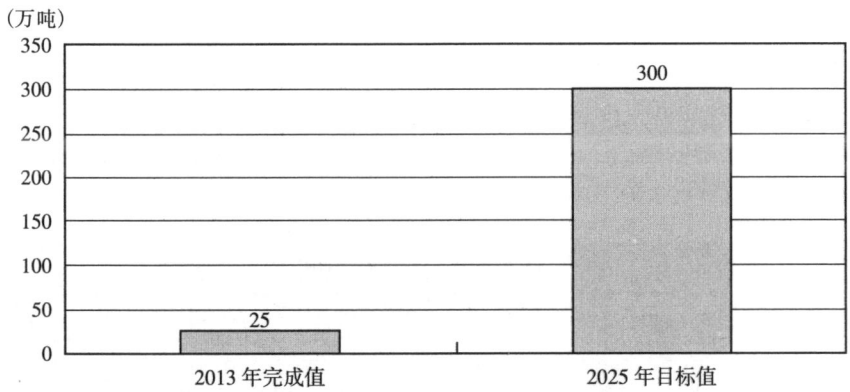

图 4-8　郑州航空港经济综合实验区航空货邮吞吐量

进出口总额完成情况如图 4-9 所示。

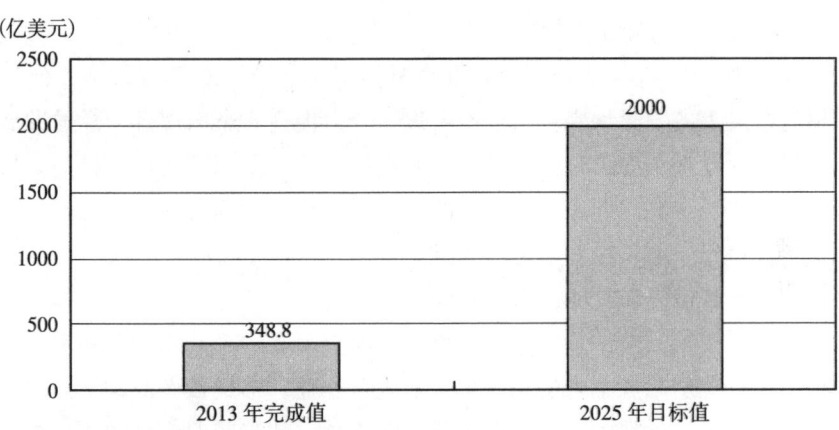

图 4-9　郑州航空港经济综合实验区进出口总额

（2）总体评估。

总体来看，郑州航空港经济综合实验区建设在短短一年多的时间里，表现出起点高、增速快、成效显的突出特征。

2. 规划实施进程评估

从实施进程来看，实验区在 2013 年 3~12 月仅 10 个月、占 6.5%规划期的时间，航空货邮吞吐量就已经完成 2025 年总目标的 8.33%，进出口总额就已经完成 2025 年总目标的 17.44%，均超额完成进程目标。如表 4-14 所示。

表 4-14　郑州航空港经济综合实验区实施进程评估表

	2013 年完成值	2025 年规划目标值	规划时间完成比率（%）	规划目标完成比率（%）
航空货邮吞吐量（万吨）	25	300	6.5	8.33
进出口总额（亿美元）	348.8	2000	6.5	17.44

3. 规划目标完成趋势预测

2013年，实验区航空货邮吞吐量、进出口总额分别实现了69.5%、22.39%的同比高速增长，与实现2025年规划目标值所需的年均增速相比，则分别高出46.5个、6.72个百分点，在稳增长、稳态势的情况下，预测将提前完成规划各指标的量化目标。规划目标完成趋势预测结果见表4-15。

表4-15 郑州航空港经济综合实验区规划目标完成趋势预测

	2013年完成值	2013年同比增长（%）	2025年规划目标值	实现规划目标的年均增速（%）	完成趋势预测
航空货邮吞吐量（万吨）	25	69.5	300	23	提前完成
进出口总额（亿美元）	348.8	22.39	2000	15.67	提前完成

4. 规划实施中面临的主要问题和挑战

（1）保持高起点高速增长的挑战。

规划实施以来，2013年3~12月仅10个月，郑州航空港在基础设施、公共服务、产业体系、枢纽建设等各方面均表现出全民聚焦、全力推进、全面展开、全速发展的积极态势，以航空货邮吞吐量、进出口总额以及地区生产总值、第三产业增加值等为代表的各指标均表现出高速增长态势。但是在起点高的同时也要看到面临着任务重的挑战，尤其是在高起点上保持高速稳定增长，面临更大挑战。

（2）高端航空港经济产业体系构建的挑战。

规划明确提出要推动航空设备制造维修、与航空关联的高端制造业和现代服务业快速发展，集聚一批具有国际竞争力的知名品牌和优势企业，形成创新驱动、高端引领、国际合作的产业发展格局。这其中，既要求有航空经济这一新兴产业领域的创新探索，又有高端产业发展的水平要求，还有产业体系构建的系统要求，如何立足发展基础、突出发展特色、增创发展优势，均是新课题、新挑战。

（3）形成具有特色优势的航空港经济内生增长模式的挑战。

规划提出"建设大枢纽，培育大产业，塑造大都市"的实验区发展主线，也就是要通过建设大枢纽，带动大物流；通过大物流，带动产业群；通过产业群发展，带动城市群发展，进而以城市群带动中原崛起河南振兴富民强省。如何在这一发展路径指引下，形成以互动融合为特征的航空港经济内生增长模式，进而实现快速发展，是目前航空港在起步期必须筹谋且时不我待的关键问题。

三、河南实施三大国家战略规划的战略指向分析

实施好三大国家战略,事关全国及河南发展大局,使命重大、责任重大。面对经济发展新常态的阶段性新特征,应进一步明确实施三大国家战略规划的战略指向,坚定总坐标、坚持总思路、完善总方略,从着力转化、着力提升、着力协调、着力深化、着力创新五个方面出发,在践行"三个总"中加快中原崛起河南振兴富民强省进程。

(一)着力转化,增创发展新优势

增创发展新优势是河南实施三大国家战略的重要环节,是完善总方略的根本保障。在进一步推进三大国家战略进程中,着力转化,也就是将优惠政策转化为发展优势、传统优势转化为新优势,全面增创发展新优势。一是将优惠政策转化为发展优势。三大国家战略规划实施以来,河南省提出了一系列优惠政策,但总体而言,优惠政策效应还比较低,政策配套体系还有待进一步完善。通过建立健全粮食生产稳定增长的投入机制、科技创新机制、金融支持机制、现代农业经营机制、农村土地流转机制、农村人力资源开发机制、以工补农以城带乡长效机制等方面政策保障推动粮食生产核心区建设;通过产业升级和投资引导、统筹城乡发展、生态补偿等方面给予更多的政策倾斜和政策优惠推动中原经济区建设;通过在金融服务、土地管理、服务外包等方面给予更大政策支持推动郑州航空港经济综合实验区建设。二是将传统优势转化为发展新优势。随着三大国家战略规划的深入实施,依靠单一发展优势的传统优势效应在逐渐减弱,迫切需要对传统优势进行有机整合,实现传统优势转化为新优势。依托"米"字形快速铁路网单一区位优势,结合"四港联动"多式联运的综合交通网络,构筑基于现代综合交通枢纽的现代物流新优势,将传统交通区位优势转化为融合新兴业态发展的现代物流新优势;依托农村就业人口回流常态化、劳动技能培训格式化、职业教育社会化、公共服务全覆盖,培养一批懂技术、懂管理、懂市场的新型农民,将传统劳动力资源优势转化为由创新优势、技能优势和低成本基础优势协同整合的人力资源新优势,为三大国家战略建设奠定了人力资源保障。

(二)着力提升,增强综合素质和竞争力

增强综合素质和竞争力是河南实施三大国家战略的重要抓手。通过着力提升产业发展实力、综合竞争力和战略地位,全面推进河南三大国家战略实施,为"三个大省"建设提供重要支撑。一是要着力提升产业发展实力。依托实施高标准粮田"百千万"建设工程、现代农业产业化集群培育工程、都市生态农业发展工程,加快提升农业发展水平,推动全国粮食生产核心区快速发展,提升河南发展的保障能力;通过对传统制造业的改造提升,战略性新兴产业加快培育,构建集聚度高、竞争力强、带动力强、吸纳就业能力强、资源

环境友好的现代工业体系，有效推动中原经济区和郑州航空港经济综合实验区建设，增强河南发展实力和综合竞争力。二是要着力提升综合竞争力。依托三大国家战略建设，加快城市基础建设和公共服务建设，推进城市绿化和美化工程，拓展城市空间，强化环境保护，增强以城市基础设施为依托的综合承载力，提高河南发展实力；以三大国家战略建设为主线，努力打造良好的人文环境，培育河南精神，提高河南发展品位，以河南软环境的不断改善促进河南综合竞争力的提升。三是要着力提升战略地位。通过进一步推动全国粮食生产核心区规划实施，将河南建设成为国家粮食生产核心区中的"核心区"，进一步稳固和提升其在国家粮食生产中的战略地位；依托中原经济区建设，将河南建设成为国家重要的粮食生产和现代农业基地、全国三化协调发展示范区、全国重要的经济增长板块、全国区域协调发展的战略支点和重要的现代综合交通枢纽、华夏历史文化传承创新区，进一步提升中原经济区在全国区域发展中的战略地位；通过推动郑州航空港经济综合实验区建设，将郑州航空港建设成为国际航空物流中心、以航空经济为引领的现代产业基地、内陆地区对外开放重要门户、现代航空都市、中原经济区核心增长极，不断提升河南在全国区域发展的战略地位，推动河南发展的双重责任。

（三）着力协调，统筹兼顾全面发展

统筹兼顾全面发展是河南实施三大国家战略的题中之义。在进一步推进河南三大国家战略实施进程中，应着力推动三化协调、区域协调、经济社会生态协调，为实现"富强河南、文明河南、平安河南、美丽河南"做出更大贡献。一是要着力推动三化协调。实现三化协调发展是河南破解发展难题，探索中原特色崛起之路的具体实践。依托三大国家战略，以粮食安全为核心的农业现代化发展为基础，以人为核心的新型城镇化发展为条件，以科技创新为核心的新型工业化发展为支撑，探索三化协调发展之路，为河南实现全面发展提供支撑。二是要着力推动区域协调。区域协调发展是全面建成小康社会的客观要求，是实现河南全面发展的重要举措。以粮食生产核心区建设为抓手，加快提升农业现代化发展水平，有效破解"三农"难题，缩小城镇差距；以加快中原经济区建设为着力点，全面提高中原经济区经济社会发展水平，为促进中部地区崛起，缩小中原经济区与发达地区差距提供重要支撑；以加快郑州航空港综合经济实验区建设为突破口，不断提升郑州航空港发展水平，有效缩小内陆与沿海地区的差距，推动区域协调发展。三是要着力推动经济社会生态协调。面对日益突出的环境问题和频繁出现的极端天气问题，河南在实施三大国家战略时，要考虑生态环境问题，通过提升生态自然修复能力、实施节能降耗行动计划、强化环境容量控制等工程实现经济社会生态协调发展。

（四）着力深化，激发发展动力活力

在错综复杂形势下解决三大国家战略实施中的瓶颈制约和体制障碍，激发新的发展动力活力，让中原大地充满勃勃生机，关键在于深化改革开放和实施创新驱动发展。一是要坚决主动有序推进全面深化改革。改革开放是决定当代中国命运的关键一招，也是河南三大国家战略顺利实施的关键环节。通过进一步健全粮食统计制度、健全和完善粮食应急体系、加强粮食行政管理体系建设，构建河南粮食安全体系，推动全国粮食生产核心区建设；通过进一步加快土地制度改革，继续推进人地挂钩工作，进一步加快融资体制改革，推动农村金融工作，进一步完善城镇体制改革，建立农村人口有序转移机制，进一步加快行政体制改革，规范行政审批事项，加快推动中原经济区建设；通过进一步加大金融支持力度、土地政策支持力度、服务外包政策支持力度，加大对外开放力度，积极推动郑州航空港综合实验区建设。二是要深入实施创新驱动战略。以三大国家战略建设为主线，坚持以构建自主创新体系为导向，坚持出路在创新，把握好创新的内涵，因地制宜推进创新，把握好先进性和经济性、当前和长远、质量和规模的关系，加快科技创新、企业创新、产品创新、市场创新，全面推进创新河南建设。

（五）着力创新，探索中原特色崛起之路

着力创新，走中原特色崛起之路，是中国特色社会主义的生动诠释，是推动三大国家战略顺利实施的有益实践。一是要着力思想创新。思想决定思路，思路决定出路，各级领导干部能不能解放思想、开拓创新，在很大程度上决定着三大国家战略的实施进程，决定着中原崛起河南振兴富民强省的发展前景。河南各级领导干部应围绕国家三大战略开拓创新，加大创新力度，集思广益，寻求重点领域和关键环节上的创新思路和发展道路，为探索中原特色崛起之路提供重要理论支撑。二是要着力实践创新。一切从实际出发、按规律办事，不断提高实践创新能力，是加快河南三大国家战略顺利实施的重要做法。坚持因势而谋、应势而动、顺势而为，不断创新新形势、新条件下解决三大国家战略实施中瓶颈问题的方法举措，充分发挥市场在资源配置中的决定性作用，在培育发展航空港新业态、新模式、确保粮食安全、破解三化协调瓶颈制约等方面改革创新，力求用最少的资源换取最大的效益，用最小的代价赢得最大的成功，用最短的时间实施好三大国家战略，为加快中原崛起河南振兴富民强省探索新路子。

四、河南实施三大国家战略规划的对策建议

当前，我国经济发展进入新常态运行阶段，为适应经济新常态，河南明确了坚定总坐标、坚持总思路、完善总方略的战略谋划。在此背景下，要深入实施三大国家战略规划，更好地服务全国大局和推动河南发展，需要在完善"一个载体"、构建"四个体系"、夯实"五大基础"、强化"六个保障"的基础上，统筹处理好"服务大局与河南发展、改革创新与发展稳定、增量升级与存量优化、拓展空间与夯实基础、先行先试与有序推进"之间的关系，加快推进中原崛起河南振兴富民强省步伐。

（一）服务全国大局与加快河南发展并重

国家制定三大战略，高瞻远瞩，通盘谋划，立足河南，辐射全国，立足当前，着眼长远。当前，河南肩负着服务全国大局和推进中部崛起的历史重任，河南应立足三大国家战略规划，坚持服务全国大局与推进河南发展并重，加快三大国家战略的推进与落地实施。一是立足三大国家战略，把握服务大局与河南发展的关系。粮食生产核心区建设是保障国家粮食安全的重要环节；中原经济区建设是促进中部崛起，实现全国区域协调发展的重要途径；郑州航空港经济综合实验区建设是推进中西部地区全方位扩大开放的新途径。在新形势下，河南科学有序坚实有效地推进三大国家战略实施，本身就是服务全国大局与加快河南发展的有机统一。二是深入实施三大国家战略规划，全力服务全国发展大局。以高标准粮田"百千万"建设工程、现代农业产业化集群培育工程、都市生态农业发展工程等为重点，加快推进粮食生产核心区建设，为保障国家粮食安全做出应有的贡献；加快推进中原经济区建设，完善"一个载体"、构建"四个体系"、夯实"五大基础"、强化"六个保障"，坚持走好四化协调同步科学发展的路子，落实中原经济区规划，以中部崛起助推全国区域协调发展；加快推进郑州航空港综合经济实验区建设，搭建内陆省份在全球化背景下的对外开放平台和参与国际经济循环的窗口，形成带动产业发展的发动机和核心增长极，推进中西部地区全方位对外开放。三是加快推进"四个河南"建设步伐，促进中原崛起河南振兴。以加快实施三大国家战略为契机，紧抓发展第一要务，打造"富强河南"、培育和践行社会主义核心价值观，打造"文明河南"、坚持标本兼治，打造"平安河南"、强化生态文明建设，打造"美丽河南"，将"四个河南"建设有机统一于河南全面建成小康社会的实践中，通过"四个河南"建设，推动河南由传统农业大省、经济大省、文化资源大省向新兴工业大省、经济强省、文化强省、生态大省的历史性转变，进而促进中原崛起河南振兴。

（二）改革创新与发展稳定并重

新常态呼唤新探索，需要创新宏观调控思路和方式，统筹稳增长、促改革、调结构、惠民生、防风险，发挥市场的决定性作用，培育经济发展的内生动力，改善民生，促进社会和谐发展。鉴于此，河南实施三大国家战略，需要处理好改革创新与发展稳定的关系。一是持续深化改革，释放发展动力。利用好三大国家战略赋予河南先行先试的机遇，深化经济体制改革，加快完善现代市场体系、宏观调控体系、开放型经济体系；深化行政体制改革，切实转变政府职能，创新行政管理方式；深化社会体制改革，加快形成科学有效的社会治理体制，释放发展动力。二是实施创新驱动，激发发展活力。坚持需求导向、问题导向，正确认识和把握先进性和经济性、当前和长远、效益和规模等关系，增强创新的实效性。大力实施创新驱动发展战略，强化企业创新的主体地位，构建政产学研用协同创新机制，推进重大关键技术研发和突破，推动科技成果的转移转化，以创新驱动促进"三化"协调、"四化"同步发展。三是转变发展方式，促进经济升级。坚持把"完善一个载体、构建四个体系、夯实五大基础、强化六个保障"作为科学发展的重要抓手，促进经济发展动力由投资拉动型向创新驱动型转变、产业结构由高碳型向低碳型转变、经济发展模式由粗放型向集约型转变,全面推进河南经济结构优化升级。四是着力改善民生,保持和谐稳定。以"稳步扩大支出,尽快覆盖全民,着力均等机会,努力缩小差距,切实提高效率"为基本政策方向,优化财政支出结构,扩大民生支出;完善社会保障制度的覆盖面;推进基本公共服务的均等化;缩小基本公共服务和社会保障标准的区域差距;通过改革公共投入的投向和方式提高效率。

(三) 增量升级与存量优化并重

经济新常态的最大特点是"速度下台阶、效益上台阶、效率新突破、结构再平衡",在此背景下,先进生产力将不断优化和升级,落后生产力将不断萎缩和退出。鉴于此,河南在实施三大国家战略进程中,应处理好增量升级与存量优化的关系。一是加快推动传统支柱产业升级发展,促进存量优化。立足当前河南产业发展基础,依托科技创新,利用高新技术、先进适用技术以及信息化技术,针对河南现有的化工、有色、钢铁等传统优势产业,综合运用延伸链条、技术改造、兼并重组、淘汰落后等手段,进行"脱胎换骨"式的改造提升,促使传统制造业向高附加值制造业方向发展。二是着力促进高成长性产业集群发展,促进增量调整。实施创新驱动,按照"统筹规划、发挥优势、突出特色、集聚发展"的原则,围绕河南高成长性产业发展方向,依托产业集聚区,规划建设高成长性产业示范园区,加强规划政策引导,完善配套服务功能,积极承接产业转移,促进企业集中集聚,培育发展一批以电子信息产业集群、生物医药产业集群、新型合金材料产业集群等为重点的、特色鲜明、链条完善、具有核心技术、竞争力强的产业集群,为建设先进制造业大省提供有力支撑。三是积极布局战略性新兴产业,提升产业综合竞争力。坚持自主创新与开放引进相结合、重点突破与整体推进相结合、龙头带动与集群发展相结合、市场主导与政府推动相结合的发展原则,以开放创新为动力,以营造良好的发展环境为重点,以企业为主体,加大规划引导和政策支持力度,着力推进重大产业创新发展工程和示范园区建设,着力培育具有核心技术的龙头企业和产业集群,努力把新一代信息技术产业培育成为新的支柱产业,把生物、新能源、新能源汽车、新材料等产业培育成为先导产业,促进节能环保、高端装备制造产业成为新的增长点,打造全国重要的战略性新兴产业基地,推动产业结构战略性调整,加快经济增长方式转变,为建设中原经济区、加快中原崛起河南振兴提供有力支撑。四是加快资源型产业绿色转型,促进产业可持续发展。依托河南能源、有色等资源性产业发展基础,发挥比较优势,发展循环经济,提高资源型产业的加工深度,拉伸并整合产业链条,进一步做大做强资源深加工产业,形成产业集群,做出品牌,巩固提升传统产业资本积累的地位。健全激励与约束机制,加强资源节约与管理,大力发展循环经济,推动工业发展由过度消耗资源、污染环境的粗放增长模式向资源节约、环境友好的集约发展模式转变,根据资源型产业的不同阶段,实行不同的转型策略,引导资源耗费型生产模式向资源循环利用型生产模式转变,最终实现资源型产业的绿色重构,即建立物质—技术—生态三大产业群全方位的同步绿色化体系。

(四) 拓展空间与夯实基础并重

经济新常态意味着要向改革要动力,向结构调整要助力,向民生改善要潜力,积极拓展发展空间。在此背景下,河南在实施三大国家战略过程中,需要处理好拓展空间与夯实基础之间的关系。一是持续强化五大基础建设,夯实发展基础。以实施三大战略规划为依托,着力强化现代交通、信息网络、水利支持、能源支撑、生态环境五大基础建设,发挥资本潜力、劳动力潜力、土地潜力、城镇化潜力,夯实发展基础。二是加快推进三个大省建设,提升产业空间。紧紧围绕建设先进制造业大省、高成长服务业大省和现代农业大省的战略目标,积极承接产业转移,大力发展高成长性产业,积极发展战略性新兴产业,改造提升传统支柱产业,紧抓新业态、新趋势,大力发展业态复合型产业,提升产业发展空间。三是加速推进新型城镇化建设,拓展发展空间。坚持以人的城镇化为核心,强化"一基本两牵动",推进农业转移人口市民化;坚持因地制宜,合理布局,促进大中小城市协调发展;提高城市综合承载能力,提升可持续发展水平;创新体制机制,消除政策障碍,拓展发展空间。

(五) 先行先试与有序推进并重

新常态下的发展改革,需要以敢为天下先的精神,创新宏观调控思路和方式;以积极稳妥防范风险的心态,培育经济发展的持久动力。鉴于此,河南实施三大国家战略,需处理好先行先试与有序推进之间的关系。一是先行先试推进国家战略规划。国家三大战略在财政、金融、投资、产业、土地等多个领域,赋予河南一系列先行先试的权利和相应的政策,要加强研究,充分挖掘国家战略所蕴含的政策潜力,力争"横向到边、纵向到底",使政策红利效应最大化。二是示范引领带动全局发展。打造土地流转、航空管理、海关监管、财税管理、投融资、科技创新、社会保障等领域先行先试亮点,发挥示范引领作用,以点带面,带动全局发展。三是积极有序推进三大战略实施。统筹国家三大战略实施的全局性和协同性,区分轻重缓急,注重长短结合、点面结合,按照"积极有序、重点突出、协调推进,试点先行、分步实施"的原则,强化各区域、各部门的协作配合,优化政策组合,形成政策合力,助推中原崛起、河南振兴。

第五章 河南加快服务业发展的对策研究

郭庚茂书记在省委经济工作会议上的讲话明确提出,加快发展服务业,建设高成长服务业大省;谢伏瞻省长在省十二届人大第三次会议上所做的《政府工作报告》中再次强调:"着力做大服务业,加快建设高成长服务业大省。"这是省委、省政府高瞻远瞩,审时度势做出的重要决策。服务业作为最高级的产业形态,是经济社会发展的主要增长点,也是经济结构调整的重要着力点。河南是全国重要的农业大省和新兴工业大省,发展服务业地位独特、基础良好、优势突出。我们要积极贯彻落实省委省政府建设服务业大省的精神,加快构建河南现代服务业体系,为打造河南经济升级版、推动经济长期健康发展提供新引擎。

一、服务业发展规律、趋势及国内外实践

目前,世界经济正向服务经济转型,经济全球化也进入了服务全球化时代。服务业作为最高级的产业形态,正向集群化、高端化、生态化的方向发展。欧美发达经济体经过多年的发展,目前服务业居于世界领先水平。我国广东、山东、江苏等发达省份经过多年的发展,服务业也达到了一定的水平。研究欧美以及国内发达省份服务业发展的经验,对于河南服务业发展具有重要的借鉴意义。

(一) 世界产业演进规律及服务业发展趋势

1. 世界产业演进规律

经济发展的阶段性通常是不能逾越的,各阶段发展具有相对稳定的经济结构和产业配比关系,在格局上改变需要较长时期并且过程缓慢。虽然世界各国的产业演进受自然、社会、经济等多种因素的影响,演进过程也因时因地有所不同,但也存在着明显的、共同的一般趋势和普遍规律。

——引发产业革命的科技创新大多与服务业相关。科技创新与产业革命是形成产业结构演进的直接动力,从历次产业革命历程看,科学技术由低级向高级发展,产业结构也同样由低级向高级演进。资料显示,20世纪全球半数经济增长来自科技创新,处于科技与产业革命前沿的高新技术产业是产业结构演进的领航产业,而大部分高新技术产业都是服

务业和工业的结合体，尤其是伴随信息技术的广泛应用，服务业在技术创新的产生和扩散中起到了越来越重要的作用，触发了整个国民经济生产体系的深刻变革，助推了产业结构的演进和发展。

——服务业在产业演进中的增幅最大、增速最快。在经济发展进程中，农业是最先兴旺起来的产业，占据最初人类创造总产值的绝大多数，且引领数千年时代潮流。工业在18世纪开始兴起，随着经济的发展，其在产业结构中的比重不断上升，占据首位达200多年。服务业在20世纪中叶异军突起，发展势头迅猛，在三次产业结构中的比重迅速跃居GDP首位，在1996年已经超越世界总产值的一半，比重高达60.7%，目前这一比重仍在继续增长。服务业已成为现代社会中战略地位越来越重要的主要产业部门。

——服务业成为全球产业演进与转移的新领域。产业国际转移体现了世界范围内的产业结构演进和调整方向。虽然制造业的国际转移仍然是产业布局调整的重要内容，但是全球服务业的迅速发展及服务业经营模式的不断创新，促使服务业国际竞争日益激烈，跨国公司开始通过服务业跨国转移来实现生产要素的优化配置，降低成本，提高效率，以占据国际分工和竞争的高端环节，增强影响力和控制力。大规模的国际服务业转移，已成为新一轮全球产业调整和布局的新趋势、经济全球化的新特征、产业转移的新浪潮。

2. 服务业发展新趋势

伴随着技术进步、生产专业化程度加深和产业组织复杂化，许多原本属于制造业某些生产环节的业务，逐步发展成为独立的服务业，服务业日益深刻地改变着区域、国家产业结构，成为决定各国综合竞争力的重要因素。总体来看，未来服务业发展具有以下发展趋势：

——制造业服务业化。建立在专业化分工的基础上，服务业与制造业融合发展的趋势越来越明显，制造业企业正在从提供有形商品，到带有服务的有形商品、混合品，再到带有少许商品的服务、纯服务的方向嬗变。服务业作为制造业企业新的竞争手段，可以有效整合价值链的各个环节，提高产品的核心价值，两者呈现的融合、分离、外包、互动趋势愈加凸显。

——服务手段创新化。创新和创意是服务业发展的重要引擎和企业竞争力的重要体现，很多服务企业依靠创新、创意，形成了新的商业模式，吸引了消费者，增加了产品的附加值，获得了巨大成功。按照创意产业的新理念，所有的产业都需要创新，服务业尤其如此，未来，创新、创意活动将贯穿于各种服务行业之中，并逐步成为支撑服务业发展的主要手段。

——服务产业集群化。众多服务业企业在空间上聚集在一起集中提供服务就形成了服务业集群。服务业集群是许多国家和地区服务业快速发展的新途径，通过部分优势服务企业的发展带动服务业集群整体进步。这一趋势可以大大降低交易成本，减少分散布局所需的额外投资，具有很强的群体竞争优势、集群规模效益和外溢效应，有助于提升服务业的竞争力。

——核心价值品牌化。品牌已经成为服务业的核心价值之一。国内外的经验证明，没有品牌的服务企业是没有生命力的服务企业，没有品牌的地区是没有竞争力的地区。品牌逐渐成为各地服务企业竞争的核心,服务业在未来的发展中将更多地体现独特地理、文化特点,建立各具特色的品牌服务企业,以进一步提升服务业发展的附加值。

(二)国内外服务业发展主要做法

"他山之石,可以攻玉"。研究和借鉴典型国家及国内典型省份发展服务业的主要做法及经验,对河南加快服务业发展具有重要意义。

1. 典型国家发展服务业的主要做法

——美国。美国是全球最大的服务经济体,服务业在美国经济中占有主体地位,其服务贸易长期保持顺差。在推进服务业发展方面,美国的主要做法及经验有:

(1)产业政策配套、法规健全。美国政府根据行业特点,采取了有差异的政策,各类服务企业有章可循、有法可依,虽然各州的法律法规不尽相同,但无论在哪个州从事某种服务行业,都有相应的法规可以遵循。政府还双管齐下,一方面通过颁布法令,使服务业领域有损竞争的兼并行为得到阻止;另一方面对一些可能引发行业垄断的兼并加以审查和指控。

(2)大力推动企业主辅分离。把生产性服务业作为服务业发展的重点方向,制定优惠的财税政策,积极引导制造业企业把运输、仓储、信息服务等辅业分离出去,使生产性服务业规模不断壮大。目前,金融、信息服务业等生产性服务业总量已超过全国服务业总量的70%,成为美国的支柱产业。

(3)不断扩大服务外包规模。为进一步降低成本,延伸服务业价值链条,扩大市场份额,美国软件开发、芯片设计、金融分析等各类服务型公司纷纷将各种辅助性或者非核心的服务活动加速并成规模地向具有人才优势的发展中国家转移,企业的核心竞争力全面提升。目前,全球国际服务外包业务中美国占了将近一半。

(4)引导服务业集聚发展。美国主要城市尤其是中心城市,依托便利的交通运输网络,不断强化商务环境营造和配套服务完善,形成了多个集中大量金融、科技中介服务、创意产业等现代服务业集群,带动了整个国家服务业的快速发展。

——印度。20世纪80年代中期以来,印度服务业保持了持续较快增长,其增加值占GDP的比重已经超过50%。印度服务业发展的主要做法及经验有:

(1)有序推行经济改革。印度在国家主导型封闭式经济发展模式的基础上进行了一系列的经济改革,比如进口自由化、刺激出口、放宽工业许可证、取消对关键资源商品的政府定价等,特别是20世纪90年代以来的以自由化和市场化为主要内容的大规模改革,为服务业发展营造了氛围。

(2)积极承接发达国家服务外包。印度牢牢抓住发达国家服务业大规模国际转移的机遇,依靠低成本的人力资源,积极承接美国等西方国家服务外包,在IT服务业、软件信息服务、通信等行业领域迅速崛起,成为服务业国际转移的最大受益者。

(3)推行渐进式开放。印度结合自身服务业特点,采取了渐进式开放策略,首先选择商务服务、通信服务、建筑及相关工程服务、金融服务、健康服务、旅游服务等部门作为首批开放对象,后经过实际摸索,对分销服务、教育服务、环境服务、娱乐服务等部门逐渐降低市场进入壁垒，使服务业发展有条不紊。

（4）适时调整贸易策略。从贸易策略看，印度服务业倾向于进一步扩大自身已具比较优势服务部门的出口，其市场开放和多边谈判策略逐渐由保守型转向积极型和进攻型，尤其是在积极利用外资、跨境交付、境外消费等方面，为服务业持续壮大创造了条件。

2. 国内典型省市发展服务业的主要做法

——北京。近年来，北京服务业增加值占其GDP的比重已经超过75%，率先在全国确立了服务经济主导的经济格局，其发展服务业的主要做法有：

（1）推进服务业集聚发展。把服务业集群作为服务业发展的重要途径，在全市范围内布局服务业发展载体和集聚区，东部的CBD中央商务区形成以公司总部为核心、以外资金融保险机构为保障、以咨询服务机构为配套的产业生态链；西部中关村科技园区发展成为一区多园的国家级高新区，技术创新体系完善，研发、信息等高技术服务业势头迅猛等。此外遍布"五环五带"物流网，推动着商务服务业、科技服务业和现代物流业的发展，支撑起北京生产性服务业的半壁江山。可以说，商务、科技、物流等专业园区奠定了北京服务业规模化的基础。

（2）不断完善技术创新体系。北京依托丰富、先进的科教资源，大力倡导产学研结合，通过建设国家级重点实验室、国家级工程研发中心、技术孵化器、公共技术平台等，形成了完善的技术创新体系，为服务业尤其是新兴服务业发展提供了技术保障和不竭动力。

（3）深入推进综合改革。以国家服务业综合改革试点为契机，深入推进试点区域、试点行业体制机制改革，破解了制约服务业发展的体制障碍，建立了"北京服务"基金群，激发了央企、院所、民企等各类服务主体活力，提升了服务业资源配置效能。

（4）着力实施品牌战略。着力实施"北京服务"品牌战略，打造了一批具有影响力的服务品牌企业、特色品牌活动，以增强服务业核心竞争力。

——广东。进入21世纪，广东省服务业蓬勃发展，已经成为推动广东经济增长，影响区域发展的新动力，其发展服务业的主要做法有：

（1）强化服务业空间布局。广东省针对服务业发展，制定了专项规划，进一步明确了产业布局，将全省服务业发展分为穗深核心发展区、珠三角重点发展区和粤东西北环珠拓展区三个发展区域，形成了区域产业层次明晰、主体功能突出、发展优势互补的服务业发展总体布局，有效推动了服务业集中、集聚、集群发展。

（2）推进粤港澳服务业深度合作。注重扩大区域间服务业开放，充分利用自身区位特点，以实现粤港澳服务贸易自由化为目标，着力推动广东服务业重点行业和领域与港澳合作，通过建设重点合作区，以点带面，全面提升广东服务业发展水平。

（3）注重以"中间带两头"。立足自身人才、科技、教育、文化以及经济状况，确定现代服务业为优先发展方向，通过大力扶持金融、现代物流、信息服务、科技服务等现代服务业，使更多服务业发展要素在广东集聚，从而形成高端服务业产业群，进而带动生产性服务业和生活性服务业全面发展。

（4）完善产业发展保障体系。出台多项文件，不断深化服务业领域体制机制改革，在扩大对内对外开放、激发企业发展活力、构建公平市场环境、开展试点示范等方面，先后出台多项实施意见，形成了一套促进产业发展的保障体系。

(三) 国内外发展服务业的经验启示

——立足资源禀赋是服务业发展的基本原则。服务业涉及行业多，立足资源禀赋，不仅是明确地区比较优势的前提，也是确立服务业发展思路的基本原则。比如，上述印度服务业渐进式开放、我国广州强化粤港澳合作就是在结合其区位、资源、人力等优势的基础上而确立的发展策略。

——发展服务外包是服务业发展的有效路径。服务外包是服务业企业降低成本、提高效率、增强核心竞争力和对环境应变能力的有效路径。从国内外地区的做法看，无论是发达国家和地区的服务外包"输出"，还是发展中国家和地区的服务外包"承接"，都已被深刻认识并得到重视和大力发展。

——培育新型业态是服务业发展的前瞻之举。积极培育新型业态，是服务业主体在日益激烈的竞争中立于不败之地的必要选择，越来越被政府、企业等主体所重视。比如美国，大力发展健康服务业、知识服务业、专业服务业等新型业态就是服务业发展的前瞻之举。

——推进空间集聚是服务业发展的客观要求。空间集聚效应，不但存在于制造业，同样也存在于服务业。服务业空间集聚，越来越受到国家和地区的重视、认同，推进服务业空间集聚，成为更多国家和地区服务业发展的重要环节。美国、北京等服务业发展的实践充分证明了这一点。

——强化发展保障是服务业发展的必备条件。服务业需要人才、资金、管理、技术等多方面支持，无论是发达国家，还是发展中国家，在推进服务业发展过程中，都十分重视支撑体系的建设，同时，因国情或省情不同，每个主体强化发展保障的着力点也存在差异。但总体而言，完善的保障体系是推进服务业快速发展的必备条件。

二、河南加快服务业发展的必要性与可行性

(一) 必要性

1. 是世界产业演进规律的大势所趋

从世界产业演进轨迹看，随着生产力的提高，产业结构重心逐渐由第一产业、第二产业向第三产业转移，最终三次产业在国民经济中的比重达到"三二一"排序，服务业在国民经济中的地位不断提高，推动世界经济走向了高效、低耗、优质的更高水平。20世纪80年代以来，全球服务业比重平均超过60%，发达国家服务业对经济增长的贡献率普遍

超过70%，服务业已经成为推动经济增长的最主要力量。新时期，河南要实现更高水平、更高层次的经济增长，必须把加快服务业发展、建设高成长性服务业大省摆在更加突出的位置，这既是适应经济新常态的现实需要，又是世界产业演进的大势所趋。

2. 是产业结构优化升级的突破口

作为经济生活中最重要最活跃的产业形态，作为生产要素流动和资源配置的主要去向，加快发展服务业，既是现代经济的重要标志，也是产业结构优化升级的主要方向。发达国家经济发展中最突出的特征就是，服务业取代制造业的社会主导产业地位，成为产业结构优化升级的突破口。2012年全国服务业比重达到44.6%，而河南只有30.9%，低于全国13.7个百分点，服务业发展滞后使得全省产业长期处于产业链的高端和价值链的低端，必须全面加快服务业发展，充分发挥服务业连接生产和消费、渗透农业和工业的"黏合剂"作用，使服务业在三次产业融合发展中发挥更大作用，推动河南产业结构向更高层次迈进。

3. 是四化同步协调发展的催化剂

中共十八大提出了"四化同步"发展战略，这是立足我国现阶段基本国情，总结过去几十年发展经验教训后做出的科学判断，也是指导未来一段时期我国经济发展的重要指导方针。国内外经验表明，服务业自身就是科技创新的"动力源"，可以为信息化深入推进提供重要载体；农业产业链和价值链的主要力量也正在逐步由生产环节向加工环节进而向流通等服务环节转移；服务业承载大量的就业人口成为推进城镇化的重要支撑；金融、现代物流、信息服务等服务行业能显著提高制造业劳动生产率和产品附加值，加速工业化进程，可以说服务业是"四化同步"的催化剂。河南要使"四化同步、协调发展"的步子迈得更稳、更扎实，必须强化服务业发展。

4. 是扩内需、稳增长的内在要求

经济发展到一定阶段，服务业将成为扩大投资、消费和出口需求，拉动经济增长的主动力。从投资看，河南服务业"缺口"大，发展所需的载体和平台建设以及相关配套建设能大幅度拉动投资；从消费看，服务业具有引领消费、创造需求的特点，河南超过1亿的人口蕴藏着巨大市场空间，尤其是通信和互联网技术的广泛应用，服务业领域新的消费热点迅速形成，居民消费潜能将加速释放；从外需看，随着对外开放基本省策的实施，服务贸易对河南出口的贡献逐步增加；从服务业内在特征看，与第一、第二产业相比，受经济周期影响波动较小。在全国经济进入"三期叠加"时期，河南经济要保持健康较快增长，必须把服务业作为扩内需、稳增长的最大产业支撑加以发展。

5. 是惠民生、促和谐的有效途径

发展的根本目的是保障和改善民生，稳增长归根结底是为了保就业。服务业门类广、领域宽，劳动密集和知识密集并存，就业弹性大，是就业的"天然蓄水池"和最大的"容纳器"。据测算，单位服务业产值所创造的就业岗位是工业的5倍。未来一个时期，河南省城镇每年能提供的新就业岗位大体在100万~200万个，远低于新成长城镇劳动力和农村转移劳动力总量，就业压力大将是其面临的突出难题。同时，居民收入不断提高，消费结构升级，群众对文教、教育、养老等服务类需求不断扩大等，这都要求加快发展服务业，把服务业作为增加社会就业的主渠道，作为满足群众快增长、多元化、高层次消费需求的重要抓手来加以扶持。

（二）可行性

1. 河南经济发展步入新阶段

2012年河南省人均GDP突破5000美元大关，表明全省经济已经进入新的跨越式发展阶段，步入黄金期，工业化向更高级过渡，产业结构和消费结构加快升级步伐，城市化和市场化水平大幅提高，发展的科学性明显增强。2013年全省生产总值、人均生产总值均为2008年的1.8倍，地方公共预算收入是2008年的2.4倍，二三产业比重87.4%，比2008年提高2.2个百分点，城镇居民人均可支配收入、农民人均纯收入分别是2008年的1.7倍、1.9倍，一批打基础、增优势的重大项目建成投用或开工建设，全省具备了服务业快速发展的客观条件，尤其是"完善一个载体、构建四个体系、夯实五大基础、强化六个保障"的"总方略"进一步形成，更是为加快服务业发展提供了有力保障。

2. 服务业自身有了一定积累

从规模看，2013年全省服务业增加值达到1.03万亿元，比2008年将近翻了一番；服务业投资年均增长27%，2013年服务业投资占全社会投资比重达到44.4%。从结构看，现代物流、金融、文化旅游等现代服务业发展迅速，信息服务、电子商务等新兴服务业快速成长，2013年全省4A级以上物流企业达到34家，金融业增加值占服务业比重达到11.5%。从贡献度看，2008年以来全省服务业税收年均增长21.2%，2013年占全省税收收入的52.8%，成为财政收入的主要来源；2013年服务业从业人员1789万人，占全省非农就业人数的近一半。从后劲看，服务业投资机制更加完善，载体平台更加健全，大量知名企业入驻河南，2013年服务业实际利用外资33.9亿美元，是2008年的3.2倍。总体来看，全省服务业已具备一定基础，进入蓄势待发的阶段。

3. 工业化、城镇化加速发展

工业化和城镇化是推动服务业发展的最大动力。随着社会分工的持续深化，工业特别是制造业发展对服务业产生了强烈的引致需求，越来越多的生产性服务业从工业领域分离出来并不断发展壮大；城镇是服务业的主要集聚地，城镇化的过程就是服务业发展的过程，城镇化水平一定程度上决定着生活性服务业的规模和水平。当前，河南省已经建立了比较完备的工业体系，制造业的发展规模和水平不断提升，工业化进入加速阶段，对服务业尤其是生产性服务业的需求迅速扩大；同时，随着国家强力推进城镇化，河南省出台了相应的科学推进城镇化的指导意见以及三年行动计划，城镇化开始提速，为金融保险、商务服务等生产性服务业和商贸、餐饮等生活服务业以及基础教育等公共服务业发展提供了大量机会。工业化、城镇化的加速发展，将推动河南服务业迅速迈上新台阶。

4. 区位交通等支撑条件较好

近年来，河南实施了一系列打基础、管长远的大事，支撑服务业发展的平台、载体等基础条件优势开始显现。全省高速公路通车里程接近6000公里；"米"字形高速铁路网、郑州机场二期工程加快建设，全国现代综合交通运输枢纽地位更加巩固；郑欧货运班一周两班，打通了直通欧洲的物流通道；全省认定了176个商务中心区、特色商业区，为服务业发展扩展了空间。与此同时，郑州新郑综合保税区、保税物流中心、海关等特殊监管区域功能不断完善，郑州跨境贸易电子商务服务试点正式启动，郑州国家服务业综合改革试点等一批"国字号"招牌落地河南，特别是随着三大国家战略规划深入实施，服务业发展政策环境不断优化，可以说，支撑服务业加快发展的硬、软条件已经具备，即将发力。

三、河南省服务业发展的现状、问题及原因分析

（一）河南服务业发展现状

1. 服务业规模不断扩大，比重不断提高

近年来，河南省服务业保持较快的增长速度，服务业增加值由2008年的5099.76亿元上升至2013年的10290.49亿元，首次突破1万亿元，连续多年居全国第9位、中部首位。与此同时，服务业增加值占GDP的比重也逐步提高，2013年达到32%，比2008年提高3.7个百分点，服务业在整个经济社会中的协调性逐步改善。

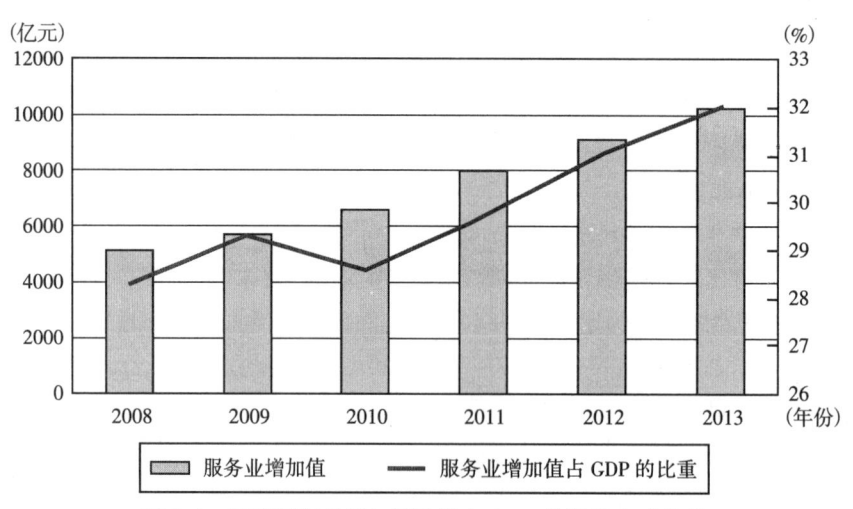

图 5-1 河南服务业增加值及其占GDP的比重变动趋势

2. 服务业结构逐步优化，新兴服务业发展较快

从表5-1可以看出，河南省交通仓储业、批发零售业和住宿餐饮业等传统行业所占比重尽管有所下降，但仍维持在40%以上，其增加值增长也高于同期第三产业增加值增长，说明现阶段河南服务业仍以传统行业为主。同时，自2005年以来，河南省交通运输仓储和邮政业、批发零售业和住宿餐饮业等传统行业所占比重由48.6%逐步降为42.9%，信息

服务、金融保险、房地产、商务服务等新兴行业所占比重由51.4%提升至57.1%，显示出河南省服务业结构正逐步得到优化，正在向新兴服务业大省转变。

表5-1 2005~2012年河南省服务业主要行业构成

单位：%

年 份	2005	2007	2010	2011	2012
第三产业增加值	100	100	100	100	100
交通运输、仓储和邮政业	19.7	19.2	13.2	12.03	12.6
信息传输、计算机服务和软件业	4.5	4.6	4	4.08	3.8
批发和零售业	19.4	17	19.6	19.84	20.5
住宿和餐饮业	9.5	10.9	9.2	9.98	9.8
金融业	5.7	6.7	10.6	10.86	11.1
房地产业	9.4	9.9	11.7	12.35	11.4
租赁和商务服务业	2.8	2.4	3	3.32	3.4
科学研究、技术服务和地质勘查业	2.4	2.1	2.2	2.08	2.2
水利、环境和公共设施管理业	1	1	0.9	0.8	0.9
居民服务和其他服务业	4	4	2.4	2.76	2.9
教育	8.1	8.6	9.3	9.25	8.9
卫生、社会保障和社会福利业	3.8	3.9	3.7	3.3	3.5
文化、体育和娱乐业	1	1.1	1	0.93	1.1
公共管理和社会组织	9.2	9.2	10	8.41	8

3.服务业贡献率稳步上升，对经济的拉动力显著增强

从图5-2可以看出，2008~2012年河南省服务业的贡献率曲线总体上向右上方倾斜，显示出服务业对经济增长的贡献逐步提升。2012年，全省服务业的贡献率达到29.1%，对经济增长的拉动贡献接近三成，比2008年提高了4.1个百分点。与此相对应，工业和农业的贡献率则分别降低了3.4%、0.7%，显示出工业和农业对经济增长的贡献逐步下降。相较于第一、第二产业，尽管服务业当前的贡献率不及第二产业高，但服务业对经济增长的贡献具有较大的潜力和良好的前景。

4.服务业固定资产投资继续扩大，对拉动全省投资贡献增强

近5年来，河南省服务业投资快速增长，固定资产投资年均增长26.7%，高于全社会固定资产投资1.6个百分点，分别比第一、第二产业高5.4个和2.4个百分点（见表5-2）。2013年，全省服务业实现固定资产投资11239.34亿元，同比增长28%，占全省投资总额的比重为44.4%，同比提高2个百分点，对拉动全省投资贡献显著增强。

5.就业能力稳步提升，成为吸纳就业的主渠道

2003年以来，全省服务业吸纳就业人数年均增长5%，2013年达到1789万人，就业规模居中部六省之首。从图5-3可以看出，随着城镇化的发展，第一产业从业人数占全社会就业人数的比重逐步下降，第二、第三产业从业人数占比逐渐上升。2012年，全省服务业从业人员占全社会从业人员的比重为27.7%，比2003年提高7.5个百分点。在新增非农

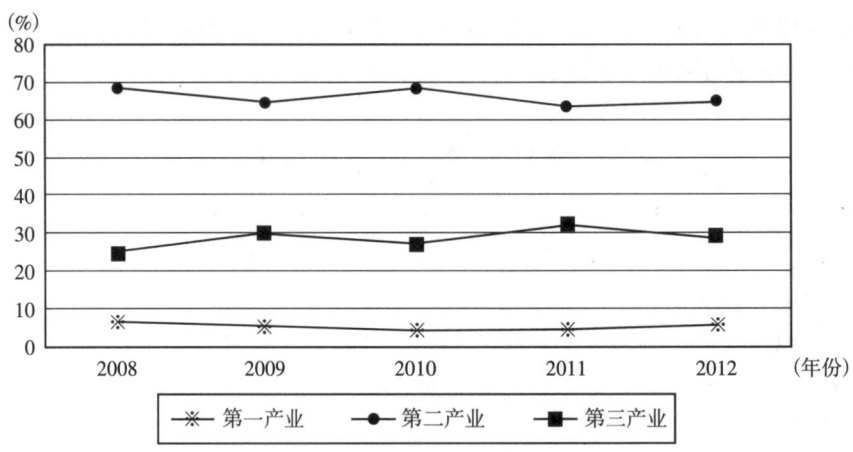

图 5-2　2008~2012 年河南省三次产业贡献率比较

表 5-2　2009~2013 年河南省三次产业固定资产投资增长率

单位：%

年份	全社会固定资产投资	第一产业	第二产业	第三产业
2009	31.6	47.7	29	33.3
2010	22.2	12.5	18.1	29.3
2011	27	9.6	34	20.7
2012	21.4	16.5	21	22.4
2013	23.2	20	19.5	28
年均增速	25.1	21.26	24.3	26.7

就业人口中，进入服务业的比重为 46.8%，与进入工业和建筑业的比重相差不多，可以说，服务业已成为吸纳就业的主渠道。

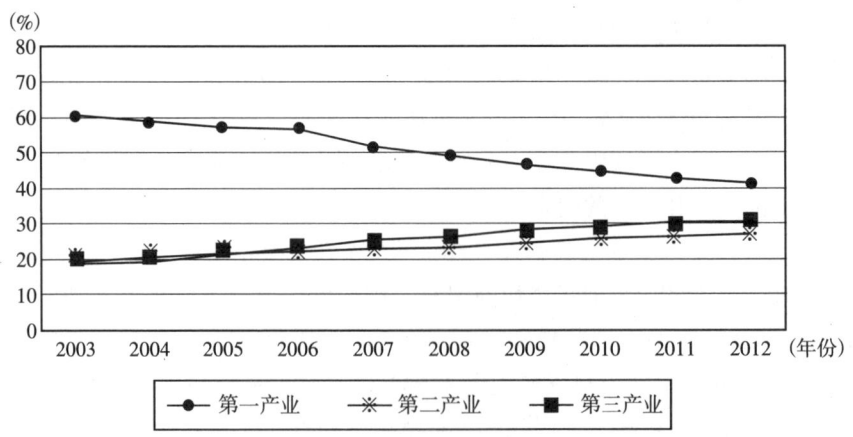

图 5-3　2003~2012 年河南省三次产业就业人数占全社会从业人数的比重

（二）河南服务业发展存在的问题

1. 总体发展水平落后

虽然河南省服务业获得了长足的进步，但与全国以及先进省份相比，仍有较大差距，服务业发展水平整体上处于相对落后地位。2013 年，河南服务业增加值为 10290.49 亿元，居全国第 9 位；同比增长 8.8%，居全国第 22 位，中部地区倒数第二位。从占比看，河南省服务业增加值占 GDP 比重多年来一直徘徊在 30% 左右，2013 年服务业比重为 32%，低于全国水平 14.1 个百分点，居全国倒数第一位。

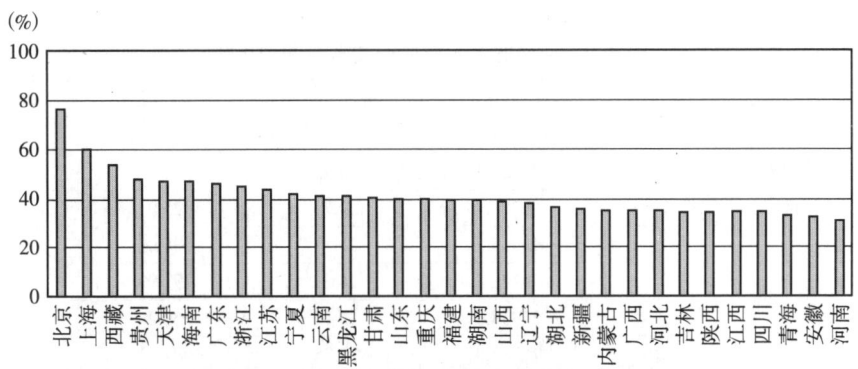

图 5-4　2013 年各省服务业增加值占地区 GDP 比重

同时，也应该看到，单纯以某一时点服务业比重的高低来衡量某一地区第三产业发展水平的高低不够科学严谨，难以准确反映区域第三产业发展的静态与动态水平。课题组在对国内外既有研究成果梳理的基础上，分别用综合评价法和因子分析法对全国服务业发展水平进行了实证分析，结果显示，河南服务业发展水平在全国排名第 21 位，处于第四类中等偏下水平（见表 5-3），与江苏、浙江、山东、广东等服务业发展水平较高省份相比差距明显，与河南人口第三大省、经济第五大省的地位极不相称。

表 5-3　全国服务业发展水平分类表

类别	地　区					
第一类	上海					
第二类	北京	天津				
第三类	江苏	浙江	山东	广东	内蒙古	
第四类	湖北	湖南	河南	新疆	宁夏	海南
	陕西	河北	山西	辽宁	福建	吉林
	黑龙江					
第五类	四川	云南	甘肃	江西	西藏	青海
	广西	重庆	安徽	贵州		

资料来源：河南省统计局网站。

2. 内部结构不合理

目前，交通运输、仓储、邮政业，批发零售业，住宿餐饮业等行业占据河南省整个服务业的近半壁江山，显示河南省服务业中传统行业比重较高。金融保险业、现代物流、网络信息和知识产业等新兴服务业尽管近年来有了较快发展，但由于基础差、规模小、比重低，总体上仍处于较低水平。2011年，河南交通运输、批发零售、住宿餐饮三大传统行业增加值占服务业增加值比重为41.87%，比全国水平高出5.3个百分点；而金融、信息、科技、商务四大新兴服务业占服务业增加值比重为20.34%，低于全国平均水平4.56个百分点。这种"一高一低"的行业结构特征，说明河南省服务业仍然是以传统服务行业为主，新兴服务行业发展相对滞后。

表5-4 河南服务业行业构成与全国的比较

	全国（亿元）	构成（%）	河南（亿元）	构成（%）
第三产业增加值	205205	100	7991.72	100
交通运输、仓储和邮政业	22432.8	10.93	961.5	12.03
信息传输、计算机服务和软件业	9780.3	4.77	325.9	4.08
批发和零售业	43445.2	21.17	1586.09	19.84
住宿和餐饮业	9172.8	4.47	797.99	9.98
金融业	24958.3	12.16	868.2	10.86
房地产业	26783.9	13.05	987	12.35
租赁和商务服务业	9407.1	4.58	265.04	3.32
科学研究、技术服务和地质勘查业	6965.8	3.39	166.04	2.08
水利、环境和公共设施管理业	2039.5	0.99	63.65	0.8
居民服务和其他服务业	7280.5	3.55	220.66	2.76
教育	14429.4	7.03	739.02	9.25
卫生、社会保障和社会福利业	7495.9	3.65	263.97	3.3
文化、体育和娱乐业	3007.1	1.47	74.33	0.93
公共管理和社会组织	18006.4	8.77	672.33	8.41

3. 行业优势较弱

与全国相比，河南省具有一定优势的行业只有交通运输仓储和邮政业、住宿餐饮业两个行业，其占服务业增加值的比重分别比全国高1.1个、5.5个百分点，尤其是住宿和餐饮业，其增加值占全国的比重高达8.59%，仅次于广东、山东、江苏，居全国第四位，优势相对突出。其次是交通运输、仓储和邮政业，占全国的份额为4.62%，在12个服务业大省中排第7位，具有较大的优势，但与山东、广东、江苏、河北等先进省份相比，差距明显。金融业和房地产业在全国居于中游位置，其占全国的份额分别为3.53%、3.59%，在12个服务业大省中排名居中，但与广东、江苏、浙江、山东等省相比差距较大，其中与占比最高的广东省分别相差7.5个、9个百分点。批发和零售业占全国的份额为3.8%，在12个服务业大省中排第9位，落后于山东省9.4个百分点，与河南在全国的区位、交通和经济总量优势极不相称。信息、科技、商务等其他服务业占全国的份额只有3.57%，在12个服务业大省中排名倒数第2位，在全国处于劣势地位。

4. 企业核心竞争力不强

目前，河南省服务业企业"小、散、弱"现象突出，缺乏实力雄厚、业态先进、竞争力带动力强的领军企业和知名品牌。2014年，中国服务业企业500强中河南仅占5家，在

表 5-5 12个服务业大省主要行业占全国的比重

单位：%

	交通运输、仓储和邮政业	批发和零售业	住宿和餐饮业	金融业	房地产业	其他服务业
全国	100	100	100	100	100	100
北京	3.27	4.51	3.57	8.83	4.29	7.28
河北	8.87	4.1	3.72	3.18	3.39	3.22
辽宁	5.2	4.44	4.66	3.37	3.62	3.9
上海	3.59	6.66	2.85	8.53	3.96	4.63
江苏	9.42	11.55	9.99	10.92	10.32	9.33
浙江	5.12	7.46	6.27	9.62	6.65	6.05
山东	10.08	13.17	10.12	6.74	6.84	6.74
河南	4.62	3.8	8.59	3.53	3.59	3.57
湖北	3.75	3.42	4.89	3.03	2.39	3.95
湖南	4.32	3.74	4.4	2.02	1.96	4.62
广东	9.49	12.82	12.5	11.04	12.56	10.91
四川	2.83	2.72	5.94	4.54	2.43	4.01

全国排名第19位，在中部地区排在倒数第2位。在河南入围的企业中，排名普遍靠后，排名最靠前的河南企业是河南交通投资集团有限公司，排名第239位。河南入围的企业规模普遍偏小。以排名最靠前的河南交通投资集团有限公司为例，其营业收入只有97亿元，不及排名第20位的苏宁控股2798亿元的一个零头。在2013年河南省100强企业中，服务业企业仅占13家，与此相比，工业和建筑业企业却占87家，二、三产业明显失衡。

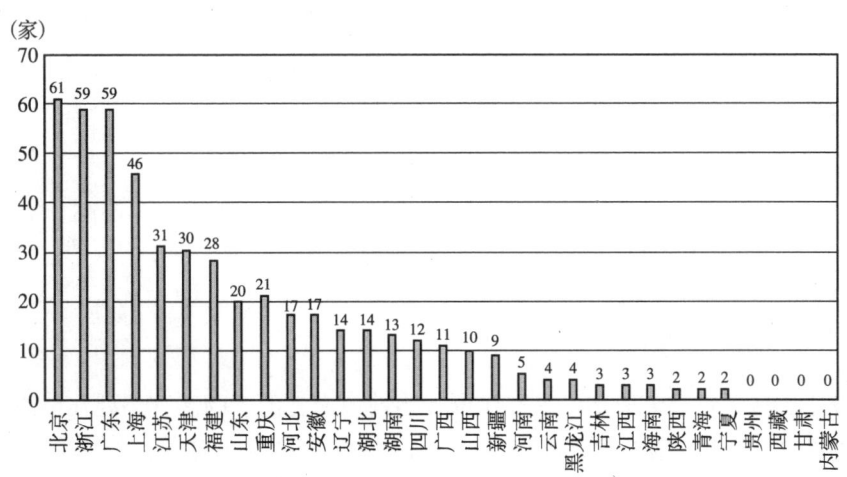

图 5-5 2014年中国服务业企业500强地区分布及数量

资料来源：2014年中国服务业企业500强榜单。

表 5-6 入围2014年中国服务业企业500强的河南企业及其排名

企业名称	在全国排名	营业收入（万元）
河南交通投资集团有限公司	239	970365
中原出版传媒投资控股集团有限公司	303	722785

续表

企业名称	在全国排名	营业收入（万元）
河南蓝天集团有限公司	381	497463
洛阳银行股份有限公司	385	492125
中国河南国际合作集团有限公司	405	440365

资料来源：2014年中国服务业企业500强榜单。

5. 发展载体不完善

河南省服务业的发展载体主要表现为中心城区、商务中心区和特色商业街区。近年来，河南加快城市新区发展，推进商务中心区和特色商业街区建设，取得了明显的成效，但也存在着一些问题。

中心城区服务业集聚功能不强。2013年，全省50个城区服务业增加值总计4360.45亿元，占全省服务业增加值的比重仅为42.37%，与其服务业发展主要载体的地位极不相称。从服务业增加值占GDP的比重看，河南省城区服务业发展水平整体偏低。服务业增加值占GDP的比重大于60%的城区只有10个，占全部城区数量的20%；服务业增加值占比低于全国平均水平（46.1%）的有28个城区，其中有13个城区甚至达不到河南省的平均水平。

表5-7　2013年河南省各城区服务业增加值占GDP比重分类

类别	城区名称					
第一类 （比重≥60%）	金水	解放	二七	北关	鼓楼	龙亭
	老城	卫滨	文峰	洛龙		
第二类 （46.1%≤比重<60%）	西工	瀍河	卧龙	中原	顺河	凤泉
	禹王台	牧野	湖滨	浉河	源汇	卫东
第三类 （32%≤比重<46.1%）	惠济	管城	川汇	红旗	涧西	梁园
	淇滨	湛河	宛城	金明	驿城	山阳
	新华	殷都	睢阳			
第四类 （比重<32%）	魏都	平桥	中站	鄢城	马村	华龙
	上街	吉利	山城	龙安	召陵	鹤山
	石龙					

资料来源：河南统计资料汇编。

商务中心区和特色商业街区发展缓慢。当前河南省的"两区"仍处在建设发展初期，发展水平参差不齐，发展定位还不够清晰，体制机制尚未完全理顺，土地集约节约利用水平有待提高，一些地方工作推进缓慢。同时，一些地方商务中心区和特色商业街区特色不突出，龙头企业缺乏、储备项目不足，部分地区大肆搞房地产开发，偏离了"两区"服务业载体的功能定位，对集聚服务业起不到应有的作用。

（三）制约河南服务业发展水平的因素分析

当前，河南省服务业发展整体水平落后于全国平均水平，在全国各省中处于略靠后的位置。针对河南省服务业落后的问题，课题组通过与服务业发达省市的比较，找到了河南省服务业发展存在的一系列问题，并就深层次的原因进行了全面的剖析。我们认为，河南省服务业发展落后有以下六个方面的原因：

1. 思想认识存在偏差，对服务业重视不够

河南当前服务业发展水平低，客观上与河南对服务业发展重要性认识不足有关。为摆脱贫困落后面貌，从20世纪90年代开始，河南实施工业强省战略，通过财政贴息、税费减免、贷款担保、土地低价出让等优惠政策支持工业发展，相比之下，服务业的发展则缺乏足够的重视和应有的政策支持。其结果是，服务业投资占全社会固定资产投资的比重持续减小，服务业增加值占GDP的比重持续降低，河南省服务业发展逐渐陷入落后状态。此外，河南省对服务业本身也存在认识上的偏差。长期以来，政府对教育科研、文化体育等，过于看重其公益性功能；对邮电通信、金融、广播电视等，过于看重其作为政府调节经济和意识形态的功能；对于医疗卫生、住宅、城市交通等，过于看重其社会福利的功能。认识上的偏差以及由此出发确立的体制、制定的政策，必然导致服务业许多领域处于政府严格管制状态，服务业的许多行业过于依赖政府投入，缺乏自我发展机制。

2. 服务业投入偏低，投资结构不合理

进入21世纪以来，在推进工业强省战略的背景下，河南省服务业投入比重开始持续下降，服务业增加值占GDP的比重逐步降低。横向比较，河南省服务业投资占全社会固定资产投资的比重也远低于周边发达省份。2012年河南省服务业固定资产投资9581.6亿元，占全社会固定资产投资的比重为44.7%，在10个服务业大省中，河南省服务业投资总额倒数第三，所占比重倒数第一，与位居第一的广东差21.2个百分点。从投资结构来看，对以交通运输业、房地产业等资本密集型为主的服务业投资比例大、增幅高，而对以租赁和商务服务业、居民服务业等劳动密集程度较高为主的服务业投资比例小、增幅低；对以金融业，科学研究技术服务和地质勘查业，文化、体育和娱乐业等为主的现代服务业投资也较少。

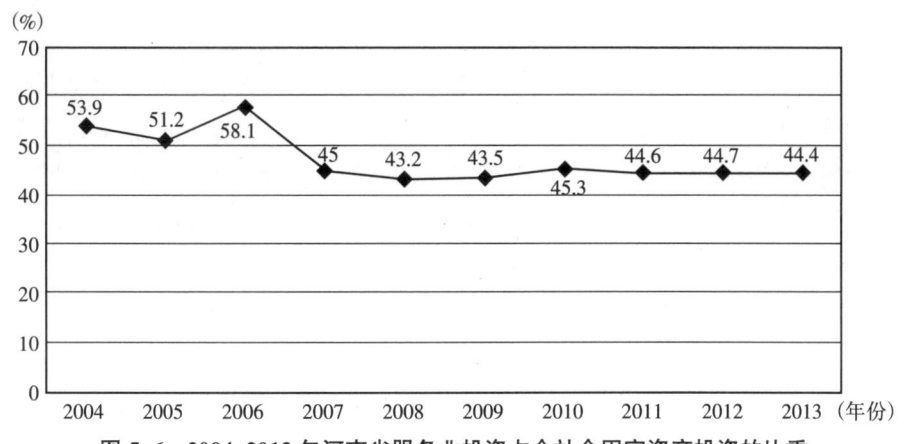

图 5-6　2004~2013年河南省服务业投资占全社会固定资产投资的比重

表 5-8　2012 年 10 个服务业大省服务业投资占全社会固定资产投资的比重

省　份	辽宁	河北	江苏	浙江	山东	河南	湖北	湖南	广东	四川
占比（%）	54.1	48.2	48	64.2	50.8	44.7	51.8	54.6	65.9	61.6

3. 城镇化滞后，服务业发展空间不足

城镇化水平的提高可以为服务业发展创造需求基础，服务业发展的规模和结构，也取决于城镇化水平和城市规模结构，一般情况下，城镇化率越高的地区其服务业比重越大，如我国城镇化水平最高的北京、上海、天津三市，它们的服务业发展水平也均居全国前列。2013 年河南省城镇化率为 43.8%，低于全国平均水平近 10 个百分点，居全国各省市区倒数第 5 位、中部地区倒数第 1 位。城镇化水平低意味着大量劳动力滞留在农村，而农村生活有很强的自给自足性质。对于大部分农民来说，餐饮、娱乐、住房开发、旅游、卫生体育等服务业的消费很少甚至没有，服务业在农村地区的发展受到限制。同时，城镇化水平低，表明低收入居民比重较大，其相应的购买力水平也较低，因而从需求方面也限制了服务业的发展。此外，河南省多数城市规模小、城市功能不完善、城市基础设施不健全等弊端，都影响了城市服务业的发展。

4. 消费率偏低，服务业发展动力较弱

长期以来，河南省投资率高、消费率低，经济增长主要依靠投资的增长。2012 年，河南消费率为 45.1%，在全国居第 20 位，而投资率则高达 75%，在全国首屈一指。这种高投资、低消费的经济发展模式，客观上不利于服务业的发展。有人测算过，我国每增加 1% 的投资需求，会拉动第二产业增加值增长 0.47%，拉动第三产业增长 0.18%；每增加 1% 的消费需求，则会拉动第二产业增长 0.25%，拉动第三产业增长 0.59%。投资率高有利于第二产业增长，而消费率低不利于拉动服务业增长和比重提高。河南省消费率低、投资率高，这一结构状况是河南省服务业发展落后的又一个重要原因。

5. 郑州服务业首位度低，龙头带动能力不强

作为河南省服务业发展的龙头，郑州市服务业发展相对滞后，辐射和带动能力不强。2013 年，郑州市服务业增加值为 2584.37 亿元，占 GDP 的比重为 41.6%，低于武汉、太原、西安、成都等周边省会城市，服务业发展水平相对落后。同时，郑州市服务业增加值占全省服务业的比重为 25.1%，低于长沙、太原、武汉、合肥、南昌、西安、成都等中西部主要省会城市，中心城市首位度不高。郑州首位度低，决定了郑州市服务业发展对全省的带动能力较弱，难以担负引领河南服务业加快发展的重任，成为河南服务业水平落后的一个重要原因。

6. 市场化程度低，服务业体系不健全

市场体系的完善与规范，是服务业健康发展的基础和前提，而服务业的发展程度也是市场化程度的一个重要的标志。河南省地处内陆，市场化改革相对滞后，特别是服务业，非公有制经济比重较低。2012 年，全省服务业中非公有制经济增加值比重为 49.9%，比第二产业中非公有制经济占比低 24.7 个百分点。铁路和航空运输业，邮电通信业，金融保

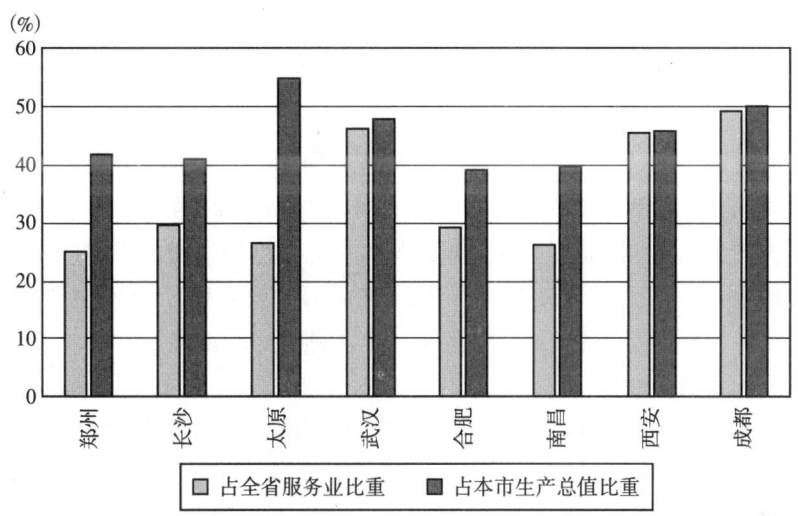

图 5-7 郑州及周边省会城市服务业占全省服务业比重及占本市 GDP 比重

险业，教育、科研和技术服务部门以及公用事业、卫生体育、文化艺术和广播电影电视等行业，非国有经济的比重不到 25%，国有资本过度垄断，民营经济难以进入，有效竞争不足，经营效益差，市场配置资源的决定性作用没有得到充分发挥，抑制了服务业的发展。同时，与先进省份相比，河南省研发、设计、采购、营销、售后服务等服务体系不健全，特别是面向社会提供服务的研发中心、财务咨询公司、专业营销公司、第三方物流等专业服务机构比较缺乏，企业在市场上找不到需要的服务产品，不得不进行自我服务，导致一些生产性服务业被淹没在工业之中，进而造成服务业统计数据明显偏低。

四、河南加快服务业发展的总体构想、战略重点和对策建议

（一）总体构想

以建设高成长服务业大省为目标，以加快服务业发展为抓手，坚持市场化、产业化、信息化、社会化、国际化方向，实行全面发展与重点突破相结合，大力发展引领带动能力强的高成长性服务业，积极培育战略性新兴服务业，改造提升传统支柱服务业，提升发展载体，深化改革开放，激发企业活力，加强政策扶持，优化发展环境，构建充分融入产业经济各领域和社会生活各方面、具有多元活力的现代服务业发展格局，力争到 2020 年，形成生产服务集聚化、生活服务便利化、基础服务网络化、公共服务均等化的现代服务业体系，基本建成高成长服务业大省，成为全国重要的现代服务业基地。

河南省建成高成长服务业大省的标志是：

——总量实现倍增。服务业年均增速高于生产总值增速，高于全国平均水平，全省服务业增加值超过 2 万亿元，比 2013 年翻一番，居中西部地区前列，在全国的地位进一步提升。

——比重显著提高。服务业增加值占生产总值的比重达到 40%，服务业从业人员占全社会从业人员的比重达到 32%，对经济增长的拉动作用显著增强。

——结构明显优化。高成长服务业增加值占服务业增加值的比重超过 50%，战略性新兴服务业规模进一步扩大，专业化和多元化服务能力显著提升，传统支柱服务业改造升级成效明显，服务业集聚发展水平和区域服务功能不断提升和增强。

——创新能力明显增强。主要行业管理、技术和商业模式创新水平显著提高，新兴业态不断涌现，骨干企业集团化、规模化、品牌化水平明显提高，营业收入超百亿元的企业达到 30 家以上。

——区域服务功能明显增强。全省区域中心城市、地区中心城市和中小城镇服务业协调联动发展格局基本形成，郑州市服务业首位度和带动作用显著提升，现代物流、金融、文化、信息、会展、医疗等区域中心地位基本确立，成为全国重要的区域服务业发展中心。

（二）战略重点

1. 建设现代服务业体系

——大力发展高成长性服务业。

现代物流业。全面增强郑州国际物流中心功能，重点建设全省联网、与国家边贸口岸连接的电子口岸，构建与电子商务快速发展相适应的现代物流配送体系；建设一批具有区域影响力的物流集群，培育发展一批具有较强竞争力的第三方、第四方物流服务商，全面提升物流业与制造业、商贸业联动发展水平。

软件和信息服务业。重点建设郑州国家级互联网骨干直联点，推进"三网"（广播电视网、电信网、互联网）融合，发展北斗卫星导航与地理信息产业，提升软件业水平，推进国家电子商务示范城市和示范基地建设。

金融保险业。重点加快郑东新区金融集聚核心功能区建设，完善金融机构体系，培育发展多层次资本市场，深化郑汴金融同城和农村金融改革，在港区开展离岸金融业务。

文化旅游业。重点发展工业设计、广播影视、新闻出版等优势产业，大力发展文化创意、网络游戏、动漫等新兴产业，积极发展文化娱乐、体育健身、艺术培训等产业，培育一批知名文化企业集团，形成一批文化产业基地，建设一批特色文化产业园区。

——积极培育壮大新兴服务业。

科技与教育服务业。重点发展科技研发服务业，加快综合性工业设计公共服务平台建设，完善现代教育体系，提高教育层次和水平。

商务服务业。重点推进写字楼、商务楼、城市综合体等商务楼宇建设，培养具有行业竞争力和社会公信力的大型事务所和中介法人机构，推进郑州区域性会展中心建设，培育一批知名会展品牌。

健康服务业。重点发展专业性医院管理集团和第三方体检及健康管理咨询机构，大力发展专业化护理服务业，建设一批医疗、保健养生、健康护理、体育健身等服务基地和医疗器械、保健及体育用品等产业园区。

养老及家庭服务业。重点加快养老服务机构建设，推进公办养老机构改革试点工作；积极发展家政、病患陪护、家庭用品配送、家庭教育等家庭服务业，支持大型家庭服务企业在社区设立连锁便民服务网点。

——加快改造提升传统服务业。

批发零售业。优化城镇商业网点布局，加快发展电子商务、连锁经营、折扣店、工厂店、奥特莱斯等新型业态，支持大型商贸企业建设网上商城、拓展农村经营网络和中小微企业开设网店。

住宿餐饮业。积极发掘培育特色餐饮品牌，建成一批传统住宿餐饮与生态游憩、演艺娱乐、文化体验融合发展综合休闲项目，鼓励发展绿色饭店和经济型连锁酒店，丰富面向大众消费群体、年轻消费群体的产品和服务项目。

房地产及物业管理服务业。重点发展城市综合体、园区地产、文化旅游地产、养老地产等新兴业态，扩大规划设计、建筑节能、营销策划、评估代理、装修装潢、资产保值增值管理等服务业规模，加快培育房地产品牌企业。

2. 完善服务业发展载体

——中心城区和省直管县（市）城区。完善50个城区服务功能，重点发展现代物流、信息服务、金融保险、文化创意、健康休闲等现代服务业，改造提升商贸、餐饮、住宿等传统服务业，增强中心城区的辐射带动能力；加快提升10个省直管县（市）城区服务业发展水平，重点发展物流、金融、信息、研发等生产性服务业，加快发展教育培训、批发零售、住宿餐饮、文化娱乐等生活性服务业。

——商务中心区和特色商业街区。强化招商引资，增强区域服务功能，培育一批大型服务业集群；加快城市综合体和楼宇经济发展，建设一批税收超千万元的金融、商贸、信息、总部经济等商务楼宇。着力引导金融、管理咨询、中介服务等商务服务和企业总部向商务中心区集聚。

——服务企业。重点支持培育一批服务业领军企业和企业集团，力争进入中国服务业500强名单；在物流、信息、金融、文化、旅游等重点领域，打造一批服务业知名服务品牌。

3. 深化重点领域和关键环节改革

——创新服务业发展体制机制。探索负面清单管理模式，强化非禁即准理念，鼓励民间资本进入所有服务业领域；加快服务业投融资平台建设，组建或改组一批大型国有资本投资运营公司；开展现代服务业试点改革，持续推进洛阳、开封、鹤壁、固始等省级服务业综合改革试点工作。

——拓展服务业开放领域。积极承接服务业产业转移，在金融保险、现代物流、信息服务、电子商务、服务外包、文化旅游、科技、医疗、教育等领域，签约落地一批战略合作项目。大力引进高端人才、先进技术和现代管理理念，争取跨国公司、央企、知名民营企业在豫设立地区总部和区域性研发、物流、销售、结算、后台服务中心。优化开放环境，强化招商引资，吸引战略投资者和行业龙头企业参与商务中心区和特色商业区、物流园区、文化园区、旅游景区等建设。

——积极发展服务贸易。加快发展国际贸易、跨国多式联运、出入境旅游等专业服务业，扩大服务贸易规模。扶持发展信息技术外包和业务流程外包等服务业。支持郑州、洛阳等市申建国家服务外包示范城市，建设一批省级服务外包示范园区。积极应用国际电子商务及第三方平台，开拓涉外工程及技术承包、劳务输出、文化传播、中医药服务等海外市场，增加规划咨询服务、环保服务等进口。

（三）对策建议

河南省政府《关于建设高成长服务业大省的若干意见》进一步明确，到2020年基本建成高成长服务业大省。围绕这一目标，课题组在深入分析河南省服务业发展现状、问题及原因的基础上提出加快服务业发展需要"八策并举"：

1. 强化思想认识，增强发展服务业的责任感和紧迫性

当前，世界经济正呈现出"工业型经济"向"服务型经济"转型的总趋势。河南服务业发展尽管被提上了日程，但各界对发展服务业的认识仍然不到位，比起牢固的"工业强省"理念，"服务业兴省"的观念仍然薄弱。破除思想"偏差"，才能实现大发展。河南服务业要迎来发展的"春天"，必须冲破旧的思想观念和体制机制束缚，真正从思想认识上来一个大的解放：一是实现从强调"工业强省"向强调"工业强省、服务业兴省"和"制造业、服务业双轮驱动"转变。二是认真梳理现行政策规定，研究新的扶持政策，形成系统、规范、明晰的服务业发展政策支撑体系，引进和做强一批具有国际性和区域性影响的知名服务企业。三是引导公众改变消费观念，树立一种全新的"休闲"观，促进更高层次的休闲消费增长，为服务业的发展夯实需求基础。

2. 加大服务业投入力度，积极推进服务业开放

河南省服务业发展落后的一个重要原因是对服务业投入不足。2012年，河南省服务业投资占全社会固定资产投资的比重为44.7%，与广东相差21.2个百分点，投入增长空间较大。要促进河南服务业大发展，必须大幅度增加服务业投入。一是加大服务业基础设施投资。发挥政府投资的引导作用，充分运用市场机制，广开投融资渠道，逐步形成"以政府投入为引导、企业投入为主体、民间资本和境外投资共同参与"的多元化投融资格局。二是加大高成长性服务业投资力度。围绕现代物流、信息服务、金融保险、文化旅游等高成长性服务业，集中资金重点谋划和建设一批重大项目。三是切实优化服务业投资环境。积极推进服务业开放，进一步放宽市场准入，清理取消一切不合理限制和不平等政策，降低服务业门槛，调动和吸引民间资金投向服务业。

3. 强化结构调整和优化，提升服务业层次和竞争力

加快发展新兴服务业，着力改造提升传统服务业，不断扩大规模，优化结构，提高水

平，提高服务业的整体素质和竞争力。发挥区位优势，依托渐趋完善的综合交通运输体系，大力发展交通运输、仓储和邮政服务业，把郑州打造成为国际化的现代物流中心。发挥人口和市场潜力优势，大力发展金融保险、信息网络、文化旅游等高成长服务业；稳步发展房地产业，规范发展房地产交易，推动房地产业健康发展；进一步发展教育、医疗卫生、体育健身等服务业，鼓励引导规范多种经济成分办教育、办医疗、办体育。发挥资源优势，加快发展文化产业和旅游业，逐步把文化产业和旅游业培育成为河南省新的支柱产业。

4. 加快推进新型城镇化，拓展服务业发展空间

现代经济理论和实践表明，服务业的发展速度随城镇化进程的加快呈快速发展态势，服务业从业人员比重和产值比重也随城市数量和城市规模的增加而扩大。城市是服务业发展的载体，服务业的发展离不开城镇化进程的推进。因此，要加快服务业发展，就必须加快推进城镇化。一是加快中心城区发展。支持中心城市优化布局，形成以中心城区为核心、周边县城和功能区为组团的服务业空间格局。二是提升县城和建制镇的承载力。通过城镇规模的扩大和城镇功能的完善，吸引和聚集强大的人流、物流和资金流，扩大服务业的需求规模。三是增强和提升城镇服务功能。把发展服务业与增强和完善城镇功能、构建现代城镇体系紧密结合，不断提高城镇服务业发展水平，使服务业发展与城镇化协调推进。

5. 深化体制机制改革，加快推进服务业市场化

加快服务业发展，必须加快推进服务业市场化、社会化、产业化进程，以创新体制破解服务业发展中的难题，以创新机制优化配置服务业发展的要素资源，以创新管理激活服务业发展的内在活力。一是要加大对垄断行业改革力度，逐步打破电信、铁路、民航、邮政、水资源管理、市政公用事业等行业国有经济的垄断局面，鼓励非公有制经济参与这些领域的竞争和发展。二是要加快教育、体育、广播电视、医疗卫生等社会事业改革进程，逐步形成该类服务业自我积累、自我发展的机制。三是继续推进机关和事业单位的后勤服务社会化，增加会议服务、公务管理、物业管理、环卫保洁等方面的服务外包需求，优化配置社会服务资源。四是积极推进家务劳动社会化。大力发展家政服务业，把住户式服务与计时服务、计项服务结合起来，拓展精神服务等新领域，提高家政服务专业化和社会化水平。

6. 转变经济发展方式，切实提高居民消费率

长期以来，河南省经济增长主要靠投资拉动，消费率偏低，不利于拉动服务业增长和比重提高。要推动河南省服务业加快发展，必须转变消费率偏低的经济增长模式。一是切实转变河南省经济发展方式，推动经济增长主要由投资拉动转向投资、消费协调拉动，不断增强消费需求对服务业发展的拉动作用。二是调整和改革收入分配制度，提高劳动报酬在初次分配中的比重，切实提高广大居民的收入水平，增强居民的服务消费能力。三是优化居民消费环境，健全服务业市场体系，扩大服务业产品供给；完善服务业消费信贷政策，支持和引导服务需求；完善法律法规政策，维护服务业市场秩序，保障消费者的合法权益。

7. 提高郑州服务业首位度，增强龙头带动作用

郑州作为河南省服务业发展的龙头，与周边省会城市相比，服务业发展相对滞后，辐射和带动能力较弱。要推动河南省服务业发展，需要进一步提高郑州服务业的发展水平。一是以现代物流、信息服务、金融保险、文化旅游等高成长性服务业为重点，加大政策扶持，强化土地保障，放宽市场准入，着力培育龙头企业，推动郑州高成长性服务业做大做强。二是大力发展科技研发、商务服务、会展服务、健身养老等新兴服务业，提高郑州服务业的层次和水平。三是提升改造传统服务业，推进批发与零售、居住餐饮等传统行业转型升级。四是加快郑东新区、航空港区服务业载体建设，推进郑州服务业集聚集群发展。

8. 优化发展环境，提升服务业发展水平

长期以来，河南省服务业发展环境较差，影响着服务业水平的提高。要加快服务业发展，必须采取切实的措施，优化服务业发展环境。一是优化服务业政策环境。制定积极的财税、投资和价格政策，为加快服务业发展提供政策支持，引导社会和金融机构加大对服务业重点行业的投入。二是健全服务业综合协调机构。通过制定服务业发展规划，引导和协调服务业发展中的重大问题，促进服务业企业做大做强。三是制定积极的消费政策。鼓励和引导居民扩大住房、旅游、文化教育、卫生保健、家庭装饰等消费支出，改善消费结构，提高生活质量。四是加强服务业法制建设。按照市场运行规则，在行业标准、价格管理、职业道德、纠纷仲裁和社会监督等方面，加强制度建设，规范服务业市场秩序。

五、河南加快服务业发展的工作思路、工作重点及政策措施

（一）工作思路

下一阶段，河南服务业发展要以中共十八大和十八届三中全会精神为指导，围绕建设高成长性服务业大省的目标，按照"发展提速、比重提高、结构提升、层级提优"的总体要求，坚持市场化、产业化、信息化、社会化、国际化的发展方向，创新发展理念，深化改革开放，拓宽发展领域，以全面发展现代服务业为核心，以加快发展生产性服务业为主攻点，以两区及特色园区为主阵地，以重点项目建设为主抓手，着力扩总量、调结构、强配套，构建附加值高、带动力强、辐射面广的具有河南特色的现代服务业体系，为加快中原崛起河南振兴富民强省提供强有力的支撑。

具体做到："三突出、三加快"和"四注重、四推动"。

1. "三突出、三加快"

——突出航空港建设，加快打造国际航空物流中心。紧紧抓住郑州航空港经济综合试验区上升为国家战略、E贸易试点获国家批复的机遇，大力加快机场二期工程及相关物流

配套工程建设，围绕"产业港、物流港、贸易港"的功能，积极吸引航空货代公司、国际航空货运公司等落户，全力发展航空物流，推动航空、保税、快递等物流发展，打造全国重要的现代物流枢纽和基地，发挥"一港带全局"的放大效应，带动全省服务业发展上档提速。

——突出两区及平台建设，加快服务业集聚发展。建设服务业集聚平台，有利于促进产业集聚、企业集中和功能集成，提高服务业投资的质量和效益。根据省、市、县产业目标定位和发展优势，以高起点、高标准、高质量建设一批服务业集聚区，重点抓好商务中心区、特色商业街、产业集聚区配套服务区和服务业特色园区建设以及其他相关重大基础设施和服务平台建设，大力发展总部经济、商贸综合体、楼宇经济和金融创新等新型业态，提高全省服务业集中度。

——突出生产性服务业发展，加快服务业结构优化。生产性服务业是全省服务业中的短板，当前河南正处于工业化加速阶段，需要大力发展生产性服务业来保障。一方面要重点扶持培育现代物流、金融、科技服务等生产性服务业；另一方面，要继续抓企业分离发展服务业，鼓励企业做强主业，分离发展服务业，加快生产性服务业主体培育，推进服务业结构转型升级优化。

2．"四注重，四推动"

——注重融合发展，推动三次产业互动共赢。融合发展是服务业发展的基本方向和重要特征，特别是工农业与生产性服务业联系日趋密切。要围绕全省工业、农业发展现状和需求，大力发展现代物流、金融等生产性服务业以及健康、医疗、养老、家庭服务及教育培训等新兴服务业，推进产业转型升级和产业链延伸，实现一、二、三次产业的互动发展。

——注重统筹发展，推动城乡服务业协调共进。一方面，要突出各省辖市中心城区、城市新区建设，强化城市服务业综合功能，增强城市辐射带动能力；另一方面，要引导服务业向农村延伸，提高农村基本公共服务水平，着重健全农业社会化服务、农村商品流通和农村公共服务三大体系，实现城乡服务业合理布局和一体化发展。

——注重创新发展，推动服务业竞争力全面提升。要努力破除制约发展的体制障碍，创造良好的机制环境；要依靠科技支撑，不断提高服务业发展的水平和质量；要注重服务业品牌和标准化建设，鼓励业态和商业模式创新，拓展服务业发展空间，助力服务业发展提速。

——注重开放发展，推动服务业活力加速释放。以服务全省经济发展和产业竞争力提高为目的，充分利用"两个市场、两种资源"，加快服务业全方位、宽领域、多层次开放，尤其要把握当前全球服务贸易快速发展的机遇，主动承接国际服务业转移，加快资金、人才、管理、品牌等优质要素的引进，在高起点实现服务业跨越式发展。

(二）工作重点

1. 抓重点现代服务业发展

现代物流业：

——航空港建设。重点推进机场二期货机停机坪、仓储场站等物流配套工程和海关二级监管库、航空快件处理中心、中外运中部物流枢纽、航空物流园区等重点项目建设；加快航空电子口岸建设，实现"区港联动"、"区区联动"、"一站式"通关。积极申建药品等产品进口口岸，培育全国进口特色商品集散中心。开展跨境贸易电子商务服务试点。

——无水港建设。完成郑州内陆无水港多式联运中心、保税仓库等基础设施建设，加快引进铁路运输、公路运输、船运、银行等各类企业入驻，2015年建成投用。

——国际物流园区建设。进一步完善新加坡物流产业园扶持政策，宇培、嘉民等重点物流项目要建成投用，继续开展定向招商，吸引龙头物流企业设立区域总部和分拨配送中心，推动一批知名快递企业、冷链物流企业以及第三方物流企业入驻知名园区。

——区域物流节点建设。依托商丘、洛阳、三门峡等物流节点城市，规划建设和改造提升一批货运枢纽、商贸服务、生产服务、口岸服务、综合服务型物流园区，进一步提升区域物流节点集散辐射能力和与郑州物流中心功能对接、互动发展能力。

金融业：

——引金入豫工程。瞄准渣打银行、花旗银行、渤海银行、恒丰银行等国外金融机构及国内地方金融机构，力争引进40家以上金融机构。

——金融主体培育工程。中原银行挂牌成立，壮大各省辖市城市商业银行规模；推动万达期货公司等上市融资，支持中原证券公司、中原信托公司增资扩股；支持郑州商品交易所丰富期货品种。

——地方金融体系建设工程。鼓励民间资本入股和参与金融机构改造，发起设立民营银行、村镇银行、消费公司等金融机构，推动农村信用社改组为农村商业银行；加快郑州、开封金融同城改革；全面深化城商行管理体制、运行机制改革，积极引进战略投资者；推动设立地方保险法人机构、资产管理机构、金融租赁机构、大型基金公司和区域性股权交易市场。

——金融集聚工程。加快郑东新区金融集聚核心功能区建设，加快核心功能区内相关金融机构相关基地建设，力争更多境内外银行、保险、期货等金融机构区域总部在郑东新区落户；启动金融后台与外包服务产业园区建设；支持洛阳等省辖市商务中心区高起点规划建设金融集中区，形成区域金融机构和服务机构的集聚平台。

信息服务业：

——"宽带中原"建设。借助郑州国家级互联网智联点开通运行的契机，持久深入开展城市宽带网络提速行动、农村宽带接入普及行动、宽带城市创建行动、宽带应用创新推广行动、宽带服务体验提升行动、宽带网络安全能力提升行动，全面提高全省信息基础设施和宽带应用水平，同时，加快推进光纤宽带普及提速，大力推动4G网络规模商用，开展智慧城市、物联网等重大应用示范工程区域试点,建设智慧航空港区,把郑州打造成为全国重要的信息网络枢纽。

——"三网"融合。发挥电信网、广播电视、互联网融合优势,着力降低服务资费,扩大移动支付、社交网络、手机游戏等新兴增值业务规模,进一步扩大IPTV(交互式网络电视)业务覆盖范围,进一步打造"数字河南"。

——打造呼叫服务基地。全面加速通信、旅游、物流、金融、民航等领域呼叫中心、后援中心、灾备中心项目建设,洛阳中国移动集团呼叫中心和信阳中国电信集团呼叫基地建设取得实质性进展,全力支持打造中西部地区规模最大的呼叫服务基地。

——服务平台建设。高水平建设郑州软件园、郑州金水科教园、惠普(洛阳)国际软件人才及产业基地等园区;培育中华粮网、众品商城等综合性、行业性电子商务服务平台。

2. 抓重点消费服务业提升

旅游业:

——打造核心旅游集群。加大资源整合和招商力度,重点围绕"天地之中"文化旅游产业园建设,打造嵩山文化体验旅游集群;以林虑山、万仙山为重点,结合安阳航空运动旅游节、新乡攀岩邀请赛等知名赛事,打造豫北南太行山地运动旅游集群;依托"太极故里"、"山水焦作"两大名片,建设温县—武陟—博爱—修武精品旅游线路,打造焦作山水文化旅游集群;依托伏牛山森林资源,整合鲁山、栾川、西峡、卢氏等特色休闲品牌,整体策划,连片开发,打造伏牛山森林度假旅游集群。

——积极发展乡村旅游。持续开展河南省旅游示范乡镇和特色旅游村评选活动,加大资金投入,保护与开发朱仙镇、紫荆关镇等历史文化名镇;开展农家乐家庭旅馆培育计划,设计一批近郊游、生态游等乡村旅游精品线路,通过电视、报纸等传统媒体和网站、微信、微博等新兴媒体加以宣传推广。

——实施配套服务提升工程。深化高铁沿线城市旅游发展联盟合作,支持各地开通从高铁站、火车站、汽车站等直达旅游景区的公交专线;完善道路标识引导和露营地、医疗救助等自驾游辅助设施;开展导游队伍素质提升工程,尤其是针对郑州、开封、洛阳、安阳等主要人文目的地加强多语种标识和导游讲解服务工作;实施对温泉度假、社会餐馆和乡村旅游等等级评定标准,推进洛阳、郑州国家智慧旅游试点城市建设。

——强化旅游推介。重点组织旅游航空推介、高铁旅游宣传推广系列活动;与国际知名旅游批发商开展营销代理合作,在海外重点市场建立旅游推广联盟,构建河南省旅游产品境外销售网络。

商贸服务业:

——开展市场外迁工程。结合旧城改造和市场外迁,加快郑州华南城、华商会等大型商贸物流项目建设,改造郑州万邦国际农产品物流城等传统批发市场,在全省省辖市城市完成中心城区批发市场外迁工作,建设集交易、结算、展示、信息发布等功能于一体的大型交易市场。

——推动城市商业业态转型升级。运用先进技术、新业态改造提升商贸流通业，重点发展电子商务、连锁经营、大型超市、仓储式商场、城市综合体等新型流通业态，引导批发市场创新应用网上交易、合约交易、订单交易等方式，支持丹尼斯公司、大商集团等大型商贸连锁企业在中小城市布局网点，打造功能完善、特色鲜明、多样化、高层次的商务中心区和特色商业区。

——完善农村现代物流服务网络。加快农产品批发交易市场建设，鼓励大型商贸企业扩展农村经营网络。

3. 抓重点公共服务业完善

文化产业：

——打造郑州区域性文化中心。引聚国内外知名文化创意企业和研发设计机构，加快华强文化科技产业基地、河南电台电视台制播基地、河南媒体城、郑州现代传媒中心等重点项目建设，在郑州加快形成若干文化创意、动漫游戏、影视制造等产业园区。

——实施文化精品培育工程。以推出彰显中原人文精神、体现时代特色、把握市场脉搏的文化精品为重点，依托河南出版集团、河南影视集团、河南歌舞演艺集团等大型骨干文化企业，每年推出3~5部原创文化精品。

——培育壮大骨干文化企业。推动河南日报报业集团、河南有线电视网络集团、河南文化影视集团等企业上市融资，推动大型骨干文化企业跨媒体、跨区域、跨行业精英，争取培养2~3家年营业收入超过50亿元的企业集团。

——积极培育新兴业态。大力发展数字出版、数字内容服务、移动多媒体、交互式网络电视等新兴业态，开发移动文化信息服务、数字娱乐产品等增值服务和产品。

养老及家庭服务业：

——加大家庭服务示范企业培植力度。制定和完善家庭服务行业规范和工种标准，引导家庭服务企业规范化、标准化、连锁化、品牌化经营，组织开展全省家庭服务业技能大赛，培育一批大型连锁家庭服务龙头企业。

——发展多元化家庭服务功能。以家庭为服务对象，以社区为主要依托，重点发展满足家庭基本需求的家政服务、养老服务、社区照料服务和病患陪护服务等业务，积极拓展家庭用品配送、实物租赁、家庭教育、家庭救助等新型服务领域，形成多层次、多形式的家庭服务市场和经营机构。

——加大养老服务业投入。积极推动全省养老服务设施建设，完善12349养老服务信息平台及呼叫中心建设，推进公办养老机构改革试点，支持社会力量建设养老机构，加强农村养老服务，坚持乡镇"五保"供养机构的托底作用。

——强化行业市场监管。规范养老及家庭服务业市场秩序，定期开展走访、暗访等多种形式的监查活动，发现问题，督促整改，稳步提升从业人员素质和服务质量。

4. 抓产业集聚平台建设

——全面推进"两区"建设成规模、见效益。规划编制方面，2014年底全面完成发展规划、控制性详细规划的论证评审工作；招商引资方面，每年举办全省"两区"专题招商活动，争取龙头企业和高端品牌以及先进服务业业态向"两区"集聚；基础设施方面，创新投融资模式，加快"两区"周边交通、电力、热力等配套基础设施建设，完善"两区"载体功能；管理方面，选取试点，成立商务中心区、特色商业区管委会，对照产业集聚区相关考核办法，对"两区"工作开展年度考核，考核结果在媒体公布，并与干部配备挂钩。

——推进产业集聚区、配套服务区和服务业特色园区建设。鼓励各地依托产业集聚区，重点发展研发设计、物流配送、检验检测、展示交易等生产性服务业，在全省形成若干个为集聚区主导产业提供专业化、社会化服务的区中园，制定相关奖励政策，对于具有完善服务配套功能的产业集聚区给予标准晋升、资金等方面的奖励；支持有条件的城市在现代物流、电子信息、文化创意、服务外包等领域，建设和改造一批特色园区，包括符合条件的楼宇都可以作为特色园区来培育。

5. 抓重点领域改革创新

——推动服务业综合改革试点。坚持市场调节和政府引导相结合，在二三产业分离、农村金融、社会化办医等领域加快体制机制改革，重点推动郑州国家服务业综合改革试点率先取得突破，推进洛阳、鹤壁、开封、固始等省级服务业综合改革试点工作，鼓励试点城市、试点区域大胆创新。

——推动社会化服务领域改革。引入竞争机制，鼓励民间资本进入电信、铁路、航空、公路、市政等公用服务领域，加快经营性事业单位转企改制，修改政府采购指导目录，将更多的信息管理、研究咨询、检验检测等非基本公用服务纳入政府采购范围。

——拓宽服务业开放领域。把握服务贸易加速转移大势，争取在金融保险、信息服务、医疗教育等领域引进具有标志性意义的大项目；积极申报设立中国（郑州）自由贸易试验区；依托黄帝故里拜祖大典、河南投洽会等开放平台，吸引更多投资者和龙头企业参与"两区"、特色园区等开发建设。

——积极发展服务贸易和服务外包。加快发展跨国多式联运、出入境旅游等专业服务，扩大服务贸易规模；支持郑州、洛阳等市申建国家服务外包示范城市，实施省级服务外包示范园区建设工程。

（三）政策措施

1. 强化政策落实

围绕贯彻落实《关于建设高成长服务业大省的若干意见》，由省服务业工作领导小组牵头，会同政府办公厅、发改委等对各省辖市、省直管县落实《意见》情况，每年组织以一次专项督查活动，督促省有关部门出台配套措施，同时，督促各市、县政府结合各地实际情况，研究制定更具体的促进服务业发展的政策措施。

2. 放宽市场准入

认真落实注册资本登记制度改革方案，实行注册资本认缴登记制，放宽注册资本登记条件；继续取消和下放一批行政审批事项，减少前置审批和资质认定项目；研究探索新型市场主体工商登记，加快先证后照改为先照后证的配套改革；按照"法不禁止即可为"的原则，全面清理歧视性政策，进一步放宽民间投资准入领域，加快制定服务领域的民间投资准入细则，在电信、金融、健康养老及市政公共事业等领域，每年向社会推出一批投资项目。

3. 完善投入机制

积极推动服务业投入主体多元化，发挥财政资金的导向作用，逐年增加省、市服务业发展专项资金规模，引导更多社会资本投入服务业领域；发改委、财政厅牵头，整合省、市服务业发展相关资金，运用补助、贴息、政府采购等方式，加大对现代物流、信息服务、养老服务等领域项目支持力度；争取服务业发展基金改革试点，设置创业风险基金、私募产权基金，开展集合资金信托业务；引导金融机构增加重点服务业企业授信额度，并在政策范围内给予一定利率优惠。

4. 促进主辅分离

研究出台专项支持企业主辅分离的政策意见，鼓励各类企业专注于核心业务，分离辅助服务内容，促进企业内部服务部门成为独立法人，分离出来的服务机构和省内原有同类服务企业整合发展的，或与其他企业分离出来的服务机构联合组建独立服务业企业的，视同资产重组，予以奖励。同时，全面落实国家支持企业主辅分离的各项政策，推动全省先进制造业与生产性服务业协调发展。

5. 加大扶持力度

落实税收支持政策，积极推进营业税改增值税试点工作，扩大"营改增"行业范围，短期内对税负增加的服务业企业给予一定财政补贴，对全省养老机构视不同情况免征营业税、房产税、企业所得税等；完善价格和收费政策，加快落实国家服务业用电、用水、用气、用热与工业同价政策，加大服务业收费减免力度，对入驻"两区"的服务项目，除中央规定外，免收各项行政事业性费用；优化服务业土地供给方式，省市年度用地指标优先保障服务业重点项目。

6. 优化发展环境

完善政府采购制度，由省财政厅牵头，修改政府采购指导性目录，扩大专业咨询、信息服务、中介服务等领域的政府采购；健全统计体系，由省统计局牵头，探索构建完善的服务业统计调查网络，加大对文化创意、现代物流、金融、电子商务等新兴领域统计调查工作，按季度形成行业运行监测报告；加强人才培养力度，将服务业领军人才和重点人才引进纳入省、市人才计划，组织实施服务业人才培训工程，推动省内高校根据服务业发展需要调整专业设置，发挥河南省职教优势，扩大服务业人才培养规模；强化舆论宣传，对服务业发展先进典型通过报纸、电视、微信、微博等加以宣传，组织编撰《河南省服务业发展蓝皮书》，及时发布河南省服务业发展的成效，引导各级领导干部及全社会更加关注服务业发展。

第六章 河南商业模式创新问题研究

21世纪以来,商业模式创新正在逐渐成为企业创新的主要形式,从某种程度上讲,它对一个企业的重要性甚至超过了技术创新,代表着一个企业的核心竞争力,现代管理学之父彼得·德鲁克认为,"当今企业之间的竞争,不是产品和服务之间的竞争,而是商业模式之间的竞争。"尤其是近几年,伴随着移动互联网、大数据、云计算、物联网等新一代信息技术的突飞猛进,互联网思维快速渗透,各类全新的商业模式层出不穷,商业模式创新的区域现象亮点纷呈。作为一个地处内陆的人口大省、农业大省和新兴工业大省,近些年河南大力推进本地企业依托信息技术和互联网进行商业模式创新,涌现出了一批典型企业案例,但是,总体上看,河南各类企业在商业模式创新方面相对滞后,适宜于商业模式创新的氛围远未形成,商业模式创新对区域经济转型升级的贡献度不高。河南必须抓住当前商业模式创新蓬勃发展的战略机遇,选择适合河南省情实际的创新路径,充分发挥企业主体作用和政府引导作用,围绕商业模式创新培育新的经济增长点,加快区域经济发展方式转变。

一、商业模式创新的理论综述及评价

(一)商业模式创新理论综述

1. 商业模式的概念

商业模式(Business Model)一词最早出现于20世纪50年代,但并没有引起重视,20世纪90年代以来,互联网的蓬勃发展催生了一大批全新的商业模式,商业模式迅速成为企业家、投资者、创业者的高频词,对商业模式的概念与内涵逐渐形成共识,大多数企业家和学者认为,商业模式是指企业价值创造的基本逻辑,即企业为了实现客户价值最大化和持续盈利的目标,整合内外各要素,形成独特核心竞争力和自我可复制的价值链体系和生态系统。通俗地讲,商业模式就是公司通过什么途径或方式盈利(Timmer,1998;Linder等,2000;Rapper,2001)。

商业模式有狭义和广义之分,狭义的商业模式是指公司的价值创造的逻辑,是企业如何做商业的简单描述,不应该是包括所有商业主体、各种关系和过程的完全的、复杂的商业系统描述（Petrovic，2001；Osterwalder 和 Pigneur，2002）。广义的商业模式把创造价值的要素和联系都考虑在内，集中了企业体系内部和外部的全部要素，从更广泛的角度阐释了企业创造价值获取利润的逻辑与方法。李振勇（2006）总结商业模式的定义为："为了实现客户价值最大化，把能使企业运行的内外各要素整合起来，形成高效率的具有独特核心竞争力的运行系统，并通过提供产品和服务，达成持续盈利目标的组织设计的整体解决方案。"持续盈利既是客观结果，也是检验一个商业模式是否成功的唯一的外在标准。随着信息技术的发展，企业可以更高效地整合内外部资源创新商业模式，所以广义的商业模式概念被广泛接受。

2. 商业模式创新的有关理论

如果说商业模式的本质是公司通过什么途径或方式盈利，那么随着时代和市场的变化，传统的商业模式必然面临着瓦解与重塑，企业必须因应时代变化通过持续的商业模式创新（Business Model Innovation）创造新价值、满足新需求。Chesbrough（2002）、Osterwalder（2005）、Morris（2005）等认为，商业模式创新是指企业价值创造提供基本逻辑的变化，即把新的商业模式引入社会的生产体系，并为客户和自身创造价值，简言之，商业模式创新就是指企业以新的有效方式赚钱，新引入的商业模式既可能在构成要素方面不同于已有商业模式，也可能在要素间关系或者动力机制方面不同于已有商业模式。1998年以后美国允许商业模式创新申请专利，商业模式创新逐渐成为创新的重要形态，近期对美国企业创新状况的一份统计结果显示，当前美国企业60%的创新是商业模式的创新，40%的创新才是技术创新，美国逐渐形成了促进商业模式创新的支撑体系和良好氛围，成为全球商业模式创新的领先国家。

本质上讲，商业模式创新就是企业遵循新的行为逻辑来为利益相关者创造和传递价值，并且主要侧重于探索新的收入模式，重新确定顾客、供应商和合作伙伴的价值主张（Ricart，2010）。商业模式创新有三个构成要件，一是提供全新的产品或服务、开创新的产业领域，或以前所未有的方式提供已有的产品或服务；二是要体现出与同行业企业的显著差异性；三是有良好的绩效，主要体现在成本、盈利能力、独特优势等方面（Mitchell，2003）。

国内学者在研究、借鉴、比较国外相关理论的基础上，对商业模式创新的概念和内涵进行了概括与提炼。王冬雪、董大海（2012，2014）通过对国外学者从技术创新、战略管理、营销学等不同视角的相关研究进行比较分析，认为商业模式创新是以顾客为源头和出发点，在价值模式、运营模式、营销模式和盈利模式等多个商业模式关键环节进行系统性创新，最终实现顾客价值的跳跃式增长、创造出新市场或重构已有产业结构、改变竞争规则和性质，并使企业获得超额利润和快速成长的过程。江晓兴（2012）认为任何一个企业都必须明确判断产业链利润区所在，并且根据市场变化，围绕最高利润区重塑商业模式。江晓兴还初步探讨了中国企业商业模式创新的路径选择问题，认为中国经济已经进入一个崭新的时代，一个不同于以往经济模式的时代——中国企业即将面临战略转型，重塑自己的商业模式，从商业模式的角度重构企业的战略和竞争优势，实现由"硬"到"软"的大转型（2012）。还有些学者对移动互联网、大数据驱动的商业模式创新进行了初步探讨（王永兴，2013；李扬，2014）。

（二）商业模式创新理论评价

现有研究对商业模式、商业模式创新的概念、内涵等进行了提炼和总结，从以上理论梳理可以看出，一是商业模式创新并不神秘。通俗地讲，商业模式就是企业以什么方式盈利，商业模式创新就是指企业以新的更有效的方式赚钱。从这个意义上看，每一个企业都有自己的商业模式，企业根据形势变化对原有业务流程进行改进、优化、重构，从而节约了成本、提高了效率、创造了价值、增加了客户，都可以称之为商业模式创新。二是理论研究与丰富实践的脱节。学者们通过对企业商业模式创新实践和经典案例的总结、梳理和抽象，对商业模式创新的概念、内涵、路径等进行了理论提炼。但是，应该说商业模式创新理论远远落后于实践，尤其是近几年互联网、移动互联网快速渗透，移动支付、大数据、云计算等技术逐步成熟，全新的商业模式创新不断涌现，大多数学者缺乏新信息技术知识和实践背景，理论研究明显滞后，现有研究系统性不强，而一些企业家的体悟、总结往往又缺乏系统性。三是中国学者相关研究滞后。中国已经不仅仅是商业模式"复制者"或"抄袭者"，阿里巴巴、腾讯、百度、360等企业已经具有全球一流的创新能力，余额宝、娱乐宝、微信、嘿店等不断颠覆着传统的商业模式、生产方式和服务方式，但是中国学者的相关研究较少，现有研究多是借鉴国外研究成果，缺乏自主的理论创新和话语权，与马云、马化腾、李彦宏、周鸿祎、张瑞敏等企业家的实践相比存在滞后，研究者必须深入丰富的企业实践，才能拿出高质量的、具有本土特色的理论成果。

二、国内外商业模式创新实践及评价

（一）企业视角下的商业模式创新实践

传统产业和新兴产业领域均出现过一些经典的商业模式创新实践，我们分国外、国内两个层面介绍一些著名案例，对于河南企业具有借鉴意义。

1. 国外商业模式创新实践

在商业模式创新史上，耐克、麦当劳、沃尔玛、星巴克、英国维京航空、美国西南航空、孟加拉格莱珉银行、谷歌、亚马逊、苹果、脸书等均是经典的商业模式创新案例，下面选择几个进行简单介绍。

——美国西南航空的"廉价航空"模式。它带动了廉价航空的兴起，对航空业造成巨大冲击。其商业模式创新主要包括，一是采取短程、点对点飞行方式简化了航线结构，消除了行李转运的时间和烦琐程序。二是采用单一机型，节约了设备采购、维护保养、人员编制和员工培训方面的开支花费,提高资源调度的灵活性。三是通过让飞机快速周转,坚持弹性工作制,提高飞机空中飞行时间。四是在二线机场或航班不很繁忙的机场着陆,让飞机周转更快,降低着陆费。西南航空的经营模式可将成本降低 40%~50%,票价可降低 60%,采取在线销售机票以节约成本。

——孟加拉格莱珉银行的"乡村银行"模式。1976 年穆罕默德·尤努斯在一个村对 42 名最穷的农户进行每人贷款 27 美元的小额信贷实验,随后逐步建立起孟加拉国乡村银行——"格莱珉银行"。格莱珉模式颠覆了银行业法典,借贷给无抵押担保的穷人,创制了一整套发放和收回贷款的机制,要求每个申请人都加入一个由相同经济与社会背景、具有相似目的的人组成的小组,保证信贷安全。格莱珉"乡村银行"模式,创造了资金回收率接近 100%的奇迹,是国际上公认的、最成功的信贷扶贫模式之一,在世界各国推广。尤努斯获 2006 年诺贝尔和平奖。

——苹果公司的"硬件+软件+服务"模式。苹果公司致力于打造一个持续盈利的"硬件+软件+服务"全新商业模式,"iPod+iTunes"开始了从纯粹的消费电子产品生产商向综合性内容服务提供商的转变,"iPhone+App Store"的商业模式创新打开了智能手机和内容服务的广阔空间,开创了移动互联网发展的新篇章,先后改变了传统音乐、手机和出版行业,当前苹果 App Store 应用商店美国区应用数量已经突破 100 万,下载量已经达 600 亿次,在全世界拥有大批"果粉",每一次的新品发布都是全球重要事件,2014 年 9 月 9 日苹果手表发布,未来可穿戴产品的陆续推出仍会创造新的商业模式。

——亚马逊的"基于移动互联网的数字媒体"模式。亚马逊公司通过 Kindle 平台构建起一套基于移动互联网的全新全数字内容生态体系,将软件与硬件、内容与渠道、创作者与消费者整合起来,用户通过网络购买、下载电子书、报纸、期刊、博客、音乐、视频以及其他数字内容。目前亚马逊与众多出版商、影视公司合作,提供 120 万本电子书、140 多种杂志和 14 万部影视,推出四代 Kindle 终端,累计销售 3500 万台,收入超 100 亿美元,服务年费 80 亿美元。

2. 国内商业模式创新实践

21 世纪以来,伴随着互联网的普及,国外成熟的商业模式在国内得到模仿与复制,诞生了一批商业模式创新型企业,并立足本土特色进行了创新和再造,BAT(指百度、阿里巴巴和腾讯)成为全球瞩目的商业模式创新经典,一些传统制造型企业借助互联网平台创新商业模式,赢得了新的发展空间。

——阿里巴巴的"社会化平台整合模式"。从 C2C、D2C、C2B,到余额宝、娱乐宝,再到开放性数据平台和社会物流平台的搭建,阿里巴巴持续创新商业模式,打造了一个以消费者为开端和核心,由消费者、渠道商、制造商、电子商务服务提供商等构成的生态圈(见图 6-1),"淘宝+天猫+聚划算+产业带"等平台整合的是商流,菜鸟网络整合的是物流,支付宝、余额宝和阿里金融整合的是资金流,"淘工厂"整合的是制造业产业链,大数据串联整个生态系统,改变了生产、批发、零售等整个产业链,大大提升了商业的协同效应。

图 6-1 阿里巴巴的生态圈布局

资料来源：国泰君安证券。

——小米的"硬件+软件+互联网服务"模式。创业三年成为继腾讯、阿里、百度后中国第四大互联网公司，采用"粉丝饥渴营销+C2B预售+快速供应链响应+零库存"的综合策略，将传统手机这一"重资产供应链组织模式"转变为"轻资产供应链组织模式"，打造了一个完整的"硬件+软件+互联网服务"生态系统，提供基于社区的数字生活解决方案（见图6-2）。2013年，小米总计售出了1870万部手机，增长160%；含税收入316亿元，增长150%，其中小米配件及周边产品超过了10亿元，并向软件与服务拓展，"米粉"群体，MIUI用户数突破了3000万。

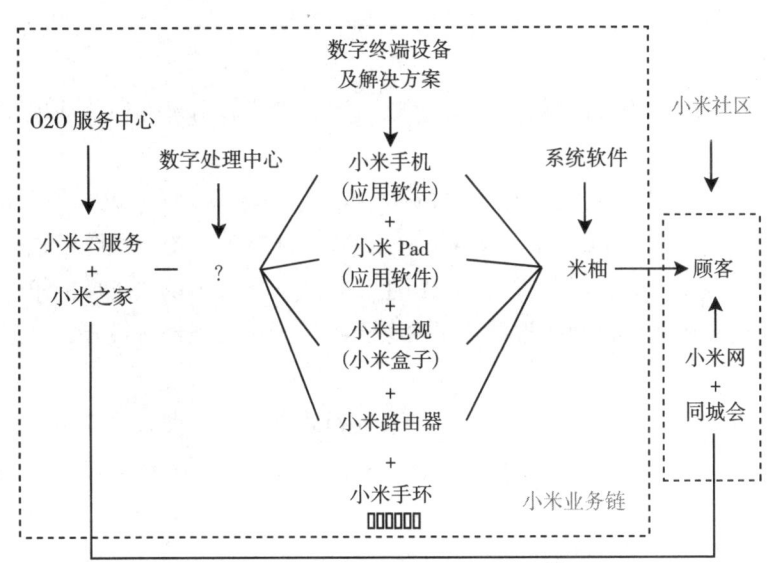

图 6-2 小米的商业模式

资料来源：白刚.两张图看清小米之道.

——红领集团的"大规模服装定制模式"。一家位于山东青岛的民营服装生产企业，创始人用 11 年的时间，共投资 2.6 亿元，打造出一台"大数据驱动下的 3D 西服打印机"，为个性化定制设计了 C2M（Customer to Manufacture）在线平台，消费者可以实现在网上选择自己想要的西装款式、面料、纽扣的款式数量，乃至每一根缝衣线的颜色，经过 CAD 部门的大数据制版后，信息会依次传输到各部门，用工业化的标准流程生产出个性化定制的西服。这种 C2M 的制造模式正在对服装制造行业产生重要影响。

——黎明重工的"机械装备电商模式"。作为一个矿山破碎机制造企业，黎明重工是行业内推广电子商务模式的先行者，通过发展电子商务对传统营销模式的创新与突破，黎明重工始终保持着较高的增长速度，近三年电子商务创造的营业收入占企业营业收入的 80% 以上，有力支撑了企业的可持续发展，主要得益于企业对互联网战略的较早谋划、对电子商务的持续投入和对电商高端人才的储备，黎明重工电子商务模式已经成为行业样板被广泛复制。未来，黎明重工将持续推进以电子商务为依托的营销模式创新，不断拓展新的增长空间。

——海底捞的"餐饮连锁平台化模式"。海底捞的成功不仅仅是前台的贴心服务，"服务好"背后需要一系列的管理体系作支撑，将满意度而不是营业额作为考核标准，后台管理标准化、平台化，拥有自己的直供蔬菜基地，打造"集中采购+直供"的供应链模式，是餐饮连锁参考学习的标杆。

（二）行业视角下的商业模式创新实践

从行业视角看，传统商业模式的瓦解和新商业模式的兴起是产业转型升级的重要标志，在农业、制造业和服务业的各个细分行业中，均出现过大量的商业模式创新案例，对传统经营模式造成冲击，进而催生了新的产业增长空间。

1. 农业领域

20 世纪 90 年代以来，我国农业的生产、组织、加工、销售等环节均出现了持续的商业模式创新。

——种植业的商业模式创新。如种植业中的"农民+基地+企业"的合作模式创新、"家庭农场"模式、"公司+农户、基地+工厂、期货+订单"的新型农业模式等，提高了农业标准化程度，改变了农业经营方式和农民生活方式，使农田变成工厂的第一车间，农业效益大幅度提升。阿里巴巴集团聚划算平台甚至推出了"聚土地"模式，催生了新的土地流转方式。

——养殖业的商业模式创新。养殖业的商业模式创新已经彻底改变了传统家庭散养的方式，"养殖小区"模式、"利润锁定"等模式被广泛推广，河南雏鹰农牧创造的雏鹰 2012 年在深交所 A 股成功上市，成为中国养猪第一股。雏鹰模式的核心是，农户缴纳保证金进入公司养殖基地，公司提供养殖对象，并统一供料、统一防疫等，养猪户最终取得"饲养费"。除了养殖方面和农民合作，在养殖场地建设上，也采取和农民合作的方式，先由当地农民建成，然后租赁给公司使用，既利用了农村闲置土地又降低了建设成本。

——农副产品销售的"互联网电商"。阿里研究院发布《阿里农产品电子商务白皮书(2013)》数据显示,2013年阿里平台上经营农产品的卖家数量为39.40万个,农产品销售同比增长112.15%,农产品的包裹数量达到1.26亿件,增长106.16%,许多地方特色农产品通过阿里平台和物流走向全国。

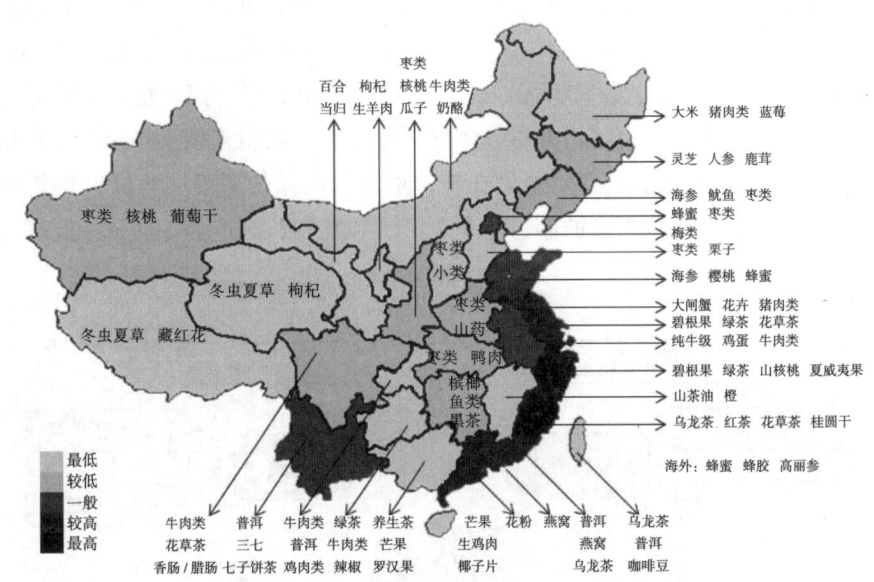

图 6-3　2013 年淘宝网（含天猫）农产品销售地图
资料来源:《阿里农产品电子商务白皮书(2013)》。

2. 制造业领域

制造业领域的商业模式创新很多,如吉列的"交叉补贴"模式,利乐的商业模式不靠包装设备而靠包装材料,耐克的外包模式等,均被广泛复制,随着信息技术的成熟和互联网的出现,制造业企业开始对产品研发、生产、组织等环节进行全范围的商业模式重构,与消费者的零距离接触可以使得企业根据需求变化对上游产业链进行快速整合,以更快的速度推出更好的产品,更有效地交付到客户手中。

——制造业的服务化转型。服务型制造是基于生产的产品经济和基于消费的服务经济的深度融合,是制造业与服务业融合产生的新业态,许多传统加工制造型企业都加快了向综合解决方案提供商的转型,实现由卖产品向卖服务的转型,如 IBM 由 20 世纪 90 年代硬件收入占比 60%以上成功转型为当前服务收入占比 60%以上的服务型企业,河南的中信重工、郑煤机等装备企业也在加快服务化转型。

——制造业的大规模个性化定制。顺应消费个性化需求,目前在服装、家电、电子信息制造业等领域均出现了新的生产方式,大规模个性化定制崭露头角,如服装业的 PPG、凡客、韩都衣舍、裂帛等模式,前面提到的红领模式更是把这种模式提升到新的高度,传统的大规模工业化生产方式陷入困境。海尔推出了互联网时代第一家电定制品牌——统帅,不仅提供冰箱、家电等定制服务,还提供整套家电定制"一站式"服务。未来,伴随着大数据、3D 打印等技术的成熟,这一模式将成为制造业的主流模式。

——制造型企业的互联网转型。互联网思维对制造业的影响逐渐增大,小米、华为荣耀、360 等品牌迅速崛起靠的就是互联网思维(见图 6-4),近几年,传统制造业也在加快互联网转型,如海尔近几年践行用互联网思维提升制造业,推进企业平台化、员工创客化、用户个性化的互联网战略,雷神游戏笔记本、迷你投影机等一大批创新产品受到消费者的高度评价。联想集团推出了一个互联网创业平台——NBD(New Business Development),开放自己的软硬件开发、市场、渠道、服务等资源,快速地产品化,供应链整合,以最快的速度推向市场,并举办年度创客大赛,联想还携手淘宝共同打造了众筹平台,为优秀作品提供完整的商业孵化支持,重塑了产品的研发、生产、销售模式。海尔、联想的互联网转型正被更多的制造业企业模仿和复制,制造业企业依托互联网创新商业模式正处在快速发展阶段。

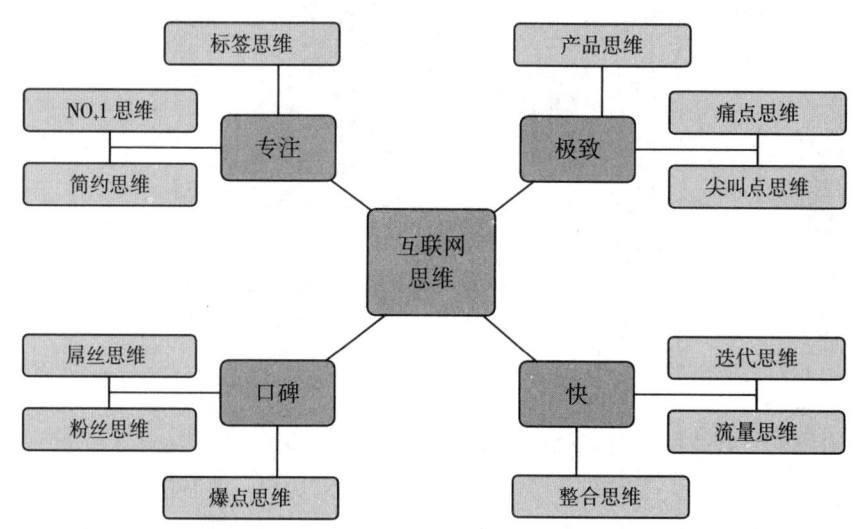

图 6-4 互联网思维模式

资料来源:陈光锋.互联网思维:商业颠覆与重构.

3. 服务业领域

服务业是商业模式创新最为活跃的领域,无论是零售、餐饮、物流等传统产业,还是金融、软件、信息服务、环境服务业等新兴服务业领域,依托互联网和移动互联网,涌现出了大批的商业模式创新案例和典型企业。

——零售业。沃尔玛创造的超市模式颠覆了传统的零售业,而随着电子商务的出现,亚马逊、淘宝、当当等线上平台正在对线下零售业造成剧烈冲击,苏宁、国美等加快向电商、云商转型。商务部发布的《中国电子商务发展报告(2013)》数据显示,2013 年我国网络购物用户规模达到 3.02 亿人,全年网络零售交易额超过 1.85 万亿元,占社会消费品零售总额的 8.04%,成为世界最大的网络零售市场。近两年,随着移动智能终端普及,各类 APP 应用井喷,2013 年中国移动电子商务市场交易规模达到 2325 亿元,同比增长 141%,

2014年5月,微信电商异军突起,虚实互动的O2O(Online to Offline)商业模式正在逐渐主导零售业发展(见图6-5)。

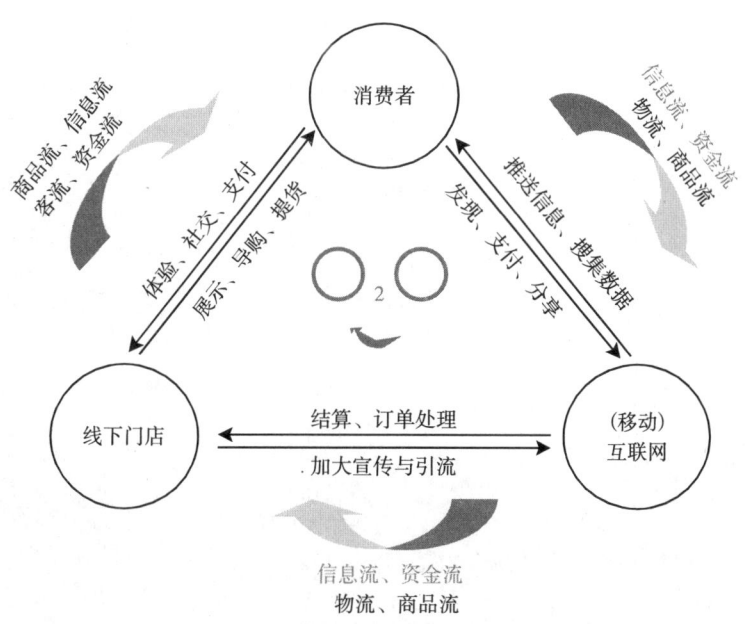

图6-5 零售业领域虚实互动的商业模式

资料来源:海通证券。

——餐饮业。伴随着消费者更熟悉互联网和移动互联网,餐饮业加快向O2O模式转型,借助网络餐厅、APP、二维码、移动支付等提高对客服各环节的信息化、自动化,提高餐厅运营效率,同时利用移动传统手段和口碑效应,形成粉丝圈。雕爷牛腩是互联网思维的餐饮业典范,总共只有十二道菜,以"5星菜品、4星环境、3星服务、2星价格、1星等位"产生"新的用户获得价值"。

——金融业。互联网金融是传统金融行业与互联网精神相结合的新兴领域,正在对传统金融业产生巨大冲击,主要模式包括P2P、网络支付、移动支付、金融网销、银行电商、虚拟货币、电商金融、众筹等,处在快速发展阶段(见图6-6),主要企业包括财付通、人人贷、支付宝、余额宝、汇付天下、快钱、拍拍贷、点名时间、天使汇、陆金所。以余额宝为例,自2013年6月13日推出,在18天之内达到66亿元的规模,2014年6月底已经达到5700亿元,用户数已达1.24亿户。

——物流业。在电商物流和移动互联的双核驱动下,近几年物流业进入转型升级的快车道,第三方物流整体外包模式、众包整个供应链服务模式、供应链金融模式、平台物流模式、菜鸟的立体生态经济模式等新兴物流模式改变了传统物流的运营方式,大数据、云计算、物联网、智慧商务等新技术正加快嵌入物流业催生更高效的物流模式。

——信息服务业。信息服务业主要包括信息传输服务业、信息技术服务业、信息内容服务业三大类,是目前商业模式创新的热点板块,尤其是在移动互联网、新媒体、社交等领域各类商业模式创新案例精彩呈现,如大众点评、滴滴打车、微信、36氪、唱吧、美

	包含内容	行业特点	所处时期	创新能力
支付结算	第三方支付	独立于商户和银行为商户和消费者提供的支付结算服务。	正规运作期	
网络融资	P2P贷款	投资人通过有资质的中介机构，将资金贷给其他有借款需求的人。	行业整合期 即将进入泡沫化 低估	
	众筹融资	搭建网络平台，由项目发起人发布需求，向网友募集项目资金。	萌芽期	
	电商小贷	利用平台积累的企业数据，完成小额贷款需求的信用审核并放贷。	期望膨胀期	
虚拟货币	虚拟货币	以比特币为代表的非实体货币，以提供多种选择和拓展概念为主。	期望膨胀期 即将进入行业整合期	
渠道业务	金融网销	基金、券商等金融或理财产品的网络销售。	期望膨胀期	
其他	周边产业	金融搜索、理财计算工具、金融咨询、法务援助等。	N/A	N/A

图 6-6　互联网金融的主要模式

资料来源：艾瑞咨询《2013年互联网创新金融模式研究报告》。

图秀秀、天天果园等对传统经营方式产生了巨大冲击。

（三）区域视角下的商业模式创新实践

国际国内均有一些区域由于良好的制度和服务，集聚了一大批商业模式创新引领型企业，形成商业模式创新的区域现象，地方政府在政策措施、公共服务等方面积累了丰富经验，值得借鉴。

1. 硅谷

美国硅谷模式堪称区域商业模式创新的典范，凭借斯坦福大学的技术，硅谷形成了以高科技为吸引力的科技产业聚集区，硅谷模式中除了技术研发的吸引力之外，更重要的是以商业模式创新为动力的硅谷裂变，造就了硅谷的辉煌，这里诞生了苹果、谷歌、雅虎、英特尔、甲骨文、思科、惠普、YouTube、Adobe、Facebook、Twitter等创新引领型企业和经典商业模式，走出了史蒂夫·乔布斯、比尔·盖茨、扎克伯格、埃里森、杨致远、拉里·佩奇等创新领军人物。硅谷创新的关键是拥有完整的创新创业生态系统，有10所大学，40个公立或私立的研发中心，180家风险投资，8000多家百人以上的企业，近5000家法律、会计等服务公司，329家职介所，700家商业银行，以及47家投资银行。这些组织组成一个完整的产业链，使得创业得到快速而全面的支持。

2. 中关村

作为国际自主创新示范区，依托清华大学、北京大学等高校的科技研发优势，中关村整合创业服务资源，完善创业扶持政策，建设政府引导、市场机制发挥作用的创业服务体系，促进大学科技园、创新型孵化器、天使投资、创业投资等各类创业服务和创业投资机构聚集发展，涌现了一批新型创业服务平台和100余位有影响力的天使投资人，培育和推广创新工场、车库咖啡、联想之星、创客空间、云基地等新型孵化模式，各类组织和机构举办各类创业论坛、创业沙龙、创业讲坛、创业大赛等，营造了空前活跃的创业氛围，中关村正在成为全球创新创业高地。

3. 杭州

杭州市凭借商业模式创新，连续5年位列"中国大陆最佳商业城市"之首，成为区域商业模式创业的典范。在商业模式创新方面，在阿里巴巴带动下，杭州模式突出了信息化与工业化的融合、科技与市场的结合、消费与需求结合、软件即服务结合，通过建立国家化服务平台，依托"人脑+电脑"，结合风险投资与企业并购，培育商业模式创新的机制与平台，逐步形成了电子商务、软件技术服务、金融投资、连锁经营与物流配送、网络与电视媒体虚拟店铺营销、信息服务、娱乐与文化旅游服务等131种企业创新模式，诞生了阿里巴巴、盘石信息、杭州市民卡服务、易才、精英在线教育、联邦物流（杭州）区域中心等新商业模式，逐步构建以商业模式创新为主体的新经济形态。

（四）商业模式创新实践的总体评价

从以上分析的商业模式创新实践可以看出，一是企业是商业模式创新的主体，人才是创新的关键要素，拥有一批高层次创新创业人才是企业和区域商业模式创新的重要支撑。二是商业模式的衰减周期明显缩短，尤其当前新生代消费者需求变化快，一劳永逸的商业模式不复存在，很多明星级企业如诺基亚、摩托罗拉、施乐、索尼等均因没有创造出新的商业模式而逐渐陷入困境，企业必须不断创新才能赢得新的发展空间。三是商业模式创新要脚踏实地，商业模式创新不是追求新奇、华丽的辞藻，而是来自于对自身业务的深刻理解，对产业链、价值链和业务流程进行解构和重构，把更多的环节和供应链纳入本企业的价值体系中，形成新的商业模式。四是中国的商业模式创新不再仅仅是抄袭者，中国的商业模式创新一直被贴着C2C（Copy to China）的标签，但随着阿里巴巴、腾讯、百度以及众多新商业模式的崛起，在移动互联网、互联网金融等诸多领域中国正在由模仿到领先。五是传统产业在商业模式创新上具有广阔空间，伴随着互联网由消费互联网向产业互联网转型，互联网渗入到从产品设计、研发、生产制造到营销、服务等各个环节，彻底改变了传统的生产经营方式模式，传统产业的商业模式创新进入新阶段。六是商业模式创新具有集聚效应，创业需要完善的支撑体系和良好的氛围，容易在某些条件好的区域集聚，在这个过程中地方政府可以有所作为，从过去一个一个具体项目的支持、扶持，转变到构建良好的创业生态系统上来，转变到推动环境的营造、对平台的搭建、创新基础设施的完善上来，打造区域性创新高地。

三、河南商业模式创新面临的新形势

（一）河南商业模式创新的必要性

面对国内外发展环境的深刻变化和市场竞争的日趋加剧，加快推动商业模式创新是河南经济转型升级的必由之路、提高产业竞争力的重要举措。

1. 经济新常态下的行业分化倒逼河南商业模式创新

我国经济进入中高速增长的新常态，各行各业发展面临的市场条件已经发生了根本性变化，行业需求结构明显分化，无论传统产业或新兴产业，均面临经营模式雷同、产品及市场同质化等问题，但也有一些企业通过适应消费需求、创新商业模式仍然保持高速增长，盈利能力增强，如在竞争激烈的服装业中，河南逸阳女裤2013年线上销售额增长到2亿元，在天猫的女裤品类中排名第一，2013年"双11"当天逸阳旗舰店销售额突破2500万元，比上年同比增长90%，再次刷新了中国女裤电商销量的纪录。河南的产业多处在产业链前端和价值链低端，一般性产品、低层次产品比重大，产业附加值偏低，在新常态下，许多企业将会被淘汰，只有善于利用新技术、新平台创新商业模式，创造独特的价值，才能开辟新空间。

2. 消费者群体的结构变化倒逼河南商业模式创新

目前80后、90后甚至00后正在成为消费主体，新生代消费者在信息渠道、消费心理、消费习惯、消费能力、支付方式等方面发生了巨大变化，形成了独特的亚文化，催生了新兴多元化的消费需求（见图6-7）。新生代更注重体验经济，对互联网更熟悉，对移动终端和"指尖上的消费"更依赖，易观智库[①]发布的《2014年上半年中国移动互联网用户行为统计报告》数据显示，截至2014年6月，中国移动互联网网民达到6.86亿，其中30岁以下占比接近60%，40岁以上占比不到10%。作为真正伴随互联网长大的Z一代，他们正在走向各行各业的关键工作岗位，甚至已经创业成为企业家，将主导商业模式的演进与演替。作为消费者，他们需要新的商业模式，作为员工与管理层，他们也在影响与革新企业内部组织结构，海尔、联想的员工创客化就是对这一变化的回应。消费者群体结构的这种深刻变化无疑要求河南企业创新商业模式。

3. 新一代信息技术的快速渗透倒逼河南商业模式创新

以大数据、云计算、物联网、移动互联网、体感交互为代表的新一代互联网技术日趋成熟，将推动ICT（信息通信技术）产业链的跨界变革，互联网对各行各业的影响持续深

[①] 易观国际是中国互联网市场化最大的信息产品、服务和解决方案提供商。易观旗下三大业务线——易观信媒、易观商业解决方案和易观智库。

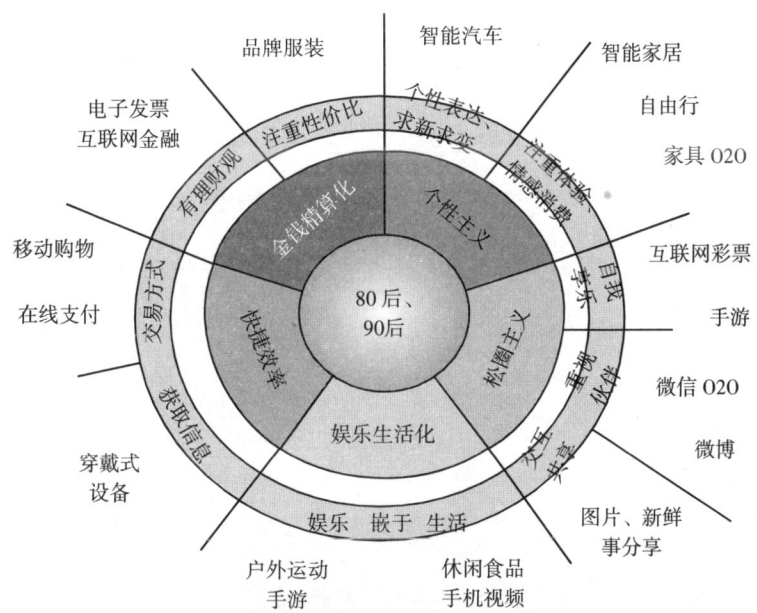

图 6-7　新生代消费者多元化需求带来新兴市场机会
资料来源：国泰君安证券。

化，从营销环节向研发、生产、供应链、价值链等环节全面渗透（见图6-8），各类APP应用被开发出来，不断塑造出全新的商业模式和产业形态。作为最为重要的生产要素，大数据及大数据处理的能力会成为每个企业、每个行业的"新大脑"。2014年7月，麦肯锡的一份研究报告《中国的数字化转型：互联网对生产力与增长的影响》，推出了iGDP指数，2013年中国的iGDP指数达到4.4%，列全球第五位，预计从现在到2025年，互联网对中国劳动生产力水平提高的贡献份额将达到22%，中国正从消费互联网向产业互联网转型，各类企业均在抓住转型机遇加快商业模式创新，河南企业如果错失机遇将会被甩在后面。

4. 新一轮产业革命的蓬勃兴起倒逼河南商业模式创新

第三次工业革命、德国工业4.0、工业互联网等新产业理念正在落地转化为现实，核心均是依托新技术、整合产业价值链，形成新的制造技术、制造模式和制造组织，我国工信部正在编制的《中国制造2025》充分借鉴新工业发展理念，推进智能生产，打造一批智能工厂，家电、服装、装备等工业领域内一大批企业加快推进智能化、网络化、自动化转型，将推动新产业、新业态、新模式的兴起，一个后大规模（Post-mass）生产的产业世界正在来临，这场革命将重新塑造全球产业竞争格局，河南企业如果不抓住本轮机遇就可能拉大差距。

（二）河南商业模式创新的可行性

河南推进商业模式创新当前面临着战略机遇和有利条件，后发优势逐步彰显，具有可行性。

经济新常态与河南新方略

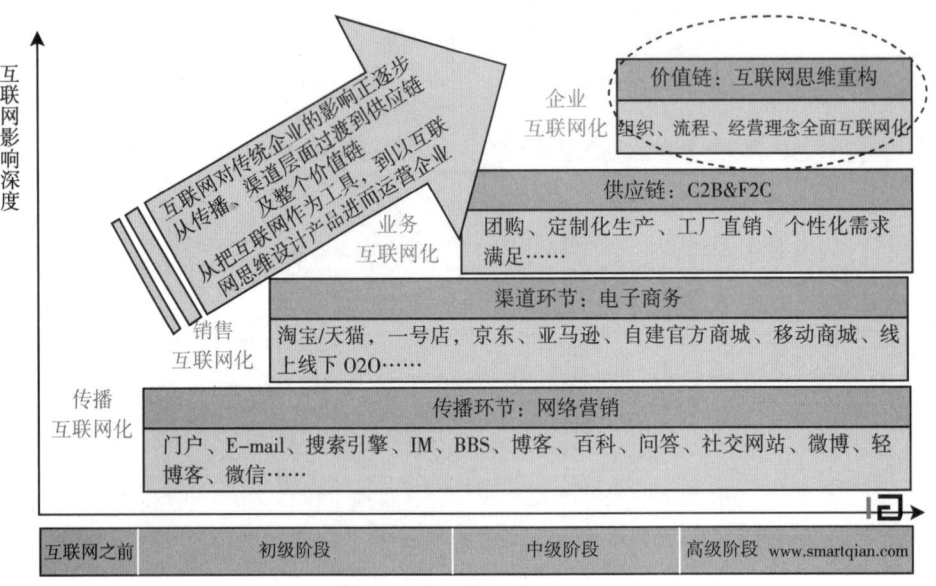

图 6-8 互联网影响程度深化

资料来源：赵大伟. 互联网思维"独孤九剑".

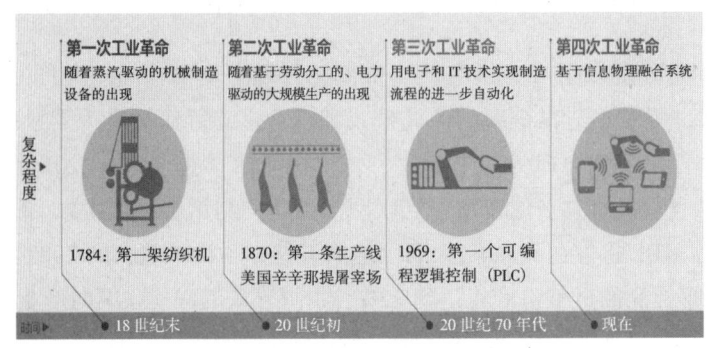

图 6-9 从工业 1.0 到工业 4.0

资料来源：德国联邦教育研究部. 实施工业 4.0 攻略的建议.

1. 国家密集出台支持政策提供了战略机遇

中共十八大报告明确提出了"加强技术集成和商业模式创新"，将商业模式创新作为国家创新驱动战略的重要组成部分。近期国家密集出台支持创新、信息消费、两化融合、智慧城市以及新兴产业发展的文件（见表 6-1），国务院常务会议多次专题研究重点产业转型发展问题，从思路、路径、政策、举措等诸多方面布局创新驱动发展战略和新兴产业发展，以培育新产业、新模式、新业态实现稳增长、促转型的目标，为河南加快推进商业模式创新提供了战略机遇。

表 6-1 近期国家有关部门支持文件一览表

时间	文件名称	文件号
2013 年 8 月	国务院关于促进信息消费扩大内需的若干意见	国发〔2014〕32 号
2013 年 8 月	信息化和工业化深度融合专项行动计划（2013~2018 年）	工信部信〔2014〕317 号

续表

时间	文件名称	文件号
2013年9月	国务院关于促进健康服务业发展的若干意见	国发〔2014〕40号
2013年10月	商务部关于促进电子商务应用的实施意见	商电函〔2014〕911号
2014年3月	国务院关于推进文化创意和设计服务与相关产业融合发展的若干意见	国发〔2014〕10号
2014年3月	国务院关于加快发展对外文化贸易的意见	国发〔2014〕13号
2014年7月	国务院办公厅关于加快新能源汽车推广应用的指导意见	国办发〔2014〕35号
2014年8月	国务院关于加快发展生产性服务业促进产业结构调整升级的指导意见	国发〔2014〕26号
2014年8月	国务院关于加快发展现代保险服务业的若干意见	国发〔2014〕29号
2014年8月	国务院关于促进旅游业改革发展的若干意见	国发〔2014〕31号
2014年8月	关于促进智慧城市健康发展的指导意见	发改高技〔2014〕1770号
2014年8月	关于推动特色文化产业发展的指导意见	文产发〔2014〕28号

资料来源：课题组根据有关资料整理。

2. 巨大的市场潜力及电子商务的快速渗透提供了创新空间

河南拥有1亿人口，城镇化处在加速阶段，人均收入水平稳步提高，消费层次快速提升，新一代消费主体对互联网、移动终端等非常熟悉，拥有庞大的市场潜力，网络消费保持高速增长，2014年1~6月，河南省社会消费品零售总额6594.62亿元，同比增长12.9%，位居全国第十位，在中部六省中保持第一，当前河南省电子商务企业数量居全国第八位，河南已进入支付宝交易额前十大省份，支付宝网上支出占全国3.2%，列全国第九位，2014年上半年全省电子商务交易额2816亿元，增长34.1%，网络零售交易总额突破428亿元，同比增长47.6%。巨大的消费潜力以及电子商务的快速渗透，为各类企业创新商业模式提供了广阔空间。

3. 平台型企业入驻丰富了创新载体

近几年，河南抓住信息化和互联网发展机遇，大力发展电子信息产业，已经成为苹果手机全球最大的生产基地，微软的公有云、阿里巴巴的大数据、浪潮的云计算等第三方平台纷纷入驻，为各类企业创新商业模式提供了载体与平台。以阿里巴巴在线产业带为例，已经开通了郑州、洛阳、开封、商丘、漯河、南阳、镇平七个产业带，设计服装、药材、工艺品、打火机、轴承、食品等诸多行业，入驻企业上千家，借助阿里巴巴在线产业带平台模式（见图6-10），扩大了销售额，提高了品牌知名度，快速实现了向互联网模式的转型。

4. 本土创新案例提供了借鉴与激励

河南企业在商业模式创新方面有许多成功案例，如双汇的全产业链模式，中信重工的天平模式，逸阳女裤、好想你、黎明重工的电商模式，雏鹰农牧的"公司+基地+标准化管理"模式，丹尼斯创新的"大数据+体验"商业模式，郑州华润万象城开启全新的购物中心模式。从区域视角看，郑州的跨境E贸易、新乡的车电分离的换电式电动车推广模式等在全国开创先河，以郑州跨境E贸易为例，E贸易试点项目运营以来，已经直通世界13个城市、贸易进出口货值130多亿元、为100余家商户提供实货测试服务，已有备案企业

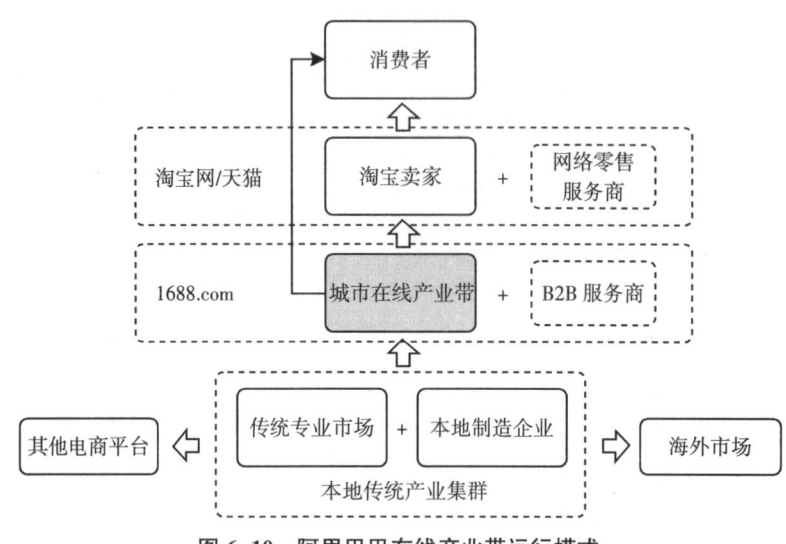

图6-10 阿里巴巴在线产业带运行模式

资料来源：阿里研究院. 在线产业带：为中国制造赋能.

131家，备案商品25223种，韩国企业2000余家，德国企业310余家，以色列企业100余家，并且吸引本地电商迅速崛起，电商交易平台、电商产业园区、快递物流园区、金融支付企业等产业逐渐集聚起来。这些本土创新案例为商业模式创新提供了借鉴和激励。2014年7月，工信部发布《2014年互联网与工业融合创新试点企业名单》，确定了23家企业为互联网与工业融合创新试点企业，并研究确定了试点企业的融合创新模式，河南3家企业入选（见表6-2）。

表6-2 河南入选互联网与工业融合创新试点企业名单及创新模式

编号	企业	创新模式
1	郑州思念食品有限公司	食品微信直营解决方案
2	郑州回家软件有限公司	家居行业消费服务模式创新O2O平台
3	郑州向心力通信技术股份有限公司	电子信息制造业互联网个性化定制解决方案

资料来源：工信部网站。

5. 不断完善的支撑体系强化了创新基础

近几年，河南持续加大投入力度，信息基础设施网络日趋完善，实现了3G网络乡镇以上全覆盖、行政村光纤村村通、自然村宽带村村通。中国联通中原数据基地、中国移动（洛阳）呼叫中心等重大项目开工建设，郑州被确定为国家级互联网骨干直连点、国家"三网融合"试点、国家电子商务示范城市和跨境贸易电子商务服务试点，国家工业云创新服务平台试点工程——"河南工业云创新服务平台"上线运行，阿里巴巴、微软、浪潮的大数据、云计算平台陆续入驻。同时，各类孵化器（见表6-3）、创投基金（2012年设立了河南省股权投资引导基金）等创业平台不断涌现，为商业模式创新提供了支撑条件。

6. 后发优势日趋显现加快河南追赶过程

成功的商业模式是可以被复制、模仿和学习的。近年来，我国的一些企业，例如百

表 6-3　河南省科技企业孵化器名单

序号	单位	序号	单位
1	郑州市高新技术创业中心	11	中部软件园管理办公室
2	安阳高新技术创业服务中心	12	郑州市科技企业孵化器
3	新乡高新技术创业服务中心	13	河南专利孵化转移中心
4	平顶山高新技术创业服务中心	14	河南开封高新技术创业服务中心
5	濮阳高新区创业服务中心	15	焦作高新技术创业服务中心
6	洛阳高新技术创业服务中心	16	漯河高新技术创业服务中心
7	郑州空港科技创业服务中心	17	郑州高新区留学生创业园
8	河南省大学科技园	18	郑州经济开发区留学人员创业园
9	南阳高新区创业服务中心	19	郑州电子信息专业孵化器
10	郑州高新区创业中心	20	许昌市高新技术服务创业中心

资料来源：河南科技厅。

度、阿里巴巴、腾讯等，通过引入来自发达国家的原创商业模式，并基于对国内消费者的深度理解进行二次创新，从而在很短的时间内赶上并超越了来自发达国家的竞争对手。当前，我国移动互联网产业迅猛发展，成为全球移动互联网创新中心。艾瑞咨询数据显示，未来一段时期，我国移动互联网产业将进入高速发展通道，预计 2017 年市场规模将接近 6000 亿元，年均同比增长 50% 以上（见图 6-11）。阿里巴巴集团新数据显示，2014 年第二季度移动电子商务平台的交易额超过 1640 亿元，同比增长约 300%，移动端收入占比已经达到 32.8%。与此同时，移动互联网正在向三线城市下沉，友盟①发布 2014 年第一季度移动互联网分析报告显示，58% 的活跃设备集中在三线或以下城市，一线城市占 19%，二线城市占 23%，后发地区的优势正在显现。作为苹果智能手机产业基地、全国跨境 E 贸易试点，河南企业可利用后发优势，将发达国家和地区的商业模式与本地市场文化、经济、制度和地理等特征相适应，迅速完成从模仿到创新再到领军的演进，实现向先发地区企业较为快速的追赶过程。

（三）河南商业模式创新面临的问题

当然，目前河南加快推进商业模式创新还面临一些问题，存在明显制约。

1. 对商业模式创新认知不够

企业、社会和政府层面对商业模式创新的认知不够，一些传统产业的企业家对互联网、电子商务等新技术、新平台接触不多，缺乏危机感，各级政策习惯于抓大工业、大项目，对于如何促进创新创业认识水平不高，总感觉缺少抓手，政府职能从直接抓项目转向提供服务和环境的路径还没有理顺。同时，未来创新创业主要靠边缘性小微企业和 80 后、90 后群体，企业、社会和政府层面对这一转变没有充分准备，也缺乏相应的政策措施支持。

---

① 友盟（Umeng），以移动应用统计分析为产品起点，发展成为综合性的移动开发者服务平台，是中国最专业、最有数据凝聚力的移动开发者服务平台。

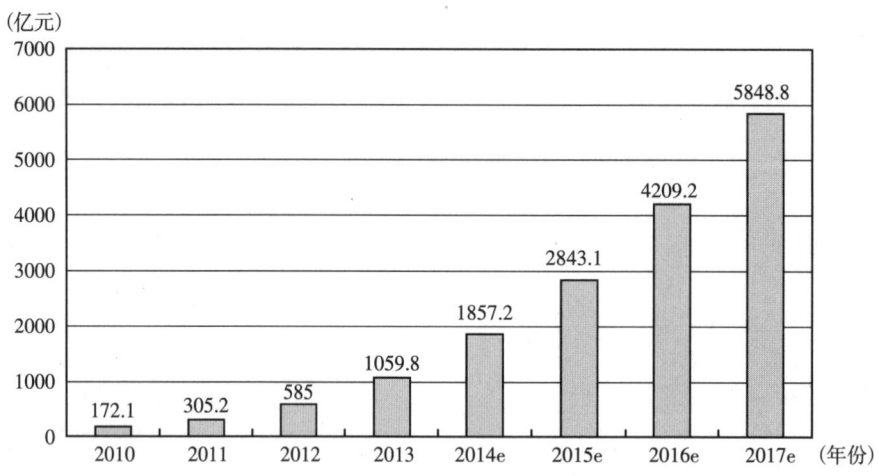

图 6-11　中国移动互联网市场规模

资料来源：艾瑞咨询《2014年中国移动互联网用户行为研究报告》。

2. 商业模式创新的氛围不足

目前，上海、北京、深圳、杭州等沿海发达地区已经形成了较为浓厚的创新创业氛围，政策措施体系较为完善，政府服务能力较强，与国外联系紧密。创新创业平台，各类创业论坛、交流会、赛事活动等持续不断，各类风险投资基金、政府创业引导资金容易找到，创业投资项目案例较多，根据投中研究院的数据（见表6-4），2013年全年国内市场共披露创业投资（VC）案例683起，北京、上海、广东合计占比超过65%，河南只有7起，甚至低于四川、重庆、湖北等中西部省市。相比之下，河南目前的创新创业氛围不足，缺乏创业人员交流、创业资源对接的平台和载体，创业资源不能与创业人员有效对接，政府在创新创业服务和政策支持方面缺位明显。

表6-4　2013年中国创业投资地区分布

地区	案例数量（起）	融资金额（US$Ⅲ）	平均单笔融资金额（US$Ⅲ）
北京	211	1783.28	8.45
上海	155	893.53	5.76
广东	81	452.48	5.59
浙江	47	262.07	5.58
江苏	41	590.32	14.40
四川	22	128.33	5.83
湖北	17	19.12	1.12
福建	16	73.84	4.62
山东	12	50.48	4.21
湖南	9	23.41	2.60
重庆	9	71.63	7.96
天津	8	56.36	7.05
河南	7	21.02	3.00

续表

地区	案例数量（起）	融资金额（US$Ⅲ）	平均单笔融资金额（US$Ⅲ）
中国香港	6	21.32	3.55
内蒙古	6	56.89	9.48
安徽	6	25.81	4.30
中国台湾	5	59.75	11.95
陕西	4	7.84	1.96
黑龙江	3	3.96	1.32
云南	3	6.34	2.11
河北	3	3.41	1.14
辽宁	3	40.84	13.61
江西	2	10.30	5.15
吉林	2	13.86	6.93
贵州	1	0.50	0.50
新疆	1	47.46	47.46
宁夏	1	0.79	0.79
青海	1	7.92	7.92
海南	1	1.58	1.58
总计	683	4734.47	6.93

CVSource，2013.12　　　　　　　　　　　　　　　　　www.ChinaVenture.com.cn

资料来源：CVResearch 投中研究院。

3. 商业模式创新的人才支撑薄弱

人才是创新商业模式的关键，上海、北京、深圳、杭州等地的商业模式创新层出不穷，主要是由于这些城市拥有大批的高层次创新创业人才，不同背景、领域的人才碰撞交流催生出持续的商业模式。尤其是像百度、360、腾讯、阿里巴巴等这些创新企业，会培育大批的高端人才，这些人才今后有可能自主创业。但是，河南缺乏这样的创新企业，也缺乏对高层次创业人才的吸引力。占河南比重较大的传统产业企业中的从业人员年龄偏大，新生代员工比例低，利用互联网、大数据等新技术、新平台的积极性不高，甚至因为知识结构和经验积累等方面的原因而成为企业商业模式创新的阻力。

4. 商业模式创新的动力偏弱

在很多领域，河南省企业仍然以低价竞争和产品盈利为主，商业模式创新还停留于表面，与消费需求脱节严重，如一些企业在推广新技术、新产品的过程中，仍然使用相对传统的广告宣传等营销方式。特别是在云计算、物联网等商业模式创新十分活跃的新兴行业，河南省企业的商业模式创新进程相对滞后，对政府的扶持与投入还存在较多"等、靠、要"现象，难以形成对产业增长的推动力。传统产业中的企业缺乏创新动力，在电子信息、互联网等市场化程度较高的行业，民营企业拥有很强的商业模式创新活力，但由于资源条件和资金压力限制，技术创新能力总体不强。

四、河南商业模式创新的总体设计和对策建议

(一) 总体设计

1. 总体思路

抓住新一代信息技术蓬勃发展的战略机遇，突出企业的主体地位，强化互联网思维，发挥后发优势，体现区域特色，坚持传统与新兴并举、传承和创新齐驱、外引与内培共进，引导企业上下延伸、左右拓展、跨界融合，推动线上与线下相结合、制造与服务相结合、硬件与软件相结合，深入实施"三类平台、三层试点、五大路径、六大支撑"发展方略，营造商业模式创新友好型的区域生态系统，打造中西部地区商业模式创新高地。

2. 基本原则

——市场主导，政府推动。充分发挥市场对资源配置的决定性作用，鼓励企业以市场需求为引导设计商业模式。同时，发挥政府规划对商业模式创新的引导作用，完善政策措施，营造良好氛围，提供优质服务，引导企业创新商业模式。

——企业主体，示范引领。突出企业在商业模式创新中的主体地位，尊重和充分激发企业的首创精神，引导企业上下延伸、左右拓展实现跨界经营，持续探索多元化的商业模式，培育一批商业模式创新示范性企业，提升示范引领能力。

——外引内培，融合互动。多渠道扩大商业模式创新的相关对外合作与交流，学习借鉴国内外、兄弟城市创新商业模式的先进做法和宝贵经验，大力引进商业模式创新平台和创业项目，以创业大赛的方式加快本地创新创业项目培育成长，促进引入要素与本地要素在商业模式创新的深度融合。

——立足优势，突出特色。立足各地产业发展基础和比较优势，着力推进传统产业企业的商业模式创新，继续发挥在食品、服装等领域的商业模式创新示范作用，在移动互联网、跨境E贸易、空港物流等新兴领域加大创新力度，走出一条具有区域特色的商业模式创新道路。

3. 发展方略

围绕"三类平台、三层试点、五大路径、六大支撑"总体发展方略，实现重点突破。

——三类平台。着力打造一批商业模式创新平台。一是创新平台。构建行业性商业模式创新联盟，围绕重点行业，引导和鼓励各行业中创新领军企业牵头组建行业性商业模式创新联盟，搭建行业内创新、交流、对接平台。二是创业平台。积极培育各类孵化器、创客空间、众筹平台等，重点依托郑州高新区大学科技园、河南科技市场、航空港等打造创业平台，支持自发组织的创客空间健康发展，支持企业、社会资金创办各类创客空间，吸

引创新创业要素集聚。三是第三方平台。加快阿里巴巴、浪潮、微软等第三方平台建设，积极引入百度区域性创业中心、腾讯区域型创业基地等，借助第三方平台推进河南创新创业要素集聚，为企业提供商业模式创新的第三方平台。

——三层试点。实施城市、园区、企业三层试点。一是城市试点。建议把郑州、洛阳、信阳三个城市作为河南省商业模式创新试点城市，构建"一核两点"差异化发展格局。突出把郑州打造成为河南商业模式创新的核心区，依托信息化、交通等优势，吸引创新创业平台落地，引导各地企业把营销中心等迁入郑州，打造中部地区商业模式创新高地；洛阳围绕区域特点探索传统产业商业模式创新的经验与路径，信阳发挥区位优势和信息网络优势，重点承接珠三角信息、软件等创新创业项目，探索新兴产业商业模式创新经验与路径。二是园区试点。在现有产业集聚区、商务中心区、特色商务区、农业产业化集聚区中筛选挂牌一批基础好、潜力大的商业模式创新试点园区，开展分类试点，重点推进跨境电子商务商业模式创新引领区、互联网与工业融合试点区等建设。三是企业试点。挂牌一批商业模式创新试点企业，如工业互联网试点、移动电子商务试点、智能工厂试点、工业软件试点、工业设计试点等专项试点企业，引导企业加快创新步伐。

——五大路径。积极推进各行各业的网络化、数字化、服务化、创客化、移动化。一是网络化。推进企业强化互联网意识和思维，加快电子商务平台建设，充分利用互联网把握市场变化，依托网络资源整合产业链、价值链、供应链，促进企业商业模式创新。二是数字化。引导企业采纳数字化、云计算和大数据技术，对营销、设计、生产、交付、服务等各环节进行数字化改造，以适应新的发展形势。三是服务化。推进企业向研发、品牌、渠道、服务等两端高附加值环节延伸，提高系统集成和工程总承包能力，发展成综合解决方案提供商，由卖产品向卖服务转型。四是创客化。适应新生代劳动力特征，大力倡导创客文化，推进企业内部员工创客化，变革组织结构，重塑业务流程，培训创新创业氛围。五是移动化。抓住移动端发展机遇，挖掘智能终端产业基地的后发优势，充分利用移动技术优化提升企业内部业务流程，围绕移动用户需求创新产品和服务，创建全新的业务模式。

——六大支撑。持续强化政策、载体、人才、社会组织、信息网络、金融六大支撑。一是政策支撑。建立健全促进创新创业的政策体系，重点加大对网络创业的政策扶持力度，建立主要面向电子商务、跨境E贸易的创业园，对入园的创业者给予租金、税收等方面的优惠。二是载体支撑。培育发展创业园、移动互联网产业园、文化创意产业园等创新创业载体。三是人才支撑。依托各类创业园、孵化器、试点园区等集聚高端人才，吸引域外高层次人才回河南创新创业，支持本地大学生创新创业。四是社会组织支撑。简化审批流程，支持各类促进创新创业的协会、联盟、学会等发展壮大，充分发挥各类行业协会的纽带作用，促进商业模式创新。五是信息网络支撑。加强信息基础设施建设，提高信息网络互通互联水平，打破信息孤岛，构建网速高地。六是金融支撑。重点推进产业发展基金、创投资金、风险投资基金、天使投资机构等蓬勃发展，为创新创业提供高效便捷的融资渠道。

（二）对策建议

1. 建立省级协调推进机构

建议建立一个省级商业模式创新推进工作领导小组，由省长任组长，制定相关发展规划，谋划重大战略，协调出台各类支持政策措施，整合各类政策和资金。办公室可以设在商务厅。协调出台加快推进商业模式创新的指导意见，在深入研究、借鉴的基础上，加快出台河南省关于推进商业模式创新的指导意见，明确总体战略和政策导向。对于各类创新创业平台、载体建设明确支持政策，对于试点城市、园区和企业要有政策、资金专项支持。

2. 创建一批创新创业载体

着力构建一批商业模式创新载体。一是构建郑州跨境E贸易商业模式创新引领区，吸引国内外从事跨境E贸易企业入驻，为创业者提供优质服务，培育电商产业园、跨境创意产业园等区中园，引导阿里巴巴搭建跨境E贸易中心，搭建"网上丝绸之路"；二是创建移动互联网产业园，依托郑州航空港、郑州高新区创建两个移动互联网产业园，重点在信息安全、行业应用、移动支付、定位导航、媒体软件、服务外包、移动云服务等领域创新商业模式，推进面向商务、餐饮、购物、旅游、健康、休闲娱乐等领域的移动电子商务模式创新，在移动教育云、移动金融云、移动物流云等行业级服务，以及移动云存储、移动云安全和移动云音乐等消费级服务开创新服务模式；三是高水平建设白鸽（二砂）文化创意产业园。把目前自发形成的白鸽（二砂）文化创意产业园提高到省级层面，打造河南的798，推进各类创新创业资源集聚，形成集文化产业的发展、创新、演出、休闲、购物、消费为一体的公园式园区，成为郑州新的城市会客厅，培育形成一批新的商业模式。总结推广二砂文化创意产业园模式，在郑州、洛阳等地推进老厂房改造，形成创新创业要素集聚区。

3. 总结推广一批经典案例

在全省产业界介绍推广一批商业模式创新经典案例，形成示范引领效应。一是推广国内外经典案例，商业模式创新具有很强的示范效应，模仿再创新的空间很大，尤其是在食品、服装、装备、旅游、信息等领域，经典案例可以开拓企业的思路；二是加快对本省商业模式创新案例进行系统梳理，借鉴杭州经验，杭州市政府网站公布杭州商业模式创新案例目录以及有关介绍，有关部门编辑出版了《杭州商业模式创新案例汇编》，河南有关部门也应对本省商业模式创新案例进行调研、汇集、研究，形成案例库，以各种方式推荐给企业借鉴参考。

4. 培育良好的创新创业氛围

良好的氛围是创新创业的土壤，与北上广等地相比，河南目前缺乏的就是商业模式创新的氛围，可以从以下几个方面入手，培育形成草根创业、大众创业的新浪潮。一是举办年度省级商业模式创新论坛，邀请沿海知名创新型企业、平台型企业、创业者、风险投资家、天使投资家等与河南本地企业、创新项目进行对接，提供一个高端交流平台。二是强化商业模式创新培训，省工信厅、商务厅等有关部门应该举办商业模式创新专题培训班，邀请知名企业家、学者，对本土企业家、营销主管、研发设计人员进行培训。三是举办商业模式创新大赛，支持省团委等单位举办商业模式"创新中原"大赛，大学生创新创业大赛专设商业模式创新奖，引导各类社会组织举办专题创新创业竞赛。四是引导自发出现的创新创业沙龙健康发展，对企业、协会组织的创客分享会、创业沙龙、创业论坛等大力支持，扩大影响力。五是引导企业、联盟组织等积极承办全国性的创业大赛，强化交流合作。

5. 发展壮大一批社会组织

进一步发挥社会组织的纽带作用，促进创新创业要素无缝对接。一是引导各领域领军企业发起创建省级商业模式创新联盟以及各类专业创新联盟，提供高端对接平台，如2014年初河南服装业成立了电商联盟，将建占地300亩电商物流园。未来这里将有专门的物流集散地，可容纳至少300个商家，更加便于河南服装企业互动交流，快速发货。二是引导高校与社会机构合作成立毕业生创新创业促进会，2014年5月，南阳理工学院校友自发成立的毕业生创业创新促进会挂牌成立，是河南首家，这一模式应在全省推广，支持其他高校组建类似社会组织。三是推动创新工场、车库咖啡、创客空间等新创业组织发展，支持省外相关组织在河南省开设分支机构，对本省组织的类似组织给予大力支持。四是充分发挥行业协会在商业模式创新中的作用，如河南省服装行业协会在推进河南服装业商业模式创新方面做了大量组织协调工作，如举办"移动互联网时代品牌孵化与风格创新"论坛，组织河南省42名企业家赴杭州阿里巴巴、淘宝、天猫、汉帛集团、中国网商城、东部网商园、四季青服装电商集散中心等商务考察学习。

6. 转变政府管理服务理念

商业模式创新对发展软环境的要求更高，政府部门必须转变管理服务理念，优化政务环境，打造"类硅谷"的创业创新环境。一是工作重点由抓硬建设向抓软环境转型。各级政府不能仅仅习惯于抓硬件建设和工业项目，要向促进创新创业、打造软环境转型，结合国家下放审批权的决策部署，放开、简化创新创业型企业的注册、审批流程，为创业者营造宽松环境，对企业落户过程中的各种手续、项目申报、贷款融资等，政府部门要能够提供专业化精准化服务，激发创新创业活力。二是招商引资由关注重资产项目向关注轻资产项目转型。河南产业结构偏重，政府部门比较熟悉、青睐重资产项目，但是新兴产业、新兴业态、新兴模式一般都是轻资产企业，河南必须更加关注轻资产型企业，更加关注新兴领域的创新项目、创业项目以及尚处在孵化阶段、产业化初期的项目。三是服务方式由传统实体方式向在线即时通信方式转型。积极利用即时通信工具提供政务服务，在全省加快推进政府及科技、工商、商务、工信、发改委等部门开始微信公众号和微博，满足新一代创新创业者的信息需求，引导各地在即时通信平台开设多部门参与的"移动政务大厅"。

五、推动河南商业模式创新的工作重点及政策措施

（一）工作重点

1. 实施商业模式创新试点行动计划

推进郑州、洛阳、信阳三个商业模式创新试点城市，引导试点城市制定商业模式创新总体战略。筛选一批试点园区、试点企业，加快出台关于支持试点园区、试点企业转型发展的政策措施。

2. 实施创新创业平台推进工程

重点推进孵化器、创业平台、创客空间、行业性商业模式创新联盟等实体平台，引进培育创新工场、杭州B座12楼等类似的创业加速器，推进创业大赛、创业论坛、创业沙龙等交流平台建设，从政策、资金上给予支持，建立一批高层次人才创新创业平台，聚集一批高层次创新创业人才和团队。

3. 实施最佳商业模式示范计划

推动重点行业的重点企业，特别是大型企业进行商业模式创新。通过这些重点企业、大型企业的商业模式创新，带动价值链和产业链上其他企业，以及同行业的其他企业共同实施商业模式创新。设立省商业模式创新奖，纳入最佳商业模式示范企业案例库，着重给予扶持和宣传、推广。

4. 实施信息基础设施网络提升专项

鉴于目前互联网、移动互联网在商业模式创新中的重要作用，建议加快完善提升全省信息基础设施网络，围绕智慧城市建设，强化互动互联，打通"信息孤岛"，并在某些特殊区域打造"网速高地"，以区域最快的上网速度集聚软件与信息服务业、电子商务等新兴产业、项目集聚。

5. 实施创新创业人才"梧桐计划"

依托各类创新创业载体和平台，建成具有"特定区域、特殊制度、特别政策、特有机制"的"四特"创新创业人才集聚区，吸引高层次创新创业人才到河南创业。一是建立"创业超市"，为创业企业注册、场地租赁、人事关系办理等提供全程首办、零成本服务，打造"无障碍创业"环境。二是建设"人才公寓"，参考上海人才公寓模式，对于商业模式创新领军人才、创业人才等在住房上给予政策支持，让创新创业人才安家乐业。

6. 实施数据开放与信息共享行动方案

数据是商业新时代最重要的生产要素，但是，目前各行业系统数据之间缺乏统一标准，形成了众多的"信息孤岛"，数据开放度低，信息共享性差，制约了企业运用数据、信息分析加快商业模式创新的能力，开放数据将会催生新业态，美国政府免费提供了气象

资料和全球定位系统数据，企业利用这些资源创建了导航系统、天气新闻广播、预警系统、基于位置的应用程序，以及精密农具等新产品和服务。建议实施数据开放与信息共享行动方案，建立统一的政府开放数据门户网站，引导各部门、各行业建立资源云平台，推进部门和各级政府加快数据共享。

（二）政策措施

1. 用好用足国家有关支持政策

近期国家就培育新产业、新业态、新模式等出台了系列文件（见表6-1），未来仍会陆续推出相关文件和政策措施，河南有关部门可以深入研究这些政策措施，把含金量高的政策落地、用好用足。

2. 把商业模式创新纳入"十三五"规划

建议把商业模式创新纳入《河南省国民经济和社会发展第十三个五年规划纲要》，并作为重要内容。目前"十三五"规划前期研究已经展开，要把商业模式创新作为重要研究内容，并进入规划纲要，在专项产业规划中要重点体现。

3. 明确新兴产业发展的支持政策

新兴产业是商业模式创新的重要领域，建议就移动互联网、物联网、云计算、大数据、信息服务业、科技服务业、健康服务业等新兴行业出台实施意见，明确政策。

4. 设立省级商业模式创新引导基金

发挥河南省股权投资引导基金的作用，吸引社会资本建设各类创业投资基金。设立省级商业模式创新引导基金，引导各类社会资本设立装备制造、新材料、新能源、文化创意、互联网、移动互联网等专业投资基金，吸引域外创投基金投资河南创新创业项目。对于拟引入的重大创新创业项目，省级创投基金可以注入资金。

5. 设立商业模式创新科技专项

把商业模式创新纳入科技创新领域，作为河南实施创新驱动发展战略的重要组成部分，商业模式创新型企业可以认证为创新型企业，并设立科技专项支持各类企业探索新型商业模式。

6. 出台老厂房改建文化创意产业园专项政策

依托老工业厂房改造建设特色文化创意产业园是北京、上海、杭州等城市培育形成创新创业氛围的重要策略。郑州白鸽文化创意园已经初具规模，建议参考杭州经验，依托白鸽文化创意园建设中原工业博物馆，带动支撑该板块尽快形成。出台省级支持政策，引导其他地区加快老厂房改建文化创意园。

第七章 河南产业融合发展问题研究

当下,产业融合正逐渐成为产业经济发展的新趋势,它拓宽了产业发展空间,促使产业结构动态高度化与合理化,推动着产业结构优化与产业发展。产业融合有利于促进技术融合创新,催生新兴业态发展,它对于引领新兴消费需求、提高行业的生产效率也具有积极作用。聚焦河南,作为一个后发地区,在产业融合正在成为未来产业发展的主导力量下,河南产业融合发展的现状如何、存在哪些问题、未来的总体思路是什么、需要什么样的政策框架,均需要进行一次系统的梳理与总结。因此,基于以上出发点与目的,课题组对国内外产业融合发展的理论与实践、河南产业融合发展的必要性与可能性、河南产业融合发展的现状及存在问题、当前及未来一段时期河南产业融合发展的总体思路及对策建议,以及2014年、2015年两年河南产业融合发展的工作重点进行了深入分析,旨在为河南产业融合发展提供一些理论支撑与实践思路。

一、当前国内外产业融合发展的理论与实践

产业融合是现代产业发展的一种新的特征和趋势,自20世纪90年代中期以来,产业融合问题受到经济学界的高度关注和重视,成为产业经济学研究的前沿领域。本课题主要是对国内外有关产业融合的理论与实践进行梳理和总结,包括产业融合的概念内涵、兴起的动因、引发的效应,以及国内外产业融合发展的历程、特点、趋势、经验教训等,以便为河南产业融合发展提供理论支撑与借鉴。

(一)产业融合发展的基本理论

1. 产业融合的内涵

自20世纪70年代产业融合现象受到国际广泛关注,关于"产业融合"概念的讨论持续了近40年,学术界从技术、产品、组织结构以及产业等不同角度进行论述,但是,结合经济及产业发展趋势,立足产业创新和产业发展视角的内涵论述认可度及使用度更高。一般认为,产业融合是不同产业或同一产业内的不同行业在技术与制度创新的基础上相互交叉、相互渗透,逐渐融合为一体形成新型产业形态的动态发展过程。本质上,产业融合的过程就是打破原有产业或企业间的分工界限,形成一种新的分工链条,之后通过产业分

工链条的重新组合建立一种有序的产业内部或企业内部的分工链条网。

2. 产业融合的动因

产业融合作为一种新的产业创新方式，也是社会生产力进步和产业结构高度化的必然趋势。从当今世界产业融合的实践看，推动产业融合的因素归结起来主要来自技术、政府、企业、市场等层面。

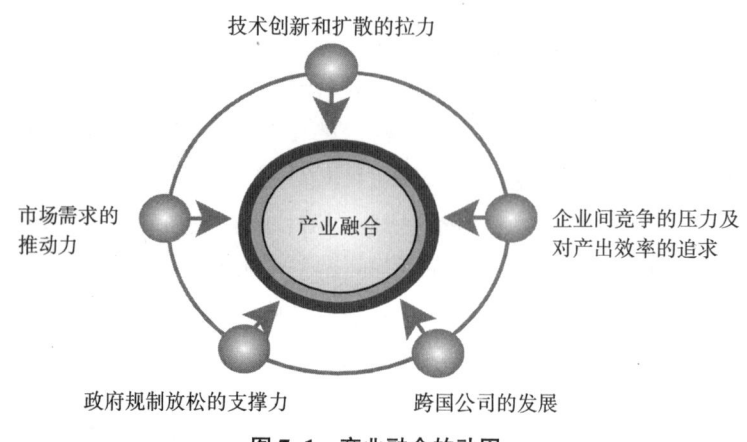

图 7-1　产业融合的动因

第一，技术创新是产业融合的源泉所在。实践表明，技术创新是产业融合的动力，技术融合是产业融合的基础。技术创新开发的替代性或关联性的技术、工艺或产品，通过渗透、扩散融合到其他产业之中，改变了原有产业生产的技术路线，产生技术融合现象。不同产业根据技术融合的导向，积极发展新业务、新产品和新服务，相似的产品和服务进而推动业务融合。随后技术融合与业务融合带来了新的市场需求，进而产生了市场融合，并最终形成产业融合。

第二，企业对范围经济的追求是产业融合的微观动因。范围经济是指扩大企业所提供的产品或服务范围进而引起经济效益增加的现象，当技术发展到能够提供多样化的需求后，企业为了在竞争中谋求竞争优势、追求范围经济，从而进行多元化经营，然后通过引导顾客消费习惯和消费内容实现市场融合，最终促使产业融合。

第三，市场需求扩大是产业融合的外部推力。技术创新改变原有产业产品市场的需求特征和产业的核心能力，给原有产业的产品或服务带来了新的市场需求，反过来，市场需求的扩大又进一步促进产品的创新，为产业融合提供更大的市场空间。

第四，跨国公司的蓬勃发展成为产业融合的重要载体。跨国公司集技术开发、生产制造、贸易服务于一体，其产生和发展就是资本融合、产业融合的过程。跨国公司在国际一体化经营中使产业划分转化为产业融合，将传统的"国家生产"产品变为"公司生产"产品，成为推动产业融合发展的主要载体。

第五，政府管制的放松为产业融合提供了外部条件。各国政府的经济性管制是形成不同产业进入壁垒的主要原因，为了让企业在国际市场中更有竞争力、产品占有更多份额，一些发达国家放松管制和改革规制,取消和部分取消对被规制产业的各种价格、进入、投资、服务等方面的限制,推动其他相关产业的业务加入到本产业的竞争中,从而逐渐走向产业融合。

3. 产业融合的效应

结合国内外产业融合的相关研究及发展实践,产业融合的效应可以归结为以下几个方面,如图7-2所示,第一,促进传统产业创新,推进产业结构优化;第二,拓展产业链,提升产业竞争力;第三,催生新的合作业态;第四,推动区域经济一体化。

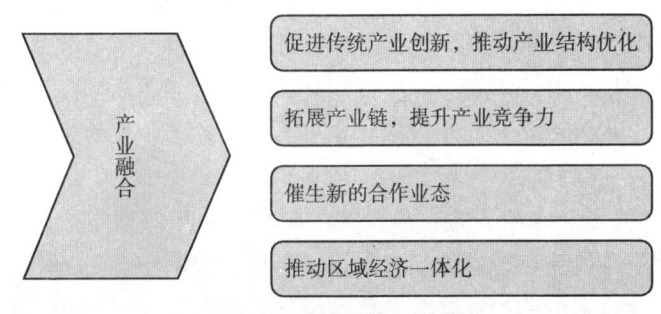

图7-2 产业融合的效应

一是产业融合促进了传统产业创新,推进了产业结构优化。由于产业融合往往发生在高技术产业与其他产业之间,产业融合过程中产生的新技术、新产品、新服务渗透融合了传统产业部门,促使其产品与服务结构的升级。产品与服务的不断更新换代转而又带动需求结构升级,从而拉动产业结构升级。

二是产业融合拓展了产业链,提升了产业竞争力。产业竞争其实就是产业价值链各个环节的竞争,产业融合使得原本分立的产业价值链部分或全部地实现了融合,新的价值链环节融合了两个或多个产业的价值,与原产业相比,融合型产业不仅具有更高的附加值与更大的利润空间,产业的竞争力进而逐渐提高。

三是产业融合催生了新的合作业态。产业融合作为一种新的产业模式,创造了新的发展空间,推动企业间产生新的合作形态,从而促进原有产品与服务的新发展。譬如,虚拟企业便是其运用互联网技术,联合多个企业,实现资源动态整合共同创造产品或服务,打破了传统企业金字塔式的纵向管理模式,实现了扁平化的横向管理。

四是产业融合推动了区域经济一体化。产业融合打破了传统产业的技术边界、业务边界、市场边界,同时也打破了区域边界。第一,产业融合带来的企业网络组织成为区域联系的主体,有利于打破区域之间的壁垒和障碍,增强区域之间的联系。第二,产业融合能够加强区域之间的贸易活动和竞争效应,加速区域之间资源的流动与重组,提高区域经济效率。第三,产业融合将扩大区域中心的极化和扩散效应,有助于改善区域的空间二元结构。

（二）国外产业融合的发展历程及国内产业融合的发展现状

1. 国外产业融合的演进过程

产业融合作为一种经济现象，最早源于数字技术的出现而导致的信息行业之间的相互交叉。20世纪70年代的通信技术革新（光缆、无线通信、宇宙卫星的利用和普及）和信息处理技术的革新及迅速发展，推动了通信、邮政、广播、报刊等传媒间的相互融合，产业融合发展的趋势初见端倪。尤其是1994年"哈佛论坛"和1997年"伯克莱会议"的成功举行，产业融合这一新经济现象正式得到了全世界的关注。

20世纪90年代，由于通信技术的进一步革新（数字、通信网的发展）和互联网的广泛应用，又推进了出版、电视、音乐、广告、教育、运输等产业的融合浪潮。信息技术在传统产业中的广泛应用，推动着产业的信息化改革，产业融合现象也从局部发展到更多产业的融合。

21世纪以来，随着全球经济的高速发展，技术革命和信息化的快速发展使得一些新兴产业形态出现，电子商务、跨媒体、大电信、网络出版等融合多个产业特性的组织形态不断涌现，一些大型企业的跨产业融合并购则翻开了产业融合新纪元。2000年，产业融合促成了微软NET计划，英特尔公司在21世纪初迈出了"计算与通信的融合"之路。2000年1月，世界上最大的互联网服务公司——美国在线公司和世界上最大的传媒公司——时代华纳公司宣布合并，代表着传统媒体产业和网络产业的融合，拉开了21世纪产业融合与产业革命的序曲。2001年6月，联想和西门子签署进军手机技术领域的战略协议，将电脑技术与无线通信技术相结合，融合出集无线通信与电脑于一体的笔记本电脑新产品。2001年10月，世界著名的家电生产企业索尼公司与从事手机生产的爱立信公司联合成立手机公司，通信产业向传统家电产业渗透，实现了产业融合。

2. 国内产业融合的发展现状

第一产业加快与第二、第三产业融合。随着农业技术的加速进步和农业服务体系的建立，第一产业加快同第二、第三产业融合。这一趋势主要表现在依靠土地资源，集中并优化配置资金、劳动力、技术、土地等生产要素，形成优势农产品，实现农业生产、加工、销售、服务一体化。尤其在电商新模式不断渗透传统产业的主流趋势下，农业生产经营不断涌现新业态，"一村一品"、"一镇一品"的块状经济形态层出不穷。例如，到2013年底，阿里巴巴旗下淘宝网的乡村网店达到105家，比2012年末增加76.3%，山西临县杂粮、福建安溪茶叶、山东博兴草编、四川青川干货、浙江遂昌竹茶生鲜等一批特色农产品畅销淘宝。

第二产业与第三产业相互融合势头明显。在市场竞争日益激烈的形势下，制造企业对后端服务的需求愈来愈强烈，以研发设计、信息服务、仓储物流等为代表的生产性服务业快速发展。例如，我国著名工程机械企业三一重工，在全球工程机械市场竞争日趋激烈的形势下，经过长时间的规划提出"品质改变世界"的发展理念，借鉴汽车行业4S店的服务模式，率先提出"6S中心"理念，在行业中建立拥有"整机销售、配件供应、售后服务、专业培训、产品展示、市场信息反馈"6大功能的6S中心,推动企业经营重点从"品质型生产制造"转向"服务型生产制造",在用品质改变世界的同时,也引发了一场以服务重整行业的革命。此外,第三产业向第二产业渗透也较为显著,其通过生产前期的研究、生产中期的设计和生产后期的信息反馈等环节直接作用于第二产业的生产流程。如阿里巴巴依托天猫电商平台联合格力、海尔、格兰仕、特沃斯、联合利华等知名制造企业开展联合定制业务逆向进军制造领域。

信息技术渗透引发的新兴产业与传统产业加速融合。一是信息技术对传统工业的渗透融合。随着新兴计算技术及应用软件的开发,电子信息技术与其他技术相互渗透、融合,形成了诸如机械电子、航空电子、生物电子等新型的产业类别。二是信息技术在商业上的广泛应用,通过线上操作和宣传为线下提供方便和优惠,实现以企业跨界发展、商业模式创新为主要变现的融合发展。聚焦国内,互联网企业跨界融合发展的例子比比皆是,如阿里巴巴入股新浪微博、高德地图,发展菜鸟物流,利用资本正寻求通过跨界打通产业链;老牌商贸企业苏宁电器,转型电商发展苏宁易购,在新一轮商贸争夺中重塑优势;华谊兄弟参股耀莱影城,并与百事通合作开设华谊专区、参股设立爆谷台;乐视收购花儿影视,实现渠道向内容延伸;爱奇艺投资设立影视公司。

产业经济系统与生态系统融合推进产业生态系统建立。产业生态系统的建立是获取和维持可持续发展的有效实践手段,它将生产、消费、流通、回收、环境保护等纵向结合,将不同行业、不同企业的生产工艺横向结合,将生产基地与周边环境纳入生态产业园统一管理,谋求资源的高效利用和有害废弃物向系统外的零排放或无害排放。产业生态化有效协调了生态系统与经济系统的平衡发展,使两个系统的融合不断加深。

(三) 当前国内外产业融合发展的特点及趋势

1. 国内外产业融合发展的特点

第一,产业融合本质上是一种突破传统范式的产业创新。基于技术创新的产业融合,不单单是技术产业对传统产业的整合改造,更重要的是以技术为平台,使关联产业互动融合形成一种新的产业创新方式。第二,产业融合往往发生在产业边界处。产业具有横向边界和纵向边界动态性,而产业融合多发生在产业边界处,尤其是发生于高科技产业和传统产业的边界处。第三,产业融合是一个动态的过程。产业融合从技术融合到产品业务融合,再到市场融合,最后达到产业融合,是一个产业构成要素的扩散与整合的动态过程。第四,产业融合是产业间分工的内部化。产业融合是产业分工的新起点,是产业间分工的内部化,是产业间分工转变为产业内分工的过程与结果。产业融合在改变了本层次分工的同时,往往会带来其他层次的更多分工和专业化。

2. 国内外产业融合发展的趋势

一是制造业与服务业互动融合成为产业融合的主流趋势。一方面,制造业服务化成为制造业与服务业融合的主流趋势。在工业产品的附加值构成中,制造业环节占比逐步下降,研发设计、营销物流、产品维护等服务占比越来越高。2010年以来,发达国家生产性服务业占全部服务业的比重普遍在60%~70%，生产性服务业占GDP比重达到43%，许多制造业跨国集团通过战略转型，主营业务、业务增值、管理模式及盈利来源均以服务为主。譬如，在2005年美国《财富》杂志评选的全球500强企业中，从事服务业的跨国公司有281家，占56%；有两成跨国制造企业的服务收入超过总收入的50%。另一方面，服务业制造化倾向在制造业与服务业融合中逐步显现。一些在价值链上处于主导地位的服务企业，凭借其技术、管理、销售渠道、品牌等优势，在全球市场选择工厂通过贴牌生产、连锁经营等方式嵌入制造环节，共同向消费者提供服务。譬如，提供IT服务解决方案的思科公司，在新加坡、马来西亚、泰国和中国建立设备制造厂生产网络设备；Google研发中心于2007年公布Android手机操作系统，然后收购摩托罗拉在中国大陆建厂进行生产。制造业与服务业的双向互动融合，使得产业价值链重构为一条既包含制造业价值链增值环节，又包含服务业价值链增值环节的融合型产业价值链，在产业层次上表现出了显著的结构升级效应。

二是集聚化、配套化成为产业融合的产业组织形式。产业集聚已经成为产业融合的主要产业组织形式及空间实现形式，各类产业园区、产业集聚区也成为产业融合的重要载体。随着产业融合的不断深入，产业发展在空间上呈现集聚现象，在组织上呈现配套模式，这不仅带来了专业化和规模经济，还使得知识外溢，企业之间共享信息。根据Miller的研究，伦敦集聚了英国商业服务、金融服务、电影电视媒体制作等服务业集群，硅谷集聚了高新电子产业集群，东京集聚了45%以上的日本上市企业。聚焦国内，深圳集聚了一批工业设计企业，温州形成了以皮鞋、服装、低压电器、打火机等为主导产品的多个中小企业集群。

三是全产业链发展成为产业融合的利润增长模式。随着新技术、新业态、新管理模式的不断涌现，产业分工更加细化，价值链的增值环节变得越来越多，制造企业不再仅仅关注产品的生产，而是不断调整技术、人力和管理资源，加速向前期的研发设计、中期的管理融资以及后期的销售物流服务等全过程渗透，使企业价值链转移到能带来更多利润的服务环节。例如，HP公司通过兼并服务性企业为客户提供从硬件到软件、从销售到咨询的一揽子服务；全球最大的工程机械制造商卡特彼勒公司，通过开发生产性服务系统来促进产品的销售，建立起一个涵盖产品、技术与服务的完整产业生态链条；苹果公司在进行手机销售的同时，注重售前的用户体验，售后信息反馈与产品维护，将服务贯穿于始终。

四是信息化成为产业融合的主要技术载体。由于信息技术具有渗透性、带动性、倍增性、网络性和系统性等特点，推动了产业之间的融合。21世纪以来，智能制造、创新设计等革命性的制造方式以及电商、网购、众筹等新的业态、新的商业模式不断涌现，产业界限越来越模糊，特别是制造业和服务业二者之间关联性、密切性、协同性进一步提高。例如，通用电气进军电子商务领域，基于B2C运作模式开展在线销售、在线设计、在线咨询等服务，促进了产品生产与网络营销的一体化进程。

五是产业要素集聚虚拟化成为产业融合的新特点。随着新一代信息通信技术的广泛应用，企业间网络化联系日益紧密，同业竞争者、产业链配套者、消费者以及其他相互关联的组织不再局限于集中布局某一块区域或是地域距离局限,而是利用网络信息技术进行协作生产、联合主导和发展技术标准,实体企业仅保留其核心功能,而常规功能将虚拟化,以往的产业融合各种经济活动逐步演变为一种网络化动态化的新合作产业形态。

(四) 国内外产业融合发展的经验启示

20世纪中后期以来,随着新技术革命和经济全球化浪潮的持续推进,欧美多个国家根据自身经济发展实际和产业结构演进规律,不同程度地通过市场导向和政府引导等手段,大力推进产业融合发展,其中以制造业与服务业的融合趋势最为显著。

1. 产业融合发展的国外借鉴

美国。近年来美国制造业对经济的贡献下降较快,出现了相当明显的"产业空洞化"现象,为了扭转经济发展格局,美国实施"再工业化"战略,意图引导资源由服务业尤其是生产性服务业向制造业转移。例如,美国总统奥巴马签署的《制造业促进法案》,旨在通过各种措施促使制造业降低成本、恢复竞争力。此外,为实现服务业与制造业的有效对接,同时突出高科技产业和信息产业对经济发展的重要性,在高新技术产业区和新兴产业区积极打造生产性服务业集聚区,如在硅谷扶持研发、设计、金融业、中介服务业等生产性服务业。

英国。英国在推动制造业与服务业融合发展上,主要是以促进生产性服务业发展为重点,主要采取了解除公司注册方面的壁垒以鼓励兴办企业、开放资本市场促使企业融资更加容易、政府做好咨询服务并对企业发展进行指导、发展教育和职业培训提升劳动者从事服务业的能力四方面的措施。

日本。日本主要是将劳动密集工业、重化工业、高加工度组装工业、技术密集型工业与服务业协同主导推进的,在此过程中,日本对服务业的扶持政策主要包括完善动态的统计调查系统和相关的政策体系、设立日本服务质量奖和服务研究中心,进而带动集群化发展。

韩国。韩国通过重视研发服务业推进制造业升级、培育信息产业为战略性产业、通过立法规范和鼓励融资租赁服务业发展,以加快生产性服务业的发展进程。韩国生产性服务业推进制造业转型升级的主要经验包括鼓励研发机构的专业化投资、注重以人力资本为载体提升产业技术能力、通过大力发展设计产业提升产业品牌价值、集中有限金融资源支持主导产业优先发展、重视在研发服务活动中发挥政府的引导作用。

新加坡。新加坡主要通过总部经济建设、制定国家战略推进信息与研发等知识密集型服务业、加快物流中心建设、优化会展业发展环境、提供优惠政策刺激外商创业、重视人力资源培训等措施加快生产性服务业集群发展。例如,新加坡出台了国家电脑化计划、国家资讯科技计划、资讯科技2000计划、电子商务培育计划、电子商务主要计划等,以持续稳健地加快知识密集型生产性服务业的发展。

2. 产业融合发展的国内借鉴

上海。上海主要通过退出低端制造业、优二进三抢跑生产性服务业、战略性新兴产业引领等措施引导服务业与制造业实现协同发展。例如，2005年提出要退出低端制造业，逐步实施向长三角制造业提供"3+5"生产性服务业的规划，其中3个重点专业性服务业分别为汽车服务、工程装备配套服务与工业信息服务，5个公共性服务业分别为技术服务、现代物流、工业房地产、工业咨询服务与其他工业服务。此外，上海还重点加强了科技研发、设计创意、现代物流等生产性服务业功能区建设，例如在漕河泾新兴技术开发区，重点打造"总部经济平台"、"研发设计平台"和"创新孵化平台"；在浦东空港、外高桥、上海化工区等产业园区配套发展物流型功能区；在安亭汽车制造基地，重点建设汽车检测、汽配零售、汽车物流、汽车保险等专业型生产性服务业功能区。

北京。北京从金融产品与金融工具创新、产业信息化提升、科技服务有效支撑等方面，大力推进汽车制造业与信息、保险、物流融合，电子产品制造业与软件服务、通信服务、网络服务、电视广播服务融合，医药制造业与医药研发、物流和医疗服务产业融合。北京出台了诸多的鼓励措施，如依据明确产业定位、专业机构推进、政府适度引导等原则，积极探索金融资本与产业资本相互融合的途径。

广东。广东在2008年提出了通过"补短板、建载体、设资金、创平台"等方式重点发展以现代服务业和先进制造业为核心的六大产业促进服务业与制造业的融合发展。广东的各个区域也积极出台了相关措施推进产业协同，如积极实施"服务+制造+创造"战略，发力打造"广州服务"品牌，通过政策扶持支持加工贸易企业自主创新、技术改造和品牌经营。

江苏。江苏通过"抓基地、促集聚、重培养、助提升"等方式，以生产性服务业为纽带，以制造业尤其是先进制造业为节点，加快服务业与制造业的融合发展，如无锡市积极通过放宽市场准入门槛，鼓励各种主体以各种方式进入生产性服务业领域，同时采取政府财政优惠等倾斜措施，在提升生产性服务业水平的同时强化与制造业的链接。

3. 国内外产业融合发展的经验启示

一是加强不同制造业的联系以形成相对完整的产业链。通过产业调整和重组实现做大、做强，在制造业中组建大型企业增强核心竞争力，在不同产业间通过横向和纵向联系形成错落有致的产业链。政府要采取相应措施引导形成产业集聚区，并且出台优惠政策将不同集聚区有效联系起来。

二是组建跨行业的共享研发机构和技术创新平台。对分散在各行各业中的研发人员进行整合，以行业为单元组建研发机构，同时以市场为主、政府调控为辅组建跨行业的共享性的研发机构，尤其要构建相应的第三方和第四方信息平台。加快组建一批以企业为主体、以高校和科研院所为依托、以现代企业制度为规范的产学研联合体，并在此基础上由政府倡导形成一些共性的技术创新平台，培育区域科技创新服务中心和亚中心。

三是鼓励制造业进行二、三产分离，加快生产性服务业发展。政府应该出台优惠措施，如税收、土地政策等，鼓励制造业实施二、三产分离，把工业中的生产性服务业分离出来，引导各地区根据制造业基础发展和引进关联性的生产性服务企业。同时，要注重优化生产性服务业发展的支撑体系，如人力支撑、资本支持等。

二、加快推进河南产业融合发展的必要性、可行性

进入21世纪,全球经济正发生着深刻变化,产业之间的渗透融合日益清晰,不断推动着整个产业结构的高度化、合理化,并架构出融合型的产业新体系。可以说,产业融合是产业发展的高级阶段,是社会生产力进步和产业结构优化的必然趋势,是现代产业发展的新特征,是产业发展的一般规律。河南正处在蓄势崛起和全面建成小康社会的决定性阶段,爬坡过坎、攻坚转型的关键转折期,必须高度关注这一经济现象,把握产业发展大势,加快推进产业融合发展。

(一)必要性

1. 推进河南产业转型升级的客观要求

产业融合是推进产业转型升级的有效手段。长期以来,河南产业结构以资源型为主、产品结构以初级和原字号为主,经济总体处于产业链前端和价值链低端。截至目前,全省煤、电、铝、水泥、钢铁、煤化工等能源原材料产业比重在50%左右,高技术产业和战略性新兴产业总量较小,难以形成核心支撑。同时,产业链条短,精深加工产品和终端产品比重小,多处在价值链低端的加工制造环节。无论从当前还是长远看,这种对资源依赖程度较高,初级加工比重偏大的产业体系难以持续。面对产业结构调整的大势,如不加快推进产业结构升级,将难以抢占发展的主动权和制高点,在新一轮区域竞争中陷入被动。产业融合可以推动产业之间的边界模糊化,使两个或多个产业之间形成共同的技术和市场基础,使得某些产业从一个产业过渡到另一产业,实现产业创新进而推进产业高级化发展,是推动产业升级的重要途径。河南迫切需要在产业融合方面多做工作,这既是产业融合大势所趋,又是推进全省产业转型升级的客观要求。

2. 提升河南产业竞争力的必由之路

产业竞争是产业价值链各个环节的竞争。河南传统产业比重高,冶金、建材、化工、轻纺、能源等传统支柱产业科技水平含量低,产业链条短,产业竞争力弱,受外部市场需求影响大,一旦外部市场遇冷,产业马上陷入困局,进而影响全省经济增长;同时,河南研发创新能力偏弱,2012年全省研发投入占国内生产总值比重为1%,仅为全国平均水平的一半左右,并且省内影响力、带动力大的龙头企业与品牌数量不多,体现产业核心竞争力的高端生产型服务业尚未形成规模。产业融合使原本分立的产业价值链部分或全部通过分解、渗透、重组实现融合,新的价值链环节融合了两个或多个产业的价值,与原产业相比,融合型产业不仅具有更高的附加值与更大的利润空间,而且为消费者创造了更多、更方便、价值更高的产品或服务,代表了需求发展的必然趋势,产业的竞争力自然就会随着需求趋势向消费主流的转变而逐渐提高。河南应强化产业融合,通过促进产业间的交叉渗

透,进一步拉长产业链条,催生出新技术和产品,从而改变传统产业的生产与服务方式,促使其产品与服务结构的升级,进而提高全省产业竞争力。

3. 培育河南新兴产业和新型业态的重要途径

新兴产业一般指利用科技革命和重大技术创新成果建立起来的有望成为支柱产业和对区域经济具有战略意义的产业,是未来区域综合实力的决定性力量。当前,全球正孕育着新一轮技术突破与产业更替,河南又已进入人均GDP5000美元以上发展阶段和经济转型升级的关键时期,能否发现培育和加快发展若干个新兴产业和新型业态,进而形成新的产业竞争优势,将决定河南未来产业层次、在国际产业分工格局和全国的战略地位。目前,河南的新兴产业发展势头很好,但总量小,支撑能力明显不足。产业融合一般发生在具有一定的技术与产品的替代性或关联性的产业间的产业边界和交叉处,通过技术创新实现产业间产品的融合、市场的融合,使传统的产业边界模糊化或消失,从而形成新的产业,企业间产生新的合作形态,这些新兴产业和新型业态绩效明显好于其他融合不明显的产业。可以说,产业融合是培育新兴产业的主要方式,能够有效壮大河南新兴产业规模、催生大量新型业态,提高经济发展质量和效益,需要我们高度重视。

4. 优化河南产业资源配置的内在要求

河南地处我国内陆,受传统思想影响较深,开放程度相对沿海地区仍较低,整体上还较为封闭,造成市场化改革进程较慢,民营经济发展不活跃,资金、人才、技术等发展要素在产业间的配置效率不高,市场机制在产业资源配置中的基础性作用得不到完全发挥,使得产业发展效率不高,而产业融合是促进产业资源优化配置的有效途径。产业融合由于能形成新的技术、新的产品和新的服务,就会进一步扩大市场容量,市场结构会发生深刻变化,一方面,产业融合使新产业企业数量迅速增加,并不断有新进入者参与到竞争中来;另一方面,由于产业融合背后伴随着技术融合以及业务融合,相关企业就会加快横向并购或者混合并购,不断提高产业集中度。这样,通过产业融合,就能有效提高河南市场的自由度、活跃度和竞争性,使市场机制在优化资源配置过程中的作用进一步扩大,从而显著提高河南产业资源配置效率,推动全省经济发展更加高效。

5. 实现河南区域经济一体化的推动力量

产业融合能够有效打破传统产业的技术边界、业务边界、市场边界、运作边界,同时也会打破区域边界,对促进区域经济一体化起到重要作用。当前,全省普遍存在着城乡之间、产城之间、区域之间、产业链上下游之间割裂发展的现象,城乡二元结构突出,产业结构与城市布局协调性不高,产业链接度普遍偏低,尤其是区域经济一体化发展缓慢,习惯于政府主导的旧思维,往往通过行政指令的方式去强化区域经济联系,忽视了一体化本身最重要的是突破行政思维,真正用产业去架起区域间经济联系。而产业融合是推动区域经济一体化的重要力量。首先,产业融合背景下企业横向一体化动力增加,利用外部资源的需求增大,有利于打破区域之间的壁垒和障碍;其次,产业融合能够加强区域之间的贸易活动和竞争效益,推动区域之间资源要素更为充分的流动与重组,有利于提高区域经济联系和效益,从而助力区域经济一体化。未来河南城乡和区域发展要想更加协调,必须重视产业融合的巨大力量,来推动区域经济一体化走出更有实绩的步伐。

6. 促进河南商业模式创新的必然选择

伴随着我国产业融合现象不断涌现、趋势不断增强,商业模式创新在企业经营发展和产业转型升级中的作用和地位越来越重要。就河南而言,传统生产经营模式仍占主导地位,在市场竞争日益激烈的今天,在信息网络广泛应用的当下,河南商业模式创新明显滞后,造成企业在竞争环境中生存困难,企业活力明显不足,进而使河南内需市场不活跃。而产业融合能够催生大量新产品、新服务,在不断满足人们收入和生活水平提高后对更高层次消费品的需求的同时,新的消费增长点和新型业态逐步形成,新型的商业模式开始呈现,这种新的商业模式能使相关企业或企业群获得更多的市场份额、稀缺资源,从而使企业在竞争中脱颖而出。河南急需把握产业融合的发展趋势、遵循市场经济规律,打破传统产业分工格局,通过技术融合、市场融合等,进一步推动商业模式创新,从而使企业更加快速、有效便捷地满足客户需求,增强企业生命力和竞争力,这不仅是企业自身发展的迫切要求,也是区域经济内涵式发展的大势所趋。

(二)可行性

1. 产业资源丰富,产业体系完整

河南是中部地区的经济大省,经济总量长期位居全国第五位、中西部第一位,产业发展基础好。农业方面,河南粮食产量约占全国的1/10,油料产量占全国的1/7,牛肉产量占全国的1/7,棉花产量占全国的1/6,玉米、烟叶、豆类、芝麻等农产品和肉类、禽蛋、奶类等畜产品产量也都居全国前列;工业方面,河南工业门类覆盖了国民经济行业的39个大类,形成了汽车、食品及饮料、机械、电力、建材、冶金、化工、煤炭、石油及天然气、烟草等一批重点产业,工业门类齐全;服务业方面,现代物流、电子商务、文化旅游等发展势头迅猛。可以说,河南已经初步形成了结构合理、特色鲜明的完整的产业体系。产业融合是两种或多种产业融为一体的产业新范式,河南丰富的产业资源和较为完整的产业体系,有利于产业与产业之间交叉、渗透,催生新技术、新产品、新服务,进而为产业融合发展提供更多的可能性。

2. 产业融合基础良好,发展势头强劲

从政府层面看,河南各部门长期致力于营造良好的创新创业环境,在人才、机制、技术、税收、投融资等方面积极给予企业各种服务支持;此外,河南坚持对外开放为基本省策,强力招商引资承接先进地区产业转移,以京东商城、菜鸟网络等为代表的新兴产业、新业态纷纷来河南布点,为相关产业融合发展提供了良好的示范带动效应;从企业层面看,河南众多企业开始更多地关注、推动产业融合,如双汇集团积极推动食品加工行业与生产性服务业融合,形成了冷链物流产业链条等,企业是推进产业融合的主体,越来越多的企业进行多元化经营、多产品经营,通过业务融合产生了差异化产品和服务,为促进产业融合提供了可能;从技术层面看,河南近年来实施创新驱动战略,科技研发投入、专利产出等得到大幅提高,技术和产业结合日益紧密,技术创新是产业融合的基础,通过技术创新开发出替代性或关联性的技术、工艺和产品，渗透扩散融合到其他产业之中，从而为产业融合提供动力。可以说，河南在政府、企业、技术等层面已经为产业融合打下了一定的基础。

3. 河南市场广阔，需求潜力巨大

河南是全国人口第一大省，根据2013年人口变动调查和全省人口与城镇化抽样调查推算，全省2013年末总人口为10601万人，庞大的人口数量就意味着具有一个广阔的市场空间。与此同时，河南城镇化发展相对缓慢，2013年全省城镇化率仅为43.8%，低于全国平均水平近10个百分点，随着国家强力推进新型城镇化，河南城镇化建设将驶入快车道，与之相伴的房地产、建材、教育、医疗、通信、家电等行业将释放出巨大的发展潜力，尤其是当更多的农村居民转变为城市市民，他们的生活将与更高层次的消费紧密结合，河南的内需潜力将被进一步激发。广阔的市场前景和巨大的需求潜力，将有效激发企业生产经营和创新发展的积极性，推动企业开展企业间跨行业的横向联合，来扩大市场份额，从而使企业间的不同业务在统一平台上开展协作，形成业务融合，进而形成市场融合，助推河南产业融合的发展。

4. 消费结构升级，要求产业融合、服务升级

消费结构是居民消费特征及消费趋势的集中体现。随着国家及全省经济持续快速发展，河南城乡居民收入大幅提高，居民消费结构发生了显著变化，从温饱到小康，从短缺到富裕，从低档到高档，从单一到多元，不断由低层次向高层次升级。尤其到目前，全省消费结构已进入发展型和享受型阶段，居民消费由原有的简单数量增长演变为数量增长与质量提高并行，消费结构向更高层次转化，以住房、汽车等为代表的万元、十万元甚至百万元的大宗商品成为居民新的消费热点，对旅游、餐饮、教育、通信等服务性消费的需求也大幅增加。消费结构的升级必然要求改变传统的生产方式和服务方式，倒逼政府放松产业管制，取消或部分取消相关被规制产业的各种价格、进入、投资服务等方面的限制，推动相关产业加入到本产业的竞争中，为产业融合营造了宽松的政策和制度环境；同时，消费结构的变化导致需求结构的变化，要求企业加强技术创新去迎合市场变化，进一步强化了产业融合的动力。这些因素，共同为产业融合发展提供了机遇、创造了条件。

5. 产业集聚发展，产业融合空间条件优越

近年来，河南遵循产业发展要"集中、集聚、集约、集群"的总体思路，打造了180个产业集聚区，每个产业集聚区围绕1~2个主导产业，大规模承接集群式和链式产业转移，延伸产业链条，大力发展配套产业，产业的集中度大幅提升。全省已经形成了郑州百万辆汽车、洛阳动力装备、中原电气谷、周口鞋业、鄢陵箱包等一批重大产业基地和特色产业集群，产业集聚发展态势日益突出。产业空间的集聚能够改变产业、企业组织之间的联系，使原有的固定化业务边界与市场边界的产业部门更为频繁地相互交叉与渗透，从而带动产业融合的产生。河南产业集聚区发展势头迅猛，大量的产业、企业在有限的空间集聚，为产业融合创造了优越的条件。

三、河南产业融合发展的现状分析

产业融合作为产业经济发展的新趋势,从不同的角度分析会得到不同的结果,就产业融合的类型而言,国内学者从不同的研究视角进行了分类。本课题基于对河南产业融合现状总结梳理的初衷,从产业角度出发,立足产业链上下游延伸方向的视角,将产业融合分为产业内融合、产业间后向融合(农业向工业渗透、工业向服务业渗透、农业向服务业渗透)、产业间前向融合(工业向农业渗透、服务业向工业渗透)以及产业间双向融合(由工业向农业、服务业双向渗透)四种类型,并在此分类基础上描述分析河南产业融合发展的现状及存在的问题。

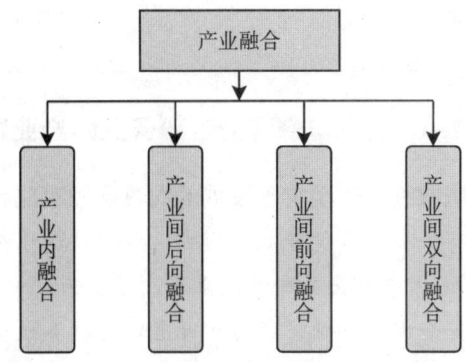

图 7-3 基于产业链延伸方向的产业融合分类

(一)发展现状

1. 产业内融合发展稳步推进

产业内融合主要是指农业、工业、服务业三大产业中,各自独立的产品或服务在产业内部重新组合结为一体的整合过程,例如,农业内部种植、养殖、畜牧、水产等各子产业的融合、工业内部上下游关联产业融合以及服务业内部旅游、文化产业的融合等。

具体而言,在农业产业内融合上,河南作为传统农业大省,一直将解决"三农"问题作为核心任务,在推进农业农村可持续发展中,有效整合分布于种植业、养殖业、畜牧业、水产业中的各类农业产业资源,推动农业产业内部各子产业融合发展。例如,积极引导农民进行作物轮作间作套作、农林混种、林药混种、水体复合养殖、混合造林,持续推动农业产业结构优化。在工业产业内融合上,一方面河南依托行业龙头企业,推动行业内产业链上下游整合,延伸企业产业链、提升产品附加值;另一方面,积极利用高新技术对传统制造业的渗透融合,依托传统产业加快发展战略新兴产业,推动工业结构的转型升级。在服务业产业内融合上,一是依托深厚的历史文化积淀,主打文化旅游牌,推动文化与旅游产业互动发展,例如红旗渠红色旅游、少林寺文化旅游;二是借力郑州航空港经济综合实验区建设,推动商贸业、运输业、仓储业、邮政业融合发展,例如郑欧国际班列、郑州四港一体多式联运的综合交通枢纽等。

2. 产业间后向融合发展成为主流趋势

产业间后向融合是指遵循产业演进顺序的产业融合类型,主要包括农业向工业渗透、工业向服务业渗透、农业向服务业渗透等产业融合。

农业向工业渗透融合,主要是依托农产品深加工向产业链后端延伸,由农业环节进入工业环节。自20世纪90年代以来,河南紧紧抓住国家一系列支农、强农和惠农政策,充分发挥农业大省的资源、产业优势,用发展工业的理念谋划发展农业,通过建设规模化、标准化、专业化和集约化原料生产基地,壮大龙头企业、培育知名品牌,由粗放生产到初级加工再向精深加工延伸,打响了原阳大米、开封西瓜、中牟大蒜、信阳毛尖、灵宝苹果、洛阳牡丹、鄢陵花卉、焦作四大怀药等诸多特色农业产品,逐步实现了由国人"粮仓"向国人"厨房"的转变。

专栏7-1 农业与制造业、服务业的产业融合

雏鹰农牧:实现突破发展的农牧业领军品牌

雏鹰农牧集团股份有限公司,凭借雏鹰模式,成功跻身于全国生猪养殖行业的前列,并于2010年9月在深圳证券交易所挂牌上市,被誉为"中国养猪第一股"。

公司以让国人吃上安全肉为己任,致力于开展以生猪养殖全产业链为方向的战略布局。在产业链上游,公司严格把控原料收储、饲料加工等环节,以保证投入品的安全。在养殖环节,公司不断探索生态养殖新模式,在三门峡投建全国大型标准化生态养殖基地,在西藏林芝地区投建藏香猪生态养殖基地,从而形成了高端藏香猪——生态猪——普通商品猪的产品体系,并把"六统一"的标准化管理模式落实到生产环节。在物流服务和终端建设环节,公司以标准化和信息化为基础,以市场开发和品牌建设为手段,以完整的产业链体系为依托,构建公司的销售终端——雏牧香专卖店。公司在行业内率先构建食品安全追溯系统,将危害分析与关键控制点应用于从农场到餐桌的任何环节,实现食品安全的全环节可控。

尤其,作为企业核心生产方式的雏鹰模式,为全国解决"三农"问题提供了成功样板。雏鹰模式,不同于传统的"公司+基地+农户"和工厂化养殖模式,而是将各种养殖模式的优势加以组合和创新,养殖方式上,公司实行"养殖生产分阶段、流程化、分散养殖、统一管理",从根本上解决了规模养殖企业的防疫瓶颈问题,从各个层面提升养殖的标准化、规范化水平。合作方式上,公司推行"优势互补、合作共赢、风险共担、成果共享"理念,利用资金、技术、品牌优势,在不同阶段通过不同的核算方式与农户合作,农户在养殖过程中所消耗的各种原材料与其收入挂钩,从头至尾建立了一套让农户为自己干的制度,充分调动了农户的积极性和责任心,提高了养殖效率。

作为养殖企业,雏鹰农牧不断扩大产业链范围,2011年再次进军蔬菜种植,并同时发力蔬菜产业链上下游食品加工,进一步向全产业链目标迈进。目前,公司已形成了以畜禽养殖为基础,辐射原料生产、饲料加工、良种繁育、畜禽饲养、屠宰加工、冷链物流、熟食制作、连锁专卖以及生物有机废弃物环保综合利用、绿色蔬菜种植等相关产业的循环经济体系和全程质量管控链条。

工业向服务业渗透融合,尤其是制造业向服务业的渗透融合,主要是指制造业的经济活动由以制造为中心转向以生产性服务为中心。随着生产过程中不断强化的技术协同创新和服务整合,越来越多的生产性服务成为生产制造过程的中间要素,例如,上游的产品设计、原料采购、市场挖掘、风险资本引入,中游的人事管理、设备租赁、质量检测,下游的设备维护、商贸物流。聚焦河南,众多龙头企业也顺应产业融合发展趋势,积极推动企业由制造环节向生产性服务业延伸,实现价值链向两端攀升。例如,装备制造龙头中信重工实现由主机供应商向成套服务商转型,传统机械制造企业黎明重工进军电子商务创新营销模式,楼宇企业神阳科技跨越二三产业边界打造"2.5"产业。

专栏7-2 制造业与服务业的产业融合

中信重工:"核心制造+成套服务"闯世界

在西方发达国家提出"再工业化"口号,纷纷重振本国制造业时,中信重工立足世界经济格局变化,积极实施发展战略转型,生产经营模式由主机供应商向成套服务商转型,实现由制造业领域向服务业领域的渗透发展。

中信重工董事长任沁生在采访中谈到,当前装备制造业赖以运行的技术和社会环境以及客户需求发生了深刻变化,在整个工业流程完整项目中,用户的关注点不再是项目中单个零部件,而是整体项目功能是否满足需求。专业化系统服务成为工业领域的消费趋势,这就需要企业向用户提供完整的解决方案,从主机供应商向成套服务商转型。

于是,中信重工在商业模式上实现了创新,由单纯的生产制造模式转变为"核心制造+成套服务"模式,即依托工艺、主机和品牌优势,做多领域、有特色的成套服务商,这套模式在国内市场成效显著:2012年,成套项目为中信重工带来了56.9亿元的新增合同,同比2011年增长19.34%,形成了水泥、石灰、余热发电、球团、干熄焦等板块。中信重工在成套总包领域逐步实践着包括EPC(设计、采购、施工)、

EMC（合同能源管理）、买方信贷、卖方信贷、票据买断、融资租赁等在内的多种成套模式。

> **黎明重工：搭上电子商务快车的传统机械制造企业**
>
> 作为中国破磨装备制造的第一品牌，黎明重工是行业内推广电子商务模式的先行者，通过发展电子商务对传统营销模式的创新与突破，黎明重工始终保持较高的增长速度，2010~2012年，电子商务累计为公司带来销售额7.1亿元，约占郑州公司销售额的83%，而同期电子商务总投入3320万元，综合投入产出比高达1:21。黎明重工以电子商务为依托的新型营销模式已经为业内同行普遍接受，不仅被编入了河南省高等院校电子商务教程，而且被百度、阿里巴巴等国内知名网络平台特邀授课培训。
>
> 早在2000年，黎明重工就意识到互联网蓬勃发展带给传统产业的战略机遇，开启了电子商务的鸿业蓝图，搭建了第一个企业官网。随后，2002年公司筹划成立市场信息部，探索传统行业在互联网方面的应用，2004年正式组建电子商务团队，正式开展国内外网络贸易。经过十余年的探索与创新，黎明重工的电子商务运行模式日臻完善，从2000~2003年的简单电子商务操作，到2004~2008年初步具有自身特点的粗放型电子商务模式，再到2009~2013年建立以数据为驱动的精细型电子商务模式。
>
> 作为机械设备行业中最早吃螃蟹的企业，黎明重工一直坚持全网营销策略，自2004年开始在阿里巴巴、百度开展营销，2005年又投入谷歌、雅虎等外媒网站，到后来的facebook、论坛、微博、微信等。当前，电子商务已经覆盖生产销售领域的零配件采购、仓储、加工、成品推广、销售、维护，以及行政办公领域的沟通与协作，彻底实现了网络化运营。

农业向服务业渗透融合，主要表现为休闲农业的蓬勃发展，既利用农村环境、农业生产、农业经营、农业设施、农耕文化、农家生活等农村资源，为游客提供观光休闲、度假体验、娱乐健身等多项需求的旅游经营活动。休闲农业在充分挖掘农业自然资源的生态、人文价值的基础上，重新定位整合传统的农业生产经营活动价值链，将价值链链条由农业环节向服务业环节延伸。例如，郑州2014年发展得如火如荼的中牟草莓采摘节、十八里河樱桃节等，都是农业向服务业后向融合发展的典型案例。

> **专栏7-3 农业与服务业的产业融合**
>
> **万邦物流：农产品物流中的行业龙头**
>
> 河南万邦国际农产品物流股份有限公司2011年在郑州成立，前身是郑州农产品物流配送中心，目前是一家以农产品物流为主要业务的股份制公司，集农产品交易、

物流、仓储、质量检验、科研等功能于一体。

万邦物流主要是立足河南农产品的基础地位，依托河南众多特色农产品，充分发挥郑州交通枢纽优势，积极打造以农产品国际物流为主的农业产业化经营龙头企业。

目前，该公司全力打造的河南万邦国际农产品物流园，涵盖蔬菜交易区、水果交易区、粮油交易区、水产与海鲜交易区、花卉交易区、肉类交易区、干货交易区、农资交易区、交易结算区、冷藏保鲜仓储区、农产品加工配送区、会展中心、科技研发中心、电子结算及期货交易中心、食品安全检测中心、办公和生活配套区等内容，未来必将发展为河南农业产业化经营的重要载体与发展平台。

3. 产业间前向融合发展日益明显

产业间前向融合主要包括工业向农业渗透以及服务业向工业渗透两种产业融合类型。

工业向农业渗透融合，主要表现为生物技术、材料技术、信息技术、数字技术、航天技术等诸多高新技术加速向传统农业和普通农业生产经营领域的介入、渗透和扩散，从而导致传统农业生产方式的变革。在河南比较显著的当属能源农业，譬如生物质能源产业，作为新能源领域领军企业的河南天冠集团，是国内唯一一家同时拥有生物乙醇、生物天然气、生物柴油三大生物燃料的企业，它在不断提升核心生产环节的同时，积极向农业融合发展，先后在印尼等海外地区建successfully木薯等原材料基地，保障其生物质原材料稳定供应。

服务业向工业渗透融合，研发设计、资讯管理、电商物流等以制造业为主要市场的服务部门，凭借其在产业链高端的控制力，为了寻求全产业价值链的价值增值，利用专利技术、管理经验、销售渠道、物流网络等优势，在制造业市场上选择厂商贴牌生产进而嵌入制造环节。立足河南，在这方面做得比较出色的当属信大捷安，其依托在移动安全产业领域的主导地位，凭借核心的研发技术和客户群体，建立自己的智能终端生产工厂，实现由服务业向制造业的拓展。

专栏7-4　服务业与制造业的产业融合

信大捷安：信息安全领域的"隐形冠军"

郑州信大捷安信息技术股份有限公司成立于2004年，是专业从事移动信息安全产品研究与开发、移动电子政务、商务全接入及应用系统集成的高新技术企业，拥有国际地方联合工程实验室，是河南省唯一获得工信部认定的集成电路设计企业。信大捷安基于商用密码技术研发的具有完全知识产权的各类安全产品已经广泛用于公安、消防、电力、金融、海关、税务等多个行业。

2013年，信大捷安准确把握国内外信息安全产业发展趋势，立足"河南地"、采用"中国芯"、基于"中国情"，结合市场需求，开始向信息安全智能终端进军，自主生产制造为政府、军工、企事业等信息安全敏感部门提供移动智能终端。信大捷安积极打造移动互联网安全基地,吸引全国的集成电路、智能终端研发及代工生产企业以及移动互联网应用开发服务商落户,打造具有产业优势的信息安全生态群落。

4. 产业间双向融合发展亮点频现

产业间双向融合是指由处在产业中间层次的工业同时向农业、服务业两个方向渗透融合,即制造环节一方面向前端农业产业链上游把控原材料市场,另一方面又向后端服务业渗透产业链下游,打造销售渠道。在河南最为典型的就是食品制造企业,例如双汇集团、众品集团。

专栏7-5 工业与农业、服务业的双向融合

双汇:打造全产业链发展模式

作为国内肉食加工第一品牌的双汇,构建了一条从饲料研发、种猪繁育、生猪培育到生产加工、冷链物流、终端销售的全产业链发展模式,横跨制造业、农业、服务业三大领域。

早在1998年就迈开全产业链发展步伐,先后上马纸箱包装、PVDC肠衣、骨素、香精、种植、养殖、大豆蛋白加工、商业连锁、软件等相关产业,全力支持肉制品加工主业的发展。尤其在2007年,全国生猪供需出现失衡,双汇将重点放在了养殖和相关肉制品领域的横向延展上。2009年,继在叶县上马20万头商品猪项目之后,叶县双汇牧业有限公司15万头生猪项目开工;同年,双汇集团与济源市正式签约,在该市开工建设50万头生猪养殖项目;2010年1月,双汇集团和日本火腿集团合作,总投资达17.2亿元的中国最大养鸡项目在漯河市开工。2013年,双汇并购美国的世界最大猪肉生产商史密斯菲尔德食品公司,将其1500万生猪产量及全球12个国家的销售渠道。截至2013年底,双汇自繁自养商品猪接近50万头,年屠宰加工生猪能力约为1500万头,在全国拥有冷鲜肉专卖店突破3万家。

众品:打造生鲜电商拓荒者

河南众品食业股份有限公司自1993年创立,经过20余年的发展,已经成为专业从事农产品加工、食品制造和冷链物流服务于一体的企业集团。

在农业养殖环节上,众品集团构建了行业领先的国家无害化生猪养殖基地,通过"六方合作"将饲料、兽药、疫苗生产厂家和养殖场进行整合,实现产业联盟,同时引进世界先进的饲喂系统和温控系统,以自动化管理实现了"猪—沼—粮"的生态养殖循环模式。在生产制造环节,主导产品包括冷鲜肉、低温肉制品系列和综合加工产品,企业年加工生猪能力超过1000万头,精深加工肉制品产能15万吨/年,果蔬产品10万吨/年。在物流服务和终端建设环节,以服务业推动制造业升级,以加工制造

业驱动现代服务业发展,依托网络化冷库及温控运输配送,以物联网技术、供应链金融为核心手段,建立物流信息系统、物流金融系统、供应链优化系统,打造集国内外贸易、流通加工、温控仓储、展示交易、电子商务、保税物流、干线运输、城市配送、终端连锁、网络营销等业务于一体的温控供应链平台,实现商流、物流、信息流及资金流的同步,物流服务和市场网络覆盖全国24个省区。

2013年,众品依托其完善的冷链物流配送体系,开始介入电商领域,全力打造旗下的生鲜电商平台——"鲜易网",在供应链金融基础之上,针对农产品、食品行业着力打造线下线上结合的供应链金融模式。线下模式如以货物进入监管仓而进行的仓单质押、以时限为条件适用的售后回购、以部分货物获取全额贷款的厂销通等金融服务。线上则是以交易记录为凭证的互联网金融模式,与中信银行达成战略合作协议,打通鲜易网与银行之间的支付接口,客户在享受通过B2B平台进行交易服务的同时,其交易往来本身即可作为信用凭证,实现快速融资与贷款服务。

(二)存在问题

1. 低端融合仍占主流、高端融合占比较小,导致产业融合发展方式落后

当前,河南产业融合发展中低端融合仍占主流,以信息技术、工业化手段为主要方式推动产业融合的传统融合所占比重大,这些融合中产业之间主要是依托产业链的简单扩展来实现,而不是以信息化、智能化、网络化为媒介的高级融合方式,也尚未建立依托新媒介发展的产业融合体系,产业融合的创新性优化效应、竞争性结构效应、组织性结构效应、竞争性能力效应、消费性能力效应以及区域一体化发展效应还未真正展现。

2. 大型企业集聚不足,导致产业融合发展组织乏力

当下,跨国集团或者大型行业龙头企业已经成为产业融合的主要引导和实施者。跨国集团或龙头企业的产生和发展,实际上就是资本融合、产业融合的发展史。河南制造业虽具有一定规模,但在国际分工中位置并不高,具有优势的产业集群尚未真正形成,劳动密集型、资源密集型、资本密集型产业和产品仍占相当比重,对现代服务业的需求层次和总量都相对不高。截至2013年8月,在河南投资的世界500强企业刚刚突破80家,早在2011年上海、北京、广州都已经超过200家。此外,截至2014年7月,世界500强企业总部布局河南的仅有1家,而北京有52家,上海也有7家。这表明河南大部分行业产业集中度较低、知名龙头企业较少,缺乏具有国际影响力的大型创新型龙头企业。总部经济集聚不足,使河南难以参与国际市场竞争,难以在国际一体化经营中使产业划分转化为产业融合,也难以通过服务外包形成对与金融、市场销售、人力资源、外购信息技术等相关的现代服务业的拉动发展。

3. 技术创新支撑能力薄弱,导致产业融合发展基础缺失

近些年河南技术创新投入资金不断加大,但是与国内其他省份相比,仍存在较大差距。众所周知,技术创新在不同产业之间的扩散导致了技术融合,技术融合使不同产业形成了共同的技术基础。技术创新不仅通过开发替代性或关联性技术、工艺和产品,然后通过渗透扩散融合到其他产业之中,而且也能给原有产业的产品带来新的市场需求,从而为产业融合提供市场空间。目前,河南企业创新能力不足、产业创新能力弱、自主知识产权匮乏、核心技术依赖国外、高科技含量的关键设备基本上依赖进口等问题,导致河南很难在技术创新驱动的产业融合方面与其他地区相竞争。

4. 政策引导缺失以及制度存在壁垒,导致产业融合发展缺乏外部推动

一方面,产业融合发展的引导政策缺失。近年来河南从宏观层面的产业结构战略性调整指导意见,到中间层面的先进制造业、高成长服务业、农业产业化集群以及高新技术产业、战略性新兴产业发展实施意见,再到包括化工、电子信息、装备制造等产业的十大产业调整振兴规划,基本已形成较为完整的产业政策体系。但受传统城市化的行业分割体制影响,现有产业政策基本以引导自我增强型的产业内部循环发展为主,缺乏引导产业融合发展政策,没有明确的产业融合发展战略规划,以及在资金、技术、税收等方面的配套措施。另一方面,产业管理体制的制度壁垒。不同产业之间存在进入壁垒,这使不同产业之间存在着各自边界。在现有宏观经济体制条件下,受行业管理体制制约,包括城乡二元分割、制造与服务分割、高新技术与文化分割等,产业融合发展难以协调。即使是在同一大类行业中,如现代服务业,其管理也非常分散,涉及行政管理部门较多,职责分工交叉,条块分割,从而导致服务创新和竞争环境不理想,产业融合发展成本较高。

5. 跨行业复合型人才短缺,导致产业融合发展缺乏活力

产业融合能否深入发展,关键取决于人才竞争。由于尚未有效突破人才培养和引进的困局,在产业融合中河南现有的人才结构与市场需求结构存在巨大矛盾。产业融合发展需要兼备较强项目管理能力、良好技术背景、快速学习能力的复合型人才,这种人才既要掌握本行业前沿技术,并且对未来技术融合发展走势具有高度的敏感性,又要熟悉跨行业流程的理解和操控,具备高度的商业敏感性以及管理、沟通和合作能力,拥有较强的综合素质。这方面高级专业人才非常缺乏,直接制约着河南产业融合发展。

四、促进河南产业融合发展的总体思路和对策建议

产业融合是在经济全球化、高新技术迅速发展的大背景下提高产业生产率和竞争力的一种发展模式和产业组织形式。美国持续多年的新经济在很大程度上就得益于产业的融合。产业融合深刻地影响着产业的发展和产业组织的创新,产业融合的新趋势对河南经济发展具有极其深远的意义。因此,政府应明确产业融合发展思路,采取相应措施,推动河南产业融合较快发展。

（一）总体思路

1. 推进服务业与制造业融合发展

制造业与服务业融合发展已成为产业融合发展的新趋势，也是推动全球产业升级的主要驱动力量。制造业是河南的支柱产业，服务业则是河南产业结构调整的主攻方向，大力推进服务业与制造业融合发展，可以促进河南从产业链的制造环节向"微笑曲线"两端拓展和延伸，对提高河南经济增长的质量和效益，加快"四个河南"建设具有重要的意义。

加快推进河南服务业与制造业融合发展，一方面要努力提高制造业对服务业的拉力，立足河南现有产业优势，以制造业需求为导向加快服务业发展，为服务业发展创造需求空间。围绕河南八大产业集群，以调整、优化和提高为方向，以研发、创新和增值为重点，延伸制造业产业链条，配套发展生产性服务业，打造研发、生产、销售、维修、测试、物流、金融服务等为一体的产业链，形成服务业与制造业融合发展新格局。另一方面要着力加大服务业对制造业的推力。从河南服务业发展的现实基础和制造业发展的实际需求出发，突破性发展生产性服务业，重点发展关联性强、拉动作用大的现代物流、现代商务、科技信息、金融等服务业，引导资源要素集聚，以服务业推动制造业发展，最终形成两者互动、融合发展的局面。依托郑州航空港经济综合试验区及河南立体交通新优势，全力推进现代物流业发展，建成中部乃至全国重要现代物流基地，加快建设河南省物流圈。着力加快郑东新区商务区建设，进一步拓展咨询、信用、融资担保、会展、知识产权、人力资源等商务服务范围，规范发展商务服务业，增强现代服务业活力，建立辐射中西部地区的商务服务网络。按照现代化、国际化和产业高端化的要求，创新金融服务，加快建立多层次的金融市场体系，为先进制造业发展提供融资平台。

2. 推进信息化与工业化融合发展

信息化与工业化融合发展，是现代产业演进的客观规律，已成为全球经济发展新的趋势之一。信息化与工业化融合发展，有利于加速培育河南战略性新兴产业，是打造河南经济升级版的客观要求和必然选择。

推进信息化与工业化融合发展，要积极应用信息技术改造提升传统制造业，促进信息技术与工业技术融合，把工业化发展提高到广泛采用信息智能工具的水平上来，全面提高河南工业的信息化水平。大力推进设计研发信息化，生产装备自动化，生产过程最优化，企业管理数字化、网络化。围绕建设郑汴产业带以及郑许、郑洛、南太行等产业带和产业集群的总体部署，促进信息技术在轻纺、食品、能源、建材、装备制造和重化工等传统行业普及应用，抓好产业带和工业园区信息化建设。以信息技术为支撑，加快传统服务业向现代服务业转变。用信息技术改造传统物流企业和商贸企业，加快培育现代流通企业，实现信息流、资金流、物流的一体化运作。

推进信息化与工业化融合发展，要大力发展信息产业，构筑有效的产业和技术支撑体系。依托安阳、新乡、许昌、郑州四个国家级信息产业园区，大力建设信息产业基地，形成有规模、有技术含量、有市场控制力和核心竞争力的产业支撑体系。大力发展信息服务业，引导信息服务业向规模化、集约化方向发展，加大对信息资源开发利用等信息服务项目的支持力度，逐步完善全省信息服务业产业体系。积极发展通信业，提高信息服务能力。

3. 推进军工产业与民用产业融合发展

军工产业与民用产业融合发展，是中国特色军民融合式发展的重要组成部分，是河南走新型工业化道路的战略性任务。推进军工产业与民用产业融合发展，首先要推动军工开放，引导社会资源进入武器装备科研生产领域。要根据国家武器装备发展战略和规划，立足河南工业基础，坚持军品优先，精干军工主体、扩大协作配套范围，通过动态调整优化，加强军工科研生产条件建设，提升军工科研生产核心能力，引导社会资源进入军工产业领域。要进一步放开河南军工产业科研能力，建立高等学校、民用科研机构与国防科研机构的协作机制，组织重大科研项目的联合攻关，加强重要技术储备，实现科技资源的全省共享，促进军民通用设计、制造等先进工业技术的合作开发与成果共享。

其次要立足河南在电子信息、装备制造、汽车工业、原材料等方面的产业优势，积极做好"民转军"，为部队战斗力生成模式转变做贡献。充分利用民用科技工业成果，推广先进的生产组织方式和生产技术，积极采用先进民用标准，提高武器装备生产标准化和专业化协作水平，进而推动军民产业融合发展。

4. 推进金融资本与产业资本融合发展

金融资本与产业资本融合发展，是中国市场经济发展的必然趋势。河南相当一部分的上市公司都与金融机构有着各种股权关联，如中原环保入股郑州银行，新安电力集团入股洛阳银行，羚锐制药参股信阳城商行等。在此基础上，河南推进金融资本与产业资本融合发展，要坚持"产业为本，金融为用，在融合中加快产业的发展，在融合中促进金融资本做强"的原则，积极开发、应用新型金融产品，创新金融服务，为产业发展提供融资平台。

政府要不断加大对科技产业的金融支持力度，创新发展科技金融，推动河南科技产业结构优化升级，实现金融引导创新驱动。创新发展消费金融，拉动消费增长，实现金融引导内生增长。创新发展农业金融，促进农村商业性金融、政策性金融和合作性金融加快发展，实现金融引导河南现代农业发展和新农村建设。创新发展航运金融，加快发展航运产业，实现金融支持郑州航空港经济综合实验区建设。

支持河南中小企业有选择地涉足金融业务，提高融资能力，实现产融结合以支持其产业的快速发展、突破产业发展中的资金瓶颈。鼓励河南产业集团进入金融产业，通过股权渗透，加强集团现金流的价值管理、延伸企业价值链、实现利润内部化和协同效应。

5. 推进新兴产业与传统产业融合发展

新兴产业与传统产业融合发展，既是由新兴产业培育和发展的一般规律所决定的，也是区域经济发展立足现实基础的务实选择。推进河南新兴产业与传统产业融合发展，要发挥河南在制造、服装、食品等传统产业发展方面的优势，顺应产业发展规律，加快传统产业与新兴产业融合发展，改造提升传统产业。

加快发展新兴产业。着力推进重大产业创新发展工程和示范园区建设，努力把新一代信息技术产业培育成为河南新的支柱产业,把生物、新能源、新能源汽车、新材料等产业培育成为河南先导产业,促进节能环保、高端装备制造产业成为河南新的增长点,打造全国重要的战略性新兴产业基地。通过新兴产业向传统产业的交叉、渗透和重组,推动河南产业结构战略性调整。

大力提升传统产业。集中力量突破传统产业发展核心技术并实现产业化,增强自主创新发展能力,积极承接产业转移,主动引进先进技术和行业龙头企业,促进传统产业与新兴产业融合发展。加速高新技术向传统产业渗透,着力改造提升河南化工、钢铁、有色、纺织四个传统优势产业,推动传统产业技术和产品升级。

6. 推进一二三产业内部融合发展

产业内部融合发展,即工业、农业、服务业内部不同行业之间相互渗透、相互交叉,重组,通过产业链延伸、价值链融合,进而提高行业竞争力,以适应市场新需求。这是当前产业融合的主要方式之一,也是提升产业素质、质量推动产业高级化的重要途径。未来河南推进一二三产业内部融合发展,要更加强化产业创新和技术进步,增强三次产业内部行业之间的关联性,通过延伸产业链条,推动价值链融合,来加快形成新产品、新业态,提高产业竞争力。

具体来讲,在推进农业内部融合发展方面,要立足河南农业基础好、农业科技领先的发展优势,以农业科技创新为核心,以新品种选育及产业化为主攻方向,持续开展粮食生产丰产科技工程以及现代农业产业化集群培育工程,通过技术链、生物链把种植业、养殖业还有畜牧业结合得更加紧密,不断扩大规模,形成适应市场需要的休闲农业、观光农业和生态农业等。在推进工业内部融合发展方面,要充分利用河南工业门类齐全的优势,加快技术创新,坚持用先进适用技术改造提升传统工业,延伸产业链条,同时加快扩大战略性新兴产业规模,延伸价值链条,通过供应链把上、中、下游相关联的产业联系为一体,推动形成更加完善、更加高效的现代工业体系。在推进服务业内部融合发展方面,要紧跟世界科技发展潮流,以大力推广应用互联网及通信技术为手段,以培养新型商业模式为方向,以体制机制创新为动力,消除部门限制和行业垄断,大力扶持电子商务、信息服务、文化创意等行业发展,让更多的科技元素融入全省服务业,通过技术融合、市场融合,催生新产品、新服务、新业态,满足新时期工、农业以及居民消费的新需求。

(二) 对策建议

1. 深化经济体制改革

经济体制是资源占有方式与资源配置方式的有机结合。中共十八届三中全会指出,紧紧围绕使市场在资源配置中起"决定性"作用和更好发挥政府的作用深化经济体制改革。产业融合恰恰是要打破行业之间、产业之间的界限,利用信息技术平台实现业务重组,发展新的业务,加速区域之间资源的流动和重组,产生贸易效应和竞争效应。因此,深化经济体制改革是加快推进河南产业融合的基本前提。深化经济体制改革,必须建立和培育全省统一开放的市场体系,实现城乡市场紧密结合,省内市场和省外市场相互衔接,促进资源的优化配置；必须转变政府管理经济的职能，正确处理好政府与社会、政府与市场的关系，深化行政审批制度改革，对行政审批事项进行审核、清理、下放，激发市场主体的内生动力，为产业融合提供"源头活水"；要增强政府执行力，增强政府管理的针对性和有效性，把政府掌控的资源集中用在重点领域和关键环节，起到"四两拨千斤"的作用，服务产业融合；要转换河南国有企业特别是大中型企业的经营机制，把企业推向市场，增强它们的活力，促使企业在经济利益的推动下自发地实现资源配置，主动地进行产业融合。

2. 构建现代产业体系

现代产业体系的核心是一个新型工业、现代服务业和现代农业互相融合、协调发展的系统。推进产业融合是构建现代产业体系的题中应有之义，加快推进河南产业融合需要构建现代产业体系，从根本上优化产业结构。加快推进河南产业融合，建立现代产业体系要把创新摆在第一位，通过理念创新、知识创新、技术创新、制度创新和管理创新等多维度的创新来化解产业发展中的瓶颈，实现产业融合。要抢抓产业转移机遇，加快形成聚集度高、竞争力强、带动力好、资源环境友好的现代工业体系。要发挥河南服务业的比较优势，推动服务业重点行业提速升级，特别是大力发展现代物流、信息服务、金融等高成长性服务业，把服务业培育成现代产业体系的重要支柱。要打好粮食生产这一王牌，在粮食稳定增产的基础上，加大农业结构调整优化力度，加快推进农业现代化。当前河南正处于工业化中期阶段，构建现代产业体系一定要正确处理好一、二、三产业的关系，找准发展的方向和重点，为产业融合创造条件。

3. 构建完善的产业链条

产业链是一个包含价值链、企业链、供需链和空间链四个维度的概念，这四个维度在相互对接的均衡过程中形成了产业链。完善的产业链条，是区域内产业融合的先决条件。加快推进河南产业融合，构建完善的产业链条，关键是采取针对性政策和措施，加快产业链从前端向后端延伸，从低端向高端转变。要以打造一批上下游完备、特色突出、竞争能力较强的产业链为目标，按照产学研用结合的形式，编制河南各优势产业链的技术创新规划和创新路线图，明确各优势产业链重点研发的领域和技术需求，重点培育相关的科技型企业，完善研发平台、配套体系建设。围绕完善产业链条，着力推动重点企业的产业升级、自主创新、节能减排、战略重组，培育一批核心竞争力强的大型企业集团，形成龙头带动。政府要制定有针对性的支持政策，动员组织全省有关部门和相关企业围绕关键环节开展配套协作，共同完善和壮大产业链，推动产业融合。

4. 放松政府经济管制

产业之间存在着进入壁垒，这使不同产业之间存在着各自的边界，政府的经济性管制是形成不同产业进入壁垒的主要原因。放松政府经济管制可以使其他相关产业的业务加入到本产业的竞争中，从而逐渐走向产业融合。当前河南经济管制模式是条块分割制，即把资源按地区、部门分配，使得资源集中在产业内部，产业之间不能交叉。这种管制模式与产业融合的技术与市场的需要是相抵触的，这将成为产业融合的重要障碍。在产业融合的大趋势下，如果不打破各部门的既得利益，继续采取传统的管制框架，必将阻碍资源的自由流动，制约新技术的应用和新产品的问世，也将损害企业和消费者的利益，带来社会福利的极大损失。而且在传统的利益格局下，如果仅依靠市场的力量，必然加大产业融合的难度，也不利于产业结构的优化升级，因此应相应地放松经济管制，制定新的管制规则、法律及制度，打破行政垄断和部门分割现象，为产业融合和产业结构升级提供宽松的宏观环境。要改变河南经济管制框架，尽快形成条块结合、辐射联系的管制模式，打破部门分割及行政垄断局面，打破部门、行业、城乡界限，形成统一开放的市场，在产业间形成合理的经济联系，加快推进产业间的融合进程。

5. 夯实产业融合的物质基础

基础设施是社会赖以生存发展的一般物质条件，基础设施建设具有"乘数效应"，能带来几倍于投资额的社会总需求和国民收入，是地区经济可否长期持续稳定发展的重要基础。加快推进河南产业融合，要夯实物质基础，着力加强交通、信息、水利、能源、生态环境五大基础设施建设。要按照统筹规划、合理布局、优化配套、适度超前的原则，提前谋划、抓紧建成一批事关经济社会发展全局的重大基础设施项目，为产业融合奠定坚实基础。要加快构建河南与内地和周边国家紧密联系的铁路、公路、民航、管道等综合交通运输体系，全面提升河南在全国乃至国际交通运输格局中的大通道和交通枢纽作用，为产业融合提供基础便利。要以加快转变发展方式为主线，加强区域空间通信信息网络基础设施建设，实施"数字河南"、"智慧中原"、"无线城市"、中原数据基地和"光网城市"等重大工程，实现电信网、广电网、互联网三网融合。要统筹布局新一代移动通信网，加快下一代互联网、物联网、云计算等新一代信息技术发展，形成超高速、大容量、高智能干线传输网络，夯实产业融合信息网络基础。

6. 拓展产业融合发展的国际国内空间

由于区域和全球化的联系日益增强，产业融合不是封闭的，而是开放的，要与其他地区和全球产业价值体系相融合，使创新要素在跨区域和全球范围内流动。因此，在经济全球化和中原经济区经济一体化的大背景下，加快推进河南产业融合，要求更深、更广地参与国际国内产业分工，"跳出河南发展河南"，充分利用国际国内两种资源，充分发挥国际国内两个市场的作用，形成"集聚"和"扩散"的动态平衡发展局面，加快承接产业转移、传统优势产业转型升级和新兴产业的集聚，在更广的空间范围内实现资源共享和产业共兴。要强化招商引资，实施产业融合组团招商，实现招商引资由传统低端招商、特色中端招商向产业高端组团招商转变。要加强与国内外一流跨国公司的合资合作，吸引跨国公司的资金、先进技术。鼓励有条件的企业集团到国外投资，积极参与国际竞争，推进产业发展融入更大区域乃至全球产业价值链中。

五、当前河南推进产业融合发展的工作重点

（一）编制产业融合发展规划

推进产业融合发展是激发产业创新、培育新兴产业、提升产业竞争力、打造河南经济升级版的客观需要和重要途径。产业融合，规划先行。2014~2015年，编制产业融合发展规划是推进河南产业融合的重点任务之一。建议由省发改委、工信厅、农业厅、商务厅等部门联合成立产业融合战略规划组，制定河南产业融合发展战略规划及行动方案，统筹协调推进全省产业融合工作。一是厘清产业融合发展现状。从产业融合的类型、规模、结构、效应等层面理清河南产业融合发展的现状，判明有利条件和制约因素，为制定产业融合规划奠定基础。二是明确产业融合发展目标。立足河南产业融合发展实际，把握三大国家战略为河南产业融合带来的新机遇，将推进产业融合发展纳入河南"十三五"规划，从产业融合发展的深度、广度、层次、结构、作用及影响等层面，制定产业融合发展目标。三是谋划产业融合发展重点。根据河南产业融合发展现状，依据产业融合发展目标，明确河南产业融合的重点领域、行业、区域，力求做到重点突出，以点带面，有序稳定推进产业融合全面发展。四是制定产业融合保障措施。从组织领导、平台建设、项目建设及政策支持等环节，制定综合型保障体系，支持河南产业融合发展。

在制定河南产业融合发展规划中，应注意三个问题，一是明确产业融合发展目标考核与激励机制。考核与激励机制是产业融合目标能否顺利实现的关键因素之一，应制定科学合理的产业融合发展绩效考评体系，并制定针对产业融合进程中各类行为主体的约束激励机制。二是在制定产业融合总体规划后，应着手制定重点领域分项专享产业融合规划。专项规划是总体规划的有效补充和延伸，针对河南产业融合重点领域制定分项规划，促进产业融合规划的落地和实施。三是做好产业融合规划与其他规划的互动与对接。在制定产业融合发展规划时，应注意与国家三大战略规划以及河南省现有的"十二五"产业发展规划、产业结构调整规划、产业集聚区发展指导意见等战略方针的互动与对接，做到规划间协调一致。

（二）完善产业融合规制政策

当前，产业政策不完善是制约河南产业深度融合发展的因素之一。完善产业政策，优化产业环境，放松产业规制，是化解河南产业深度融合制约因素的重点工作之一。一是加速转变政府职能，进一步放松有关产业部门的管制，加快建立有利于产业融合发展的产业管理体制。目前河南的产业管理体制是不同产业归属不同的部门管理，导致在产业发展规划、推进措施，包括人才、土地等产业发展政策方面，产业之间相互独立，缺乏融合互动

和协调。产业融合发展趋势已经不仅仅是相互之间的互动，而是深度融合，一个产业、一个项目、一个企业很难界定为服务业或者制造业，服务型制造业或者生产性服务业将成为一种重要的产业形态，需要形成一体化的产业管理体制。政府应适应产业融合的要求，适时改变现有产业管制政策，打破部门分割及行政垄断局面，打破部门、行业、城乡的界限，尽快形成条块结合的、辐射联系的管制模式，在产业间形成合理的经济联系，建立有利于构建和发展融合型的产业体系，加快推进产业间的融合进程。

二是创造良好的产业融合支持环境政策。产业融合的发生，需要有一个包括企业创新精神激励、知识产权保护、产权交易市场、信息技术、法律服务等在内的良好的外部支持环境。在促进产业融合过程中，政府要积极推进产业融合机制的建立，包括组织协调机制、企业为主体机制和提供必要服务的中介机制，为三大机制建立提供良好的制度和政策环境。

三是完善产业融合财政支持政策体系。加大财政投入，扩大扶持范围，对与涉及产业融合的相关项目实行政策倾斜。转变扶持方式，由单一"奖励"调整为"项目补贴、贷款贴息、税收减免、土地优惠、奖励配套"等多种方式，注重由"事后奖励"向"事前的培育引导"转变。

四是完善市场主导、创新驱动的产业融合引导政策体系。以市场为导向、企业为主体，产学研用协同，转变政府职能，加强扶持引导，实施支持企业创新政策，打破行业和地区壁垒，充分调动社会各方面的积极性，促进技术创新、业态创新、内容创新、模式创新和管理创新，催生新技术、新工艺、新产品，满足新需求，推进产业深度融合的专业化、集约化、品牌化发展。

（三）构建产业融合要素支撑平台

技术、人才、信息、金融等要素的集聚是产业融合发展的基本保证。产业融合亟须构建综合性的要素支撑平台，发挥要素的集聚效应，进而推动河南产业深度融合发展。

一是以产业集聚区为载体，构建产业融合空间支撑平台。以河南180多个产业集聚区为载体，按照产业融合发展的内在规律和要求，优化产业融合的结构和空间布局，促进要素在产业集聚区内集聚和流动，着力提升产业承载力，构筑产业融合空间支撑平台。

二是以技术创新体系为依托，构建产业融合技术支撑平台。依托河南省区域创新体系，针对不同类型产业融合模式的技术特征，围绕产业内部融合所需的产业链延伸、补充、拓展等关键技术，激发企业技术创新平台的活力；围绕产业间跨界深度融合所需的公共技术，调动公共技术创新平台的积极性，发挥产学研一体化技术体系的优势，构筑综合性立体化的产业融合技术支撑平台，促进河南省产业深度融合发展。

三是以促进产业深度融合为目标，构建金融支撑平台。产业融合需要强大的金融体系作支撑，当前亟须构建以河南地方法人金融机构为龙头，国有及股份制银行、保险、证券为主体，私募股权、融资租赁、小额贷款、融资担保、财务公司、村镇银行等为补充的产业融合金融组织体系；组建促进产业融合的投融资主体，设立产业融合金融引导基金、科技小额贷款公司、融资租赁公司、科技融资担保公司等金融机构,通过天使投资、科技信贷、风险补偿等形式,引导社会资本进入产业融合领域;建设河南产业融合金融公共信息服务平台,探索设立产业融合项目融资登记中心,为投融资双方提供登记服务,将融资信息集中发布,推动企业与金融机构有效对接,缓解产业融合投融资难题。

四是以信息化深入推进为契机,构建产业融合信息支撑平台。针对河南产业融合发展要求和信息化推进现状,设立现代信息服务业专业化产业园区,建设面向行业和区域(专业镇、产业集群、工业园区等)产业融合的各类现代信息和技术公共服务平台,深化信息技术在现代服务业中的应用,促进工业化发展,建设面向广大中小企业的公共电子商务平台和信息技术服务体系;充分发挥企业的主体作用,大力发展信息化与工业化融合催生的新兴产业,提高工业产品的信息技术含量,加快信息技术应用和工业业务流程标准体系建设,引导行业内大企业联合建立服务全行业的共性信息技术应用平台,构建公共技术服务能力体系,支持大企业内部负责信息技术应用与服务的部门独立出来,发展成为面向全行业服务的信息技术支持中心。

(四)完善产业融合企业主体机制

满足新的市场需求是产业融合的根本动因,企业是感知市场需求变化及需求新趋势的前沿,应发挥企业在产业融合中的主体作用,完善产业融合的主体机制,推进产业渗透、产业交叉和产业重组,实现河南省产业深度融合。

一是突出企业主体地位。通过招商引资、引智、引制等方式,将人才、技术和装备等优势,与灵活的体制机制、先进的市场理念相融合,激发内生动力,产生倍增效应。加快深化企业改革和扩大对外开放,建立现代企业制度,实现投资主体多元化,引导和支持有实力、有优势的企业主体参与河南省产业融合。

二是推进企业战略创新。加强企业组织结构创新,积极引入战略投资者;鼓励企业将通过混合兼并、战略联盟等形式实现资源的合理流动,在技术和市场开发方面共担风险,在观念上进行单新、战略上实施转变,从多方面推进产业融合。

三是发挥河南重点行业企业参与产业融合的带动示范作用。深入推进煤炭、化工、钢铁、装备制造、有色冶金等行业骨干企业的战略重组,着力培育一批主业突出、核心竞争力强的大型企业集团,一批专精特新的行业龙头企业,一批拥有自主知识产权和自主品牌的创新型企业,使其成为引领河南省产业融合的重点骨干企业。鼓励重点骨干企业在国内外开展多种形式的购并或跨区域联合重组,加快做大做强,支持有条件的重点骨干企业向跨国公司发展。

四是鼓励河南中小企业积极参与产业融合。推动中小企业向专业化生产、精益化管理、自主化创新、集约化经营、信息化带动、品牌化运作等方向发展。着力抓好成长型中小企业、科技型中小企业和初创型小企业的培育工作,支持中小企业通过行业协会、企业联盟、协作配套等方式开展合作,推进河南产业融合发展。

（五）提升产业技术创新能力

提升产业技术创新能力是推进河南产业融合的关键。一是构建自主创新体系，以培育创新型企业为主体，以应用开发为重点，以重大专项科技为抓手，以构建区域创新体系为基础，以创新体制机制为动力，切实增强企业自主创新能力和核心竞争力，积极培育创新型人才，形成自主知识产权和自我发展能力，不断向产业链和价值链高端攀升，加快创新型河南建设步伐。

二是综合运用省工业结构调整和高新技术产业化资金，引导企业加大研发投入，围绕壮大优势产业、传统产业升级和发展高新技术产业，实施创新能力培育科技工程，提高企业核心竞争力；加强企业技术研发中心建设，鼓励企业建立各种形式的技术研发机构；在产业集聚区建立与当地特色产业发展紧密相关的技术创新和技术服务平台；积极支持骨干重点企业建设国家级技术中心，成为全省产业技术创新的主要载体。

三是围绕提高产业核心竞争力，集中力量突破重点领域核心技术。坚持原始性创新、集成创新、引进消化吸收创新相结合，积极鼓励原始性创新，以重大科学发现和技术发明占据产业技术制高点，推动产业技术跨越式发展。大力加强集成融合创新，形成一批产业带动性强、关联度大、优势资源集成度高的战略技术。建立引进重大技术消化吸收再创新统筹协调机制，加强对技术引进工作的咨询和评估，鼓励企业与科研机构联合，开发替代进口的产品。加强重点领域自主创新，突破关键技术。按照支柱和基础产业优先、核心和关键技术优先的原则，围绕河南关键技术领域实现突破。推进关键领域重点突破工作。按照有限目标、专项资助、社会招标、联合攻关的原则，推进重大自主创新项目的突破。每年选择一批制约河南省产业发展的关键技术项目，面向社会公开招投标，突破一批重点领域核心技术。

四是鼓励企业与高校、科研机构加强技术协作，共建技术开发机构或建立技术研究开发战略联盟，加快建立以企业为主体、市场为导向、产学研相结合的技术创新体系；支持高等院校和科研院所围绕产业优化升级的关键技术会同企业开展联合攻关，开发具有自主知识产权的核心技术，使更多更好的科技成果转化为现实生产力，提升河南省支柱产业和战略产业自主创新能力。

（六）培育产业融合的高端人才

培育高端人才是推进河南省经济转型、产业升级、产业融合的重要动力。当前，培育河南产业融合高端人才，一是大胆突破人才管理体制障碍，科学定位人才管理的市场功能、社会功能和政府功能，不断推动人才生产力向现实产业生产力转化。打破省内人才管理的多重障碍，实现省内区域人才生产力共享机制；突破现有人才管理评价制度，建立第三方人才评价机制，保证创新型人才脱颖而出；社会的交给社会，市场的交给市场，科学界定政府、市场、社会在人才发展上起的作用，保证多样化人才源源不断涌现。

二是营造良好环境，让各类人才乐得其所、有所创造。积极探究人才自主性资源积累模式，打破人才资源垄断，倡导多元化成功，营造创业创新文化氛围，给予各类人才宽松的人才环境。

三是搭建多样化新兴产业培育载体，为更多人才创新创业提供广阔空间。建立新兴产业创业企业辅导器，模仿台湾工业园模式，建立河南产业研究院，在产品研发中培养人才，在企业营运中培养人才，在市场开发中培养人才。成立创新创业实体性组织机构，建立举措务实的考评体系，建立科学、可持续的考评体系，指导创业创新计划进行。

四是加强对具有行业应用背景的专业技术人才、具有技术知识基础的管理人才以及复合型人才的培养和引进。鼓励高等院校和职业技术院校面向市场需求，积极调整学科和专业设置，培养相关人才。支持有关技术企业与学校合作办学，推进与行业应用结合的技术教育，培养各类产业融合应用复合型人才。

第八章 河南电解铝产业解困问题研究

国际金融危机爆发以来，曾经是河南支柱的电解铝产业经营状况逐年恶化，骨干企业纷纷陷入困境，产业整体已连续多年亏损。如何看待电解铝产业的本轮下行，如何判断河南电解铝产业的发展前景，如何推动河南电解铝产业的转型升级？需要跳出河南，从全球视角、宏观视角和长期视角进行深度研判。国际金融危机爆发以来，全球经济的供需结构发生根本性变化，每一个产业尤其是能源原材料产业面临着剧烈调整和深度转型的战略转折点，铝工业结束黄金发展期步入深度转型期，正站在由高速增长向中速平稳增长、由规模扩张向结构优化的转折点上。但是，国内电解铝产业并没有顺应这一新常态，区域电价不平衡格局下国内电解铝反而逆势无序扩张，产能增速远远超过需求增速导致价格倒挂，而河南电解铝由于电价处在全国最高档次致使生产成本偏高，是本轮河南电解铝产业陷入困境的首要原因。我们认为，本轮河南电解铝产业陷入困境的主要原因来自外部，河南电解铝技术、装备、能耗、管理等处于领先水平，仍具比较优势和竞争力，因此需要我们采取积极主动的应对措施，避免断崖式下滑对河南经济增长的剧烈冲击，为河南电解铝企业结构调整转型升级争取迂回空间，推动河南铝工业进入平稳增长新周期，实现由铝工业大省向铝工业强省的转变。

一、当前河南电解铝产业困境剖析

河南是全国铝工业大省，2013年氧化铝、电解铝和铝材产量分别是1213万吨、332万吨和776万吨，分列全国第一位、第一位和第二位，拥有完整的铝产业链，电解铝技术、装备和环保水平已经达到国际一流、全国领先水平，但是近几年电解铝企业一直在困境中煎熬，产业整体处于连年亏损状态。

（一）价格持续倒挂导致河南电解铝行业整体亏损

虽然中国是全球第一铝产销大国，但在铝价上没有铝价话语权，伦敦金属交易所是全球原铝定价中心，上海商品交易所原铝期货在交易量和影响力上均不能与之相比，我国铝价全面与国际接轨。如图8-1所示，国际金融危机爆发以来，铝现货价格从每吨20000

元/吨高位急剧下滑，2009年1~2月一度下探到12000元/吨以下，在全球经济刺激政策支撑下震荡上升，2011年回升至18500元/吨左右，此后便一路下行到13000元/吨，2014年3月以来铝价开始回升。

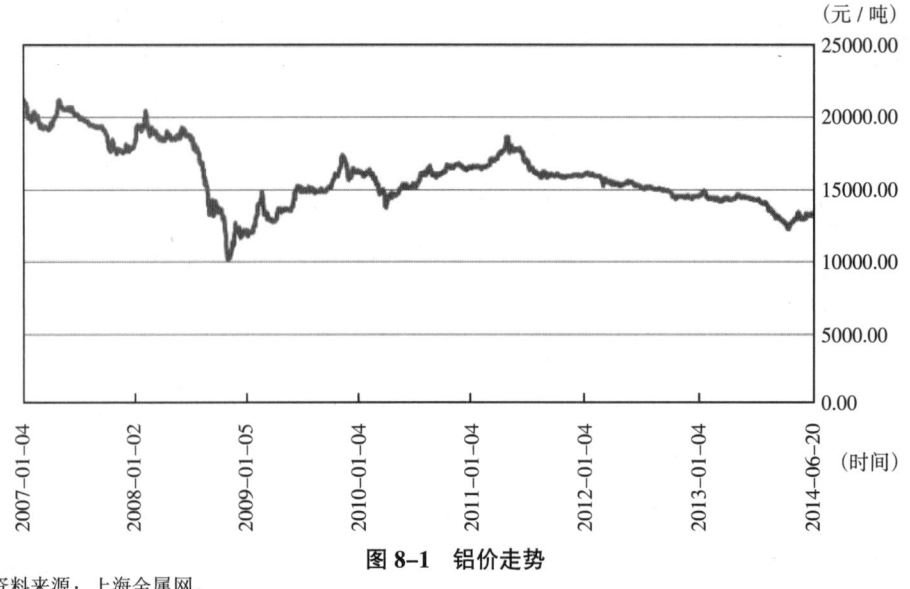

图8-1　铝价走势

资料来源：上海金属网。

从2014年以来的走势看，长江现货铝价呈现V形格局，3月下旬以来明显回升，2014年7月22日突破14000元/吨，9月3日冲高到15010元/吨，此后又开始一路下跌，9月29日下跌至均价13910元/吨。可以看出，目前铝价仍在平均成本线下低位盘整，上升阻力较大（见图8-2）。

图8-2　2014年长江现货铝价走势

但是，目前我国大多数产能仍然亏损（见图8-3），约有50%以上产能亏损。另有数据显示，2014年5月，电解铝平均生产成本为14873元/吨，按照5月13098元/吨的月均价计算，行业平均亏损1775元/吨，5月国内运行产能2772.5万吨，亏损产能1984.8万吨。

伴随着铝价持续下行，河南电解铝步入亏损状态，如图8-4所示，2011年10月以

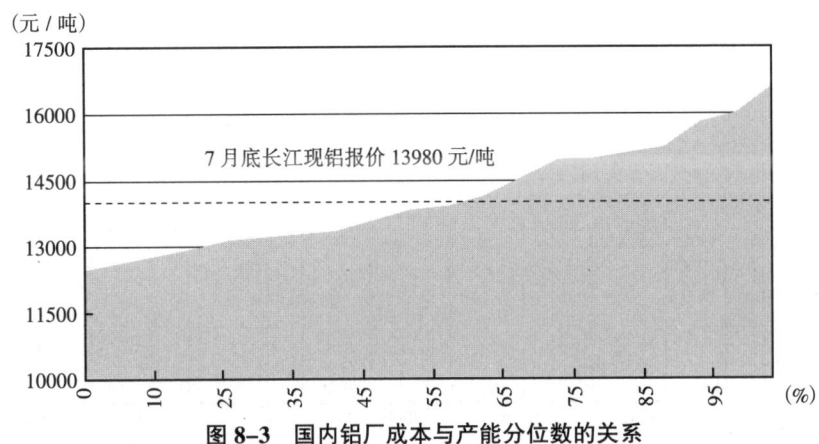

图 8-3 国内铝厂成本与产能分位数的关系

资料来源：国泰君安期货产业服务研究所。

来，吨铝亏损额持续扩大，2013 年河南电解铝企业共生产了 332 万吨铝，其中 5 家骨干电解铝企业亏损额就高达 20 亿元，2014 年前 4 个月，六大骨干电解铝企业累计亏损 16.4 亿元，占全省企业亏损总额的 1/6 以上。

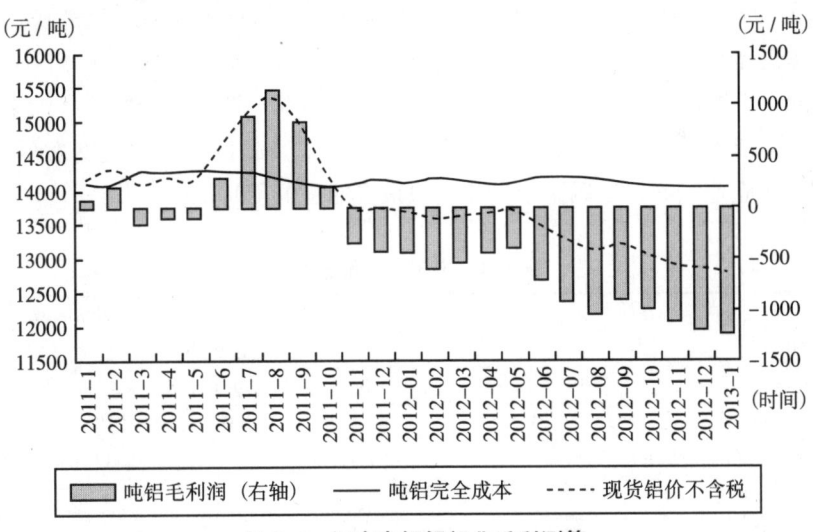

图 8-4 河南电解铝行业毛利测算

资料来源：齐鲁证券。

（二）区域电价偏高严重侵蚀河南电解铝企业利润

与国内其他地区相比，河南电解铝总体生产成本更高，图 8-5 标示了 2013 年铝价下探到 12300 元/吨底部时国内各省区电解铝成本情况。主要在于我国区域电价不平衡，电解铝是用电大户，从电解铝成本结构看，电力成本一般会占到 40% 以上，可以说决定着电解铝企业的生死存亡。由于铝价由全球市场决定，可以说中国铝工业是一个高度市场化的产业，但是我国电力行业属于高度垄断产业，市场化的电解铝受垄断性的电力行业限制，在电

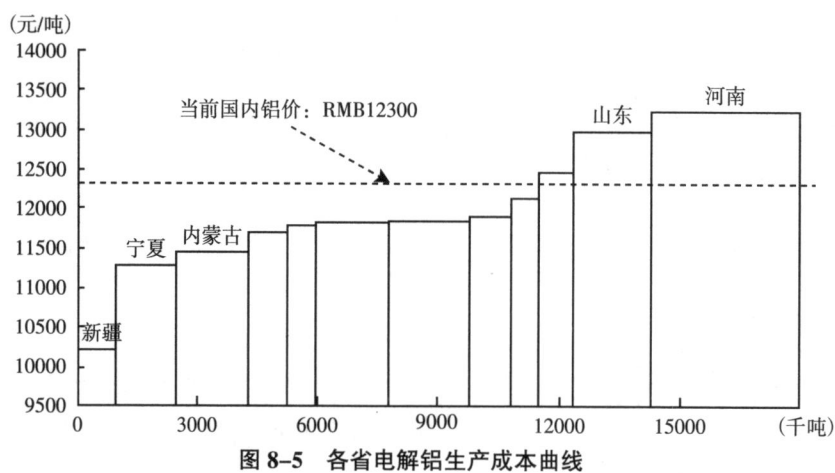

图8-5 各省电解铝生产成本曲线

资料来源：招商证券。

价博弈中处于弱势地位，这是近年各地电解铝行业试图冲破国家电网限制的一个根本原因。

河南电解铝能耗水平已经控制到每吨13500千瓦时以内，有的甚至已经控制到13300千瓦时左右，但与新疆、宁夏、山东等地区相比，电价劣势明显。当前全国电解铝电价总体上可以划分为六个档次（见表8-1）。河南5家骨干电解铝企业近几年加快自备电厂建设（目前6家骨干企业只有渐铝没有自备电厂），自备电比例已经从2011年的40%上升到80%以上。河南电解铝电价基本处于第三档次，但就当前全国在产产能看，河南仍然处于较高电价水平，2013年5家电解铝亏损20亿元但企业自备电厂虚拟过网费就高达40亿元，严重侵蚀了企业利润，在调研中企业反映最多的是电价问题。

表8-1 电解铝电价分类

档次	性质	平均电价（元）	典型区域
第一档次	网电	0.64	已经停产
第二档次	直购电	0.52	基本停产
第三档次	企业自备电+较高并网费（8分）	0.40~0.44	河南、山西、四川、贵州、云南等
第四档次	企业自备电+较低并网费（1~3分）	0.34~0.38	原来各省均有打包协商的并网费
第五档次	企业自备电（局域网）	0.34	山东
第六档次	西部项目自备电+较低并网费（1~3分）	0.20~0.30	新疆、内蒙古、青海、宁夏、甘肃等西部地区，发电成本只有0.2元

资料来源：河南有色金属协会。

（三）行业产能过剩倒逼河南电解铝企业减产停产

我国电解铝产能从2005年的1000万吨快速增加到2013年的3200万吨，产能过剩加剧，如图8-6所示，国际金融危机爆发以来，产能利用率一直处在80%以下，新增产能依然强劲，尤其是2010年以来，在经济下滑明显、电解铝全行业亏损的情况下，产能逆势增长了40%以上，产能扩张遭遇铝消费需求增速放缓，倒逼企业减产停产。据国家发改委网站的消息，2013年以来，全国减产、停产的电解铝产能约300万吨，占总产能的10%，但与国内电解铝产量相比，实际减产的量相当有限。

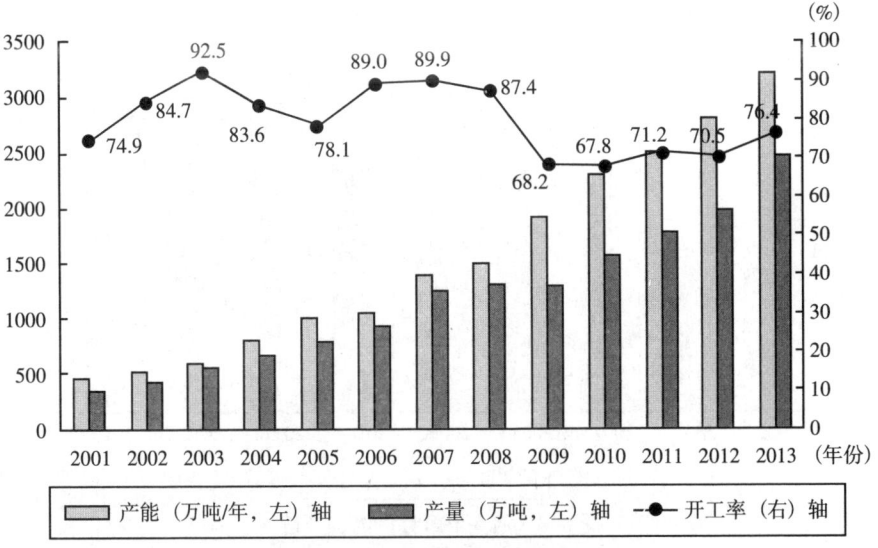

图8-6 中国电解铝产能与开工率

资料来源：国泰君安。

在这种形势下，河南电解铝企业陆续关停，目前全省电解铝企业已经由23家减少至8家。伴随着山东、新疆其他省份电解铝产能释放，河南电解铝在全国产业格局中的第一地位在2012年被山东超越，如图8-7所示，2013年，新疆、山东、甘肃等省电解铝产能占比大幅上升，河南则下降了4个百分点。

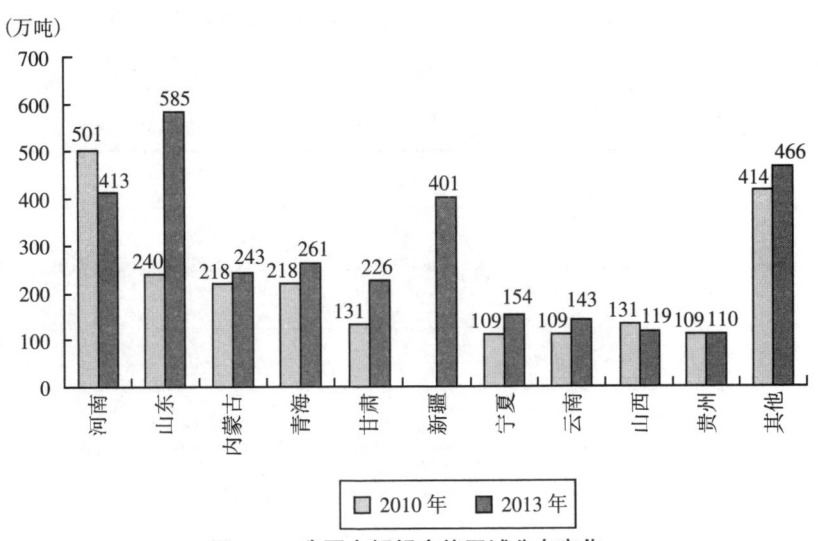

图8-7 我国电解铝产能区域分布变化

资料来源：华泰证券研究所。

如图8-8所示，近几年，与产能占比下滑相对应的是，河南电解铝产量明显压缩，2011年以来产量已经减少了50多万吨，由于电解铝属于资本密集型产业，设备等固定资产投资大，而且重启成本高，减产停产造成大量的投资浪费，增添了企业负担，加剧了企业经营状况恶化。

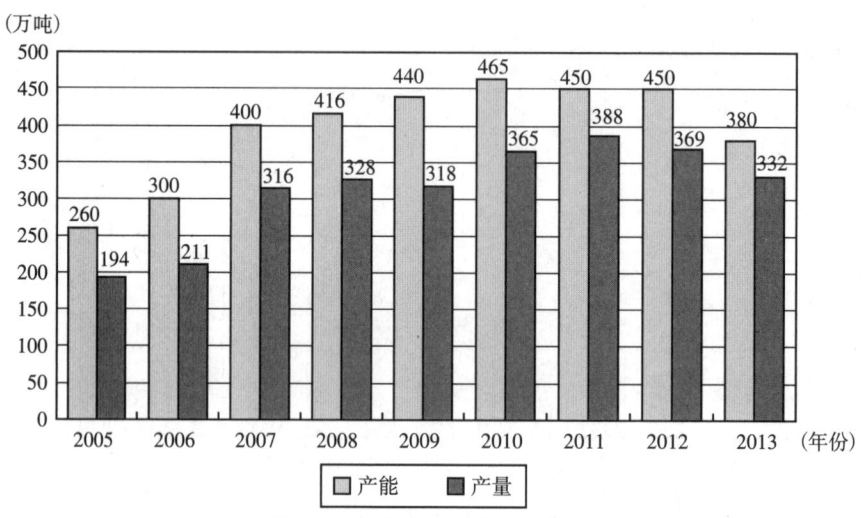

图 8-8 河南电解铝产能、产量

资料来源：河南有色金属协会、历年河南统计年鉴。

（四）融资困难加剧推高河南电解铝企业财务风险

近几年，受经济增速放缓影响，各类企业普遍面临融资难、融资成本高等问题，而电解铝是国家历次化解过剩产能的重点行业，亏损面也较大，负债率偏高，尤其是金融危机以来，国内铝冶炼资产负债率持续攀升，目前已经接近80%（见图8-9），融资渠道受到极大限制。

图 8-9 国内铝冶炼资产负债率

资料来源：安信证券研究中心。

第一创业2013年底的一份研究报告《电解铝行业发债主体信用专题研究》表明，统计的16家电解铝债券发行人当中，9家发行人负债率超过70%，7家公司的货币资金对短期刚性债务的覆盖比率低于30%，评级机构对电解铝行业的负面评级行动明显增加。招商证券2014年3月的研究报告指出，截至2014年3月末，电解铝行业存续债券合计50只，余额合计898.7亿元，从存量债券到期/回售规模的期限分布来看，电解铝行业存量债券主要集中在2014年和2015年到期/回售，两年到期/回售规模分别为517亿元和152亿元（见图8-10），可见2014年、2015年两年我国电解铝企业资金压力非常大，随时可能出现资金链断裂的情况。

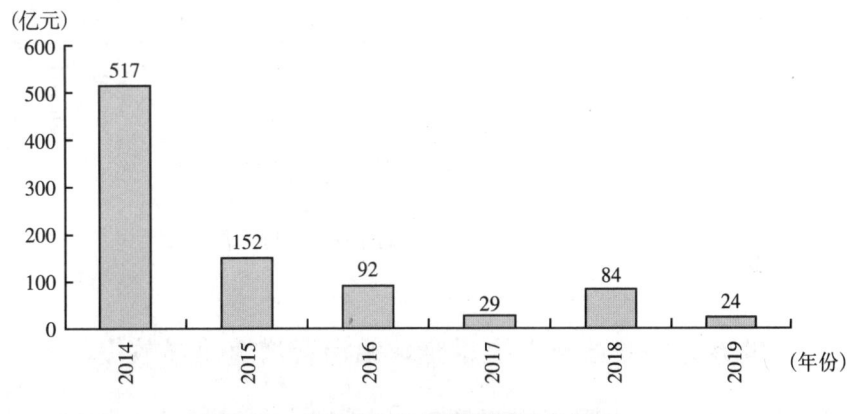

图8-10　电解铝行业债券到期/回售分布

资料来源：招商证券。

河南电解铝行业的信用风险也在不断增大，多家电解铝企业遭到评级下调，2013年9月河南万基铝业股份有限公司的主体评级由AA下调到AA-，万基铝业有着行业内发债企业最高的负债率86.26%，带息债务占总负债的比率也达到98%，偿债压力非常大。2014年6月26日，中孚实业公布了委托联合信用评级有限公司对其发行的"11中孚债"、"12中孚债"的跟踪评级，中孚实业的主体长期信用等级为"AA"，评级展望为"负面"；公司"11中孚债"、"12中孚债"的信用等级为"AA"。评级下调无疑将进一步削弱企业的资金筹措能力，增加财务负担。近几年，河南电解铝企业资产负债率一直居高不下，以神火股份和中孚实业为例，如图8-11所示，2008年以来两家公司资产负债率均在75%以上。中孚实业6月19日公告，控股大股东豫联集团日前又将公司1.67亿股质押出去，为上市公司融资做担保，以解决中孚实业资金的需求，自此大股东手里所持有的中孚实业57.97%的股权全部质押。

二、河南电解铝产业陷入困境的深层原因

河南电解铝产业陷入困境原因主要来自外部因素，经济增速放缓拖累铝消费疲软，铝供需形势持续恶化，而区域电价不平衡格局下地方政府助推产能逆势无序扩张，河南电解铝由于电力成本偏高削弱了竞争力，当然，近几年河南煤—电—铝深加工一体化发展缓慢，也是导致省内电解铝企业盈利能力弱化的一个内部因素。

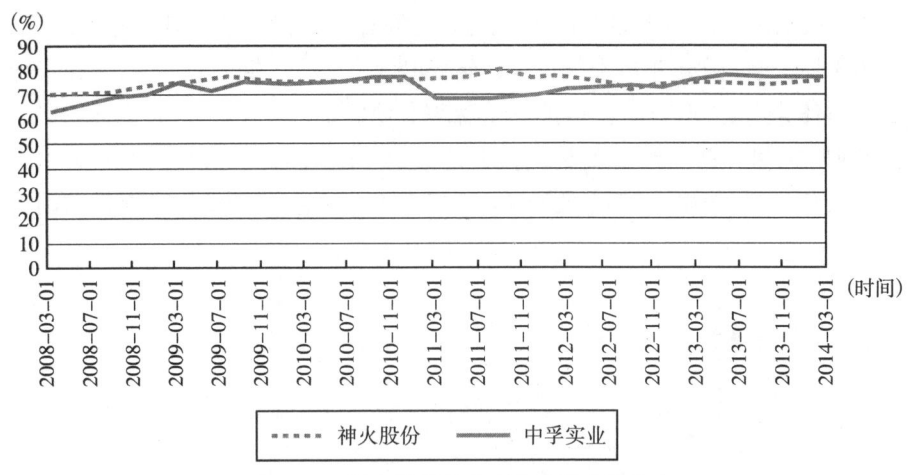

图 8-11 神火股份与中孚实业资产负债率

资料来源：凤凰网行情中心。

（一）世界经济复苏乏力拖累全球铝消费增速明显放缓

国际金融危机爆发以来，世界经济增速明显放缓且复苏乏力，近几年世界银行、国际货币基金组织连续下调全球经济增速，房地产、汽车、家电、机械等产业增长缓慢，拖累铝消费增速明显放缓，如图 8-12 所示，2010 年以来，铝消费量增速下滑明显，2013 年同比增速下降到 1.9%。把中国放在全球格局中衡量，中国当前铝生产与消费均占全球 40% 左右，成为最大的铝生产与消费国，由于中国经济增长进入中高速新常态，2014 年第一季度增长 7.4%，短期内会对铝消费增长形成压力。

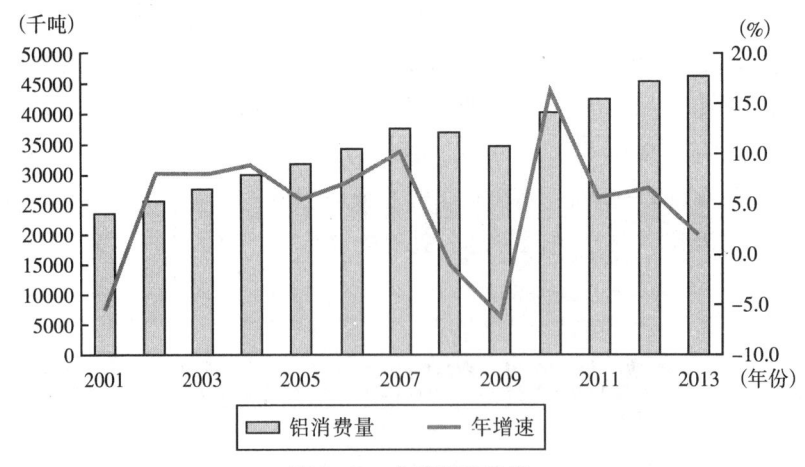

图 8-12 全球铝消费量

资料来源：国泰君安国际。

（二）产能过剩加剧供需形势恶化，压低原铝价格

产能过剩问题长期困扰着全球原铝行业，尤其是国际金融危机以来，低成本电解铝产

能明显增加,进一步加剧了铝供给形势的恶化,2008年全球铝供应超过铝需求的量创出新高,如表8-2所示,2008年供应超过需求290万吨,此后一直处在较高水平,2013年仍超出162.9万吨,远高于国际金融危机爆发前的水平,大大压低了铝价。虽然铝兼具金融属性和商品属性(金融属性体现为投资需求,商品属性体现在供需面上),但当前产能过剩抑制了铝金融属性发挥,受制于商品属性,因决定铝价中长期走势的是供需面,因此,目前投资交易对铝价的影响正在弱化。虽然2014年第二、第三季度海外电解铝出现暂时的供需缺口导致铝价回升,但由于全球电解铝产能仍在增长,暂时性关停产能可能复产,本轮铝价上升压力增加,持续回升可能性不大。

表8-2 全球铝市场供需情况

单位:万吨

年份	铝供应量	铝需求量	铝供应量-铝需求量
2001	2447.5	2364.7	82.8
2002	2614.4	2552.2	64.2
2003	28000.0	2757.6	42.4
2004	2990.5	3000.4	-9.9
2005	3184.1	3163.6	20.5
2006	3400.3	3393.9	6.4
2007	3816.0	3739.9	76.1
2008	3980.9	3690.6	290.3
2009	3729.3	3457.5	271.8
2010	4161.8	4017.6	144.3
2011	4472.3	4241.2	231.1
2012	4617.7	4522.4	95.3
2013	4769.3	4606.4	162.9

资料来源:国泰君安国际。

在经济减速和产能过剩背景下,我国电解铝供需形势也不容乐观,有色金属协会统计数据表明,自2011年开始,行业供给过剩的状况持续恶化,如表8-3所示,2014年达到顶点,而后才会逐渐改善。由于国内电解铝出口要征收15%关税,导致国内外电解铝市场相对分割,国外电解铝供需缺口不能缓解我国电解铝供给过剩。

未来一段时间,我国房地产、汽车、家电等用铝量较大的产业高速增长难以再现,预计未来一段时间铝供给增速高于需求增速,国内供需形势将持续恶化,铝价回升压力较大。由于国内产能弹性大,关停产能多为暂时性关停(见表8-4),2013年以来减产的316.5万吨产能中只有10.5万吨是永久性停产,其余均为暂时性关停,一旦价格涨至其现金成本之上,暂时关停的产能均有复产可能,此类产能的复产周期在2~3个月。因此,铝价短暂回升导致复产和新投放产能的动力增强,即使铝价短期上涨也会被复产产能和新增产能再压下去。

表8-3 国内原铝供求平衡分析

单位：万吨

年份	2011	2012	2013	2014E	2015E
年终产能	2559	2688	3120	3320	3482
产能利用率（%）	82.72	85.00	85.74	85.00	85.00
国内产量	1960	2230	2490	2737	2891
原铝进口量	23	52	37	35	35
原铝出口量	8	13	12	10	10
库存供给量	66	43	90	80	139
国内需求量	2005	2205	2480	2703	2946
供求平衡	-36	107	125	139	109

资料来源：华泰证券研究所。

表8-4 2013年以来国内电解铝产能关停情况

地区	公司	地点	产能	时间	状态
河南	希望铝业	巩义	45	2013年3月	永久关停
广西	广西银海	百色	100	2013年3月	暂时
河南	龙祥铝业	龙翔	60	2013年3月	永久关停
河南	龙泉	伊川	100	2013年3月	暂时
广西	广西银海	来宾	190	2013年4月	暂时
河南	神火	永城	120	2013年4月	暂时
江苏	大屯电力	江苏	50	2013年4月	暂时
云南	云南东源	曲靖	150	2013年4月	暂时
湖北	丹江	丹江口	50	2013年4月	暂时
陕西	铜川	铜川市	115	2013年4月	暂时
青海	黄河水电	西宁市	120	2013年6月	暂时
云南	云铝	昆明市	150	2013年6月	暂时
多地区	中铝	多地区	380	2013年6月	暂时
广西	山东信发	靖西	200	2013年6月	暂时
河南	中孚林丰	林州市	80	2013年6月	暂时
浙江	华东铝业	兰溪市	70	2013年6月	暂时
四川	阿坝铝业	汶川	150	2013年7月	暂时
贵州	遵义铝业	遵义	260	2013年3月	暂时
宁夏	青铜峡铝业	青铜峡	150	2013年3月	暂时
青海	黄河水电		75	2013年3月	暂时
甘肃	东兴铝电	龙翔	250	2013年4月	暂时
山西	兆丰铝业	阳泉市	100	2013年4月	暂时
广西	广西银海	百色市	150	2013年4月	暂时
河南	万基	洛阳市	50	2013年4月	暂时
合计			3165		

资料来源：Wood Mackenzie，安信证券研究中心。

(三)区域电价不平衡下地方政府助推产能逆势扩张

由于国内电解铝用电价格区域之间存在巨大差异,区域 GDP 竞赛下的地方政府对投资大、见效快的电解铝项目非常青睐,近几年国内电解铝产能在总体过剩情况下仍然逆势扩张,并且大多数并没有获得审批,2009 年以来,国家发改委一直坚持三年内原则上不再核准新建、改扩建电解铝项目,但各地转而以新材料、下游加工等各种名目设立电解铝厂,电解铝陷入越"控"越多的境地。2010 年以来,国内电解铝产能增量的 90%以上投向了青海、新疆、内蒙古、甘肃等电价便宜地区,成为电解铝产量增长的主要动力,2013 年我国新增电解铝产能 420 万吨,直接抵消停产与淘汰产能影响。根据中国有色金属行业协会的数据,2014 年有 500 万吨新增产能,大部分位于西部地区,其中新疆占 42%,甘肃占 12%,两省合计就超过 50%。如图 8-13 所示,未来几年,新增产能将主要集中在新疆、甘肃、青海等,主要优势是丰富而便宜的能源,煤电成本低,这部分电力在当地用不完,规划建设电解铝可以把电储存到电解铝里。从这个角度看,如果西部用电真能维持在较低价位,未来我国电解铝区域版图必将发生转变,生产成本较低的西北(新疆、甘肃、青海)和西南(四川、重庆、贵州、云南)两大区域,产能占全国比重也将逐步接近 50%,取代靠近氧化铝产区和铝材加工聚集地的传统电解铝主产区——河南和山东,成为新的电解铝核心区域。

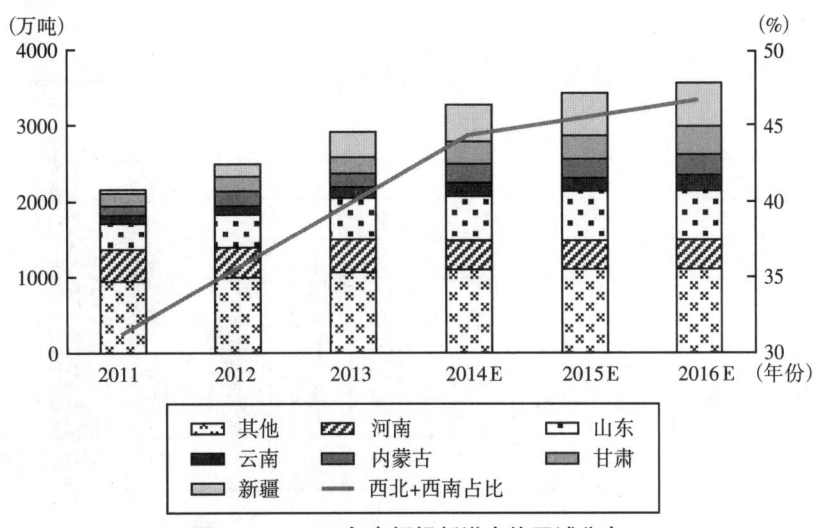

图 8-13 2014 年电解铝新增产能区域分布

资料来源:有色金属行业协会。

(四)本地产业链分割发展削弱了河南电解铝竞争优势

从铝工业全产业链看,铝工业整体是盈利的,从全国看,2014 年第一季度,铝冶炼亏损 53 亿元,铝压延加工实现利润 93 亿元,同比增长 10.2%。河南也是如此,2013 年铝冶炼行业亏损 15.7 亿元,铝加工和铝土矿开采盈利 68 亿元,整体盈利 53 亿元,比 2012

年整体盈利 26 亿元有较大提升。河南拥有铝土矿、煤炭、电力、氧化铝、电解铝、铝深加工完整的产业链,但是河南本地产业链分割发展严重,上中下游的企业之间缺乏紧密合作,没有发挥出煤—电—铝—铝加工一体化的整体优势。首先是由于各种原因前些年河南电解铝企业自备电厂比例大幅度下滑,近几年五大骨干电解铝企业自备电厂投入运营,一定程度上缓解了电力成本压力。

表 8-5 当前河南电解铝企业自备电厂情况

企业	自备电厂规模(万千瓦)
伊川电力	222
豫联集团	90
神火集团	73.5
万基控股	114
焦作万方	70
永登铝业	40

资料来源:河南有色金属协会。

其次,从深加工角度说,虽然从 2009 年开始,河南铝加工量开始超过电解铝产量(见图 8-14),但多以缺少创新的板带箔为主,同质化严重,竞争激烈,在高端铝产品开发上多数企业投入少,另外,我们在调研中也发现,很多的本地铝应用企业是从省外购买电解铝,对本地电解铝支撑力不足。

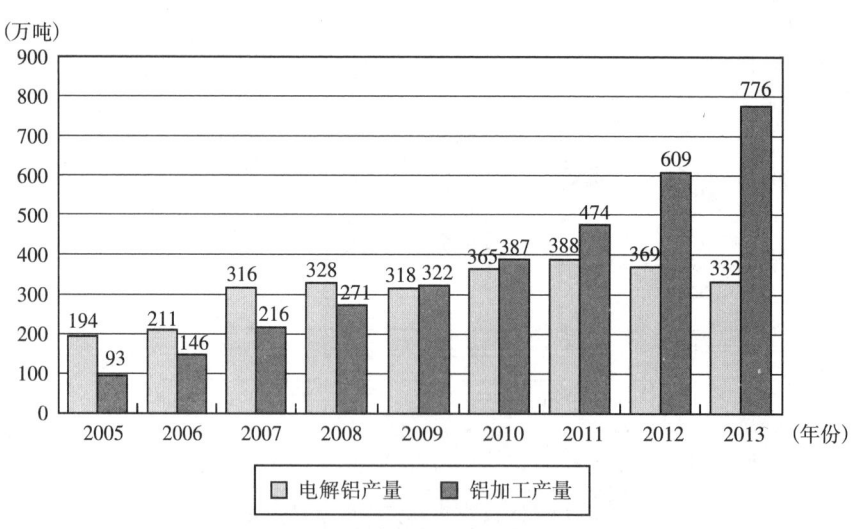

图 8-14 河南电解铝产能、铝加工产量

资料来源:河南有色金属协会、历年河南统计年鉴。

最后,从企业层面来说,电解铝企业产业链条短,精深加工环节不足,如图 8-15 所示,2013 年,河南 8 家在产电解铝企业仅有淅川铝业深加工超过电解铝产量,其他 7 家深加工环节均偏小,一定程度上限制了盈利能力提升,造成对电解铝环节过度依赖,受铝价波动影响较大,削弱了铝产业链整体竞争力。

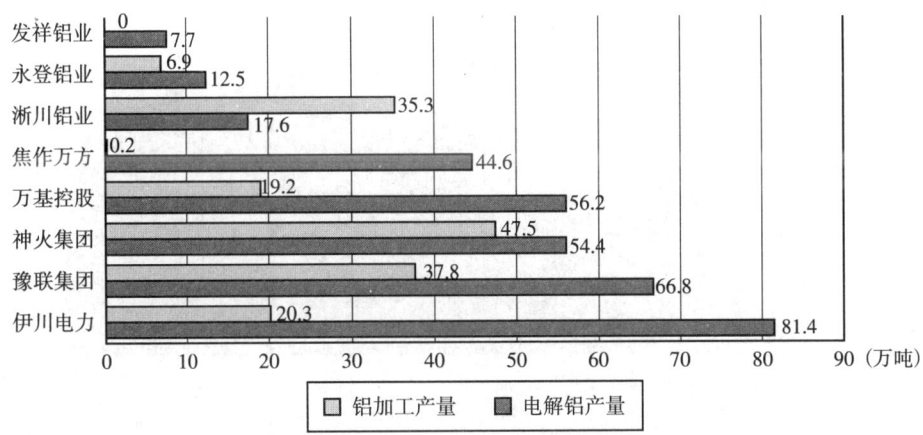

图 8-15 河南 8 家在产电解铝企业 2013 年电解铝产量和铝加工产量
资料来源：河南有色金属协会。

三、河南电解铝产业的发展前景分析

短期看，全球铝价仍将继续承压，我国电解铝成本曲线可能会继续下移，从长周期看我国铝产业处在一个转折点上，由于城镇化、工业化提升空间广阔，未来铝工业平稳增长可期，但是，由于我国经济增长的新常态格局已经确认，2014 年 8 月多项数据创下 2008 年国际金融危机爆发以来的新低，而铝消费结构转变需要时间，铝消费需求增速放缓，铝工业迎来新的发展周期需要深度调整，实现由高速增长向中速平稳增长转变、由规模扩张向结构优化转变，在这个过程中，河南电解铝仍具优势和竞争力。

（一）产能过剩铝价继续承压，世界铝工业面临深度转型

在市场经济条件下，边际供应量决定价格，长期存在的结构性过剩和高库存难题导致铝价持续低迷，近期减产效果显现，铝供应出现暂时性缺口，导致铝价有所回升，英国商品研究所预计，2014 年第三季度全球原铝供应 1357.9 万吨，原铝需求为 1362.9 万吨，延续第二季度供应短缺状态，但是伦铝库存较大，取消仓单占比提高，接近 60%（见图 8-16），铝价继续上升压力较大。

真正影响铝价的是产能，预计未来全球铝产能仍将扩张，国际铝业协会的资料表明，2012 年以来全球铝业纷纷宣布高成本产能，但低成本产能仍在继续扩张，海外电解铝产能也正在经历区域迁徙，由美国、西南欧向电力成本更低的中东、印度、马来西亚、俄罗斯、加拿大等地区转移。尤其是海湾地区凭借资源优势逆势扩张产能，2013 年 6 月，迪拜铝业有限公司与酋长国铝业公司共同组建规模位列世界第五的阿联酋环球铝业集团，电解铝达到 240 万吨。2014 年上半年海外电解铝减产 45 万吨，但同期阿联酋铝业的 EMAL 工厂新增

经济新常态与河南新方略

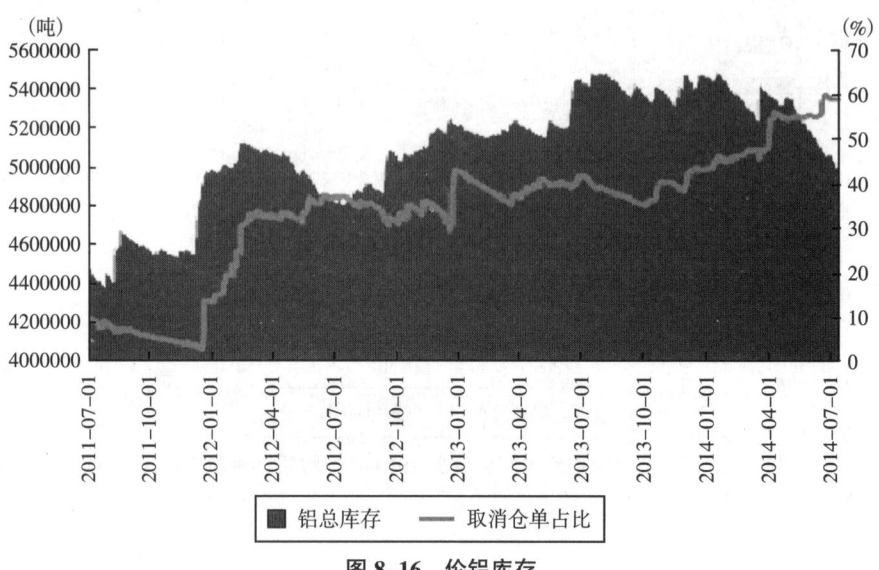

图 8-16 伦铝库存

资料来源：华泰长城期货。

产能投放达到 40 万吨，未来三年，海外电解铝产能和产量仍呈现上升趋势（见图 8-17）。另外，中国减产规模不及新增产能投产的规模，国际铝业协会预计 2014 年全球新增产能 600 万吨，其中 500 万吨在中国，由于中国区域电价不平衡和不同区域企业非合作博弈的影响，产能淘汰比较困难和缓慢，产能削减远远不能抵消西部地区新产能投放带来的压力。

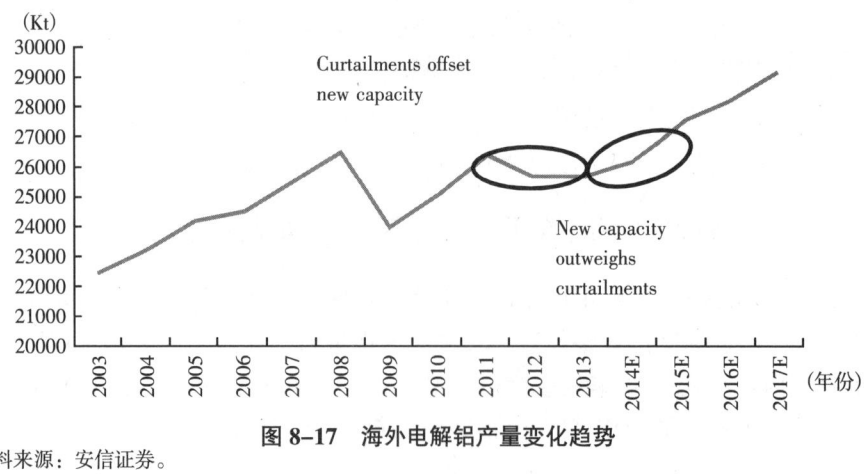

图 8-17 海外电解铝产量变化趋势

资料来源：安信证券。

在此背景下，世界铝工业面临深度转型，全球铝业巨头纷纷调整发展战略，向精深加工和高端铝产品进军，并通过购并、参股铝应用企业，拉长产业链条，降低由于过度依赖电解铝而受到全球铝价波动的影响。以美铝公司为例，近几年为工业企业客户用作零部件的工程类业绩迅猛增长，加快向铝制零部件供应商转型，2014 年 2 月宣布与 Phinergy 公司进行合作，共同开发用于铝空气电池商业化的新型材料、工艺流程与零部件，2014 年 6 月，美铝公司（Alcoa）宣布以 28.5 亿美元收购喷气发动机部件提供商 Firth Rixson，将为美铝以钛和镍合金制造航太零件带进更多专业技术,美铝公司以此降低全球铝市场波动带来的影响。

(二)国内低成本产能陆续释放,行业成本曲线继续下移

未来一段时间,我国电解铝新增产能仍将保持持续增长(见图8-18),未来几年内仅新疆就会有1200万吨产能释放,西部地区电解铝产能进入集中释放的阶段,低成本电解铝将会加速涌入市场,资源丰富、电力充裕的西部省份电解铝冶炼成本位于行业成本曲线下方,该地区产能陆续释放会带动行业生产成本曲线下移,在行业供需总体过剩的背景下,成本曲线下移意味着铝价有进一步的下行空间,但预计空间十分有限,主要是新疆等地的电解铝电价优惠幅度可能没有那么大。另外,随着煤炭价格下行,国家电价向下调整,也将为电解铝打开成本下降空间。

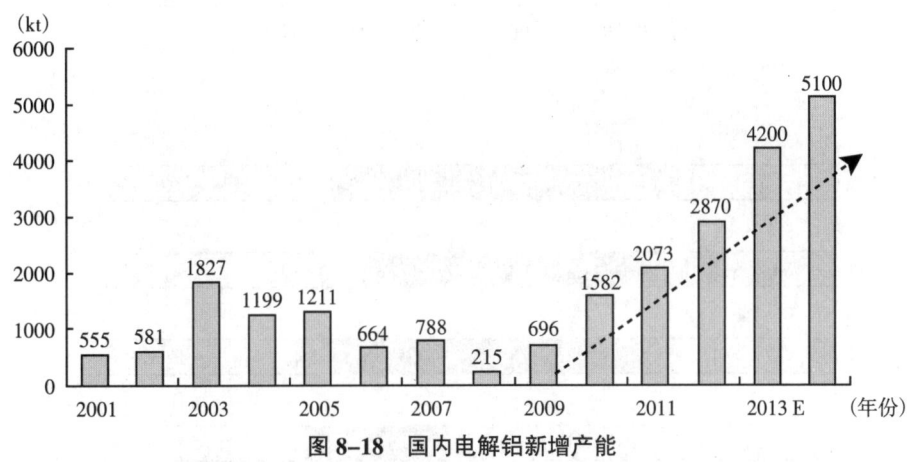

图8-18 国内电解铝新增产能

资料来源:国泰君安。

由于存在15%关税,造成了国内外电解铝市场分割,从而形成国内铝供应过剩、海外铝供应短缺的局面,但国内铝价与国际接轨,因此,当前铝价上涨主要是国外供需缺口所致,并不是国内供需基本面的反映。

(三)我国铝消费仍具拓展空间,结构优化新红利有待释放

仅从生产环节看,铝是高载能产品,但是从全生命周期看,铝确实是一个绿色节能产品,由于铝有质量轻、耐腐蚀、可回收等诸多优良性能,在铝的使用过程和整个生命周期里都具有节能减排和绿色功效。如图8-19所示,目前我国人均铝的消费量约为15公斤,与世界发达国家人均25公斤的水平相比还有较大增长空间。

从消费结构看,我国铝消费也有巨大提升空间,如图8-20所示,目前中国铝消费结构中建筑、电力等"投资"领域的占比达到50%以上,大部分铝企业仍处于美国铝业早期以冶炼和初加工为主的阶段,在交通运输、高端制造、包装消费、消费电子领域的应用具有较大的拓展空间。

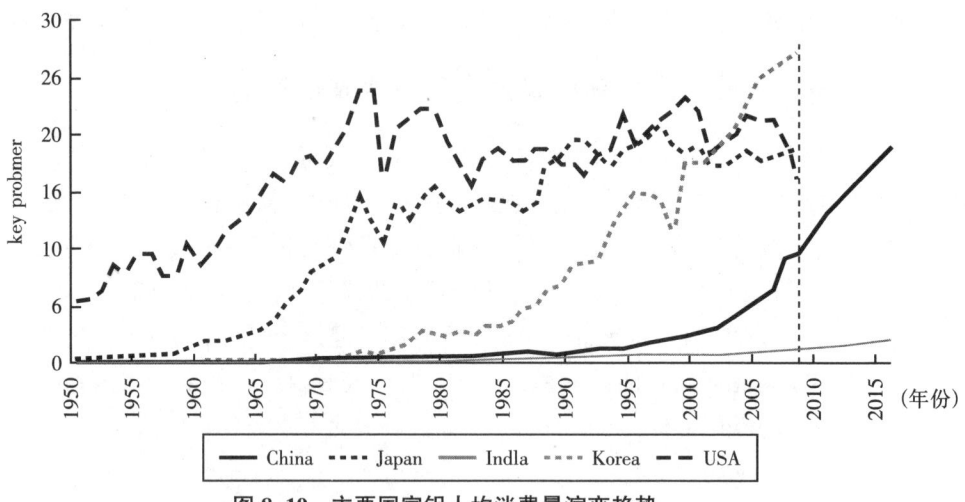

图 8-19 主要国家铝人均消费量演变趋势

资料来源：世界金属协会。

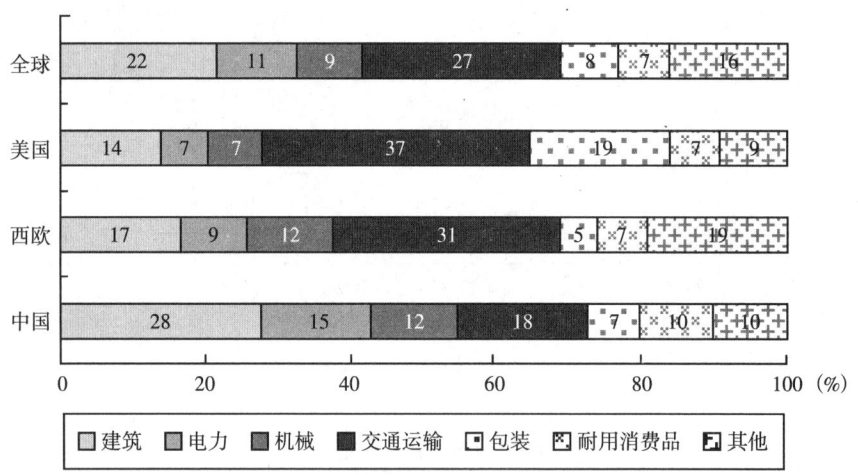

图 8-20 世界主要国家与地区铝消费结构

资料来源：中国有色金属协会。

从实际情况看，近几年我国铝消费虽然有所下滑，但保持着平稳增速，未来一段时间将维持在10%左右的稳定增速（见图8-21）。中国有色金属工业协会会长陈全训的一个研究表明，我国铝应用水平与发达国家存在较大差距，如发达国家乘用车的用铝量已经达到145公斤，我国平均只有105公斤，欧美国家建筑用铝模板的使用已经非常普遍，国内70%以上是木模板。未来我国在以铝代钢、以铝节铜、以铝节木等方面，以及在消费电子、新材料、新能源领域中，铝消费结构优化的新红利将会持续释放，如果铝在交通运输和建筑领域的应用达到发达国家水平，国内就可拓展2000万吨左右的应用空间。中国有色金属工业协会正在积极争取将扩大铝应用列入"十三五"规划重大专项，为拓展铝的应用提供有力支持。

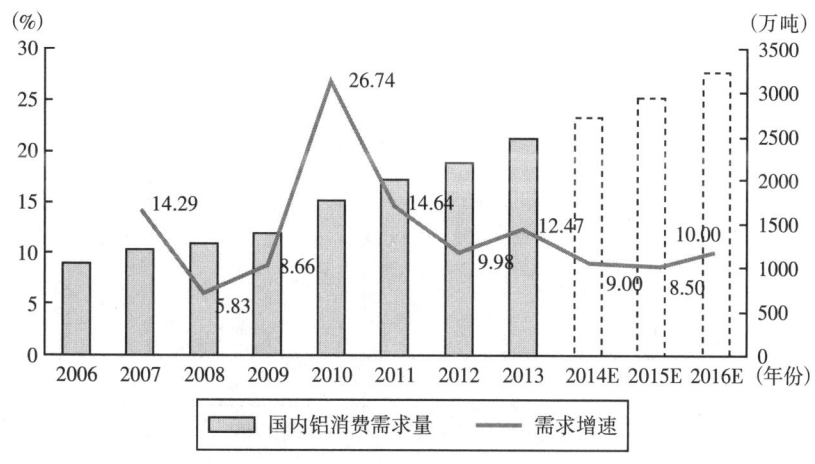

图 8-21 中国铝消费维持稳定增长

资料来源：华泰证券研究所。

（四）电解铝产业调整进入实质阶段，河南仍具优势和竞争力

本轮电解铝调整与以往不同，之前电解铝企业普遍对过剩产能抱有侥幸心理，寄希望于国内投资和需求的高速增长消化产能、维持铝价，但现在经济形势已经发生根本性变化，中国经济增长速度进入新常态，经济发展模式深刻转变，三期叠加的格局使得我们已经不可能出现大规模经济刺激，GDP、房地产、基建投资增速下滑。近几年，电解铝一直是国家化解过剩产能的重点产业，尤其十八大以来，国家对于产能调整有新思路，更注重用市场化手段，将打破区域及企业非合作博弈下电解铝产能退出难的格局，原来地方政府支持电解铝的方式将难以为继，电解铝高成本产能必遭淘汰，电解铝空间布局将向优势区域集聚。从微观层面看，电解铝企业面临长期亏损、长期负现金流，维持经营不是长久之计。在当前全球铝产能过剩加剧供需结构失衡情况下，未来电解铝企业必然会优胜劣汰，进入实质性调整阶段。

但是，综合考虑各种因素，西部新增产能也存在不确定性，2013年政治局常委俞正声、张高丽调研新疆，对在建、拟建的电解铝产能进行了压缩。尤其是实际用电价格存在变数，据了解，目前新疆最优惠电价也在0.22元以上（坑口电厂），大多数电解铝企业点解也在0.30元以上，又面临着人力成本偏高、运费增加、管理水平低等问题，电解铝企业投资积极性也在降低。因此，预计西部产能扩张也将放缓，安信证券经过实地调研认为，新疆电解铝产能增速明显放缓，2016年仅达到577万吨，远低于800万吨的乐观预期（见图8-22）。

河南铝土矿资源相对丰富，占全国总储量的26%，位居第一，在印尼限制铝矿出口的背景下优势凸显。更重要的是河南电解铝整体技术、装备与管理水平领先，西部新增产能短期内难以赶上。总体上看，河南电解铝产业在资源、技术、装备、管理、区位上仍具比较优势，人力、物流、维护、财务等的成本优势弥补了电力的成本劣势，与新疆的成本差

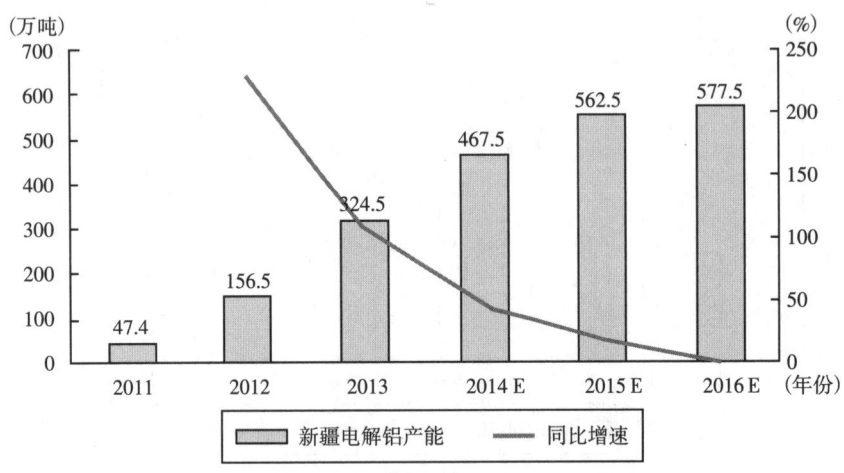

图 8-22 新疆电解铝产能及其同比增速

资料来源：安信证券。

距正在缩小（见表 8-6），由于煤炭价格的下跌以及河南省电解铝企业自备机组的逐渐完善，新疆电解铝相对河南已没有多少优势。河南铝工业正在进入一个新阶段，新阶段的特征是河南铝产业结构优化，电解铝产能、产量会有所下降，铝精深加工、铝终端产品、铝基零部件等环节将扩张。

表 8-6 新疆与河南的成本比较

项 目	新 疆
物流成本	+1950 元/吨
投资成本	+120 元/吨
用工成本	+160 元/吨
财务费用	+400 元/吨
合计	+2630 元/吨

资料来源：河南有色金属协会估算，根据煤炭、电力等价格变化会有变化。

四、河南电解铝产业解困之策

从河南铝工业发展格局看，保持一定规模的优质的电解铝产能十分必要，河南的铝加工产能已经接近 800 万吨，未来还将继续扩大，不能全靠从省外输入电解铝，那样会增大河南铝产业发展风险，另外，电解铝直接关联电力、煤炭等产业，带动的就业面比较广，对河南经济增长影响较大。因此，在产业政策选择上要慎重，采取必要措施，支持优势企业渡过难关赢得转型空间，避免电解铝产业断崖式下滑对河南经济增长的剧烈冲击。但同时也要看到电解铝市场化力量逐渐回归，要坚持市场化理念，明确政策底线，借机淘汰丧失长期竞争优势的产能,长短结合,标本兼治,迎接铝工业新的发展阶段。

(一) 河南电解铝解困的总体思路

1. 政府层面:优化政策组合,以时间换空间

电解铝解困不能局限在电解铝环节上,要从整个铝产业链和铝应用视角优化政策组合。明确政策底线,适应铝工业结构优化和布局调整的内在规律,现在河南电解铝企业亏损严重,缺乏向精深加工环节拓展的资金,当前的电价补贴支持政策目的是避免电解铝产业断崖式下滑,为电解铝企业向精深加工环节转型、减少对电解铝环节的依赖程度赢得空间。要让企业明白这一政策思路,随着时间推移,政策工具肯定会从电解铝环节推出,逐渐向铝新产品研发、铝应用推广等环节聚焦。

2. 企业层面:转变发展理念,以下游带上游

从企业层面看,要顺应产业发展规律,理解政府不可能一直补贴,按照企业自身节奏,转变发展理念,变被动调整为主动调整,向下游精深加工、终端产品环节延伸,但要注意当前板带箔等大路产品同质化的情况,重点向铝制终端产品、铝零部件提供商转型,加大与铝应用企业的合作力度,共同研发新材料,拓展新领域,以下游的应用领域拓展带动上游电解铝环节一体化发展,提升整体优势与竞争力。

(二) 河南电解铝解困的具体策略

1. 生产成本视角的解困之策

由于短期内电解铝产业仍将处于以电价为核心的竞争阶段,而河南电价偏高,因此电力成本决定着企业生死,目前河南省提供的电价补贴并非长久之计,财政负担也难以为继,在调研中企业也认为,2分钱补贴解决不了河南电解铝问题,未来只有第四、第五、第六档电价(见表8-1)才可能生存,河南必须要下决心统筹解决电价问题。一是与国家电网协商调低虚拟过网费,未来国家电力部门改革必然会展开,但河南不能等,要抓住国家电网面临改革压力,由省里出面与国家电网沟通,争取虚拟过网费能降到3分钱以下。二是构建区域性电网,借鉴魏桥模式,目前五大电解铝企业均有发电机组,完全可以构建一个区域性电网,这又在省级政府批准范围内,可以由五大拥有自备电厂的电解铝企业联合组建一个运营公司操作构建区域性电网。三是建立电解铝价格调节基金,改变传统补贴方式,不能一补了之,建议在工信厅设立一个电解铝价格调节基金,企业在经营困难时可以申请补贴,但渡过难关盈利后要返还,形成良性循环。

2. 全产业链视角的解困之策

从全产业链看,铝是一个盈利行业,目前我国产业转型升级加速,在汽车、火车家电、装备等领域替代空间很大,轮船、飞机、动车等高端铝大量依靠进口,河南省应重点促进企业向高端、终端延伸产业链,推动本地产业链对接,拓展铝终端化应用领域,但是,目前河南铝加工环节的普通板带箔竞争激烈,重点要向新应用产品、终端产品进军。一是支持企业实施高端深加工项目,如淅川铝业,近几年通过实施彩铝板、彩铝瓦等精深

加工项目，自产铝液已经可以100%就地转化，产品迅速进入国际市场，降低了对电解铝的过度依赖。二是支持企业到省外国外并购铝加工、铝应用企业，在当前经济下行压力下，引导本地企业通过并购外地加工企业拓展新领域、新市场。三是打造一批铝终端产品产业园，吸引沿海地区企业入驻，带动本地企业拓展铝消费产业新领域。四是对到西部建电解铝项目的河南企业要正确理解，引导企业在本地向铝深加工环节延伸，支持企业到西部去降低电解铝成本。

  3. 应用与创新视角的解困之策

  终端应用与对新产品开发投入不足是河南乃至我国铝工业发展中存在的一个突出问题，目前在以铝代钢、以铝代铜、以铝代木领域技术突破与新产品层出不穷时，如铝电池技术已经成熟，美国已经推出全铝汽车，铝模板应用开始提速，河南应支持铝企业在研发和新产品开发上下功夫。目前国际铝企业，像美铝等，已经成功实现了向"方案提供商"的转型，为下游企业提供铝材料的解决方案。河南一方面应在企业研发创新上加大支持力度，支持铝企就汽车轻量化、铝电池、铝模板等领域与科研机构、相关企业等联合组建研发中心，引导企业关注下游新产品开发。另一方面也要支持企业向"方案提供商"转型，与下游客户联合研发适应不同用途的新材料、合金材料等。这方面河南也有案例，如明泰铝业与中国汽车研究院合作成立汽车轻量化研究与检测中心，生产汽车用高端铝板材，与中国南车四方股份有限公司已签订了《合资合同》，共同出资设立"郑州南车轨道交通装备有限公司"，进入装备制造领域。

  4. 技术与管理视角的解困之策

  从技术改造视角看，通过推进节能降耗技术、清洁生产技术等的推广使用，可以进一步降低成本。从管理角度看，通过加强管理降低人力成本、管理成本等。虽然从技术与管理视角看，河南电解铝成本压缩空间不大，但对于目前电解铝竞争来说，任何成本压缩空间都有意义。河南应该对于电解铝企业在节能降耗、清洁生产、循环经济上的技术改造给予大力支持，省级技术改造资金优先考虑。

五、当前促进河南电解铝产业解困的工作重点与政策措施

  从政府部门看，近两年应把重点放在协调电价和支持企业延长产业链上，力求做到长短结合。

（一）工作重点

  1. 协调解决电价问题

  由省政府出面与国家有关部门协调电价问题，加快协调虚拟过网费，出台省直购电政策，力争电价能够缩小与新疆、山东的差距，以河南电解铝的技术、管理水平能够弥补电

价上的差距。

2. 支持企业建深加工项目

支持六大电解铝企业根据自身情况和需求变化，新上铝精深加工项目，如铝合金、彩铝、铝模板等。支持企业与铝应用企业合作建设研发平台和铝零部件或终端产品项目。打造一批铝制零部件"方案提供商"。

3. 打造一批铝终端产品产业园

依托电解铝产能，在现有铝产业集聚区内打造一批铝终端产品产业园，重点从东南沿海引进一大批中小型铝终端产品企业，就地消化铝水、铝板，开拓市场。

4. 组建省级技术创新联盟

协调组建一个省级的铝产业技术创新联盟，由电解铝企业、铝应用企业及有关科技部门参加，在铝新材料、新应用等突破一批关键技术，有前景的项目优先列入省科技创新支持专项。

5. 搭建铝产业链合作平台

建议举办铝产业链上中下游企业专题对接会，由电解铝企业、铝深加工企业与汽车零部件企业、家电企业、装备制造企业、电子信息制造企业等参加的对接会，促进上中下游企业间在原材料供应、新材料联合开发、产业链配套、协同创新等领域加强合作，搞清本地产业链分割发展的制约因素，破解合作障碍，降低交易成本，形成产业链整体竞争力。

6. 加强对铝金融属性的研究

建议省有色协会与六大电解铝企业联合成立一个专门的铝金融属性研究中心，由专业人士对铝期货、现货价格进行深入研究，为省里做决策参考，可以在合适时机根据铝期货价格走势建议启动省级收储，以对冲国际铝价对河南省电解铝产能的影响。但这需要高端专业技术人才，而且铝金融投资风险较大，应慎重操作。

（二）政策措施

1. 企业新产品支持政策

在扩大铝下游应用方面，建议尽快出台支持政策，对以铝代钢、以铝代铜、以铝代木等新产品开发领域给予企业支持，如以研发补贴或税收减免的方式，也可在科技厅以科研项目给予有关支持。

2. 新技术应用支持政策

出台具体政策支持企业加大节能环保、循环经济等新技术的推广使用，优先纳入省级技术改造项目支持。如对于改造后节约能源消耗的企业，给予相应的环保类资金奖励。

3. 铝应用拓展支持政策

建议出台扩大铝应用专门政策，在基础设施建设、房地产等领域积极推广铝制品，如在政府办公楼、产业集聚区厂房、学校、城市高架、立交、人行天桥等领域出台政策支持使用铝制品。

4. 支持企业延伸产业链

对电解铝企业向深加工、终端产品以及铝新应用领域进军的新项目,在土地、审批等环节给予大力支持。

5. 支持企业一体化发展

继续引导企业加快煤—电—铝—铝加工—铝制零部件—铝终端产品等产业链一体化发展,依托电解铝企业打造一批铝全产业链基地。

第九章 河南信息化发展问题研究

信息化是充分利用信息技术，开发利用信息资源，促进信息交流和知识共享，提高经济增长质量，推动经济社会发展转型的历史进程。当前，信息化已经成为全球经济社会发展的显著特征，信息化对经济社会发展的影响日益深刻。没有信息化，就没有现代化；没有网络安全，就没有国家安全。我国正处在从工业社会走向信息社会的加速转型期，信息化既是保持经济持续快速发展的动力源，也是破解当前各类矛盾的利器。对于河南而言，大力推进信息化进程，利用后发优势，缩小"数字鸿沟"，实现由工业化中期向信息化时代跃迁，是覆盖河南现代化建设全局的战略举措，也是贯彻落实科学发展观、全面建设小康社会的迫切需要，更是建设"富强河南、文明河南、平安河南、美丽河南"的必然选择。

一、国内外信息化发展的历程及趋势

近年来，高速宽带、移动互联网、云计算、大数据、传感网、物联网、智慧地球、泛在计算、智能物理系统、3D打印等新概念、新思想、新技术层出不穷，并在全球广为传播，充分反映了信息与通信技术及其应用在经过了几十年发展之后，正在向高端化演进。从世界范围来看，各国都面临着信息化水平持续提升的问题。"斯诺登事件"持续发酵，在一定程度上说明，各国对信息化及其安全问题更加关注。

(一) 全球信息化发展进入新阶段

1. 信息社会来临的时代认知

2003年12月，在瑞士召开的第一次"信息社会世界峰会"上，世界各国政治家宣布："我们深信不疑，我们正在共同迈入一个极具潜力的新时代，一个信息社会的新时代，一个扩展人类沟通和交流的新时代。"当时，许多人将信将疑，认为信息时代、信息社会还相当遥远。十余年后的今天，大数据、云计算、移动互联网、物联网蓬勃兴起，世界上的大多数人都已经强烈地感受到信息化对人们工作、生活、学习、消费等各方面产生的巨大影响，很多改变和创新是颠覆性的。信息资源的重要性日益凸显，以数字化、网络化和智能化为特征的信息社会已经触手可及。近年来，国际上热炒的"第三次工业革命"，实际上只是当代信息革命的一个组成部分。据国际电信联盟（ITU）发布的《2014年信息与通信技术》报告称，到2014年底，全球互联网用户数量将达到约30亿，其中2/3来自发展中国家。此外，移动宽带普及率也将达到32%。

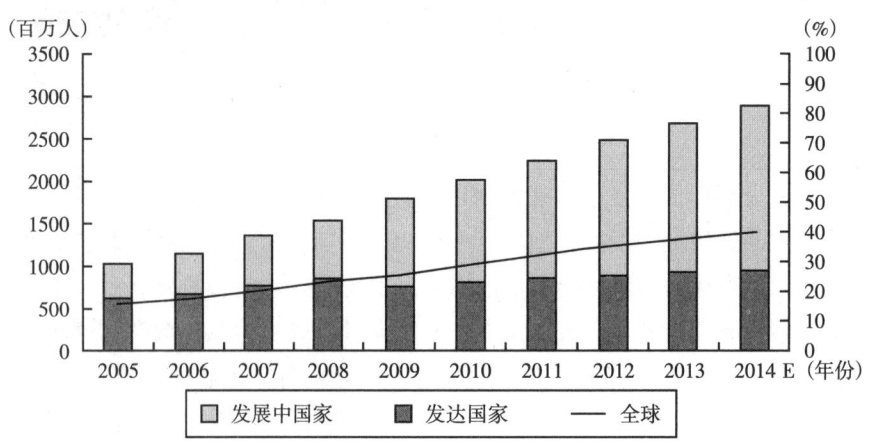

图9-1　2005~2014年全球互联网用户数量及分布

2. 信息化发展进入物联网阶段

信息化发展至今已经经历了三个阶段，即从E化到U化再到I化。E化阶段，即计算机时代，将信息转化为数据成为计算资源，由计算机进行计算处理，使其成为有用的信息。U化阶段，即互联网时代，通过通信传输，将分散的信息转化为集成的信息，根据需求对集成的信息进行生产加工，从而形成信息产品。I化阶段，即物联网时代，使物体与物体在网络中互联互通，通过信息产品的应用建立智慧系统，使物体具有"智慧"。物联网是互联网的应用拓展。应用创新是物联网发展的核心，以用户体验为核心的创新2.0是物联网发展的灵魂。物联网及移动泛在技术的发展，使得技术创新形态发生转变，以用户为中心、以社会实践为舞台、以人为本的创新2.0形态正在显现，实际生活场景下的用户体验也被称为创新2.0模式的精髓。

3. 信息化发展的新特征：可视化、泛在化和智能化

全球信息化向高端发展的主要特征可以归纳概括为：可视化、泛在化和智能化。

可视化：电信技术早期追求的目标是在全球任何角落都可以"听得见（打电话）"，现在的目标则是在全球任何角落甚至在地球外层空间都可以"看得见（可视化）"。宽带和移动宽带网络的发展成为世界各国瞩目的焦点。

泛在化：随着泛在网络，特别是无线通信技术和数字传感技术的发展，人们开始在区域甚至全球的范围内部署传感器、控制器和信息系统，使信息系统的泛在化（即无处不在）成为一个重要的特征，也就是实现由点到"面"的转变。

智能化：各种信息系统早期的目标只是信息的采集和分析处理，包括数据处理系统、管理信息系统以及各种形式的决策支持系统。现在则力图在信息系统采集的数据和信息的基础上，利用各种数学模型和算法，实现对对象、目标的智能化控制。

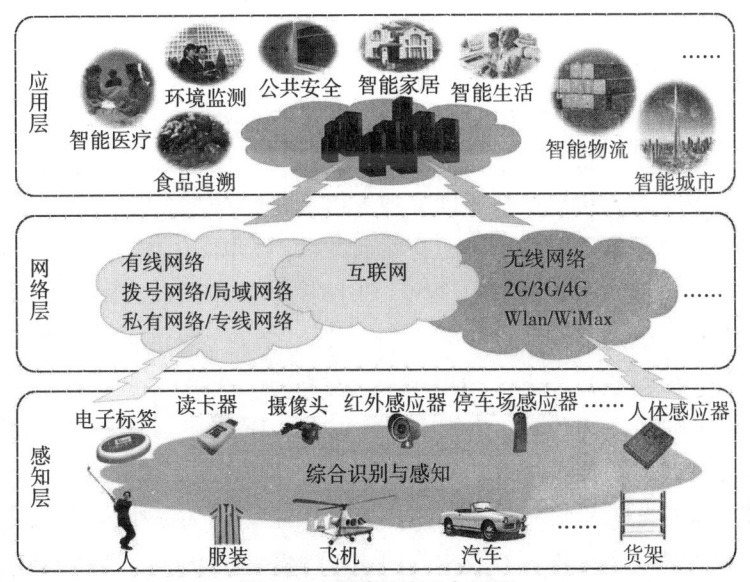

图 9-2 物联网的三个层面

（二）中国信息化发展面临转折点

过去的十余年，中国的信息化取得了巨大成就。作为世界最大的发展中国家，中国利用"后发优势"，缩短了与发达国家的信息化差距，与发达国家基本同步进入一个网络化、信息化时代。截至 2013 年 12 月底，中国网民数量为 6.18 亿，互联网普及率达到 45.8%，远远超过世界平均水平。中国移动电话普及率 2012 年达到 80%。个人计算机的普及应用也处在快速发展期。2012 年，城市家庭每百户拥有计算机已经达到 87 台，农村家庭为 21 台。相对于发达国家，中国的信息化从"望尘莫及"到"望其项背"，再到"并驾齐驱"。中共十八大报告提出"四化同步发展"的新部署。2014 年初，中央网络安全和信息化领导小组成立，习近平任组长，信息化被提高到国家战略层面。当前，在经历了多年的信息化建设之后，中国信息化发展面临着四大转折点。

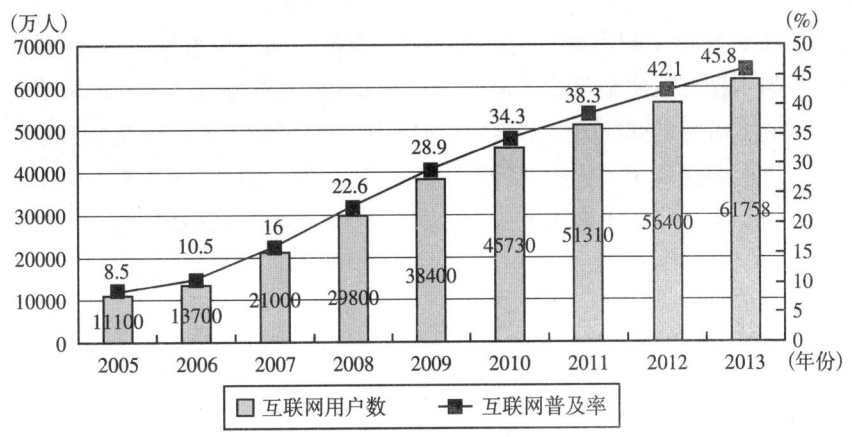

图 9-3 2005~2013 年中国网民规模和互联网普及率

1. "跟随模仿战略"向"创新驱动战略"的转折点

十几年前,中国刚刚开始较大规模的信息化建设,国外几十年积累的信息化成果和经验可以借鉴,通过采取"跟随模仿战略",我国较快地实现了大量的信息化应用系统建设,在电子政务、两化融合、"三农"信息化、电子商务、现代信息服务业等方面,取得了巨大成功。十几年后的今天,情况截然不同。随着信息化向高端发展,国际上可以"跟随模仿"的成功案例屈指可数。作为一个正在崛起的世界大国,中国基本上走过了"跟随模仿"时代,必须向"创新驱动"转型,学会"引领"世界潮流。否则,中国永远不会成为一个世界一流大国。

2. "过度依赖国外"向"更多使用国产"的转折点

2014年两会期间,人大代表、中国工程院院士、"星光中国芯工程"总指挥邓中翰在接受人民日报记者采访时表示,2013年中国芯片进口额超过了2000亿美元,继续大于石油进口额,且与国外先进水平的差距仍在拉大。我国信息化发展中大量设备依赖国外,尤其是芯片、集成电路、软件等核心技术方面,中国信息化设备企业处在全球价值链的低端,代工多。当前,信息安全问题更加突出,自2013年6月美国"棱镜门"事件曝光后,2014年上半年,大面积DNS服务器故障、微软停止对XP系统服务等事件的相继发生,使我国在信息化建设中对安全可靠本土产品和服务的需求日趋迫切。必须加快从过度依赖国外设备向更多使用国产设备的转变,提升我国安全可靠本土产品和服务供给能力,破解制约信息化快速发展的重要瓶颈。但是,这个转变并不意味着完全禁止引进国外先进技术,而是应当研究如何利用庞大需求支持本土企业向研发、品牌提升,提高本土企业竞争力,更好地吸收国外先进技术。

3. "信息孤岛"向"信息网络"的转折点

2014年2月27日,习近平总书记指出,信息资源日益成为重要生产要素和社会财富,信息掌握的多寡成为国家软实力和竞争力的重要标志。中国原来的信息化建设部门分散、管理部门分散、行业分散、条块分割问题突出,数据开放程度严重滞后,没有形成信息网络,造成信息孤岛,信息化的巨大潜力没有充分发挥出来。而信息的价值在于链接,要整合资源,避免条块分割,形成信息网络。理顺企业的数据流,统一进行信息资源规划,通过集成平台实现系统应用的集成,是推动"信息孤岛"向"信息网络"转折的有效措施。目前,我国政府数据开放明显落后于世界先进国家,据开放基金会公布的政府开放普查结果显示,我国在被普查的70个国家和地区政府中,位居第35位。但是,各级、各地政府积极推动公共信息资源应用。国家统计局上线新版国家数据库,北京市开通了北京市政府数据资源网,上海市建设了上海市政府数据服务门户,青岛市设计了青岛市政府数据开放服务平台。

4. "区域发展失衡"向"区域协调发展"的转折点

近年来,中国信息化的整体水平不断提高,但中国内部区域数字鸿沟有所扩大,特别是东部和中西部信息化发展不平衡的情况较十年前扩大了近一倍。中国信息化水平仍呈现出明显的"东高西低"、"中部塌陷"现象。在中央西部大开发和中部崛起等战略方针的指引下，中西部工业化和城市化发展所取得的进展，为中西部信息化加快发展积累了一定的资金和资源。同时，信息基础设施取得较大发展，信息化应用水平大幅提升，信息化人才队伍逐步壮大，经济社会发展对信息化产生了巨大需求，加快中西部地区信息化发展的机遇已经来临。"风水轮流转"，获取"后发优势"带来的红利的机会，已经轮到了中西部地区。中国信息化发展面临"区域发展失衡"向"区域协调发展"的历史转折点。

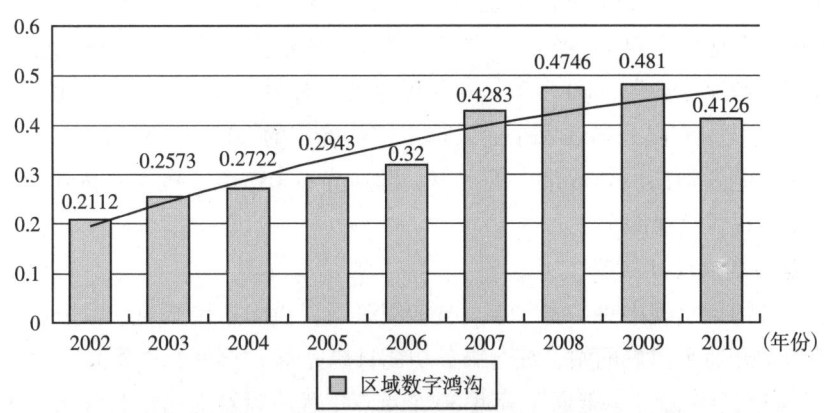

图9-4 2002~2010年中国区域数字鸿沟指数变化情况

二、河南信息化发展的主要做法、成效及问题

近年来，河南信息化发展步伐明显加快，整体水平不断提升。但是，与其他省份相比，河南信息化应用水平仍远远落后于发展需求，综合带动提升作用不明显，诸多难题亟待破解。

（一）做法与成效

2008年，《河南信息化条例》颁布实施。2009年7月，省委八届十次全会提出了实施信息化提速工程的战略部署。同月省政府召开了全省信息化工作会议，出台了加快信息化建设的若干意见（豫政〔2009〕41号）。2009年以来，省政府陆续调整充实了省信息化工作领导小组、省电子政务建设领导小组等议事协调机构，制定了国民经济和社会信息化发展"十二五"规划，设立了省信息化发展专项资金，出台了加快推进两化深度融合的指导意见和专项行动计划，组建了省信息化专家咨询委员会和省、市两级信息化专家队伍，年度工作纳入省政府目标考核，组织保障不断强化。

1. 两化融合迈出坚实步伐

从区域、行业、企业三个层面加快两化融合步伐。实施了郑州市国家级两化融合试验区建设，引导企业投入15.6亿元，新增经济效益75.2亿元，顺利通过国家验收。省级区域"两化"融合试点工作取得阶段性成效,新乡市机械行业推广应用CAD/CAM技术的企业达到80%以上,实施CAD、CAPP、CAE、CAM、ERP的企业达到20多家。据有关调查资料显示,河南全省规模以上工业企业累计完成信息化投入约50多亿元,企业信息化投入年平均增长23%以上。80%以上的规模企业接入互联网并建立了门户网站,先后有40多家企业入选"中国企业信息化500强"。同时加快25家省级两化融合试验区建设,完善了产业集聚区信息公共服务体系。围绕14个重点产业,筛选100家省级示范企业,带动行业信息系统普及应用,双汇、众品、许继、平煤、中信重工等骨干企业信息化走在了全国前列,建成"数字企业"5000多家。郑州思念食品有限公司、郑州回家软件有限公司、郑州向心力通信技术有限公司3家企业入选工信部确定的2014年互联网与工业融合创新试点企业。中小企业河南网建成市、县(市、区)分站167个,覆盖率达到100%,为30多万家中小企业提供信息服务。

2. 电子政务建设成效显著

省电子政务内网实现中央、省、市、县四级联网,横向连接至100多个省直部门。省市县三级政府均开通了门户网站,综合服务功能日趋完善。"金水"、"金土"、"金盾"、"金财"、"金税"和社会保障"一卡通"等近30个重点工程建设及应用不断深化,环境自动监控、行政效能电子监察、新农合信息平台等一批重要业务系统建成并发挥作用,人口数据库、宏观经济数据库、法人基础信息库、自然资源和空间地理数据库等基本满足业务需求。成立了各级网络与信息安全协调小组,建立了省信息安全测评中心、省级政务信息数据容灾备份中心等支撑机构,网络与信息安全检查、信息安全等级保护制度有效落实,网络与信息安全保障能力不断增强。

3. 农业农村信息化扎实推进

大力实施国家农村信息化示范省建设,依托农村党员干部现代远程教育网,搭建省市县三级农业综合信息服务平台,建成涉农信息网站162个、信息服务站点50875个,覆盖全部行政村。重点建设了农业资源环境、种植业技术、农业气象、特色农产品等不同层面的数据库,建成了"粮食作物生产信息服务平台"、"畜牧业生产监测应急预警指挥系统"和"农村远程医疗信息服务系统",农业农村信息服务水平明显提高。鹤壁农业硅谷产业园在农业信息化方面走在全国前列。

4. 信息技术产业快速发展

电子信息产业具有集聚创新资源与要素的特征,是实现信息化和推动经济发展的重要支撑,以及国防现代化的有力保障,已成为全球经济、政治、文化、社会特别是科技和军事竞争的焦点。进入21世纪以来,尤其是近年来,河南电子信息产业发展逐渐呈现加快发展的趋势。加快以智能终端(手机)为重点的电子信息产业集群引进,以富士康为引领,河南省电子信息制造业实现跨越发展,主营业务收入由2009年的378亿元增至2012年的2009亿元,再到2013年的2724亿元;智能手机从无到有,2012年出货量达6850万部,2013年达到9645万部。推进电子商务全方位应用,郑州市被确定为国家电子商务示范城市和跨境贸易电子商务服务试点,2013年全省电子商务企业数量2000余家,从业人数超过10万人。积极发展物联网产业,物联网企业超过300家,RFID(无线射频识别)、气体传感器等领域居于国内领先地位。2014年6月26日,河南省与阿里巴巴集团签署云计算和大数据战略合作协议,为企业服务,带动社会公共服务的效率提升。

5. 信息化基础设施日趋完善

截至2012年底,河南长途光缆线路长度达到30271公里,局用电话交换机容量1804万门,移动电话交换机容量8550万户,固定电话普及率为13.7部/百人,移动电话普及率为61.5部/百人。积极推动三大运营商加快3G网络建设和二代电信网络升级,2009~2012年累计投资697.81亿元,实现了3G网络乡镇以上全覆盖、行政村光纤村村通、自然村宽带村村通。中国联通中原数据基地、中国移动(洛阳)呼叫中心等重大项目开工建设,郑州被确定为国家"三网融合"试点城市,广电网络基本完成18个省辖市有线网络双向改造和数字化整体转换,信息化承载能力不断增强。

表9-1 河南通信行业基本情况及通信水平(年底数)

序号	指标	单位	2010年	2011年	2012年
1	移动电话用户期末数	万户	4450	5062	5788
2	固定电话用户	万户	1432	1340	1289
3	国际互联网用户	万户	3043.42	3857.22	5098.00
4	固定长途电话交换机容量	路端	1507479	1510861	1511800
5	局用电话交换机容量	万门	1996	1855	1804
6	移动电话交换机容量	万户	7948	8428	8550
7	长途光缆线路长度	公里	36446	30519	30271
8	固定电话普及率	部/百人	14.4	14.3	13.7
9	移动电话普及率	部/百人	44.6	53.8	61.5

(二)存在的问题

由于河南省信息化建设起步较晚、基础薄弱、制约因素多,导致信息化发展整体水平不高。有关研究表明,河南信息化、工业化融合水平在全国排名进入中游偏上水平,但限于庞大的人口基数,在多数由人均指标构成的信息化发展指数得分排序中,河南总指数在全国和中部六省排名分别为第28位和第6位。在构成信息化发展总指数的五大类分指数方面,河南得分普遍偏低(见表9-2)。2012年河南省电子信息制造业主营业务收入仅占全国的2.4%、软件业仅占全国的0.6%,信息化已成为河南省四化同步发展中亟待解决的短板。

表9-2 2011年中部六省信息化发展指数得分和全国排名情况

地区	总指数/全国排名	基础设施/全国排名	产业技术/全国排名	应用消费/全国排名	知识支撑/全国排名	发展效果/全国排名
全国	0.732	0.450	0.980	0.677	0.831	0.723
湖北	0.708/11	0.421/14	0.913/12	0.652/16	0.880/6	0.672/10
山西	0.684/13	0.413/16	0.889/15	0.665/12	0.848/12	0.605/21

续表

地区	总指数/全国排名	基础设施/全国排名	产业技术/全国排名	应用消费/全国排名	知识支撑/全国排名	发展效果/全国排名
安徽	0.664/19	0.395/19	0.904/13	0.588/25	0.814/21	0.619/16
湖南	0.660/20	0.359/25	0.877/18	0.603/22	0.827/19	0.635/13
江西	0.629/26	0.379/23	0.796/29	0.564/28	0.834/17	0.574/27
河南	0.619/28	0.351/27	0.836/21	0.581/21	0.756/29	0.571/28
河南相当于全国（%）	84.57	78.03	85.27	85.83	91.06	79.05
河南相当于中部其他5省水平（%）①	92.53	89.30	95.39	94.52	90.00	92.01

注：①湖北、山西、安徽、湖南、江西5省的算术平均数。

1. 认知水平亟待提升

对信息化的认知停留在工具层面，一部分领导干部和行业精英只是将信息化看作一种发展经济的工具，一种解决问题的有效手段，没有认识到一个新的时代，即信息时代已经来临，没有意识到信息社会对传统工业产生的革命性、颠覆性影响。对信息化建设紧迫性认知度不高，对信息化发展规律把握不准，对其在经济社会发展中的重要地位和作用认识不足，没有意识到信息资源作为一种可以无限利用的生产要素对于转变经济发展方式的重要作用。

2. 区域发展明显失衡

就信息化发展单项指标而言，信息传输、软件和信息技术服务业从业人员占全部就业人口的比重，郑州以0.6836%遥遥领先，洛阳以0.1955%位列第二，但二者的差距很大，而排名最后的漯河仅为0.0428%，不及郑州水平的1/10；信息传输、软件和信息技术服务业增加值占地区生产总值的比重，信阳以2.2758%位于全省18个省辖市第一位，而排名最后的济源仅为0.6615%；互联网普及程度、固定电话普及程度、移动电话普及程度和人均电信业务量等也普遍存在区域发展失衡现象。就信息化发展综合指数而言，只有郑州一个城市超过90，达到了97.61，新乡以74.99位列全省第二位，洛阳则以74.83紧随其后，位列全省第三位。周口、驻马店信息化发展综合指数分别为63.39、63.71，在全省处于比较落后的地位。

表9-3 河南各地市信息化发展单项指标、综合指数及排名情况

省辖市	信息传输、软件和信息技术服务业从业人员比重（%）	信息传输、软件和信息技术服务业增加值占GDP比重（%）	互联网普及程度（户/百人）	固定电话普及程度（户/百人）	移动电话普及程度（户/百人）	人均电信业务量（元/人）	信息化发展综合指数	排名
郑州	0.6836	1.6329	102.57	27.58	109.89	1347	97.61	1
开封	0.1908	1.7514	48.50	12.00	52.90	555	70.11	9
洛阳	0.1955	1.1234	61.09	19.09	70.76	779	74.83	3
平顶山	0.1234	0.9721	52.03	11.36	59.78	613	68.22	13
安阳	0.1801	1.3772	60.16	16.78	66.80	703	73.93	4
鹤壁	0.0996	0.9399	59.49	18.35	63.92	658	71.04	7

续表

省辖市	信息传输、软件和信息技术服务业从业人员比重（%）	信息传输、软件和信息技术服务业增加值占GDP比重（%）	互联网普及程度（户/百人）	固定电话普及程度（户/百人）	移动电话普及程度（户/百人）	人均电信业务量（元/人）	信息化发展综合指数	排名
新乡	0.1485	1.2564	64.84	20.53	67.92	746	74.99	2
焦作	0.1108	0.6949	64.49	15.91	70.11	752	71.92	6
濮阳	0.1204	1.0104	53.63	10.25	62.21	631	68.76	12
许昌	0.1425	1.1333	54.88	12.72	61.84	618	69.91	10
漯河	0.0428	0.7138	50.20	11.25	56.24	632	66.01	15
三门峡	0.1540	0.7008	58.04	13.62	66.96	691	70.21	8
南阳	0.1779	1.1710	38.26	9.29	47.25	431	64.32	16
商丘	0.0819	1.4915	45.37	10.38	55.05	532	67.50	14
信阳	0.1446	2.2758	41.28	10.88	47.33	488	69.29	11
周口	0.0685	1.5095	36.04	7.14	43.64	427	63.39	18
驻马店	0.0690	1.3716	38.66	7.40	46.18	444	63.71	17
济源	0.1766	0.6615	65.22	19.57	76.38	723	73.72	5

3. 管理体制机制不顺

信息化工作存在"九龙治水"现象，多头管理、政出多门等问题始终没有解决，主管部门统筹、有关部门协同、合力推进的工作格局尚未形成，直接导致信息化项目多头管、资金多头要、系统多头建，已经成为制约信息化顶层设计、集约发展的主要障碍。如信息化发展规划由主管部门制定，但项目管理、资金使用等又分属不同部门，截至目前，全省每年到底启动了多少个信息化建设项目，到底投入了多少信息化建设资金，作为信息化主管部门也难以掌握。各级信息化主管部门由于综合协调职能有限，缺乏强有力的调控措施和管理手段，工作力量薄弱，推进信息化工作心有余而力不足。

4. 数据协同共享滞后

信息资源的交换共享和业务协同是信息化工作创新管理体制、再造业务流程、提高工作效率、促进协调发展的重要内容。目前全省累计建设了近30个纵向业务系统，因体制机制制约无法实施顶层互联互通，条块分割、"纵强横弱"问题突出，系统间无法实现信息共享与业务协同，"信息孤岛"、"系统烟囱"普遍存在，不仅重复建设、浪费资源，而且客观上造成了不同行业、不同区域数字鸿沟的拉大。

5. 保障支撑体系亟待完善

安全保障体系不健全，信息安全测评、应急预案和风险评估制度不完善，网络与信息安全通报机制和协同机制仍未建立，2009~2011年被抽查的400多个单位中，90%以上的单位没有定期组织业务系统风险评估，80%被抽查的单位存在单点故障隐患。信息化人才队伍建设滞后，尤其缺乏领军型、创新型、复合型人才。人才队伍结构不合理，培训机制不健全，信息咨询能力薄弱。各类应用推广中心、技术研究中心建设滞后，标准规范体系不完善，难以满足信息化快速发展的需要。

三、河南信息化发展面临的新形势

在后全球金融危机时代,加快信息化发展,对于促进产业转型升级,打造河南经济升级版,提升社会经济发展质量均具有重要意义。对于地处内陆的河南来说,信息化也是改变河南时空距离的一个核心手段。

(一)河南信息化发展面临的新机遇与有利条件

当前,河南信息化发展正处在全面渗透、深度应用的提速期,具备信息技术产业蓬勃发展、信息化需求空间不断拓展等多种有利因素。

1. 各级政府高度重视

国家对信息化建设高度重视,支持力度不断加大。2014年2月28日,中央网络安全和信息化领导小组宣布成立。中央网络安全和信息化领导小组组长习近平强调,网络安全和信息化是事关国家安全和国家发展、事关广大人民群众工作生活的重大战略问题,要努力把我国建设成为网络强国。近年来,《中国信息化发展战略(2006~2020)》《信息化发展规划》《物联网"十二五"发展规划》《电子商务"十二五"发展规划》等规划陆续出台。2012年,中国政府IT投资增长速度明显加快,增速为11.6%,达到518.7亿元,2013年政府行业信息化投资达到589.9亿元,增速高达13.7%,如图9-5所示。2014年6月23日,中共河南省委网络安全和信息化领导小组第一次会议在郑州召开,强调要提高认识,突出重点,加强领导,努力推动全省网络安全和信息化工作实现新突破、取得新成就,为"四个河南"建设营造良好的网络环境。洛阳、南阳、开封等8个省辖市及长垣县入选河南省智慧城市建设试点城市。

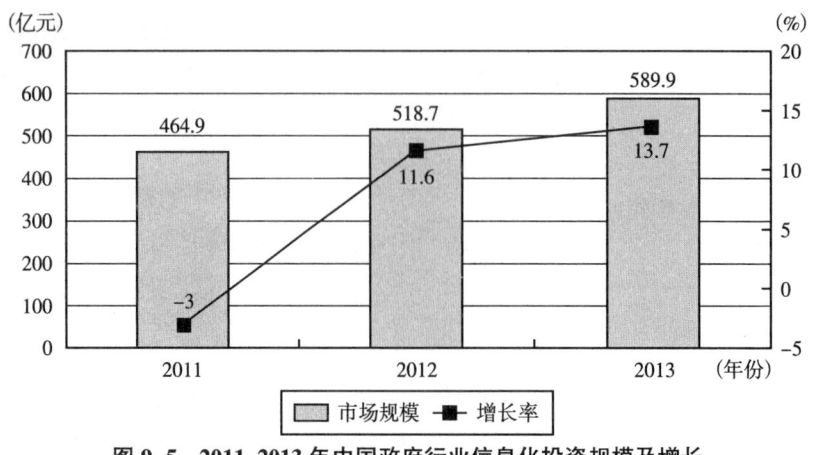

图9-5 2011~2013年中国政府行业信息化投资规模及增长

2. 信息消费日益加快

随着信息消费与供给日益适配，商业模式与挖掘需求潜力日益契合，河南信息消费规模不断扩大，成为推动信息经济发展的重要引擎。一方面，信息消费加速工业经济向信息经济转型。随着工业经济基础设施向信息经济基础设施切换，架构于前者的 B2C 链式交易结构让位于 C2B 网状交易结构，如图 9-6 所示。另一方面，信息消费推动经济向自主型经济发展。据工信部统计，2013 年上半年，我国信息消费规模达到 2.07 万亿元。网购网民规模为 2.71 亿人，手机购物网民规模为 7636 万人。河南信息消费潜力巨大。截至 2013 年 8 月底，全省电话用户接近 8000 万户，六成以上移动电话用户通过手机上网，全省信息消费规模达到 1260 亿元。在实施"宽带中国"战略方面，省通信管理局、省发展改革委等 9 个省直部门印发了《关于建设宽带中原的意见》，推进"宽带中原"建设。截至 2013 年 9 月，全省新建光缆线路 6.1 万公里、新增 3G 用户 896 万户、固定互联网宽带接入用户 66.5 万户。全省 4M 以上宽带用户占比达到 85.5%，较 2012 年底有较大幅度提升。2013 年全省电子商务交易额达到 4600 亿元，同比增长 40% 以上；电子商务企业数量 2000 多家，电子商务从业人数超过 10 万人。商务部报告显示，河南电商企业数量全国第八、中部第一；支付宝提供的数据显示，河南支付宝交易额在全国名列第九。

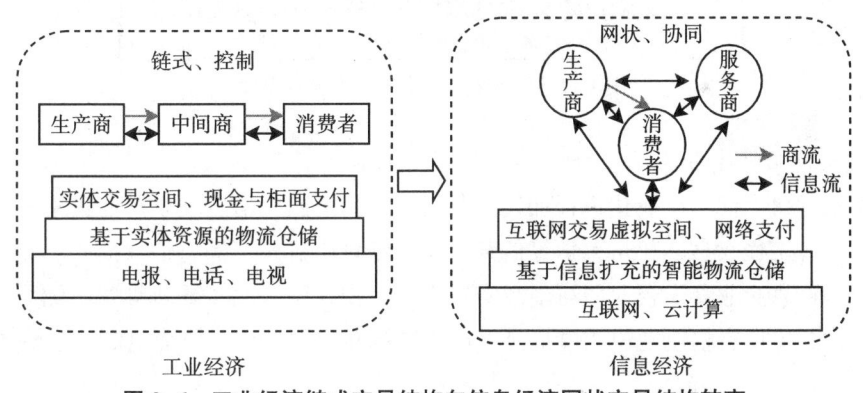

图 9-6 工业经济链式交易结构向信息经济网状交易结构转变

3. 信息产业转移提速

根据 2012 年中国电信业大会公布结果，20 世纪 90 年代以来，基于信息通信技术产业的投资和需求对我国经济增长的贡献率达到 18.56%，信息通信业将成为我国经济增长的新热点。由于经济发达地区土地成本、能源成本、劳动力成本和生态环境成本快速攀升，后金融危机时代，企业为拓展市场空间，纷纷将生产环节配置到成本相对较低的中西部地区。英特尔在成都建设生产基地，惠普在重庆设立笔记本出口制造基地。近年来，河南凭借庞大的市场优势、区位及交通优势、人力资源保障优势，以产业集聚区为载体，着力引进关联度高、辐射力大、带动力强的龙头型、基地型电子信息产业项目，电子信息制造业、软件产业、信息服务业等信息产业进入加速发展阶段。建成了一批国家级、省级电子商务示范基地、示范企业和电子产业园。2013 年，郑州高新区河南电子商务产业园开业，截至目前已经入驻包括甲骨文、微软、阿里巴巴、百度等知名企业在内的40多家企业，电子商务产业锋芒初显，并表现出强劲的发展势头。

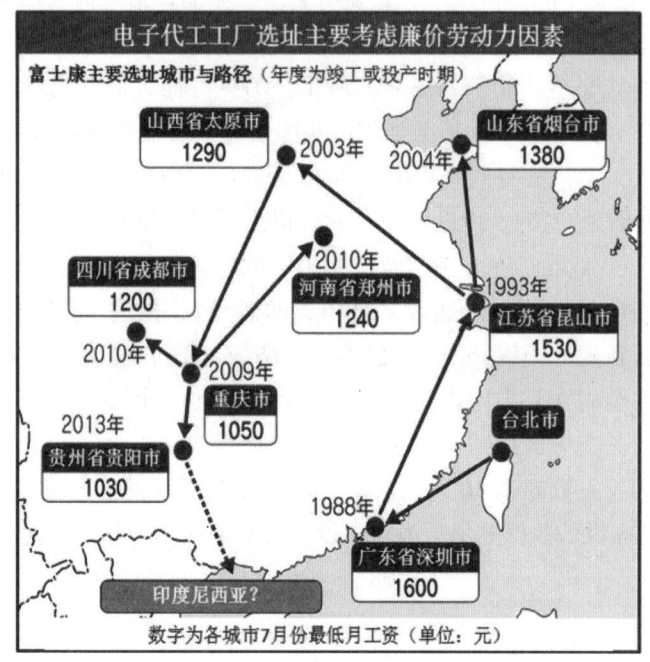

图 9-7　富士康选址城市与路径示意图

4. 本地产业优势凸显

本地技术研发优势产业化进程加快。郑州市是我国四大信息安全产业集聚地之一，拥有解放军信息工程大学、郑州大学等信息产业优势科研机构，拥有信大捷安、金慧、新开普、汉威等信息产业骨干企业。河南在信息安全、物联网、北斗导航等领域优势突出。此外，郑州的国家信息枢纽地位明显提升，成为国际互联网入口、跨境电商E贸易试点。河南本土电商培养出几棵"参天大树"：中华粮网是国内最大的粮食交易平台，河南黎明重工的悉知搜索收录我国合法注册企业2000多万条，世界工厂网更是成为机械行业访问量第一的网络交易平台。另据中国电子商务研究中心检测数据显示，目前国内电子商务服务企业主要分布在长三角、珠三角一带和北京、上海等经济较为发达的城市。而在企业区域分布上，排在前十的省份（含直辖市）分别为：浙江省、广东省、上海市、北京市、江苏省、山东省、四川省、河北省、河南省、福建省，如图9-8所示，河南省位于中部6省份之首。

5. 信息化需求十分旺盛

省内企业、社会对信息化需求明显提升。工业企业对信息化的需求明显上升，民众对教育、网购、支付、医疗、公共服务等的信息化需求也在提升。尤其是国务院2014年3月17日公布了《国家新型城镇化规划（2014~2020年）》，明确了智慧城市建设的方面，将促进智慧城市建设理念、建设模式创新，加速城市经济社会发展深度融合。2013年12月

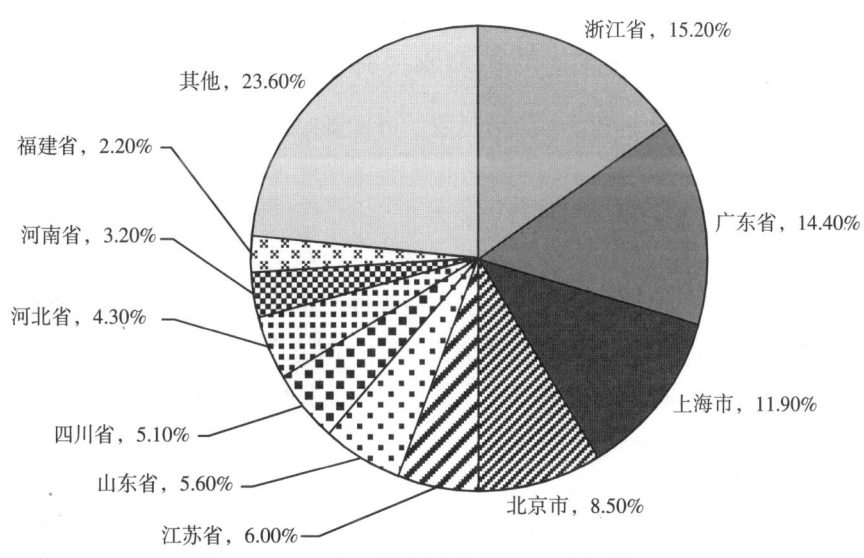

图 9-8　2012 年中国电子商务服务企业区域分布

资料来源：www.100EC.cn.

25 日，中国共产党河南省第九届委员会第六次全体会议通过的《中共河南省委关于科学推进新型城镇化的指导意见》中明确提出："加快信息化提速赶超，推动信息化与城镇化协同发展。"在智慧城市建设过程中，将会有更多智慧城市运营模式涌现出来，政府、金融、制造、通信、服务等部门必将对信息化产生强烈的需求，并带动移动互联网、物联网、云计算等新兴业态的发展，如图 9-9 所示。

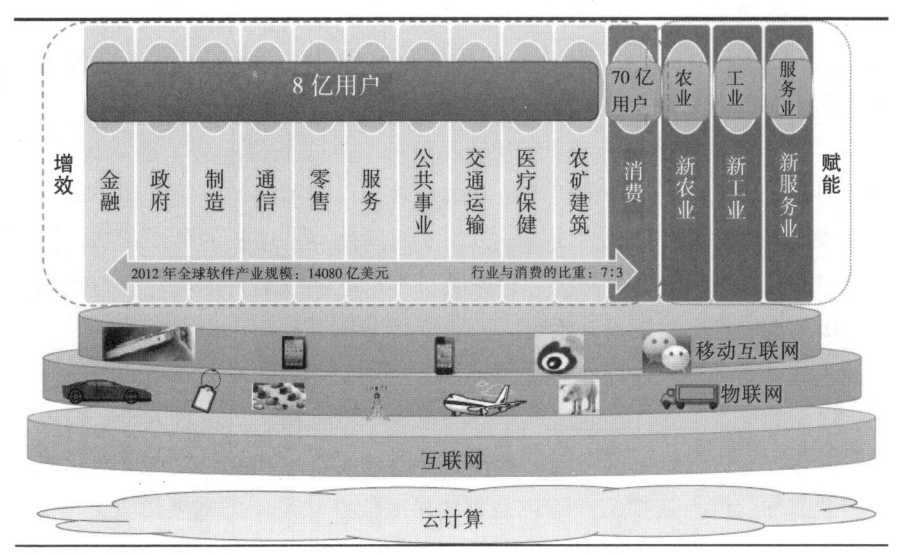

图 9-9　智慧城市建设受益的产业

(二) 河南信息化发展面临的新挑战与制约因素

当前,河南正处于"攻坚转型,爬坡过坎"的关键时期。河南信息化发展也面临着一些新挑战和制约因素。

1. 参与部门比较分散,难以形成推进合力

有关资料显示,很长一段时间内,一般省级信息化有十多个不同类型的部门在分头管理,甚至分布在党委、人大等部门,出现了上情难以下达,横向难以有效协调的局面,地方反映强烈。我国信息管理体制存在"九龙治水",掣肘了网络安全与信息化发展。河南也不例外,分散的管理体制,没有形成一个部门去抓信息化的局面,成为制约信息化发展的一个瓶颈因素。

2. 管理水平相对偏低,信息化作用不能发挥

据有关数据显示,国内 IT 采购仍以硬件为主,各行业 IT 采购中硬件份额均超过 50%,而国际上以服务采购为主,硬件采购低于 30%,我国以建设投资为主的 IT 建设模式阻碍了信息化在垂直行业领域的应用和发展。在河南,重建设、轻管理,重硬件、轻软件的现象依然存在,实际上很多信息化基础设施并没有发挥出来应有作用。一方面,信息化建设不够规范统一,存在着条块分割的现象。一些部门自行开发的系统,缺乏标准化、规范化和兼容性,信息资源难以共享,形成"信息孤岛"。另一方面,信息化主管部门的职能和相关法规不够健全。对信息化建设的管理行为缺乏法规依据,管什么、不管什么,随意性较大,法规性和权威性不强。信息资源整合难度较大。一些政府部门对于信息共享认识不足,或出于部门利益保护,不愿公开和共享有关信息资源,给信息资源整合工作带来较大困难。

3. 经济发展进入新常态,信息化投资不足

2008 年国际金融危机以来,河南投资力度和招商引资力度一直在不断加大,经济增长幅度却在持续走稳。经济下行压力日益加大,信息化建设资金投入不足。多年来,工业一直是拉动河南经济发展的"车头",但是近年来工业这个"车头"逐渐显现动力不足,工业增加值增幅连年降低,经济危机导致需求疲软、市场萎缩,传统产业支撑能力持续下降,而高新技术产业比重较低无力支撑。以往支撑河南经济增长的传统优势产业铝业、钢铁、化工、建材、煤炭、电力、纺织和机械装备等产业陆续陷入困境,企业利润下滑,甚至亏损,直接导致信息化建设投入不足。

4. 本地人才支撑力弱,信息化人才匮乏

信息化建设的根本是人才。企事业单位决策者的不重视和资金投入少,使得信息化建设人才极度匮乏,专业素质偏低,既了解本企业的核心技术和发展规划又对信息技术、信息化建设精通的复合型人才稀缺,这也是制约河南信息化发展的重要因素之一。2011 年,河南信息传输、计算机服务和软件业从业人员为 35.74 万人,占全部就业人员 6197.85 万人的比重为 0.58%。而同期,山西、湖南、湖北、江西和安徽信息传输、计算机服务和软件业从业人员分别为 7.29 万人、54.29 万人、7.75 万人(城镇数)、34.73 万人和 28.3 万人,占全部就业人员的比重分别为 0.95%、1.36%、1.01%、1.37%和 0.69%。就信息传输、

计算机服务和软件业从业人员总数而言，位居中部六省第2位，仅次于湖南，而就相对比重而言，在中部6省，排名位于最末的位置。河南信息化人才匮乏的问题，由此可窥一斑。

四、当前及今后一个时期河南信息化发展的战略构想、主要目标及对策建议

信息化发展是一项复杂的系统工程，适应信息化时代的要求，大幅提升河南信息化水平，必须厘清指导思想、阶段目标、工作思路和发展重点。

（一）战略构想

1. 指导思想

全面贯彻落实党的十八大和十八届三中全会精神，把加快信息化建设作为促进发展方式转变的重要途径，把扩大信息技术应用作为构建现代产业体系的重大举措，把提高信息服务能力作为保障和改善民生的有力支撑。紧密结合河南实际，抓住三大国家战略规划历史机遇，加强统筹规划，以企业为主体，以市场为导向，积极推进下一代信息基础设施建设，推动"两化深度融合"，促进"四化同步"发展，突破信息技术和信息产业发展瓶颈，增强信息安全保障能力，全面提升社会经济各领域信息化水平，构建面向信息时代的"信息化、智能化、网络化"的新型产业体系，加快"由工业社会向信息社会转变"，发挥后发优势，实现信息化发展"弯道超车"，为"四个河南"建设做出贡献。

2. 基本原则

（1）政府引导，企业主体。各级政府部门应加大政策引导和资金扶持力度，建立健全信息化公共服务和支撑体系。坚持企业主体地位和市场配置资源的基础性作用，在竞争性领域坚持信息技术推广应用的市场化，在社会管理和公共服务领域积极引入市场机制，增强信息化发展的内生动力。

（2）统筹规划，重点切入。坚持顶层设计、集约发展，推进信息技术在经济社会的广泛覆盖和深度集成应用，支撑现代农业发展，带动工业转型升级，加快服务业现代化进程，提高社会事业信息化水平，形成统筹兼顾、点线面相结合的信息化发展推进格局。

（3）分类指导，梯度发展。深化对信息化发展系统性、层次性、阶段性的认识，把握不同城市、不同领域、不同产业信息化发展的推进差异，区分层次，加强指导，有针对性地制定不同领域的发展目标和途径，推进信息化的深入协调发展，实现全省信息化整体水平提升。

（4）示范带动，行业推进。坚持绿色发展、低碳发展、创新发展，实施重点骨干行业和骨干企业信息化带动战略，加强对传统支柱产业信息化的扶持，加大对战略性新兴产业的培育，在区域、产业和企业等层面，通过试点示范和树立标杆，推进社会经济信

息化普及应用。

（5）完善机制，创新驱动。健全法规标准，完善配套措施，加强绩效评估，形成有效的激励约束机制，提高信息化发展的质量和效益。引导创新要素向企业聚集，促进产学研用协同互动，鼓励技术创新、商业模式创新和管理创新，加快创新成果的产业化、商业化和推广应用。

（二）主要目标

1. 发展面向信息时代的新型产业

改造升级传统产业，培育发展新型产业。努力构建面向未来信息时代的"信息化、智能化、网络化"的新型产业。大力提高河南各类企业信息化、智能化、网络化水平，推动河南的传统产业向新型产业升级。一方面，采用信息化、智能化技术和装置，把传统成套装备改造升级成智能化成套装备，嵌入智能模块把传统产品改造升级成智能化产品。另一方面，转变观念，推进"产业信息化"向"信息产业化"演进，通过引进移植、自主研发和自主创新，直接发展面向未来信息时代的先进制造业和高端服务业。

2. 实现信息化发展水平重大突破

遵循历史发展的"遏制领先法则"，直接把河南从工业社会中期阶段直接推进到信息时代，实现"弯道超车"。把信息化发展作为各项工作的重中之重，加大信息化发展资金、人才和政策投入，提升重点区域和主导产业信息化发展水平，加快全省电子信息制造产业、软件产业等信息产业发展步伐，促进信息消费强劲增长。要改变河南信息化发展水平与新兴工业大省不匹配的落后局面，经过一段时间的努力，使河南信息化发展指数在全国排名中位次明显前移。充分利用后发优势，缩小与发达地区的之间存在的"数字鸿沟"。

3. 逐步建成新一代信息基础设施

一方面，要建设宽带泛在的基础信息网络。实施固网宽带提速工程，稳步提高4M以上农村宽带用户占比和20M以上城市宽带用户占比。推动移动网络升级，加快3G网络覆盖和4G网络使用，打造集有线宽带、无线宽带为一体的基础电信网络。加快推进"三网融合"，推动网络升级改造和融合发展，促进业务运营双向进入、对等开放、合理竞争。加快中国联通中原数据基地、中国移动（洛阳）呼叫中心、河南移动数据中心、河南电信（信阳）呼叫基地等重大项目建设，推进郑州国家级互联网骨干直联点建设，提升郑州信息集散中心和通信网络交换枢纽地位。另一方面，建设融合共享的基础信息数据库和专题数据库。建设人口、法人单位、自然资源和空间地理、宏观经济四大基础数据库，为各级政府宏观决策和公共服务提供支持。结合河南省实际，建设各类专题数据库。逐步开放非密公共信息资源，推动大数据应用分析技术研究和开发。

4. 推进三大产业信息化深度应用

初步建成适应现代农业发展和国家粮食主产区建设的信息服务体系。农业信息化要实现生产的智能化，应用现代物联网技术，提高农业生产效率；要推进经营网络化，通过电子商务给农户赋能，增加农户面对市场的能力，即营销能力和信息获取能力；要实现农业思想，凝聚全社会共识，把信息化、信息技术产业放在更加优先的位置加快发展，充分发挥信息化的综合带动提升作用。

2. 加强顶层设计与规划引领

尽快启动编制《河南信息化发展规划纲要（2014~2020年）》，明确智慧河南建设的主要内容、实施步骤和目标任务。在推进信息化和信息产业发展的过程中，一方面，要有忧患意识，要有跨越发展、赶超发展的理念；另一方面，也要"理性务实"，不能"盲目跟风"，确保信息化的经济和社会效益。要正确认识国内外和区域经济社会和信息化的发展形势，深刻剖析河南的比较优势与比较劣势，将信息化发展与本地现有的支柱产业和优势产业相结合，制定一个审慎而周密的规划，踏踏实实地走有河南特色的信息化发展之路。

3. 加强组织领导和责任考核

一方面要加强组织领导。强化各级信息化工作领导小组的决策协调作用，信息化工作领导小组组长由同级政府主要领导担任；各级信息化主管部门对信息化发展统一规划、项目统一管理、绩效统一考评，形成"一个部门主导、多个部门协同"的工作格局。另一方面要加强责任考核。在对省辖市年度信息化责任目标考核的基础上，将省直单位纳入考核范围，考核结果作为干部考核评价、选拔任用的重要参考。此外，要尽快设立省信息资源管理中心，提供信息资源交换共享、目录管理服务等，实现信息资源有效开发利用。

4. 建立健全要素保障体系

人才方面，要优化政策，增强竞争力，吸引外来优秀人才，甚至外地高科技或IT企业的整体搬迁；同时，动员全省的高校和技校，强化和加快信息化高、中、低端人才的培养，为信息化和信息产业的大发展准备条件。资金方面，要加大财政资金引导力度。各级政府整合信息化投资，优先支持基础性、公共性和重大示范项目建设，合理使用信息化专项资金，切实引导和扶持信息化发展。加强信息化建设项目和资金统筹管理。坚持先规划后建设，未纳入规划的财政投资信息化项目不得建设。

五、当前河南信息化发展的主要任务、工作重点及政策措施

加快信息化发展是一项复杂的系统工程。2015年，信息化建设重点是在正确认识信息化世情、国情、省情发生深刻变化的基础上，紧密结合河南现阶段实际，厘清发展思路，找准突破口，把握着力点，为全面提升河南信息化发展水平，实现跨越式发展奠定坚实的基础。

管理的高效透明；要实现农业服务的灵活和便捷，让农民享受到市民一样的信息化发展的成果。加快制造业主要行业大中型企业关键工序数（自）控化率实现新突破，规模以上工业企业信息技术综合集成应用达到中等收入国家领先水平，中小企业信息化应用水平显著提升。信息化和工业化深度融合服务支撑体系基本建立。电子商务交易总额明显提升，网络零售额占社会消费品零售总额的比重显著提高。提升交通运输和物流信息化水平。加快推动银行业、证券业和保险业信息共享，运用信息技术推进金融产品和服务创新。推动旅游、人力资源开发、餐饮、新闻出版和社区服务等服务行业采用信息技术创新服务品种和方式，完善服务体系，提升服务能力。

5. 加快电子政务服务型政府建设

以国家电子政务传输骨干网为基础的统一电子政务网络基本形成，省级政务部门主要业务信息化覆盖率超过85%，地市级和县区级政务部门分别平均达到70%、50%以上。电子政务服务不断向基层政府延伸，基于互联网的政民互动逐步普及，80%以上的行政许可项目实现网上办理。电子政务信息共享和业务协同框架基本形成，社会信用、综合治税、市场监管、社会保障等一批重大业务协同应用取得实效，电子政务技术体系和运行机制日臻完善。

6. 全面提升社会事业信息化水平

推进农村中小学远程互动教学和多媒体教学，初步形成支撑教育现代化和学习型社会建设的信息化公共服务体系。加快发展网络教育，提高网络教育市场规模。逐步建成规范可共享的电子健康档案与电子病历，电子健康档案覆盖80%以上的城乡居民，新型农村合作医疗基本实现全省范围内即时结报。随着移动智能终端的普及，要推动移动医疗市场规模快速增长。加快"春雨医生"、"春雨育儿医生"、"家庭医生"等移动App应用。社会保障卡持卡人数达到8000万，基本实现社会保障"一卡通"。

7. 切实增强信息安全保障能力

完善网络与信息安全基础设施，落实信息安全等级保护、涉密信息系统分级保护和信息安全风险评估制度，建设省市两级信息安全综合管控平台，建设政务信息数据容灾备份体系、网络信任体系和省市县三级信息安全应急体系，强化基础信息网络和信息内容监管，提升风险隐患发现、监测预警和突发事件处置能力。

（三）对策建议

1. 抢抓信息化发展战略机遇

信息化不仅仅是一种工具，更是一种社会形态。信息化在"四化同步发展"中起引领带动作用，已成为现代化的本质特征和推动科技革命、经济发展、社会进步的主要力量，成为衡量国家或地区生产力发展水平的重要标志。互联网和科技变革迅猛发展，很多传统商业每况愈下，工业受网络新技术影响正在大重组、大调整，银行保险业开始受到互联网金融的冲击，传统纸质媒体遭遇新媒体挑战。问题扑面而来，这只是开始，更大的挑战还在后面。抓住机遇，迎头赶上，弥补信息化短板，实现由工业化中期阶段向信息社会的跃迁。将加快信息化进程作为河南省经济社会发展的全局性、战略性任务，统一各级各部门

(一) 主要任务和工作重点

1. 加快智慧航空港建设

郑州航空港经济综合实验区建设要把航空港、物流港和信息港高度融合起来。全面实施国家战略规划，更多地支持信息化发展。要提升航空港信息制造业，发展现代信息技术产业体系；要大力扶持航空港信息服务业，健全安全保障和高效服务体系；加强制约航空港"E贸易"、陆地运输和航空物流发展的基础设施瓶颈建设；重点推进航空港电子商务发展。为加快推进河南信息化，加快以数字化、网络化、智能化为主要特征的智慧河南建设寻找突破口，树立示范性标杆。逐步制定出台推进信息化和促进信息消费的实施方案，实施信息化和工业化深度融合专项行动计划，实施智慧城市示范工程，推进专业信息服务平台和中小企业信息服务平台建设，大力发展物联网、云计算、大数据等新兴信息服务业态。

2. 提升数字化产业集聚区

应遵循公平、公开、公正原则，规范有序推进，以点带面，逐步推广，进一步提升数字化产业集聚区信息化发展水平。按照"移动化、宽带化、智能化"的要求，切实加快推进全省产业集聚区通信配套设施建设，促进信息化与工业化深度融合发展，加快转变经济发展方式，引导产业集聚发展、集约发展。要选择集约程度高、规模效益好、主导产业强，入驻企业规模较大、实力较强，公共服务体系相对完善的产业集聚区，作为推进数字化产业集聚区建设的重点。省通信管理局要协同省工信、各地市搞好数字化产业集聚区的评选和授牌工作，并实施动态管理。对前期打造的首批20个"数字化产业集聚区"进行复评的基础上，将成功经验向全省其他产业集聚区推广。

3. 发展信息化的制造业

将信息化建设贯穿到制造业企业生产链条和价值链条全过程，打通设计、研发、制造和服务等各个环节，在企业信息化的基础上实现产品全生命周期信息化、全产业链信息化，提升产品附加值。利用云计算、大数据、移动互联网等新技术，降低中小企业信息化应用成本，推进制造业企业信息化的提升。要充分发挥工业云创新服务平台的重要作用，带动企业转型升级。坚持试点带动，推广郑州市国家级两化融合试验区成功经验，加快省级两化融合试验区建设。坚持分类指导，加快高成长性制造业设计、生产、销售全流程信息资源开发利用，加快信息技术改造提升传统支柱产业，加快战略性新兴产业创新平台建设，实现技术创新、业务创新和管理创新。坚持梯次推进，推动龙头骨干企业应用集成和业务协同、规模以上企业信息系统普及应用、小微企业依托公共服务平台加快信息化应用，增强企业核心竞争力。

4. 加快电子商务发展

深入开展工业企业与电商系列对接活动。全面启动"豫货通天下"工业企业与电商企业系列对接活动，按照"生产企业+电子商务+信息网络+物流配送"合作模式，推动十大电商平台、百家网上商城、千家豫货网店、万家工业企业参与，形成电子商务和实体经济互动发展的长效机制。加快培育电子商务服务平台。推动电子商务"园中园"建设，探索由政府主导、电子商务服务平台和代运营企业提供支撑、工业企业共同参与的建设模式，提升电子商务支撑区域经济发展的能力。此外，要加快发展移动电子商务，建立省电子商务专家咨询库，并不断完善电子商务支撑服务体系。

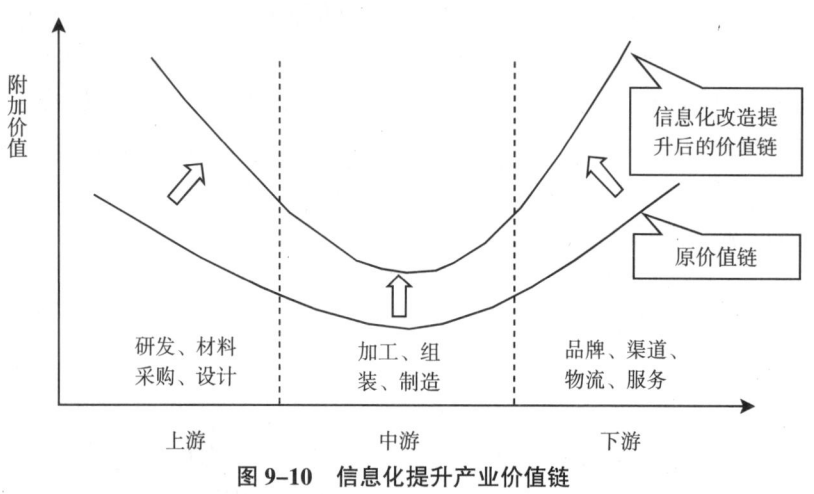

图9-10 信息化提升产业价值链

5. 提高信息产业竞争力

培育有竞争力的信息产业，打造全球智能终端（手机）产业加工制造基地。加强政府引导，突破电子信息制造业、软件业和信息服务业等产业的发展瓶颈，努力提高河南信息产业在全国的份额和全球价值链的地位，逐步形成技术比较领先、基础比较雄厚、自主创新能力较强的信息产业。优化产业发展环境，承接发达地区和发达国家产业转移，推动产业技术创新联盟建设。着力培育一批有核心竞争力、较强产业链带动力，能领导中小企业配套生产、链式发展的龙头企业，打造一群产业链完整、本地配套率高，龙头、龙身、龙尾紧密相连的"龙形产业"，实现产业形态从"聚而不链"向"聚而链接"升级，推动优势产业和产业集群整体竞争力大幅度提升。

6. 推进农业农村信息化

加快农村信息化示范省建设，进一步完善农村综合信息服务体系。通过信息化服务手段，促进农村和城市的资源和信息化自由流动、有序对接，从而有效缩小城乡差距，推动城市和农村的统筹、协调发展。充分发挥信息化在加快农业发展方式、改善农民生活、统筹城乡发展中的作用，加快信息强农惠农，为国家粮食生产核心区做出贡献。按照"政府主导、社会参与、资源整合、多方共建"的原则，加快农村基层信息服务站和信息员队伍建设，形成"村为节点、县为基础、省为平台"的农村综合信息服务体系。发展专业性信息资源服务平台，丰富农村信息服务内容。大力推进信息技术在农业生产、经营、管理和服务等环节的应用，引导农业生产经营向精准化、集约化、智能化方向发展。发展农村电子商务，减少农产品流通环节，推动产销对接，支持订单农业发展。鼓励发展跨区域、专业化的农产品特色网站和交易网络，形成以批发市场、商贸中心、物流调度中心和商品集散地为依托的农业电子商务服务体系。

7. 深化社会领域信息化

一是加快民生信息化应用,促进公共服务均等化。以保障和改善民生为重点,建设覆盖城乡、惠及全民的社保、医疗、就业、教育、住房、人口计生等领域社会信息服务体系,推进共享、深化应用,实现信息惠民。加快发行加载金融功能的社会保障卡。二是加快文化信息资源共享,建设数字文化。继续实施文化信息资源共享工程,完善公共文化信息服务体系,逐步实现馆藏资源数字化、文化服务网络化。建设旅游信息服务系统,构建智能旅游服务体系。加强网上舆论引导,发展健康向上的网络文化。

8. 加强电子政务应用

综合运用电信网、广播电视网和互联网,不断丰富电子政务公共服务手段。充分利用已有电子政务基础设施,支持开展电子政务集约建设和应用服务,更加注重推动电子政务服务向街道、社区和农村延伸。鼓励基层电子政务应用模式创新,支持基层政府开展以企业和公众为中心的电子政务服务模式创新试点示范。建立人口信息共享机制,支撑实施实有人口动态管理。建立全面覆盖、动态跟踪、信息共享、功能齐全的社会管理综合信息系统,形成政府主导、社会参与、服务全局的社会管理信息化体系。加强和完善信息网络管理,提高对虚拟社会的管理水平。运用信息化手段改进信访工作方式,建设公众诉求信息管理平台,健全社会稳定风险评估体系。

(二) 政策措施

1. 积极推动示范项目建设

搞好示范项目,实现以点带面。一是重点依托城市新区、产业集聚区、高新区、中心商务区、特色商业区等,打造一批区域性信息服务平台,把信息平台建设与公共研发平台、企业服务平台等结合起来,总结推广省级数字化示范集聚区的建设经验,扩大试点范围;二是重点培育一批制造业信息化示范企业,支持中信重工、郑煤机、南阳二机等大型成套装备企业,以及双汇、三全等冷链配送企业构建信息化生产和服务平台,形成示范带动效应;三是全力推进国家农村信息化示范省建设,加快推进"156"农村信息化示范工程建设,加快建成一批以数字化、网络化、智能化为主体的数字新型农村社区示范项目。

2. 编制云计算产业发展规划

依托郑州市在云计算领域的基础,应参考北京"祥云工程"、上海云海计划、重庆云端计划、广州天云计划、武汉"黄鹤白云"计划等城市云计算产业计划,加快推出郑州云计算行动计划,培育发展云计算产业链,以及城市云、教育云、医疗云、社区云、金融云、科技云、企业云七大城市"云服务",力争让郑州在云计算、云服务领域走在中西部前列。

3. 合理使用信息化专项资金

信息化专项资金的申报和审批应遵循公开、公平、公正的原则。逐步建立信息化专项资金的正常增长机制。要围绕省委、省政府年度工作重点,明确支持方向和领域,鼓励更多企事业单位参与申报。根据各地市和申报项目的实际情况，合理分配专项资金。此外，要加强被支持项目的跟踪管理和后期验收。

4. 引入第三方平台建设智慧城市

打破传统思维模式，尝试由"建项目"转变为"买服务"。第三方平台（云计算、移动、社交、大数据）技术的推广和应用已经成为未来信息通信技术市场的新主流，其相关的硬件、软件和服务将进一步深化基础行业的发展，支撑智慧城市的建设。要创新智慧城市建设模式，采取 BOT 和 BT 的模式，引入阿里巴巴、京东等大型互联网公司，多方筹措建设资金，加快智慧河南和智慧城市建设步伐。

5. 落实信息消费跟进政策

切实增强信息产品和信息服务供给能力，加大对数字内容和信息服务企业的各项政策支持，全面贯彻落实《国务院关于加快促进信息消费扩大内需的若干意见》。在资金、人才、信息保护和消费秩序等方面制定普惠的扶持政策措施。

6. 提升全民信息素质能力

充分利用报刊、电视、广播、互联网、微信等渠道，营造信息化建设的良好社会氛围。加强领导干部、公务员、专业技术队伍培训，开展面向全省公众的信息技术知识讲座和科普活动，提高全民信息素质和信息能力。以信息化应用现场会、成果展示会等为载体，开展信息化建设与应用、网络与信息安全主题宣传活动，调动公众、企业参与的积极性和创造性。

7. 加强信息化前瞻性研究

依托高校和科研机构，加强信息化的前瞻性、战略性、全局性研究，特别是影响区域发展前途命运的、战略性的预先研究非常重要。建议尽快启动信息化发展"十三五"规划编制前期研究，厘清促进信息化实现跨越式发展的总体思路、阶段目标、主要任务和工作重点。关注 5G 技术研究。加强金融、文化、医疗和教育等领域的信息化建设前瞻性研究。

8. 构建考核评价奖惩机制

构建符合河南发展阶段的信息化发展水平评价指标体系，从区域、产业、企业等层面对全省信息化发展水平进行排序评价，加大对信息化发展先进单位成功经验的宣传力度，并给予适当的物质奖励。在工业领域选择一批在两化融合方面成效突出的先进典型，授予河南省信息化发展贡献奖。

第十章 河南科学推进新型城镇化涉及的改革问题研究

一、河南科学推进新型城镇化涉及的主要改革问题分析

纵观城镇化发展历程，现行户籍管理、土地管理、社会保障等制度，在一定程度上固化了已经形成的城乡利益失衡格局，制约了农业转移人口的有序市民化和城乡一体化发展。传统城镇化出现的种种弊端，如"土地城镇化"快于"人口城镇化"、"土地财政"、"有城无市"、"有城无业"、"三农"问题、"半城镇化"等，多与户籍管理、土地管理、社会保障等制度改革不到位密切相关。因此，科学推进新型城镇化，就必须进一步深化户籍制度、土地制度、社会保障制度等关键环节的改革，同时，配套推进行政管理体制、投融资体制和生态环境保护体制等改革。

（一）以户籍制度改革为核心的人口管理制度改革

2014年6月中央全面深化改革领导小组第三次会议指出，推进人的城镇化最重要的环节在户籍制度，加快户籍制度改革，是新型城镇化无法回避的最大难题，是涉及亿万农业转移人口的一项重大举措。统筹户籍制度改革和相关经济社会领域改革，有利于合理引导农业人口有序向城镇转移，有序推进农业转移人口市民化，从而促进城镇化健康发展。

推进人口管理制度改革，户籍制度改革是突破口。贯彻落实国务院《关于进一步推进户籍制度改革的意见》，进一步调整户口迁移政策，因地制宜地实行差别化落户政策，优先解决存量，重点解决进城时间长、就业能力强、可以适应城镇产业转型升级和市场竞争环境的人员落户问题，不断提高高校毕业生、技术工人、职业院校毕业生、留学回国人员等常住人口的城镇落户率。协调推进两项改革。一是全面推行居住证制度，以居住证为载体，建立健全与居住年限等条件相挂钩的基本公共服务提供机制，并作为申请登记居住地常住户口的重要依据。二是健全人口信息管理制度。在实施居住证制度的基础上，建设和完善以公民身份号码为唯一标识、以人口基础信息为基准的人口基础信息库，分类完善劳动就业、教育、收入、社保、房产、信用、计生、税务等信息系统，逐步实现跨部门、跨地区信息整合和共享，为人口服务管理、实现公共服务的均等化和全覆盖提供支撑。

(二) 以统一城乡土地市场为核心的土地制度改革

新型城镇化成败的关键在于土地制度改革路径的选择。过去30多年，在中央政策允许范围内，河南也一直在稳步推进土地改革、逐步完善土地制度，土地出让市场化程度持续提高。但是，随着城镇化进程不断加快，土地制度中诸多缺陷也日渐凸显。推进以人为本的新型城镇化，土地制度改革应着眼于保障城镇化所需的土地资源，确保土地收入所产生的利益能够更公平地为城乡全体公民所分享。

土地制度改革的中心议题是解决二元土地制度，建立统一的城乡建设用地市场，实现土地资源配置由政府配置向市场配置的转变，让城市和农村人口能够更公平地分享城镇化的利益，并提高土地的利用效率。首先是当前可以把征地制度改革作为土地制度改革的起点，缩小征地范围，规范征地程序，建立兼顾国家、集体、个人的土地增值收益分配机制，完善对被征地农民合理、规范、多元保障机制，保障被征地农民长远发展生计。其次是推进农村土地管理制度改革。完善农村产权制度，维护好农民的土地承包经营权、宅基地使用权、集体收益分配权。这项改革中，最重要的是在符合规划和用途管制前提下，允许农村集体经营性建设用地出让、租赁、入股，实行与国有土地同等入市、同权同价。最后是健全节约集约用地制度的改革。建立有效调节工业用地和居住用地合理比价机制，提高工业用地价格。建立健全规划统筹、政府引导、市场运作、公众参与、利益共享的城镇低效用地再开发激励约束机制，完善土地租赁、转让、抵押二级市场。

(三) 以社会保障制度为核心的公共服务均等化改革

新型城镇化要求实现农业转移人口的市民化，使进城人口实现三维转换：从农业到非农业的职业转换、从农村到城镇的地域转移，以及从农民到市民的身份转换。改革开放消除了农民工进城的制度障碍，农民工可以进城就业，但却不能完全享受城镇居民的养老、医疗、住房、子女教育等公共服务，有户籍无公共服务的农业人口转移进城，不是真正意义上的市民化。从河南情况看，2600多万进城农民工完全融入城市的不多，大多数无法享受到和城市居民同样的养老、医疗、住房、子女教育等公共福利；农民转市民后财产权益的保护和实现机制尚不完善。从另一个角度，户籍可能对于一部分长期工作生活在城市的农民工有吸引力，但并不是所有进城的农民工都希望变成城市的户籍，他们只是希望在城市工作期间可以享受到城市的基本公共服务，特别是在教育、医疗等方面。以人为本推动新型城镇化，核心目标之一是推进城乡、区域基本公共服务制度的对接与平等，使进城农民和市民在劳动报酬、劳动保护、子女教育、医疗服务、社会保障等基本公共服务和公共产品方面的均等化，实现基本公共服务逐步由户籍人口向常住人口全覆盖。

推进公共服务均等化改革，主要包括医疗、教育、就业等方面。特别是对于暂未办理户口迁移手续或者不愿意办理户口迁移手续、符合常住人口标准的农业转移人口，在办理居住证的基础上，在就业、教育、卫生、住房、计划生育等方面享有和当地居民平等的权利待遇。在这项改革中，社会保障体系仍然是重点领域，需要着眼于"织好网、保基本、兜住底",着力解决基本民生保障制度"碎片化"问题,提高农民工基本医疗、基本养老等基本保险的参保率,推进与城镇职工、居民保险整合,提高统筹层次,做好异地衔接。

(四) 以财税金融为核心的城镇化投融资体制改革

习近平总书记强调,财力是城市发展的生命线,推进城镇化必须解决好资金保障问题。从河南实际情况看,一方面推进新型城镇化的资金需求大。河南城镇化率低于全国平均水平10个左右的百分点,农业转移人口数量巨大,对城镇基础设施投资的需求持续旺盛。根据当前全省城镇基础设施人均水平测算,每增加1个城镇人口,供水、燃气、供热、道路桥梁、污水(污水、其他水处理)、园林绿化(绿化管理、公园管理)、市容环卫(城乡市容、环境卫生)、其他(电力、公共交通、电信广播、互联网)等基础设施分别需要投入6250元、4630元、4350元、30680元、4400元、950元、850元和4820元,以上合计约需投入5.7万元。未来3年按照每年新增200万城镇人口计算,大约需要城镇基础设施建设投资3400亿元用于新增人口需要。另外,要实现基本公共服务城镇常住人口全覆盖的目标,在教育、医疗、社会保障等方面仍然需要投入大量资金。另一方面,经过多年发展,"土地财政"弊端日益暴露出来,部分地区土地收入大幅缩减,"土地财政"难以持续;多数投融资平台尚未形成平稳的运行机制,融资能力有限,城市建设资金不足,过度举债,过度依赖土地出让金,财政金融风险有所积累。因此,必须从多方面推进改革,打造新型城镇化的投融资新机制。

构建多渠道、多元化、多层次投融资机制,应该从以下几个方面加快改革:一是财政转移支付制度改革。按照事权与支出责任相适应的原则,合理确定各级政府在教育、基本医疗、社会保障等公共服务方面的事权,建立健全城镇基本公共服务支出分担机制和农业转移人口市民化分担机制。某种意义上讲,不改革财政转移支付制度或者地方税体系,地方政府就没有足够财力和动力为非户籍人口提供同等的公共福利。二是城市建设投融资体制改革。尝试推进地方政府发行市政债券,拓宽城市建设融资渠道。多渠道推动股权融资,提高直接融资比重。研究建立城市基础设施、住宅政策性金融机构,鼓励各类金融机构开展城镇基础设施融资租赁业务,为城市基础设施和保障性安居工程建设提供规范透明、成本合理、期限匹配的融资服务。

(五) 以优化配置公共资源为核心的行政管理制度改革

当前人口城镇化严重滞后于规模城镇化,深层次原因在于公共资源按行政级别配置,而非按人口规模化配置,并由此形成了公共资源配置向大城市集中、中小城镇公共资源严重不足的局面。其结果是,大城市公共服务质量高和就业机会多,但农民工市民化安置成本高;中小城镇农民工市民化安置成本低,但对农民工缺乏吸引力。当前,河南全省城镇体系中有省会城市、地级城市、县级城市和镇。越是上级的城市支配资源的能力越大,不仅可以凭借权力集中更多的资源,而且上级城市可以运用更大的权力调动下级资源,扩大自己的规模,层级低的城镇资源日趋减少,城镇两极分化日益强化。

新型城镇化中的行政管理体制改革,首要目标是实现公共资源按行政级别配置向按人口规模配置转变,充分发挥市场在资源配置中的基础性作用,具体目标可以设定为:省直管县财政体制改革、全面推行省直管县体制、适当增加城市数量、必要的行政区划调整、县分为若干等级。涉及的改革主要包括行政区划调整、增设城市、推进经济发达镇行政管理改革等。

(六)以城镇化绿色循环低碳发展为核心的生态环境保护制度改革

2012年中央经济工作会议首次提出,把生态文明理念和原则全面融入城镇化全过程,走集约、智能、绿色、低碳的新型城镇化道路。生态文明建设必须落足于严格全面的制度体系。城镇化要走上"新型"之路,也需要制度保证。

生态环境保护制度改革的目标,可以确定为推动形成节约资源和保护环境的城市空间格局、产业结构、生产方式和生活方式。生态环境保护制度改革的方向,一方面要把空间布局、环境变异、资源增减、生态变迁确定为主要社会经济指标,建立严格的开发保护制度,加强监管,健全责任追究(甚至终生追究)制度和损害赔偿制度;另一方面也要利用市场机制建立资源有偿使用制度和生态补偿制度。包括的具体改革有:一是国土空间开发保护制度和主体功能区制度,建立空间规划体系,划定生态保护红线,加快完善城镇化地区、农产品主产区、重点生态功能区空间开发管控制度,建立资源环境承载能力监测预警机制。二是资源有偿使用制度和生态补偿制度。加快资源型产品价格改革,扩大生态补偿范围,提高生态补偿标准。三是资源环境产权交易机制。发展环保市场,推行节约能量、碳排放权、排污权、水权交易制度,建立吸引社会资本投入生态环境保护的市场化机制,推行环境污染第三方治理。四是实行最严格的环境监管制度。建立和完善严格监管所有污染物排放的环境保护管理制度,独立进行环境监管和行政执法。

二、国内外推进城镇化改革的主要做法评析及其启示

世界城镇化发展历史表明,不管是西方欧美发达国家城镇化发展的成功道路,还是拉美非洲城镇化的失败案例,或是亚洲国家城镇化滞后发展模式,其中都充满了体制机制的改革和创新的内容。认真梳理世界城镇化改革发展的经验教训,对今天我们科学推进新型城镇化健康发展具有重要的启示和借鉴意义。

(一)世界主要发达国家和地区城镇化改革发展的主要做法

美国、日本、德国、英国和法国等世界传统发达国家,以及韩国、中国台湾等经过快速发展成为新兴的发达国家和地区,是城镇化快速健康发展的典型代表,其改革的成功经验值得我们借鉴。

第十章 河南科学推进新型城镇化涉及的改革问题研究

1. **立足实际，用改革的办法解决城镇化发展中出现的新问题**

世界主要发达国家和地区在长期城镇化发展中，一般都会经历起步、快速发展、转型升级和发达稳定等阶段。在这个过程中，每个阶段都会面临发展动力、城乡关系、社会关系、城镇结构和经济结构等方面的动态发展演变问题，政府和市场在每个阶段所起的作用也有明显差异。这些国家和地区基于自身资源环境和经济社会发展基础的现实国情，通过对自身发展战略和经济社会系统做出主动调整来解决这些阶段性问题，并适应自身与全球发展变化的要求。

2. **科学把握政府与市场关系，充分发挥市场的决定作用和政府的调控作用**

现有发达国家的城镇化基本上都是市场主导型，十分注重保障市场主体的平等地位和市场要素的自由流动性。特别是在西方发达国家城镇化的过程中，政府的作用被严格限制在市场经济的"守夜人"角色上。遇到城镇化过程中出现的新情况、新问题，通过发挥市场在资源配置中起决定作用的方式，以改革的思维来破解。

3. **注重产业支撑，充分发挥工业化促进作用**

注重产业支撑和创新推动是西方发达国家推进城镇化的一项根本举措。美国是一系列关键的电力发明和电气技术革新的发生地，在五大湖东北部和中西部地区形成了制造业带，为城镇化发展奠定了良好的产业基础。"二战"结束后，美国开始主导信息技术革命，政府斥巨资发展原子能、电子技术和航空航天技术，产生了一批以高新技术聚集发展为特征的新型城市。注重城市产业的多元化发展。在德国，虽然各个城市规模不一，但都有自己的特色、定位和侧重点，呈现出主导产业突出的鲜明特点。比如，柏林是文化、工业中心，法兰克福是金融中心，汉堡是贸易中心，等等。

4. **注重城乡和工农关系，在城镇化中稳步解决"三农"问题**

城乡和工农关系的调整，主要表现在农业用地保护、农业生产经营补贴和农民权益保护上。其中，通过逐步推进土地制度改革实现保护农户权益，逐步推动城镇化和农业现代化协调发展，以稳步解决"三农"问题，成为发达国家的一条重要经验。在推进城镇化的进程中，美国、日本和韩国的土地制度改革从确立农地产权开始。美国1862年颁布的《宅地法》确立了小农土地所有制；日本和韩国也在"二战"后先后制定相关法律，确立了"耕者有其田"和以自耕形态为主的农业生产形式。在农地流转和集约经营上，日本和韩国都经历了从限制到鼓励的阶段。世界发达国家的这些土地制度安排，在一定程度上起到了避免由于农民破产等原因造成城镇人口过快过度聚集问题的作用，使"三农"问题能够在城镇化发展中得到稳步解决，从而与拉美和东南亚国家形成了鲜明的对比。在拉美国家，由于土地高度集中，是农村和农业的推力而不是城镇和工业的拉力使农民集中到城镇，导致了"中等收入陷阱"的产生。此外，发达国家在促进城乡协调发展方面的做法也值得借鉴。美国、欧盟、日本、韩国和中国台湾地区在支持乡村和边疆地区发展方面都已经通过立法、规划和具体的财政税收政策等，演化为系统的政策体系。其中，以德国城乡等值化发展在乡村城镇化方面做得最为成功。它将传统乡村居民点转变成为规模不等的工商城镇，同时维持周边农业和森林用地性质不变，保证三次产业在城市区域内并存。在德

经济新常态与河南新方略

国巴伐利亚州,"二战"后通过系统的城乡规划、积极的财政转移、有序的产业结构调整和以成本分担为基础的全面土地综合整治,从一个相对落后的农业地区蝶变为在世界上享有盛誉的高度发达的制造业和服务业区。其中,土地综合整治扮演了重要角色,它与乡村更新一起,在实现土地资源集约节约利用的同时,推动了乡村城镇化。

5. 注重完善城镇体系,加强基础设施建设和公共服务供给

在现有主要发达国家中,承载城镇化发展的基本上都是以城市群为主要载体的现代城镇体系。综合运用规划、财税和基础设施建设等措施,在推动大城市中心城区转型升级的同时,促进人口和城市功能向周边疏散,建立和发展功能性、宜居性小城镇,形成了以城市带、都市圈为特征,大城市、中小城市和小城镇协调发展的城镇体系和城镇格局。美国通过市县合并、建立权威的大都市区政府、组建半官方性质的地方政府联合组织,有效地强化了政府的指导协调作用。日本通过推行市町村合并,在有条件的地区通过共享基础设施和公共服务推动城镇化发展。发达国家城镇化的历史,几乎就是城镇基础设施和公共服务发展的历史。美国铁路、内航运河、州际公路和国家高速公路网的建设,对城镇化的发展起到了巨大的促进作用。德国还建立起了城镇化成本分担机制,使郊区社区日常市政运行费用的50%能够按照都市区内部人均分担税收的方式得到,避免由于社区贫穷,从居民那里征收不到足够的房地产税费,导致市政运行低于整个区域最基本的水平。

6. 注重以人为本,积极发展教育和完善社会保障体系

发达国家在城镇化过程中,普遍重视人的发展和人在城镇化中的积极作用。前者主要是积极发展现代教育体系,完善社会保障体系;后者主要是不断提升居民在城镇发展和规划中的参与性。教育方面,美国、日本、德国、英国等发达国家在城镇化进程中都对教育管理体制进行了全面改革。在基础教育领域,注重课程、教师和办学形式"三个基点"。在职业教育领域,推行了合作、均权和评估"三项举措"。在高等教育领域,形成了社区化、开放化和均衡化"三种趋向"。在继续教育领域,形成了立法、财政和学分互认"三大保障"。在社会保障体系方面,美国、德国和英国形成了三种明显不同的体系。英国建立了以政府为主的社会保障体系;德国则以政府、劳工组织、雇主组织三方的合作为主要内容,政府充当立法者和监管者;美国的社会公平保障体系高度强调市场机制的基础性作用,政府主要是"查漏补缺"和"兜底"。公共参与方面,主要发达国家都重视公众的知情权和参与权。美国政府注重内部管理简单化,重大事项须由民众表态决定。英国规定,地方规划应确保充分的信息公开,确保利害关系人的参与。德国《建设法典》中对公众参与的程序有着非常严格细致的规定,建立起城市规划"地方政府+专家+公众参与"、"三结合"的民主决策机制。

7. 以立法为保障,重视生态环境和历史文化保护

世界主要发达国家以立法为保障、规划为基础,强化生态环境保护责任,增加生态环境投入,倡导绿色生活,建立起完善的生态环境保护体系。欧洲鼓励绿色环保出行方式,不断制定新的标准以尽可能多地节约能源、减少排放。在德国法兰克福,尽管可利用土地稀少,但该市仍然保留了相当大面积的森林。新加坡及时调整不同时期的绿化美化目标,

以适应城镇化的变化。德国建立起了郊区有偿为城市维护生态环境的机制。在德国，内城和远郊政府合作投资建设的方式，有偿地维持农业、林业用地和环境保护用地，帮助远郊区开发新的服务经济，解决生态环境保护和地方增长之间的矛盾。欧洲国家重视历史传统、文化遗产的保护。巴黎、伦敦、罗马等世界名城虽然发展模式不一，但总体上保持了历史风貌，城市文化品位较高。许多名不见经传的欧洲小城，也呈现出丰富多彩的历史文化积淀和独特的风貌。

（二）主要新兴国家城镇化改革发展的主要做法

20世纪90年代以来，随着世界发展格局的演变，一些早期陷入"中等收入陷阱"的发展中国家和长期经济社会发展落后的国家经过深化改革和再改革，获取了一个相对长的快速发展时期，城镇化得到一定的发展或者巩固。其中一些国家如智利已经迈入发达国家行列，另外一些国家成为经济社会快速发展的新兴国家，在世界发展棋局中扮演着越来越重要的角色。基于具体国情，这些国家在推进城镇化中的改革措施各有侧重、各具特色，对河南省推进新型城镇化发展具有一定的借鉴意义。

1. 实施市场化改革，充分发挥市场作用

拉美国家在工业化初期，实施的是进口替代战略，一些资源型和关键领域企业的国有化或者国营化在一定程度上获得了保护性发展或者适应了国家主义者保护国家利益的诉求，为城镇化发展奠定了一定的工业化基础。但是随着进口替代战略弊端日益凸显、矛盾日益激化，传统经济机制下城镇化发展的效率与效益低下问题凸显。拉美国家纷纷开始了国民经济的市场化改革，以充分发挥市场作用。20世纪70年代开始，智利利用30多年时间，通过市场自由化、贸易自由化和国有企业私有化，将国家经济领域的大部分开放给了社会，实现了由"大政府"到"小政府"的转变，市场机制在经济运行中开始发挥主导作用；而政府则主要通过政策和法律手段对经济进行宏观调控，其中包括对外资进出境的限制。其中，智利的国有企业改革一共经历了两轮。第一轮发生在1974~1982年，一方面是将被强迫征收和干预的企业归还原主人，另一方面是将除具有战略意义的、根据特别法律建立起来的大部分企业以外的国有企业进行转让，这一轮私有化的主要手段包括关闭企业、拍卖资产，公开拍卖和直接出售三种，相对比较激进，目的主要是为了甩掉财政包袱和获取国企收益以实现财政收入最大化，促进市场化、自由化。第二轮发生在1984~1989年，其主要目标已经转向调整产权结构，扩大企业所有权的分配，实现产权多样化，对企业股权的转让采取了灵活多样的形式，主要包括大众持股、职工持股、机构持股、传统持股、债务转股权和国内外投资者联合收购等方式。

2. 发挥比较优势，积极调整产业结构

智利利用自身资源和劳动力及南北半球季节差优势，采取一系列调整产业结构、改革经济体制、大力促进出口的措施，实现了出口企业数量的大规模增长、产品的多样化和目标市场的多元化，增强了国民经济独立性和国际竞争力。印度瓦杰帕伊政府提出创新知识的要求，争取实现全球联网，加强政府、企业和学术界的联系，开发高技术水平产品，在信息、生物、核能和空间技术等方面给予有利政策,保持在重要部门的领先地位。在国家政策扶持下,凭借低廉的人力资本和语言优势等特点,印度服务业在 GDP 中所占的比重最近十年来均超过 50%,尤其软件服务业在经济结构变化中表现出色,是拉动第三产业发展的重要增长点。印度在全球赢得了"世界办公室"的称誉,为印度高技术和服务人才聚集及城镇化发展提供了坚实的发展动力。

3. 积极完善社会保障体系,加强特殊群体扶持

城市社会往往具有特殊的脆弱性。在城镇化发展过程中,应该更加重视社会保障的完善和对中低收入群体的保护。社会保障体系不完善,贫富悬殊严重,种族歧视和阶层对立冲突问题突出是一些发展中国家在过度城镇化的情况下经常面临的突出经济社会问题。一旦这些国家经济发展遇到障碍,敏感群体往往更容易受到影响,社会矛盾激化、经济发展停滞。为了解决这一突出问题,一些发展中国家着手对社会保障体系进行改革,并实施了一系列对敏感群体的扶持政策。1981 年,从智利开始,各拉美国家开始了社保私有化改革。尽管改革后大多数国家的社保在财务可持续上得以改善,但在覆盖面和待遇水平上却存在较大问题,始终没有解决好两极分化和贫困化。为此,扩大覆盖面、解决好社会保障公平问题、建立一个平等社会在拉美国家成为共识,成为拉美国家未来社保改革的重点。为此,他们对社会救助进行了重大的改革与调整,建立了面向脆弱和边缘群体的"有条件财政转移计划"(PTMC),通过构建较为完善的社会救助制度以缓解贫困并促进贫困群体的人力资本发展,力图推进公平社会的建设进程。2008 年,智利向此方向迈出了一步,在私营养老金计划的基础上增加了一个社会互济养老金(社会基础养老金),约 146 美元/月,以一般财政转移支付为主,大约能覆盖 60%以上的老年贫困人口。此外,参量式改革调整也成为许多拉美国家社保改革的重要趋势,部分拉美国家也开始着手对公共部门社会保障制度进行改革。巴西在社会保障和社会救助方面进行了系统的改革。为了解决中低收入群体看病难问题,巴西 1988 年开始构建统一医疗体系,1996 年推出了家庭健康计划,2000 年建立了联邦、州和市三级政府财政预算与医疗卫生开支挂钩机制,最近又推出了人民药店体系。在贫困扶持方面,2003 年巴西将此前实施的四种"有条件的收入转移支付计划"统一为"家庭补助金计划",对有儿童和孕产妇的赤贫和低收入家庭提供有条件支持。在消除种族歧视方面,巴西设立专门国家机构来促进种族平等,还实施了两项相关的教育促进计划。

4. 加快落后地区发展,促进区域平衡和协调发展

在一些发展中国家,城镇化和工业化高度集中在首都和沿海若干港口城市或海岸带,区域发展失衡严重,大城市病严重。为了扭转这一不利局面,一些发展中国家开始了区域不平衡和大城市病的治理改革。巴西经济社会发展高度集中于东南部地区,国内生产总值超过 80%集中于该区域,这一现象引起了巴西全社会的高度关注。巴西 1988 年宪法明确了"消除不平等问题是巴西联邦政府的根本性目标之一",卢拉总统也重申了宪法的规定就是使消除地区发展不平衡成为国家发展战略的中心任务之一。事实上,巴西自 20 世纪 40 年代就开始倡导"西进",在 20 世纪六七十年代的高速增长期采取了更多的治理措施;

1994年以后,由于稳定计划的成功实施和自由贸易及国外投资限制的逐步取消,落后地区发展资金问题得到了有效的缓解。巴西支持落后地区发展主要采取了三项措施:一是依照地区优势,提供各种优惠条件和加强基础设施,打造发展增长极、提升区域可持续发展能力;二是采取特殊的投资、财税政策,支持私营部门、公共部门加强落后地区投资,并建立了中央和发达地区向落后地区的纵向和横向转移支付机制;三是通过成立专门机构、出台制度、采取立法形式保证地区发展政策的延续性。

5. 增强资本项目和金融开放灵活性,为城镇化发展构筑防火墙

积极吸纳海外投资,是一个地区获得外来发展动力的重要渠道。然而,由于历史原因和总体经济实力相对较弱的现实条件,发展中国家在应对金融风险方面存在天然劣势,20世纪发生在发展中国家的几次大的债务危机和金融危机屡次导致这些国家多年经济社会发展成果毁于一旦,经济社会发展陷入困顿,城镇发展停滞。为了在积极吸纳海外资金的同时增强应对风险能力,20世纪90年代以来一些发展中国家对资本项目和金融开放进行了改革,以增强适应性和灵活性来应对国际风险。自20世纪80年代末以来,巴西同时实行了贸易自由化和资本项目自由化的渐进式改革。1988年,巴西货币当局建立了完全市场化的外汇交易市场,统一了经常项目和资本项目两个不同的外汇交易市场;2005年3月4日,巴西对巴西外汇市场管制进行了重大修改,以进一步使得巴西外汇市场自由化。在外汇市场自由化的框架下,巴西通过对市场的监管和管制增强了对国际资本管制的灵活性,在增强国际资本吸引力的同时,有效强化了应对风险的能力。在强化金融监管改革的基础上,智利于1985年开始了全面而审慎的资本项目开放进程,逐步开展债转股、美国存托凭证、发行海外可转让企业债等吸纳海外投资,建立了"外国投资基金"和无息准备金机制。随着改革的进一步深入,智利逐渐放宽企业海外发行债务的限制条件并放开了资金流出的限制条件。到2001年4月,资本项目的所有限制都被取消,实现完全的自由化。但是智利对金融资本的监管并未放松,仍规定金融资本的外汇交易只能通过正规的外汇市场,同时须在中央银行进行备案。

6. 推进土地改革,加快农村地区发展

土地改革不彻底甚至缺位、错位,是一些发展中国家城镇化快于工业化、过度发展的根本因素之一。土地过度集中,农业发展支持政策过度向商品化规模生产农业集中,以及中小土地所有者的政治弱势地位,使一些发展中国家中小农户在城镇化、工业化和农业现代化发展中不得不被动流入城镇,城镇过度膨胀,乡村则出现大庄园现代化与小农庄凋敝的鲜明对比。巴西和墨西哥的土地改革可以被看作是发展中国家在解决这方面问题的典型。在巴西,作为落后地区支持计划的一部分,卢拉政府加快了土地改革,通过实施"全国土地改革计划"安置无地农民,并为其提供安置费和低息农业信贷,缓解社会矛盾。为了摆脱农村发展的困境,墨西哥1992年开始以土地确权登记为核心,以产权明晰为原则,开展了第二次土地改革。这一改革不但化解了大量土地纠纷,而且赋予民众更多的自主发展权。墨西哥的改革经验对于当下河南农村土地制度的改革试点具有一定的借鉴意义。此外,为把农村富余劳动力留在农村,避免贫困人口盲目进入城市,墨西哥政府还致力于缩

小城乡差距、提高农村生活水平。墨西哥城政府在农村地区向儿童和60岁以上老年人免费发放牛奶。针对穷人的大众医疗保险计划惠及所有农村居民，一人参保全家免费享受医疗服务。为鼓励贫困家庭子女上学、降低失学率，政府还向所有农村地区的小学和初中生提供奖学金。

（三）国内先行地区推进城镇化改革发展的主要做法

改革开放以来，在国家政策的支持下，广东、浙江和江苏省等沿海开放省份利用自身区位优势，通过积极探索和努力，获得了长足发展。截至2012年，这些省份城镇人口比重已接近或超过65%，成为国内城镇化发展的先行发达地区。这些地区在城镇化改革中取得的成功经验，对河南省探索新型城镇化发展具有积极的借鉴意义。

1. 政府主导与地区自发增长相结合，"自上而下"与"自下而上"共同发展

珠江三角洲地区是广东省乃至全国城镇化水平最高、经济活力最强的区域之一。20世纪90年代初以来，在政府建设投资拉动和外资、民间资金的多重推动下，珠江三角洲的城镇化发展表现出鲜明的政府主导与地区自发增长相结合的特征，形成了"自上而下"与"自下而上"共同发展的城镇化格局，涌现出多种城镇化发展模式，如东莞模式、顺德模式、南海模式等。城市拓展和乡村城镇化的双向作用，使产品、资本和劳动力在城乡之间快速流动，形成了以广州、深圳为中心双极，珠海、佛山、中山、东莞、江门、肇庆等为次一级发展中心，中小城市和小城镇快速发展的、大中小城市和小城镇相结合、多层次、网络化的城镇体系，塑造了珠江三角洲城乡一体化发展格局。

2. 重视制度创新，通过体制机制改革解除制约城镇化的束缚

浙江省城镇化以"内生动力、民营经济、民间资本、创业氛围"为基本特征，其成长体现出较为独特的轨迹，阶段性特征可以概括为"以农村工业化和专业市场共同推进的发展阶段"、"以块状经济、强县战略和行政区划调整为重点推动的发展阶段"、"以产业集群、多轮驱动为重点的发展阶段"，空间载体也从小城镇为主逐步转向大中城市和大都市区为主。在城镇化的不同发展阶段，浙江省制定了具有区域差异化的城镇化战略和公共政策，特别是重视在农村劳动力转移模式、土地权属与使用模式、区划调整、城市空间增长模式等方面让市场发挥主导作用。例如，浙江省在城镇化发展不同阶段，先后制定了强县战略、扩权强镇、强镇扩权（镇级市）、三集中政策、集体非农建设用地流转（两分两换、宅基地使用股份化、宅基地有偿选位和梯度置换）等强化市场在城镇化中的作用和推动要素市场发展的具体政策。

3. 与时俱进，适时调整城镇化发展模式

这在江苏省城镇化发展中表现得尤为充分。改革开放后，江苏省城镇化呈现出与浙江省相类似的"乡镇企业为主导、小城镇为主体"的发展模式。20世纪90年代后，江苏省城镇化开始逐步转向以"外资驱动"的城市新区开发为主导的集聚和规模扩张模式。进入21世纪以来，技术创新引发的功能城镇化与网络化成为江苏省新型城镇化的主导动力，城镇化以大城市、大都市圈和城镇群为主要人口集聚地和空间载体。目前，江苏城镇化发

展模式已由"苏南模式"转向"新苏南模式",即以开放为基础的外资、民资和股份制混合经济结构,先进制造业和现代服务业并举发展,强调城乡统筹以及市场与政府的协调发展。事实上,适时调整城镇化发展模式,是先行发达地区在城镇化发展到一定程度后的必然选择。广东省在城镇化发展中也十分注重适时推动转型升级,通过区域内产业扩散和中心城市的升级改造,推动产业分工合理和功能互补性强的现代城镇体系建设。

4. 创新体制机制,努力破除资源要素流动的各种障碍

各先行发达地区在城镇化发展过程中,都十分注重从不同层面进行多层次的改革探索,为各种产品、资本和劳动力等生产经营要素自由流动创造机会。例如,在广东,不论东莞模式、顺德模式,还是南海模式,一个关键的核心是土地制度和集体经济发展方式上的创新。与此相应的,在江苏省,苏南五市通过放手实施乡镇企业产权制度改革改制,将"集体为主"所有制转变为产权关系明晰的多元化混合所有制经济,使江苏省尤其是苏南五市乡镇企业的体制发生了根本性的变化,形成了多种经济成分共存的新格局,使企业的产权、资本、技术和经营等市场要素的流动更加自由方便,更加适应商品经济的发展。

5. 积极做好生态环境保护领域深化改革,推动城镇化可持续发展

经济越发展,越重视环境保护和生态建设。以浙江为例,经国家环保总局批准,2003年1月成为全国第五个生态省建设试点省份,生态省建设累计投入千亿元资金,省级财政投入治理污染和生态建设的资金居全国之首;2010年6月30日,浙江省委通过《关于推进生态文明建设的决定》,继续坚持生态省建设方略,努力在强化社会生态文明理念上取得新突破。在生态环境保护中,浙江省注重体制机制创新:改革政绩考核体系,将"青山绿水"纳入其中,例如丽水市有半数以上乡镇不考核工业税收、招商引资,而是要考核生态产业和生态环境;针对突出的水域治理难题,建立起了省、市、县、镇、村五级河长负责制,将每一条河流、每一个河段责任到人,大大推进了水域生态环境保护;在流域生态补偿机制建设方面也走在了前列,2005年在全国率先实施全流域生态补偿;2011年,财政部、环境保护部印发《新安江流域水环境补偿试点实施方案》,在全国率先深入建立跨省流域生态补偿机制;此外,还深入推进排污权有偿使用和交易试点,出台制度11项,有偿使用和交易金额累计突破13亿元,排污权质押贷款9.6亿元。

(四)国内外经验教训对河南省推进新型城镇化改革的启示和借鉴

未来几年,河南省城镇化率将超过50%,经济社会进入关键的转型期。世界主要发达国家、发达地区和国内先行发达地区推进城镇化改革发展的主要做法,以及一些主要发展中国家城镇化的教训和探索,为河南积极稳妥地推进各项改革事业、促进新型城镇化健康稳定发展具有明显的启示和借鉴意义。

1. 把握机遇,全面深化改革

国内外城镇化发展的历史经验表明,有利的外部发展环境和健康的内部发展条件同样重要。美国、日本在城镇化发展中分别把握住了技术革命和"二战"后产业转移的发展机遇,广东、浙江和江苏把握住了改革开放的国内发展机遇。尽管当前出现了一系列的不利

因素，但河南省争取推进新型城镇化发展的外部机遇仍然存在。河南省应该充分利用国家优化国土空间开发、调整对外开放新格局的有利机会，争取在若干特色领域和发展面临突出问题方面争取试点，全面深化改革开放，积极推进新型城镇化改革。

2. 正确把握政府与市场关系，加快体制机制创新

经济社会随着城镇化发展而变得日益复杂，政府与市场都越来越不能单一成为城镇化发展的决定因素。国外发达地区增强政府作用和国内先行地区激发市场活力的措施，对城镇化的快速稳定发展起到了重要作用。在推进新型城镇化改革中，应该正确把握政府与市场关系，建立起合理的政府引导机制和完善的要素市场形成机制，着力提升政府效能，加快简政放权，积极稳妥推进户籍制度、土地制度、资源环境等关键领域改革，促进经济社会发展和转型。

3. 发展现代城镇和产业体系，创新城镇化发展机制

河南应根据构建现代城镇体系和产业体系的需要，继续加快城乡基础设施建设和优化布局。建立起产业结构调整和城市内涵式发展相互促进的政策体系和市场机制，加快中原城市群和现代产业体系发展。加强规划调控和财政资金的支持与引导作用，将上级和省本级相关财政向欠发达和乡村地区倾斜。创新基础设施建设投融资机制，推进城乡基础设施建设进一步市场化改革。

4. 加快试点探索，推进城乡一体化改革

作为传统农业大省、国家重要的粮食生产基地和经济社会发展后发达地区，河南省的"三农"问题在新型城镇化中表现出独特的复杂性和多样性，"三农"发展面临着较先行发达地区更加尖锐和复杂的经济社会问题。河南应该通过加快农业生产补偿机制、农村转移人口市民化机制和乡村城镇化机制的创新试点，重点加强新型农业经营主体扶持、粮食生产大县财政能力建设、农村转移人口市民化成本分担机制和农民财产权利实现机制等领域的改革探索。建议在工业化相对发达的豫北、豫中和其他特殊地区，通过设立镇级市和利用村庄更新增设小城镇，探索乡村城镇化新途径。

5. 以人为本，加快公共服务领域改革

人的发展，既是促进城镇化发展的积极因素，也是新型城镇化发展的核心目标。逐步形成完善合理和适应当地发展的住房、教育和医疗等公共服务体系和构建完善的社会保障体系，有效促进人的发展，成为世界上主要发达国家和地区城镇化过程中的社会亮点。住房、教育、医疗体制和社会保障体系仍然不健全、不完善，成为中国当前经济社会发展的重要制约因素和未来发展中的重要隐患。公共服务水平低，也使河南省在实施对外开放政策中处于相对弱势。河南省应该继续从理顺政府、企业和家庭（个人）关系着手，加快推进住房、教育和医疗等公共服务领域改革，健全和完善基本公共服务和基本社会保障体系，推动市政服务政府购买和市场化改革，提高提供公共服务的能力和水平。

6. 做好生态环境和人文自然景观保护，建设美丽河南、文明河南

良好的生态环境，是实现宜居城市的基础；深厚的人文环境，是凝聚人心的重要条件。同时，它们也是吸引和容纳人才与投资的最佳名片。国内外发达地区在经济社会发展

到一定程度后，都十分重视生态环境和人文自然景观的保护，注重生态环境建设和历史人文资源的发掘，使之成为城市发展和对外开放的名片，起到了良好的作用。做好生态环境和人文自然景观保护，建设美丽河南、文明河南，在河南省推进城镇化改革中既有重要的现实性、紧迫性，也十分具有必然性。河南省需要加快在生态环境和人文自然景观保护领域的改革，加快完善生态环境保护相关法律法规、标准和规范，继续推进生态建设、排污权交易、主要污染物总量预算管理、生态补偿等领域的改革创新，建立起以政府为主导、充分发挥市场作用的生态环境和人文自然景观保护体制机制。

三、河南推进城镇化改革的历史回顾

近年来，河南省在推进城镇化改革方面进行了积极的探索和实践，取得了较为显著的成效，但也存在着诸多问题。

(一) 河南推进城镇化改革的主要做法

1. 户籍制度改革

户籍准入条件经历了"全面放开—稳定住所落户—差别化落户"的历程。河南在户籍制度改革方面起步较早，1998年国务院下发了《国务院批转公安部关于解决当前户口管理工作中几个突出问题意见的通知》，河南就开始了积极的改革历程。2000年，省政府出台《关于进一步加快我省城镇户籍管理制度改革的通知》，提出全面开展县级以下城镇户籍管理制度改革工作。2001年，省政府出台《加快城镇化进程实施意见》，要求"以具有合法固定住所、稳定职业或生活来源为基本落户条件，登记城镇常住户口"，"取消对城镇户口的计划指标管理"。2003年，省委省政府出台的《关于加快城镇化进程的决定》规定，"在城镇只要有合法固定的住所，并在此居住的居民，均可根据个人意愿在居住地登记为城镇居民户口，享受当地城镇居民的同等待遇"。

在此期间，各地区进行了大胆的改革试水。特别是郑州市的"户籍新政"受到全国关注。2001年11月，郑州市在全省率先推进降低入户门槛，吸引高层次人才的户籍制度改革，投资置业、购房、直系亲属投靠等条件均可入户，被认为是当时全国最宽松的户籍政策，政策出台一年内接纳了外迁人口10万人。2003年8月，郑州市政府发布《郑州市人民政府关于户籍管理制度改革的通知》，进一步深化户籍制度改革，取消二元户口划分，实行"一元制"户口管理模式，并再次降低入户门槛，实施按固定住所入户，放开亲属投靠的直系限制。一年后，郑州户籍人口新增15万人，"户籍新政"迫于教育、医疗、交通等城市公用资源压力叫停。河南的户籍制度改革在全面放宽户籍准入条件后遭遇"急刹车"。

经济新常态与河南新方略

2005年,河南吸取了前一阶段户籍制度改革的经验教训,又一次大刀阔斧地实施户籍新政,省委省政府出台《关于进一步促进城镇化快速健康发展的若干意见》,"凡是有稳定住所,包括购房和协议租房的外来从业人员申请迁入户口,居住地派出所要为其办理入户手续,其配偶和子女也可一并迁入"。在就业、子女教育、社会保障、司法救助、医疗等配套制度方面均进行了详细规定。2006年,省政府出台《关于加快推进城乡一体化试点工作的指导意见》,在试点地区"改革现行户籍管理体制,取消户口的农业和非农业性质划分,以具有固定住所、稳定职业或生活来源为基本落户条件,按照实际居住地统一登记为'居民户口'"。

河南新型城镇化战略的提出,使户籍制度改革的思路有了新的变化,2010年11月,省政府出台《关于推进城乡建设加快城镇化进程的指导意见》,提出"加快推进户籍改革,原则上县城以下中小城市要全部放开户籍限制,中等以上城市根据本地实际情况有条件放开"。2011年1月,省政府发布《关于促进农民进城落户的指导意见》,要在全省范围内逐步取消农业、非农业二元制户籍管理制度,实行城乡统一的户口登记管理制度。2013年12月,出台《中共河南省委关于科学推进新型城镇化的指导意见》,指出"以合法稳定职业或稳定住所(含租赁)为基本落户条件,实施差别化落户政策,适当控制郑州中心城区人口规模,有序放开中等城市落户限制,全面放开建制镇和小城市落户限制。全面推行居住证制度,建立以居住证为依据的基本公共服务提供机制,形成户籍制度和居住证制度有效衔接的人口管理制度"。

在户籍准入制度改革的同时,对农民的土地保留期进行了探索性改革。2001年《加快城镇化进程实施意见》规定"在享受到基本的社会保障之前,根据本人意愿,保留进城农民原承包土地和宅基地,也允许依法有偿转让,为进城农民解除后顾之忧"。2005年《关于进一步促进城镇化快速健康发展的若干意见》中明确规定省内农村户口迁入城镇的,允许保留其承包地5年,5年后鼓励实行承包地有偿流转。对农村居民整户转为城市居民的,允许其在一定时期内继续保留承包地、宅基地及农房的收益权或使用权。2010年《关于推进城乡建设加快城镇化进程的指导意见》规定"对农村居民整户转为城市居民的,允许其在一定时期内继续保留承包地、宅基地及农房的收益权或使用权,允许一定期限内保留农村社保"。2013年12月《中共河南省委关于科学推进新型城镇化的指导意见》提出:一是完善进城落户农民土地承包权益保障机制。保留进城落户农民土地承包经营权不变。全面完成农村土地承包经营权确权登记颁证工作。二是保障进城落户农民宅基地用益物权。保留进城落户农民宅基地使用权不变。加快农村宅基地确权登记颁证。探索农村房屋产权登记和农民住房财产权抵押、担保、转让制度。建立公平合理、自愿有偿的宅基地退出机制。探索建立已退出宅基地再开发利用机制。三是保障进城落户农民集体经济收益分配权。

2. 土地制度改革

河南省为加快推进城镇化进程,积极进行土地制度改革。2001年,河南省政府出台《关于加快城镇化进程实施意见》,提出完善土地管理办法,根据城镇发展的实际需要统筹安排城镇建设用地，满足城镇化进程中合理的用地需求。全省每年新增城镇建设用地指标实行全省范围内总量动态平衡，优先用于省会城市、大中城市、25个重点县（市）。根据城镇化发展需要，实行建设用地指标置换政策、农用地整理指标折抵政策和建设用地指标周转政策。实行土地储备制度，除国有建设用地外，经营性城镇土地均采取招标、拍卖等方式有偿转让使用权。允许集体所有非农建设用地的使用权进行流转，促进进城农民的原承包土地依法有偿转让。

2003年6月，河南省委、省政府出台《关于加快城镇化进程的决定》，提出深化土地使用制度改革。一要根据城镇发展的实际需要统筹安排城镇建设用地，建设用地指标实行全省范围内总量控制，农村土地整理、宅基地专项治理取得的折抵指标，应主要用于城镇建设，并可在全省范围内有偿调剂使用。允许以县为单位，异地有偿调剂基本农田保护指标。二要全面推行国有土地收购储备和有偿使用制度。三要建立有利于城镇建设发展的土地置换和调整机制，进入城镇从事二、三产业的农民，其原有宅基地可按一定比例折算成城镇建设用地，置换到城镇，降低进城成本，允许集体所有非农建设用地的使用权进行流转。四要实行有利于企业发展的土地供应政策。

2006年，省政府出台《关于加快推进城乡一体化试点工作的指导意见》，提出一要加快用地制度改革。进一步加大对"三项整治"和基本农田整治工作力度，落实国家关于城镇建设用地增加与农村建设用地减少相挂钩政策。"三项整治"和农民迁居后腾出的建设用地可以置换使用。二要推进土地流转制度改革。鼓励农民采取出租、入股、置换等各种方式，加快农村土地承包经营权的流转。允许试点市农村集体建设用地折价入股参与基础设施及工商项目建设。允许农民将土地承包经营权利转换为在城镇生活的必要保障。

2010年，《关于推进城乡建设加快城镇化进程的指导意见》提出完善农村土地征收制度，对农村建设用地进行确权登记。积极探索土地流转途径和方式，支持在县域内开展农村集体经营性建设用地使用权流转和建设用地整理结余指标交易试点工作，加快建立城乡统一的土地市场。实施"三挂钩"制度。支持通过城乡改造，加大土地挖潜力度，解决城乡建设用地指标不足问题。

2012年，《国土资源部、河南省人民政府共同推进土地管理制度改革促进中原经济区建设合作协议》提出创新土地规划和计划管理模式、积极稳妥开展农村土地整治、探索开展人地挂钩政策试点、探索建立利益协调机制、探索农村集体土地使用制度改革、推进土地节约集约利用、探索建立用地审批新机制等改革。

2013年河南省人民政府批转《关于2013年深化经济体制改革重点工作意见的通知》提出，完善差别化土地管理政策、用地计划指标，重点保障重点区域建设发展；城乡建设用地增减挂钩指标和"三项整治"结余指标集中用于县域城镇及产业集聚区建设。允许集体建设用地进入市场交易，实行集体建设用地有偿使用最低保护价制度。积极推进人地挂钩试点工作。建立省、市两级交易市场，推动土地指标跨区域流动。完善节约集约用地激励机制，将新增建设用地计划指标分配与各地节约集约用地成效挂钩。开展土地利用总体规划定期评估和适时修改试点工作，加强规划动态管控。

2013年12月《中共河南省委关于科学推进新型城镇化的指导意见》提出：创新土地保障机制。实行最严格的耕地保护制度和节约集约用地制度，管住总量，控制增量，盘活存量，优化结构，深化土地管理创新，提高城镇建设用地效率，提高城镇化发展的土地保障能力。建立健全规划统筹、政府引导、市场运作、公众参与、利益共享的城镇低效用地再开发激励约束机制，建立存量建设用地退出激励机制，大力推进旧城区、旧厂区、城中村改造，加大城镇低效建设用地再开发力度，积极稳妥开展城乡建设用地增减挂钩和工矿废弃地复垦利用试点工作，加快实施人地挂钩试点政策，充分挖掘城乡建设用地潜力。逐步搭建结余建设用地指标交易平台。改革国有建设用地有偿使用机制，改进经营性用地供应方式。建立城乡统一的建设用地市场，允许农村集体经营性建设用地出让、租赁、入股，实行与国有土地同等入市、同权同价，保障农民土地增值收益。

3. 城建投融资体制改革

2001年，河南省政府出台《关于加快城镇化进程实施意见》，提出加快城镇建设投融资体制改革，坚持市场化改革方向，逐步改变城镇建设主要依靠财政性资金投入的投资模式，形成多元化、社会化投资格局。在公交、供水、供热、供气、污水处理、垃圾处理等具备收费和偿债机制的市政建设领域，实行公开招标。可组建政府控股、参股的城市建设法人实体，采取市场化运作方式，从事城市基础设施和公用事业的建设和经营。充分运用合作开发、发行债券、项目融资、资产变现、股票上市、土地批租和置换、产权转让、经营权转让、授权经营以及合理的价格补偿机制等多种手段，为城市建设筹措资金。特别要提高政府利用土地价差筹措城市开发建设资金的能力，通过有效控制和健全土地一级市场，实现连片开发；通过城市基础设施建设的适当超前发展，提高土地增值幅度，增加土地批租收入。

2003年6月，省委、省政府出台《关于加快城镇化进程的决定》，提出坚持政府主导、市场运作原则，建立多渠道、多元化的城建投资体制。推进投融资主体多元化。放开市政公用设施经营市场，鼓励社会资本、国外资本和非公有制经济成分参与市政公用设施建设和经营。各级政府要积极发展各类城市建设投资公司和资产经营管理公司。

2006年，省政府出台《关于加快推进城乡一体化试点工作的指导意见》，提出推进县域金融改革与发展。

2010年，《河南省人民政府关于推进城乡建设加快城镇化进程的指导意见》提出加大财政对城市公益性设施建设的投入力度，各级财政城镇维护建设税、公用事业附加费、市政公用设施配套费等收入全部用于城镇基础设施和公共服务设施建设，土地出让金扣除政策规定必须安排的支出后主要用于城镇基础设施建设。省财政参与分成的涉及城镇建设的各项收费、基金收入，全额返还各省辖市、县（市），专项用于城镇基础设施建设。完善城市基础设施建设资金筹措机制，鼓励各省辖市、县（市）组建城市建设投资公司。鼓励符合条件的投融资平台采取发行债券、上市融资、发行信托计划等形式筹集建设资金，采用BOT、TOT等多种方式吸引社会资本参与城市基础设施建设，建立公益性基础设施和商业性基础设施开发相结合的长效机制。探索开发商投资土地一级市场、先期参与城镇土地开发等筹措城镇基础设施建设资金的办法。

2013年，河南省人民政府批转《关于2013年深化经济体制改革重点工作意见的通知》，鼓励各地统筹使用各类相关财政专项资金，通过以奖代补、先建后补、贷款贴息、财政补贴等方式，引导社会资本参与交通、能源、城建、教育、卫生等基础设施建设。支持市、县级投融资平台通过财政注资、市场募资、整合存量资产等多种方式。研究制定城镇基础设施领域特许经营管理办法，探索建立公益性基础设施和商业性基础设施开发相结合的"公商协同、以商补公"长效机制。加强与金融机构的战略合作，积极探索开发性金融支持新型城镇化建设的贷款模式。支持城投类企业发行债券或信托产品，加快企业上市步伐，支持上市公司再融资。

2013年，中共河南省委在《关于科学推进新型城镇化的指导意见》中提出，改革完善财政体制，建立健全城镇基本公共服务支出分担和奖补机制，实现基本公共服务支出持续稳定增长。完善省级转移支付办法，建立财政转移支付同农业转移人口市民化挂钩机制，支持市、县政府加大对城镇基本公共服务的投入。支持有条件的地方发行市政债券，发挥政策性金融机构在城镇化中的重要作用，鼓励引导商业银行、保险公司等金融机构加强融资保障，增加贷款，有效支持城镇化建设。允许社会资本通过特许经营权等方式参与城市基础设施投资和运营，探索公益性基础设施和商业开发相结合的长效机制，实现公商协同、以商补公。搞好土地储备和两级循环开发，增加土地增值收益并合理分配，提高用于城镇建设的比例。整合运作国有资源、资本、资产、资金，做大做强符合条件的投融资公司。加强地方政府性债务管理，建立合理偿债机制。

4. 行政体制改革

2001年，省政府出台《关于加快城镇化进程实施意见》，提出加快撤县设市步伐，增加设市城市数量。争取5年内，25个重点县（市）中的县全部达到国家规定的设市标准，实现撤县设市。

2003年6月，省委、省政府出台《关于加快城镇化进程的决定》，提出扩大省定重点县（市）、镇部分经济管理权限。推进以城镇为中心调整行政区划调整，逐步解决市、县、乡镇规模过大或过小问题。

2006年，省政府出台《关于加快推进城乡一体化试点工作的指导意见》，提出改革行政管理体制。支持农村社区建设，探索实行城市化的社区管理体制。鼓励农村推行社区股份合作制改革，支持具备条件的乡撤乡建镇，推进具备条件的城郊乡改设街道办事处。

2010年，省政府在《关于推进城乡建设加快城镇化进程的指导意见》中提出，推进行政区划调整。支持有条件的省辖市进行行政区划调整，逐步将单一城区省辖市市区近郊的县（市）纳入城市行政区范围，逐步解决市县同城、一市一区问题。将区位优势明显、经济发展较快、小城镇建设具有一定规模、符合设镇标准的乡改设为建制镇。县（市）政府驻地乡镇、城市近郊和城市规划区内的乡镇，可根据经济社会发展和城镇化建设情况改设街道办事处。积极稳妥推进省直管县改革。赋予人口规模较大和经济实力较强的中心镇或特大镇县级经济社会管理权限。支持城市新区、产业集聚区与所在行政区管辖范围严密套合。

2013年，省政府批转《关于2013年深化经济体制改革重点工作意见的通知》提出推进省直管县（市）改革。研究提出对省直管试点县（市）实行全面直管的方案，推动试点县（市）党委、人大、政府、政协和法院、检察院由省直接管理，实现试点县（市）全面由省直管的改革目标。深入推进信阳明港、安阳水冶经济发达镇管理体制改革试点工作。进行城乡一体化和中小城市综合改革试点工作。支持鹤壁、巩义等7个城乡一体化试点市在现有基础上制订专项改革方案，推动新乡统筹城乡发展改革试验区与信阳农村改革发展综合试验区，积极争取国家把济源等市列为中小城市综合改革试点市。

5. 社会保障制度改革

2003年6月，省委、省政府出台《关于加快城镇化进程的决定》，提出建立健全城镇社会保障体系。完善城镇职工基本养老保险制度和基本医疗保险制度。健全失业保险制度和城市居民最低生活保障制度。多渠道筹集和积累社会保障基金。废除各种歧视、阻碍农村富余劳动力有序流动的政策和规定，对进入城镇就业成为城镇居民的，在享受社会保障和子女参军、就业、就学等方面一视同仁。大力加快社区医疗、社会保险、社会福利等设施建设。

2010年，省政府在《关于推进城乡建设加快城镇化进程的指导意见》中提出要加强住房保障能力建设。加快廉租住房、经济适用住房、公共租赁住房等各类保障性住房建设，积极推进城市和国有工矿棚户区改造，建立满足不同收入家庭、多层次需求的城镇住房保障体系。通过廉租住房解决城市低收入家庭的住房问题，通过经济适用住房解决城镇中低收入家庭住房问题，通过公共租赁住房解决新就业大中专毕业生、农村转移人口和进城务工人员等住房问题。

2013年，省政府在《批转关于2013年深化经济体制改革重点工作意见的通知》中提出完善基本社会保障和服务体系。进一步加强公共就业创业服务体系建设，加快建立统一规范的人力资源市场。积极推进城镇职工养老保险与城乡居民养老保险衔接，规范城镇企业职工基本养老保险省级统筹，实施失业保险市级统筹，积极推进工伤保险省级统筹。改进最低生活保障工作的政策措施。进一步完善城乡低保标准、价格临时补贴与物价上涨联动机制。落实孤儿基本生活保障制度，完善孤残儿童福利服务体系。健全保障性住房分配制度，有序推进公共租赁住房、廉租住房并轨。

2013年，中共河南省委在《关于科学推进新型城镇化的指导意见》中提出：拓宽住房保障渠道。深入推进保障性安居工程建设，努力解决城镇贫困家庭和农业转移人口居住问题，引导房地产业健康发展，增加中低价位、中小户型普通商品住房供给，加快构建以政府为主提供基本保障、以市场为主满足多层次需求的住房供应体系。保障农民工随迁子女平等享有受教育权利。加强社会保障服务。完善社会保险关系转移接续政策，完善职工基本养老保险制度，整合城乡居民基本医疗保险制度，引导农民工及早在城镇参保并连续参保，根据常住人口配置城镇基本医疗卫生服务资源，将农民工及其随迁家属纳入社区医疗卫生服务体系，推进城乡最低生活保障制度统筹发展，探索将农民工及其随迁家属纳入城镇社会救助和养老服务范围。

(二) 河南推进新型城镇化改革取得的成效

1. 农业转移人口显著增加

随着户籍改革和各项配套改革的推进,河南省城镇人口大幅增加,城镇化率快速提升。2013年全省城镇常住人口4123万人,常住人口城镇化率达到43.8%,与2000年城镇化率23.2%相比,年均提高1.58个百分点,比全国同期年均1.35的增幅高0.23个百分点。与此同时,河南省城镇化率与全国的差距也由2000年的13.02个百分点缩小为9.93个百分点。据统计,户籍制度改革实施以来,截至2011年全省共有660万农民进入城镇落户,每年新增非农业人口近70万人。

2. 城镇规模和数量不断扩大

随着行政体制改革的不断推进,各地区行政区划不断调整,河南省城镇数量有所增加,城市规模有所扩大。城市建成区规模不断扩大,全省城市建成区面积由2007年的4459.1平方公里增至2012年的5601.07平方公里,增长25.61%。城市新区建设成效明显,各省辖市城市新区获批开建达到16个,县城新区建设也获得突飞猛进的发展,城乡统筹试验区、复合型发展先导区的框架初步显现。2012年,全省共有设市城市38个,县城88个,建制镇876个,初步形成了包括特大城市、大型中心城市、中小城市、小城镇的结构完整、功能完善、竞相发展的城镇体系。

3. 城市基础设施建设明显加快

随着城镇投融资改革和土地改革不断推进,城镇建设资金多元化筹措机制和城镇用地保障机制不断完善,全省城镇建设有了资金和土地保障,对城镇化基础设施和公共服务设施投入持续增加,城镇建设不断加快,城市道路、水、电、气、暖等基础设施和教育、医疗等公共服务设施水平不断提高,城镇综合承载力增强。全省城镇市政公用基础设施投资规模逐步扩大,2008~2012年累计完成城镇基础设施投资5335亿元,截至2012年底,全省设市城市燃气、用水普及率分别达到73.4%和91%,生活污水、垃圾处理率分别达到85%和85.3%,人均公园绿地面积达到9.2平方米,人均道路面积达到11.08平方米。

4. 农业转移人口市民化速度加快

河南大力推进促农业转移人口市民化的相关改革,在户籍制度改革、城乡就业、社会保障等方面制定了一系列配套政策措施,着力解决好进城务工人员就业、流动、安置等问题,让农民真正"进得来、留得住、过得好",教育、医疗卫生、基本社会保障等公共服务事业持续较快发展,覆盖范围不断扩大。2012年,全省保障性安居工程开工建设43万套,基本建成22.5万套,完成投资410亿元。教育、医疗、住房等公共服务能力建设取得新进展,城乡免费义务教育全面实现。

(三) 河南推进新型城镇化改革存在的问题

1. 改革缺乏顶层设计

新型城镇化改革涉及经济体制、政治体制、社会体制、生态体制等诸多方面,需要对改革进行顶层设计。当前，河南省新型城镇化改革的总体设计不足，户籍、土地、社保、投融资、行政、生态等各项改革措施相互衔接不够，分散化、碎片化特征明显，缺乏总体协调机制。另外，城镇化改革涉及发改委、财政厅、国土厅、住建厅、环保厅、人社厅、公安厅等多个部门，与改革相关的职能分别由不同的部门行使，难以形成最佳改革合力。

2. 改革缺乏创新

回顾河南城镇化改革的历程，改革的步子较小，创新不够。大部分的改革是在国家改革方案出台后，在国家改革方案框架内的调整。例如，从户籍制度改革看，2000年的户籍制度改革河南一直走在前列，特别是2001年郑州市的户籍制度改革；从2010年开始缺乏符合自身实际的改革思路，基本上是国家怎么说河南怎么做，不能对制约河南城镇化发展的制度性瓶颈进行大刀阔斧的先行先试。

3. 配套改革滞后

改革是牵一发而动全身的，特别是城镇化改革，涉及经济、社会、政治等方方面面，只在某一方面走得过快，其他配套改革跟不上，改革的效果就会大打折扣。推进新型城镇化面临的最紧迫的改革是户籍制度和土地制度改革，河南也出台了不少改革措施，效果不显著的原因之一就是配套改革滞后，财政、金融等改革不能同步推进。在现有的财政体制下，行政级别决定了财政资源的分配，使得政治中心城市如省会郑州、省辖市更具有资源优势，中小城市和小城镇缺乏有力的财政支持，发展相对滞后。

4. 行政体制僵化

城乡行政区划体制过于僵硬，不能适应新的发展形势，是影响河南城镇化健康快速发展的一个重要因素。比如，河南省许多经济较为发达地区的乡镇人口密度和经济活跃度已经远远超过一般意义上的城市标准，却无法在现有的行政体制中升级为城市，人为地抑制了城镇化的进程。此外，河南省新型城镇化发展模式依然是政府主导的城镇化，在城镇化推进过程中过于依赖行政力量，容易引发各种矛盾和冲突，如强征农民土地、强拆住宅等。

5. 改革不能因地制宜

新型城镇化改革不是一蹴而就的，是一个漫长的发展过程。各地的发展情况不同，有些改革就不能整齐划一，必须根据各地不同的情况和经济发展阶段稳步推进，"一刀切"模式制约了河南省新型城镇化的改革推进。比如前些年河南省推进新型农村社区建设，是地方探索新型城镇化改革的积极成果，总体思路和方向都是好的，却忽略了很多地区特别是黄淮四市的实际，在其经济实力和发展阶段还达不到推进新型农村社区时，就在全省全面推进，拔苗助长的后果导致改革的不可持续，这是值得我们反思和总结的改革。

四、河南科学推进新型城镇化改革的有利条件与不利因素分析

当前,国际国内宏观经济环境正在发生着极其深刻而复杂的变化,尤其是党的十八届三中全会的胜利召开,为河南深化改革、科学推进新型城镇化带来了难得的机遇;但同时也应该看到,由于自身发展还不同程度地存在着一些矛盾和问题,在科学推进城镇化的过程中也必然面临着不少挑战。

(一)河南科学推进新型城镇化改革的有利条件

1. 城镇化战略地位越发突出

改革开放以来,随着规模庞大的农村剩余劳动力向城市和沿海地区转移,我国走上了以人口红利为支撑的工业化道路。廉价劳动力、廉价土地、低成本等优势使中国成为世界工厂,成为国际贸易和分工体系中重要的一环,由此我国开启了长达30多年的高增长模式。始于2008年的国际金融危机成为世界经济和中国经济的一个重要拐点,以美国和欧洲为代表的发达市场经济体遭受重创,并开始拿起贸易保护主义的武器来维护本国的就业和经济发展,我国30多年来高度依靠国际贸易的增长模式受到严重挑战。此外,随着我国综合国力的日渐强大,国际上"中国威胁论"的声音不绝于耳,个别西方国家以中国为"假想敌"不断制造贸易摩擦,周边个别国家也不断挑起领土纠纷,我国发展的外部环境越来越不稳定。作为世界第二大经济体,我国要想继续保持经济的持续平稳发展,投资、外贸、内需——"三驾马车"缺一不可。在目前的国际经济和政治背景下,内需是我国经济发展更为可靠的拉动力量,而城镇化则是扩大内需的重要方式。据有关专家计算,按照每年城镇化率增长一个百分点计算,我国每年将有2000万左右的人口从农村到城镇定居,也意味着每年将有至少600万个家庭进入城镇。如果这部分人能够转化为城镇人口,在城镇购房、消费,将会产生巨大的消费需求,极大地拉动内需。国际经济和政治环境的不稳定产生的倒逼机制使得我国开始进行经济结构转型,中央选择新型城镇化作为我国跨越"中等收入陷阱"的重大战略。在未来一段时间,城镇化的战略地位将会越发突出,这也为科学推进城镇化改革创造了良好的外部环境。

2. 国家对城镇化改革的战略部署与政策支持

目前,中央把城镇化摆在更加突出的位置,并在十八大报告中对中国特色城镇化道路做出了总体战略部署。2013年中央经济工作会议指出"城镇化是我国现代化建设的历史任务,也是扩大内需的最大潜力所在","城镇化是全面建设小康社会的载体之一,是实现经济结构战略性调整的重点"。2012年12月,国家发改委正式发布了《中原经济区规划》,规划提出"走城乡统筹、城乡一体、产城互动、节约集约、生态宜居、和谐发展的新型城

镇化道路"，这与党的十八大报告关于"推动工业化和城镇化良性互动，城镇化和农业现代化相互协调"的精神高度一致。2014年3月《国家新型城镇化规划（2014~2020年）》正式出台，其中第七篇改革完善城镇化体制机制专门阐述了城镇化改革的方向，在尊重市场规律的前提下，"统筹推进人口管理、土地管理、财税金融、城镇住房、行政管理、生态环境等重点领域和关键环节体制机制改革，形成有利于城镇化健康发展的制度环境。"河南的城镇化率长期低于全国平均水平，这成为制约河南经济社会再上新台阶的一大短板，河南省委、省政府也将加快城镇化改革作为重点工作，研究制定了《中共河南省委关于科学推进新型城镇化的指导意见》，对河南科学推进城镇化进行了科学有序的安排。河南直管县体制改革不断深化，从2011年开始，河南开始进行省直管县试点工作，经过三年的实践证明省直管县改革解放了生产力，调动了各方面的积极性，提高了行政效能，极大地促进了经济社会发展发展，方向和路子是正确的。从2104年1月1日开始，河南对巩义市、兰考县、汝州市、滑县、长垣县、邓州市、永城市、固始县、鹿邑县、新蔡县10个县（市）实行由省全面直管。河南城镇化改革的推进既有中央战略方针的指引和政策支持，又走出了新型城镇化引领"三化"协调发展的河南特色道路，有利于河南先行先试，开拓创新，加快城镇化改革的步伐。

3. 关键领域改革不断取得突破

随着城镇化进程的推进，制约城镇化发展的各种深层次矛盾和问题不断暴露，社会各界对城镇化进行改革的呼声也越来越高，各级政府对城镇化改革的认识也越来越清晰，改革措施也越来越到位。十八届三中全会对制约我国城镇化发展的主要障碍提出了相应的改革方向，在户籍改革方面，提出"放开中等城市落户限制，合理确定大城市落户条件，严控特大城市人口规模"；在城市建设融资方面，"建立透明规范的城市建设投融资机制，允许地方政府通过发债等多种方式拓宽城市建设融资渠道，允许社会资本通过特许经营等方式参与城市基础设施投资和运营，研究建设城市基础设施、住宅政策性金融机构"；在加快农业人口市民化方面，为转移到城市的农民提供和城市居民同等的待遇，"稳步推进城镇基本公共服务常住人口全覆盖，把进城落户农民完全纳入城镇住房和社会保障体系，在农村参加的养老保险和医疗保险规范接入城镇社保体系"；在土地方面，一是解决城市发展用地问题，"建立城乡统一的建设用地市场"，批准农村集体建设用地参与流转，二是解决好农民的土地问题，"赋予农民更多财产权利"。2014年6月30日，中央政治局出台了《推进户籍制度改革意见》，标志着全国户籍制度改革大幕的全面拉开，顶层设计的完成，属于户籍改革真正意义上的破冰。关键领域改革的突破将逐步消除制约城镇化发展的制度性障碍，为河南科学推进城镇化改革提供千载难逢的机遇。

4. 处于城镇化加速发展的历史机遇期

2012年，河南的城镇化率达到42.4%，人均GDP达到31499元，正处于国际经验所证明的城镇化率达到30%、人均GDP超过3000美元的城镇化加速发展阶段。但与全国平均水平相比，仍然落后10个百分点，河南的城镇化发展空间仍然很大，发展后劲依然十分强劲。此外，我国现行城镇化率的计算是将在城镇连续居住超过6个月的人员统计为城镇人口，这其中包括了大量外来农业人口，这些规模庞大的外来农业人口虽然被计入了城镇化率，但由于现行户籍制度的限制，很难享受到和城市居民同样的待遇和公共服务。我国正在从单纯追求城镇化速度转向着力提高城镇化质量，新型城镇化的核心是以人为本的城镇化，已经在城市长期就业的外来农业人口正是我国下一阶段户籍制度改革的重点，随着这一部分人口在待遇上实现城镇化，必将释放巨大的政策红利。今后一段时间，河南的城镇化仍处于加速发展的历史时期，这将成为推动河南科学推进城镇化改革的强大动力。

5. 推进改革的经济社会支撑能力持续增强

近年来，在粮食生产核心区、中原经济区、郑州航空港经济综合实验区三大国家战略带动下，河南经济社会持续快速发展，综合实力不断增强。通过大力招商引资，积极承接产业转移，河南推进产业结构持续调整，工业结构不断升级，高成长性服务业规模不断壮大，第二、第三产业吸纳就业能力明显增强。2008 年以来，河南工业、服务业年均增长 1%，分别带动就业增长 0.48%、0.55%。可以预见，今后一个时期，随着三大国家战略的深入推进，河南经济仍将保持快速发展态势。据相关测算，即使全省第二、第三产业增速保持在 11%、9.5%左右的水平，平均每年仍可以新增就业人员 230 万左右，除解决城镇自身新增就业人员就业以外，还可以吸收农村转移劳动力 100 万人左右，带动农村随迁人口 100 万人左右，河南城镇化率每年仍能提高 2 个百分点。不断增强的经济实力是河南科学推进城镇化改革的有力保障。

（二）河南科学推进新型城镇化改革的不利因素

1. 户籍管理制度改革进展缓慢

计划经济背景下形成的户籍制度，从形成开始就与统购统销制度、人民公社制度、城市劳动力就业和社会福利保障制度等联系在一起，维持着城乡二元结构的存在和发展。随着市场经济体制的逐步建立，二元户籍制度的弊端日渐暴露，限制了人才流动，阻碍了农村人口的合理流动，导致城乡不公平，不利于社会和谐，已成为现阶段城镇化改革的最大障碍。但是由于户籍制度所承载和附加的各种利益关系错综复杂、根深蒂固，虽然关于户籍制度改革呼声很高，但户籍制度改革依然阻力重重。户籍管理制度改革进展缓慢是制约河南科学推进城镇化改革的最大因素。

2. 土地管理制度改革困难重重

近年来，全国各地土地城镇化的速度远远快于人口城镇化速度已经成为不争的事实，各地政府对于土地出让金的依赖，使得城市发展靠大量低价征地，造成城市出现"摊大饼"的扩张模式，从而导致了城市基础设施建设和维护成本的不断加大，为了弥补成本，只好通过加大房地产开发获取更高额度的土地出让金来维持工业用地和基础设施建设所需资金，这样形成的恶性循环导致了城镇发展对土地财政的高度依赖。地方政府债务风险的不断加大，使得地方政府没有彻底改变土地制度现状的意愿和动力，相反甚至成为阻碍土地制度改革的最大力量。土地管理制度改革多年来无法取得突破性进展是制约河南科学推进城镇化改革的重要现实因素。

3. 行政管理等级化改革滞后

我国城镇发展区别于世界其他国家的最大特点，就是城市管理城市、城市管理城镇、城市管理农村。等级化的行政管理制度造成了资源更多地被留在高等级城市，低级别的城镇财政收入上缴，公共管理能力不足，造成了不同等级城镇之间严重的公共服务差别，更无法满足日益增长的外来人口的需要，客观上限制了小城镇的发展。此外，由于城市管理农村，无论是来自市场还是来自政府的资源，都在不同程度地向城市倾斜，而规模巨大的农民却被留在了农村，从而导致城镇建设得越来越漂亮，乡村建设越发滞后，城乡的公共服务差距不断加大。在城镇建设得十分漂亮的同时，城镇化的成本随之不断提高，农民进城的门槛也越来越高。现阶段，我国的城镇管理体制以及城镇的设置迫切需要进行变革，但是，等级化的行政管理体制改革涉及调整各级、各地政府的管理权限和利益分配等一系列问题，困难和阻力很大。

4. 群体性利益阶层的阻碍

来自既得利益者的阻力是改革的最大阻力。我国城乡二元结构长期固化，既得利益集团已经形成，利益结构已经严重固化。城镇现有户籍人口长期以来受二元分割结构的保护，在教育、医疗、就业、社会保障等许多方面享受着非户籍人口无法享受到的待遇。城镇化改革所面对的是中国最大规模利益群体——城镇户籍人口，而且是由不同地域、不同城镇、不同等级、不同服务水平的数亿户籍人口所构成的。等级化的行政管理体制下，高等级城市相对低等级城市也是既得利益者，对现行等级化的管理体制进行改革，势必会使高等级城市失去部分既得利益。因此，高等级的城市居民和城市管理者从维护自身利益出发也会阻碍城镇化改革的推进。许多城市的管理者往往以西方发达国家成熟的城镇化结果作为参照，大搞视觉上的所谓生态和绿色城市建设，盲目推进超越城镇发展实际的所谓"智慧城市"建设，忽略了可持续发展的实质是集约、效率和以人为本，更多地关注如何提高现有城镇户籍居民福利和公共服务水准，忽视为外来人口提供基本公共服务。

5. 长期计划经济思维惯性的存在

由于我国长期以来实行计划经济，由此带来的意识形态、思维惯性的影响颇为深远，现在仍然阻碍城镇化改革的推进。计划经济时期，由于国家主要通过户籍制度等对人口、资金等要素流动进行控制，政府成为城镇化过程的主导者；在城镇化制度安排上，政府作为唯一供给主体，按照城市发展战略和社会经济宏观发展规划，有计划地发展城市，并通过层层隶属的行政执行系统予以贯彻实施；在城镇化决策过程中，政府处于主体地位，是决定城镇化方向、速度、形式、战略安排的主导力量；在城镇化建设上，政府是单一的投资者，负责城镇建设资金的全面安排。在这种固有格局中，城镇化过程具有浓厚的政府行政色彩或计划色彩。计划经济造成的思维惯性是河南科学推进城镇化改革的最大思想障碍。

6. 现实矛盾和困难亟待解决

随着城镇化快速推进，城镇户籍人口规模增加，必须加大基础设施、公共服务建设和环境保护等方面的投资。长期以来城镇化的基础设施和公共服务建设都是由政府来投资，与此相对应的融资模式尚未建立，随着土地价格、劳动力价格以及资源环境成本的上升，河南城镇化的总成本呈上升趋势,城镇化建设资金的短缺、地方债务危机的不断升级是河南科学推进城镇化面临的重要挑战。在城镇化加速发展阶段,城市人口、机动车、能源消耗快速增长,将导致短期内污染物和废弃物排放量急剧增加,有些地方甚至会超过自然环境的承载能力,环境污染问题将会日益凸显,城镇化的快速发展与生态环境容量之间的矛盾已经成为河南科学推进城镇化必须面对的一大挑战。空气污染、水资源短缺与污染、重金属污染导致的食品安全、交通拥堵、垃圾处理困境等已经成为城市环境的不可承受之重。

五、河南科学推进新型城镇化改革的对策建议

科学推进新型城镇化,要进一步深化改革,创新体制机制,在户籍、土地、社保、财税、行政管理、生态制度等方面实现重点突破,从根本上打破原有业已固化的阻碍城乡一体化发展和经济社会人口生态协调发展的利益机制,着力构建有利于新型城镇化科学发展的体制机制。

(一)加快户籍制度改革,全面实施居住证制度,积极推进城镇基本公共服务向常住人口全覆盖

1. 因地制宜地制定差别化的户口迁移政策和实施方案

根据国家新出台的户籍制度改革意见要求,结合河南实际情况,因地制宜研究制定差别化的落户政策和实施方案。建制镇和县城要全面放开落户限制,一些市区常住人口超过50万的县级市如永城、邓州、固始等,要有序放开落户限制,另外中心城区常住人口低于50万的省辖市,城市综合承载能力压力较小,可以制定较为宽松的落户条件。对于新乡、南阳、平顶山、许昌等市区常住人口超过100万的大城市,要合理确定落户条件,建立与居住年限等条件相挂钩的积分落户制度,为公平有序落户提供阶梯式政策通道。郑州作为一个特大城市,在就业、连续居住年限、缴纳社会保险等方面要制定更严格的积分标准,控制城市人口规模合理增长。

2. 加快建立城乡统一的户口登记制度

取消农业户口、非农业户口的性质划分,统一转换为"居民户口",建立全省城乡统一的户口登记制度。这项改革涉及领域广,需要建立与统一城乡户口登记制度相适应的教育、卫生、计生、就业、社保、住房、土地及人口统计制度,要制定改革时间表,逐步实现城乡居民平等享有公共服务和社会福利待遇。

3. 全面实施居住证制度

以居住证为载体,建立与居住年限等条件相挂钩的基本公共服务提供机制,解决好暂不具备落户条件或者不愿落户城镇人口的教育、就业、医疗等基本公共服务保障问题,推进城镇基本公共服务向常住人口全覆盖。

4. 加强人口信息数据库建设

建设和完善覆盖全省的人口基础信息库，全面准确掌握人口规模和分布，为跨地区人口流动服务和管理提供支撑，努力做到人口流动到哪里，服务和管理就跟进到哪里。

(二) 优化城镇用地结构，集约节约利用土地，保护农民的土地财产权利

1. 优化城镇用地结构，提高土地资源的配置效益

对城镇建设用地实行总量控制，严格控制土地供应中新增建设用地的比重，引导存量城镇工矿用地优先盘活。严格控制各类新城新区、大广场、大马路的浪费土地现象，加大城镇低效建设用地再开发力度，通过立体开发、复合利用、循环利用等方式，有效利用城镇地上地下空间，加快推进棚户区、城中村、旧厂房等的改造，盘活城镇存量建设用地。开展城乡建设用地增减挂钩和工矿废弃地复垦利用试点，加快实施人地挂钩试点政策，充分挖掘城乡建设用地潜力。

2. 建立健全节约集约用地制度，大幅提高土地利用效率

建立行政区域、城市、开发区等发展耗地、人均用地、用地结构等标准控制体系，适当提高工业项目容积率、土地产出率门槛。建立健全节约集约用地基础信息调查、评价和披露机制，定期开展建设用地节约集约利用调查与评价，接受社会公众监督。完善土地资源配置市场机制，发挥市场机制对节约集约用地的引导作用。创新和推广应用节约用地新技术。吸取国内外节约集约用地经验，引进立体空间开发利用、省地型住宅建设、污染废弃地治理、交通水利等工程建设节地新技术。

3. 保护农民土地财产权利，让农民带着合法土地收益进城

加快完成对农村土地的确权登记颁证工作，赋予农民对承包地占有、使用、收益、流转及承包经营权抵押、担保权利。赋予农民宅基地及其房屋的完整物权，鼓励农民自愿以其宅基地置换城镇住房。改革征地制度，改变现有土地征用收益分配格局，使土地增值收益能够充分反哺失地农民。引导和规范农村集体经营性建设用地入市，在符合规划和用途管制前提下，允许农村集体经营性建设用地出让、租赁、入股，实行与国有土地同等入市、同权同价。

(三) 建立健全现代财政制度，扩大税收来源，摆脱土地财政依赖

1. 推进预算公开，建立透明预算制度

政府支出预决算全部细化到具体项目，加大"三公"经费公开力度，细化公开内容，所有财政拨款安排的"三公"经费都要公开，以提高财政透明度，缓解收支矛盾，保持财政稳定。完善财政转移支付制度，建立财政转移支付同农业转移人口市民化挂钩机制。省级财政安排转移支付要考虑常住人口因素，根据地方农村户籍改革的成本、保障农业转移人口市民化的资金需求，确定相应的财政转移支付规模。

2. 建立多元化的投融资机制

放宽准入、完善监管，引入社会资本参与轨道交通、燃气、电力、医疗、教育、文

化、金融等城市公用设施投资运营。同时要完善监管，处理好服务价格问题。鼓励公共基金、保险资金等参与项目自身具有稳定收益的城市基础设施项目建设和运营。以城镇化未来收益为支撑，探索开展建立地方债券发行管理制度。此外，还应建立偿债准备金制度，提高防范政府性债务风险的能力和水平。

3. 推进政策性金融机构改革

研究建立城市基础设施、住宅政策性金融机构，如可以建立城镇建设银行，为城市基础设施和保障性安居工程建设以及环境治理等提供规范透明、成本合理、期限匹配的融资服务。

（四）建立多层次的社会保障体系，促进不同群体间基本公共服务均等化

1. 整合城乡居民基本养老保险制度和基本医疗保险制度，城乡统一经办管理，实现城乡居民在制度上的平等

完善社会保险关系转移衔接政策，在农村参加的养老保险和医疗保险规范接入城镇社保体系，实现社会保障一卡通。推进城乡最低生活保障制度统筹发展，将农民工及其随迁家属纳入城镇社会救助和养老服务范围。积极发展补充社会保险和商业保险，加快发展企业年金、职业年金等补充社会保险和各类商业保险，构建多层次社会保障体系。

2. 推进教育领域综合改革，保障教育公平

将农民工子女义务教育纳入城镇教育发展规划和财政保障范畴，保障在城镇生活的适龄儿童都能公平享受义务教育。均衡配置教育资源，遏制择校现象。根据城镇常住人口空间分布和未来增长趋势，调整优化城乡中小学布局，增加学校数量，重点加强新城区、城乡结合部幼儿园和中小学建设，加快解决中小学大班额问题。

3. 建立健全符合省情的住房保障和供应体系

加快建立市场配置和政府保障相结合的住房制度，努力增加住房供应，加强住房保障。保障房建设重点是解决城镇贫困家庭和农业转移人口居住问题。在布局上，尽可能建在交通较便利、配套设施较齐全的地段，减少低收入群体的生活成本和通勤成本。在分配上要严格审查，防止福利陷阱，尽可能使更多低收入群体得到保障。在退出机制上，要去除保障房的财富效应，挤出投机人群，提高保障房循环强度。棚户区和城中村改造要与保障性住房建设相结合，努力满足外来人口、大学毕业生、住房困难家庭的基本居住需求。

（五）深化行政管理体制改革，减少行政层级，逐步实现政府公共资源配置与行政级别脱钩

1. 厘清政府和市场边界，进一步简政放权，最大限度地减少政府对微观经济的干预

企业投资项目，除关系到国家和生态安全以及重大公共利益的项目外，其余的都要交由企业依法依规自主决策，政府不再审批。对规范管理保留的行政审批事项，优化审批流程，建立全省统一互联的网上办事大厅，降低行政成本，提高行政效率。

2. 加快省直管县改革，减少行政层次

河南目前有10个省直管县，今后要总结目前省直管县在经济、财政、干部管理体制等方面改革的经验，扩大省直管县试点范围，完善省直管县制度。推行省直管县财政改革，理顺省级以下政府间财政分配关系。在财政预算编制上，由省直接对县编制预算，在收入划分上也由省直接对县进行划分，同时省也把转移支付、专项资金补助、资金调度、债务管理等经济权限下放到县，使得县级政府财权、事权相匹配。

3. 减少行政等级对公共资源分配的干预

政府公共服务资源的配置要与行政级别脱钩，把更多的发展权下放到基层中小城市和小城镇。按照人口在城镇集聚的规模测算不同城镇公共资源配置标准，以实现大中小城镇公共资源配置均等化。打破行政区划，实现基础设施共享。

4. 扩大城市数量，把符合条件的县城和建制镇升级为"镇级市"

根据城镇化发展的需要，应设立分类标准，分批次进行审批，稳步新增设市数量。把城市市区常住人口规模作为设市的重要依据，尽快启动镇改市工作，依据国家相关政策和发展趋势，选择一批条件较好的县城和建制镇，可考虑直接设市。对吸纳人口较多、经济总量较大的小城镇，要赋予其与管辖人口规模和经济总量相适应的经济社会管理权限。

（六）加大生态环保职能和相关资源的整合力度，建立职能有机统一、运行协调高效的生态环境保护管理体制

1. 划定生态保护红线，建立国土空间开发保护制度

加快完善城镇化地区、农产品主产区、重点生态功能区空间开发管控制度，建立资源环境承载能力监测预警机制。严格按照主体功能区定位推动发展，对不同主体功能区实行差别化财政、投资、产业、土地、人口、环境、考核等政策，促进耕地、河湖水系的休养生息。

2. 建立和完善严格监管所有污染物排放的环境保护管理制度，实现环境污染的全防全控

将污染物、污染源和环境三方面统筹考虑，按照生态系统管理方式要求，对工业点源、农业面源、交通移动源等全部污染源排放的所有污染物，对大气、土壤、地表水、地下水等所有纳污介质，加强统一监管。同时，要重视生态系统的整体性规律，建立污染防治和生态保护的联动机制。

3. 整合环境执法力量，建立监督有力、独立高效的环境执法体制

有序整合不同领域、不同部门、不同层次的监管力量，完善监管的法律授权，明确环境执法地位，强化环境执法权威，独立进行环境监管和行政执法。增强环保执法制度安排的可操作性，使执法部门执法时能够硬气，能够有效地处罚和震慑违法企业。

4. 搭建环保投融资管理平台，吸引银行等社会资本进入生态环境保护领域，发挥市场机制在环保工作中的作用

发展环保市场，推行节约能量、碳排放权、排污权、水权交易制度，建立吸引社会资本投入生态环境保护的市场化机制，研究推进环境污染第三方治理，向社会购买服务特别

是环境监测社会化。

5. 强化环境考核和环境损害责任追究制度

不再以 GDP 增长率论英雄，要把资源消耗、环境损害、生态效益等体现生态文明建设状况的指标纳入经济社会评价体系，建立体现生态文明要求的目标体系、考核办法和奖惩机制。

六、今后河南科学推进新型城镇化各项改革的主要任务、政策措施及阶段性目标

今后河南科学推进新型城镇化各项改革，要与全省全面深化改革的安排部署相结合，坚持循序渐进，着力解决影响城镇化科学推进、群众反映强烈的突出矛盾与问题，从条件成熟的事情做起，着力抓好行政管理体制改革、土地管理体制改革、城镇化资金筹措机制改革、户籍与人口管理体制改革、公共服务均等化改革、资源性产品价格机制和排污权交易改革等，基本建立起有利于城镇化发展的体制机制。

（一）河南科学推进新型城镇化各项改革的主要任务

1. 加快推进有利于新型城镇化发展的行政管理体制改革

加快行政区域体制调整，通过恢复建制市设置、向中小城市和部分小城镇下放权限等手段推进城镇间行政管理体制改革，促进资源由按城市行政级别配置向按人口规模配置逐步转变。

首先，稳妥有序地调整行政区划。围绕建设国家区域中心城市，积极推进郑州市区划调整，拓展城市发展空间。支持其他省辖市进行区划调整，重点解决一市一区、市县同城等问题。降低设市标准，允许一定规模的县升格为市；一些经济基础好、人口规模大的经济发达镇也可以升格为市。开展撤乡建镇工作，将产业优势明显、经济实力较强的乡改为建制镇。为吸纳更多的农民进城创造条件。

其次，打破市管县的等级行政体制，加快推进省直管县体制改革。在巩义市、兰考县等 10 个县（市）全面实行在省直接管理县的体制基础上，扩大省直管县体制改革试点范围，进一步深化省直管县体制改革。

最后，要弱化城市行政级别，变"以大管小"为"以大带小"，并在政策安排上更多地考虑和照顾中小城市（镇）的发展需要。

2. 加快推进有利于新型城镇化发展的土地管理体制改革

推进土地管理制度改革，一方面要尽快剥离土地的社会保障功能，另一方面要切实保障农民的土地收益权。

首先，建立城乡统一的建设用地市场。建立全省统一的土地交易平台，将集体建设用

地使用权、土地综合整治结余的集体建设用地复垦指标、耕地占补平衡指标纳入平台交易。进一步扩大人地挂钩试点范围,深入推进人地挂钩试点,实行城镇建设用地增加规模与吸纳农村人口进入城市定居规模挂钩、城市化地区建设用地增加规模与吸纳外来人口进入城市定居规模挂钩。健全农村土地综合整治机制,进一步扩大城镇建设用地增加和农村建设用地减少挂钩试点的范围,农村土地综合整治结余的建设用地在满足农村长远发展用地的基础上,结余指标纳入指标库由省统一管理。探索建立经济发达但土地资源稀缺地区对经济落后但土地资源丰富地区的经济补偿机制。

其次,深化农村产权制度改革,切实保障农民的土地收益权。加快推进农村土地承包经营权、宅基地使用权确权登记颁证工作,建成省级土地信托中心。赋予农民对承包地占有、使用、收益、流转及承包经营权抵押、担保权利;保障农民集体经济组织成员权利,建立健全农民对集体资产股份占有、收益、有偿退出机制,探索农民集体资产股份抵押、担保、继承改革试点。保障农户宅基地用益物权,按照国家要求开展农民住房财产权抵押、担保、转让试点工作。加快农村土地流转制度改革,完善农村产权交易市场体系,让农民带着资产进城。

3. 加快推进有利于新型城镇化发展的资金筹措机制改革

以构建农业转移人口市民化成本分担机制为突破口推进城镇化资金筹措机制改革。一方面要构建政府、企业、个人和社会多主体共同参与的成本分担机制,另一方面要建立多层次、多样化、市场化的投融资机制。

首先,建立由政府、企业、个人和社会共同参与的多元化成本分担机制。农业转移人口市民化在义务教育、公共就业服务、公共医疗卫生、社会保障、保障性住房以及市政设施等方面的公共成本需要各级政府来承担。设立省级农业转移人口市民化的专项基金,通过财政转移的方式,加强对郑州、洛阳等农业转移人口集中流入城市的补助。各地市和县级政府在中央财政、省级财政的支持下,承担起完善城市基础设施和公共服务设施建设、加强义务教育、社会保障、公共医疗、保障性住房等公共服务。企业重点承担农业转移人口的劳动保障成本。农业转移人口"带资进城"市民化需个人承担成本。可以通过市场化手段,将农业转移人口在农村拥有的各种资源转化为资产,推动农业转移人口"带资进城",冲抵其市民化的高额成本。

其次,创新建设资金多元筹措机制。探索地方政府发债等多种方式拓宽城市建设融资渠道。支持符合条件的省辖市、县(市、区)发行市政债券,扩大直接融资规模。落实与国家开发银行、农业发展银行等金融机构的合作协议,争取融资支持。推广运用政府与社会资本合作模式(PPP)。鼓励社会资本通过特许经营等方式参与城市基础设施投资与运营。进一步放开市场准入,综合运用BT、BOT、TOT等多种方式,吸引境外和社会资本参与城镇化建设。开展农地金融,把农村土地使用权作为抵押贷款融资,可以解决农民工创业的资金需求。

4. 加快推进有利于新型城镇化发展的户籍制度改革

以符合条件的农业转移人口落户为重点,加快推进户籍制度改革,剥离户籍内含的各种权利和福利，逐步建立城乡统一的户籍登记管理制度。

首先，加快户籍制度改革，按照宽严有度、积极稳妥的原则，适度放宽郑州，全面放开其他省辖市、县城（县级市）和小城镇入户条件，逐步推行城乡一体的户籍制度管理。实施符合条件的农业转移人口落户城镇推进计划。推动各省辖市、县（市）2014年底前制定完善促进农业转移人口进城落户的具体政策和激励办法，力争每年实现转户100万人左右。凡在城市有合法房产、在县城和小城镇有合法稳定职业或固定住所（含租赁）的农业转移人口，均可以申请在当地转为非农业户口，其配偶、未婚子女、夫妻双方父母均可以随迁入户，平等享有城镇所有基本公共服务。重点推动城中村、城市近郊村和产业集聚区居住的农业人口，根据村庄改造进度，同步成建制地转为城镇户口。以举家迁徙和新生代农民工为重点，加快推动有相对稳定职业和住所的农民工及随迁家属、重大工程及扶贫搬迁农民、农村籍大中专毕业生、农村籍复转军人等率先转户，带动其他农村人口转户进城。对进城落户农业人口，允许其在一定时期内继续保留承包地、宅基地、林地等基本权益以及原有计划生育、各种惠农补贴等政策。

其次，实施城乡统一的居住证制度，取消农业户口和非农业户口的二元户口性质划分，推进户籍与福利脱钩。以居住证为载体建立健全与居住年限相挂钩的基本公共服务提供机制，建立健全户籍制度和居住证制度有效衔接的人口管理制度。

5. 加快推进有利于新型城镇化发展的基本公共服务均等化制度改革

按照政府保障基本公共服务、市场提供多样化选择的原则，创新社会服务提供方式，推进非基本公共服务市场化改革，形成政府主导、企事业单位和社会组织广泛参与的公共服务提供机制。完善政府购买公共服务政策，健全和规范项目化运行管理机制。探索多种有效措施，鼓励社会资本以多种方式参与公共服务，推动公共服务社会化、多元化。完善社会建设专项资金制度，加大政府购买社会组织服务力度。

首先，健全多元化公共服务提供机制。积极运用财政贴息、奖励、竞争性分配等方式，鼓励支持社会资金和民间资本进入公共服务建设领域，鼓励引导社会组织等群团组织参与提供多层次、多样化的社会公益服务。建立公共服务提供公共参与机制，积极探索在重大民生政策和项目决策、实施过程中引入征询社会公众意见机制。

其次，完善政府购买公共服务制度。编制和制定《河南省政府购买公共服务指导性目录》，明确政府购买公共服务的内容、种类、性质，并根据客观实际的变化需要及时进行动态调整。按照不同公共服务项目的特点和要求，对当前不宜或暂不具备政府采购条件的，积极探索定额补助、以奖代补等其他政府购买服务的形式。各地加快制订购买公共服务具体方案，明确购买公共服务的时间、范围、内容、服务要求等内容，促进政府购买公共服务的顺利推进和实施。

最后，加快公共服务体系建设。重点是保障农民工随迁子女平等享有受教育的权利、建立完善进城务工人员住房保障机制、保障农民工依法享有各项劳动和社会保障权益。

6. 加快推进有利于新型城镇化发展的资源环境相关制度改革

以资源性产品价格改革、资源税从价计征为重点实行资源有偿使用制度，以建立健全排污权交易体系、完善污染物排放许可制度为重点推进生态环境补偿制度建设。

首先，推进资源性产品价格和税制改革。按照反映市场供求和资源稀缺程度，推进资源性产品价格改革，建立健全居民生活用水、用电、用气等阶梯价格制度。推进资源税从价计征，实现资源价格由市场决定。

其次，实行资源有偿使用制度和生态补偿制度。建立耕地保护责任落实和补偿制度，调整严重污染和地下水严重超采区、采矿严重塌陷区耕地用途，有序实现耕地、林地、河湖休养生息。推行节能量、碳排放权、水权交易制度，建立健全排污权交易体系，促进环境容量资源市场化。

再次，健全主要污染物排放总量预算管理制度，完善污染物排放许可制度。建立重点流域、重点区域、重点行业、企事业单位污染物总量控制制度，推进排污权有偿使用和交易试点工作。完善生态补偿制度，提高主要污染物排污费标准，开展环境污染责任保险试点。建立完善突发环境事件和雾霾天气应急处理机制。

最后，实行最严格的环境监管制度。完善城市环境综合整治和定量考核制度，强化环评管理，制定突发环境事件调查处理办法，建立区域环境联防联控机制，健全生态环境保护责任追究制度和环境损害赔偿制度。

（二）河南科学推进新型城镇化各项改革的政策措施

1. 加强对新型城镇化各项改革工作的组织协调

为保障新型城镇化改革工作的顺利推进和有序实施，要加强组织协调，形成合力。成立新型城镇化专项改革领导小组，负责选题确定、调查研究、方案拟订、协调推进、推动落实。省直各部门要建立改革责任机制，对确定的重点改革事项，牵头单位要认真履职、负起责任，参加单位要积极配合、密切协作，加强各个环节的信息沟通，提高执行力。省直管县（市）、省直部门也要成立城镇化改革领导小组，确保各项改革举措落到实处。坚持党的群众路线，充分发挥人民群众积极性、主动性、创造性，充分发挥工会、共青团、妇联等人民团体作用，齐心协力推进新型城镇化改革。

2. 做好新型城镇化改革工作的顶层设计和统筹协调推进

推进新型城镇化改革是一项艰巨的任务和复杂的工程，涉及的面比较广、领域比较宽，在改革推进工作中也将会面临着一系列复杂矛盾和问题。需要做好顶层设计，坚持统筹全局、重点突破，既加强整体谋划，又突出改革重点，把握关键环节。积极配合新型城镇化改革工作大局，从实际出发，科学把握改革的战略重点、优先顺序、主攻方向，正确、准确、协调、有序推进改革。抓住必须改而又能够改的事项，分批推进，以重点领域、关键环节改革的突破带动全面深化改革。针对新型城镇化改革工作出现的矛盾和问题，要突出把握好关键问题和核心问题，采取针对性措施进行有效解决，避免因问题处理不到位，而影响整个改革工作的大局。

3. 深入开展新型城镇化重点改革的试点工作

新型城镇化是综合性系统工程，设计诸多领域的体制机制改革，要紧紧围绕需要深入研究解决的重点难点问题，开展改革试点，发挥先行示范作用。结合开展国家新型城镇化综合试点工作的总体要求和改革重点，河南各地要从本地实际出发，在全省选择10个左右市、县、镇开展新型城镇化试点工作。试点地区以建立农业转移人口市民化成本分担机制、建立多元化可持续的城镇化投融资机制、改革完善农村宅基地制度、创新行政管理和降低行政成本的设市模式为重点，结合城市创新创业环境建设，城市公共服务提供机制，城市社会治理体系，城市生态文明制度建设，城市"多规融合"制度建设，城乡一体化发展机制，创新城市、智慧城市、低碳城市、人文城市建设地位等方面发展的要求，开展专项改革和综合改革相结合的试点探索，为全省新型城镇化改革提供可复制、可推广的经验和模式。

4. 加强对新型城镇化各项改革工作的考核评估和督促检查

建立健全城镇化改革工作的考核评价体系和制度。加强新型城镇化改革工作的考核奖惩力度，把推动和促进城镇化改革的实际成效作为检验和评价各地各部门工作的重要标准，以及作为评价党政干部领导班子政绩和干部选拔任用的重要依据，纳入年度考核范围。建立健全问责机制，强化监督检查。按照月检查、季通报、半年小结、年终考核等办法，严格跟踪督办。对领导重视、措施得力、成绩显著的单位给予通报嘉奖；对推进不力、阻挠改革或借改革之名谋取局部、小团体利益的要督办和问责，严肃追究有关单位和人员的责任。

（三）河南科学推进新型城镇化各项改革的阶段性目标

到2015年底，河南科学推进新型城镇化各项改革取得突破性进展，初步形成有利于新型城镇化发展的体制机制。在行政管理体制改革方面，行政体制改革取得较大进展，省直管县体制改革、经济发达镇体制改革、撤乡建镇等工作深入推进。增设10个左右的城市。城镇化资源配置趋于合理化。在土地管理体制改革方面，城乡统一的建设用地市场初步形成，农村土地承包经营权登记工作完成20%以上，各种形式的流转土地面积超过3000万亩，建成省级土地信托中心，农村土地综合整治、人地挂钩试点等取得突破性进展。在城镇化资金筹措机制改革方面，财政转移支付同农业转移人口市民化挂钩机制初步建立，城镇化建设资金融资渠道进一步拓宽，建设资金短缺难题有所缓解。在户籍制度改革方面，中小城市和小城镇户籍全面放开，建立起较为完善的居住证制度，对常住外来人口统一发放居住证，保障公民基本权益，并享受本地部分公共福利。基本实现具有合法稳定就业和合法稳定住所（含租赁）、有意愿的农业转移人口落户城镇。在基本公共服务均等化改革方面，多元化的公共服务提供机制基本形成，城镇基本公共服务水平有所提高，社会保障体系逐步完善，进城务工人员同城同待遇政策有效落实，城镇基本公共服务常住人口全覆盖基本实现。在资源环境相关改革方面，资源性产品价格改革、资源税从价计征、污染物排放许可证改革等取得较大进展。资源节约和环境保护得到加强，推进新型城镇化的资源环境承载能力有所增强，生态环境质量得到改善。

第十一章 河南国有企业改革及混合所有制经济发展问题研究

十八届三中全会《中共中央关于全面深化改革若干重大问题的决定》（以下简称《决定》）提出，必须毫不动摇地巩固和发展公有制经济，坚持公有制主体地位，发挥国有经济主导作用，不断增强国有经济活力、控制力、影响力。完善产权保护制度。积极发展混合所有制经济。完善国有资产管理体制，以管资本为主加强国有资产监管，改革国有资本授权经营体制。河南省委关于《全面深化改革的实施意见》明确要求，深化国有企业改革。这都为河南省深化国企改革和发展混合所有制经济指明了方向。

一、河南国有企业改革及混合所有制经济发展的历史回顾

30多年来，国企改革就是逐步实现国有企业从政府行政机关的附属物向市场主体的转变。从本质上讲，就是寻找一条公有制与市场经济相结合的有效途径，打造符合社会主义市场经济要求的合格市场主体。回顾总结30多年国有企业改革发展的历程，大体上可分为三个阶段，每一阶段的主要做法都具有鲜明的时代特色。

（一）历程、做法与成效

1. 扩大经营自主权阶段（改革开放初期到十四届三中全会之前，历时15年）

——阶段描述。这一阶段主要突出"扩权让利"。1978年12月，十一届三中全会提出扩大企业经营管理自主权。1979年5月，国家经委、财政部等六部委确定在首钢等8户企业进行扩大企业自主权试点。1984年10月，十二届三中全会通过《中共中央关于经济体制改革的决定》，标志着改革重点由农村转到城市，并明确提出增强企业活力是以城市为重点的整个经济体制改革的中心环节。这一时期，逐步推进扩大企业自主权、利润盈亏包干、"利改税"到全面推行承包经营责任制、转换企业经营机制，调整了国家与企业的责权利关系，为企业进入市场奠定了基础。进入20世纪90年代后，以邓小平南方谈话和1992年十四大确立社会主义市场经济体制为标志，国企改革进入新的阶段（十四大报告首次将"国营企业"改称为"国有企业"）。这一阶段的改革，逐步使国有企业成为"自主

经营、自负盈亏、自我约束、自我发展"的独立经济实体。

——主要做法与成效。河南省于1979年底选择57户企业进行首批扩大经营自主权试点。1984年到1986年底,随着国家建立新的财税体制,对国有企业实行利改税,从根本上改变了国家与企业的分配关系。1987~1991年,全省对国有企业逐步实行承包经营责任制。1992~1993年,河南省将转换企业经营机制作为国企改革的主要方向,全面落实企业14项经营自主权,并逐步推行内部三项制度改革。

2. 制度创新和结构调整阶段（十四届三中全会到十六大之前,历时10年）

——阶段描述。1993年,十四届三中全会通过《关于建立社会主义市场经济体制改革若干问题的决定》,明确指出国有企业的改革方向是建立"产权清晰、权责明确、政企分开、管理科学"的现代企业制度,中国真正意义上的国有企业改革从此全面展开。1997年,十五大提出把国有企业改革同改组、改造、加强管理结合起来;抓好大的,放活小的,对国有企业实施战略性改组;实行鼓励兼并、规范破产、下岗分流、减员增效和再就业工程,形成企业优胜劣汰的竞争机制;等等。1998年国务院开始对大型国有企业实行稽查特派员制度,两年后逐步过渡到派出监事会。1999年,十五届四中全会通过《中共中央关于国有企业改革和发展若干重大问题的决定》,决定对国有经济进行战略性调整,国企改革开始向纵深推进。其中,1998~2000年,实施改革脱困3年攻坚,通过债转股、技改贴息、政策性关闭破产等政策措施,减轻企业负担,推动企业技术进步和产业升级,国企整体扭亏为盈。

——主要做法与成效。河南省1994年选定100户企业开展建立现代企业制度试点。1994年河南省第一只股票"豫白鸽"上市,到1997年全省上市公司达15家。3年脱困期间,全省列入国家企业兼并破产和减员增效项目257个,核销银行呆坏账准备金103亿元;32家企业签订了债转股协议,债转股金额160亿元;全省累计对304户企业协调发放封闭贷款2148亿元。同时,现代企业制度建设在试点基础上全面推开,全省767户国有大中型企业,有381户由工厂制改为公司制。

3. 国资管理体制改革推动国企改革的阶段（十六大到十八届三中全会,历时10年）

——阶段描述。2002年,十六大明确提出深化国有资产管理体制改革的重大任务,建立"三统一,三结合"的国有资产监管机构,坚持政企分开,实行所有权和经营权分离,使企业自主经营、自负盈亏,实现国有资产保值增值。首次从政府机构设置上实现了"政企分开"、"政资分开",国企改革进入由出资人推动的新阶段。

——主要做法与成效。2003年省委、省政府出台《关于进一步深化国有企业改革的决定》,启动了河南新一轮国企改革,国资委作为出资人,主导推动国企改革向纵深推进,开创河南省国有企业改革发展新局面。先后对5000多户企业实施了不同形式的改革改制,98%的国有工业企业实现产权多元化,对2700多户一般竞争性的中小企业实行了改制退出,90多万名职工与新单位建立了规范的劳动关系。先后实施了162个政策性破产项目,核销呆坏账191亿元,省管企业360个辅业单位90%以上实现了与主业分离,基本完成改制。通过债务重组,安彩、洛轴、莲花、春都等一批困难企业的上市资源和有效资产得以成功保全，重新焕发了生机。在探索完善省管企业法人治理结构方面，深化内部三项制度改革，2009年在建设集团开展了外部董事制度试点，2011年在粮食批发市场、中油气公司、国控公司开展了第二批试点。在混合所有制方面，大力推进全省面上产权多元化改革和省管企业股权多元化改革，目前全省共有混合所有制企业近700户，占全省国家出资企业的17%，其中，国有控股企业占12%，国有参股企业占5%。

（二）存在的问题

1. 重感性、轻理性，国有企业改革顶层设计缺失，国企改革代价较高、障碍较大

从更高远深广的视野看中国及河南国企改革36年历程，无论是国家层面，还是省、市、县层面的国企改革，因为需要不断改革突破原有体制机制甚至法律法规束缚，又没有现成的成功经验、模式和样本可以借鉴套用，只能是"摸着石头过河"、"跟着感觉走"，一直难以理性地进行顶层设计。因此，国企改革也就缺少科学系统的总体规划和制度设计，国企改革的具体法律和操作规则、配套政策和措施几乎都是边改革边制定，至今仍然不够健全完善。总结历史经验和教训，应该说，在顶层设计缺失和具体法律规则、操作制度不健全不完善的情况下，国企改革就难以严格控制和有序推进，难免影响国企改革的有效性、公平性和成功率，在一定程度上造成国有资产的损失和企业及职工利益的损害，付出了较大的改革成本。同时，由于缺少总体规划的指导，国企改革中许多企业因种种问题而造成改革延迟或停滞，形成大量历史遗留问题成为雷区或死角——改革难度大的领域和企业，一些企业及行业（如商贸服务业）改革不彻底，不少企业的改革陷入停滞导致长期"休眠"甚至"假死"，随着这些国企的资产消融、资本沉没或者被掏空，日积月累形成了一大批"植物企业①"、"冰棍企业②"、"僵尸企业③"和"壳企业④"，多年来这些历史包袱已经成为国企改革的雷区和死角，这使推进国有企业改革和实行产权多元化面临较大障碍。另外，没有国企改革总体规划的指导，各方面对国企改革的战略思路、原则、布局、目标、任务、政策和措施难以统一，对诸如国资布局、股权比例、管人、管事、管财等关键问题，以及谁来承担改革责任的问题难免存在较大分歧。

2. 重行政、轻市场，政府行政干预过多，产权制度与公司改革不彻底

与经济领域的改革相比，政府改革相对滞后，行政干预过多，政企、政资关系仍未理顺，存在多头管理。目前，政府职能转变的力度还不够大，政企分开、政资分开缺乏明确具体的要求，相当一部分经营性国有资产仍然由政府社会公共管理部门、事业单位及其他组织履行出资人职责。在企业重组中通常以政府为主导，过于强调"劣势企业退出"，不顾企业实际和市场规律，盲目推行"做大做强"的发展战略，搞"拉郎配"式的兼并重

---

① "植物企业"是指管理混乱，生产无前景，产品无市场，无竞争能力，债台高筑，资不抵债，没有活力和生气，只能靠政府或借贷输"血"供"氧"延缓生命而生存的企业。
② "冰棍企业"是指经营持续衰退或停产关门，资产持续消耗和减损的企业。
③ "僵尸企业"是指无望恢复生气，但由于获得放贷者或政府的支持而免于倒闭的负债企业。
④ "壳企业"是指主业停产两年以上已经无力恢复，"有名称、有人员、有债务、无资产、无场地、无经营"的企业。

组，制造了一些新的"问题集团或公司"。大多数国有企业只是在形式上进行了公司制改造，但是法人治理结构并不完善。企业内部机制能否真正转换，完善的法人治理结构能否形成，关键还在于政府改革的深化，逐步弱化政府对微观主体的行政干预。河南省有巨量的产业资产、基础设施资产、土地资产和资源性资产，但主要还是依照传统的投资模式而不是资本化理念进行对待和处理，使得巨量的资产难以借助资本的力量发挥出应有的杠杆效应和盈利效应，从而难以形成"投入—开发—收益—再投入"的有机循环机制和无缝衔接的首尾贯通机制。由于对国有企业改革的总体要求认识不足，国企改革层面长期注重政府主导作用，忽视企业是市场主体这一基本经济规律，在国有资产体制改革方面一直没有取得关键性的突破，造成产权制度与公司改革不彻底。

3. 重二产、轻三产，国有资产布局不合理，国有资产配置效率不高

从行业分布看，河南国有经济主要布局在工业和基础设施领域，金融、物流、文化等服务业比重较低，如图11-1所示，在全部国有企业中，工业企业数量占总数的30%，国有资产占总量42.4%；社会服务企业数量占总数的11.6%，国有资产占总量27.5%；交通运输企业数量占总数的3%，国有资产占总量10.7%；金融企业数量占总数的0.8%，国有资产占总量4%；批发和零售业企业数量占总数的20%，国有资产占总量3.8%。从区域布局上，市、县层面存量较大，企业数量和资产总量占比均超过一半（见图11-2），截至2013年底，全省地方国有企业（含各级法人单位，下同）共4062户，账面资产总额1.8万亿元，净资产5200亿元，其中省级企业1711户，户数占42.1%，资产占总量的43.4%；市级企业776户，户数占19.1%，资产占总量的41%；县区级企业1575户，户数占38.8%，资产占总量的15.6%。从省管企业看，主要集中于工业领域，能源原材料等传统产业比重大，其中，煤炭板块资产占总量的22.3%，化工板块资产占总量的11.9%，钢铁板块资产占总量的5.3%，装备制造资产占总量的4.3%。河南省国有资本布局基本上固化于既有国有企业的所在产业领域，而这些产业领域是传统工业化时期的重点发展对象，大多数处于产业链上端和价值链低端，而且市场竞争非常激烈，国企改革没有与产业布局调整结合起来，在新型工业化的新形势下，它们大多陷入产能过剩、环境污染重、资源消耗大、经营效益低的深度困境之中，既不能对河南省经济发挥真正的支撑作用，又不能对新型产业发挥应有的带动作用，维持存量贡献已举步维艰，更谈不上增量贡献。

4. 重规模、轻效益，国有企业大而不强，国有企业经营效率长期偏低

河南省国企普遍存在国有资本收益率低的现象，个别特大型企业占有数千亿元优良资产和优质资源，却不能上缴国有资本收益，或者上缴收益的数目与其所占有的资产规模不成比例。在省国资委监管的28家国企中，2013年有9家企业的净利润呈负增长，其中，中国平煤神马集团、河南交投集团分别亏损高达1.48亿元、19.34亿元。国有企业大而不强的问题比较突出，国有企业资产负债率偏高。如图11-3所示，国际金融危机以来河南规模以上工业企业资产负债率明显下降，2012年为51.4%，与2008年相比下降了6.4个百分点，而同期河南规模以上国有控股工业企业资产负债率却有所提高。从经营效益看，如图11-4所示，总资产收益率不到1%，比规模以上工业企业低5个百分点以上，抵御市

第十一章 河南国有企业改革及混合所有制经济发展问题研究

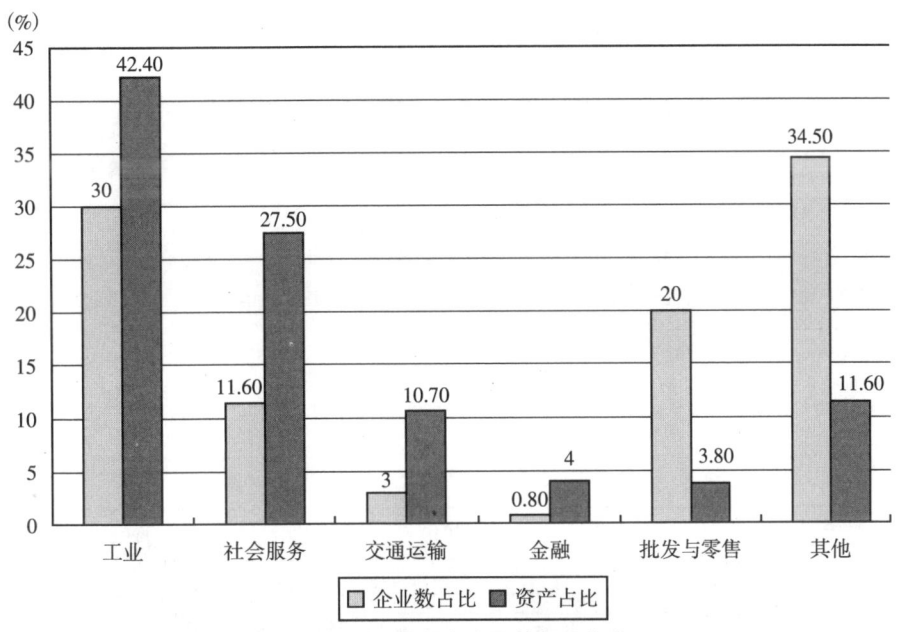

图 11-1 河南国有企业的行业分布

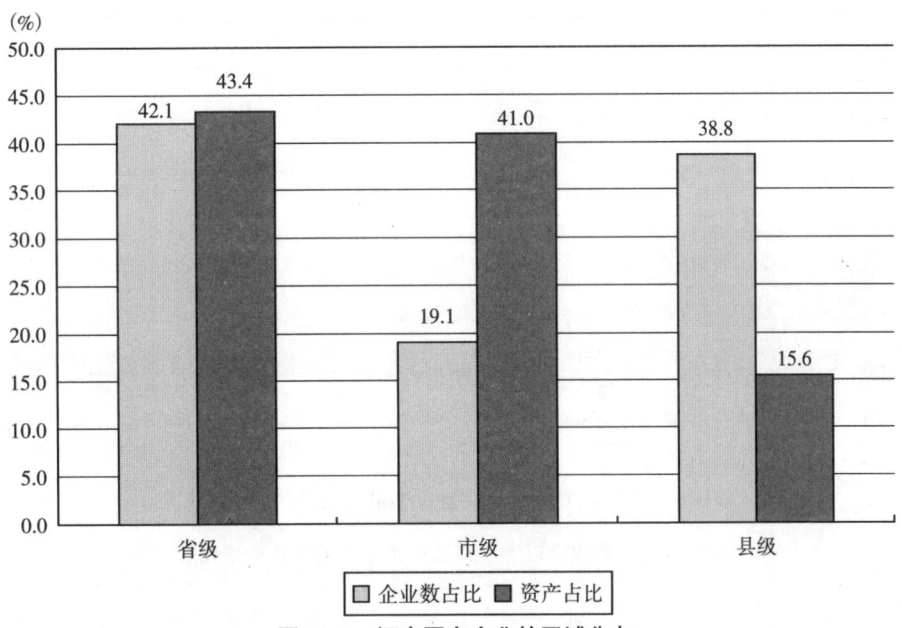

图 11-2 河南国有企业的区域分布

场风险的能力较差。企业重规模、轻效益，盲目扩张，导致企业摊子铺得过大，战线过长，主业不突出，产品主要集中在产业链前端和价值链低端，自主创新能力弱，技术含量低，附加值不高，核心竞争力不强。近年来，受国内外多重因素的影响，部分行业出现了市场竞争过度、产能过剩的局面，目前在省管企业中主要以钢铁、煤炭、化工、水泥、造纸等行业尤为严重。部分企业运营质量和效益较差，社会资本不愿进入，通过产权转让、合资合作等方式引进战略投资者的难度较大。

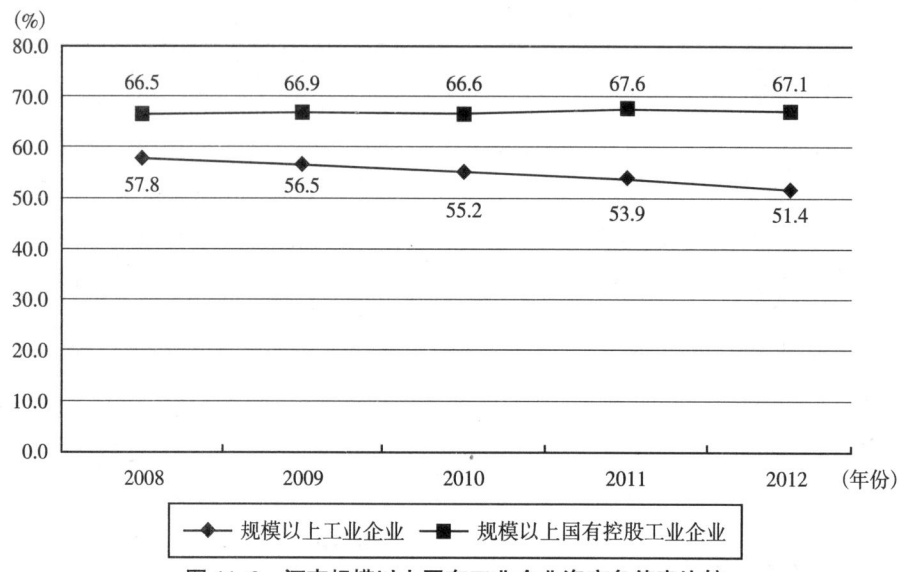

图 11-3 河南规模以上国有工业企业资产负债率比较

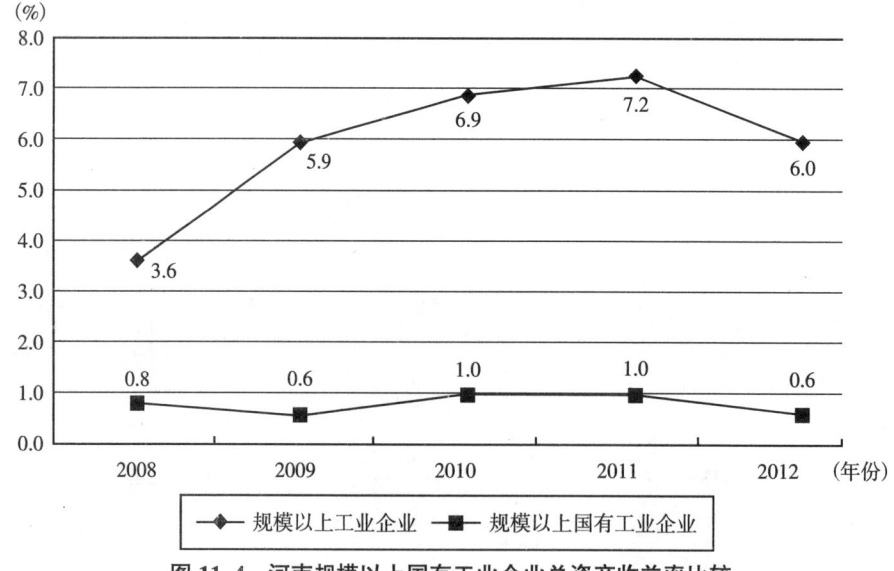

图 11-4 河南规模以上国有工业企业总资产收益率比较

5. 重控制、轻产权，国有企业国有股"一股独大"，混合所有制经济发展缓慢

目前，国有企业国有股"一股独大"的现象仍很突出，股权结构单一。在国有控股和几个国有法人参股的企业中，在法人治理和企业内部制度方面，均存在着各种不同的缺陷。企业投资决策程序不规范，投资失误依然是国有资产流失的主要源头，国资管理风险依然很大。一些企业内部机构臃肿，层级过多，运营效率较低，存在"大企业病"和集团本部"行政化"的现象。以河南能源化工集团为例（见图 11-5），集团公司下属二级子企业有 36 个，三级子企业有 314 个，四级及四级以下子企业有 236 个，在这 586 个子企业

中，独资企业 198 个，国有多元化股东企业 77 个，混合所有制企业 311 个，而在混合所有制企业中国有控股企业达到 241 个，国有参股仅有 70 个，不足 1/4。整体来看，企业层级过多，管理风险较大；国有控股及国有独资企业占比过高，在混合所有制改革方面尚有较大空间。

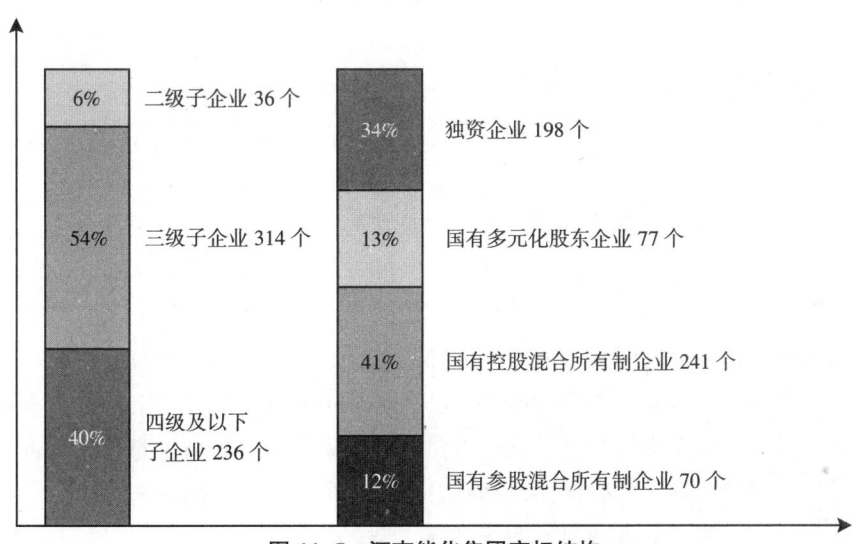

图 11-5　河南能化集团产权结构

6. 重监管、轻授权，国企监管体制弊端频现，国企法人治理结构仍不完善

现在国有企业监管体制机制尚不完善，国资委一方面担当国企"大老板"的角色，另一方面又承担政府管理国有资产的"监管人"职能，这两种角色在职能上、目标上都存在一些矛盾，既当"运动员"又当"裁判员"，对履行两种职能往往顾此失彼。国资委与政府、国资委与其他管国企的党政部门、国资委与所投资企业、各级政府的国资委之间的关系仍未理顺。同时"三统一"、"三结合"也没有完全落实，国有企业上项目审批层级多、时间长、效率低。国有资产监督管理机构有待准确定位，监管机制尚未成型，体制尚不健全，国资委履行职责存在许多困难，这必然影响国有企业的改革攻坚。由于政府改革滞后，政府职能转变不到位，政企仍然未能真正分开，政府部门和一些行政性公司，监管具有很强的行政色彩，严重干扰企业的制度建设和正常经营，在国资监管机制和合理授权方面亟待改进；国有企业以及企业领导人的管理仍大体沿用行政管理的模式，国有企业干部市场化选拔的阻碍较多。"九龙治水"造成家底不清，从国有企业和国有资产监督管理来看，既有国资委的监管，也有其他党政部门的管理。以安阳市为例，目前运行正常并进行产权登记的 46 户国企中，国资委负责监管的只有 17 户，其余 29 户市属国企分别归交通、水利、建设、教育等部门实施管理。从国有企业内部看，虽然在形式上进行了公司制改造、建立了法人治理结构，但还没有形成有效的内部制衡机制。企业运营和内部治理还不太规范，国有出资人的身份模糊，董事会越权和失效的现象比较普遍，监事会也没有真正发挥内部监督作用。企业管理粗放，内部机制不活，干部能上不能下，人员能进不能出，

待遇能增不能减。

（三）经验与借鉴价值

河南省历次国有企业改革和发展在多个方面不乏大胆创新，但在总体上偏向于保守，与沿海发达地区存在不小的差距，却也取得了丰硕的成果，为进一步深化国企改革积累了不少宝贵经验。

1. 持续解放思想更新观念，正确处理三个重要关系

20世纪90年代以来，河南省出现双汇转制的成功案例和沁阳事件的惨痛教训，而沁阳事件则在很大程度上严重迟滞了河南省国企改革的进程。实践证明，深化改革，必须坚持观念更新，要取得国企改革攻坚战的胜利，必须进一步解放思想、更新观念。一是进一步明确国有经济、国有企业与社会主义发展方向的关系，正确认识到国有企业的市场定位和作用。二是进一步明确深化改革与规范运作的关系，在改革中不断完善和规范，在规范中不断深化改革，切忌片面强调规范，而放弃改革。三是进一步明确统一部署与从实际出发、防止"一刀切"的关系。综合考虑各项改革政策措施的关联效应，高度重视政策的统筹性、配套性，加大政策指导力度；同时，也要考虑到各地、各行业情况的差异，必须注意分类指导，分门别类制定相关的实施细则，坚持一企一策，不搞"一刀切"。

2. 坚持产权制度改革，推进综合配套改革

传统的国有企业是计划经济体制的重要内容和微观基础，不仅政企不分、政资不分、企社不分，而且产权模糊，出资人不到位。要建立现代企业制度，解决企业深层次问题，就必须坚持以产权制度改革为核心，同时加快政府行政体制、投资、财政、金融、社会保障、医疗、劳动工资、人事等方面的体制改革。只有以产权改革为中心进行综合配套改革，才能完成国企改革的任务，才能建立完善的市场经济体制。进行产权制度改革，必须规范操作，正确地进行资产评估、产权界定、合理定价，防止国有资产流失，稳步推进省管企业主辅分离、辅业改制、精干主业。

3. 实施战略性调整，有效提高国有资产质量

通过国有经济布局和结构调整及资产重组，河南省国有资产在从一般竞争性领域和劣势企业退出的同时，又加强向关系国家安全和国民经济命脉的重要行业和关键领域进入，有效盘活了国有资产，已成为提高国有资产质量的重要途径。截至2013年底，全省地方国有企业（独立法人单位，下同）共4062户，资产总额达到1.8万亿元，年均增长15.3%；净资产达到5200亿元，年均增长14.8%；营业收入达到7650亿元，年均增长14.2%；实现利税达到445亿元，年均增长12.9%。目前，河南省与央企合作在建项目274个，总投资额7266亿元，近3年央企累计到位资金3196亿元，中粮郑州产业园、北车集团郑州产业基地、中航洛阳光电技术产业基地、三门峡中国黄金产业基地以及中国移动"无线城市群"等一大批基地型、龙头型项目顺利落地，打造了一批支撑力和带动作用强的企业集团，促进了河南省产业结构调整。

4. 持续深化国企改革,培育合格市场主体

坚持市场化改革方向,加快转换经营机制,完善治理结构,解决历史遗留问题,国企改革稳步推进,企业活力和竞争力进一步增强。一是加快公司制股份制改革。先后对5000多户企业实施了改革改制,98%的国有工业企业实现产权多元化,做强做大了一批市场主体,对2400多户一般竞争性的中小企业实行了改制退出。省管企业中,10户企业集团层面实现了产权多元化,拥有国有控股上市公司12家,国有资本证券化率达30%以上。二是规范董事会建设。按照先易后难、因企制宜的原则,先后在建设集团、国控公司、中油气公司、郑州粮批、航投公司、商贸集团6户企业开展规范董事会试点工作。三是深化企业内部改革。把深化内部改革作为激发企业活力的关键举措,初步建立起管理者能上能下、人员能进能出、收入能高能低的新机制。

5. 推进企业重组整合,优化国有经济布局结构

按照资产、产业、技术和资源重组整合的"3+1"模式和"六统一"的要求,围绕煤炭、化工、钢铁、有色、装备制造等12个优势板块,深入推进跨所有制、跨地域、跨级次调整重组,大力优化国有资产布局结构。一是加强省内优势企业重组整合。实施了河南能源集团、中国平煤神马两大集团的重组整合;通过永煤重组洛轴,河南投资集团重组安彩,省农开公司重组莲花味精,整合重点外贸企业组建河南商贸集团,促进了解困和集约发展;整合相关领域资产组建河南铁投公司、文投公司、水投集团、航投公司等省级投融资平台。二是推进地方企业与央企重组。推动一拖与国机、洛铜与中铝、洛玻与中建材、洛耐与中钢、焦作万方与中铝、风神与昊华、天方药业与中国通用、新飞汽车与中航工业、南防与中国平安、平高和许继与国网进行了战略性重组整合。三是强化创新驱动。引导省管企业不断加大科技创新投入,深化产学研合作,每年完成科研和新产品开发项目1000项左右,掌握了一批核心关键技术。

6. 发挥国有企业引领支撑作用,服务全省经济社会发展大局

立足提高企业发展质量和效益,加快改革调整步伐,不断提高监管效能,实现了国有资产保值增值,有效发挥国有经济的引领、支撑、示范、表率作用。一是形成了一批重要的产业基地。以省管工业企业为骨干,形成了河南能化新洛轴工程和鹤壁循环经济产业基地、平煤神马盐化工产业园、安钢千万吨精品钢精品材基地等重要产业基地。二是支撑了重点工程和基础设施建设。支持省管企业加快建设郑州机场二期工程、河南铁投公司省内城际铁路、河南交投集团高速公路网、郑州国际路港物流园、河南保税物流中心等重点项目。三是培育了一批大型企业集团和知名品牌。河南省国有企业入围世界企业500强1户、中国企业500强8户,其中,河南能化跻身前60位,郑煤机是目前国内市场份额最大、技术领先的液压支架制造企业,中原证券跻身全国券商第一方阵,河南报业集团跃居全国行业十强,影视集团、文投公司培育出一批文化精品和创意品牌。

二、河南国有企业改革及混合所有制经济发展面临的新形势

（一）当前全国各地国企改革对比研究分析

2014年可以说是中国新一轮国企改革元年，十八届三中全会对于国企改革的定调，意味着国资管理体制将迎来一场新的变革，各地政府报告纷纷将国企改革列入2014年的改革首要任务。与此同时，地方国资委关于本地国有企业的改革方案也次第出台，截至2014年8月底，已有上海、甘肃、山东、江苏、云南、湖南、贵州、重庆、天津、四川、湖北、江西、山西、青海、北京、广东、安徽17个省市出台了国资国企改革方案。通过对上述省市国企改革方案的对比分析，大致可以归纳出以下几点特征。

1. 地方层面改革意愿强烈，改革先行一步

十八届三中全会刚刚结束，当其他省市的地方国资委还在学习文件精神、酝酿改革方案的时候，2013年12月17日上海国资委已抢先出台"上海国企改革20条"——《关于进一步深化上海国资改革促进企业发展的意见》，成为新一轮国资国企改革首个吃螃蟹的省市。2014年1月14日，广东省国资委报送的两个国资重组方案——省属企业商贸资产、旅游酒店资产重组方案，正式获省政府批准，到8月经过多次打磨的整体国企改革方案出台。中国的改革开放通常是从沿海向内地推进的，但在这一轮国资国企改革中，身处中国内陆的重庆也行动迅速，2014年1月18日，重庆国资委召开工作会议，提出了多个改革措施，并随后出台重庆市国企改革规划和方案。

在这三省市之后，已有多个省份（直辖市）公布了本省（市）的国企改革方案，还有一批地方国资委已经表示要出台深化国资国企改革的指导性文件或者文件正在制定过程中，并明确了改革的大致方向和路径，甚至正酝酿实际的行动。它们之中，有的地区指导性文件正在制定中，有的地区成立了改革领导小组推进改革规划和实施，有的地区明确了下一步国企改革的思路、方向和行动，还有地方国资委发布了一些针对具体领域的改革措施，为总体改革奠定了基础。

2. 改革方案区域性差异明显，改革力度不一

综观目前整个国企改革大局，主要存在三个问题：一是高层缺乏权威性的政策指引，二是中端缺乏深思熟虑的实践路向，三是整体缺乏适应新环境的制度保障。由于全社会的高度关注，将《决定》中关于国企改革原则性的提法当成具体操作指引，并将这种压力通过市场派理论家的解读，通过媒体传导给各地政府和国资监管部门。包括国务院国资委在内的各级国资监管部门，一边深入学习中央精神，一边起草出台改革方案。而这些改革方案的拟订，均是建立在对《决定》中原则性提法的各自理解之上。因此，在当前整体缺乏

适应新环境的制度保障和改革顶层设计的背景下,又存在区域国企的实际状况不同的情况,致使各地改革方案各异,力度大小差异明显。

从相继出台的国企改革方案来看,总体上上海、北京、广东等沿海和经济发达地区的改革措施相对激进,意图坚决结束国企改革过去十年在国资流失、利益集团固化等争议中陷入的停滞状态,按照国务院国资委的思路,发挥市场在资源配置中的决定性作用,大幅度减少政府对资源的直接配置,国企改革遵循"有进有退"和国有经济的主体地位主要体现在控制力上的原则,大胆创新改革设计,力图大刀阔斧推进国企改革。浙江省的改革方案虽未出台,但也可预见其改革力度空前。相对来说,贵州、云南、四川、甘肃等内陆省份国企改革总体偏向保守,整体改革缺乏亮点,改革力度相对较弱。

3. 各地改革方案亮点纷呈,值得学习借鉴

尽管各地改革方案存在较大的差异,但是各地改革方案仍各有亮点,值得学习借鉴。

在国有资本收益上缴比例方面,山东省规定 2015 年要提高到 10%,2020 年要提高到 30%;江西省则要求"在 2018 年前上缴比例要达到 30%";而重庆市更是提出了"到 2017 年提到 30%以上"的攻坚目标;天津市没有设定阶段性目标,而是制定了改革时间表,即收益上缴比例要"每年增加 1 个百分点"。

在推进混合所有制改革方面,江西省鼓励非公资本参与国企改革,提出"5 年内混合所有制经济要占国资的 70%";重庆市则计划"3~5 年 2/3 的国企将发展成混合所有制";湖北省决定加快推进国有企业上市,力争"到 2020 年将湖北省国有资本证券化率提高到 50%";山东省方案最大的亮点是"同股同权",拟解决国资委以往一票否决、"一股独大"的状况;天津市改革方案则是一个突出"多层次"的解决方案,提出"分类分层推进股份制改革"。广东省则尤其强调了"引进非国有资本积极发展混合所有制经济",还明确了"除国家规定外,国有资本持股比例不设下限"、"鼓励围绕增量发展混合所有制经济"等备受关注的改革突破点。

在国有资产布局方面,不少省份提出了国企有限度参与竞争性行业的方案,重庆市提出"国有资本一般不再以独资增量方式介入完全竞争领域和市场竞争较充分的领域";而四川省更明确规定"80%的国有资本集中在公共服务、战略性新兴产业等重点行业和关键领域";北京市则提出形成符合首都城市战略定位和特大型城市发展要求的国有经济布局结构,80%以上的国有资本集中到提供公共服务、加强基础设施建设、发展前瞻性战略性产业、保护生态环境、保障民生等领域;天津市提出"利用境内外多层次资本市场推进企业上市"。

在国资监管方面,江苏省首次提出了"建立鼓励探索创新的容错机制",推进建立适应新环境的制度保障,在当前的改革困境下极具首创精神;上海市提出要"建立公开透明规范的国资流动平台",有意引入新加坡"淡马锡"管理模式,搭建国资流动平台;湖北省方案希望"建立运转有效的国有资本投资运营平台",而且管资本的国有资本投资公司、国有资本运营公司可以探索市场化项目收益提成机制;广东省则提出以管资本为主加强国有资产监管,探索建立专业监管和委托监管相结合的监管模式等。

表 11-1 各地已出台国企改革方案的比较分析（部分）

项目\省份	混合所有制	国资布局	国资管理	国资收益上缴比例	现代企业制度	员工持股
上海	以公众公司为主要实现形式	竞争类、功能类和公共服务类	建立公开透明规范的国资流动平台	到2020年不低于30%	合理提高市场化选聘比例，正职保留行政级别，副职全部市场化选聘	鼓励股权激励和员工持股
山东	同股同权	无	建立"国资监管机构—国资投资运管公司—国有出资企业"构架	2015年提高到10%，2020年提高到30%	建立职业经理人制度，增加市场化选聘比例	对高级管理人员和核心技术人才实施股权激励
山西	吸收多种资本，发展混合所有制	探索国有企业根据不同功能定位	以管资本为主加强国有资本监管，实现分类监管	逐步提高国有资本收益上缴比例	完善法人治理结构，实现权力有效制衡	探索混合所有制企业员工持股
江苏	国有控股企业可适当降低国有股权比例	公共服务类、特定功能类、一般竞争类	建立鼓励探索创新的容错机制	适当提高国有资本收益上缴比例	实行任期契约化管理，实行任期考核和年度考核相结合	无
江西	5年内混合所有制经济要占国资的7%	竞争类、功能类、公共服务类	组建若干国资运营公司	在2018年前达到30%	建立完善国资运营预算和效益分享制度；全面推行任期制和契约化管理；建立市场化退出机制	积极探索多种形式的企业员工持股
重庆	3~5年2/3的国企将发展成混合所有制	公共服务类、功能要素类、竞争类	探索改组或组建国资投资公司和运营公司	到2017年达到30%以上	加大市场化选聘力度，推行任期制和契约化管理，竞争类企业合理增加外部董事比例	稳妥推进混合所有制企业员工持股
湖北	力争2020年将国资证券化率提高到50%	公共服务类企业、功能类企业、竞争类企业	国资投资公司、国资运营公司可以探索市场化项目收益提成机制	加强国有资本收益收缴	建立规范的法人治理结构；具备条件的将企业经理层的选聘权下放给企业并逐步取消备案	探索企业员工持股的有效方式
湖南	交叉持股、相互融合	公益、功能、竞争	加快组建、重组或优化国资运营投资公司	2020年提高到30%	推进规范董事会建设，完善法人治理结构	探索企业员工持股
贵州	推动投资主体和产权多元化，发展混合所有制	实现国有资本有序进退，推进公共服务性、功能性、竞争性分类	打造投资运营公司	逐步提高国有资本收益上缴公共财政比例	无	支持混合所有制企业员工持股
四川	交叉持股、相互融合	分为功能性和竞争性，80%的国资集中在公共服务、战略新兴重点行业和关键领域	实现集中统一监管，组建若干国有资本运营公司，落实国有资产保值增值责任	逐步提高国有资本收益上缴比例	完善法人治理结构，建立职业经理人制度，加大市场化选聘力度	允许在混合所有制企业实行员工持股

第十一章 河南国有企业改革及混合所有制经济发展问题研究

续表

项目 省份	混合所有制	国资布局	国资管理	国资收益上缴比例	现代企业制度	员工持股
天津	分类分层推进股份制改造	竞争类企业、功能类企业、公共服务类企业	利用境内外多层资本市场推进企业上市	每年增加1个百分点	健全协调运转、有效制衡的公司法人治理结构，探索实行更加市场化的选聘和退出机制	积极探索企业技术和管理骨干持股
北京	到2020年国有资本证券化率力争达到50%以上	80%以上的国有资本集中到提供公共服务、加强基础设施建设等五大领域	国有股权低于50%的企业实行更加市场化的监管机制	逐步提高上缴公共财政比例，2020年提高到30%	根据企业功能定位分类考核；竞争类企业经理层人员逐步以市场化选聘为主	鼓励关键岗位的企业经营管理者和科研技术骨干持股
广东	引进非国有资本积极发展混合所有制经济，到2017年，混合所有制户数比重超过70%	主要集中到基础性、公共性、平台性、资源性、引领性等关键领域；国资持股不设下限	以管资本为主加强国有资产监管，探索建立专业监管和委托监管相结合的监管模式		进一步完善以产权关系为纽带的管理模式，建立职业经理人制度，形成市场化的企业人事、劳动、分配制度和长效激励约束机制；建立投资项目后评价制度，实行经济责任回溯追究	探索企业员工出资参与企业改制；支持企业经营管理者、核心技术人员和业务骨干采取多种有效方式持股
云南	绝大多数国有企业发展成为混合所有制企业，资本证券化水平大幅提升	重点在冶金、化工、生物医药、能源、旅游、航空、信息等领域，力争10户以上企业进入中国500强，1~2户企业进入世界500强	以管资本为主的国有资产监管和国有资本授权经营体制建立完善，经营性国有资产实现集中统一监管	逐步提高国有资本收益上缴比例	建立职业经理人制度，市场化选人用人的机制基本形成，企业内部运行机制和长效激励约束机制健全完善	无
甘肃	分类推进产权多元化	涉及国家战略资源储备的重点企业实行国有资本绝对控股，国有大中型企业基本完成主辅分离	深化国有资产管理体制改革，建立和完善国有资产授权经营制度，实行外派监事会制度	加强国有资产的监督管理和收益收缴管理	坚持党管人才的原则，把组织选配同市场化选聘相结合	探索企业员工持股
青海	多途径发展混合所有制经济，根据不同国有企业功能，确定合适的国有股权比例	80%以上的国有资本聚集到关系全省经济社会发展的基础设施、重要资源开发、公共服务、新兴产业等重点行业和关键领域	改组建立青海省国有资本运营公司、青海省国有资本投资公司，实行以责任为导向的差异化监管	无	发挥企业党组织政治核心作用，完善公司法人治理结构，健全市场化选人用人制度，建立长效激励约束分配机制	无

注：根据全国各省市发布的国企改革方案相关文件及报道整理。

（二）面临的机遇与有利条件

1. 全面深化改革持续推进，改革氛围日渐浓重

十八届三中全会部署的全面深化改革，是以经济体制改革为重点，以协同推进经济体制、政治体制、文化体制、社会体制、生态文明体制和党的建设制度改革为主要内容的全面性、系统性、整体性改革，改革涉及的领域之多、范围之广前所未有。十八届三中全会通过了《中共中央关于全面深化改革若干重大问题的决定》，明确了全面深化改革的时间表和路线图。2014年以来，中央出台了一系列重大改革举措，明确了2014年改革的60项任务，在转变政府职能、完善市场体系、改革金融财税体制等关键领域实施重大改革。这些改革举措，为河南省深化重点领域和关键环节改革，提供了顶层设计和制度保障。在新一轮改革热潮中，充分释放"改革红利"，处理好全面与重点、增量与存量、效率与公平、改革与法治等重大关系，奋力在重点领域和关键环节实现历史性突破，形成支撑河南省未来经济快速增长的重要支撑。可以说，这是自中共十一届三中全会以来党就改革做出的最全面、最系统的一次部署。这次改革提出，要敢于啃硬骨头、敢于涉险滩，以更大决心和勇气冲破思想观念的束缚、冲破利益固化的藩篱，深化改革的浓厚氛围已经形成。

当前，由于科技革命孕育新突破、社会信息化持续推进、全球合作和利益汇合点向多层次全方位拓展、新兴市场国家和发展中国家实力增强等因素，全球正在步入一个创新密集和新兴产业快速发展的时代。在此背景下，新科技革命以其摧枯拉朽的革命性动力，为我国培育和引进战略新兴产业，加速融入世界高端产业链，提供了一次难得的战略机遇期。河南是中国的缩影，资源型和重化工业突出，转型发展和结构调整的压力较大，我们必须及时把握新一轮科技革命的战略机遇期，通过加快培育和引进战略新兴产业，加快推进国企改革进程和加快发展混合所有制经济，推动河南经济转型升级，在新一轮全球竞争中抢占先机又为改革发展带来新机遇。

2. 国家层面经济工作思路出现重大转变，深化国企改革势在必行

2013年中央经济工作会议对2014年的经济工作提出了总体要求，明确了主要任务，提出要把改革创新贯穿到经济社会发展工作的各个领域，提出以改革促发展，以改革促转型，寓改革于调控之中，提出保持经济合理增长，没有后遗症，国家层面经济工作的思路从"统筹考虑稳增长、调结构、促改革，形成科学的宏观政策框架"转变到"在稳增长、保就业下限和防通胀上限的合理区间内，坚持主线是转变经济发展方式，主动力是改革攻坚，着力点是调整经济结构"。以改革的精神、思路、办法来进行更换宏观调控的思路，把改革的精神、思路、方法贯彻到经济社会发展各个领域、各个环节，充分发挥市场的决定性作用，发挥微观主体的能动性和创造性，改革业绩考核中片面追求GDP、忽略环境和生态的倾向，纠正不正确的政绩导向，把地方政府抓GDP的动力转变为抓调整结构、增加就业、重视民生、改善环境和生态的压力和动力，使合理的经济增长目标有丰富的内涵。近期以来，全面放开金融机构贷款利率管制、改革铁路投融资体制、"营改增"试点再度扩容、严格控制新设行政许可、批准设立中国（上海）自由贸易试验区等一系列改革

举措展现了中央继续深化改革的决心。在经济领域的上述举措也显示了进一步改革的取向，即按照"微观政策要活"的要求"放活微观"，更好地发挥市场配置资源和自我调节的作用，增强经济发展的活力和后劲。明确界定政府和市场的边界，进一步向市场放权，为企业松绑，用政府权力的"减法"换取市场活力的"加法"，使经济发展潜能进一步释放出来。市场化的发展思路更加清晰，不再单纯追求发展速度，更加重视民营企业发展，改革持续深入，为进一步深化国企改革，彻底攻克国企改革历史遗留和疑难问题提供了可能和动力。

3. 推进经济转型已经成为社会共识，产业整合与企业兼并重组面临重大机遇

近年来，工业粗放发展积累的深层次、结构性问题日益凸显，引起了国家的高度重视，推进重点行业企业兼并重组成为产业结构调整的一项重点工作。2010年《国务院关于促进企业兼并重组的意见》印发后，各部门、各地方认真加以贯彻，出台了一系列政策措施，企业兼并重组取得了积极进展。此后，"十二五"规划纲要、工业转型升级规划等相继提出要以汽车、钢铁、水泥等行业为重点推动企业兼并重组。2013年12部门联合下发的《关于加快推进重点行业企业兼并重组的指导意见》，对汽车、钢铁、水泥、船舶、电解铝、稀土、电子信息、医药和农业产业化共九大行业和领域的兼并重组工作提出了主要目标和重点任务。在我国经济转型的大背景下，推进企业兼并重组是推动工业转型升级、加快转变发展方式的重要举措，有利于提高资源配置效率，调整优化产业结构，培育发展具有国际竞争力的大企业大集团。在经济形势相对低迷之时，市场优胜劣汰作用进一步显现，竞争力较弱的企业处境艰难，产业过剩、企业经营困难降低了产业整合成本，这就为优势企业推进兼并重组提供了难得的机遇。国有企业要善于把握良机，科学制订方案，稳妥开展兼并重组，有效防范风险，确保整合取得实效，真正做强做大。

4. 三大国家战略稳步推进，助推区域国有企业深化改革

2008年以来，国家粮食核心区、中原经济区、郑州航空港经济实验区等相继上升为国家战略，河南迎来前所未有的发展机遇期。通过中原经济区规划，河南获得了在城乡资源要素配置、土地节约集约利用、农村人口有序转移、行政管理体制改革等方面先行先试的权利；通过郑州航空港经济实验区规划，河南获得了在航空管理、海关监管制度、服务外包政策、财税政策等方面一系列先行先试的优惠政策，加上国家粮食核心区规划对河南的一系列扶持和补偿政策，河南省从中央获得的政策优惠之多前所未有。国家推动建设丝绸之路经济带，为新的时期河南融入全球价值链、融入全球市场提供了新的机遇和通道，对于促进河南对外贸易发展、中原文化振兴具有重要的意义。三大国家战略和丝绸之路经济带建设稳步推进，河南进入了机遇集中释放期，为河南省国企改革创造了较为宽松的发展环境和良好条件。同时，国有企业也应当把握住这个难得的机遇，深化企业内部改革，提升发展质量，扩展企业生存空间。

（三）国企改革面临的挑战因素

中共十八届三中全会已为国有企业改革指明了方向，新一轮国企改革是30多年来中

国国企改革的继续深化。从历史性和全局性层面看，本轮国企改革可视为"收官"攻坚之战，又恰逢宏观经济调整期和发展方式转型期叠加，强化了来自外部和内部的挑战因素，需要深度分析和透彻把握其症结，以便更清醒地应对这场国企改革攻坚战。

1. 顶层设计难度较大

国家层面的国企改革方案尚未出台，各省市层面已经出台的改革方案原则性较强，缺少可借鉴的操作性策略和路径的具体设计。河南本轮国企改革面临的是一种超复杂局面。近年来，因国有资产监督管理体系体制还不够健全完善，各部门重经营、管理，轻改革，产权制度改革基本停滞，资产结构布局基本固化，"多龙治水"的多头管理格局没有根本转变。政企关系依然不明，政企难分、政资难分、政府强势和企业弱势的局面没有根本转变。全省国企改革顶层设计不仅必须破解"多龙治水"、壳企业、禁区、雷区和死角等多年沉积下来的难题，还必须解决国资委自身定位、国有企业定位、国有资本进退增减、混合所有制谁来"混"和怎么"混合"、政府责任与企业责任，还有依法改革和创新突破的矛盾冲突等改革过程中的问题。

顶层设计的主要挑战之一："多龙治水"的国有企业多头管理体制。这是造成国有企业及国有资产管理条块割据、政企难分、政资难分的症结所在。"三统一、三结合"的出资人制度一直难以全面实施，一个国有企业的人事权、财产权、业务权涉及多个党政部门。对32个省属企业进行产权管理或业务指导的，就有组织部、宣传部、国资委、发改委、交通厅、水利厅、农业厅、广电厅等多个部门。在省国资委之外，还有一个规模相当的"发改委系"国有企业群。国企多头管理最突出的表现在"管人"上。2008年，中组部、国务院国资委就共同制定了董事会选聘高级管理人员工作的指导意见，把中央企业高管的选聘权交给了董事会，建立了出资人选派和管理董事会、董事会选聘和管理经理层的国有企业领导人员分层分类管理新体制，但并未很好执行。河南省的省属国企副厅级以上高管的任免，国企董事会没有选聘权，省国资委也无权任免，全由省委组织部任免。因此，改变各部门管人、管财、管事权力条块割据的"多龙治水"格局是顶层设计的重点和难点之一。

顶层设计的主要挑战之二：依法改革和创新突破的矛盾冲突。本轮国企改革的法律制度环境比过去要完善和严格许多，不再是突破计划经济陈规旧制无法可依、无规可循、"摸着石头过河"的转制时期，全省国企改革顶层设计必须解决历史性和现实性难题，必须突破国企改革的禁区、雷区，不再遗留死角。但是，本轮国企改革创新突破难免会与现行法律法规、制度条例或多或少发生矛盾冲突，不可能再像以往突破计划经济陈规旧制那样"先破后立"，而应依法改革。

顶层设计的主要挑战之三：国资委自身定位模糊。省国资委到底应该负责全省国有资产监督管理，还是主管省属国有企业及资产的监督管理？一直是一个模糊不清的问题。"大国资"、"全覆盖"已经推行5年多，所谓的省国资委"全覆盖"，只是不同程度有限覆盖32个省属企业的资产监管。实质上，全省现有的国有资产监管模式是分级监管，形成事实上的省级、市级、县级的三级国有资产监督管理体系，省国资委实际上行使的是省级国有资产监管职能。这种三级国有资产监督管理体系是否要改造、改革或重建？如何创新适应本轮国企改革变化的新型国有资产监管体系？都是顶层设计必须要面对的现行体制挑战。

2. 本轮国企改革动力不足

我们在本课题的调查研究过程中感受最强烈的是：缺少"我要改革"的激情和"基层突破"的冲动。无论是政府官员还是企业领导都表现得似乎很理智、很冷静，处变不惊也不喜，笃信"冲动是魔鬼"。

改革动力不足表现在两方面：一是等待观望。在调研中我们感受到，似乎大家都在等待，企业等政府，市里等省上，省里等中央，一级等一级，都等待着上面的顶层设计，都希望能设计出一条方向正确、安全可靠、一举成功的改革之路。然而，这样的等待很大程度上正在减弱改革动力。二是知与行脱节。我们在与国企领导层交流沟通中了解到，国企领导对本轮国企改革和发展混合所有制经济普遍存在着知与行相脱节的现象，即知道本轮国企改革的意义，愿意或欢迎改革，但行动上却并不积极，没人表示要率先主动进行改革，等待观望依然成为主流。我们担心，缺少改革的激情和冲动会成为本轮国企改革最大的忧患。

改革动力不足的因素是多方面的，按影响程度大小看，排在前面的主要有三种：一是改革风险。国企领导们总结吸取30多年来省内省外国企改革方方面面的经验教训，对国企改革风险有不少顾虑，即"三怕"：一怕现在当"改革先锋"以后变成"改革先烈"，二怕现在当"改革功臣"以后变成"改革罪人"，三怕现在多"算改革账"以后变成"秋后算账"。"怕"字压了头，哪还有改革的激情和冲动？二是改革难度。国企领导们多年来都亲身经历过国企改革的风雨历程，亲自参与并经受过国企改革的困苦艰辛，他们不认为自己是过去国企改革的胜利者或受益者（是那些通过国企改制变为民营企业家的原国企领导），而认为自己是国企改革"留守者"或幸存者。他们知道本轮国企改革难度很大，这是一场攻坚战，很清楚面对的很多领域都是改革禁区、雷区和死角。因此，他们也有"三不愿"：不愿闯改革禁区、不愿蹚改革雷区、不愿碰改革死角。大家都想着避难择易，改革动力不可能充足。三是改革得失。国企领导们对本轮国企改革得失的"损益账"算得很精细，算企业"损益账"，主要是算企业自主权和企业利益的扩大与缩小，向政府争权力，向外来资本争利益。算个人"损益账"，主要是算个人决策权和个人利益的扩大与缩小，除了向政府或外来资本争权力争利益，还要向政府要改革保障，免得企业改活了，自己改"死"了。要力争成为本轮国企改革的胜利者和受益者。这样对改革患得患失，肯定会减弱改革动力。

3. 历史遗留问题较多

本轮国企改革面对的改革雷区和死角，主要是国企改革30多年沉淀积累下来的历史遗留问题。

一是国企改革雷区。河南本轮国企改革最大的雷区，就是市县两级1600多户"壳企业"。这1600多户"有名称、有人员、有债务、无资产、无场地、无经营"的"壳企业"，表面上都说是多年沉淀积累下来的，实质上是一个又一个国有企业因改革不坚决不彻底，甚至是不改革、乱改革而逐渐衰落死亡的结果。多年前，这些国有企业及其领导和职工由于种种原因不愿改革，或放弃改革，或借改革谋私，使国企资产或遭遇"冰糕效应"，或被一次次变卖，或被一点点掏空，造成国有企业资产流失，资产消融，资本沉没，最终成为只剩下一个企业名称的"壳企业"。从来自省国资委的有关数据分析，全省现有4062家国有企业，扣除1711户省级国企，市县两级国企2351户，其中，"壳企业"占比近70%，这意味着，市县两级国企中"死"企业和"活"企业之比是2:1。这种现象绝不应该再延续下去了，这次改革必须全部退出。但是，1600多户"壳企业"全部退出，所涉及人员约26万人，包袱沉重，风险潜伏。经有关部门初步测算，仅支付职工人均5万元（按最低工资计算明显偏低）的安置费就需要130亿元，如果加上一些企业多年拖欠的工资、医疗费、社保金，还有一些企业需退还所收集资款、股金、就业保证金等，将是一笔巨额资金。1600多户"壳企业"全部退出的难度和存在的潜在风险是毋庸置疑的。试想，一个在国企勤劳工作了15年，又艰辛"待业"了15年的工人，仅用5万元的安置费就能搞定吗？他不与城里有企业者、有事业者、有职业者相比，只与城郊获得大笔补偿款的失地农民相比，就会产生强烈的不公平感和怨气。这在26万国企员工中占多大比例难以确定，但潜在风险是巨大的。所以，多年来，这就成了各市县各届领导都不愿蹚的国企改革雷区。

二是国企改革死角。河南本轮国企改革还将不得不面对历史遗留下来的那些改革死角。多年来，一些行业已经淡出人们关注国企改革的视野，远离了经济社会主流，成为被遗忘的谁都不愿碰的改革死角。我们调研发现，河南省最大的改革死角是商贸服务业，在全省三级国资委近年的工作安排中，已很少看到有关商贸服务业国企改革和监管事项。表面上看，计划经济时期建立起来的庞大国营商贸服务业完整体系已经不复存在了，除了少数改制后的老商场、老字号店、国有商贸公司，国营商贸服务业似乎已经退出了我们的生活。但是，许多国有商贸服务企业并没有消失，一些还挂着国企牌子靠残余资产或行业管辖权、特许权在维持经营，另一些企业已成"空壳"，只存在于工商管理局注册企业名录中。可以说，河南原有计划经济的国营商贸服务业完整体系已因资产消融、资本沉没而名存实亡，整体上成了一支已经融化的只剩下冰糕棍及空包装的"冰糕"。本轮国企改革不可能再绕过国有商贸服务业这个改革死角，这是必须正面迎接的挑战。

4. 严峻形势增加改革复杂度

从企业层面看，河南本轮国企改革的任务可分为两大类：混合型改革、退出型改革。但是，目前宏观经济形势严峻，经济持续下行，市场回升乏力，产能过剩压力加大，国有企业经营形势恶化，增加了国企改革和混合所有制改革的复杂度和挑战性。

一是混合型改革如何"混"。发展混合所有制企业是本轮国企改革的重中之重，几乎可以覆盖所有领域，主要形式就是多元资本混合，主要路径就是国有企业引入外来资本参股，或者投资参股其他企业。在经济繁荣时期，优势国有企业是非国有资本追逐合资参股的对象，而现在经济持续衰退进入萧条时期，优势国有企业也陷入困境，非国有资本还愿意来合资参股吗？我们调研时，有位国企领导说：前两年市场好赚大钱的时候，人家追着赶着想和我们合资参股"混合"发展,我们不愿意,我们很"牛",总想着收购这个,兼并那个。如今,市场不好了,不赚钱甚至开始赔钱了,才想起跟人家"混合",那谁还会和你"混"?这话说得很实在很直白,却在很大程度上是其不得不面对的现实。这也是在经济衰退萧条时期,所有将要进行混合所有制改革的国有企业不得不面对的挑战:你想和谁"混"?谁来和你"混"?凭什么和你"混"?你想怎么"混合"?这些问题在改革过程中随时都会挑战各个国企领导的改革创新能力。

二是退出型改革如何"退"。退出型改革的对象主要是那些"壳企业"和无核心竞争优势且非公益性的国企。这类企业如前所说,有的是无资产、无场地、无经营,有的还在靠残余资产勉强维持,但是这类企业的共同点是都有大量在册(有在岗的,更多是不在岗的)人员,还有巨额无法偿还的陈年债务。这些企业若是在经济繁荣时期退出,或许会有人出资购并,但在"现金为王"的经济衰退萧条时期,这些企业退出很难找到出资接盘者。谁愿意背这些本应破产清盘企业的人员安置和负资产的包袱?只能由政府来背负或处置这些包袱。从历史经验和教训看,退出型改革是本轮国企改革最大的挑战和最强的制约因素,面对的是国企改革多年沉淀积累下来的历史难题,都是改革雷区和死角。我们认为,河南本轮国企改革必须承担退出型改革的巨大成本和风险,还需要有更多的改革创新智慧和更高水平的运作能力。

三、当前及今后一个时期河南国有企业改革及混合所有制经济发展的总体构想

(一)总体战略

高举中国特色社会主义伟大旗帜,以邓小平理论、"三个代表"重要思想、科学发展观为指导,认真贯彻落实中共十八大、十八届三中全会和习近平总书记系列重要讲话精神,按照省委九届七次会议确定的河南省全面深化改革的总体思路,围绕国有资产保值增值和国有企业做强做优目标,不设禁区,不避雷区,不留死角,全面改革。坚持基本经济制度,坚持"两个毫不动摇",坚持市场化改革方向,坚持以开放促发展,立足"两放活,两提升",按照"全面混合,提升三力;市场导向,分类实施;优化增量,盘活存量;有改有退,优化布局;创新监管,强化主体"的战略思路,积极探索国有经济多种实现形式,突破性发展混合所有制经济,把国有企业打造成合格的市场主体,增强国有经济活力、竞争力和控制力,在构建现代产业体系中发挥引领支撑作用,为中原崛起河南振兴富民强省做出更大贡献。

——全面混合,提升三力。本轮国资国企改革应不设禁区,全改全混。根据不同国有企业的功能定位确定合适的国有股权比例,全面推动开放性市场化重组整合,推进全部国

有企业突破性发展混合所有制经济,国有资本持股比例原则上不设限制,加快实现国有企业产(股)权多元化。着力提升国有资产证券化率,推动国有企业整体上市或核心业务资产上市,促进现有国有控股上市公司更好发挥资源整合平台作用,积极引进民间资本和社会资本,培育一批混合所有制企业,增强国有经济活力、竞争力和控制力。

——市场导向,分类实施。坚持市场化改革方向,依法依规分类推进改革,按公益型、竞争型、中间型三个类别对国有企业分类实施改革。公益型国有企业重点采用国有绝对控股公司组织形式,引入有行业管理经验的外部投资者参与决策与管理,积极引入行业监督和社会评价。竞争型国有企业放开股权比例限制,按照市场化方向积极引进其他战略投资者,推进外部董事占多数的董事会建设。中间型国有企业兼具公益型和竞争型特征,如交投、铁投、航投等,保持国有控股,改组成国有资本投资公司。

——优化增量,盘活存量。增量按照国有企业改革精神优化投资结构,支持国有企业在新上项目时积极吸引民营资本、投资基金等战略投资者介入,新上项目可以单独成立混合所有制公司,优化股权结构,探索新的管理方式和经营方式。现有国有资本存量是改革的重点,积极推动企业通过重组、分拆、交叉持股、退出、破产等方式,尽快盘活存量资产,激发新活力新动力。

——有改有退,优化布局。抓住本轮国资国企改革的机遇,不避雷区,不留死角,全面改革。坚持有改有退,优化国有经济布局的方向、分布和路径,推动国有资本向重要行业和关键领域集中,国有资本更多地聚焦在基础设施、公共服务、民生保障等关键领域以及战略性新兴产业、先进制造业、现代服务业等。通过合并、划转、并购等方式对产业相近、行业相关、主业相同的国有企业进行联合重组,建立健全国有资本退出机制,全面清理空壳国有企业,妥善处理历史遗留问题,抓紧盘活低效资产,通过多种方式从不具备竞争优势、产能过剩、三高一低及无法有效发挥作用的行业与领域中有序退出。

——创新监管,强化主体。坚持政企分开、政资分开、所有权与经营权分开,创新国资监管方式方法,积极探索"以管资本为主加强国资监管"的新模式和新方法,逐步分开国资委出资人和监管方的职能,出资人可由运行成熟的国有资本运营公司承担,国资委专门行使监管责任。减少审批事项,尝试推动负面清单管理方式,切实落实企业自主经营权,把应该由企业决策、管理的事项全部交给企业,不干预企业法人财产权和经营自主权,进一步强化国有企业的市场主体地位。

(二)路径选择

1. 国资运营平台化

以国有资本运营公司和固有资本投资公司为重点,打造一批国资运营投资平台。支持有条件的国有企业改组为国有资本投资公司,在若干支柱产业和战略性新兴产业打造一批具有国际竞争力的民族企业。支持国有资本投资公司逐步向国有资本运营公司转型,搭建省级国有资本运营公司,打造真正的国有资本运营集团,促使其开展市场化资本运作。打造一个混合所有制经济的产业发展平台,支持国有企业与其他所有制企业、各类投资机构联合设立产业发展基金以及其他各类创投基金,引导河南新兴产业、支柱产业发展。

2. 产权结构多元化

通过引进战略投资者、股权置换、项目合作、改制上市等多种形式,全面推进国有企业股份和投资主体多元化,促进混合所有制经济发展。大力支持非国有资本参与国有企业改制重组,积极引入社保基金、保险基金、股权投资基金、风险投资基金等投资特许经营行业、战略性新兴产业和创投行业。鼓励国有股权依法向境内外投资者转让,推进地方国有企业与中央企业合资合作。通过公开产权市场引进战略投资者,规范产权交易流转,避免资产贱卖和流失。根据企业形式积极探索企业员工持股方式,形成资本所有者和劳动者利益共同体。

3. 国有资产证券化

针对河南国有企业上市平台相对较少的局面,全省国有控股的境内上市公司20家,其中省管企业控股12家,国有资本证券化率30%。按照上市一批优势企业、重组一批上市公司、培育一批后备企业的思路,推进国有企业上市,打造一批公众公司。鼓励国有企业充分利用包括主板、中小板、创业板、全国股份转让系统和区域性股权交易场所在内的多层次资本市场上市挂牌。支持已有上市公司的集团利用上市公司平台核心业务资产整体上市,逐步使上市公司成为国有企业的重要组织形态。省级大型产业集团和规模较大的政府投融资平台公司,加快筛选、确定上市后备企业,努力实现每户企业至少控股1家上市公司的目标,并逐步实现核心业务资产整体上市。

4. 法人治理规范化

推动国有企业完善法人治理结构,健全现代企业制度,规范董事会的制度建设和运行机制,全面落实董事会在重大决策、薪酬考核、选人用人等方面的职权。竞争性企业实行外大于内的董事会结构,积极推行财务总监外派制度,探索实行首席财务官制度,完善监事会内设外派运行机制。提升国有企业依法规范经营管理水平,探索建立更加公开透明的国有企业财务预算等重大信息公开制度,主动接受人大和社会公众监督。

5. 高管选聘市场化

积极探索国有企业职业经理人的管理模式,完善国有企业职业经理人制度,加大高管市场化选聘力度,形成良好的选人用人机制。国有企业对新选任企业经理层人员(包括总经理在内)原则上都实行市场化选聘。逐步推动现有的出资人推荐经理层人员向市场化管理方式转变,加快形成经营者能上能下、员工能进能出、收入能增能减的市场化经营机制。实现国有企业重要职位全球招聘,每年面向全球招聘一批复合型高层次领军人才,使省管国有企业高级人才引得来、留得下、稳得住、干得好。

6. 国资监管清单化

国有资产由"管资产向管资本转变",转变国资委监管职能,并进一步"简政放权",从目前以"审批审核"为主的监管方式向以"优化布局和调整结构"为主转变,尝试实施"清单管理机制模式",省级层面加快研究监管清单、报告清单和问责清单的清单管理机制模式,尝试将国资委作为出资人的放投资决策、业绩考核和高级经营管理人员选聘等方面的部分职权下放给建设规范的企业董事会行使，不再干预企业具体经营决策，提高企业自主决策权和决策效率，以监管模式的转变提升国有资产的市场活力。

7. 国企信息公开化

提高本轮国有企业改革信息公开化水平，建立国有企业改革新闻发言人制度，由国资委负责，向社会及非公有制企业及时公布本轮国资国企及混合所有制改革的进程及有关信息，提高非公有制企业及其他社会资本参与国有企业改革的积极性。同时，提高国有企业运营透明度，完善国有企业经营管理信息公开机制，强化国有非上市公众公司、国有上市公司的信息披露管理，及时向社会公众公开企业信息，接受社会公众监督，让参与投资者放心。

（三）战略重点

我们认为河南本轮国资国企改革的战略重点集中在以下三个方面六大领域（见图11-6）。

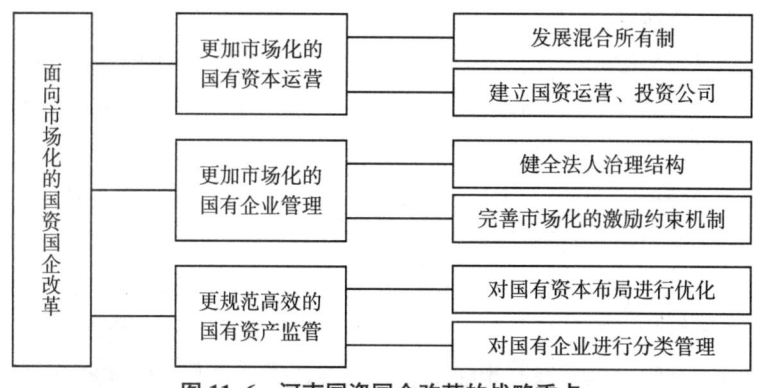

图11-6 河南国资国企改革的战略重点

1. 全面推进混合所有制改革

推进国有企业股权多元化改革，引入非国有资本参与国企混合所有制改革，积极探索整体上市、分拆改制、分立改制、引进战略投资者、兼并重组、相互持股、股权转让、股权置换、股权激励等混合所有制多种实现方式。制定参股、交叉持股具体办法，通过更加公平透明的混合所有制改革，鼓励非国有资本参股国企，形成国有企业的共有产权，打造一批公共公司。通过考察河南国有资本和国有企业的现有产业布局，我们认为对河南来说，没有哪个领域需要保留国有独资，可以全面推进混合所有制，原则上也不再设定国有控股比例，在国有企业通过重组、交叉持股等方式进行混合所有制改造中消除政府之手，让企业在市场化基础上自行选择合作对象和合作方式。

2. 改造建立国有资本投资和国有资本运营公司

鉴于河南现状，我们认为不宜组建新的单独的国有资本运营公司，国有资本经营公司实质上是国资委与国有实体企业的中间层，其主要功能是在资本市场通过资本运作有效组合配置国有资本,类似于新加坡淡马锡公司。目前河南缺乏高端人才储备,组建难度较大,新组建国有资本运营公司很有可能成立后悬在空中落不了地,在国资委和国有企业间加一个不起作用的中间层。我们建议按照"国有资本投资公司—国有资本运营公司"的路径,支持河南能源化工集团、中平能化等有条件的国有企业改组为国有资本投资公司,待国有资本投资公司运营逐渐稳定成熟后,参考淡马锡资产管理公司模式,演变为纯粹控股性质的资本运营公司,实现由集团公司向国有资本运营公司的转变。

3. 健全国有企业法人治理结构

在股权多元化的基础上,实现所有权和经营权分离,健全协调运转、有效制衡的公司法人治理结构。形成多元平衡的公司治理结构,建立以投资为纽带的董事会制度,实现董事会决策机制,加快建立规范董事会,合理配比执行董事和非执行董事,国资委应建立专门的独立董事人才库,人才库中主要是从社会公开选聘的具有会计、金融、法律知识背景的知名专家、学者。引导国有企业在董事会下设若干专门委员会,如战略决策委员会、提名与薪酬委员会、审计委员会,各专门委员会对董事会负责,提交议案供董事会审查决定。

4. 完善市场化的激励约束机制

建立长效激励约束机制,通过激励机制的重新设计继续完善国企内部改革,探索建立职业经理人制度,合理提高企业高管人员市场化选聘比例。建立适合市场的薪酬制度,合理确定国企管理人员薪酬水平,破除管理层股权激励限制,积极探索业绩股票、股票期权、限制性股票、岗位分红等激励方式,完善与业绩考核挂钩的任期激励和中长期激励机制。强化国有企业经营投资责任追究,健全财务审计、信息披露、延期支付、追索扣回等约束机制。深化企业内部管理人员能上能下、员工能进能出、收入能增能减的制度改革。探索推进国有企业财务预算等重大信息公开,并有效实现"返惠于民"。

5. 优化国有资本布局结构

在国资国企改革中推进国有资本布局结构优化,提高资产配置效率。本轮国资国企改革必须扫除雷区,清理死角,加快推进空壳国企和弱势竞争性国企退出。空壳国企必须在这一轮国企改革全部退出,彻底解决空壳国企的资产消融和资本沉没问题。产能过剩竞争性行业的弱势国企实施部分兼并重组、部分退出。引导国企加大在基础设施、公共服务、战略性新兴产业等领域的投资力度。

6. 对国有企业进行分类管理

明确不同类型国企的不同发展目标和管理方式,针对所监管企业所处不同行业和领域,以及承担的不同功能等特点,探索实施分类改革、分类监管,不断提高国资监管的针对性和有效性。按照以管资本为主加强国有资产监管的要求,在管控资本投向、强化资本成本、提高资本使用效率和效益上加大探索创新,探索实施"负面清单"制度,把应该由企业管理的工作事项全部交给企业,彻底解决管得过多过细的问题。

（四）战略步骤

综合考虑河南国有企业布局和发展现状，设计出比较可行的路线图和时间表（见图11-7）。

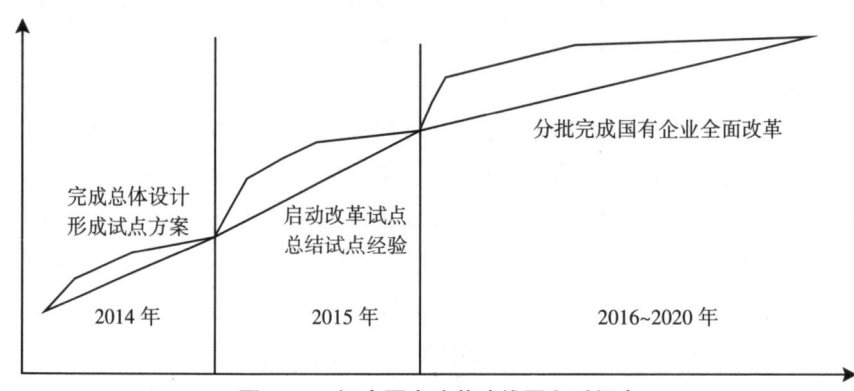

图11-7　河南国企改革路线图和时间表

1. 2014年：完成总体设计，形成试点方案

出台《深化国资国企改革的意见》、《关于推进本市国有企业积极发展混合所有制经济的若干意见》等。包括完善国有资本管理体制，改革国有资本授权经营体制，组建国有资本投资运营公司及试点，明确混合所有制等实施办法，发展混合所有制及其员工持股，划转部分国有资本充实社保基金及完善国有资本经营预算制度等。确定国企改革试点范围和对象。要留出足够时间摸清基本情况，设计试点方案，明确试点范围，选择试点企业，做好试点动员，建议2014年底之前把准备工作做足。

2. 2015年：启动改革试点，总结试点经验

2015年开始重点推进四项改革试点，在省管企业中推进国有资本投资公司组建试点工作。在二、三级国有企业中开展国企改革和混合所有制改革试点工作，力争每一家省管企业试点2~3家子公司。选择一批空壳企业和县级国企进行退出试点。及时总结试点经验，国资委和试点企业均要写出总结报告，为全面规模化改革积累经验。

3. 2016~2020年：分批完成国有企业全面改革

在这一轮国企改革中应该无空白死角、无特例保护，分期分批分类分层完成全部国有企业改革。分批完成国有资本投资公司组建，参照中央模式和其他省份改革模式进行改革，先完成省管国有企业改革工作，再完成市级以下企业改革，空壳国企和地县级国企逐步退出市场。

（五）战略目标

河南本轮国资国企改革的战略目标是：建立新的国资监管模式、新的国企产权结构、新的国资运营平台、新的公司治理机制、新的国有资本布局。

1. 新的国资监管模式：建成统筹协调分类监管的国资监管体系

正确处理好政府与市场的关系，政府部门履行宏观调控、市场监管、行业管理等公共管理职能。国资监管机构重点依法履行监管职责，分类推进改革调整和管理，改革重建政企分开、政资分开、分类管理、效率提升的新型国资监管体系。国资委的出资人职责逐渐移交给运行成熟的国有资本运营公司，实现政企、政资分开。

2. 新的国企产权结构：全面实现国有企业混合所有制改革

积极发展混合所有制经济，不留死角，不设限制，全面加快混合所有制改革，省管企业加快实现整体上市或核心业务资产上市，通过分立改制、分拆改制，加快二、三级子公司的改制步伐，推进各类公司与非公有制企业间的兼并重组，形成一批公共公司。

3. 新的国资运营平台：培育具有较强竞争力和影响力的国有企业集团和"淡马锡型"国有资本投资运营集团

培育具有国际竞争力和影响力的企业集团，形成3~5家符合国际规则、有效运营的资本投资运营公司（包括1家"淡马锡型"国有资本投资运营集团），8~10家全国布局、跨国发展、竞争力强的企业集团，以及一批技术领先、品牌知名、引领产业升级的专精特新企业。

4. 新的公司治理机制：建立健全具有中国特色的现代企业制度

确立法定代表人在公司治理中的中心地位，健全协调运转、有效制衡的法人治理结构。以规范经营决策、资产保值增值、公平参与竞争、提高企业效率、增强企业活力、承担社会责任为重点。探索去行政化机制，只保留正职有行政级别，副职全部实现市场化选聘，形成企业优胜劣汰、经营者能上能下、人员能进能出、收入能增能减的市场化经营机制。

5. 新的国有资本布局：改革重构适应河南经济发展实际的国有资产新布局

将国资委系统80%以上的国资集中在战略性新兴产业、先进制造业与现代服务业、基础设施与民生保障等关键领域和优势产业，其余20%国资应布局在拥有品牌优势、市场优势的混合制企业。企业集团控制管理层级，加强对三级次以下企业的管控。

（六）对策建议

为确保河南国资国企改革的顺利展开，我们提出以下几点建议：

1. 全面研究河南省国企改革总体规划和操作制度体系

依据国家的国企改革意见和河南省国企改革意见，全面研究河南省国企改革总体规划和操作制度体系。建议省政府组织成立一个专门的规划研究编制组，集中省内外经济、管理、法律、社会各领域和政府相关部门的专家学者，全面系统地研究河南省国企改革总体规划：战略思路、原则、布局、目标、任务、权力（人、事、财权）配置、政策和措施等；研究国企改革具体操作制度体系：改革程序、国资结构优化、股权比例、资产估值、混合重组、购并或出让、破产或退出、债权债务处置和人员安置等，以利于科学设计国企改革总体规划和操作制度体系。

2. 研究借鉴央企和其他地方国企改革的经验与模式创新

国资国企改革是一项系统工程,河南国有企业改革要借鉴先进经验与模式。建议在国资委设立一个专门的研究小组,对发达国家国企改革经验、我国央企改革经验以及各地的国企改革样本进行研究和剖析,总结经验教训,研究成果及时上报供省决策层参考,有关成果可以以内部资料形式发送到各类国有企业,供企业参考。

3. 建立国有企业改制重组成本分担机制

由于国有企业遗留问题较多,尤其是一些"壳企业"资本消融问题普遍存在,要建立一个改制重组成本分担机制,重点解决国有企业办社会职能、厂办大集体、离退休人员社会管理等历史遗留问题,通过国有产权变现、国有资本经营预算支出、公共财政拨付、企业占用土地处置收益返还等多渠道筹措资金,妥善处理国有企业职工养老、失业、医疗、工伤、再就业、组织关系转移、户籍迁移、离退休人员社会化管理等方面的遗留问题,减小国企改革阻力。

4. 建立鼓励改革创新的容错机制

本轮国有企业改革需要大胆创新,而目前改革中又出现了浓厚的观望情绪,从有利于改革创新的角度,建议省级层面要建立一个容错机制,在不越法律法规"红线"、不碰国有资产流失"底线"的前提下,支持鼓励各类国有企业创新思路,探索改革模式,充分尊重基层首创精神,鼓励创新、鼓励探索、鼓励实践。

5. 营造促进国有企业改革的良好氛围

邀请国内有关专家学者和官员到河南就国企改革问题做讲座,召开各类国企改革研讨会,及时总结宣传河南各地国企改革的典型案例和先进经验。建议国资委建立移动端平台、微信平台等,及时发布有关资讯,不断提高对新媒体的适应和运用能力。

四、今后河南国有企业改革及混合所有制经济发展的工作思路

(一) 主要任务

1. 加快出台全省国资国企改革整体方案

加快出台省国资国企改革指导意见以及方案,完善各类政策措施,对改革范围、分类情况、产权比例以及薪酬等明确细则,形成顶层设计,消除国有企业疑虑,激发创新活力。所以这个整体方案不能是空中楼阁,一定要在充分调研基础上,反映当前国有企业的意愿,针对当前国企改革中的瓶颈问题,不能避实就虚,要敢于面对难点和问题,提出针对性方案和措施,使改革方案真正落地,具有指导性和可操作性。政府要敢于放开,敢于承担责任,给企业实体留足操作空间和创新空间。

2. 厘清国有企业基本情况及混合所有制发展现状

对现有国有企业基本情况进行全面摸底调查和梳理，主要包括现有股权结构、产业布局、子公司情况、人员情况等，空壳国有企业要梳理清楚，主要是现在负债、人员情况以及历史遗留问题，重点是根据实际情况对国有企业进行合理分类，确定不同类型公司的改革方向与重点，为国企改革试点以及全面展开做好基础性准备工作。

3. 推进国企改革和混合所有制改革试点工作

制订试点总体实施方案，选择合适的试点企业，尽量照顾到各种类型。力争在31家省管国企中的典型企业开展涉及国资监管、混合所有制、完善法人治理结构、纪检监察内容的四项改革试点工作。试点工作由省国资国企改革领导小组统一组织，建议成立四个专项小组分别负责组织实施、协调推进和试点企业的指导服务。试点方案由企业自行提出，提交省委改革领导小组审议。结合简政放权，对取消或下放的审批事项，率先在试点企业落实到位，对试点中需解决的问题多开"绿灯"，少踩刹车。

4. 及时总结国企改革和混合所有制改革试点经验

试点工作将及时把符合条件的企业纳入进来，逐步扩大试点范围，支持试点企业创新思路和举措，试出新体制、新机制、新模式，并及时提炼可推广的经验模式，从中提炼出可以指导其他企业相关改革的可操作办法和制度性安排。试点企业和国资委均要按要求写出试点工作总结报告，及时把经验、教训反馈到省领导小组，为规模化展开提供实践支撑。

（二）工作重点

1. 打造国有资产交易平台

国有资产交易平台是国资国企产权、股权多元化的前提与基础，建议在现有省产权交易中心以及各市产权交易中心、市场的基础上，改造成省市两级国有资产交易平台，探索到外省资产交易平台进行交易的路径。建立"国企和投资人"数据库，强化与全国各省（市）产权交易机构的联系，签订全国异地同步挂牌系统协议，尽可能多地发现投资人、尽可能高地发现价格，有力推动本省国有资本改革与全国资源的无缝对接，吸引省外各类投资者参与河南国资国企改革，实现资源、资产、资本、资金的良性循环。积极推进国有企业在全国中小企业股份转让系统、区域性产权和股权交易中心等场外交易市场挂牌交易。

2. 改组若干国有资本投资公司

建议对31家省管国企进行分类、重组，改组成若干国有资本投资公司，支持各企业探索新的企业管理机制，创新内部改革，理顺与国资委的关系。建议重组水投、铁投、交投、建设集团等，组建一个基础设施类国有资本投资公司。

3. 引入基金类战略投资者

一是引入国内外比较知名的风险投资机构参股河南国企，如联想控股、中国民生投资股份有限公司等，改变国企股权结构，提高公司治理水平；二是充分利用政府引导基金在整合国企中的作用，如支持中原航空港产业投资基金、河南农业开发产业投资基金等参股国企，引导科技厅、工信厅、金融办等各职能部门以及各市级政府以设立基金方式参与国企改革，以"官办风投"的方式对国有资产进行整合；三是引导社会资本与金融机构联合设立产业投资基金，依托河南省股权引导基金支持各类社会资本设立各类专业的产业投资基金等，参与国企国资改革重组。

4. 搭建国资国企改革信息公开平台

首先要尽快搭建以发言人、网站、移动端为主的多层次信息公开平台，公众作为国资的直接相关利益人必须知情和参与监督。其次要发挥各级人大作为民意机关的作用，明确什么样的改革决策可以不经过人大，什么样的决策须经过人大常设委员会的审议，什么样的决策须经过全体人大代表的表决。

5. 创新非公有制企业参与国企改革及混合所有制改革的方式

在目前民营企业参与国企改革疑虑多、积极性低的情况下，积极创新民营企业参与国企改革的方式，一是引导几家大型民营企业联合设立产业并购基金等投资平台，参与国企国资改革，提高参与大项目的能力和抗风险能力；二是也可以参考国家批准设立中国民生投资股份有限公司的方式，成立一个类似河南民生投资股份有限公司的大型民营投资集团，对国有资产进行兼并整合；三是支持中小民营企业联合金融机构设立风险投资基金，引导这类风投机构对二、三、四级的国企子公司和项目进行投资。

6. 公开招聘一批职业经理人

在国有资本投资公司组建中，尽快推动国有企业面向全球公开招聘一批拥有专业投资经验和产业经验的职业经理人，改变国有企业的管理层人才知识结构。

（三）政策措施

1. 成立河南省全面深化国有企业改革工作领导小组

鉴于国资国企改革的重要性，建议成立省级领导小组，由省长担任领导小组组长，加强对各部门各领域的协调，办公室可以设在国资委，由国资委主任兼任办公室主任。

2. 完善国企改革综合配套政策

重点在发展混合所有制经济、企业员工持股、建立职业经理人制度、薪酬制度等方面，通过试点出台相关政策。根据实际需要制定财政、税收、土地、人力资源社会保障等具体政策和措施，如土地出让地价扣除补缴土地价款后的剩余部分可用于增加原企业的国有资本金，补缴土地价款可返还企业用于安置职工或分离办社会职能等改革遗留问题处理。建立政府指令性公共建设项目补偿机制，对承担重大基础设施、环境保护等项目的企业，政府视情况给予相应的资源配置和补助。专设一个省属国有企业重组整合专项资金，支持国有企业与非公有制企业之间进行重组整合。制定支持国有企业改革重组上市的财税政策，对涉及的资产评估增值、债务重组收益、土地房屋权属转移等按有关规定给予税收优惠。

3. 出台解决历史遗留问题的专项政策

目前全省1600多户"壳公司"亟待稳妥退出市场，涉及人员26万人，经初步测算，需支付职工安置费用130多亿元，部分地市改制成本缺口较大，一些已改制企业的职工经济补偿没有完全到位。亟须在摸清国有企业历史遗留问题基础上，广泛征求意见，出台解决历史遗留问题的专项政策，妥善处理国有企业职工养老、失业、医疗、工伤、再就业、组织关系转移、户籍迁移、离退休人员社会化管理等方面的遗留问题。

4. 建立国企改革及混合所有制改革动态评估机制

在国有企业改革进程中，应该建立一个多方参与的动态评估机制，第一层次是国有企业自身的评估，第二层次是国有资产管理部门的评估，第三层次是作为民意机关人大的评估，在可能的情况下还应该引入外部的独立评估。一旦评估结果与决策预想出现偏差，就应该寻找原因，调整决策，及时纠错，避免错误继续，扩大损失。

5. 探索鼓励国企改革及混合所有制改革创新的容错机制

目前，国企对本轮改革不积极的原因之一，在于担心承担改革失误或国有资产流失的罪责。因此，我们建议，要探索建立改革创新的容错机制，对国企改革及混合所有制改革试点和全面展开中创新未能实现预期目标，但有关单位和个人依照法律、法规、规章、国家和本市有关规定所做的改革决策及其实施，且勤勉尽责、未谋取私利，改革如有错误、失误甚至失败，对改革者和主要负责人不作负面评价，不仅依法免除其相关责任，还要予以肯定，给予他们再次试错的机会。另外，还要建立合理的补偿或政府补贴机制，避免完全让先行先试者独自承担试错的成本。

第十二章 河南扩大社会事业开放问题研究

"扩大社会事业开放"在理论上是一个前沿问题,目前学界的研究总体上属于起步探索阶段,相关的基本问题尚无明晰表述,缺失规范性、系统性的学理支撑;在实践上,一些省市和地区进行了积极大胆的探索,取得了明显的绩效,但总体上处于缺乏理论指导和政策支撑的"碎片化"摸索阶段;在政策上,中央始终坚持改革开放的基本国策,锐意推进"五位一体"和党的建设制度改革,不断扩大开放,成就举世瞩目。但就"社会事业扩大开放"问题,近年来中央的重大会议和文件也鲜有论及,顶层设计不够,这也是我国经济领域开放取得长足进步而社会领域开放相对滞后的一个重要成因。令人欣喜的是,《中共中央关于制定国民经济和社会发展第十二个五年规划的建议》(以下简称《建议》)有一个突出亮点,就是高度重视社会事业体制改革和社会事业领域对外开放。《建议》提出,稳步开放教育、医疗、体育等领域,引进优质资源,提高服务业国际化水平。这是我国对外开放的新领域,是社会事业发展理念的重要变革,也是社会事业相关领域加快发展的新机遇。它对推进我国社会事业发展的意义必将会像经济领域开放一样重大而深远。鉴于此,课题组认为,河南省委提出的"扩大社会事业开放"课题,在理论上具有前瞻性,在实践上具有挑战性,在政策上具有创新性,对人口大省的河南既迫切又重要。现将课题相关问题的初步研究报告如下。

一、国内各地区社会事业领域开放的经验与典型案例

(一)扩大社会事业开放的基本含义与主要内容

社会事业是由国家机关或其他组织举办的从事教育、科技、文化、卫生等活动的社会服务,具有社会性、安全性、福利性,集公益性和盈利性于一体。目前,我国社会事业主要包括教育事业、医疗卫生、劳动就业、社会保障、科技事业、文化事业、体育事业、社区建设、旅游事业、人口与计划生育等部门和领域。

扩大社会事业开放的基本含义:是指在坚持中国特色社会主义制度和中国共产党领导

地位的基础上，按照"开门办社会"的总体思路，根据社会化、国际化和市场化的客观要求，以优化社会资源配置为核心，推动对内对外双向开放、相互促进，促进"引进来"和"走出去"更好地结合，在深化社会体制改革的同时，稳步扩大医疗、教育等社会事业领域的对外开放，引进世界上最先进的技术、管理、人才和竞争机制，增加优质资源的有效供给，逐步形成以政府为主导、社会各方面共同参与的互利共赢、多元平衡、安全高效的开放型社会事业体系，在不断总结经验的基础上，由点到线、由线到面，由边缘向纵深，形成全方位、多渠道、多层次的开放格局，在更大范围、更广领域、更高水平上推进社会事业发展。

扩大社会事业开放的主要内容包括：以优化社会资源配置为核心，明确政府、市场、社会的各自定位和功能作用；以开放促进深化社会体制改革为突破口，推动对内对外开放相互促进，引进优质资源，稳步扩大社会事业领域开放；以保障和改善民生作为基石，不断满足广大人民群众日益增长的物质文化需求；以增强社会发展活力为动力，坚持政府办社会的主导作用，积极鼓励和支持社会各方面参与，推进社会事业多元主体的良性互动，全面提高社会治理水平；以充分发挥市场积极作用为契机，社会事业领域向社会资本有序开放，促进相关产业"走出去"，改革公共服务供给方式，提高公共服务水平。同时，牢牢掌握社会事业扩大开放的主动权，把握好开放的领域和进程，确保经济社会稳定安全运行。

（二）国内各地区社会事业领域开放的经验与典型案例

近年来，与我国经济领域不断扩大开放的形势相适应，社会事业领域的改革开放也稳步推进。各地区在实践中积极探索创新，不断扩大开放，取得了显著成效，为河南省今后扩大社会事业开放提供了可资借鉴的经验：

1. 始终坚持开门办社会，积极促进经济开放与社会开放协同并进

在经济开放的同时，社会事业如何开放？这是摆在各级政府面前的重大课题。注重经济增长而忽视社会事业，经济社会协调发展的良性局面就无法形成。经济与社会在开放形式和内容上不尽相同，但开放的本质却是一致的。经济领域需要以开放促活力，社会领域同样需要扩大开放；经济领域有放开市场准入的问题，社会领域同样也需要放宽准入门槛；经济领域有培育市场主体的问题，社会领域同样需要培育社会自组织，扩大社会事业的范畴。在社会事业开放与发展方面，一些地区在制定社会事业发展战略、创新社会事业投融资体制方面积累了很多成功经验，值得借鉴。

案例12-1　浙江"四个强省"战略

案例介绍：近年来，浙江省站在经济、政治、文化、社会四位一体的高度，提出实施"四个强省"战略，即建设教育、科技、卫生、体育"四个强省"。"四个强省"注重发展的系统性、整体性和协调性。在教育强省方面，提出五个方面的工作重点：

基础教育抓均衡，高等教育抓质量，职业教育抓结合，终身教育抓体系，对外开放抓重点；在科技强省方面，在提高科技意识、激活主体动力、增强创新能力、完善创新机制等方面下功夫，建设平台、营造环境；在卫生方面，率先在全国完成了疾病预防控制体系和卫生监督体系的改革，建立了省、市、县三级的卫生监督执法体系和疾病预防体系，提出并开展城乡联动、协调发展的社区卫生服务；在体育方面，出台《浙江省体育强省建设发展纲要》，在全省开展体育强县和体育强镇的具体措施，引入市场机制，让社会资本进入体育产业，形成竞技体育与大众体育互动的良性格局。

案例分析与启示：浙江"四个强省"战略，促进了经济与社会的良性互动，提升了浙江发展空间。"四个强省"包含四个层面的内容：一是扩大教育、科技、卫生、体育等社会事业的投入；二是放宽社会事业的准入门槛；三是培育社会组织，扩大社会事业的主体和范畴；四是完善社会事业的管理体制和投融资体制。浙江的经验表明：社会事业的发展和开放与经济开放一样，需要体制和机制的创新。开门办社会，并非政府推卸责任，相反，正是由于社会事业的扩大开放，才使政府能够集中财力物力举办公益性社会事业。社会事业绝非经济发展的附属物，经济开放与社会开放是一体的两面，只有将经济与社会结合起来，形成良性互动格局，才会有真正的可持续发展。

案例12-2 河南力促中原文化"走出去"，掀起中原文化热

案例介绍：近年来，河南省充分利用丰富的文化资源，大力实施"河南艺术精品海外行"，如"中原文化澳洲行"、"中原文化宝岛行"、"中原文化港澳行"等一系列活动；积极参与中华文化"走出去"，多次承担国家对外文化交流任务。先后组派艺术团赴法国、美国、德国、意大利、韩国、俄罗斯等国家开展文化交流，参加了德国"中国文化年"、意大利"中国艺术节"、俄罗斯"中国文化节"、"庆祝中印建交60周年"等大型文化交流活动，如进行杂技、戏曲等表演，举办中原文化、少林文化讲座，举办民俗、书画、摄影艺术展，捐赠豫版图书等，在当地掀起了"中国文化热"。

案例分析与启示：中原文化"走出去"开创了河南省社会事业（对外）开放的成功模式，为社会事业进一步开放提供了成功范例。一是理念先行，认识到社会事业开放的必然性和现实意义；二是强化政府引导，做好顶层设计和组织工作；三是善于抓好机遇，不断拓展交流渠道，提升交流层次，丰富交流内容，展示博大精深的中原文化及其魅力；四是挖掘中原文化中的优势和精华，引入社会资本加以培育、提炼和升华，激发民间艺人的积极性和创造性，打造具有中原特色的文化品牌；五是借助文化交流活动，使外国人（尤其青少年）通过接触中国文化加深对中国的了解，强化认同感；六要加快"华夏历史文明传承创新区"建设进程，把河南建设成"全球华人根亲文化圣地、中国文化遗产保护传承示范基地、全国重要的文化产业基地、现代文化创新发展新高地、中华文化走出去的重要基地"。

2. 始终坚持正确把握政府、市场、社会之间的多元关系，形成相互促进的良性格局

政府、市场、社会三者的关系，其核心是政府与市场、政府与社会的关系。十八届三中全会指出："经济体制改革是全面深化改革的重点，核心问题是处理政府和市场的关系。"市场在配置资源方面存在独特的优势，但其逐利性、盲目性又会导致市场失灵，只有确立合理的边界，才能促进社会事业的发展。在政府与社会关系问题上，应该克服政府权力无限定、包揽社会事务的状况，拓展社会力量和社会组织的空间，发挥社会活力。在赋予社会组织参与社会事业权利的同时，要防止社会组织的行政化。处理好政府、市场、社会的关系，其本质在于把握分与合的关系，在确立边界的同时实现三者的贯通，达到各尽其分、各适其宜的良性状态。

案例 12-3　政府主导、完善管理的"闵行模式"

案例介绍：上海闵行区实施的医改模式，在社会上引起了较大的反响。其具体思路是：坚持以政府为主导，以解决问题、矛盾为切入点，加强卫生信息化、加强信息技术与机制模式相融合，加强医改顶层设计，实现"以技术建机制"的目标；围绕"制度+科技+管理"手段，构建集约化、科学化的医疗卫生服务新模式。其具体做法是：联合遴选、统一配送；物流外包、供应链优化；信息化监管、绩效考核；收支分离、医药分开、第三方结算。通过强化网上集中采购，剥离医疗机构的药品采购职能，改变医疗机构药品收支运行机制，切断医疗机构和药品营销之间的直接经济利益联系。在信息化管理的基础上，实施以数据为核心的医疗机构全面预算管理，建立以政府公益性为核心的目标管理体系，弱化公立医院市场趋利性。通过信息化创新机制，提高医疗卫生工作效率；通过信息化再造流程，创新公共卫生服务模式；通过信息化转变职能，建立绩效考核评价体系和政府补偿机制；通过信息化强化监督，规范医疗机构执业行为。

案例分析与启示："闵行模式"的特点是，不改变药品集中招标采购政策，不增加对医疗机构的财政补助，不减少医疗机构赖以生存的药品差价收入，不触动医药企业的合法经营利益。在此基础上完善管理，通过加强管理解决现实矛盾和问题。在"闵行模式"中，公立医院是公益性机构，政府通过管理保证其公益性，通过医、药分开确立政府与市场的边界。"闵行模式"凸显现代信息管理，通过管理实现机制的转变，理顺政府与市场的关系。"闵行模式"解决了现行体制中的很多矛盾，但也存在一些问题，主要是政府与社会的关系没有触及，社会组织的作用没有发挥。这个问题不会在短时间内显现，但却值得思考。

案例 12-4 社会事业民营化的"宿迁模式"

案例介绍：2000年宿迁市政府出台《关于积极鼓励社会力量兴办卫生事业的意见》，拉开了公立医疗机构民营化改制序幕。宿迁市医改以"社会办卫生、卫生产业化、产业民营化、民营规范化"为改革思路，以盘活存量、扩大增量为目标，用净资产转让、无形资产竞拍、股份合作制、兼并托管等方式，实现卫生事业的民营化。改制医院被改造成了股份制、合伙制、混合所有制、个人独资医疗机构。截至2005年，宿迁市的135家公立医院中，已经有133家完成产权制度的改革，医疗事业基本实现了民营、股份制，政府资本完全退出。宿迁医改引发了巨大的争议，支持者认为宿迁模式触及社会事业体制的根本问题，在探索政府、社会、市场之间的新型关系上走出了一条新路。反对者认为，宿迁模式的本质是政府甩包袱，将会有损于医疗的公平性。在当地政府部门看来，宿迁医改的成绩表现在以下几个方面：社会医疗投入持续增长，老百姓医疗费用持续下降，医护人员态度明显好转，公共卫生防保意识加强，政府职能在改革中得到转变等。

案例分析与启示："宿迁模式"与"闵行模式"在理念、思路和具体措施上都存在某种程度上的对立，但并不能由此而相互否定。"闵行模式"的意义在于，公益性社会事业可以通过现代化的管理除去其积弊，而"宿迁模式"却揭示了这样的道理：民营化的医疗服务，同样可以解决城乡居民的"看病难"问题。社会事业的公益性，并不取决于是否由政府主办，而取决于政府监管是否得力，取决于政府是否改善投入机制。"宿迁模式"以"民营"为突破口，让社会组织主办公益性社会事业，政府发挥规范和管理的功能，这种探索是有意义的，但同时也存在这样一个根本问题：政府在公益性的社会事业上的责任是否仅限于监管？是否存在市场失灵的问题？政府、市场、社会是有边界的，但这种边界不能由特殊的思维范式所确定，必须与当地的发展状况、社会环境等实际结合起来。如果不能因地制宜，将先入的东西直接作为行动的指南，就只能导致失败。

3. 始终坚持把提高社会治理水平作为扩大社会事业开放的战略部署

十八届三中全会将使用多年的"社会管理"改为"社会治理"，这绝非简单的技术性改变。从"社会管理"到"社会治理"，其本质是改变自上而下的管理体制，实现上下互动、社会共治的局面。从管理到治理的转变，意味着从单一主体转向多元主体，从控制转为协调，从分割转向互动。社会事业的发展和开放，与社会治理密切相关。社会事业长期以来存在政事不分、政资不分、管办不分的状况，只有提高社会治理水平，才有真正意义上的扩大开放。

> **案例 12-5　无锡市"政府自我革命"激活社会事业**
>
> 案例介绍：2005年8月，从原市卫生局剥离出来的行政类事业单位"无锡市医院管理中心"正式挂牌，这意味着无锡市社会事业改革迈开了关键的一步。2005年12月20日，无锡市学校管理中心、文化艺术管理中心、体育场馆和训练管理中心也相继成立，社会事业改革全面推开。无锡市社会事业改革的主要做法是，以政府自我革命为先导，以推动"政事分开、政资分开、管办分离"为突破口，从"以办为主"向"以管为主"的政府职能转变。具体做法是，"先分机构，再分职能，再分资产，再分人员，最后分领导班子"，以稳妥的程序积极推动。市属的公立医院、非义务教育阶段的市属高中及中高等职业技术院校（包括中专、职校）、市属文化单位、市属体育场馆和训练机构，从原行政主管局剥离出来，分别成立医院管理中心、学校管理中心、文化艺术管理中心、体育场馆和训练管理中心。这四个管理中心受市政府委托，承担所属事业单位的资产、人员和业务管理职能，确保国有资产的保值增值和社会职能的履行，而原有的四个行政局以后将主要行使行业管理和监督职能。在政府方面，不把政事分开、管办分离视为甩包袱，不将管理中心视为营利机构，从群众现实的利益出发，切实解决"看病贵、看病难"，"上学贵、上学难"等突出问题。同时，正确界定政与事、政与资、管与办的职能，防止职能交叉重叠，政府强化公共职能，有效地供给公共物品与公共服务，推动社会事业的发展。
>
> 案例分析与启示：无锡以"政府自我革命"为突破口，在提升社会治理水平基础上推动社会事业的改革，以"管办分离"、"政事分开"激活社会事业，这种改革非常有借鉴意义。首先，一切的改革都是政府的自我革命，没有这一点，不可能真正解决政府错位、越位与不到位的问题。其次，任何开放激活战略都必须建立在社会治理水平提升的基础上。自我革命是理念的革命，又是制度的革命，绝非单纯的技术问题。

4. 始终坚持把保障和改善民生作为扩大社会事业开放的重要基石

社会事业内蕴着深切的现实关怀，教育、医疗、养老、社会福利和文化体育等民生问题事关广大民众的切身利益。在这些民生领域进行实践探索，改革创新，拓展开放领域，扩大开放程度，有序引入市场机制，搭建参与平台，营造投资环境，是引导民间资本投资社会事业、科学有效利用境内外优质资源、提高运行效率、优化服务质量的重要前提和保障，也是保障和改善民生，解决好民众最关心、最直接、最现实的利益问题，增进幸福感的关键和基础。浙江、江苏等省的实践具有一定的借鉴意义。

> **案例 12-6 社会事业领域向民间资本开放**
>
> 案例介绍：近期，浙江、江苏、江西等省出台政策，鼓励、引导民间资本投资社会事业；拓展开放领域，除国家明令禁止的外，所有领域都将对民间资本开放；市场准入标准公办民办"一视同仁"；合作方式灵活多样，如江西以合资、独资、特许经营等方式，向非国有资本开放300个示范项目拟引进社会资本2701亿元。宁波市的医疗卫生、教育、社会福利和文化体育向民间资本开放，允许社会力量参与公立医院改制重组，鼓励民间资本举办综合性医院、依法开展中外合作办学、兴办护理型养老机构，引导民间资本发展养医结合型养老新模式等。
>
> 案例分析与启示：鼓励、引导更多民间资本进入社会事业领域，我们应政策先行，出台有关法规文件，完善制度建设；拓展投资领域，适当放宽市场准入标准，以法律形式明确民间资本可进入的领域，民办、公办同待遇；健全支持体系，落实优惠政策，完善财政补贴、土地用房保障机制，加大税收优惠力度；确定重点项目，起到示范效应，采用多种方式，鼓励、引导民间资本投资民生领域。

5. 始终坚持把深化社会体制改革作为扩大社会事业开放的关键环节

加强社会建设，必然要求深化社会体制改革。当前，深化社会体制改革的重点为：建设服务型政府，合理配置资源，实现基本公共服务均等化；深化社会事业改革，加快事业单位改革，推进政事分开、管办分离；改善基本公共服务提供方式，实现供给主体与方式多元化；创新体制机制，推进非基本公共服务市场化；改革和完善城乡社区、社会组织的管理体制，壮大社工人才队伍，有效运用社区、民间组织、社工的优势。社会体制涉及人与人、人与社会、群体与群体以及政府、市场、社会之间的关系，因此，深化社会体制改革能够为扩大社会事业开放提供强有力的体制机制保障，是形成政府主导、社会力量广泛参与的社会事业开放格局的制度基础，是社会事业开放取得实质性突破的关键。

> **案例 12-7 杭州市开展"社会养老服务体系建设"**
>
> 案例介绍：2012年以来，杭州市开展"社会养老服务体系建设"：加快社会养老服务规范化、信息化建设，引导、鼓励民间资本参与养老服务事业与产业，有序开放养老服务，建成以居家为基础、社区为依托、机构为支撑的社会养老服务体系；改革养老保险制度，完善资金保障制度，建立养老服务标准体系和评估机制；借助信息化技术，建设"数字养老"杭州模式，老年人生活品质大为提升。
>
> 案例分析与启示：杭州市这一做法的借鉴意义：制度先行，建立政府购买服务制度，加大购买力度，推行养老服务招标制度；实践创新，推进国有养老服务机构体制改革和创新，创新农村养老方式；政策支持，降低准入门槛，引导、支持、鼓励社会

力量兴办多形式、多层次的养老服务机构,大力发展养老产业,加大对社会办养老机构的公助力度,落实优惠政策;善用人才,建立和完善相关制度,成立社会工作委员会,引入社会工作人才工作机制,壮大社工队伍,倡导志愿精神,培养义工队伍,组织开展志愿服务,发挥专业社工、志愿者等的优势。

6. 始终坚持把激发社会活力作为扩大社会事业开放的重要动力

有序激发多元主体的活力,有效调动政府、市场、社会、公众等参与社会事业建设的积极性、主动性和创造性,是扩大社会事业开放的动力和源泉。因此,要转变政府职能,建设责任型、服务型政府,做到政府、市场、社会权责分明、界限清晰,同时,向市场和社会放权,赋予市场、社会更大发展空间;要建立政府购买公共服务制度,创新和完善公共服务供给模式,鼓励和支持社会力量兴办公益事业、承接公共服务,制定有关政策鼓励人才有序流动;要确立和完善公共服务主体多元化的政策体制,凡是法律没有禁止的领域,原则上对社会资本开放,适度引入市场机制,按照市场化运作,实行管办分离、分类管理,最大限度激发政府、市场、社会的活力,从而为社会事业开放指引航向、提供制度保证,也为推进社会事业有序开放夯实体制基础、法制保障和人力资源支撑。北京、山东等省市在"政府购买公共服务,社会组织释放活力"方面不断探索创新,形成了一些可资借鉴的经验。

案例12-8 北京市探索建立政府购买社会服务制度

案例介绍:2014年6月,北京市通过《北京市关于政府向社会力量购买服务实施意见》,到2017年将建立起比较完善的政府购买服务制度,形成高效合理的公共服务资源配置体系、供给体系。第一,明确建立"1+3+N"政府购买服务制度体系,即政府出台《北京市关于政府向社会力量购买服务的实施意见》,财政局、编办、民政局和工商局分别制定政府购买服务资金预算管理、与政府购买服务衔接的机构编制管理规定、承接主体资质条件标准等配套文件,后续还将不断完善制度体系,在政府采购、监督检查、绩效评估、社会组织培育等方面出台相应的政策措施。第二,明确购买内容,即以社会公众为直接服务对象的公共服务、事务性管理服务、辅助性服务。第三,规范主体范围,将购买主体扩展到全部按照《公务员法》管理的机关;政府购买服务承接主体有社会组织、企业、机构、事业单位。第四,充分体现市场,按照竞争择优的方式选择承接主体,事业单位与社会力量公开平等竞争;建立对承接主体优胜劣汰的奖惩机制。第五,注重公众参与,在公共服务需求调研、承接主体选择、绩效评价等环节关注服务对象的意见,通过公众监督提高服务质量,确保政府购买服务取得实效。第六,管理扶持并重。将确定一批社会影响力大、具有示范性和带动性、市场机制成熟的项目,并予以重点推进。

案例分析与启示：确立"政府购买社会服务"理念，并以法律、制度等形式予以保障；确定具体项目，予以重点推行，做好示范效应；借鉴其具体做法，如明确购买内容，规范主体范围，市场化运作，以竞争择优方式选择承接主体，"以事定费"、"费随事转"等。

案例 12-9 青岛市"育"、"买"结合，激发社会组织活力

案例介绍：山东省青岛市南区采取"育"、"买"结合方式，出资 20 万元支持社会组织创投公益项目；财政每年拨 1000 万元专款，用于购买社会组织服务；以"为老服务"为切入点，采取"政府搭台、专业社会组织唱戏"的运作模式，在全国率先开展为独居、困难老人送奶探视服务项目，目前已形成独具特色的"送报、送爱心、送家政、送保险、送午餐"等养老服务模式，成为政府购买专业社会组织服务并成功运作的典范。

案例分析与启示：青岛市的这一成功做法启发我们，激发社会组织活力，应探索构建现代社会组织体系，扶持社会组织健康发展，并及时给予政策、资金等支持，青岛市政府搭台，财政拨付专款，"育"、"买"结合模式等做法具有借鉴性；应选好切入点，青岛以"为老服务"为切入点，这一切入点很好，启发我们在确定切入点时，选择要具有一定的可行性、现实性，实施效果要有一定的可预期性；顶层设计要跟进，对各地在实践中探索的好方法、形成的经验，要及时总结，并不断提炼和升华，形成范例，加以推广。

二、近年来河南社会事业领域开放的主要做法、取得的成效和存在的突出问题

（一）河南扩大社会事业开放的主要做法

近年来，河南省委、省政府坚持对外开放基本省策，以开放促改革、促转型、促发展，不断深化社会事业体制改革，逐步拓宽社会事业开放领域，为满足人民群众多层次、多样化的公共服务需求提供了保障。其做法主要体现在以下几个方面：

1. 转变政府职能，促进政府、市场、社会三者关系的良性互动

一是大力推动政府由"管理型"向"服务型"转变。2014 年 3 月 19 日，河南省委、省政府印发《关于市县政府职能转变和机构改革的意见》，开始全面推动市县政府职能转变和机构改革工作。此外，河南省委、省政府还专门印发《关于省政府职能转变和机构改

革的实施意见》并进行具体的任务分工，努力建设法治型政府和服务型政府。二是全面清理行政审批事项。自 1999 年起河南已先后 6 次对省级行政审批项目进行清理，使省级审批项目从 2706 项减少至 400 项，精简率达 85.2%。通过上述举措，河南在更好发挥政府在社会事业发展中作用的同时，也激发了市场和社会积极参与社会事业建设的活力。

2. 深化事业单位改革，带动社会事业开放

为解决事业单位功能定位不清、供给方式单一、资源配置不合理等突出问题，河南于 2010 年制定《河南省事业单位岗位设置管理实施意见（试行）》方案，按政事分开、事企分开、管办分离原则，对现有事业单位分行政类、经营类、公益类三类进行改革。截至 2010 年底，河南 214 个文化事业单位，其中包括 146 个出版发行单位，河南电影制片厂、河南电影公司和郑州、开封、洛阳等 5 个试点市及所辖县（市、区）的 56 个电影公司、电影院，省属和 5 个试点市的 7 家国有文艺演出院团，《故事家》《传奇文学选刊》《传奇故事》等 5 个非时政类刊物，均已完成转企改制工作。通过改革，激发事业单位的活力和效率，带动了全省社会事业开放发展。

3. 民生基础设施建设和社会事业领域中重大项目向民资开放不断扩大

一是深化投融资体制改革，创新投融资机制。2011 年，河南省政府出台《关于创新投融资机制鼓励引导社会投资的意见》，鼓励和引导社会投资。二是不断加大民生基础设施建设和社会事业领域中重大项目向民资开放的力度。2012 年，河南向社会公开推介 49 个总投资 2 亿元以上的重大项目，涉及铁路、市政、教育、医疗、养老等基础设施和社会事业领域；2013 年，河南又向社会推介 200 个城市基础设施项目，并且截至 2014 年 3 月底，其中已有 80 个项目顺利开工建设，111 个项目民间资本介入后正在开展前期工作；2014 年，河南再次推出 400 个重大项目，其中涉及教育、医疗、文化、旅游、养老服务等社会事业项目 170 个，总投资 1386 亿元。以上开放措施，大大激发了民间资本兴办社会事业的活力。

4. 创新公共服务提供方式，充分利用社会力量大力发展社会事业

近年来，河南对公益性社会服务项目采取两种改革路径：一种是对必须由政府直接举办的公共服务项目，引入市场机制、强化成本核算和绩效管理以提高服务效率及质量，例如，由各级政府兴办的各类"民生工程"就是如此。另一种是对政府不再具体承办的公共服务项目，以政府出资向市场主体或社会组织购买服务的方式向公众提供，例如，自 2011 年以来，河南在郑州市金水区、平顶山市宝丰县等地试点政府购买社工服务，取得了良好效果。2013 年 10 月，省民政厅、财政厅又联合下发《政府购买社会工作服务实施办法》，进一步推动政府由传统公共服务提供方式，向"政府主导、社会参与、社工操作、公众受益"的新型公共服务提供方式转变。

5. 出台推动社会事业开放的政策措施

一是在政策上，政府对由社会力量和民间资本举办的社会服务机构，在设立条件、资质认定、登记管理、税收政策、土地政策、信贷政策、购买服务等方面，与公共事业机构一视同仁且提供便利条件。例如，2013 年 9 月，以郑州航空港区为试点，河南对市场主体

实行先照后证、注册资本实缴变认缴、年检改年报等登记制度改革。二是对从事社会养老、社会救助、慈善捐助、就业培训、扶贫济困等类活动的社会服务机构，政府部门在政策上积极扶持。例如，2014年，河南卫计委将积极推进社会办医列入全年十项重点工作；同年，河南省发改委发布河南高成长服务业项目3354项，其中大部分向民资和外资开放。三是陆续出台加快文化教育事业开放发展的各类政策措施。例如，近些年来河南各高校相继实施特聘教授岗位制度、创新人才培养工程和骨干教师资助计划，省教育厅就加快发展职业教育制定相关规定，鼓励民资和外资参与合作办学，河南文物局颁布和实施《河南省文物保护单位开放管理办法》，深化博物馆免费开放和深化文物对外合作交流。

6. 激发社会活力，提高社会治理水平

一是建构社会组织综合管理体制，在省辖市设立民间组织管理局及专业网站，初步形成了行政管理、社会监督、社会组织自律的管理格局。二是建立健全政策法规，通过出台《河南省〈社会团体登记管理条例〉实施办法》、《河南省取缔非法组织暂行规定》、《关于加快河南行业协会商会改革和发展的实施意见》等政策条例，推动社会组织法制化、规范化建设，促进社会组织蓬勃发展。三是发挥社会组织功能作用，调动社会力量积极参与社会事业建设。上述举措，有利于激发社会活力，形成多方参与的社会共治新局面，进而带动社会事业全面开放发展。

7. 高度重视人才引进和培养工作

近年来，河南采取内外结合的方式，不断加大引进和培养各类人才的力度。一是制定《河南省中长期人才发展规划纲要（2010~2020年）》，从全局出发为实施人才强省战略提供人才支撑。二是加强对本地人才的培养，壮大专业技术人才队伍。例如，通过特殊津贴专家选拔、博士后工作、杰出专业技术人才表彰、新世纪百千万人才工程、百万专业技术人才知识更新工程、高层次人才培养工程等举措，大力培养各类专门人才。三是大力实施全民技能振兴工程。从2010年开始，河南连续四年实施全民技能振兴工程，并且适时制定《深入推进河南全民技能振兴工程2014~2017年行动计划》，以"六路并进"和"三改一抓一带动"的措施予以推进。四是大力引进国外智力。全省引智工作紧紧围绕省委、省政府重大决策部署，重点实施"三大"引智计划，持续实施"四大"引智工程，在高层次外国专家引进、提升出国（境）培训质量和效益、创新引智工作机制等方面，付出了巨大努力。

（二）河南扩大社会事业开放取得的主要成效

通过在社会事业领域开放发展中的不懈努力，河南在以下方面取得明显成效：

1. 初步理顺了政府、市场、社会三者关系，促进经济社会协调发展

近些年来，河南以行政审批制度改革为重要抓手和突破口，在全省深入推进政府职能转变和行政体制改革，致使政府工作效能及质量明显提升。这就及时带动河南不断加快社会事业改革开放步伐，着力排除社会事业发展中的各种体制机制障碍，最终促进了全省经济社会协调发展。其具体表现在：在社会事业管理体制机制创新上有所突破，政府包办代替社会事业发展的方式方法得到有效改善，政府、市场、社会协同建设社会事业的良性互

动格局初步形成,社会事业发展中经济效益和社会效益相得益彰。

2. 社会事业开放度不断扩大,开放领域效果显著

近些年来,不仅在基本公共服务领域,而且在非基本公共服务领域,河南均不断加大开放力度,其开放效果显著。通过加快公立医院改革、试点公租房和廉租房并轨运行、推进"五险合一"、鼓励社会办医办学、破解城乡社会保障制度衔接等政策举措,深入推动社会事业增量提质。通过鼓励社会资本积极参与社会事业建设,加快了社会事业社会化、产业化进程,满足了群众多样性、个性化需求。通过实施中原文化"走出去"战略和扩大对外文化交流合作,提升了河南的知名度。通过鼓励社会力量积极参与公益性活动,促进了文明河南建设。通过实施文物保护单位开放管理,推动了文物保护与旅游产业协调发展。

3. 开门办社会力度不断加大,社会事业筹资渠道不断拓宽

近些年来,河南开门办社会力度不断加大,社会事业筹资渠道不断拓宽。其主要体现在:全省基本形成统一、规范、灵活的人力资源市场和均等化、广覆盖、可持续的公共服务体系;教育、医疗、养老等社会事业开放的领域不断扩大、项目不断增多;积极引入国际和社会资本发展高等教育、职业教育的步伐不断加快;在社会事业发展中形成国资、民资和外资的有序竞争局面,提高了基本公共服务的效率和质量;民间资本、社会资本、国际资本投入社会事业日益增多,基本公共服务供给主体及方式趋向多元多样。

4. 民生突出问题得到妥善解决

通过不断加大社会事业开放力度,有力带动了全省民生突出问题得到妥善解决。其主要标志是:扩大招商引资规模及范围,有效解决了劳动力就地转移问题;在郑州东区、郑州航空港区、地铁等公共基础设施建设中引进社会资本和国际资本,改善了生产生活环境,增强了公共服务能力;不断扩大社会办学办医办养老院、社会办文化娱乐的规模和范围,满足了群众迫切需要;吸引各类资本上山下乡参与社会事业建设,推动了城乡公共服务均等化进程。在黄河金三角联合开发建设中,跨省与陕西、山西合作兴办社会事业,实现社会事业发展异地无缝对接,解决了当地长期被搁置的群众生产生活难题。

5. 政府采购服务工作成效显著

河南政府采购服务工作起步虽晚,但其在质量和效能上却后来居上。在政府购买社会养老服务中,河南创造了"金水模式"、"荥阳模式"、"焦作模式"、"新乡模式"等典型经验;在政府购买社会工作岗位方面,郑州市金水区善于向广东、香港等地学习,其做法透明度高,规范化及可操作性强,社会反响大,获得省内外媒体广泛好评。此外,河南各级地方政府及部门还通过公开招标方式广泛吸引社会资本投入公共服务建设,并且在政策、资金等方面给予扶持。由此而催生一批富有创意且群众急需的民生项目。

6. 社会治理水平得到明显提高

在不断扩大社会事业开放中,河南社会治理水平得到明显提高。通过强化社会事业开放意识和提升社会事业开放境界,在思想理念、体制机制、方式方法、政策措施等方面,政府及职能部门趋向全方位开放。通过初步理顺自己与市场、社会的关系,政府与企业、

社会组织合作办社会事业的能力得以提高，社会事业发展投融资的双赢效应得以实现。通过划清社会事业开放的边界，扩大社会事业开放的合理规章制度得以形成。通过转变政府职能及政府购买服务的有效运作，改善了基本公共服务提供方式，推进了非基本公共服务领域市场化改革，致使城乡居民多样性需求得以满足。通过推动各类行业协会、社会团体和社会组织积极投入社会事业建设，形成了政府主导、社会力量广泛参与的社会事业发展的管理服务格局。

7. 促进了人力资源的开发引进和力量利用

通过不断扩大社会事业开放，河南人力资源的开发引进和力量利用得到充分体现。一是通过制定和实施有利于本地人才成长和发展的各种政策措施，初步遏制了"孔雀东南飞"现象的蔓延。二是通过制定和实施引进人才的各种优惠政策，持续吸引了一大批在科研教学、医疗卫生、文化体育等领域拔尖的专业化人才奔赴中原创业。三是通过与国际合作兴办高职教育，开发了河南本地高水平人力资源、智力资源和技术资源。四是通过加快社会事业改革开放，推动优质人力资源和中高端服务能力流向民间投资领域。

（三）河南社会事业开放存在的突出问题

近年来，河南社会事业改革开放步伐不断加快，取得了明显的成效，然而，在进一步扩大社会事业开放方面，依然存在以下亟待解决的突出问题：

1. 社会事业发展水平总体滞后

一是生均教育经费全国排名倒数，优质教育资源缺乏。尽管 2012 年河南公共财政教育支出达到 1051.17 亿元，位居全国第四（见图 12-1），但由于河南是教育人口大省，各级教育生均公共财政预算教育事业费河南均排在全国倒数第一或第二位（见图 12-2）。其中，普通小学河南生均 3458.02 元，低于全国 6128.99 元，普通高等学校河南生均 11007.33 元，低于全国 16367.21 元，两者位居全国倒数第一；普通初中河南生均 5761.78 元，低于全国 8137 元，略高于贵州 5403.22 元，普通高中河南生均 5312.6 元，低于全国 7775.94 元，略高于湖北 5275.12 元，中等职业学校河南生均 5562.02 元，低于全国 7563.95 元，略高于湖北 5072.43 元，三者位居全国倒数第二。另据《2013 年河南省教育事业发展统计公报》显示，近年来河南省大班额问题比较严重（见表 12-1），其中高中阶段的超大班额达到一半以上，这一方面反映了河南省的教育资源配置依然不均衡，另一方面也说明河南省的优质教育资源依然比较缺乏。

二是医疗卫生事业发展总体水平低于全国平均水平。由于河南是人口众多的欠发达大省，全省基本医疗公共服务水平与全国平均水平相比尚有较大差距，全省医疗卫生公共服务资源人均占有量也居全国后位。从表 12-2 可以看到，河南卫生总费用占 GDP 的比重低于全国平均水平，人均卫生总费用北京是河南的 3.6 倍，河南居全国倒数第五位。

每千人口卫生技术人员数以及每千人口医疗卫生机构床位数是衡量一个地区医疗卫生事业发展程度的重要指标。由表 12-3、表 12-4 可知，在这方面河南均低于全国平均水平，这表明河南医疗卫生事业发展程度在全国处于中等偏下水平。

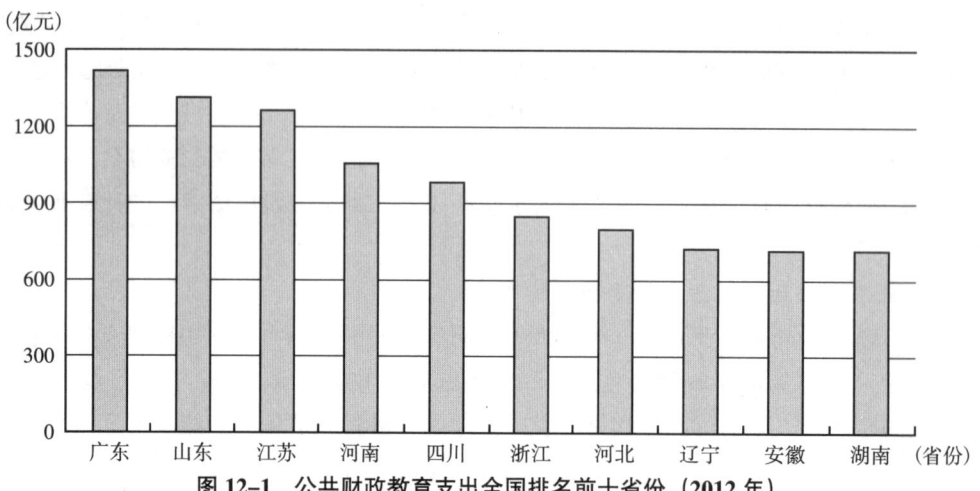

图 12-1 公共财政教育支出全国排名前十省份（2012 年）

资料来源：《2012 年全国教育经费执行情况统计公告》。

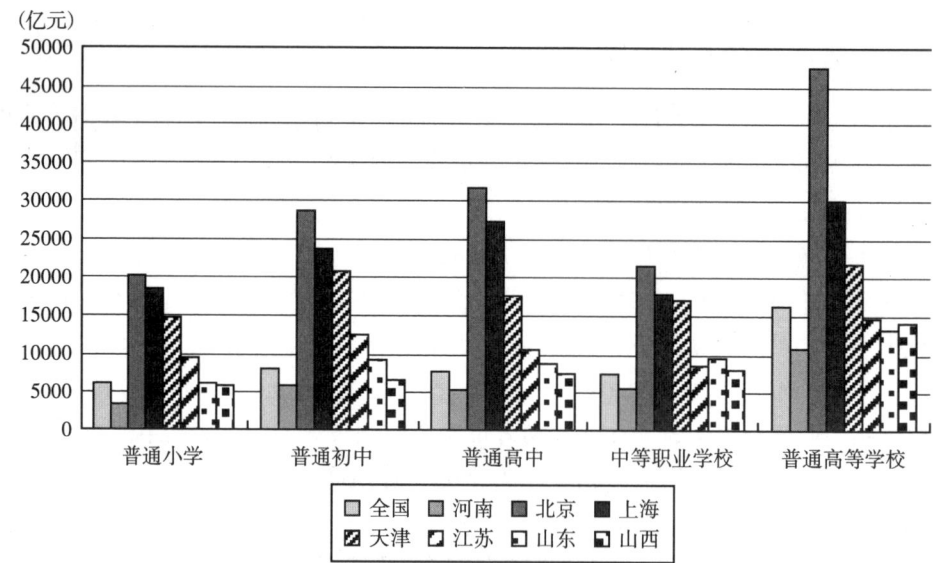

图 12-2 各级教育生均公共财政预算教育事业费比较（2012 年）

资料来源：《2012 年全国教育经费执行情况统计公告》。

表 12-1 河南大班额基本情况（2013 年）

	大班额（万个）	占比（%）	超大班额（万个）	占比（%）	生师比
小学	4.86	20.08	2.25	9.29	19.01∶1
初中	3.26	47.37	1.61	23.36	13.75∶1
高中	2.26	79.44	1.45	51.15	17.51∶1

资料来源：《2013 年河南省教育事业发展统计公报》。

表12-2　部分省份卫生总费用比较（2011年）

地区	卫生总费用（亿元）	卫生总费用占GDP比重（%）	人均卫生总费用（元）
全国	24345.91	5.15	1806.95
河南	1259.40	4.68	1341.50
北京	977.26	6.01	4841.29
上海	930.24	4.85	3962.76
天津	411.10	3.67	3034.87
浙江	1419.41	4.39	2598.22
新疆	510.00	7.72	2309.05

表12-3　2012年每千人口卫生技术人员

单位：人

地区	卫生技术人员	执业（助理）医师	注册护士
全国	4.94	1.94	1.85
河南	4.56	1.78	1.66
北京	9.48	3.59	3.84
天津	5.45	2.17	1.95
上海	6.21	2.34	2.66
山西	5.53	2.42	1.95
辽宁	5.62	2.30	2.23
浙江	6.02	2.37	2.21
山东	5.47	2.07	1.98
湖北	5.00	1.89	2.00
陕西	5.76	1.85	2.12
新疆	6.12	2.26	2.35

表12-4　2012年每千人口医疗卫生机构床位数

单位：张、个

地区	每千人口医疗卫生机构床位			每千人口医院和卫生院床位	每千农业人口乡镇卫生院
	合计	城市	农村		
全国	4.23	6.88	3.11	3.90	1.24
河南	4.19	7.96	2.62	3.89	1.07
北京	4.84	7.94	3.61	4.48	
山西	4.58	8.13	3.40	4.26	1.21
辽宁	5.26	7.97	3.38	4.88	1.35
山东	4.89	6.47	4.31	4.44	1.91
湖北	4.38	7.03	2.86	3.99	1.38
重庆	4.44	4.09	3.71	4.12	1.68
四川	4.83	6.17	3.60	4.57	1.69
新疆	5.89	12.48	4.96	5.60	1.75

"看病难"是基本民生建设中的突出问题之一。近些年来,为有效解决这一重要民生问题,国家不断加大鼓励社会办医的力度,优先支持举办非营利性民间医疗机构,允许社会资金直接投向资源稀缺及满足多元需求服务领域。然而,在这方面河南在国内依然处于比较滞后的状态。例如,2012年河南共有368个各级各类民营医院,不仅远低于江苏、四川、山东,而且也低于云南、山西、贵州,与河南全国第一人口大省的身份不相适应(见图12-3)。

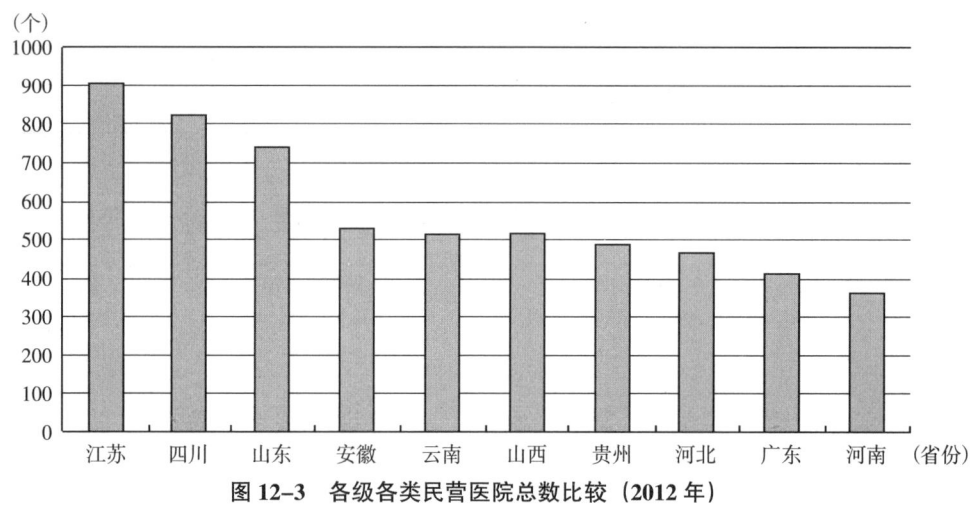

图12-3 各级各类民营医院总数比较(2012年)

三是社会公共服务及公共基础设施发展落后于全国平均水平。近些年来,河南通过实施十大民生重点工程等措施,积极推进社会公共服务及公共基础设施建设,取得明显成效。但由于主客观复杂因素的影响,河南这方面在全国依然处于相对落后状态。社区服务机构数、社区服务机构覆盖率、每千人口社会服务床位数、每千老年人口养老床位数以及城市基础设施建设的各项指标等,是衡量一个地区基本公共服务资源及社会建设程度的重要标准。在这类指标的许多方面,河南不仅低于与自己人口总量差不多的广东、山东、四川等省份,而且低于人口远少于自己的贵州、江西、北京等省市(见表12-5、表12-6、表12-7)。

表12-5 社区服务机构基本情况(2012年)

	社区服务机构数(个)	社区服务机构覆盖率(%)
全 国	200162	29.5
河 南	3072	6.0
北 京	10267	152.0
上 海	3466	62.7
江 苏	21138	98.3
浙 江	24824	75.7
广 东	37399	145.8
贵 州	11527	57.9

表 12-6 提供住宿的社会服务机构床位数（2012 年）

地 区	床位数（万张）	每千人口社会服务床位数（张）	每千老年人口养老床位数（张）
全 国	449.3	3.32	21.48
河 南	29.3	3.10	20.61
北 京	13.0	6.25	39.90
上 海	11.8	4.93	32.72
江 苏	43.6	5.50	36.73
浙 江	26.8	4.90	33.14
安 徽	27.8	4.62	30.74
江 西	16.3	3.63	24.31
山 东	40.9	4.24	28.43
湖 北	25.4	4.38	28.64
四 川	37.2	4.61	29.48

表 12-7 城市基础设施基本情况（2012 年）

地 区	城市用水普及率（%）	城市燃气普及率（%）	每万人拥有公共交通车辆（台）	人均城市道路面积（平方米）	人均公园绿地面积（平方米）	每万人拥有公共厕所（座）
全 国	97.16	93.15	12.15	14.39	12.26	2.89
河 南	91.76	77.94	8.60	11.08	9.23	3.12
北 京	100.00	100.00	23.43	7.57	11.87	3.24
山 西	97.64	95.18	8.47	11.79	10.82	3.09
江 苏	99.70	99.43	13.36	22.35	13.63	3.59
浙 江	99.88	99.49	13.96	17.88	12.47	4.18
安 徽	98.02	94.61	10.14	18.47	11.92	2.32
江 西	97.67	94.40	10.01	14.99	14.10	2.25
山 东	99.85	99.48	12.76	24.70	16.37	1.99
湖 北	98.24	95.09	11.25	15.85	10.50	2.59
广 东	97.62	94.93	13.42	13.42	15.82	2.06

四是公共文化服务及旅游事业发展有待进一步加强。近些年来，河南曾先后提出"文化强省"和"旅游立省"的发展方略，并且在确保稳定的前提下，全省基本完成既定的文化体制机制改革任务，在较大范围和较高程度上促进了全省文化事业的繁荣兴旺。然而，由于经济社会发展不平衡不协调、改革开放意识相对淡薄等因素的影响，河南在公共文化服务及旅游事业发展方面依然不尽如人意，与其"文化大省"和"旅游大省"的地位并不十分相称。例如，河南有线广播电视用户数占家庭总户数的比重、人均拥有公共图书馆藏量、每万人拥有公共图书馆建筑面积等项指标均低于全国平均水平（见表 12-8、表 12-9）。

表12-8 有线广播电视用户数基本情况（2012年）

地区	有线广播电视用户数（万户）	有线广播电视用户数占家庭总户数的比重（%）
全国	21508.97	51.50
河南	850.44	27.42
北京	498.60	100.54
天津	277.94	80.37
上海	647.99	124.13
江苏	2177.86	89.80
浙江	1357.34	83.89
山东	1835.40	61.42
广东	1913.01	75.34

表12-9 公共图书馆基本情况（2012年）

地区	公共图书馆个数（个）	总藏量（万册）	人均拥有公共图书馆藏量（册）	每万人拥有公共图书馆建筑面积（平方米）
全国	3076	78852	0.58	78.17
河南	156	2257	0.24	45.66
北京	24	2083	1.01	107.24
天津	31	1469	1.04	181.69
江苏	112	6490	0.82	104.28
浙江	97	5344	0.98	125.72
山东	150	4237	0.44	57.55
湖北	111	2521	0.44	83.24
广东	137	6567	0.62	95.61
海南	20	898	1.01	96.73

2. 社会事业开放水平总体较低

一是社会事业开放观念滞后。一些地方及部门因循守旧、不思进取，畏首畏尾、顾虑重重，在发展社会事业中视市场化和产业化服务为畏途，总是在思想和行动上比别人慢半拍。广东早在2002年就提出社会事业开放的理念，向民资和外资陆续开放基础设施和公共事业领域，而河南直到2010年在全省《"十二五"规划纲要（草案）》中才明确提出"努力打造内陆开放新高地，以开放促发展、促改革、促创新"，并且此时社会事业开放仅局限于文化、教育等狭窄领域。

二是社会事业开放力度不够。2004年，广东仅向外资开放部分公用事业项目就抛出100亿元绣球，而河南在2014年面向社会资本推介的所有社会发展领域建设项目才达300亿元；香港人口600多万，政府购买服务年均向社工投入60多亿港元，人均1000多港元，郑州城镇人口也接近600万，但目前在这方面投入远低于香港。

三是开放领域不宽。在广东，对于基本公共服务，凡是市场主体能够以更低成本提供同样甚至更好服务的，原则上都采用政府购买服务方式，而在河南，则出于某种顾虑，在医疗卫生、科技教育、网络文化服务等方面对社会力量的信任度依然不足，并且对其进入的限制依然较多。由此导致河南与广东相比，在吸引社会力量参与社会事业发展和公共服务方面存在较大差距（见表12-10）。

表12-10 2012年河南与广东吸引社会力量参与社会事业发展和公共服务比较

类别	河南	广东
民办学校中举办者投入（万元）	131298	174940
民办教育社会捐赠经费（万元）	5735	105231
社会工作师总数（人）	658	2774

四是开放成效不够显著。对省内外高水平人力资源和智力资源的吸引力较弱，引进中高端服务能力严重不足，社会组织发展不能充分满足社会事业开放需要（见表12-11和表12-12），等等。

表12-11 2012年社会组织发展情况河南与外省比较

省份	社会组织	社会组织增加值（亿元）
山东	40515	52.22
浙江	31880	36.65
河北	32637	19.94
江苏	43119	68.12
广东	35324	83.07
河南	21088	8.20

表12-12 2012年社会团体法人单位数河南与外省比较

省份	河南	山西	安徽	江西	湖北	湖南	广东	浙江	山东
社会团体法人单位数	5568	5616	7922	6315	11374	8043	12675	15431	13545

3. 政府职能转变不到位，社会化、市场化程度不高

扩大社会事业开放的关键在于实现公共资源和社会资源的合理分工。这就客观上要求政府及时转变职能以更好发挥其在社会事业发展方面的作用。然而，长期以来，河南一些地方政府及部门，习惯于对社会事业发展大包大揽，该管的有许多没有管好，不该管的勉为其难又出力不讨好，以至于造成社会事业发展的社会化、市场化程度不高。在社会化服务方面，河南社区服务机构与发达省市相比甚少。例如，2012年河南社区服务机构覆盖率比北京低146个百分点，比浙江低70个百分点，比山东低24个百分点。

在市场化服务方面，全省对于充分利用市场资源和力量以推动社会事业发展的力度明显不足，以致无法充分满足公众日益增长的多样化及个性化需求；在高成长服务业的市场化融资方面，与省内外发达地区相比，河南尚有不小差距。尤其是全省旅游业对外开放程度严重不足，与国内旅游资源大省的地位很不般配。例如，2012年河南国际旅游（外汇）收入比广东少150亿美元，比山东少23亿美元，比安徽少9.5亿美元。

4. 社会事业开放体制机制不尽完善

在国内发达地区，如在北京、上海和广州，早已建立社工委，在推动社会事业开放方面发挥了巨大作用。这类政府组织不仅在构建社会事业投融资的激励和退出、风险控制等体制机制中发挥着重要作用，而且还统筹和协调科技教育、医疗卫生、劳动就业、社会保障、社会福利等部门及社会组织，使之致力于发展社会事业。在这一方面，河南与"北上广"相比，明显处于落后状态。此外，在社会事业发展中，河南依然存在着"重投入、轻需求"，"重规模、轻保障"，"重规划、轻落实"，"重资本、轻效应"等倾向，并且存在条块分割、各自为政等不协调现象。而上述这些正是全省社会事业开放管理体制机制不尽完善的具体表现。

5. 社会事业领域民间参与和投入积极性不高

与北京、上海、广东等发达地区相比，河南在实行政府购买社会服务方面起步较晚且力度较小。2009年，仅对新航社区服务总站这样一个基层社会组织购买社会服务，上海市政府就投入160万元，而2013年郑州市金水区政府对购买全区社会工作服务的投入总共才130万元。慈善事业被誉为体现公平的社会第三次分配，它是民间力量参与社会事业建设的重要领域。然而，河南在慈善捐赠方面与发达省市相比，差距甚大（见表12-13）。

表12-13 2012年慈善捐赠河南与发达省市比较

单位：亿元

地 区	社会捐赠款物合计	社会捐赠款		社会捐赠其他物资折款
		民政部门	社会组织	
北 京	37.1	11.1	25.4	0.6
江 苏	76.4	13.2	63.0	0.2
浙 江	55.3	10.8	44.5	
山 东	35.3	9.2	26.0	0.1
广 东	47.4	18.3	28.9	0.2
河 南	6.6	0.3	6.3	

2012年，河南公共财政预算收入占全国比重的3.3%，而同期全省公共财政预算支出却占全国比重的4.7%，呈现典型的入不敷出状态。由此可见，发展社会事业不能只靠政府加大投入，还要吸引民间资本大力投入其中。2002~2012年，河南全社会固定资产投资中民间投资虽从911.76亿元增至17513.16亿元，但其投向社会事业发展领域的资金额度依然较小，需要进一步加大投入力度。

6. 社会治理主体单一，开门办社会事业活力不足

在河南，长期以来，全省社会事业管理体制及其发展模式一直是以政府为主体。这种社会治理主体的单一性，致使社会组织及企业在社会事业发展中的作用尚未充分体现，难以适应新形势下社会事业开放发展的迫切需要。同时，在社会治理中政府唱"独角戏"的情况下，社会事业发展中政府主导和社会化之间的关系、政府和市场的关系、基本公共服务和非基本公共服务的关系、均等化服务和多样性需求的关系等，始终难以得到正确处

理。显然，在当前，"一政独大"的行政管理思维及行为习惯依然是制约河南社会事业发展的体制性障碍，直接导致全省开门办社会事业的活力严重不足。这具体表现在：社会事业发展中政府大包大揽现象屡见不鲜，社会组织在直接服务中的主体作用难以发挥；社会事业产业化进展步履缓慢，传统社会事业项目的创造性改造和转换姗姗来迟；社会事业投入产出的绩效评估、综合评价等服务监管严重不足；等等。

三、河南社会事业开放面临的新形势

今后一个时期，面对国际、国内经济格局的深刻调整和河南社会事业市场化、社会化、均衡化、国际化深入发展的新形势，社会事业开放发展还面临着许多机遇与挑战。

（一）河南社会事业开放面临新形势

1. 国际化发展趋势为扩大社会事业开放拓宽了新的视野

随着河南省对外开放水平不断提高，全面建成小康社会不断向前推进，这些都为河南省社会事业快速开放发展营造了更加有利的宏观环境和体制条件。在河南省稳步开放教育、医疗、体育等领域，引进优质资源，提高服务业国际化水平的同时，也给河南省社会事业领域相关产业加快发展带来了新机遇。

首先，全球化趋势使得社会事业开放发展的国际交流水平更上一个新层次。在经济、信息全球化不断推进的趋势下，国际间的合作与交流也表现得更加广泛、更加深入。近年来，国际间的合作特别是教育、科技、卫生、社会保障、公共危机管理等领域，不仅呈现了相互交流、互通信息的国际交流机制，而且在许多层面也出现了相互帮助、共渡难关的良好局面。其次，国际化促使社会事业开放水平大提升。大量的外资和外来人员来到河南，给河南带来了发展资金、技术和人才；大量的外出创业人员和河南产品、特色走向全国乃至全世界，给河南提供了发展舞台、空间和市场。今后河南社会事业开放发展要再上新台阶，必须坚持内源和外源发展。一方面，要充分发挥社会力量，不断发挥全省人民创业、创新和创造的积极性，不断增强内源发展的动力与后劲，调动社会各界力量投向科技、教育、文化、卫生、社会保障等领域，构筑起多层次、高质量、普惠型的社会事业支撑体系；另一方面，要积极推进外向拓展，更要注重外向拓展和内外融合，大力引进利用国际国内资金、技术和人才等要素资源，不断提高社会事业开放发展水平。最后，对福利国家制度的新认识为河南省社会事业的开放发展提供了新思路。由于经济状况和社会现实的变化，以及政治因素的催化，西方发达国家对福利国家制度的概念不再停留在一种消极被动的状况，不是简单地解决一个"从摇篮到坟墓"的问题，而是要逐渐树立实现福利的可持续性的理念。因此，现在福利社会政策的内容也有新的变化。比如说，要增加经济和社会的生产性投入而不仅仅是解决失业和确保福利的消极性开支；要逐步实现从保障收入向通过培训创造就业转变;要注重对人的投资,以提高人的总体素质,建立高效益、高技术、高投资和高质量就业的新经济发展模式;等等。这些与福利国家制度相关的变化,不仅仅是河南社会事业开放发展面临发展的新形势,也是社会事业领域相关产业加快发展的新机遇,更为河南社会事业开放发展提供了一种新视角。

2. 市场化为扩大社会事业开放创造了更好的条件

当前,河南省社会事业部分行业仍然延续着计划经济体制下形成的政府主办的公益事业发展模式,而且这种模式一直被认为是社会公平性的保证。然而,经过长期的实践证明,现阶段这种社会事业发展政府主办的模式,难以满足人们日益增长的精神文化需求,也不能充分保证社会的公平性与均衡性。究其原因,首先,河南省正处于经济快速发展阶段,政府开支项目较多,难以分出足够财力支撑起与1亿多人口相适应的社会事业发展体系,因而只能保证居民的基本文化需求和关系国民素质提高、国家长远发展的基本需要;在财政难以承受更多负担的情况下,社会事业发展市场化改革的呼声越来越高。其次,由政府主办的社会事业模式难以充分调动个体的积极性、能动性,容易形成依赖思想,影响社会事业各部门、各行业的产出效率。再次,随着经济的发展和居民生活水平的提高,广大人民群众的物质文化需求日益增长,对社会领域服务消费的需求不断增加,也对社会事业各行业发展质量与水平提出了更高的要求。这就需要通过市场化融资聚集更多资源配置、更多优质服务,避免政府责任过宽而影响人民群众对基本需求的保障。最后,由于人们的经济基础、文化素质、兴趣爱好不同,对精神产品的需求和消费不同,只有市场能够迅速地、敏感地反映和传递这些信息。毫无疑问,社会事业市场化的作用使得生产更易于满足人们的多元化需求。因此,积极推进社会事业市场化为河南社会事业开放发展提供了更好的有利条件。

3. 社会化为扩大社会事业开放带来了不竭动力

近年来,在"四个河南"、"两大建设"、"三大战略"强力推动下,河南经济增长速度不断加快,社会事业公共财政预算投入不断增加,成绩显著。2012年,全省经济增长11%左右,为加快社会事业发展创造了良好的物质条件和经济基础。从社会发展的变化来看,河南正处于由生存型社会向发展型社会转变的社会发展新阶段,其主要标志是基本公共服务由补缺型向适度普惠型转变,而社会需求则由生活必需品向耐用消费品和享受型服务转变。从全省目前的发展形势来看,全省的社会事业开放发展水平滞后将成为河南下一阶段发展的一个重要障碍。一方面是由于全省下一阶段的经济发展需要得到社会事业发展的大力支撑,社会事业产业发展将成为新的经济增长点;另一方面是因为人们日益提高的生活水平也对社会事业发展提出了新要求。

长期以来,公共事业管理效率低下已成为一个不争的事实。政府对公共事业长期的"垄断",使社会资源难以进入公共事业领域,造成公共事业投入与产出的不足。"垄断"导致了政府主办的社会事业发展在缺乏竞争的环境中丧失了提高效率的持续动力与活力。在社会事业发展方面,由政府包揽的资源配置方式和偏重硬件建设的发展方式已难以适应新形势的变化与需求,迫切要求社会事业发展转换到扩大公众参与、注重内涵发展、促进共建共享的发展轨道上来。随着社会的发展和生活方式的转变,政府公共事务的比重不断提升,公共事务的增多使政府难以或无力承担这些事务的管理。压力之下,政府公共事务有了纯公共事务和准公共事务之分,其中纯公共事务仍归政府管理,而将政府"不应管、管不好"的准公共事务推向社会。社会事业发展社会化的变革不单单是政府管理职能、管理手段的小幅度变化,而是对政府和公共事业组织关系的重新定位和根本性调整。社会事业社会化不是一种静止的状态,而是不同方面力量相互作用的结果,是一种动态平衡。同时,社会化有利于降低管理成本,提升社会事业资源的使用效率和实现公共事业管理的价值。

4. 均衡化为扩大社会事业开放提出了新的要求

当前,随着河南加快社会发展进入新阶段,转变社会事业开放发展方式迫在眉睫。尽管近年来全省各级地方政府不断增加对社会事业的财政投入,在改善和保障民生方面有所建树,但由于受发展理念滞后,发展方式单一、呆板等消极因素的影响,其实施效应与加快社会事业开放发展的要求尚有一定距离。尤其是在提高全民基本公共服务均等化程度、形成社会事业开放发展的参与主体多元化、实现社会公共服务水平的多层次化等方面,与发达地区存在着较大差距。社会发展水平总体滞后对河南社会事业开放发展提出了挑战。另外,随着社会结构剧烈变动,利益格局深度调整,公共服务诉求日趋多样,公共资源分配不合理、城乡区域公共卫生发展失衡的矛盾将更加凸显,人民群众对基本公共服务均等化的要求更加紧迫。推进社会事业单位管办分离、政事分开,为社会资本参与公共服务提供畅通渠道的任务十分繁重。培育新型服务业态和提升服务机构信息化管理,促进科技发展与社会事业发展相结合的任务仍很艰巨。随着公共服务供给问题不断得到有效缓解,人们对社会事业的关注将从"有无"转向"好坏",从而迫使提升社会事业基础设施条件、服务质量和管理水平的要求日显紧迫。这就要求全省上下在经济持续增长的基础上进一步把社会事业开放发展摆在更加重要的位置,优化社会事业开放发展的资源配置,加大社会事业体制机制改革力度,调动社会力量参与社会事业发展的积极性,促使社会事业开放发展方式能够及时适应当今河南经济社会协调发展,以及全省城乡、区域统筹发展的迫切要求。

(二)国际、国内资本流动与合作交流出现新趋势

1. 国际资本流向新兴经济体和社会事业领域

国际金融协会(IIF)近来指出,2011年全球资本大约有10410亿美元流向新兴经济体,其中中国是最大的国际资本净流入目的地,约占新兴经济体吸引资本总量的1/4。2008年以来,中国一直是国际私人资本最大的目的地,2010~2012年私营资本净流入在2500亿美元左右,是巴西的近两倍,是印度的近3倍。2013年流向新兴国家的民间资本增至1.118万亿美元,2014年流向新兴国家的民间资本进一步增加至1.26万亿美元,这种资本流动趋势自2012年以来强劲复苏,至2014年6月26日达到峰值。评论员认为,在接下来的一段时间内,外资加速流入中国的现象可能会持续下去。因为,各项经济数据均

显示，欧美股市逐渐聚集泡沫，全球资金宽松长期化的预期成为主流，而中国经济有望长期保持稳定的增长。这背后有一个重要的政治因素——中国新一届领导班子直面"钱荒"、大胆推进改革，并决心挑战各种高难度的社会经济"顶层设计"，这让全世界都看到了中国决策层有足够强劲的政策来维持经济增长，其所采取的各种推动改革、促进增长、完善政策的措施，具有较强的针对性和可行性。

另外，国际、国内资本流动的最终目的是实现资本增值，在各国各地区之间实现资源的优化配置，目前我国社会事业发展空间巨大，价值潜力无限，伴随社会事业开放的环境和政策进一步优化完善，国际、国内资本流向我国社会事业领域的规模必将进一步扩大。

2. 国内资本流动逐渐向经济社会各领域延伸

国内资本正从第一、第二产业逐步流向社会服务事业。在教育事业领域，社会力量办学方兴未艾。截至2013年底，全国共有各级各类民办学校（教育机构）14.90万所，比上年增加9057所；招生1494.52万人，比上年增加44.49万人。可见，民办教育已经占据我国教育事业的半壁江山。比较近五年来国内外资本流入教育领域的数据，发现各类资本进入社会事业领域的趋势逐年增强。

表12-14 五年来国际国内资本流入教育领域统计

单位：万元

年份 类别	民办学校投入经费	社会捐赠经费
2008	809337	930584
2009	698479	1026663
2010	749829	1254991
2011	1054254	1078839
2012	1119320	1118675

此外，民间资本进入社会事业领域的模式各不相同。明德小学是世界500强企业台湾台塑集团董事长王永庆先生在贫困地区所创办的一个兴学项目。台塑集团每年盈利超过6000亿新台币，本着"取之于社会，用之于社会"的宗旨，从2004年开始启动实施了捐资兴学项目，迄今已建设"明德小学"4200余所，惠及全国29个省市的贫困地区。"明德小学"项目在河南省实施8年期间，已建明德小学333所，捐赠资金达1.6亿元人民币。驻马店的平舆县，近几年来采取政府投入和社会办学两条腿走路的办法，累计投入资金3亿多元，新建、扩建和改造县城区学校20所，扩大容纳学生近4万人。另外，积极引进外来资金和民间资金，大力发展民办和寄宿制学校，对民办学校从政策、用地、师资等方面给予倾斜。截至2013年底，平舆县城区现有中小学校53所，其中公办学校23所、民办学校30所，在县城区就读的中小学生达9万余人（其中寄宿制学生5.6万余人），占全县义务教育阶段中小学生总数的一半以上。在县城区就读的初中生占全县初中生总数的70%，小学生占全县总数的27%。平舆县的办学经验是，探索出了一条公办民办并举、提高教育质量、以优质教育资源吸引人口集中的新型城镇化道路。

在医疗卫生领域，鼓励社会资本办医的目标明确，各路资本进入医疗机构加速，"买医院"正在成为国内外资本的利好选择。在文化领域、养老事业领域等，社会资本都占有一席之地，日益发挥着前所未有的作用。

3. 运用国际、国内资本促进社会事业发展空间巨大

长期以来，我国社会事业和公共服务方面的资金投入明显不足，与其他部门相比，特别是与国民经济的支柱行业相比，筹资能力与水平的差距非常明显，与其他国家社会事业筹资情况相比，差距也十分明显。社会事业的支出或筹资能力与其自身的发展不相适应，历史欠账很多，社会事业大大滞后于经济发展，导致了看病难、治病贵、穷人家的孩子上不起学等诸多问题。这说明我们从战略、政策和机制的层面更加重视 GDP 增长，对社会事业开放发展缺少足够的重视。以河南教育事业发展为例，尽管近年来教育投入不断攀升，但是与全国其他省份相比，河南的生均教育经费支出仍然处于中部凹陷格局、全国倒数 5 名之列。据《中国教育报》2012 年发布的一项调查数据表明，小学生均教育经费支出中，河南省比东部地区的一半还低，比西部地区的一半稍高；中学阶段的情况比小学更差，初中生均教育经费支出中，河南只是东部地区的 1/3、西部地区的 2/3；大学生均教育经费支出中，河南只是接近东部的 1/3、西部地区的 1/2。因此，在全省财政教育经费明显不足的情况下，动用社会力量办学，加强吸收国际资本办学，加强河南教育对外合作交流，运用国内外资本促进全省教育事业发展空间巨大。

对比 2012 年中部六省各级学校生师比发现，河南省在普通小学、初中、普通高中、普通高校四个级别的生师比例中，远远高于中部其他五省，说明河南教育事业急需扩大教师队伍，需要广泛引进国内外资本，促进社会事业快速全面发展。

表 12-15　2012 年中部六省各级学校生师比（教师人数 = 1）

生师比 \ 省份	河南	安徽	湖南	湖北	山西	江西
普通小学	21.72	16.76	19.19	17.04	14.20	21.13
初　中	16.07	13.23	12.33	11.16	12.71	15.85
普通高中	17.94	18.01	15.30	15.16	14.72	17.35
中等职业	25.73	27.64	25.20	21.15	19.38	26.64
普通高校	17.64	18.74	18.64	17.76	18.01	17.37

4. 社会事业领域引入国际、国内资本的政策逐步完善

过去，医疗市场发展潜力大、竞争相对较少、投资回报稳定以及医疗资源有限，大量的社会资本对医疗领域投资兴趣颇浓，上百亿美元的国外资本在等着收购中国的医院。但是，迄今为止，投资医院成功的还不多，原因就在于医疗领域中的政策环境、行业环境和商业准则还很不规范。有不少民营医院承担了社会公共卫生任务，收费也是按国家卫生部门的统一标准，甚至所有盈利都投入医院的扩大再生产，却依然被定为营利性医院，执行着营利性医院的税收和土地政策，被排除在医保之外。不仅如此，在政府的财政补贴、优惠的税收（营利性医院按照总收入的 5% 上缴营业税）、医疗保险定点单位的待遇、政府调

节的医疗服务价格等方面，有关政策也是倾向于非营利性医院的，国内外资本进入医疗卫生事业领域限制多，发展较慢。

近年来，国家从政策层面入手，出台了一系列鼓励引导国内外资本投资社会事业领域的制度和意见。其中，《国务院关于鼓励和引导民间投资健康发展的若干意见》（国发〔2010〕13号）、《国家中长期教育改革和发展规划纲要（2010~2020年）》、《教育部关于鼓励和引导民间资金进入教育领域促进民办教育健康发展的实施意见》（教发〔2012〕10号）等政策连续出台，河南省也陆续出台了一系列配套政策。《河南省人民政府办公厅关于进一步鼓励和引导社会资本举办医疗机构的意见》（豫政办〔2011〕37号），省卫生厅制定的《河南省大力支持社会资本举办医疗机构促进卫生事业改革发展"332"行动计划》，省教育厅目前正在制定《关于鼓励和引导民间资金投资发展教育的意见》。全省许多地方创造性地制定政策，有效地吸引社会资本发展民办教育。郑州市财政每年安排专项资金5000万元用于吸引社会资本发展民办教育；洛阳市政府对新建、扩建民办学校的用地采取划拨方式优先供地，每年市财政拿出2800万元用于支持民办教育发展。总之，社会事业领域引入国际国内资本的政策逐步完善，资本流动和合作交流的制度日益健全，为各类资本加速进入社会事业领域做好了准备。

5. 合作交流呈现引资与引智引技相结合

国际、国内资本不断流入社会事业领域，合作交流呈现引资与引智引技相结合。在医疗卫生领域，河南的社会办医模式灵活多变，有民营独资、引进外资、公私合营等。其中，公私合营的办医模式较好地实现了引资与引智引技相结合。从郑州颐和医院的办院模式和发展路径看，由于郑州人民医院托管了私立的颐和医院，在全国探索"公立医院托管民营医院发展模式"，走出一条通过发展混合所有制扩充优质医疗资源之路。在此情形下，既可以充分利用社会资本的灵活性，强化成本核算、绩效分配，调动医务人员的积极性，大力满足患者的需要；又可以借助公立医院的优势，解决医学人才的后顾之忧，在医保支付、身份归属、学术地位、职称晋升、科研立项等方面享受公平的待遇，实现了资金、智力和技术的有机结合。

在教育事业领域，中外合作办学初具规模、布局更加合理，学科专业结构逐步优化，进入快速、平稳和高质量发展阶段。截至目前，由教育部审批和复核通过的中外合作办学机构和项目930个；由省级人民政府和教育行政部门审批并报教育部备案的中外合作办学机构和项目1049个，全国中外合作办学机构和项目共计1979个，有力地推动了我国办学体制改革，拓宽了人才培养途径，优化了国内教育资源配置，满足了人民群众多样化需求。在科技领域，科技全球化日益成为重要趋势，大量的新知识新技术以商品贸易、跨国投资、技术贸易和人员流动等为载体，迅速在世界范围传播应用。在文化领域，借助数字技术和网络技术，影视作品、音乐制品、书刊、网络游戏等文化产品的制作和消费大量跨国进行。在体育领域，运动员、教练员的国际交流频繁，各国取得突破的非传统优势项目大都有外国教练的指导。通过合作交流，我们能有效利用两个市场、两种资源，推动我国社会事业发展壮大，增强国际竞争力，满足人们多层次的需求。

(三) 资本流动的新趋势对扩大社会事业开放的新要求

1. 把扩大社会事业开放摆在更加突出的位置

准确把握国际资本从发达经济体回流新兴经济体的基本态势，积极引导资金流向宽广的社会事业领域，努力把扩大社会事业开放摆在更加突出的位置，进一步激发社会活力，是提升社会治理科学化水平的重要举措，是拓宽对外开放领域的中心内容。抓住国家放宽外商投资市场准入机遇，抓住国务院鼓励民间资本进入社会事业领域的政策机遇，抓住扩大社会事业开放发展的巨大空间，尽快研究制定河南的配套支持政策。按照"开放办社会"的总体要求，根据社会化、国际化、市场化的客观要求，以优化社会资源配置为核心，推动对内对外双向开放相互促进，"引进来"和"走出去"相互结合，强力推动开放向更宽领域、更深层次、更高水平拓展，努力提升河南社会事业开放水平。

2. 积极引导民间资本促进社会事业发展

扩大社会事业开放就要改变政府长期以来对社会服务和公共管理大包大揽的局面，放开民间资本参与兴办交通、文化、教育、医疗、体育等社会事业领域，积极探索社会资本促进社会事业发展的实现形式。一是放宽与降低市场准入门槛，扩大民间资本投融资渠道；二是政府支付改革成本，引导民间资本参与体制转换；三是政府兴办公共工程，引导社会资金配套跟进；四是出让"有偿供给权"，扩大民间经营权融资；五是政府支持合作互助组织，与民间资金共担集资职责。

3. 创新政策环境，放宽民间资本进入社会事业门槛

认真贯彻落实《中共中央关于制定国民经济和社会发展第十二个五年规划的建议》以及《国务院关于鼓励和引导民间投资健康发展的若干意见》（国发〔2010〕13号）等中央文件，掌握民间投资和扩大社会事业开放的精神实质，结合河南实际情况，创新政策环境，放宽民间资本进入社会事业门槛。要明确规定民间投资准入条件；加大税收政策优惠力度；完善和清除不利于民间投资发展的政策规定；加强对民间投资的统计工作，把握民间投资动态，合理引导民间投资。

4. 在社会事业重点领域要积极发挥民间资本的作用

教育、医疗、文化和养老服务等领域关乎民生热点，具有较大的发展空间和价值潜力，是当前河南扩大社会事业开放的重点领域。在教育领域，引导民间资金以独立、合作办学方式进入学前教育和学历教育领域，完善民办学校办学许可制度。在医疗卫生领域，利用3年时间（2013~2015年），建设涵盖医疗、康复、老年护理、中医保健等业务的二级以上民办医院30所，实际利用社会资本200亿元以上。在养老服务领域，鼓励个人举办家庭化、小型化的养老机构，鼓励社会力量举办规模化、连锁化的养老机构。在文化领域，鼓励民间资本参与公共文化服务体系建设，通过"中原文化海外行"等活动，加大文化产业对口招商力度。

四、当前及今后一个时期河南扩大社会事业开放的总体设计及对策建议

（一）河南扩大社会事业开放的总体设计

按照"开放办社会"的总体要求，根据社会化、国际化和市场化的客观要求，以优化社会资源配置结构为核心，推动对内对外双向开放相互促进、"引进来"和"走出去"更好结合，在深化社会体制改革的同时，全面扩大社会事业开放领域，逐步形成由点到线、由线到面，由边缘到纵深的全方位、多渠道、多层次的开放格局。以理顺政府、市场、社会关系为主线，逐步形成以政府为主导、社会各方面共同参与的互利共赢、多元平衡、安全高效的开放型社会事业体系，在更大范围、更广领域、更高水平上推进社会事业发展。

（二）河南扩大社会事业开放的总体目标

以理顺政府、市场、社会关系为主线，明确政府、市场、社会的各自定位和功能作用，形成以政府为主导、社会各方面共同参与的互利共赢、多元平衡、安全高效的开放型社会事业治理体系；以优化社会资源配置结构为核心，全面扩大社会事业开放领域，逐步形成由点到线、由线到面，由边缘向纵深的全方位、多渠道、多层次的开放格局；以深化社会体制改革为突破口，改变社会体制"碎片化"状态，形成改革与开放相互适应、相互促进的开放型社会体制，更加注重改革开放的系统性、整体性、协同性；以保障和改善民生为基石，不断满足广大人民群众日益增长的物质文化需求；以增强社会发展活力为动力，积极鼓励和支持社会各方面参与，充分发挥市场积极作用，引进优质资源，社会事业领域向社会资本有序开放，推进社会事业多元主体的良性互动，全面提高社会治理水平。

1. 以扩大社会事业开放促进经济社会协调发展

明确重点领域，统筹推进经济社会协调发展、城乡协调发展，力避长期以来经济发展过快而社会建设明显滞后现象的发生。未来一个时期，要确保政府财政对社会事业投入的增长速度不低于12%。通过社会事业领域的逐步开放，进一步提高社会建设水平，提高社会服务质量和效益，以此缓解社会领域存在的诸多矛盾和突出问题。社会矛盾和问题的有效化解，反过来能够为经济的健康发展带来源源不断的正向推动力。

2. 以扩大社会事业开放促进政府职能转型

理顺政府与社会组织的关系，凡是社会组织能够办理和提供的社会事务和社会服务，尽可能以适当方式由各种社会组织承担，打破政府对公共事务大包大揽的格局，合理统筹社会资源，降低政府社会治理成本。政府对社会组织的管理从注重入口管理转移到注重过程监管，坚持分类指导、有序发展，加快形成政社分开、权责明确、依法自治的现代社

组织体制。政府在向社会组织转移公共资源时可以引进竞争机制,减少对社会资源配置的干预,在完善政府监管的同时强化社会监督,从而保证各种资源在社会组织之间合理有效配置。

3. 以扩大社会事业开放促进民生更好更快改善

民生是根本,民生是大计。而社会事业与民生问题息息相关,社会事业的开放与发展必然促进民生的极大改善。因此,在大力推进经济发展的同时,把加快社会事业开放置于更加突出的战略地位。未来5年,全省新增劳动力平均受教育年限要达到12年,新增城乡困难人员就业率达到80%以上,城镇登记失业率≤4,城乡低保标准再提高1倍,千名老人拥有床位数36张,人均寿命达到78岁。

4. 以扩大社会事业开放进一步激发社会活力

当前,传统计划体制下依靠单位组织管理社会生活的模式早已失去存在的条件,新的社会力量快速生长起来,但资源匮乏和人力资源短缺等因素始终严重制约着社会组织的健康发展。为此,必须通过解放思想、更新理念,改革社会管理体制,加快培育社会组织,促进社会组织健康有序发展,更好地激发社会组织活力,彰显社会资源张力。省人大、发改委、民政等部门要研究出台3~5个相关条例,以鼓励社会组织的快速成长。

5. 以扩大社会事业开放进一步提高社会治理水平

通过全省社会事业的开放,社会力量全面参与社会治理,促进社会治理模式逐步成熟,全省95%的城市社区、70%的农村社区达到和谐社区标准,村(居)务公开优质率达到98%。社会信用体系逐步完善,劳动关系、医患关系日趋和谐,矛盾纠纷化解机制多样化,社会应急管理体制逐步健全,社会运行和谐平安,将中原大地打造成道德之区、文明之区、首善之区。

6. 以扩大社会事业开放深化社会体制改革

以社会事业领域的市场化改革为开端,通过投融资机制改革,使财政支出结构进一步得到优化。通过社会组织登记管理体制改革,改变工商经济类、社会福利类、公益慈善类组织的双重管理模式,可以直接向民政部门登记,从而使社会组织获得合法身份,激发起参与社会服务的积极性、主动性、创造性。到2020年,全省各类社会组织数量要达到5万个(其中社会团体和民办非企业单位各2万个,基金会500个等),从业人员60万人。

(三) 河南扩大社会事业开放的基本原则

1. 坚持社会事业多元主体协同善治

坚持政府在社会事业建设中的主导地位,强化政府在立法、规划、投入、监管以及政策支持等方面的职责。充分发挥各类市场主体和社会组织的作用,公平开放社会事业的市场准入,鼓励、支持和引导社会力量广泛参与。进一步提高民间资本占全社会固定资产投资的比重,形成政府、市场、社会等多元化的社会事业投资主体。

2. 坚持社会事业改革与开放协同并进

社会事业发展要适应经济全球化新形势，必须推动对内对外开放相互促进、"引进来"和"走出去"更好结合。促进国际国内社会要素有序自由流动、资源高效配置、市场深度融合。加快培育参与和引领国际经济合作竞争新优势，以开放促进改革、以改革引领开放。当前，河南要充分利用郑州航空港建设难得的历史机遇，加快对外开放的步伐，以促进全省社会事业更上一个台阶。

3. 坚持经济社会协调发展

把推动民间资本投资社会事业作为河南省社会体制改革的一项重要任务，以制度创新驱动经济发展，以经济发展促进制度完善，两者相辅相成。既要以发展经济为手段，谋取对社会事业发展的强大支持，又要把社会事业的发展作为经济发展的战略指向，强化社会事业对经济持续发展提供精神动力、智力支持和保障的能动作用，推进经济与社会的协调发展。

4. 坚持以人为本、民生为重

坚持把以人为本、保障和改善民生作为社会事业开放的出发点和落脚点，进一步完善社会事业服务体系，全面扩大和提高教育、卫生、文化、就业、社会保障、体育等公共服务的规模和水平，把更多的财力向民生领域倾斜。以横向、纵向转移支付的形式支持贫困地区和薄弱环节社会事业建设，切实解决人民群众最关心、最直接、最现实的利益问题。尤其要鼓励社会资本投向农村建设，允许企业和社会组织在农村兴办各类公共事业。统筹城乡基础设施建设和社区建设，推进城乡基本公共服务均等化。

5. 坚持突出重点与全面开放相统一

坚持以社会需求为导向，大力调整社会事业结构，优先开放基本公共服务，强化重点领域、薄弱环节和薄弱地区的开放。明确社会投资的重点领域，这些领域包括医疗卫生、教育、文化体育、社会福利与社会保障等事业。按照基本公共服务均等化的要求，保基本、强基层、建机制，实现公共服务财政支出向基本公共服务倾斜、向农村地区倾斜、向社区层面倾斜、向困难群体倾斜。根据财力要求，逐步缩小城乡之间、区域之间和不同群体之间享有基本公共服务水平的差距，充分体现社会公平、公正。

6. 坚持经济效益与社会效益相统一

在社会事业领域，既要讲求社会效益，通过重点领域的开放，让社会资本充分参与进来，从而使民生问题及社会矛盾得到最大限度的解决，又要讲求经济效益，做到投入与产出大体上相对应。不仅要稳步增加投入，更要通过制度建设提升公共投入的效率，并确保公共投入真正转化为公众福利。通过系统评估，做到经济效益与社会效益的基本统一。

（四）河南扩大社会事业开放的对策建议

1. 把加强社会建设摆在更加突出的位置

近年来，中央在一系列重要文件和领导人的重要讲话中，都反映出一个重要的政策导向，就是当经济建设达到一定水平之后，应该把社会建设摆在更加突出的位置，提高社建设在国家发展战略中的地位。中国已经进入社会建设的新阶段。新阶段的任务，是要在继续抓经济建设的同时，重点进行社会建设，抓好社会治理。

第一，社会建设位置要前移，把社会建设排序由目前的第4前移为第2，即经济、社会、政治、文化、生态，这样就理顺了。这也符合我国现代化事业实践运行的逻辑发展，经济建设达到一定水平之后，就应该重点进行社会建设，然后是政治建设、文化建设和生态文明。要彻底改变"经济报喜、社会报忧"，经济社会发展不协调的局面，就必须把经济社会的协调发展视为当前关系全局的一项重要任务，从中央高层到地方基层，对发展战略作适当的调整，将加强社会建设作为当前的重大政治任务摆到重要的工作日程上来，这是完全必要的。

第二，要像当年国家进行经济建设、组建国家计划委员会那样，组建一个社会建设工作委员会。加强社会建设，必须要有强有力的组织协调和工作机构。历史经验表明，凡是党中央决策的战略任务，有组织保证，有机构、有人员贯彻落实，就能有效实现。北京市在2007年9月就成立了社会工作委员会和社会建设办公室，此后，上海、广东和大庆、成都、南京也相继成立社建委或社工委，主管社会建设和社会管理，做了许多富有成效的工作，创造了很多经验。但是在实践过程中，他们也遇到了这样或那样的问题，靠社建委本身协调不了、解决不了。现行行政管理体制中，主管社会建设方面具体工作的部门很多，社会事业方面，并不缺少管某项事业的机构，而是缺少一个统筹规划、综合协调的机构。因此，加强社会建设，应当建立一个类似于发改委那样的机构。建议把发改委中的社会司、分配司等职能部门分出来，组建社会建设工作委员会，赋予相应的职责，统筹规划、组织协调社会建设的发展和改革，从组织上落实加强推进社会建设的任务。

2. 全面启动社会改革的基本布局，把改革社会体制作为扩大社会事业开放的突破口

当前我国处于社会转型关键时期，社会建设是引领全面改革的突破口，社会建设承前启后，既是经济建设的延伸和深化，又是民主政治建设的前提和基础。把深化社会体制改革作为抓手，一方面能够解决当前困扰中国的民生问题，另一方面又能以社会建设引领经济、政治和文化体制改革，是一个符合现实的选择。扩大社会事业开放的核心是调整和优化社会治理结构，其突破口和中心环节是要改革现行社会体制，使得政府、市场、社会三者在资源机会配置上和力量对比上达到结构性均衡。

社会体制是社会建设的顶层宏观架构。中国现行的社会体制多数是在20世纪50年代以后，按照计划经济体制的要求逐步建立起来的，是为计划体制服务的。目前社会主义市场经济体制与还没有改革成功的社会体制并行，很不协调，这也是目前许多经济社会矛盾产生且久解不决的一个重要原因。因此，要推进社会建设，扩大社会事业开放，必须以社会体制改革为中心环节和突破口，不断改革和完善人、财、物的资源机会配置体制。

一是明确政府、市场、社会的各自定位和功能作用，要像当初经济改革那样，政府要向社会简政放权，开放社会空间；二是逐步建立与社会主义经济体制相适应的社会体制，改变政府长期以来对社会服务和公共管理大包大揽的局面，放宽民营经济、社会组织参与兴办交通、文化、教育、医疗、体育等社会公共事业；三是要改革公办的科学、教育、医

疗、文化等事业单位的体制、机制，使之与社会主义市场经济体制相适应，调动这类事业单位各类人员的积极性，办好公共服务，满足广大人民群众的需要；四是发挥社会组织、社会力量尤其是社会中间阶层民主参与的作用，让群众成为社会建设决策、社会改革的主体，切实改变"强政府—弱社会"的格局；五是切实改变过去那种公共财政投入"重经济、轻社会"和"上强下弱"的局面；六是打破束缚各阶层成员在经济、社会、政治、文化各大领域交互流动的体制性障碍，尤其要拆除体制内与体制外的流动壁垒，确保成员依据自身能力条件与经济社会发展需求实现合理流动。还要解决政府对基层服务投入不足（缺位）、基层管控干预过多（越位）的双重困境，改变社会民主参与不够、能力不足、市场资源整合不力等状况。

3. 进一步探索支持和引导社会资本促进社会事业开放的具体实现形式

鼓励和引导社会资本促进社会事业发展，形成多元办社会的格局，是目前加强社会建设的一项重要内容，也是扩大社会事业开放的重要举措。从总体上看，社会事业长期以来都由政府部门直接举办，社会事业领域民间参与和投入程度不够、不广、不深的问题依然是影响社会发展的重要成因，而长期以来政府大包大揽办社会的局面也难以为继。因此，扩大社会事业开放的一个重要任务就是改变政府长期以来对社会服务和公共管理大包大揽的局面，放宽民营经济、社会组织参与兴办交通、文化、教育、医疗、体育等社会公共事业，积极探索支持和引导社会资本促进社会事业发展的实现形式。

第一，放宽与降低市场准入门槛，扩大民间资本投融资渠道。改革实践证明，放松行政审批与市场管制是最有效的吸引社会资本的途径，也是典型意义上的制度性融资方式。政府部门要降低社会事业的准入门槛，放宽准入条件，广开渠道，鼓励社会力量、民营资本、海外资本以直接投资、间接投资、项目融资、兼并收购、租赁、承包等多种形式进入社会事业领域，在社会事业中形成以政府为主导的、混合经济结构的、公私合作互补的投融资格局。

第二，政府支付改革成本，引导社会资本参与体制转换。从社会事业总体来看，一部分具有经营性质的国有医疗机构、文化机构、社会疗养机构往往由于经营不善，或是资本实力有限，需要引进战略投资者，实现改制，盘活资产存量。政府部门可以拿出一笔钱分担改革成本，引导民间资本参与国有事业机构改革，把原来政府拥有的单一产权改制成为多元化股权或混合所有制，从而在社会财产关系层面形成公私伙伴关系，实现制度性融资目标。

第三，政府举办公共工程，引导社会资金配套跟进。无论是外部性很强的公共事业领域，还是具有较高社会效益和经济效益的产业项目，仍然需要以政府为主导投资或给予大力支持，但是，政府投资不再采取"统包统揽"的传统方式，而是可以通过先导性投资，为社会投资奠定基础或开辟道路，消除社会资本的投资障碍，从而带动社会资本更大程度的投资跟进，达到"四两拨千斤"的融资放大效应。

第四，有条件出让"有偿供给权"，扩大民间经营权融资。所谓"有偿供给"是指医院、学校等公共服务部门的经营者在经营相应设施的同时，可以合法地向设施或服务的享用者收取一定的使用费或服务费的行为。对于政府公共部门而言，这种"有偿供给权"本身就是一种资源，在自身缺乏建设与运营资金的情况下，公共部门可以把这种权力有条件地让渡给民间资本，使其依法获得供给收入和服务费用。

第五，政府支持合作互助组织，与民间资金共担集资职责。目前急需发展的、提供普遍公共服务的农村医疗、职业教育、社区医院、社会福利中心等机构建设，完全交给国家包办或推给家庭集资均难以办到。应当建立互助合作组织作为依托，在不增加群众负担的基础上，采取上级政府支持、当地政府资助、群众自愿集资、社会团体捐助的方式共同分担集资职责，发挥"众人拾柴火焰高"的集资效果。只要政府投入关键性的资源，填补弱势群体的集资缺口，就能形成互助合作的集资功效，从而使互助组织的服务惠及基层。

4. 全面提升人口大省社会治理科学化水平

"推进国家治理体系和治理能力现代化"已被全面纳入我国今后经济社会发展规划，成为实现党和国家长治久安的重大战略。社会治理战略地位提升，对人口大省的河南实现科学发展的指导意义尤为重大。坚持系统治理、依法治理、综合治理。

第一，进一步完善社会治理格局，更加注重发挥社会组织的协同参与作用。发挥政府主导作用，鼓励和支持社会各方面参与，实现政府治理和社会自我调节、居民自治良性互动。一方面，政府要加快职能转变，从更多的经济活动转向社会公共服务，通过政府"瘦身放权"，为社会组织发挥作用开辟更大空间；另一方面，要充分发挥社会组织的社会管理功能。

第二，注重源头治理，及时预防和化解社会矛盾。一是推动关口前移。建立重大事项社会稳定风险分析和评估机制，对涉及群众利益的重大工程、重大政策，把社会风险评估作为政府决策的必经程序。二是建立基层大调解工作体系。要建立大调解工作体系，以人民调解为基础，加强人民调解、行政调解和司法调解的衔接联动，努力把矛盾纠纷化解在萌芽状态。三是完善信访工作机制。探索信访代理制度，在区县构建了信访代理工作的"三级平台、四级网络"，方便群众维权。

第三，注重解决当前社会管理的盲区和薄弱环节。一是进一步加强对流动人口服务管理，建立健全流动人口动态管理机制，完善实有人口全覆盖管理和服务机制，逐步实现居住地管理和服务，促进来豫人员融入河南；二是强化食品安全、安全生产和公共安全全程监管，进一步提高城市安全水平；三是加强虚拟社会管理，建立网上网下一体化管理体系，完善网上舆情引导机制，第一时间回应社会关切；四是进一步对城中村、城乡结合部进行社会服务管理。对于这些薄弱环节，社会管理要及时跟进、有效应对，全面提高社会管理科学化水平。

5. 全面开展扩大社会事业开放试点工作

建议省委省政府把扩大社会事业开放试点工作提到议事日程，选择一批市、县开放试点，由点到面，把实践中已经形成的好的做法和经验、具有普遍意义的模式在全省推广。

五、当前及今后一个时期河南扩大社会事业开放的重点领域、重点工作和政策措施

在2014年、2015年这一河南省"十二五"发展规划的收官之年和"十三五"规划的开局之年的重要时间节点上,如何选择扩大社会事业开放的重点领域、重点工作,并在此基础上制定有针对性的、切实可行的政策措施,是一个摆在我们面前十分紧迫而重要的问题。

(一)今后河南扩大社会事业开放的重点领域

本课题组认为,2014年、2015年,河南省扩大社会事业开放的重点领域应该是教育领域、医疗卫生领域、社会保障领域、文化领域和养老领域五大块。之所以选择这五大领域作为这两年河南扩大社会事业开放的重点领域,我们认为主要有以下几个考虑。

一是因为这五大领域都是关乎河南省经济社会发展和老百姓切身利益的最重要的领域。河南作为人口大省,在从人口大省向人才强省的转变过程之中,教育的重要性是不言而喻的,河南的国家粮食生产核心区、中原经济区、郑州航空港经济综合实验区这三大战略目标的建设与实现,也都是和河南人才素质的提高和人力资源的优化分不开的,而这都需要教育的发展与提高;医疗卫生领域、社会保障领域和养老领域则是和老百姓的基本生活利益密切相关的,这既是河南经济社会顺利发展的保障也是河南经济社会不断发展的目标,特别是河南社会也逐步进入老龄化,如何更好地优化配置资源,让老百姓病有所医、老有所养,生活得到基本的保障,这也是摆在河南面前的一道亟待解决的难题。文化事业的发展则既是河南的优势又是河南的劣势,说是优势是因为河南中原文化源远流长,有着深厚的积淀和传承,说它是劣势,是因为河南并没有把自己深厚的文化转变成强大的软实力,文化事业的发展和壮大还有很远的路要走,而这也是河南经济社会发展,中原崛起之路一定要走好不可或缺的一个方面。

二是这五大领域的选择兼顾了中央的要求和河南的实际情况,是在当前大环境下比较贴合河南经济社会发展实际的选择。这五大领域中既有中央的统一部署要求又有立足于河南现实需要的选择。其中,教育、医疗卫生和社会保障都是十八届三中全会通过的《中共中央关于全面深化改革若干重大问题的决定》中的明确要求,而养老和文化则在河南经济社会发展中面临着很多问题,亟须通过扩大开放来破解难题,寻求新的发展之路。

三是这五大领域都是比较适合开放并且确实能够通过扩大开放来推动其发展。社会事业所包含的领域很多,但并不是所有的领域都是适合开放的,也并不是所有领域的开放都是能够带来领域的良性快速发展的。这五个领域,都或多或少地实行了开放,并且是取得了一些经验的。我们对这五个领域的开放都是具有一定的理论和实践的认识与把握的。但同时,这五个领域的开放也都是不充分的,还具有很大的开放空间,我们在充分认识这五

个领域不同的发展规律的基础上,是能够继续扩大其开放,从而推动这五大领域良性快速发展的,而这也正是我们选择这五大领域的一个最重要的原因。

(二)今后河南扩大社会事业开放的重点工作

1. 教育领域扩大开放的重点工作

河南省是人口大省,也是教育大省,但是由于优质教育资源的缺乏,教育事业的发展只能说是大而不强。扩大河南教育领域的开放,就是要针对河南各级教育发展中的弱点和欠缺,以开放促发展,以开放促改革,最后实现以开放强教育的目的。具体说来,河南教育领域扩大开放的重点工作主要有以下几个方面。

(1)支持民间资本兴办高等学校、中小学校、幼儿园、职业教育等各级各类教育机构。

由表12-16可以看出,河南省在民办教育方面的发展在全国是居于前列的,但由于河南教育的发展受制于河南省人口多、底子薄、区域发展不均衡的省情,因此在优质化、均衡化发展方面欠缺很多,特别是在基础教育、学前教育方面。因此进一步扩大教育向民资开放,尽可能多地引进民资参与教育发展,不仅十分紧迫和必要,也是推动教育快速发展的一条必由之路。

表12-16 2012年部分省份民办教育概况

地 区	民办学校数	在校生数(万人)	幼儿园数	小学数	普通初中数	普通高中数	中职数	普通高校数
河南省	12761	421.68	10326	1344	584	196	234	34
浙江省	8174	237.03	7466	197	211	164	101	35
新疆自治区	844	21.32	763	20	20	28	8	8
贵州省	2904	84.08	2184	273	280	92	64	11
山东省	8126	203.09	7385	226	236	94	147	38
江苏省	1949	185.63	1514	88	156	111	28	27
陕西省	4959	145.34	4412	187	187		134	30

资料来源:各省的《教育事业发展统计公报》,见各省的教育厅官方网站。

(2)加快现代职业教育体系建设,深化产教融合,增强校企合作。

河南经济社会的发展需要大量的具有娴熟技术和良好职业训练的技术工人,而河南省职业教育在培养能够与社会需要相符合的合格学生方面还有很多的问题与不足。因此我们需要扩大职业教育面向社会需求和社会发展的开放,通过深化产业发展和职业教育实践的融合,增强职业学校和用人企业的合作,提高职业教育与社会需要之间的对接、人才供给和需求之间的平衡。职业教育作为与经济社会结合最为紧密的教育类型,必须密切关注区域经济发展方式转变,积极响应产业结构调整,建立与本地区现代产业体系相适应的现代职业教育体系。

(3)扩大高等教育的对外交流合作,推进高等教育国际化发展。

河南省高等教育的发展和开放都相对滞后,面对教育国际化的新形势,如何扩大高校开放,有效提高高等教育国际合作与交流"软实力",如何加快高等教育的国际化进程,培养更多的国际化人才,使河南省成为高等教育强省,这些问题亟待解决。因此,我们需要借鉴国际先进教育理念,创新人才培养模式,推动河南省经济社会发展急需或短缺学科专业的中外合作办学,探索与世界知名高校合作培养高层次人才的模式和机制。重点推动国际科研合作,设立联合实验室和联合研究所,联合推进高水平基础研究和高技术研究。利用河南省教育优势和鲜明的文化特色,吸引更多的国外学生来豫学习。扩展与国外高校的交流内容,创新合作模式,促进教育事业共同发展。

2. 医疗卫生领域扩大开放的重点工作

医疗卫生领域扩大开放,就是要针对河南省医疗卫生领域优质资源不足、服务水平不高、人才素质不够等问题,以开放促进河南省医疗卫生体制改革走向深化,推动医疗卫生领域的快速发展。基于此,近年来河南省医疗卫生领域扩大开放的重点工作有以下几点。

(1) 积极鼓励社会资本办医。

长期以来,河南省在医疗卫生投入方面所做出的努力和成绩是有目共睹的,医疗卫生资源总量也得到了显著增加(见表12-17)。

表12-17 河南省卫生医疗事业发展基本情况

年 份	卫生机构数(个)	卫生机构床位数(万张)	卫生技术人员数(万人)	每千人口拥有医院、卫生院床位数(张)	每千人口拥有医生数(人)
1992	8375.00	18.91	23.91	1.93	1.15
1993	7669.00	18.91	24.39	1.92	1.14
1994	7656.00	19.14	25.13	1.93	1.17
1995	7661.00	19.23	25.50	1.93	1.16
1996	7253.00	18.95	25.77	1.91	1.15
1997	7194.00	18.92	26.20	1.90	1.15
1998	11774.00	19.42	26.32	1.93	1.15
1999	11643.00	19.71	26.66	1.94	1.16
2000	10764.00	19.86	26.84	1.93	1.17
2001	10719.00	19.99	27.18	1.94	1.16
2002	13291.00	19.73	26.48	1.94	1.06
2003	13621.00	20.37	27.87	1.99	1.10
2004	13821.00	20.90	28.42	2.03	1.13
2005	14554.00	21.40	28.92	2.07	1.14
2006	14629.00	22.52	30.07	2.16	1.18
2007	11888.00	23.95	29.79	2.29	1.17
2008	11683.00	26.82	30.99	2.54	1.20
2009	12125.00	29.50	34.00	2.94	1.51
2010	75742.00	32.80	37.30	3.24	1.65
2011	76201.00	34.90	39.50	3.46	1.66

资料来源:国家统计局国民经济综合统计司.新中国六十年统计资料汇编(1949~2008年)[M].中国统计出版社,2010:625. 2008年以后的数据来自历年河南省国民经济和社会发展统计公报,2010年以后的卫生机构数包括了村卫生室,所以数量增加比较大,见河南省统计局官方网站。

相对于河南省庞大的人口数量，主要依靠财政投入的单一途径，使得医疗资源尤其是优质医疗资源严重短缺的局面仍然难以改变。真正有效的解决办法就是积极引进社会资本来共同举办医疗服务机构。社会资本办医的形式可以多样，一是鼓励和支持社会资本投资兴办各类医疗机构。社会资本可按照经营目的，自主申办营利性或非营利性医疗机构。二是鼓励社会资本参与公立医院改制重组。三是允许境外资本举办医疗机构。在引入社会资本办医的过程中，政府应该制定相应的优惠政策和激励机制，放低门槛，鼓励社会资本进入。

（2）应将符合条件的非公立医院纳入医保范围，增强其市场竞争力。

非公立医疗机构凡执行政府规定的医疗服务和药品价格政策，符合医保定点相关规定的，人力资源社会保障、卫生和民政部门都要按程序将其纳入城镇基本医疗保险、新型农村合作医疗、医疗救助、工伤保险、生育保险等社会保障的定点服务范围，通过签订服务协议进行管理，并执行与公立医疗机构相同的报销政策。

（3）开放和鼓励医生多点执业、独立开业，建立和完善人才流动机制。

对医生多点执业和独立开业的开放和鼓励，将有助于释放出被束缚在现有卫生行政体系和人事制度中的医生资源，改善医生的激励机制，在宏观上，它也将引导医疗资源向全科化和社区化的基层医疗机构流动，改变目前过度倾向专科化和大医院的资源配置结构。在2011年10月河南省卫生厅就下发了《河南省医师多点执业管理办法（试行）》，但申请登记注册多点执业的医生却寥寥无几，这既有大的制度环境的束缚也有医生自身观念认识的问题，政府在这方面应该出台更具体的细则和激励措施，打消医生的顾虑，放开制度的束缚，让医疗人才资源真正流动起来，实现优质医疗资源的优化配置。

（4）充分利用信息化手段，促进优质医疗资源纵向流动。

充分利用高科技和信息化手段来推动医疗资源的共享和流动，也是扩大医疗卫生事业开放，实现医疗资源优化配置的一种有效手段。一是可以充分利用信息化手段，实现医疗信息的共享和大型医疗器械的共享；二是可以利用信息化、高科技手段，实现远程医疗。加快河南省远程医疗政策体系、工作机制和信息支撑平台建设，将有利于改善医疗资源分布不均、城乡居民获取优质医疗资源不易的情况，改善河南省省级医院与国家级医院之间的医疗协同关系，落实"分级诊疗、双向转诊和绿色通道"的医改政策。

3. 养老服务领域扩大开放的重点工作

根据河南省公布的第六次人口普查数据显示，在全省9402万常住人口中，60岁及以上人口比例为12.72%；65岁及以上人口比例为8.36%，比10年前上升1.4个百分点，人口老龄化进程逐步加快，老龄化程度位列全国第四。并且河南省的人口老龄化是在"未富先老"、社会保障制度不完善、城乡和区域发展不平衡、家庭养老功能弱化的形势下发生的，伴随着人口老龄化、高龄化的加剧，失能、半失能老年人的数量还将持续增长，照料和护理问题日益突出。在这样的大环境下，单纯通过政府投资举办养老服务无疑已经难以解决养老力量不足的问题，只有通过扩大开放，多方引进社会资本才能让养老服务业满足社会急剧膨胀的需求。

(1) 积极制定相关政策支持养老服务社会化。

在放松行业准入的基础上,加快土地、财税、金融、政府采购、行业协会发展等方面的创新。民政部制定的"民办公助"、"公办民营"优惠政策,是使民办福利机构运行成本减少、促进社会福利市场化进程的有效政策。全省各地要结合本地实际情况,制定鼓励社会资本投资养老服务的实施细则,制定出台具有操作性的相关配套政策。推动养老服务工作进一步向社会放权、向市场放权,促进养老服务更多地由政府直接办服务向政府重点购买服务转变,由政府直接提供向由民间提供转变。

(2) 多方筹措资金,实现融资渠道的多元化、稳定化。

除了将各级财政作为养老服务机构的投入主体以外,要鼓励社会组织和个人以投资、承包、租赁、托管、股份制等形式参与养老服务业的发展,形成投资主体多元化的格局。做好金融机构支持养老服务业发展的协调工作。抓住国家开发银行与民政部签订支持国家养老服务体系建设战略合作协议的契机,积极和国开行河南分行对接,为养老服务企业做好融资工作。探索成立河南省养老产业投资集团,整合各方力量,采取市场化运作模式,把河南省养老服务产业做大做强。

(3) 打造河南省观光旅游康复养老品牌。

河南省历史文化底蕴丰厚,自然景观众多。把观光康复旅游与养老服务结合起来,既是一种新型的旅游方式,也是一种新型的养老方式,有助于社会养老服务体系的充实和完善。在河南省的著名文化和自然景区,抓紧建设和改造一批特色养老基地,结合必要的医疗保健设施,吸引老年人到景区观光旅游康复疗养。建立全省乃至全国的互动养老联盟,依托养老服务机构和卫生、旅游部门为老年人提供以健康康复疗养为主要内容的观光旅游和候鸟式养老服务。

(4) 城市规划建设与社会化养老服务设施同步进行。

在城市中心区等繁华地段进行商业地产开发时,搭配建设老年公寓,以实现优质便利的商业、休闲配套资源、医疗护理资源的共享。特别针对一些高端养老客户群,可在较为繁华的地段建设高端养老公寓。引入外资,注重培育引进专业养老集团,与国际知名养老品牌共同开发,引进先进的管理理念和模式,建设世界型连锁老年设施。

4. 文化领域扩大开放的重点工作

河南省有着悠久的历史和深厚的文化积淀,但是如何将河南深厚的文化遗产盘活,如何让河南从文化资源大省向文化强省跨越,则是摆在我们面前的一道待破之题。扩大文化领域开放,就是在全球化席卷全球的今天,推动我们传统文化焕发生机、蓬勃发展的一条必经之途,也是中原文化迈向世界,河南成为文化强省的必由之路。

(1) 大力培育中原特色的文化品牌。

培育品牌的路径主要有两个:一是对原有文化的发掘和整理,从历史的、民族的、民间的、现有的各种人文资源中去发掘出具有深厚文化内涵与底蕴的文化品牌;二是创立全新的、符合时代要求和现代气息的时尚文化品牌。在具体实践中,这两者应该是相辅相成的,在充分挖掘河南省传统的优势文化品牌和项目的基础上,要结合当下社会的、时代的要求进行对接,在中原特色文化上下功夫,在差异化发展增强自身竞争力上找出路,走出一条符合河南实际的文化发展之路。

(2)大力引进文化资本和战略投资者。

《中共中央国务院关于深化文化体制改革的若干意见》指出:"加强和改进对非公有制文化企业的服务和监管,为非公有资本的发展创造良好政策环境和平等竞争机会。按照我国加入世贸组织的承诺,明确外资进入范围,完善管理办法,提高利用外资的质量和水平。"文化发展的实践告诉我们,没有民间文化资本,包括国际文化资本的注入,仅靠我们自己的资本是难以实现河南文化产业跨越式发展的。因此,在发展涉外文化产业的过程中,我们必须首先把引进战略投资者放在第一位。

(3)坚持不懈地推动中原文化"走出去"。

在当前经济全球化不断加快,优质资源在世界范围内快速流动、配置的大背景下,河南省文化事业应该坚持不懈地实施"走出去"战略,在更广阔的范围内参与国际分工与竞争,提升自身的国际竞争力和市场应变能力。要鼓励支持大型骨干文化企业、民营文化企业、民间团体、中介机构积极参与对外文化交流与合作,推动更多的文化企业、文化产品和服务进入国际市场。借助互联网、电子通信等现代传媒手段,充分利用国际性博览会、艺术节、文化产业论坛等多元化的文化交流平台,积极推介河南优秀的文化产品和高质量的文化服务。依托河南已有的优秀对外文化企业,按照政府推动和企业市场运作相结合的原则,着力打造一批具有国际竞争力的文化企业和企业集团,使其成为中原文化"走出去"发展战略的主体。

5. 社会保障领域扩大开放的重点工作

河南省人口多、底子薄,经济发展区域不平衡,社会保障工作在取得了很大成绩的同时,也面临着重重困难。单靠政府投入社会保障,是远远不够的。河南社会保障事业要发展,保障水平要提高,就要在扩大开放上下功夫,在引入社会资本、凝聚社会力量上做文章。

(1)加快培育社会企业。

社会企业是一种有别于福利企业的经济实体,其宗旨是以商业手段实现社会目的。通过培育这类企业并盈利,可以更好地扶助弱势群体,提供就业岗位,发展社区福利,为政府分忧解愁,最终实现经济与社会的双重价值。

(2)积极动员和依靠社会力量,成立托养机构。

依靠社会力量,吸引外资兴建一批针对极度困难群体的托养机构,吸收投资人参与服务管理,组织志愿者服务,以较好地保障老年人、残疾人、孤儿的生活权益。托养对象一般为日常饮食起居需要专人护理而家庭护理有困难的高龄、失能、失智老人,以及智力、精神有问题的老人和重度残疾人。机构运营过程中,可以吸收有劳动能力的老年人和残障人士从事力所能及的相关工作,贯彻以老养老、以残助残的理念,既可以节省举办成本,又可以吸收一部分老人和残障人士就业,更好地回归社会、融入社会。

(3)通过引入社会资金,提高老少边贫地区的社会保障水平。

当前,在一些偏远山区,居民收入渠道十分狭窄,贫困发生率相当高,总体在40%左右。又由于政府财力有限,农村低保的覆盖面要求动态性地控制在5%左右,这就意味着大部分贫困家庭享受不到低保。对此,在确保政府足额投入的同时,可以通过冠名的形式,吸引民间甚至境外资金,注入到这些贫困地区的贫困家庭。要适当扩大和提高大面积贫困村落的低保覆盖面和保障标准,在核定低保比例时,要做到总体比例与具体情况结合起来,不同贫困程度的村庄保障比例可有所不同。要破除农村消费水平低,保障水平也不能高的固有思路,通过福利水平的提高来促进消费水平的提高。

(三)今后河南扩大社会事业开放的政策措施

1. 教育领域扩大开放的政策措施

(1)扩大开放民间资本参与发展教育的渠道,完善民办教育与公立教育平等、共同发展的制度环境。

一是通过购买服务、BOT、BT等模式鼓励社会资本投资兴办学前教育、基础教育、职业教育、高等教育,特别是通过制定各项优惠政策来鼓励民间资本到贫困地区和教育资源短缺地区办学。同时,政府要加强对民间资本办学的引导,克服民间资本投资教育的盲目性,减少重复投资。政府管理的教育职能要进一步地转换,重点要放在确定教育区域发展目标、进行教育布局与结构的调整、加强监督与管理和加大执法力度等方面。

二是采取措施激励民间资本参与教育,给民办教育以公平的环境。在投资方面,要鼓励社会力量来办学,允许企业或个人用税后的利润在本地投资办学;允许学校接受捐资,建立学校的财务专务储存制度,将捐资款项用于办学;允许通过资本市场进行融资。在制度环境方面,政府应为民办教育创设一个公平的环境,让民办教育与公立教育有同样的"国民"待遇和同样的市场待遇。首先,民办学校在土地使用、水电配套、税收、招生等方面应依法享受与公办学校相同的政策,教师在业务进修、职称评定、表彰奖励、科研立项等方面与公办学校教师同等对待,学生纳入同级同类公办学校学生资助体系。其次,接受政府委托承担义务教育任务的民办学校,政府应根据接受委托学生数量和当地同类公办学校生均经费水平拨付教育经费,并可根据学校申请为其选派一定数量的在编教师。再次,在全省各级示范性学校建设中,应该重点扶持发展一批质量优良、特色鲜明、社会反映良好的优秀民办学校。最后,在民办学校的资金拨付和申请方面,县级以上政府可以根据本地实际,安排民办教育专项资金,支持民办教育发展;探索民办学校用非教学资产作抵押和学费收费权作质押向银行申请贷款的施行机制,鼓励企业、个人和社会组织为民办教育提供捐赠或设立专项奖励与发展资金。以上的措施其实在国家和省的层面早就有了相关的文件和规定,可是在现实中却迟迟难以落实,这其中有政府相关部门的不作为,也有公立学校难舍既得利益的纠绊,如何打破利益的固化,给民办教育的发展和民间资本的进入以一个良好的激励和环境,需要政府的决心和智慧。

三是明确民办教育的产权,引导民间资本在教育领域进行市场化运作。民间资本投资办学和投资企业是不同性质的行为,在产权认定上应该有所差别。可以采用股份制的形式,按投资额划分各投资主体占有学校资产的比例,并按照权利与责任相统一的原则明确划分产权主体的责权利。应明确规定投资者在保证学校发展的同时,可以从办学盈余中取得合理的回报,以吸引民间资金流入教育领域。要将民间资本引入教育领域进行市场化运作,以实现教育投入效率的最大化。

(2)对外推动职业教育面向社会发展,对内构建上下贯通的职业教育发展体系。

一是要创新民办职业教育办学模式,引导支持社会力量兴办职业教育。要积极支持各类办学主体通过独资、合资、合作等多种形式举办民办职业教育,在产权实现形式和融资方式上可以更加灵活,探索发展股份制、混合所有制职业院校,允许以资本、知识、技术、管理等要素参与办学并享有相应权利。对在河南省职业教育实践中已经涌现出的几种典型的办学模式,如以河南机电职业学院为代表的"引厂入校,校企一体"模式、以永城职业学院为代表的"多元投入,股份办学"模式、以西平县职教中心为代表的"政府引导,民办公助"模式等,要在更进一步总结、完善的基础上,积极推广,争取探索出一系列的具有河南特色的职业教育办学新模式。另外,还要积极推动职业教育的国际合作交流,鼓励支持河南省高职院校在急需或短缺、空白学科专业开展中外合作办学,不断提升河南省高等职业教育质量和办学水平。

二是要鼓励多元投资主体组建职业教育集团。制定和完善推动学校、行业、企业、科研机构和社会组织等共同组建职业教育集团的支持政策,推进职业教育集团在促进教育链和产业链有机融合中、在转变经济发展方式和产业转型中发挥出重要作用。鼓励国有企业和行业龙头企业牵头组建职业教育集团,探索组建覆盖全产业链的职业教育集团,实现职业教育与产业实践的全程无缝对接。在职业教育集团内部开展现代企业制度治理,健全联席会、董事会、理事会等治理结构和决策机制,让职业教育真正与企业、产业及社会实践实现融合。

三是职业教育内部要调整结构、优化整合,打通与社会发展和普通教育的壁垒,成为上下贯通的国民教育体系中的重要一环。一方面,职业教育要加快结构调整的步伐,重新审视专业设置与教学计划以及人才培养的模式,重新思考其长远规划与人才培养战略,尽量使人才目标与市场需求趋于一致;另一方面,职业教育要建立沟通和衔接制度,打破唯学历教育和各类教育相互封闭、自成一体的格局,形成多种证书教育并行、并重和相互沟通衔接的教育体系。河南相关部门应该根据最新颁布的《国务院关于深化考试招生制度改革的实施意见》中关于加快推进高职院校分类考试的相关要求,以高职院校分类考试改革为切入点推进中职学校与高职院校、普通高中与高职院校、高职院校与普通高校之间的对接与贯通,打通职业教育与普通教育的壁垒,提高职业教育在国民教育体系中的地位,为职业教育延揽更多的优秀人才,让职业教育培养出更多高素质、高起点的优秀专业技术人才。

(3)以深化高等教育改革来推进扩大高等教育对外开放,全面提高高等教育发展的国际化水平。

一是要深化高等教育改革，提升办学实力和国际竞争力。我们要把扩大教育开放与自身的教育改革有机结合起来，这样才能在不断提高教育实力的基础上扩大教育开放，在扩大教育开放的同时提高教育开放质量。首先，优化教育结构，打造特色教育体系，创新人才培养模式。从本科层面到研究生层面，争取早日实现教学主体（教师和学生）与教学客体（培养体系、课程、内容、教材等）的国际化，逐步构建国际化课程体系，尝试推行全英授课体系，加强双语教学师资队伍建设，不断提升教育开放的质量和层次。其次，加快国际化高层次人才培养，建设一流的学科和师资队伍，造就一流的专家，打造国际化教学和科研平台。有了这样的平台，才能提高国际竞争力，才能吸引更多的国外留学生和学者来河南留学、访学或进行科学研究，进而实现由"单向输出"向"双向交流"的转变。

二是要大力引进优质教育资源，努力提升中外合作办学教育服务质量。高校中的中外合作办学机构或项目应立足本身实际和经济社会发展的实际需求，科学引进外国的优质教育资源，坚持在整体或一体化引进的基础上有所创新，避免重复引进已批准的办学学科专业，尽可能引进国际知名大学的优质教育资源，更多地引进河南省经济社会发展急需或短缺的学科专业及相关专业人才。尤其要加大对优质师资的引进力度，解决中外合作办学中的"核心"问题。只有提升合作办学教育服务质量，才能"产出"高水平人才，促进河南高校自身的发展。

三是要尽快完善高等教育对外开放质量保障体系。随着河南省高等教育对外开放的不断扩大，国际化程度的不断提高，如何充分保障开放质量，真正做到效益的最大化，是一个不可忽视的重要问题。完善高等教育对外开放质量保障体系，主要包括"出"的质量保障、"进"的质量保障和联合培养的质量保障三部分。在"出"的方面，政府要建立信息公开机制，公开的信息包括留学国家的高校、生活及河南省人员到该国留学生人数等方面的情况，还有河南省的留学生政策尤其是留学资助政策。并在此基础上建立留学预警机制，给留学生提供可靠的留学指南。政府要强化留学前的语言和文化生活习惯培训制度，对类似民间培训机构加强管理。政府还要完善与严格公派留学生的选拔机制，尽快建立公费留学生回省录用考察机制和个人自费回国留学生选拔机制，以刺激和引导留学朝良性方向发展，为本省经济社会发展服务。在"进"的方面，要尽快完善外国专家信息库，建立相应而合理的外国专家聘任筛选机制。在制定政策吸引更多的海外留学人员来豫学习的同时，要强化对外国留学生的汉语言教育和我国文化教育制度的理解教育，在扩大留学生教育规模的同时提高进入正规课程学习留学生的准入标准。在合作办学和联合培养方面，要结合河南省经济社会发展的实际需要来设立专业，同时根据河南省和兄弟省份相关合作办学的经验，制定双方都认可和共同遵守的合作办学和联合培养的教育课程标准，完善对中外合作办学的评估机制，定期进行办学进程和效果的评估，严控质量。在合作办学对象的选择上，要重视合作方的教学质量和声誉，严格挑选高等教育的国际合作伙伴。

2. 医疗卫生领域扩大开放的政策措施

（1）转变政府医政管理职能，加强对国有资产行使调控权，管好所有权，放开经营权。

转变政府的医政管理职能应把重点放在处理政事关系上，建立市场导向型政府，政府退出"办卫生",杜绝对公立医疗机构的过多干预,使公立医疗机构真正成为独立的经营主体。这是使公立医院走上经营管理良性轨道的基础,从而在微观层面上建立产权清晰的法人治理结构,积极探索医院多种形式的公有制,积极引入外资和民间资本从根本上解决医院的经营体制问题。

(2)进一步加大医疗卫生领域的开放力度,大力支持民资和外资进入医疗卫生领域。

2014年8月27日,国家卫计委、商务部下发通知,允许境外投资者通过新设或并购的方式,在北京市等7省市设立外资独资医院。虽说在试点中并没有河南,但是这一举措也体现出了中央在扩大医疗卫生领域开放中的决心和魄力。河南省应积极响应中央的新精神,在开放中大胆探索:一是要支持民资设立区域卫生规划中的综合性医院。对于列入区域卫生规划但尚未建设的各级综合医院,政府可以通过公开招标的方式来引导、鼓励民资参与举办。二是要支持民资、外资设立具有品牌特色的专科医院。鼓励和支持民资、外资以多种形式设立具有一定规模、科技含量较高、管理模式先进、在本地区处于技术领先地位、特色鲜明的各类专科医院。三是要支持民资、外资参与设立适应社会需求的特色医院。河南是人口大省,也面临着人口老龄化的严峻形势,而单纯靠政府的单一投入无疑是远远不足的。可以鼓励、支持民资或外资设立床位在200张以上的较大型、较正规和先进的康复医院、老年病及慢性病护理院,以满足省内慢性病护理、康复及老年人群慢性病护理需要。

(3)鼓励民资或外资以联合、参股、收购等形式参与公立医院的改制、改组和改造。

在深化医疗卫生体制改革、推进公立医院改革的过程中,河南可以在保证国有资产保值、增值的基础上,鼓励民资或外资以多种方式参与公立医院的改制、改组和改造。一是鼓励民资与外资参与公立医院相关科室建设,成立具有独立法人地位的医疗机构。二是鼓励民资或外资通过参股形式,参与公立医院的改制、改组或改造。改制、改组和改造后的医院(股份制医院),根据其承担的职能和利益分配性质,由政府进行评估和界定,设定为非营利性或营利性医疗机构。三是鼓励民资或外资通过收购形式,参与公立医院的体制改革。政府要在有关新办医疗机构、合资合作医疗机构及合资合作科室的设置程序、执业登记、内部运行和监督管理等方面制定详细的法律和法规,推进和规范此类收购。

(4)推进医疗人力资源开发与医疗科技原创研究。

要在扩大开放的过程中持续推进医疗人才素质的不断提高,医疗科研原创水平的不断提升。一是要对医疗卫生系统的高层管理人员进行输出培训。持续实施派遣全省医疗卫生单位管理高层赴国外进修、培训,重点做好三级医院和新农合、疾控、监督体系管理干部的输出培训工作,力求在短期内使重点管理人员吸纳先进管理理念,不断适应河南省医改和卫生事业快速发展的要求。二是要对医疗卫生系统的高端技术人才进行输出培训。持续实施河南省卫生系统出国研修项目,每年选派一批学术技术骨干到发达国家进行研修培训,在发达国家和地区新增若干个医学人才境外培训基地,不断提高医疗技术水平。派驻进修项目要重点倾斜到省辖市市属医院,大力支持已建立院际合作关系的医疗机构利用自身合作渠道开展人才培养。三是要持续开展境内外高层次人才引进工作。利用现有合作渠道，制定优惠和倾斜政策，通过公开招聘或柔性引进的形式，吸引一批有重大影响的国内外知名专家、高层次卫生科技人才，在河南省重点医学领域、学科、实验室开展科研活动，提高河南省医学科技创新能力。针对河南省集中高发的重大疾病，邀请国内外相关领域知名专家联合攻关，实现资源、成果共享。四是在各类人才的走出去和引进来培养的基础上，各大医院要促进科技发明、科研成果与临床的结合，促成科技转化为生产力，利用人才和技术优势，不断开发新的诊疗方法、医疗器械、药物配方；积极引进国外新技术，推进以创新为主导的自主型技术战略，提高河南省的医疗科技水平和原创能力。

3. 养老服务领域扩大开放的政策措施

(1) 有效整合养老社会资源，构建多元参与的社会化养老模式。

按照公办民营、民办公助、政府购买服务、补助贴息、以奖代补等多种模式，引导和支持社会力量建设各类养老服务设施。委托各类专业化、非营利性社会组织负责管理，不断提高社会养老服务水平和效率，促进形成有序竞争机制，实现合作共赢。考虑"三三制"建设模式，即中央政府、地方政府和建设者个人分别出资1/3，以提高民间资金兴办养老机构的积极性。

(2) 积极推动多样化的养老形式。

随着社会的进步，老年人的生活观念也在发生改变，老年人日渐注重提高自己的生活质量和健康水平，希望在有生之年享受较高品质的生活，因此，异地养老、旅游养生养老、医养结合等逐渐被老年人青睐。一是推动异地养老服务。异地养老的适宜参与对象是一些身体状况良好，喜欢有品质生活的老人。老人可根据自己的时间安排和喜好，不同的季节住在不同的地方。比如，夏天可以到昆明避暑，冬天可以到海南过冬。可以计划用2~3年的时间，在全国建成数百家连锁养老机构，老人可在各连锁机构居住、享受服务。二是推动医养融合发展。积极促进医疗卫生资源进入养老机构、社区和居民家庭。各级卫生管理部门应支持有条件的养老机构设置医疗机构。鼓励医疗机构积极参与和支持养老服务业的发展，在有条件的二级以上综合医院开设老年病科，增加老年病床数量，做好老年慢性病防治和康复护理。

(3) 进一步繁荣养老服务市场。

一是拓展养老服务内容。引导养老服务企业和机构在优先满足老年人基本服务需求的基础上，积极拓展适合老年人特点的文化娱乐、体育健身、休闲旅游、健康服务、精神慰藉、法律服务等项目。二是开发老年产品。围绕适合老年人的衣、食、住、行、医、娱等方面需求，支持企业积极开发安全有效的康复辅具、食品药品、服装服饰、金融理财、老年玩具、老年宜居环境建设等老年用品和服务产品。引导商场、超市、批发市场设立老年用品专区专柜。三是培育养老产业集群。发挥河南省区位、物流等优势，建立养老产业集聚区，形成辐射全国的老年用品和养老服务集散地。健全市场规范和行业标准，确保养老服务和产品质量，营造安全、便利、诚信的消费环境。

(4) 积极构建养老服务网络。

积极推行养老机构连锁化和小型化，着重建设经济实用型的养老服务设施，不单纯追求超大规模和高档次建设,避免盲目发展、重复建设和资源浪费。设立以长期照料、专业护理和临终关怀服务为核心的专业养老机构、爱心护理院,形成设施齐全、功能完备、服务规范的老年人长期照料网络。采取加快培育从事养老服务的志愿者队伍,实行志愿者注册制度,形成专业人员引领志愿者的联动工作机制。建立养老护理员政府津贴制度,将社区日间照料中心(托老站)工作人员纳入社会公益性岗位,提高护理员的待遇,稳定服务队伍。

4. 文化领域扩大开放的政策措施

(1) 以建设文化产业园区为载体,持续推进文化事业内部的开放整合。

首先,要优化产业结构,强化资源整合。统筹文化产业园区建设,集成各方有效资源,打造一批主业突出、集聚效应明显、具有国际影响力的文化产业集聚区,推动河南文化产业内涵式增长、集约化发展,加快建设一批文化产业创新、示范和孵化基地,促进文化资源优化配置。其次,要突出资源特色,形成主业优势。根据各地不同的文化资源特色,尽快在全省建设一批集科技研发、休闲娱乐、艺术培训于一体、布局集中、功能完备、特色突出的文化产业示范园区,统一产品开发、统一市场营销、统一资源配置,充分发挥文化产业示范园区的产业集聚效应。最后,要加强基地建设,提升发展水平。不断提升产业聚集水平,增强对区域经济的辐射带动作用。搭建文化产业园区公共技术服务平台和产业孵化平台,为文化企业发展壮大提供技术支持。

(2) 以开放促融合,推动文化事业集聚发展。

首先,要以特色促融合集聚发展。应充分发挥中原文化的资源优势,对优势文化资源进行整合,大力提升产业优势,实现文化产业集聚发展。在产业布局上,也要与中原特色文化对接,使主题形象塑造、文化品牌培育、文化符号凝练等都与文化产业形成有机的内在联系。其次,要以资本与文化融合促进集聚发展。坚持政府引导、金融支持、社会参与、市场运行的投资原则,加大对文化产业发展的资金投入,通过金融与文化的融合促进文化产业集聚发展。采用资金补助、信贷贴息和奖励等方式,鼓励文化产品研发,支持具有示范带动作用的产业基地、产业园区、产业集聚区的建设。发挥河南省文投公司、河南文化产业发展专项资金的作用,引导社会资本以多种形式投资文化产业,支持民营文化企业发展。搭建金融与文化对接平台,加强融资知识培训,推动金融资本与文化资源有效对接。积极推进外资引进工作,利用国外先进的管理技术和雄厚的资金,努力促进河南文化产业与世界跨国文化产业集团的合作。最后,要以文化旅游融合促进集聚发展。支持文化与旅游相互融合、相互促进,推进文化资源向旅游产品转化,丰富旅游文化内涵,提升旅游产品的文化创意水平和旅游服务的人文特质,开启独具魅力的河南文化体验之旅,推动文化与旅游相结合,促进文化产业集聚发展。

(3) 开放融资渠道,完善文化产业的资本运作模式,进一步增强在国际文化市场上的市场化运作能力。

发展河南文化产业,离不开国内、国际文化市场,必须与文化市场,特别是国际文化市场结合起来。具体说来我们可以先从三个方面着手:一是要积极引进战略投资者。动员社会各界参与文化产业发展，鼓励民营资本、外资特别是战略投资者投资文化产业、探索区域共建、文企联姻、个体联合、社会赞助等融资方式。二是要鼓励文化企业上市融资。以资本运营助推产业发展。三是要推进文化产业对口招商。要加强统筹协调，组织协调各地、各部门、各文化企业境外招商工作；要采取灵活多样的形式，通过中原文化港澳行、海外行等活动平台，加大文化产业对口招商力度。

5. 社会保障领域扩大开放的政策措施

（1）提供更加宽松的环境，让更多的社会力量参与到社会保障领域中来。

首先，对社会力量投资创办社会福利机构，各级政府及有关部门应给予政策上的扶持和优惠；其次，要通过建立和完善相关的法律和规范，并通过政府购买服务或财税政策等从经济上给予民间组织支持和鼓励；最后，政府要推行积极的税收激励政策，建立健全慈善捐款税收减免制度、退税制度和捐赠人信息保护制度，创建良好的慈善捐赠环境，在全社会营造为社会福利事业做贡献的氛围和环境，鼓励人们用各自认为有效的方法为社会福利奉献爱心，逐渐培养公民的社会责任意识、社会参与意识。

（2）积极利用民间资金缓解农村贫困。

小额贷款机构属于加快培育村镇银行、小额贷款公司等非营利性质的民间社会企业，要使那些具备一定规模和条件的小额信贷机构逐步发展为村镇银行；引导社会流动资金在一定范围内集中起来，开发专门为穷人服务的金融产品，用途主要包括建房、子女接受高等教育、经商、农机、婚丧嫁娶费用等，使小额信贷成为农民喜闻乐见的金融产品和发展工具。小额金融服务要着力面向农村妇女、残疾人等弱势群体。资金贷出后要跟踪服务，引导人们积极参与投资理财，最终摆脱贫困。

（3）积极发展慈善事业，作为社会保障有益的补充。

以负面清单管理形式为慈善组织提供宽松的发展环境，大幅度取消慈善组织必须有主管单位的有关规定，赋予其独立的法人地位，使其自主、自立地发展壮大。加快推进慈善事业的全民化、平民化，形成一种人人为善（同善）的良好社会氛围。树立慈善楷模、标杆和灯塔，发挥慈善先锋的引领和示范作用。要善待企业家及其创造的物质财富，既要看到企业家眼前积累的巨大财富，又要看到他们创业打拼时的艰辛。要努力避免穷人仇富、富人移民等不利于慈善事业发展的负面现象的发生。要以大慈善理念为引导，超越意识形态的分歧，跨越国家和民族的边界阻隔，推动加强中原慈善事业与海内外的联系。

第十三章　河南区域协调发展问题研究

改革开放以来尤其是近年来，河南在促进区域协调发展方面进行了卓有成效的探索，但由于历史演进、自然禀赋、观念意识、体制机制等多重原因，仍然存在强点不强、弱点较弱、先发不足、后发难发等突出问题。当前，在国家区域发展总体战略框架下，促进河南区域协调发展，是全面建成小康社会、让中原更出彩的必由之路，是适应经济新常态、破解发展难题的迫切要求，是谋位新棋局、优化资源要素配置的战略选择。促进河南区域协调发展，必须统筹考虑区域协调发展所涉及的空间、产业、资源、人口、生态等问题，用结构性改革破解结构性难题，充分发挥市场在资源配置中的决定性作用，更好发挥政府作用，按照"点轴带动、组团融合、分类指导、整体提升"的总体思路，深入推进全面深化改革的战略部署，强化主引擎、激发内驱力，优化要素配置和产业布局，形成各地区比较优势充分发挥、基本公共服务均等化、生产力布局合理、统一市场有机联系的新格局，促进区域发展由低水平协调向高水平协调不断提升。

一、区域协调发展理论综述及实践

区域发展战略是一个国家或地区为实现现代化而选择制定的空间布局战略。区域发展战略对于经济和社会发展具有基础性意义。区域协调发展对于形成相互促进、共同发展的新格局具有重大意义。我国是一个区域经济发展不平衡的大国，能否实现区域协调发展，不仅是重大的经济问题，而且是重大的社会问题和政治问题。

（一）区域协调发展的内涵

随着经济社会的发展和人们认识的不断变化，对区域协调发展的理解也在不断深化。早期主要从经济角度出发，将区域协调发展视为区域间经济的协调发展，因而衡量区域协调发展的标准是区域之间在经济利益上是否同向增长以及经济差异上是否相对缩小。后来随着对发展本身内涵的拓展，人们将经济、社会、环境等因素纳入其中，认为区域协调发展是指区域间经济、社会、环境等诸因素的协调发展，衡量区域协调的标准主要是各地区比较优势能否得到有效发挥，各区域经济增长与人口资源环境之间是否实现协调、和谐发展。同时，也有观点从科学发展观的视角出发，将区域协调发展定义为缩小区域差别和实现区域社会公平的价值选择。

因此，区域协调发展主要是指各区域之间联系更加紧密、分工更加合理、经济社会发展差距逐渐缩小并趋向收敛、整体经济效率持续增长的过程。其内涵主要包括以下几个方面：第一，推进区域协调发展，就是要发挥市场配置资源的决定性作用，发挥各地区的比较优势，建立合理的、动态的区域分工体系，并在政府的有效调控下，区域差距保持在适当范围之内，实现区域的健康发展和共同富裕。第二，区域协调发展的目标，不是均衡发展，不是片面追求发展速度上齐头并进或发展水平上一般高低，而是尊重自然规律、经济规律、社会规律，打破所有区域都要加大经济开发力度的思维定式。第三，区域协调发展是要缩小地区差距，但主要不是缩小地区间经济总量的差距，而是缩小地区间居民享有的公共服务和生活水平的差距，从而使居住在不同地区的人民都享有均等化的基本公共服务，都享有大体相当的生活水平。第四，就特定区域内部而言，可能存在内部差距较小但整体发展水平并不高的情形，因此，区域协调发展还存在由低水平协调不断走向高水平协调的过程。

（二）区域协调发展的机制机理

1. 要素配置机制

新古典经济学认为，在要素完全流动和开放经济的假设下，区域收入水平随着经济的增长最终可以趋同。区域经济发展的实质就是通过要素的有序流动形成区域间合作、分工与竞争，实现生产要素在区域整体上的优化配置。区域间商品的自由贸易、要素的自由及合理流动是促进区域经济协调发展的重要保证，区域间市场分割是阻碍要素流动的最大障碍。通过体制改革、制度创新，能够弥补市场机制在区域间要素配置方面的不足，从根本上解决区域要素市场分割。美国一度东西部之间经济社会发展极不平衡，后来通过经济和非经济的双重手段完善要素配置机制，促进了东西部之间的协调发展。

2. 空间组织机制

空间是区域发展的载体，区域协调发展需要加强和完善空间组织机制的构建。区域协调发展的空间组织机制主要包括三个方面：其一，完善主体功能区划，优化区域分工的空间基础，将经济区划与主体功能区划进行耦合；其二，开展空间战略规划，对区域经济发展的总体空间格局、空间组织体系、空间联系网络进行全局性和战略性的谋划和设计，以指引区域空间开发的方向，协调各区域的空间开发活动；其三，构建多极网络空间组织体系。德国是通过空间组织机制协调区域发展的典型，通过联邦、联邦州和地方三级国土空间规划，有效平衡了区域间利益，凸显了国家整体利益。

3. 产业联动机制

不同区域由于经济发展水平和要素禀赋的不同，其产业发展水平和结构也不相同，经常呈现出"优劣并存、长短互见、强弱互补"的态势，由此给各区域通过产业分工与合作，进而促进区域经济共同繁荣提供了可能。不同区域在不同时期具有不同的资源要素禀赋条件，也具有不同的优劣势，随着经济发展，这种相对优劣势会发生变化，产业会在区域间重新布局从而推动区域产业联动发展。区域产业联动可以通过区际贸易、直接投资和技术合作等手段来实现。产业联动机制作为促进区域协调发展的一种重要方式,在纺织工业从发达国家向发展中国家转移过程中得到了最好的印证。

(三) 区域协调发展的路径

虽然一个国家的经济和社会发展的理想模式是均衡发展,但是从区域经济理论的演进和国内外区域经济实践可以得出,区域经济不均衡增长是一种客观存在,也是促进区域协调发展的基本路径。具体而言,又可分为以下几种:

1. 增长极带动

增长极理论认为经济增长通常是从一个或数个"增长中心"逐渐向其他部门或地区传导的,应当选择特定的地理空间作为增长极,以带动整个区域的经济发展。增长极理论出现后就被后发经济国家用来指导经济实践。巴西在进行区域经济布局时,将首都从里约热内卢迁往落后的巴西利亚;通过特殊的区域政策将亚马逊中游的"玛瑙斯自由港"建成巴西最大的经济特区。这些新增长极的培育有效带动了周边地区的经济发展。尤其值得重视的是城市群的增长极作用,随着城市群的形成,单个城市在区域经济发展中所扮演增长极的角色逐渐让位于城市群,日本的大东京城市群,美国的大纽约、芝加哥、洛杉矶城市群,法国的巴黎城市群,以及韩国的汉城、釜山城市群等,都成为所在国家乃至全球重要的增长极。

2. 点轴扩散

点轴模式是由增长极模式发展而来的一种区域开发模式。随着增长极数量的增多,增长极之间出现了互相联结的交通线,理论上称为发展轴或带,由于扩散效应的客观存在,发展轴同样具有增长极的功能,而且带动范围更大。通过点和轴线的带动作用,能够促进整个区域经济的发展。美国的西部大开发从区域空间上的展开进程来看,走过了一条地区非均衡发展的道路,呈现出典型由点、线到面不断深入的点轴开发模式,点是城市和产业聚集地,轴即是由东向西不断延伸的铁路和公路系统。

3. 梯度转移

梯度转移理论是指每个国家或地区都处在一定的经济发展梯度,新产品、新产业、新技术会随着时间推移由高梯度区域向低梯度地区传递,从而促进区域之间的协调和整个经济的发展。梯度转移理论在国际上有着广泛的应用。美国和苏联在工业发展过程中都曾经历梯度转移的过程,美国东部各州工业发展较早,西部地区人烟稀少,发展缓慢,其工业经历了从东部的阿拉巴契亚山脉新英格兰各州向以加利福尼亚为中心的西部"新边疆"地区的大规模梯度推移;苏联在第二次世界大战前后将其工业从欧洲部分向远东地区和西伯利亚地区推移。通过梯度转移,客观上促进了区域之间经济发展差距的缩小,从而有利于区域协调发展。

4. 网络开发

网络开发是区域经济发展的一种新的重要模式。网络开发是在点轴开发所形成的经济布局基础上进行的,是对已有点轴系统的延伸,通过区域各节点(各类中心城市)之间、各域面(沿轴线两侧节点所影响的范围)之间,以及节点与域面之间生产要素流动的广度和密度,实现生产要素的优化配置和区域经济的协调发展。网络开发是经济发展到一定阶段,以较多相对发达的极点和轴线作为前提。网络开发理论的最大特点是有利于缩小区域间的发展差距,促进区域整体均衡发展。网络开发模式一般适用于经济较为发达的地区,美国东北部地区、日本太平洋沿岸地区、德国鲁尔地区等,都曾采用网络开发模式促进区域均衡发展。

(四)近年来我国区域协调发展的实践

近年来,我国不断加大促进区域协调发展力度,从四大板块到一系列区域振兴规划和主体功能区划,再到谋划区域发展新棋局,区域发展差距特别是东西差距开始由扩大向缩小转变,区域协调发展取得了显著成效。

1. 四大板块初步形成

由于地理环境、资源禀赋和发展历史等原因,我国区域经济发展板块特征明显。国家从统筹全国发展大局出发,针对各个区域自身特点,制定了有针对性的发展战略和规划。伴随着西部大开发、东北振兴、中部地区崛起等一系列规划的出台,我国区域政策体系不断形成和完善,区域协调发展战略更加清晰。"十一五"规划明确提出,要"坚持实施推进西部大开发,振兴东北地区等老工业基地,促进中部地区崛起,鼓励东部地区率先发展的区域发展总体战略,健全区域协调互动机制,形成合理的区域发展格局"。经过十几年的发展,西部大开发、东北振兴、中部崛起、东部加快发展——我国区域经济发展的蓝图已经初步形成。

2. 区域振兴规划密集出台

国际金融危机爆发后,为转变发展方式和实现科学发展,我国陆续推出了一系列区域振兴规划。各经济区发展规划以前所未有的密集程度,跃升为国家战略层面,区域经济成为新的经济增长点。各地区域振兴规划的出台,有助于国家改革发展战略得到扎实的贯彻落实;提振了地方发展的信心,培育了新的增长极;促进了产业在东中西部地区之间的转移,加快了产业结构的升级;增强了区域发展的协同性,推动了我国区域增长格局的转变,有利于区域之间协调发展。区域振兴规划的实施,对推动区域协调发展、推动相关地区经济发展乃至推动整个国民经济与社会发展都起着重要作用。

3. 主体功能区规划全面展开

推进形成主体功能区,是优化国土开发格局、促进区域协调发展的重大举措。我国国土辽阔,但是真正可利用的地域相对有限,必须规范开发秩序,促进资源合理配置。2010年12月,《全国主体功能区规划》正式出台实施。根据不同区域的资源环境承载能力、现有开发密度和发展潜力,确定主体功能定位,合理划分优化开发、重点开发、限制开发、禁止开发区域,统筹谋划全国经济布局、人口分布、资源利用、环境保护和城镇化格局,明确各地开发方向,控制开发强度,规范开发秩序,完善开发政策,全国各地正在着力形成高效、协调、可持续的国土空间开发格局。

4. 区域发展新棋局布局开篇

在新的发展阶段,中央把培育新的区域经济带作为推动发展的战略支撑,加快谋划区域发展新棋局。深入实施区域发展总体战略,优化推进西部大开发,全面振兴东北地区等老工业基地,大力促进中部地区崛起,积极支持东部地区经济率先转型升级,加大对革命老区、民族地区、边疆地区、贫困地区的支持力度。由东向西、由沿海向内地,沿大江大河和陆路交通干线,推进区域梯度发展。依托黄金水道,建设长江经济带。以海陆重点口岸为支点,形成与沿海连接的西南、中南、东北、西北等经济支撑带。大力推进丝绸之路经济带、海上丝绸之路建设。推进长三角地区经济一体化,深化泛珠三角区域经济合作,加强环渤海及京津冀地区的经济协作。实施差别化经济政策,推进产业转移,发展跨区域大交通大流通,形成新的区域经济增长极。

二、河南区域协调发展的探索历程、主要成效及存在的突出问题

区域发展不平衡是河南的基本省情。河南在推进区域协调发展的历程中,呈现出明显的阶段性特征,取得了显著的成效,但同时也存在着不可回避的一些突出问题。

(一) 探索历程

1949年至今,河南区域经济实现了由非均衡发展向均衡发展再到协调发展的历史性转变,经历了初步摸索、萌芽形成、持续推进、加速提升到全域深化的演进历程。

1. 初步摸索阶段(1949~1978年)

新中国成立初期,在危机四伏的国内外背景下,为改变沿海地区工业过度集中的畸形布局,我国开始向内陆布置重工业。在这种历史背景下,河南凭借其优越的地理区位、丰富的资源禀赋成为我国的重点建设地区之一。"一五"、"二五"和"三线"建设期间,国家重点工程建设考虑集中集群的布局和交通线的选址分量,整个工业格局是按照点—轴的方式渐次展开的,客观上造就了河南新兴工业城市多散布在京广、陇海铁路线,通过线状基础设施连成空间结构体系,形成了区域经济发展中独特的"十"字形非均衡格局。郑州、洛阳等地也因此初步形成以能源、原材料工业为基础的重工业基地,在区域经济发展中占据先天优势。此时河南还未形成区域协调发展的思想,对于区域发展主要是按照全国的区域战略开展工作,实施以重点项目布局为主要特征的非均衡区域发展战略。

2. 萌芽形成阶段(1979~1990年)

改革开放以后,由于计划经济向市场经济的转轨,要素在各区域之间的流动也由纵向的调拨转为以需求和效率为导向的横向直接流动,河南工业化进程开始加快,产业发展布

局出现新的导向。在这一阶段，全国的食品和轻纺工业出现加快向内地转移的局势，作为农业大省和原材料大省的河南获益颇多。一批重大轻工业项目布局开始向处于"十"字形铁路沿线外的豫东、豫南等农副产品原材料产地倾斜，逐渐形成了以农副产品加工业为重要支柱、以县（市）聚集区的轻工业布局为依托的区域经济发展新格局。与此同时，各地开始发展横向经济联合，经济技术协作区初步形成，这些成为河南区域协调发展的思想萌芽。

3. 持续推进阶段（1991~1997年）

这一阶段的区域协调的主要工作是促进县域经济和工业的加快发展。这一时期，河南县域经济经历了包括企业规模、物流、信息流、技术创新和制度创新在内的广泛而快速变革的过程，形成了以中小企业为主的若干专业化产业集群，一些县市呈现出产业与城镇融合发展的良好局面。中原城市群的概念和范围也日益明晰，为后来中原经济区的建设积累了丰富的实践基础。河南在发展壮大县域经济和构建中原城市群的双轮驱动下，区域协调发展持续推进，人民生活水平不断提高。

4. 加速提升阶段（1998~2005年）

这一阶段的重点工作是发展中原城市群和县域经济。一方面，加快推进中原城市群的构建，以此作为河南经济社会发展突破口和引擎；另一方面，适时提出县域经济发展突破战略，并作为全省实现跨越式发展的重大战略组成部分。此时，河南经济进入重化工业阶段，交通、水利、电力等大中型项目相继进入投资高峰期，特别是在汽车工业和电子工业等高新技术产业方面，设立了经济技术开发区和高新技术产业开发区，以及根据中共十六大精神将18个省辖市划分为四大经济区（中原城市群地区、黄淮地区、豫西豫西南地区和豫北地区），这是河南直面当时区域经济差距过大的现实，提出的有效针对性举措，标志着正式开启了全省层面探索区域协调发展之路，区域发展呈现出加速和提升的态势。

5. 全域深化阶段（2006年至今）

这一阶段是河南全面建设小康社会、实现中原崛起的关键时期，河南明确提出了促进区域协调发展战略。"十一五"提出要逐步改变城乡二元结构，构建城乡区域协调发展的新格局；2006年以中原城市群为主导的区域协调发展战略正式进入国家视野；2007年出台《关于加快黄淮四市发展若干政策的意见》，提出把黄淮四市建设成为全国重要的现代农业基地和以农副产品精深加工为主的加工制造业基地；2009年提出加快构建"一极两圈三层"的城乡统筹发展新格局；2011年出台《关于支持南阳市经济社会加快发展的若干意见》，支持南阳建设河南高效生态经济示范区，豫鄂陕省际区域性中心城市，新能源、光电和重大装备制造基地，以推动南阳经济社会跨越式发展。2013年提出对巩义等10个县（市）全面实行由省直接管理的体制，全面优化行政层级和行政区划设置。区域协调发展在全省范围内全面展开。

（二）主要成效

在历届省委省政府的领导下，在全省人民的共同努力下，河南区域发展稳步推进，区域发展的目标更加明确，战略格局日益清晰。河南区域协调发展呈现出生机勃发、良性互动的局面。

1. 全省整体经济发展速度和效益进一步提升

2013年全省地方生产总值达到32553.15亿元，在全国继续稳居第五位，比2003年增加25107.27亿元，年均增长高达12.17%。中原城市群引领河南经济发展的态势明显，豫北与全省增速大致相当，豫西豫西南和黄淮发展迅速。四大经济区产业结构逐步优化，城镇化率实现同步提升。此外，近年来四大经济区财政收入、经济规模与工业增加值增长率以及固定资产投资和服务设施增长率，均得到持续较大幅度提高（见图13-1）。

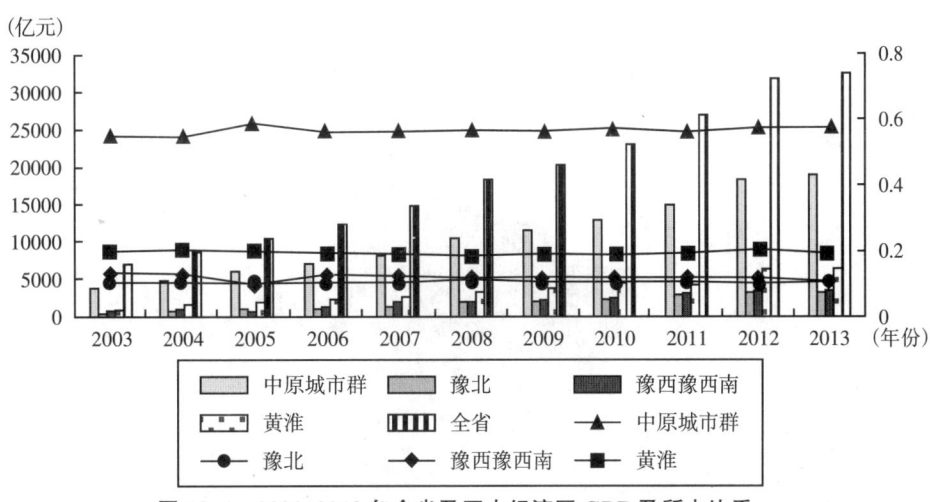

图13-1 2003~2013年全省及四大经济区GDP及所占比重

2. 县域经济蓬勃发展

2003~2013年，河南县域经济发展迅速，经济实力不断增强。2003年，28个县区的人均GDP超过10000元，高出全省人均水平的35%左右；48个县区人均GDP高出全省平均水平。2013年，21个县区的人均GDP超过50000元，高出全省人均水平的50%左右，是河南经济最发达的县区；44个县区人均GDP高出全省平均水平。全省县域经济发展活力达到新的高度（见图13-2）。

3. 城乡居民收入持续增长

全省各地区城镇居民人均可支配收入和农民人均收入保持同步持续增长的态势，城乡居民生活水平大幅改善，区域福利水平不断提升。2003~2013年，河南城镇居民人均可支配收入和农村居民人均纯收入均保持稳步增长的态势，且农村居民收入增长更快，城乡居民收入之间的差距在逐年缩小，城乡居民人均收入比值从2003年的3.097下降为2013年的2.64（见图13-3）。

4. 主体功能区布局初见成效

基于主体功能区战略的实施，河南发挥了各地区的比较优势，促进了省域生态安全和科学发展。重点开发区通过优化产业结构、提高创新能力与产业聚集能力、加快推进城镇

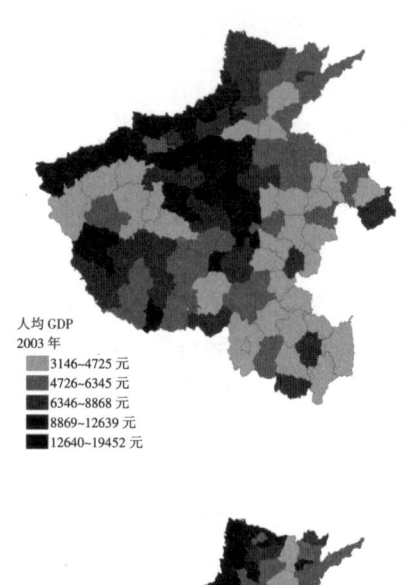

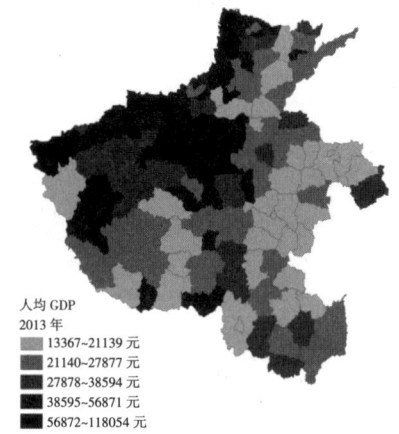

图 13-2　2003 年、2013 年全省县域经济的人均 GDP 空间分布

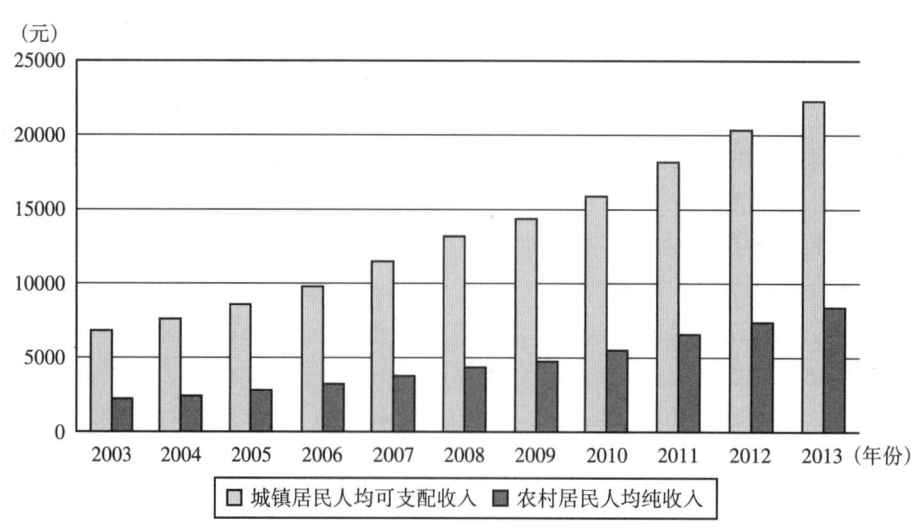

图 13-3　2003~2013 年河南省城乡居民收入情况

化与中原城市群建设，有效提高了聚集与承载人口的能力；粮食生产核心区通过高标准良田"百千万"工程、现代农业产业化集群工程，调整优化了农业产业结构，保障了国家粮食安全；重点生态功能区通过加强水源涵养、水土保持和生物多样性保护，保障了全省生态安全，促进了人与自然和谐相处。

（三）存在的突出问题

1. 强点不强

郑州、洛阳等中心城市的带动能力仍显不足。中原城市群是河南经济社会发展的主力，郑州、洛阳等中心城市是中原城市群的龙头，当前中原城市群弱小的根本原因是郑州、洛阳等中心城市总量规模和综合实力较弱，对周边地区辐射带动能力不够。与相邻的重庆、成都、武汉横向对比，郑州处于明显劣势。2005年郑州占武汉GDP的比例为73.4%，2010年下降为72.6%，2013年继续下降为68.5%，郑州与武汉的差距在逐年拉大。郑州在中部地区省会城市中首位度并不突出，多数指标上处于落后地位。在全国的宏观格局中，郑州中心城市规模小、实力弱、层次低，是制约中原城市群和中原经济区转型升级跨越发展的主要矛盾之一。这个矛盾解决了，将有力地促进河南发展和中原经济区建设。

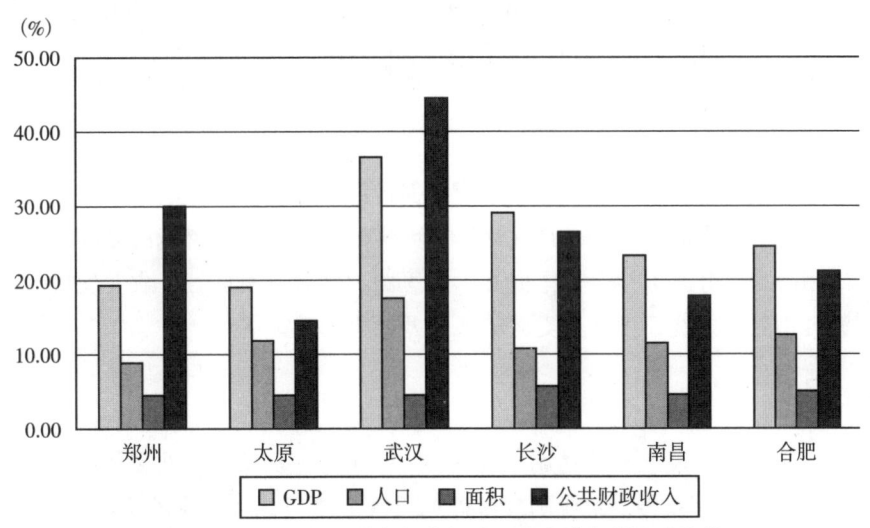

图 13-4　2013 年郑州市与中部地区省会城市首位度比较

2. 弱点较弱

黄淮海平原、南阳盆地等面积广大的农业地区实力较弱。这些地区土壤肥沃、农业资源丰富，客观上造成农业在整个国民经济中所占比例较高。"二产强市，三产富民"，非农产业比例较低，第二、第三产业发展先天不足造成广大农业区域经济总量低、财政实力弱、城乡居民收入提高难。此外，这些地区承担着保证国家粮食安全的重担和全省生态安全的屏障，经济发展受到一定限制。这些地区经济总量长期低位运行，与其他地区差距有逐渐拉大的风险。

3. 先发不足

粮食生产核心区、中原经济区和郑州航空港经济综合实验区三大国家战略规划,是增创战略优势,实现中原崛起、河南振兴、富民强省的根本所在,尤其是中原经济区规划赋予了在城乡资源要素配置、土地节约集约利用、农村人口有序转移、行政管理体制改革等方面先行先试的权利,郑州航空港经济综合实验区赋予了在航空管理、海关监管制度、服务外包政策、财税政策等方面一系列先行先试的优惠政策。但总体而言,由于存在观念理念、体制机制等多方面的制约,这些先行先试还亟待深化探索、取得实质性突破。

4. 后发难发

大别山区、伏牛山区、太行深山区、黄河滩区和革命老区扶贫开发难度大。贫困地区多位于偏远山区,且居民居住较为分散,交通条件极为不便,缺乏基本的基础设施。多数贫困地区土地贫瘠,农业收入低,农民生活水平提高困难。多数贫困地区经济总体水平低,产业结构单一,发展水平低,缺乏大企业、大项目带动,难以形成具有核心竞争力的产业或产业集群。贫困地区财政收入水平低,基础设施投资能力较弱,发展后劲不足。

三、当前及今后一个时期河南促进区域协调发展的战略意义、总体思路及对策建议

当前,在国家区域发展总体战略框架下,促进河南区域协调发展,不仅是全面建成小康社会、让中原更出彩的需要,也是优化生产力布局、推动转型跨越的需要。要按照"点轴带动、组团融合、分类指导、整体提升"的思路,对重点发展区、农业发展区、生态保护区、资源转型区、扶贫开发区五类区域采取差异化的政策措施。

(一)战略意义

1. 促进区域协调发展是全面建成小康社会、让中原更加出彩的必由之路

如期全面建成小康社会,是我国现阶段的重大战略目标。小康不小康,关键看老乡。河南是人口大省、产粮大省,作为中国的缩影,虽然近年来发展较快,但人口多、底子薄、基础弱、发展不平衡的基本省情没有根本改变,城乡居民收入低于全国平均水平。习近平总书记2014年5月在河南考察时强调,实现"两个一百年"奋斗目标,实现中华民族伟大复兴的中国梦,需要中原更加出彩。因此,与全国一起同步实现全面建成小康社会目标、让中原在实现中国梦的进程中更出彩,都必须促进区域协调发展,逐步缩小区域差距,促进各地共同发展。

2. 促进区域协调发展是适应经济新常态、破解发展难题的迫切要求

当前,我国经济正从高速增长放缓到中高速增长,增长模式正从粗放式变成创新和消费驱动式。但由于作为发展中大国经济体有较强的区域异质性,河南这样一个有着较大内

需和消费空间潜力的后发地区，必须也有可能继续保持较高速度的增长。然而，河南总体上处于工业化、城镇化中期阶段，处于爬坡过坎、转型攻坚的紧要关口，传统优势减弱消失而新的支撑力量尚在形成之中，深层次矛盾正在破解但还没有根本缓解，一些制约经济社会发展的障碍如结构性矛盾、资源约束和环境压力等还将长期存在。促进区域协调发展，能够为此释放更多的增长动力和回旋空间，从而赢得发展上的主动、竞争中的主动。

3. 促进区域协调发展是谋位新棋局、优化资源要素配置的战略选择

当前，我国由东向西、由沿海向内地，依托大江大河和交通干线，发挥航空、高铁等综合带动效应，中央和地方正合力构建沿海与中西部相互支撑、良性互动的新棋局，特别是丝绸之路经济带、海上丝绸之路"一带一路"将重构我国对外开放格局。促进河南区域协调发展，有利于把握新机遇，发挥好郑州、洛阳等河南的大中城市在"一带一路"重要节点城市的作用，显著带动人财物等资源要素聚集，培育新的经济增长极，进而带动各区域发挥优势、主动对接，促进资源要素跨区域合理流动、优化配置，形成区域各具特色、分工协作、互利互惠、优势互补、良性互动、共同发展的局面。

4. 促进区域协调发展是转变发展方式、打造区域经济升级版的重要内容

推进经济结构战略性调整是加快转变经济发展方式的主攻方向，而促进区域协调发展是解决制约经济持续健康发展重大结构问题的主要举措之一。促进河南区域协调发展，内在地要求统筹城乡区域基础设施、公共服务、就业社保，深化城乡之间、产城之间、区域之间、产业链上下游之间的融合互动，明确各区域的主体功能和发展方向，引导不同区域产业相对集聚发展，引导经济布局、人口分布与资源环境相适应，推动产业间和区域间、产业与城镇间的融合发展，进而打造河南经济升级版。

（二）总体思路

充分发挥市场在资源配置中的决定性作用，更好发挥政府作用，按照"点轴带动、组团融合、分类指导、整体提升"的思路，优化要素配置和产业布局，深化产业融合和产城融合，强化规划引领、分类调控、区别施策，形成各地区比较优势充分发挥、基本公共服务均等化、生产力布局合理、统一市场有机联系的新格局，促进区域发展由低水平协调向高水平协调提升。

——点轴带动。以铁路、公路、高速铁路和高速公路为依托，完善"米"字形发展轴，强化郑州和重要中心城市、地区性中心城市、县城、中心镇的辐射带动作用，加速中心城市、特色产业带和经济带建设，强化沿轴沿带各城市间以产业链和价值链为基础的分工协作，优化生产力布局，形成多层次的点轴系统引领驱动、协调发展的格局。

——组团融合。根据各区域发展基础和特点，在明确定位、凸显优势的前提下，推动区域组团发展，优化产业布局，提升产业结构和产业发展水平，形成不同层次的功能互补、分工协同的发展组团，并坚持开放发展，推进各组团间、组团内部交通路网等基础设施联结，深化产业融合、产城融合，促进组团城市和区域加速融合发展。

——分类指导。在建立统一开放、竞争有序的市场体系的同时，充分考虑各地的具体

差距和实际要求,将区域政策与功能性政策有机结合,缩小政策单元,提高区域政策精准性,按照市场经济一般规律完善并创新针对性强的差别化区域政策,分类指导、区别调控各地区发展,引导其探索各具特色的发展模式,提高不同地区的发展后劲。

——整体提升。问题导向、试点先行,着力破解制约区域协调发展的难题,做强强点发挥其更大的辐射力、带动力,拉长"短板"增强其发展的驱动力、竞争力。同时,着眼长远、建章立制,建立健全区域间利益协调等管理体制、运行机制和法规体系,促进区域发展由低水平协调向高水平协调提升。

(三) 基本原则

在促进河南区域协调发展的过程中,要坚持以下几个原则:

——市场主导,政府推动。发挥市场配置资源的决定性作用,把市场机制和政府调控更加有效地结合起来,积极发挥各地区的比较优势和经济潜力,充分利用各地区的自然资源、人力资源、物质技术等条件,建立分工合理和运行高效的区域产业结构,全面提升区域自我发展能力和竞争能力。

——效率优先,兼顾公平。把鼓励率先发展和帮助落后地区加快发展结合起来,坚持"效率优先、兼顾公平,最终实现共同富裕"原则,保持河南国民经济整体的高效运转、又好又快增长,遏制地区间人均经济发展差距扩大的趋势,使之保持在适度的范围内。

——合理开发,优化布局。优化全省国土开发空间格局,充分考虑本地区的资源环境承载能力,明确各地区的主体功能定位和发展方向,引导生产要素跨区域合理流动,实现生产要素和社会资源在各个地区之间的合理配置,形成科学合理的大中小城市布局,形成宜农则农、宜工则工、宜三产则三产、宜城则城、宜生态则生态的区域格局。

——因地制宜,互动互利。因地制宜充分发挥各地的特点和比较优势,促进各地在资源禀赋基础上形成产业特色,形成区域各具特色、分工协作、互利互惠、优势互补、共同发展的局面,实现区际相互配合、良性互动、共同协调一致地推动全省又好又快发展。

——以人为本,共建共享。着力促进基本公共服务均等化,缩小河南地区间基本公共服务差距,使各地区人民都能享受大体均等化的基本公共服务,确保改革发展成果由全体人民共享,促进各区域的共同发展,消灭贫困,使各地人民的生活如期达到小康水平。

(四) 关键环节

实现河南区域协调发展的目标,必须注重以下四个方面的协调发展:

1. 点线开发与全省各地的协调发展

河南正处在工业化中期阶段,这个阶段既要坚持统筹兼顾,积极促进全省各地发展,也要突出重点,着力培育区域增长极。一般来讲,经济增长点不会在各处同时出现,欠发达地区要实现现代化,必须注重培植经济增长极,发挥中心城市或发达轴线的聚集和扩散作用,通过增长极的扩散效应带动整个区域发展。

2. 中心区域与周边区域的协调发展

区域经济协调，包括区内经济协调和区际经济协调两个方面。河南作为中原经济区的主体，不仅要注重中心区域的发展，也要注重提升河南周边城市的竞争力，变边缘为前沿，"对接周边"，呼应内地，密切与其他省区联系，积极开展区域合作。通过周边城市吸纳相邻地区要素和资源，实现周边地区与中心地区的协调发展。

3. 发达地区与扶贫地区的协调发展

区域经济协调发展不是地区间低水平的平均发展和同步发展，而是既要继续充分利用发达地区有利条件加快发展，又要十分重视支持贫困地区的发展。通过有条件地区先发展起来，然后带动、帮助落后地区，促进整个国民经济的全域持续健康发展，最终达到共同富裕。既讲效率又要公平，实现效率与公平的双赢效果。

4. 城镇区域与农业生态区域的协调发展

河南有中原城市群、粮食核心区和生态保护区等主体功能区，要按照全省生产力布局合理而高效的要求，积极实施主体功能区战略，引导人口和经济向适宜开发的区域流动和集聚，使产业结构和人口分布与本地生态环境承载力相适应，优化全省国土空间开发格局，实现人口、经济与资源环境相协调的可持续发展。

（五）对策建议

根据各地区在自然条件、区域地位、资源禀赋、产业结构、生态环境、历史沿革、交通条件、发展阶段和生产力水平等方面的差异，主要按照区域功能定位，可以将全省划分为重点发展区、农业发展区、生态保护区、资源转型区、扶贫开发区这五个类别，并针对不同区域的实际采取差异化的政策措施。

1. 重点发展区

主要包括中原城市群核心区域、重要产业带节点城市以及农业发展区和生态保护区中的县城关镇、少数建制镇镇区和产业集聚区等，主要功能定位是打造为支撑全省乃至全国经济发展的重要增长极、提升综合实力和产业竞争力的核心区、引领科技创新和推动经济发展方式转变的示范区、全省人口和经济的密集区。

为此，一要统筹规划国土空间，调整优化空间开发格局，合理扩大城市建设、交通建设、绿色生态建设空间，适度扩大制造业和服务业空间，稳定农业空间，减少农村生活空间。二要健全城市体系结构，壮大中原城市群城市规模，基本形成分工协作、优势互补、集约高效的城市群，坚持中心城市带动战略，建设特大城市、大城市、中小城市协调发展的现代城市体系。三要促进人口加快集聚，加强城镇规划与管理，增强城镇服务功能，健全城镇化体制机制，进一步提高城市人口承载力和吸纳能力。四要建成现代产业体系，大力发展先进制造业，加快培育战略性新兴产业，打造传统支柱产业新的竞争优势；大力发展高成长性服务业，培育发展战略新兴服务业，改造提升传统支柱服务业；增强农业发展能力，确立现代农业格局，发展都市生态农业。五要提高发展质量，遵循绿色发展、循环发展、低碳发展理念，加强省辖市城乡一体化示范区、产业集聚区规划和建设，完善基础设施和公共服务设施,保护生态环境。

2. 农业发展区

主要包括黄淮海平原、南阳盆地和豫西山丘区等以提供农产品为主体功能、承担国家粮食生产核心区建设重要任务的农业地区,重点为城市近郊都市高效农业区、黄淮海平原和南阳盆地优质粮食生产核心区及豫南豫北山丘区生态绿色特色高效农产品优势区,主要功能定位是打造为国家重要的粮食生产和现代农业基地、保障国家农产品供给安全的重要区域。

为此,一要加大财政转移支付力度,逐步完善支持和保护农业发展的政策,健全粮食主产区利益补偿机制,调整财政支出、固定资产投资、信贷投放结构,保证财政对农业投入增长幅度高于经常性收入增长幅度,大幅度增加对农村基础设施建设和社会事业发展的投入,大幅度提高土地出让收益、耕地占用税新增收入用于农业的比例,促进基本公共服务均等化。二要加大农业综合生产能力建设,持续实施高标准粮田"百千万"工程,加强农田水利设施建设。三要支持农产品主产区依托本地资源优势发展农产品加工、流通、储运设施建设,根据农产品加工业不同产业的经济技术特点,对适宜的产业优先在农产品主产区的县城布局,着力打造全链条、全循环、高质量、高效益的农业产业化集群。四要严格保护资源环境,坚持最严格的耕地保护制度,控制开发强度,按照保护和恢复地力的要求设置产业准入环境标准,从严控制排污许可证发放,大力发展循环农业,加强农业面源污染防治。五要实施积极的人口退出政策,加强职业教育和劳动技能培训,增强劳动力跨区域就业能力,完善促进农村土地流转制度,引导人口逐步自愿平稳有序转移。

3. 生态保护区

主要包括豫北太行山、豫西伏牛山、豫南大别山等生态系统重要且关系到较大空间范围生态安全的区域,主要功能定位是打造为保障全省生态安全的主体区域、全省重要的重点生态功能区、人与自然和谐相处的示范区。

为此,一要大力支持生态环境保护和修复,禁止非保护性采伐,保护和恢复植被,涵养水源,保护珍稀动物,维护生物多样性,保持生态系统的完整性,构建生态屏障。二要严格控制开发强度,禁止可能威胁生态系统稳定、生态功能正常发挥和生物多样性保护的各类林地利用方式和资源开发活动,按照生态功能恢复和保育原则设置产业准入环境标准,从严控制排污许可证发放。三要因地制宜发展资源环境可承载的特色产业,在不损害生态功能的前提下,因地制宜适度发展资源开采、农林牧渔产品生产和加工、观光休闲农业等产业,积极发展旅游等服务业。四要引导超载人口逐步有序向外转移,在现有城镇布局基础上进一步集约开发、集中建设,重点规划和建设资源环境承载能力较强的中心城镇,完善基础设施建设,健全公共服务体系,增强综合服务能力。同时,加强基础教育和技能培训,增强生态转移人口的就业能力。

4. 资源转型区

主要包括三门峡、鹤壁、平顶山、焦作、濮阳以及登封、新密、巩义、荥阳、灵宝等以本地区矿产等自然资源开采、加工为主导产业,因开发阶段已处于成熟期或衰退期而面临或将要面临转型发展的区域，主要功能定位是打造为资源型区域转型发展示范区。

为此，一要规范开发秩序，严格执行矿产资源勘查开发准入和分区管理制度，优化资源勘查开发布局和结构，大力发展绿色矿业，调控引导开发时序和强度，构建集约、高效、协调的资源开发格局。二要完善产品价格形成机制，深化矿产资源有偿使用制度改革，探索资源性产品价格形成机制试点，灵活反映市场供求关系、资源稀缺程度和环境损害成本。三要强化资源开发补偿，监督资源开发主体承担资源补偿、生态建设和环境整治等方面的责任和义务，将企业生态环境恢复治理成本内部化。四要优化利益分配格局，以保障和改善民生为重点，优化资源收益分配关系，支持改善资源产地居民生产生活条件，共享资源开发成果，努力实现居民收入增长和经济发展同步提高。五要培育接续替代产业，发挥政府投资带动作用与激发市场活力相结合，在项目审核、土地利用、贷款融资、技术开发等方面优先支持符合条件的接续替代产业龙头企业和产业集群，引导和鼓励各类生产要素向接续替代产业集聚，引导资源型区域因地制宜探索各具特色的产业发展模式。

5. 扶贫开发区

主要包括大别山区、伏牛山区、太行深山区、黄河滩区以及革命老区等特殊困难地区，坚持发展与扶贫并重，通过在全省范围内整合配置扶贫开发资源，创造有利于造血式扶贫的大环境，使贫困群众有更多更公平的发展机会，主要功能定位是打造为扶贫开发综合试验区。

为此，一要扶持产业发展，积极发展优势产业、特色农业产业和乡村旅游业，加快产业优化升级，支持发展绿色有机农业，促进贫困地区休闲农业与乡村旅游业发展。二要加快基础设施建设，加大贫困地区农村公路建设支持力度，继续加大对贫困地区和特别贫困家庭危房改造的倾斜力度，优先开展贫困地区农村饮水安全工程建设，加大贫困地区电网建设力度，大力推进贫困地区建制村互联网建设。三要推动社会事业发展，全面实施教育扶贫工程，健全贫困地区基层卫生计生服务体系，加强贫困地区公共文化服务体系建设。四要强化发展要素保障，逐步增加财政专项扶贫资金投入，在保障生态环境和节约集约用地的前提下，优先安排贫困地区重大基础设施和工业入园项目用地，引导和鼓励商业性金融机构创新金融产品和服务，增加对贫困地区的信贷投放。

四、近期河南促进区域协调发展的主要任务、工作重点及政策措施

今后一段时间，要在系统谋划"十三五"时期河南区域协调发展战略的同时，突出重点、创新举措，深入推进全面深化改革的战略部署，扎实完成"十二五"规划相关目标任务，为进一步促进区域协调发展奠定坚实基础。

(一) 主要任务

1. 谋划"十三五"

统筹考虑区域协调发展所涉及的空间、产业、人口、资源、生态等问题，用结构性改革破解结构性难题，强化科学规划的引领作用，把规划作为撬动市场资源、统筹政府资源、整合社会资源的平台，扩大增长点、转化拖累点、抓好关键点、抢占制高点。在做好"十三五"规划的基础上，适时出台跨区域、次区域的区域振兴专项规划，明确区域功能定位和产业发展重点，合理布局产业和重大项目，有步骤、分层次、有重点、高质量地推进区域协调发展，实现区域生产要素优化配置、产业集群高效延伸，形成优势互补、资源共享、协同发展的空间格局，促进经济保持中高速发展、迈向中高端水平、实现提质增效升级，推动区域协调发展补短板、增后劲、促均衡、上水平。

2. 强化主引擎

发挥增长极作用，着力形成"一龙头四副中心"的协调带动格局。一要强化郑州的龙头带动作用，尤其是要抓好郑州航空港经济综合实验区建设，按照大枢纽带动大物流、大物流带动产业群、产业群带动城市群、城市群带动中原崛起河南振兴富民强省的思路，培育郑州大都市区。二要巩固提升洛阳在中原城市群副中心城市的地位，加快洛阳城乡一体化示范区建设，加快国际文化旅游名城建设，推动老工业基地城市转型振兴。三要促进安阳建设以先进制造业为基础的新型工业城市，南阳加快提升城市综合承载能力，商丘巩固提升交通枢纽功能、增强人口和产业集聚能力，使其分别发展成为辐射带动豫北、豫西南、豫东发展的新兴副中心城市。

3. 激发内驱力

充分发挥市场在资源配置中的决定性作用，更好发挥政府作用，激发区域协调发展的内生动力。一要构建统一大市场，促进资源共享。打破各自为政的行政壁垒，消除区际之间的负向边界效应，扩大区际之间的市场自由度，探索资源跨区域有偿使用的新途径，实现各种生产要素的自由流动和优化配置。二要深化合作，推进产业对接。积极引导区域间加强产业分工与合作，促进优势互补，避免产业趋同，优化产业布局。三要加强利益协调，提高欠发达地区内生发展能力。积极完善市场机制、合作机制、互助机制和扶持机制，促进基本公共服务均等化。

(二) 工作重点

1. 持续推进"一个载体四个体系"建设

加快产业集聚区、商务中心区和特色商业区（街）建设，以发展优势产业为主导推进产业结构优化升级，以构建自主创新体系为主导推进创新驱动发展，以强化基础能力建设为主导推进培育发展新优势，以人为核心推进新型城镇化建设，加快构建现代产业体系、现代城乡体系、自主创新体系、现代市场体系。要抓住现阶段突出任务，遵循经济社会发展规律，按照工业化城镇化中期阶段的历史任务、主要矛盾来确定工作主线，促进产业集聚、人口集中、土地集约。要用好产业转移的机遇，充分发挥自身优势，通过承接产业转移来"无中生有"、扩大增量、优化存量，尽早攀上"摩天岭"、占领制高点。

2. 大力推进郑州航空港经济综合实验区建设

一是强基本，抓好机场二期、口岸通关及物流设施等基本能力建设，实现机场二期2015年底投入运营，并加强机场配套软件建设，全面提升服务水平。二是建中心，加快建设国际航空物流中心，重点引进物流集成商，建设各类货物分拨中心。三是抓试点，搞好郑州市跨境贸易电子商务服务试点，形成买全球卖全球便捷安全通道。四是聚产业，大力培育产业群和建设配套政策平台，深入实施航空偏好型产业重大项目，加快建设全球重要的智能手机生产基地，积极引进培育以郑州机场为基地的大型货运承运商和物流集成商，着力打造引领全省产业转型升级、带动中原经济区建设的核心增长极。

3. 积极推进融入丝绸之路经济带

实施"东引西进"战略升级版，强化东西双向开放，争创丝绸之路经济带上承东启西的国家战略支点和内陆开放的国家战略枢纽。着力提升郑州、洛阳作为新亚欧大陆桥经济走廊重要节点城市的支撑作用，强化郑欧班列连通中亚、直达欧洲的重要纽带功能。依托丝绸之路经济带，发挥陆桥通道功能，扩大向西开放，加强与关中—天水经济区的联系合作，密切与西部广大地区在资源、能源等方面的合作，主动融入新一轮西部大开发。强化三门峡作为豫西的重要连接点，打造中西部地区合作发展的桥头堡，推动晋陕豫黄河金三角地区合作发展。同时，以郑州航空港为载体，构建覆盖全球的货运网络体系，打造丝绸之路——陆桥经济带供应链的东方中心和价值链的高端基地。

4. 加快推进交通信息等基础系统建设

加快完善现代交通系统，重点抓好航空港、铁路港、公路港等枢纽场站建设，积极开拓国际货运航线，全力推进米字形快速铁路网建设，完善高等级公路网，提升水运通道功能，形成多种运输方式布局合理、功能完善、无缝连接、内捷外畅、安全高效的大交通格局，努力打造覆盖中西部、辐射全国、连通世界的现代综合交通枢纽。加快完善信息网络系统，抢抓并用好物联网、云计算、大数据等新一轮科技革命和信息化快速发展的机遇，以区域互联网交换中心建设为重点，加快郑州国家级互联网骨干直联点建设，抢占信息化创新发展的制高点，大力推进信息基础设施建设，打造全国重要的信息网络枢纽。

5. 扎实推进"三山一滩"和革命老区扶贫开发

大力实施"三山一滩"群众脱贫工程，加快实施大别山区、伏牛山区、太行深山区、革命老区扶贫攻坚与小康建设规划，编制和实施黄河滩区居民扶贫搬迁规划，积极对接并争取黄河滩区移民搬迁得到国家重点支持。建立精准扶贫工作机制，按照国家统一制定的扶贫对象识别办法，在已有工作基础上，坚持扶贫开发政策和农村最低生活保障制度有效衔接，按照"县为单位、规模控制、分级负责、精准识别、动态管理"的原则和"程序公正透明、信息真实可靠、群众认可满意"的标准，对每个贫困村、贫困户建档立卡，建设与全国扶贫信息网络系统相衔接的全省扶贫信息网络。各项扶贫措施要与贫困识别结果相衔接，深入分析致贫原因，采取切实有效的措施，做到规划到村到户、帮扶到村到户、考核到村到户，扶真贫，真扶贫。

（三）政策措施

1. 完善提升省直管县体制改革

一要进一步落实直管县（市）政策，加强协调督导力度，力求取得突破性进展。二要进一步完善工作机制，落实好省直管县（市）体制改革试点工作省县（市）联席会议、联系点等工作制度，继续完善直管县（市）考核评价办法。三要进一步保障上下顺畅对接，加大对直管县（市）的指导帮扶力度，并从制度上探索完善省县（市）对接机制，努力解决好省县（市）对接不畅问题。四要进一步提升能力素质，通过直管县（市）与省直部门干部互相交流、挂职锻炼等手段，加强政府工作人员教育培训，促进直管县（市）干部尽快提高能力素质，适应新体制要求，努力推动直管县（市）尽快发展成为支撑全省发展新的增长极和战略支点。

2. 抢抓县改市机遇

根据设市标准，严格审批程序，加快部分省辖市、县（市）区划调整，推进具备行政区划调整条件的县有序改市。适应城市发展要求，在部分省辖市所在地周边撤县（市）设区，使其成为所在城市的一部分。根据县域经济社会发展要求和产业集聚区规划，调整部分乡镇区划，为县城发展预留空间。按照适度集中、集约布局的原则，积极稳妥地推进中心村镇建设，合理推进撤村并村、撤村并乡、撤村并镇、撤乡并镇，规模并大、实力并优，既节约土地、保护资源，又形成规模效益、便于完善公共设施和提高公共服务。加快产业转型升级，提高资源环境承载力和人口集聚能力，把有条件的县城和重点镇发展成为中小城市。

3. 深化财税体制改革

一是深化省以下财政体制改革，继续扩大"营改增"试点范围，建立税收增量分享机制，完善出口退税分担机制，进一步理顺省市财政分配关系，清理规范财税优惠政策，加快推进地方税体系建设，努力为区域协调发展营造良好的财税环境，释放更多的改革红利。二是进一步下放财政资金管理权限，扩大市县资金管理权，提高资金使用效益，增强区域发展的自主权。三是健全完善转移支付激励机制，完善县级基本财力保障机制，增加对财政困难地区的财力补助，促进全省基本公共服务均等化。

4. 完善分类考核机制

对重点发展区，实行工业化和城镇化水平优先的绩效评价，提高经济增长、吸纳人口、质量效益、产业结构、资源消耗、环境保护以及外来人口公共服务覆盖面等方面指标的考核权重。对农业发展区，实行农业发展优先的绩效评价，强化对农产品保障能力的评价，提高农业综合生产能力、农民收入等指标的考核权重。对生态保护区，实行生态保护优先的绩效评价，强化对提供生态产品能力的评价，提高生态产品提供能力和生态环境保护等方面指标的考核权重。对资源转型区，实行产业转型优先的绩效评价，提高资源有序开发、接续替代产业发展、安全生产、失业问题解决、棚户区搬迁改造、矿山环境恢复治理、林区生态保护等方面指标的考核权重。对扶贫开发区，实行扶贫开发成效优先的绩效评价，针对贫困人口数量、生活水平等方面提高考核指标权重。

5. 加大先行先试改革力度

推动土地管理制度改革，探索实行租让结合、分阶段出让的工业用地供应制度，积极稳妥探索用地"三挂钩"制度，即城乡之间用地增减规模挂钩，城市建设用地的增加规模与本地区农村建设用地的减少规模挂钩；城乡之间人地挂钩，城市建设用地的增加规模要与吸纳农村人口进入城市定居的规模挂钩；地区之间人地挂钩，城市化地区建设用地的增加规模要与吸纳外来人口定居的规模挂钩。改革户籍管理制度，探索在全省范围内实行居住证一卡通，建立以居住证为纽带的基本公共服务提供机制。加快推进基本公共服务均等化，逐步将公共服务领域各项法律、法规和政策与现行户口性质相剥离。

6. 强化区域间开放发展合作共赢

持续扩大开放，坚持对外开放基本省策，突出专业化集群式招商，营造良好的营商环境，加强开放载体平台建设，推动企业注册登记、投资者保护等方面与国际接轨，探索推行权力清单和负面清单管理制度，促进投资贸易便利化。强化区域合作共赢意识，完善区域合作共赢机制。鼓励省际交界地区依托交通、物流、产业等优势，打造中原经济区区域合作示范区，有效发挥"窗口"效应。打破"各自为政"的诸侯经济模式，坚持用经济区的理念探索跨区域产业合作、利益共享、产业与生态融合发展、投融资体制改革创新等新机制，完善产业分工协作体系，打造区域优势产业链，实现产业对接、错位发展，形成各具特色、协调发展的整体区域优势。

第十四章 加快构建中原城市群有关问题研究

中原城市群从"八五"计划开始酝酿,至今已经历时20多年。随着国家区域发展战略的调整、河南发展阶段和发展基础的变化、交通通信技术的进步,中原城市群的空间范围也在不断进行调整。现阶段,中原经济区上升为国家战略,《国家新型城镇化规划》也将中原城市群定位为中西部地区推动国土空间均衡开发、引领区域经济发展的四个重要增长极之一,迫切需要按照国家级城市群的发展定位、发展要求和发展思路,重新审视界定中原城市群的空间范围,科学把握构建中原城市群的重点难点问题,切实明确中原城市群发展的战略举措,合理确定2014~2015年推动中原城市群发展的主要任务、工作重点、政策措施和阶段性工作目标,为加快中原崛起河南振兴富民强省进程,让中原更出彩提供战略支撑。

一、中原城市群概念的提出与发展历程

从"八五"计划开始,河南决策层和专家学者就对构建中原城市群的可能性和必要性进行探索,2003年第一次明确提出由9个省辖市构成中原城市群空间范围,随后根据形势发展变化逐步扩展至涵盖中原经济区30个省辖市的空间范围。

(一) 中原城市群的酝酿与提出

中原城市群概念,在研究"八五"计划时就进行了探索。20世纪90年代初期,像沿海经济带和沿长江经济带,都是根据交通指向规律,围绕交通运输进行布局形成的。在考虑河南经济布局规划时,有两种不同的观点,一种是沿黄经济带,另一种是中原城市群。后者的提出,主要考虑到黄河生态的限制,认为黄河不具有联络的作用,不是经济大动脉,不具备基本的运输功能,认为以郑州为核心形成城市群,在经济交往中联系比较紧密,更合理一些。

1995年,中共河南省委第六次党代会报告第一次明确提出中原城市群的概念,并初步提出了中原城市群的发展思路,即"加快以郑州为中心的中原城市群大发展步伐,着力培植主导产业,使之逐步成为亚欧大陆桥上的一个经济密集区,在全省经济振兴中发挥辐

射带动作用"。这是河南在正式文件中第一次明确提出中原城市群的概念。此后，河南省委、省政府组织专门力量调研了中原城市群问题，从战略角度提出了关于构建中原城市群的有利条件和对策建议。随后在"九五"计划实施过程中，省委、省政府多次在文件中提到中原城市群，提出统一协调中原城市群重大基础设施、产业布局、城镇体系和生态环境建设。

（二）中原城市群空间范围和发展思路的演进

2003年7月，为积极顺应国内外城镇化发展趋势，进一步加快城镇化进程，河南省委、省政府提出了《中原城市群发展战略构想》，纳入《河南省全面建设小康社会规划纲要》，第一次明确界定了中原城市群的范围，即"以郑州为中心，包括洛阳、开封、新乡、焦作、许昌、平顶山、漯河、济源在内的城市密集区作为中原城市群的空间范围"。

2003~2004年，由河南省发改委牵头，组织编制了《中原城市群经济隆起带发展战略构想》，提出"中原城市群城市体系在大的构架上分为三个层次：第一层次是大郑州都市圈；第二层次以大郑州都市圈为中心，以洛阳、济源、焦作、新乡、开封、许昌、平顶山、漯河八个中心城市为节点，构成中原城市群紧密联系圈；第三层次为外围带"，并将中原城市群定位为："实施区域性中心城市带动战略，整合区域资源和经济优势，着力构筑中原城市群经济隆起带，率先实现全面建设小康社会的战略目标，带领全省向现代化迈进，成为全省对外开放、东引西进的主要平台，全国重要的制造业基地，区域性商贸金融中心和科教文化中心，中西部综合竞争力较强的开放型经济区。"

2004年2月，省《政府工作报告》强调要"突出抓好中原城市群建设，完成中原城市群发展规划，建立中原城市群联动发展机制"。

2006年初，《河南省国民经济和社会发展第十一个五年规划纲要》提出，"加快中原城市群发展，把中原城市群建成带动中原崛起、促进中部崛起的重要增长极。"随后，出台了《中原城市群总体发展规划纲要》，确定中原城市群以郑州为中心，包括洛阳、开封、新乡、焦作、许昌、平顶山、漯河、济源共9个省辖市，14个县级市、33个县、340个建制镇，在空间上形成三大圈层——以郑州为中心的都市圈（开封作为郑州都市圈的一个重要功能区）、紧密联系圈（其他7个节点城市）和辐射圈（接受城市群辐射带动作用的周边城市）。

2009年，河南省委、省政府提出进一步完善中原城市群规划，着力构建"一极两圈三层"现代城镇体系。"一极两圈三层"的中原城市群框架为："一极"即构建带动全省经济社会发展的核心增长极，就是"郑汴新区"，包括"大郑东新区"和"汴西新区"。"两圈"即加快城市群轨道交通体系建设，在全省形成以郑州综合交通枢纽为中心的"半小时交通圈"和"一小时交通圈"。"半小时交通圈"就是以城际快速轨道交通和高速铁路为纽带，实现以郑州为中心、半小时通达洛阳等8个省辖市；"一小时交通圈"就是以高速铁路为依托，形成以郑州为中心、一小时通达南阳等9个省辖市的格局。"三层"即中原城市群核心层、紧密层、辐射层。核心层指郑汴一体化区域，包括郑州、开封两市区域；紧密层包括洛阳、平顶山等7个省辖市;辐射层包括南阳、商丘等9个省辖市。

2013年9月,中原经济区涉及的5省30个市在郑州举行了中原经济区首届市长联席会议,30个省辖市市长签署了共同推进中原城市群建设战略合作框架协议,将全力打造跨省级行政区域的中西部城市群,使之成为与长江中游城市群南北呼应、引领中西部经济发展的重要增长极。至此,以涵盖中原经济区全部城市来构建中原城市群成为共识,中原城市群的空间范围也扩展至中原经济区的30个省辖市。

(三) 国家对中原城市群发展的定位和要求

2006年4月15日,中共中央、国务院印发的《关于促进中部地区崛起的若干意见》中明确提出:"以武汉城市圈、中原城市群、长株潭城市群、皖江城市带为重点,形成支撑经济发展和人口集聚的城市群,带动周边地区发展。支持城市间及周边地区基础设施建设,引导资源整合、共建共享,形成共同发展的合作机制。"

2010年5月9日,为深入实施促进中部地区崛起战略,引导和支持中部地区城市群健康发展,国家发改委会同有关方面研究制定了《关于促进中部地区城市群发展的指导意见》,明确提出,中部地区已经初步形成了以武汉城市圈、中原城市群、长株潭城市群、皖江城市带、环鄱阳湖城市群和太原城市圈六大城市群为主的发展格局,在中部地区经济社会发展中具有举足轻重的地位。要求不断壮大城市群经济实力,增强产业集聚能力,提高城镇化水平,把城市群建成支撑中部地区崛起的核心经济增长极和促进东中西部良性互动、带动全国又好又快发展的重要区域。

2010年8月25日,《促进中部地区崛起规划》实施意见出台,提出培育城市群增长极:中原城市群以客运专线和城际快速轨道交通等重要交通干线为纽带,重点以郑东新区、汴西新区、洛阳新区建设为载体,整合区域资源,加强分工合作,推进区域内城市空间和功能对接,率先在统筹城乡、统筹区域协调发展的体制机制创新方面实现新突破,提升区域整体竞争力和辐射带动力,把中原城市群建设成为沿陇海经济带的核心区域和重要的城镇密集区、先进制造业基地、农产品生产加工基地及综合交通运输枢纽。

2011年9月28日,《国务院关于支持河南省加快建设中原经济区的指导意见》明确提出:充分发挥中原城市群辐射带动作用,形成大中小城市和小城镇协调发展的城镇化格局;实施中心城市带动战略,提升郑州作为我国中部地区重要的中心城市地位,发挥洛阳区域副中心城市作用,加强各城市间分工合作,推进交通一体、产业链接、服务共享、生态共建,形成具有较强竞争力的开放型城市群。支持郑汴新区加快发展,建设内陆开发开放高地,打造"三化"协调发展先导区,形成中原经济区最具活力的发展区域。推进教育、医疗、信息资源共享,实现电信、金融同城,加快郑汴一体化进程。加强郑州与洛阳、新乡、许昌、焦作等毗邻城市的高效联系,实现融合发展。推进城市群内多层次城际快速交通网络建设,促进城际功能对接、联动发展,建成沿陇海经济带的核心区域和全国重要的城镇密集区。

2014年3月,《国家新型城镇化规划(2014~2020年)》出台,明确提出"加快培育成渝、中原、长江中游、哈长等城市群，使之成为推动国土空间均衡开发、引领区域经济发展的重要增长极"。中原城市群被列入国家重点培育发展的跨省级行政区的国家级城市群，战略地位持续提升。

二、中原城市群空间范围的界定

从 2003 年第一次明确提出中原城市群的空间范围至今，先后形成了三种中原城市群的空间范围，根据《国家新型城镇化规划》对中原城市群的定位和要求，以及中原经济区的发展实际，综合比较三种空间范围，认为按照涵盖中原经济区 30 个省辖市的空间范围来构建中原城市群，符合国家区域发展战略要求，顺应城市群发展规律，适应了交通方式发展，兼顾了已有的良好发展基础。

（一）中原城市群空间范围的界定

中原城市群空间范围界定主要包括三种：

第一种空间范围包括河南 9 个省辖市，即以郑州为中心，包括洛阳、开封、新乡、焦作、许昌、平顶山、漯河、济源 8 个地区性中心城市为节点构成的城镇密集区。

第二种空间范围以河南 18 个省辖市为节点，在大的构架上将中原城市群城市体系分为三个层次：第一层次是大郑州都市圈，包括郑州和开封；第二层次以大郑州都市圈为中心，以洛阳、济源、焦作、新乡、许昌、平顶山、漯河 7 个中心城市为节点，构成紧密联系圈；第三层次为外围带，包括省内除第一、第二层次之外的其他 9 个省辖市，即南阳、商丘、驻马店、周口、信阳、濮阳、安阳、鹤壁、三门峡。

第三种空间范围覆盖中原经济区，以中原经济区 30 个省辖市为节点，根据 2013 年 9 月中原经济区首届市长联席会议形成的共同推进中原城市群建设战略合作框架协议，依托以客运专线为主的高效便捷交通走廊，强化"米"字形发展轴节点城市互联互动，促进中原城市群跨省级行政扩容发展。30 个省辖市包括河南省内的 18 个省辖市，河北省的邢台市、邯郸市，山西省的长治市、晋城市、运城市，安徽省的宿州市、淮北市、阜阳市、亳州市、蚌埠市和山东省的聊城市、菏泽市。

表 14-1 中原城市群三种空间范围界定主要指标比较分析

城市群	中原城市群（9 城市）	中原城市群（18 城市）	中原城市群（30 城市）
国土面积（万平方公里）	5.9	16.7	28.9
国土面积占全国比重（%）	0.6	1.7	3.0
总人口（亿人）	0.4	0.9	1.6
总人口占全国比重（%）	3.1	6.9	11.9
地区生产总值（亿元）	17349.1	29599.3	44891.1

续表

城市群	中原城市群（9城市）	中原城市群（18城市）	中原城市群（30城市）
地区生产总值占全国比重（%）	3.3	5.7	8.7
经济密度（万元/平方公里）	2940.5	1772.4	1553.3
50万人以上城镇密度（个/万平方公里）	1.5	0.9	0.9
人口密度（人/平方公里）	678	539	554

综合比较三种空间范围，我们认为，应按照覆盖中原经济区30个省辖市的空间范围来构建中原城市群，这样既顺应了城市群发展规律，又体现了国家对中原城市群发展的战略要求，既适应了高速铁路等快速交通运输方式的突破性发展，又推动了由行政区经济向经济区经济的转变，同时充分考虑了城市群内主要城镇具备的相同发展基础、相近发展任务、相似地域文化以及区域密切合作的悠久历史和传统习惯。

（二）依托中原经济区构建中原城市群的特征

按照覆盖中原经济区30个省辖市的原则来构建中原城市群，具有以下明显特征：

一是总量规模大。覆盖30个省辖市的中原城市群，国土总面积达到28.9平方公里，占全国比重达到3%；总人口为1.6亿，占全国比重达到11.9%。与长三角、珠三角、京津冀、长江中游、成渝、哈长等《国家新型城镇化规划（2014~2020年）》确定的其他六个国家级城市群相比，在国土面积上，仅次于长江中游城市群，大于哈长城市群、长三角城市群、珠三角城市群、京津冀城市群和成渝城市群，在七大城市群中居第2位；在人口规模上，在七大城市群中居第1位，分别为长三角城市群、珠三角城市群、京津冀城市群、长江中游城市群、成渝城市群和哈长城市群的1.6倍、2.7倍、1.8倍、1.1倍、2倍和4倍；在经济规模上，高于成渝城市群和哈长城市群，低于长三角城市群、珠三角城市群、京津冀城市群、长江中游城市群。

二是发展密度高。从经济密度看，覆盖中原经济区30个省辖市的中原城市群，和9城市、18城市的空间范围相比，虽然经济密度有所降低，但是仍然高于中西部的长江中游城市群、成渝城市群和哈长城市群，低于长三角城市群、珠三角城市群和京津冀城市群；从50万人以上的城镇密度看，不仅高于中西部的长江中游城市群和哈长城市群，而且高于东部的京津冀城市群，仅次于长三角城市群和珠三角城市群；从人口密度看，中原城市群每平方公里人口为554人，高于京津冀城市群、长江中游城市群、成渝城市群和哈长城市群。

三是文化同质性强。"文化城市群"代表了城市群发展的更高形态。纵观以河南为主体的中原地区发展史，中原城市群内各城镇同属于中原历史文化支脉，在历史上就是一个有着紧密内在联系的经济区域或军事区域，在文化历史和资源开发利用等方面有许多相似之处，可以有效降低城市群的发展成本，和长三角城市群、珠三角城市群的文化认同度相比，中原城市群的文化认同度也较高。

四是交通联系方便。中原城市群是全国举足轻重的铁路、公路、航空、通信等综合交通通信枢纽，公路网密度和道路等级在中西部地区处于明显优势，初步形成了以郑州为中心的密集高速客运网络，城镇之间联系通道较为密集。

表14-2 六大国家级城市群空间范围

城市群	中心城市	主要城市
长三角城市群	上海	杭州、嘉兴、湖州、绍兴、宁波、舟山、南京、扬州、常州、泰州、镇江、无锡、南通、苏州
珠三角城市群	广州、深圳	佛山、东莞、中山、珠海、惠州、江门、肇庆
京津冀城市群	北京、天津	保定、廊坊、唐山、沧州、秦皇岛、张家口、承德、石家庄
长江中游城市群	武汉、长沙、南昌、合肥	黄冈、黄石、鄂州、孝感、咸宁、仙桃、天门、潜江、宜昌、荆州、荆门；株洲、湘潭、衡阳、常德、岳阳、益阳、娄底；景德镇、九江、鹰潭、上饶、抚州、宜春、新余；芜湖、马鞍山、铜陵、安庆、池州、滁州、宣城、六安、淮南、蚌埠
成渝城市群	重庆、成都	自贡、泸州、德阳、绵阳、内江、乐山、眉山、宜宾、资阳
哈长城市群	哈尔滨、长春	吉林、大庆、齐齐哈尔、牡丹江、延吉、四平

表14-3 中原城市群与其他六大国家级城市群发展情况对比

城市群	中原城市群	长三角城市群	珠三角城市群	京津冀城市群	长江中游城市群	成渝城市群	哈长城市群
国土面积（万平方公里）	28.9	11	5.5	18.2	40.2	19.2	26.4
国土面积占全国比重（%）	3.0	1.1	0.6	1.9	4.2	2	2.7
总人口（亿人）	1.6	1	0.6	0.9	1.5	0.8	0.4
总人口占全国比重（%）	11.9	7.2	4.2	6.4	11.2	5.7	2.9
地区生产总值（亿元）	44891	87203	47780	52018	60263	29109	21600
地区生产总值占全国比重（%）	8.7	16.8	9.2	10.0	11.6	5.6	3.8
经济密度（万元/平方公里）	1553.3	7927.6	8687.2	2858	1499.1	1516.1	819.4
50万人以上城镇密度（个/万平方公里）	0.9	3.34	1.36	0.6	0.57	0.9	0.27
人口密度（人/平方公里）	554	909	1091	495	373	417	151

（三）依托中原经济区构建中原城市群的必要性

1. 顺应城市群发展规律的必然选择

城市群发展规律表明，城市群是在区域发展不断集聚与不断扩散的过程中逐步形成与

第十四章 加快构建中原城市群有关问题研究

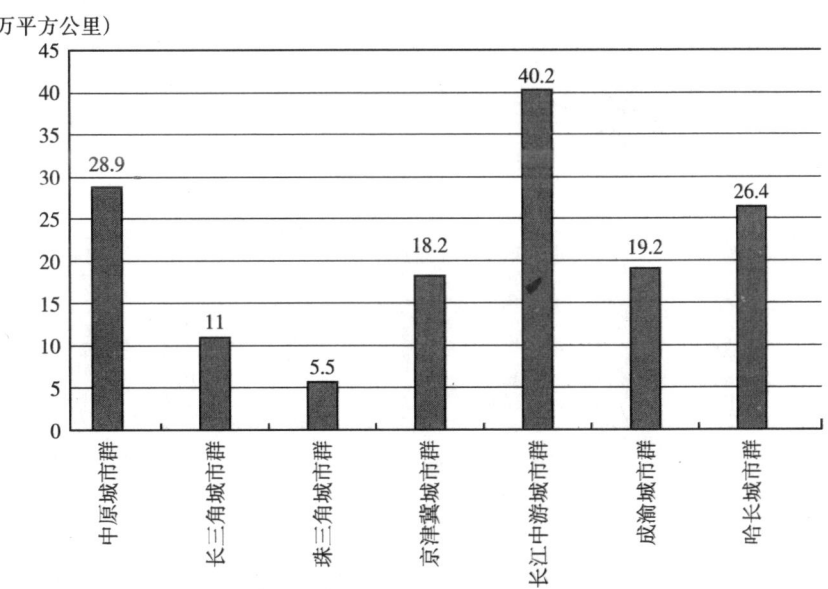

图 14-1 中原城市群与其他国家级城市群国土面积比较

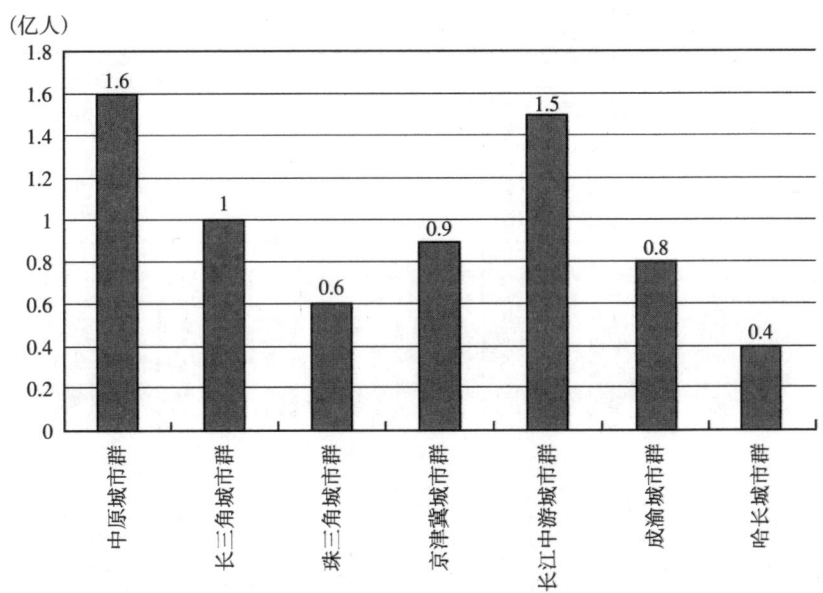

图 14-2 中原城市群与其他国家级城市群总人口比较

向前发展的，其发展和演化可以划分为酝酿阶段、形成阶段、成长阶段和成熟阶段等几个阶段。按照城市群发展演化的阶段划分，目前中原城市群正处于城市群发展的成长阶段，正处在城市群快速发展和持续壮大的关键时期。处于这一阶段的城市群，既表现为经济和人口规模的不断扩大、经济实力的持续提高，也表现为要素集聚能力的不断提高，辐射带动能力的持续提升，同时又呈现出区域范围不断扩大、发展空间不断拓展的区域特征。所以，涵盖中原经济区 30 个省辖市来构建中原城市群，着力拓展中原城市群的发展空间，不仅是中原城市群发展的现实需要，也是顺应城市群发展演化规律的必然选择。

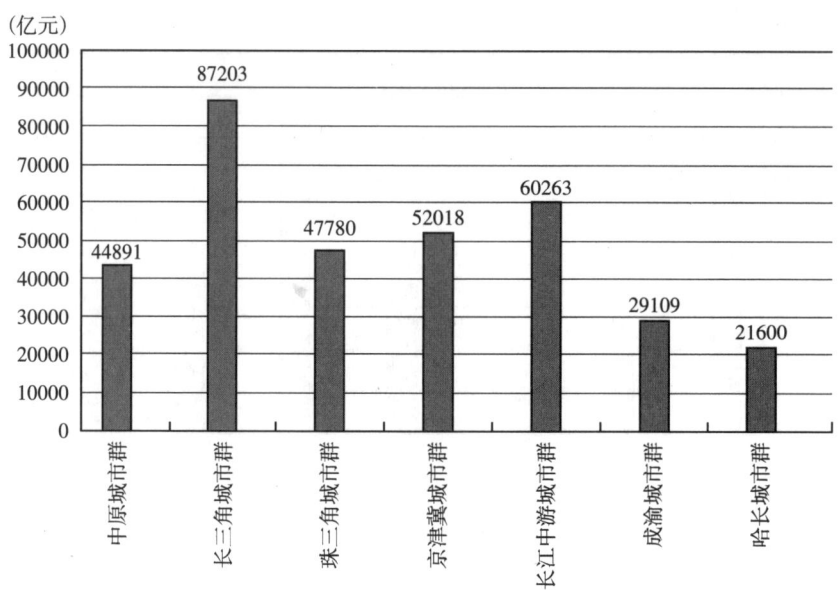

图14-3 中原城市群与其他国家级城市群地区生产总值比较

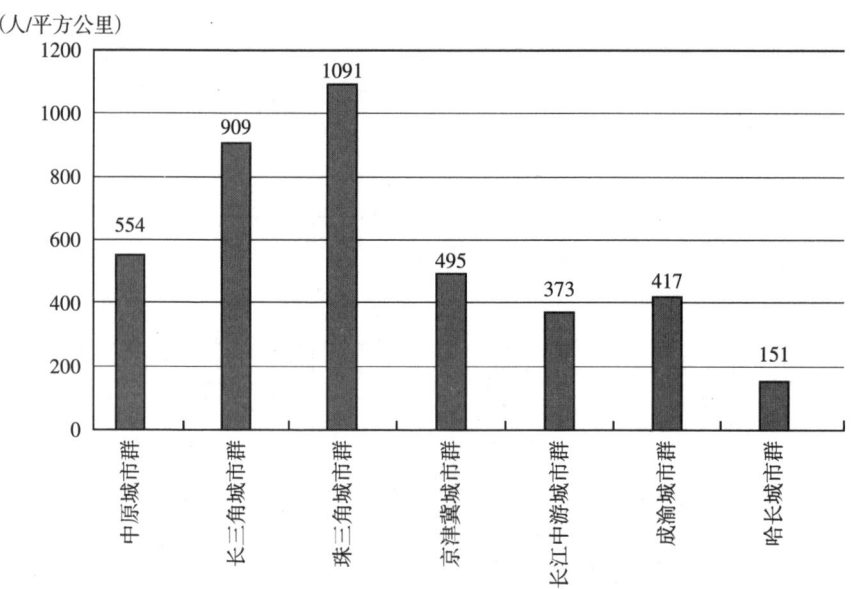

图14-4 中原城市群与其他国家级城市群人口密度比较

2. 建设国家级城市群的根本要求

国家级城市群是上升到国家发展高度,在全国城市群发展中具有战略主导地位的高度城市化区域。当前在我国被社会各界普遍认可的三大国家级城市群主要有长三角城市群、珠三角城市群和京津冀城市群。按照国务院印发的《国家新型城镇化规划(2014~2020年)》,除了东部三大城市群外,还有中原城市群、长江中游城市群、成渝城市群、哈长城市群,共7个国家级城市群。作为国家级城市群,要发挥推动国土空间均衡开发、引领区域经济发展的重要增长极作用,首先要按照经济区的要求,不能完全局限于行政区的边界

第十四章 加快构建中原城市群有关问题研究

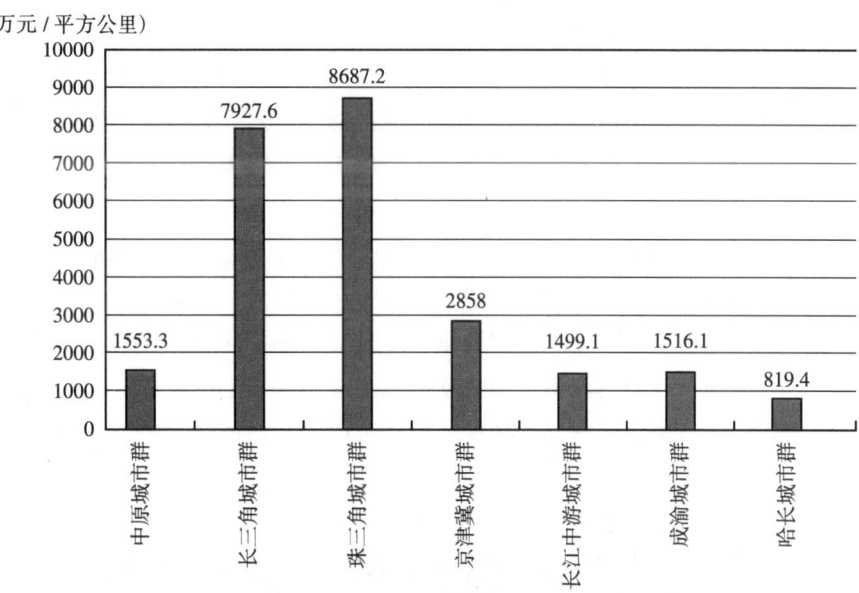

图 14-5 中原城市群与其他国家级城市群经济密度比较

来进行资源的优化配置。国家所确定的七大城市群，除珠三角城市群外，均跨省级行政区，并且由广东倡导，福建、湖南等 9 省份和港澳两个特别行政区积极响应，也已提出了泛珠江三角洲地区的概念。因此，必须按照《国务院关于支持河南省加快建设中原经济区的指导意见》的要求，构建涵盖 30 个省辖市的中原城市群。此外，在七大城市群之中，京津冀、长三角和珠三角三大城市群是我国经济最具活力、开放程度最高、创新能力最强、吸纳外来人口最多的地区。和三大城市群相比，中原城市群如果按照 9 城市或者 18 城市的空间范围来构建，城市群规模相对较小、区域影响力较弱，国家级城市群的功能和作用也无法完全发挥。

3. 推动全国区域协调发展的客观要求

改革开放以来，我国经济保持了较快的增长速度，各项事业均取得了很大成就，但地区差距、城乡差距明显。随着国家逐步加大对中西部地区发展的支持力度，地区发展差距扩大的趋势或将逐渐变缓，但是从发展趋势看，东部与中西部地区间人均 GDP 的绝对差距还没有出现逐步缩小的趋势。全国要进一步形成东中西部互动协调、优势互补、相互促进、共同发展的局面，必须建立沟通的桥梁与纽带。中原城市群的形成与崛起，是促进中西部区域性城市体系相互融合，促进人才、资本、资源有序流动的重要力量。在人口 1.6 亿的中原地区，若没有强有力的区域性中心城市及以其为核心的大型城市群的发展，国家城市体系和经济社会发展的地域空间结构的建构就会出现缺失和断裂。从国家发展战略的高度积极扶持中原城市群的发展，不仅有利于促进国家城市体系的发展和优化，建立国家经济社会发展最优空间结构，而且有利于打造覆盖中西部、辐射全国、连通世界的铁路、公路、航空、信息综合枢纽，更有利于在中部地区形成全国区域协调发展的重要战略区域。

4. 新常态下打造全国重要增长板块的根本路径

当前，我国发展新常态面临多种挑战，更蕴含多种机遇。"三期"叠加，矛盾交织，房地产风险、地方债务风险、金融风险等隐患有所显现，在此背景下，推进新型城镇化，必须强化内需拉动经济的主引擎作用，为我国经济保持较长时期的中高速增长提供巨大潜力和回旋空间。从这个意义上讲，中西部和东部地区的发展差距，也意味着中西部地区的发展潜力，意味着中西部地区在新常态推动全国经济持续健康发展的重要作用。以城镇化率为例，2012年东部地区常住人口城镇化率达到62.2%，而中部、西部地区分别只有48.5%、44.8%。为此，按照涵盖中原经济区30个省辖市的空间范围来构建中原城市群，国土总面积将达到28.9万平方公里，常住人口达到1.6亿人，有利于释放巨大的内需和消费潜力；有利于促进农业转移人口落户城镇，改造城镇棚户区和城中村，引导就近城镇化发展；有利于打造与长江中游城市群南北呼应、支撑中部崛起的北部板块，实现经济增长和市场空间由东向西、由南向北梯次拓展，推动全国人口经济布局更加合理、区域发展更加协调。

5. 实现中原地区自身发展和服务全国大局的必由之路

改革开放以来，中原城市群经济社会发展取得了长足进步，已经具备较好的产业基础，能源工业、食品工业、装备制造业等在我国具有重要的地位。但与东部沿海地区相比，经济水平、人民生活水平和工业化、城镇化水平明显偏低，呈现出明显的"塌陷"现象；农村人口基数大、劳动力素质偏低、就业压力大；"三农"问题更加突出，城乡二元结构更加明显。同时，中原城市群又是我国有着悠久传统的农业大区，也是我国当前最重要的粮食生产核心区。全区耕地面积约1.9亿亩，占全国耕地资源的1/10以上，是全国土地耕种强度、农副产品供给能力较高的地区，无论粮食生产还是肉蛋奶产量在全国都具有举足轻重的地位。其中，粮食产量超过1亿吨，占全国的18%以上；小麦产量5400万吨，接近全国的50%；棉花、油料、畜禽产量分别占全国的18%、20%、15%左右。因此，涵盖中原经济区30个省辖市来构建中原城市群，将有利于坚持走集约、绿色、低碳、智能的新型城镇化道路，一方面能够推动区域如期实现全面小康，有力支撑、促进我国全面建成小康社会，实现中华民族伟大复兴的中国梦；另一方面将促进土地的集约节约利用，保障国家粮食安全，实现新型工业化、信息化、城镇化和农业现代化同步发展。

（四）依托中原经济区构建中原城市群的可行性

1. 综合交通通信网络格局初步形成，城市联系日益便捷

中原城市群地处陇海—京广的"大黄金十字"交叉地区，发达的综合交通通信网络初步形成，这为城市群内城镇的内聚外联提供了保证。陇海—京广两大铁路枢纽在郑州交会，以全国少有的大黄金十字交叉形成中原城市群的主干骨架。"三横五纵"的国家铁路干线与密集分布的铁路支线、地方铁路，共同编织了中原城市群发达的铁路交通网络。《国务院关于支持河南省加快建设中原经济区的指导意见》明确提出，加快建设蚌埠、阜阳、商丘、聊城、邯郸、安阳、新乡、长治、洛阳、三门峡、南阳、漯河、信阳、运城、菏泽、邢台等地区性交通枢纽，形成与郑州联动发展的枢纽格局，这将与快捷的交通网络一起，构成以郑州为中心，300公里为半径的一小时高铁通勤圈。同时，连霍、京港澳等9条高

速公路,以及 105、106、107、207、310、311、312 等 9 条国道经过这里,公路网密度和道路等级在中西部地区处于明显优势,城镇之间联系通道较为密集。这一范围内拥有一个国际机场和多个民用机场,郑州航空港经济综合实验区建设打开了中原经济区建设的战略突破口,基础建设大规模展开,航空枢纽建设取得重大进展;客流特别是货运超常增长,招商引资、承接产业转移获得重大突破;口岸建设取得很大进步,郑欧国际班列运行超出预期;对周边地区的虹吸效应持续增加,辐射带动范围已经超过了河南自身。国家骨干公用电信网的"三纵三横"和南北、东西两条架空光缆干线,构成"四纵四横"的信息高速公路基本框架。交通运输和邮电通信强大的基础保障,使中原经济区内部的凝聚和外部的互动、交流、协作获得了强有力的支撑。

表 14-4 郑州"米字形"高铁一小时可达的主要城市

高铁运行方向	途经主要城市
北京—广州高速铁路客运专线	邢台、邯郸、安阳、鹤壁、新乡、郑州、许昌、漯河、驻马店、信阳
郑州—西安高速铁路客运专线	郑州、洛阳、三门峡
郑州—徐州高速铁路客运专线	郑州、开封、商丘
郑州—重庆高速铁路客运专线	郑州、许昌、平顶山、南阳
郑州—合肥高速铁路客运专线	郑州、许昌、周口、项城、界首、阜阳、淮南
郑州—济南高速铁路客运专线	郑州、开封、菏泽
郑州—太原高速铁路客运专线	郑州、焦作、济源、晋城、长治

2. 具备相同的发展基础,面临相近的发展任务

从区域整体水平和发展阶段特征看,中原城市群内各城镇经济社会发展水平大体接近,所担负的区域职能和发展任务也大体相同,都是我国重要的农业生产地区和人口密集区,在保障国家粮食安全方面担负着重要责任,都面临着解决"三农"问题、统筹城乡发展的迫切问题,都处于工业化、城镇化中期阶段,都处于亟待转变经济发展方式、推进产业结构升级的关键时期。所以,中原城市群内各城镇既有相同的经济社会基础,也有共同的加快发展的迫切愿望。因而,这些相同相似的阶段特征和区域功能更易实现中原城市群内各城镇之间的深度融合和分工合作,更易使不同城镇在战略取向、产业结构优化、要素合理流动、统一市场形成、资源有效利用等方面实现合作与多赢,也更易于在获取中央政府政策支持方面形成共识。

3. 地缘人文条件接近,交流融合由来已久

区域经济学基本理论认为,不同区域的地理接近及相似性、相近性,即区域内各个组成部分具有比较接近的自然、历史和现实社会经济条件,是构成城市群的重要基础前提之一。长三角、珠三角等城市群之所以能形成经济融合体,自然、历史、文化等因素相近是其中的重要原因,如北方文化之于京津冀城市群、岭南文化之于珠三角城市群、江南文化之于长三角城市群。同样,中原城市群虽然地跨河南和周边的山西、安徽、河北、山东等省份,但是完全具备相近相似的地理条件和地缘人文因素,具备认同中原文化的广泛基础。在当今市场经济条件下,跨地区、跨省域的城市之间的协作关系更加紧密。这一区域

不同省份内的一些主要城市,如安阳与邯郸,焦作与晋城,三门峡与运城,商丘、周口与皖北苏北诸市,濮阳与菏泽、聊城,南阳与襄樊等,虽分属不同省份,但不仅地缘相邻、交通相连、经济和人员交往交流频繁,而且语言相通、民俗民风相近。

4. 城镇之间协作广泛持久,经济交往十分密切

在相近的地缘文化背景和大致相当的发展阶段特征下,中原城市群跨越省份边界,共同发展也符合区域合作发展的总体走势。改革开放以来,中原城市群相邻的各省、各市,甚至县乡之间早已出现了多形式、多层次的区域经济合作。这些地跨省际内外、延续至今的区域经济协作体的出现,为中原城市群的构建奠定了广泛的经济社会基础。除此之外,处于中原城市群内部省域交界地区的安阳、邯郸、晋城、焦作、商丘、周口、淮北、三门峡、运城、濮阳、菏泽、聊城等城市,近年来也都保持着持续快速发展的良好态势,经济实力不断提高,城市功能不断完善,成为中原城市群内具有较强支撑力的次级区域性中心,与群内的郑州、洛阳等城市一起构成了较为完善的现代城市体系构架。

5. 中心城市快速成长,辐射力带动力不断增强

中心城市的规模实力、发展状况和辐射能力,在很大程度上决定着城市群的空间范围和发展水平。从郑州与周边区域性中心城市的发展对比看,郑州的经济总量、发展速度均高于周边的济南、石家庄、太原、合肥等省会城市,这也从一定程度上决定了中原城市群成为国家级城市群之后,空间扩展的方向将主要体现在东部和北部,郑州将以突出的区位优势成为带动整个中原城市群发展的增长极。初步核算,2013年郑州全年完成生产总值6201.9亿元,人均生产总值68070元,全社会固定资产投资完成4509.3亿元,完成社会消费品零售总额2586.4亿元,直接进出口总额427.5亿美元,完成地方财政总收入1116亿元,地方公共财政预算收入723.6亿元,城镇居民人均可支配收入26615元,农村居民人均纯收入14009元。从纵向对比看,郑州市经济社会保持快速发展,综合经济实力进一步增强,2006~2013年郑州生产总值年均增幅为13.5%,全社会固定资产投资年均增长20.2%,社会消费品零售总额年均增长15.4%,直接进出口总额年均增长42.8%,地方财政总收入年均增长23.8%,公共财政预算收入年均增长19.3%。从横向对比看,2013年,郑州和周边省份的省会城市相比,各项总量指标均居第一位或者第二位,辐射带动能力相对增强,辐射带动范围持续扩大。

表14-5 2013年郑州与相邻省会城市主要经济社会指标比较

城市	郑州	太原	合肥	济南	石家庄
地区生产总值(亿元)	6202	2412.9	4672.9	5230.2	4863.6
人均生产总值(元)	68070	56547	61555	74728	46301
全社会固定资产投资(亿元)	4509	1670.7	4708	2638.3	4400.2
社会消费品零售总额(亿元)	2586.4	1281.5	1480.8	2633.9	2179.7
进出口总额(亿美元)	427.5	91.6	181.9	95.7	140
地方公共财政预算收入(亿元)	723.6	247.3	438.62	482.1	315.1
城镇居民人均可支配收入(元)	26615	24000	28083	35648	25274
农村居民人均纯收入(元)	14009	11288	10352	13248	10066

资料来源:2013年各省会城市统计公报。

第十四章 加快构建中原城市群有关问题研究

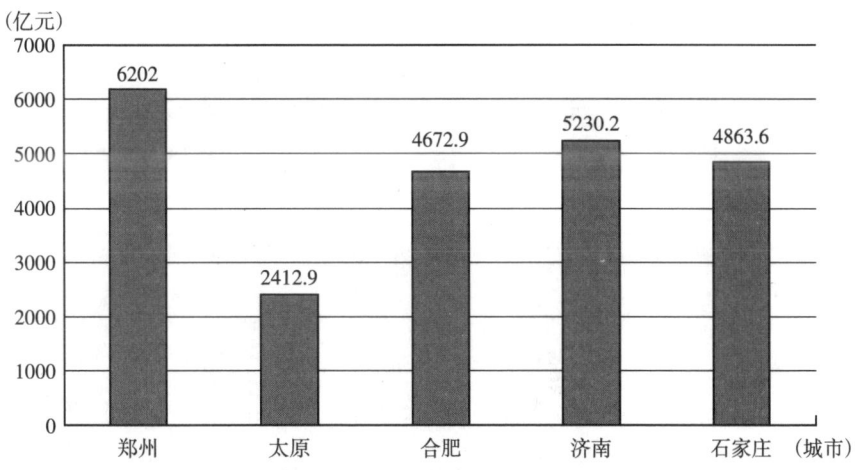
图 14-6　2013 年郑州与相邻省会城市生产总值比较

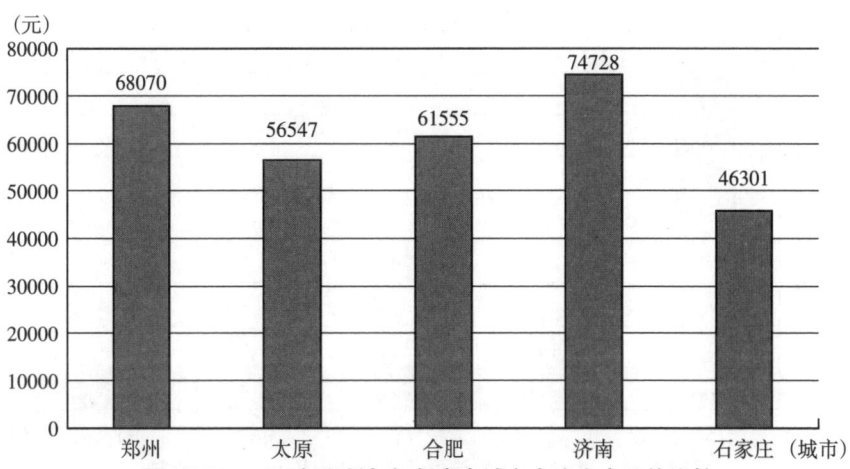
图 14-7　2013 年郑州与相邻省会城市人均生产总值比较

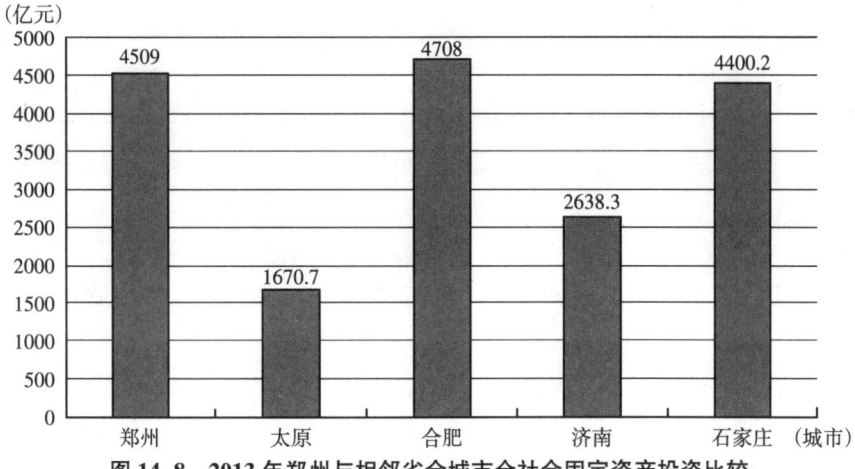
图 14-8　2013 年郑州与相邻省会城市全社会固定资产投资比较

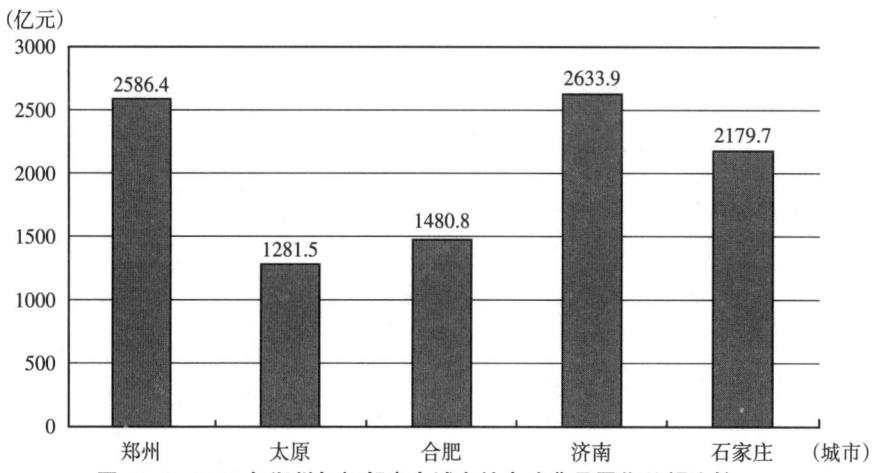

图 14-9　2013 年郑州与相邻省会城市社会消费品零售总额比较

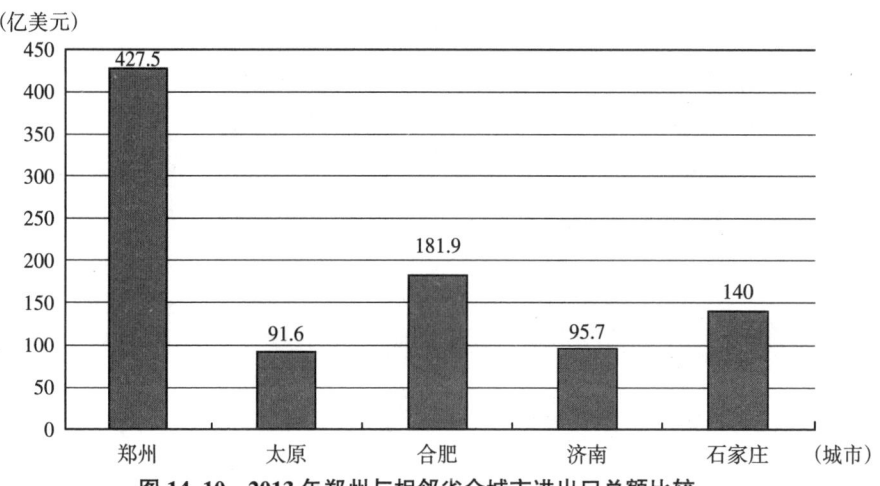

图 14-10　2013 年郑州与相邻省会城市进出口总额比较

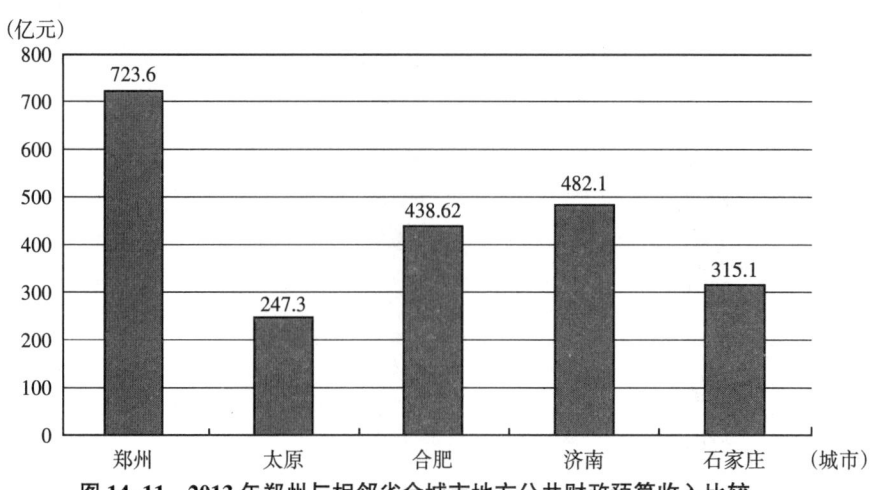

图 14-11　2013 年郑州与相邻省会城市地方公共财政预算收入比较

三、构建中原城市群难点、突破难点的战略构想和具体对策

(一)构建中原城市群的难点

构建中原城市群,已具备良好的条件和基础,但在构建的过程中,还面临着一些特殊难点,存在着一些城市群发展的共性问题,需要引起我们的高度重视。

1. 特殊区情问题

依托中原经济区构建中原城市群,具有特殊的区情,这些特殊区情决定了建设中原城市群的特殊难度。中原经济区是传统的农业区和粮食生产核心区,肩负着国家粮食生产和维护粮食安全的重任,据统计仅河南全省粮食总量约占全国的1/10,小麦产量占全国的1/4。中原经济区也是国家重要的生态环境保护区,地跨长江、淮河、黄河、海河四大流域,涵盖大别山—桐柏山、太行山、伏牛山三大山系,又是南水北调中线工程的水源地,加强生态和环境保护关系全局。《国务院关于支持河南省加快建设中原经济区的指导意见》指出:"积极探索不以牺牲农业和粮食、生态和环境为代价的'三化'协调发展的路子,是中原经济区建设的核心任务。"因此,在构建中原城市群的过程中,如何正确处理中原经济区与中原城市群的关系,正确处理城市群建设与经济区发展,正确处理城镇化、工业化、信息化发展与农业现代化的关系,成为中原城市群构建中需着力思考的重大问题。

2. 省级协调难度较大问题

依托中原经济区构建中原城市群,涉及范围大、面积广,涵盖5省30个省辖市,由于分属不同的省份,隶属不同的行政关系,省级协调起来难度较大。尤其是中原城市群是以河南省为主体,其他四省涉及城市相对较少,其往往认为中原城市群是河南一省的事情,在有重大利益的时候其往往习惯于"搭便车",而在不能给自身带来利益的情况下往往缺乏合作"热情"。同时,一些城市基于地方发展的考虑,往往从本地区的角度来考虑问题,缺乏大局意识和整体观念,从而产生了一些诸如行政壁垒、市场分割、区域障碍等现象与问题,导致在跨界交通设施建设、水资源使用、生态环境治理以及人员流动上以邻为壑,阻碍着城市群健康可持续发展。因此,在构建中原城市群的过程中,如何打破"一亩三分地"的定式思维,构筑形成区域发展共同体,从顶层规划到具体执行,还有诸多难题需要攻克。

3. 强点不强问题

核心城市是城市群快速发展的关键和保证。核心城市发展速度的快慢、规模的大小以及实力的强弱,对于城市群发展的速度、质量和效益具有举足轻重的作用。与长三角、珠三角、京津冀、山东半岛以及成渝城市群等发展相对成熟城市群的核心城市相比,中原城

市群核心城市郑州市，无论是从经济总量和发展规模，还是从经济实力和竞争能力等方面，与其还有不小的差距。2013年，郑州市实现生产总值6201.9亿元，而同期的上海市、广州市、北京市、青岛市、成都市和重庆市分别达到21602.1亿元、15420.1亿元、19500.6亿元、8006.6亿元、9108.9亿元和12656.7亿元，郑州市仅为上海市的28.7%、广州市的40.2%、北京市的31.8%、青岛市的77.5%、成都市的68.1%和重庆市的49.0%[①]。因此，如何进一步做大做强中原城市群的核心城市，提高郑州市的综合实力和辐射带动力，成为构建中原城市群过程中必须考虑的重大现实性问题。

4. 发展质量不高问题

城镇整体发展质量不高，是中原城市群发展的典型特征。长期以来，中原城市群的一些城镇在推进城镇化建设的过程中，往往注重城镇的发展速度和规模，而轻视城镇的质量和效益；往往注重城镇规模的扩张，而轻视城镇的内涵式发展；往往注重城镇的建设，而轻视城镇的管理，城镇发展方式较为粗放。一些城镇发展规划滞后、理念不新、起点不高，城市建设缺乏个性和特色，造成千城一面；一些城镇基础设施和公共服务设施建设投入欠账较多，城镇功能不完善，城镇管理较为粗放，城镇承载能力不高；一些城镇土地利用集约化程度低，土地资源浪费严重，城市建设用地供求矛盾日益突出，加剧了资源短缺、环境恶化的严重程度，降低了城镇的综合承载能力。

5. 以人为本问题

构建中原城市群，促进城市群各城镇的发展，说到底是为了改善人民的生活，提高人民的生活质量和幸福指数。然而长期以来，由于受GDP绩效考核、地方财政收入和利益驱使等多重因素的影响，中原城市群的一些地区和城镇，在推进区域发展的过程中，往往口头上强调"以人为本"，但在实际操作中，常常忽视人的发展需要和居民合法权益的保护，产生一些不可调和的矛盾和问题；大多重视经济和产业的发展，而轻视与居民息息相关的社会事业的发展，形成了一些诸如"上学难、看病难、住房难"等现象与问题；强行"赶"农民进城、"赶"农民上楼，迫使农民改变身份，结果非但没有实现农民向市民的转变，反而留下大批失地、失业、失保的"伪市民"，不仅严重影响了城市群的发展质量，而且给社会稳定造成重大隐患。因此，如何坚持以人为本，切实维护人民群众的利益，是构建中原城市群过程中的一个核心问题。

除了上述列举和分析的一些特殊难点之外，在构建中原城市群的过程中，还面临着一些国内外城市群发展中存在的共性问题，如行政壁垒问题、市场分割问题、产业同质问题、制度障碍问题、法规掣肘问题等。这些问题在很大程度上也是影响和制约中原城市群发展的关键要素，也应引起我们的高度重视，着重在构建中原城市群的过程中逐步加以解决。

（二）突破难点的战略构想

构建中原城市群是一项复杂的系统工程，需要各个部门、各个方面的共同努力。当前

---

① 数据来自2013年郑州、上海、广州、北京、青岛、成都、重庆等城市统计公报。

和今后一个时期，构建中原城市群，要找准着力点，突出关键点，精准发力点，有针对性地破解这些难点问题。

1. 把握区情：走出一条"四化"同步发展的新路子

要结合城市群的区情特征和国家的战略要求，积极推动信息化和工业化深度融合、工业化和城镇化良性互动、城镇化和农业现代化相互协调，切实走出一条"四化"同步发展的新路子。一是加快推进新型城镇化发展，着力形成以城市群为主体形态，大中小城市和小城镇协调发展的新格局，以新型城镇化带动新型工业化和新型农业现代化。二是以发展先进制造业和战略新兴产业、改造提升传统优势产业为重点，积极推进新型工业化，促进工业结构的转型升级，以新型工业化促进新型城镇化和新型农业现代化。三是坚持把保障粮食安全和促进农民增收作为核心任务，积极推进新型农业现代化，以新型农业现代化支撑新型城镇化和新型工业化。四是在新型工业化、城镇化和农业现代化深入推进过程中，积极强化信息化战略作用，以信息化来提升新型工业化、城镇化和农业现代化的质量和效益。

2. 加强合作：积极建立城市群联动协调发展机制

加强省级政府间的沟通协作，探索建立河南省、河北省、山东省、山西省、安徽省五省省级政府间的沟通协调机制，定期举行会议对中原城市群发展的重大问题进行沟通协调。建立中原城市群各城市政府参与的协调机制，定期不定期举行和召开城市群协调发展会议，共商城市群协调发展问题，同时在基础设施建设、生态环境保护、规划对接等方面，展开务实合作。成立由中原城市群各城市主要职能部门参与的部门协作机制，具体负责城市间具体问题的沟通与衔接工作。建立城市群利益协调机制，对城市群城市间产业转移、技术合作、基础设施建设、生态环境治理等活动，进行利益协调。建立城市群发展的约束机制，明确中原城市群发展的规则制度，对于影响、抑制城市群协同发展的城镇进行有效约束和制约。

3. 做强极核：打造大郑州都市地区

围绕建设国家区域性中心城市的战略目标，积极创造条件，强化政策支持，集全省之力，以提高郑州首位度和国际化程度为重点，全力推进郑州跨越式发展，着力提升郑州市对中原城市群的龙头带动作用。一是提升中心城区的综合服务功能，通过强化科技创新和文化引领，促进高端要素聚集，优化提升中心城区现代服务功能，着力提升郑东新区高端要素集聚功能，积极提升高新区、经济技术开发区等产业集聚区的支撑能力，不断强化国家区域性中心城市地位。二是强化产业支撑能力，重点发展电子信息、汽车、高端装备等先进制造业和金融、现代物流、文化等现代服务业，壮大总部经济，打造全国重要的先进制造业和现代服务业基地。三是优化城市发展形态，密切中心城区与新郑、新密、荥阳、登封等周边县城的联系，推进组团式发展，加快建设以中心城区为核心、外围组团为支撑、小城镇为节点的发展新格局。

4. 提升质量：切实提高中原城市群的运行效率

发展质量不高是当前中原城市群面临的最为突出的问题。因此，在构建中原城市群的过程中，要把提升中原城市群的发展质量和运行效率放在重要位置，着力促进城市群的健康可持续发展。一是要转变城镇发展方式。着力促进城镇发展方式由粗放型向集约型转变，从片面追求规模和数量的扩张转向追求质量和效益的提高。二是提高资源的利用效率。探索建立资源能源节约集约利用制度，形成有利于节约资源能源和保护生态环境的产业结构、增长方式、消费模式，集中建设一批紧凑型、节水型、节地型、生态型城镇。三是加强生态环境保护。树立生态环保、低碳发展的新理念，积极加强城镇生态环境建设，着力强化环境综合治理，全面推进城市环境整治，积极推进城镇公园、绿地、水系等生态体系建设，切实改善城乡人居环境，不断提升城市群的环境质量和宜居程度。

5. 以人为本：坚持把维护人民群众的根本利益放在重中之重

在构建中原城市群过程中，要坚持以人为本的核心理念，坚持把维护人民群众的根本利益放在核心位置，心里想着群众，充分依靠群众，切实服务群众，让构建城市群的过程成为改善居民生活质量的过程，成为提升城乡居民幸福指数的过程。一是在构建中原城市群的过程中，尤其是在农村人口向城镇转移过程中，要充分保护农民的根本利益，切实维护农民的合法权益。二是要在构建中原城市群的过程中，更加注重社会事业的发展，切实改善和有效解决城乡居民关注的"就学难、就医难、就业难、住房难"等突出难题，让人民群众更体面、更有尊严地生活。三是在加大基础设施和公共设施建设的同时，更加注重生态环境的建设，为城乡居民营造更加优越的生活居住环境。四是在物质文明建设的同时，更加注重社会主义精神文明的建设，不断提高居民的思想道德、科学文化、劳动技能和身体素质，促进人的全面发展。

（三）突破难点的具体对策

站在新的历史起点上，构建中原城市群，既要充分认清当前面临的新情况、新问题，突出重点，把握关键，精准发力，着力形成中原城市群建设的新局面，又要科学把握构建中原城市群的重点难点问题，循因施策、重点突破、有效解决，着力形成中原城市群发展的新格局。

1. 加强评估：积极构建城市群发展质量的评价体系

根据城市群发展的科学内涵和基本特征，结合国家新型城镇化发展的战略要求，积极建立中原城市群发展质量评价的评估体系，定期对中原城市群各城市的发展质量和效益水平进行评估，并把其作为考核城市发展成效和领导干部的重要依据。中原城市群发展质量评价体系指标的制定，既要包括经济发展指标，也要涵盖社会事业、人口转移、生态环境、资源利用等方面的指标，以便从多维视角来综合考量城市群的发展质量和效率水平。

2. 筑造强点：加快培育洛阳、南阳、商丘、安阳四大副中心城市

在继续做大做强郑州、打造郑州大都市地区，培育打造洛阳副中心的基础上，着力培育和打造一批副中心城市。有效明确开封的功能定位，科学把握郑汴一体化发展的前景趋势，科学论证开封作为副中心城市的可行性和必要性，实施开封去"副中心"。充分认识南阳、商丘、安阳等人口大市、农业大市的战略价值和战略意义，着力把南阳、商丘、安

阳作为副中心城市，进行重点支持和打造，着力形成"一核四副"共同支撑带动中原城市群发展的战略新格局。

3. 强化对接：加快推进郑州与开封、新乡、焦作、许昌等周边城市的融合发展

发挥郑州龙头作用，推动郑州与开封、新乡、焦作、许昌等毗邻城市的融合发展，形成高效率、高品质的组合型城市地区，构建辐射带动中原城市群发展的核心区域。深入推进郑汴一体化，统筹电子信息、汽车及零部件、装备制造、现代物流、文化创意、金融服务等主导产业布局，形成现代产业集聚区和复合型功能区。完善"两干三城"（干线公路、干线铁路、城际轨道交通、城际快速客运通道、城际快速货运通道）基础设施建设，在郑州与新乡、焦作、许昌之间构建以"两干三城"为支撑的快速交通网络，健全以先进制造业、战略性新兴产业、现代服务业为主的产业体系，促进生产要素自由流动和优化配置。

4. 示范带动：建立跨行政区的区域战略合作示范区

积极推进城市跨区域战略合作试点示范工程，培育和形成一批跨区域战略合作示范区。以共建承接产业转移示范区为抓手，积极推进晋陕豫"黄河金三角"区域合作示范区建设。积极推进南阳、驻马店、襄阳、十堰、渭南等城市的战略合作，打造豫鄂陕区域合作发展示范区。积极推动商丘、菏泽、亳州、阜阳、周口等城市的跨区域合作，打造豫鲁皖区域合作发展示范区。积极加强安阳、长治、邯郸、聊城等城市的战略合作，打造冀鲁豫合作发展示范区。积极强化济源、焦作、晋城、运城、长治等城市的战略合作，打造豫晋区域合作发展示范区。

5. 先行先试：积极建立"四化"同步发展试验区

加快推进"四化"同步发展，积极培育和打造一批"四化"同步发展试验区。积极选择工业化、城镇化和农业现代化发展相对较好、优势突出、具有典型性和代表性的地区和城镇，推进"四化"同步发展改革试点。开展新型城镇化改革试点，打造和培育一批新型城镇化发展试验区。选择工业基础发展较好的郑州、洛阳等城市，积极推进信息化与工业化的融合发展，打造信息化与工业化融合发展试验区。积极实施现代农业发展示范工程，建设一批现代农业综合配套改革试验区。加快城乡一体化示范区建设，重点推进济源城乡一体化示范区建设，深入推进新乡统筹城乡发展改革试验区、信阳农村改革发展综合试验区建设。

6. 强化支撑：加快推进基础设施支撑体系建设

加快推进现代交通、信息网络、水利支持、能源支撑等重大基础设施建设，不断提高中原城市群的基础支撑和保障能力。加快完善现代交通系统，重点抓好航空港、铁路港、公路港等枢纽场站建设，全力推进"米"字形快速铁路网建设，完善高等级公路网，提升水运通道功能，形成多种运输方式联动的大格局。完善信息网络系统，大力推进信息基础设施建设，打造全国重要的信息网络枢纽。完善水利支持系统，构建形成复合型、多功能的水利网络。完善能源支撑系统，重点抓好全国电力联网枢纽、全国重要煤炭储配中心、区域性油气输配中心"一枢纽两中心"建设。积极推进城镇基础设施建设，推动城

镇交通、供水、供电、电信、环保、消防等公共基础设施向农村延伸，促进城乡基础设施共建共享。

7. 共建生态：构筑形成"四区三带"区域生态网络

加快林业生态工程建设，实施长江流域防护林等重点工程，建设桐柏大别山地生态区。实施天然林保护等重点工程，建设伏牛山地生态区。实施太行山绿化等重点工程，建设太行山地生态区。实施"百千万"农田防护林体系改扩建、生态廊道网络、城镇绿化美化等重点工程，建设平原生态涵养区。建设沿堤防护林带和黄河湿地生态功能区，构筑黄河滩区生态涵养带。在南水北调中线工程干渠沿线两侧营造宽防护林带和高标准农田林网，构筑南水北调中线生态走廊。全面整治淮河干流及其重要支流，建设沿淮河生态防护林，构筑沿淮生态走廊。

四、近期构建中原城市群的主要任务、工作重点、政策措施和阶段性目标

（一）近期构建中原城市群的主要任务与工作重点

1. 着力推进郑州航空港经济综合实验区建设

全面建成郑州新郑国际机场二期及配套工程，扩大航空货运规模，力争郑州新郑国际机场货邮吞吐量年均增长40%以上，航空货运保障能力全面提升，国际航空物流中心建设初见成效。完成郑州至机场城际铁路、机场高速改扩建、商丘至登封高速公路、机场至西华高速公路、国道107、国道310、省道102等项目建设。加快机场核心区物流园区和功能区布局，加强与菜鸟科技、京东商城等国内外知名电商合作，引进一批国内外龙头企业，打造融入国际生产供应链和消费供应链的产业集群。加快北部城市综合服务区起步区和南部生产性服务中心区开发，全面推进航空都市建设。

2. 加快落实洛阳、南阳、商丘、安阳四大副中心城市的支持政策

加大对洛阳市的政策支持力度，出台支持洛阳老工业基地建设、产业转型升级、高新技术产业发展、老城区改造提升、重大基础设施建设等方面的专项支持政策，促进洛阳摆脱难关、提质发展。积极出台促进南阳市、商丘市、安阳市建设副中心城市的指导意见，从土地政策、税收政策、财税金融政策、产业发展政策、招商引资政策等方面建立政策支持体系，重点支持三市产业发展、城镇建设、基础设施建设、公共事业发展、生态环境治理等，引导三市提质增效、跨越发展。

3. 加快实施郑州与开封、新乡、焦作、许昌的对接工程

深入推进郑汴一体化发展，着力建成郑开城际铁路，加快推进黄河南岸生态走廊建设，启动实施招商引资、社会保障、城市管理等制度对接点，促进城际功能和发展政策

对接。启动实施郑新一体化发展工程，率先推进城际快速通道建设，试点推进公交一卡通、公交高速化，支持两市对接融合、相向发展。积极编制郑州与焦作、许昌对接融合的总体方案和发展规划，加快推进郑州与焦作、许昌间的快速通道建设，建成郑州至焦作城际铁路、郑州至云台山高速公路、许昌至郑州新郑国际机场快速通道，建立郑州与焦作、许昌对接融合的组织协调机制，制定完善政策支持体系。

4. 积极实施中小城市和特色小城镇专项培育工程

加快推进10个省直管县的发展，积极培育形成地区性中心城市。推动城区人口规模在10万人左右的县城，全面加强城区供水、供电、供气等基础设施和教育、文化、医疗卫生等公共服务能力建设，适度拓展县城发展空间，扩大县城人口规模。积极推进镇改市改革试点，着力把巩义市回郭镇、安阳县水冶镇、新郑市龙湖镇、新密市超化镇打造成为镇级市。积极实施重点镇示范工程建设专项，选择100个左右区位条件优越、发展潜力大的重点镇，高标准编制城镇总体规划和镇区详细规划，加强基础设施和公共服务设施建设，推进镇容镇貌综合整治，加快专业园区布局建设，因地制宜发展特色产业，着力建成一批特色小城镇。

5. 加快推进新型城镇化改革试点

按照国家新型城镇化改革试点的要求，积极选择一批在新型城镇化方面具有发展优势、特色、基础和前景的市县，成为国家新型城镇化改革的先期试点。积极开展全省新型城镇化改革试点，选择一批在新型城镇化发展上具有典型性、代表性的县市，作为全省新型城镇化改革的试点，鼓励其在建立农业转移人口市民化成本分担机制、建立多元化可持续的城镇化投融资机制、改革完善农村宅基地制度、创新行政管理和降低行政成本的设市模式等方面，进行制度创新和先行先试。

6. 着力实施产业集聚区提质工程

按照"四集一转"的总体要求，大力实施产业集聚区提升工程，着力提升产业集聚区产业集群、配套服务、节约集约、产城互动发展水平，着力打造产业集聚区升级版。实施重大项目专项，培育扶持一批主导优势产业和龙头骨干企业，形成一批主营业务收入超百亿元的产业集群，打造一批千亿级的产业集聚区。积极探索跨行政区域产业合作发展新模式，积极实施产业集聚区合作共建试点，着力培育和建设一批跨行政区的共建型产业集聚区。

（二）近期构建中原城市群的政策措施

1. 寻求国家政策支持

积极加强与国家发改委、财政部、国土资源部等相关部委的沟通协调，争取在中原城市群开展区域协同发展或者一体化发展试点工作，其核心议题就是通过处理好城市群各城市间的利益关系，化解城市群区域分割、行政壁垒、市场障碍、功能同构、法规掣肘等现象与问题。同时，积极争取国家在产业发展、城镇建设、生态治理等方面的政策支持。

2. 建立组织协调机制

建议成立中原城市群组织保障机制，由国家发改委牵头，成员主要由河南省、河北省、山东省、山西省、安徽省以及相关国家部委组成，主要负责中原城市群发展政策制定、重大问题协商、核心利益协调等工作。

3. 编制实施发展规划

加快编制实施中原城市群发展规划，积极开展和启动城市群城镇建设、产业发展、土地利用、综合交通、基础设施、生态环保等专项规划的编制工作，统筹推进城市群地区的城镇发展、产业融合、资源开发、市场开拓、生态治理、基础设施建设、公共服务设施共建共享等重大事项。

4. 完善综合配套政策

配合中原城市群的构建工作，积极从财政、产业、土地、人口、环境、投融资等方面制定城市群发展的政策支持体系，引导城市群持续健康发展。同时，积极推进综合配套改革，在土地管理制度、人口管理制度、投融资制度、生态环保制度等方面进行制度创新。

5. 建立专项发展资金

建立中原城市群发展专项资金，对于中原城市群城市间的产业分工合作、区域联合招商、跨区域投资活动、产业升级重大项目、重大基础设施建设、公共服务设施配套、生态环境治理与改善等重点领域，给予重点支持。

6. 创新考核评价体系

构建中原城市群发展的考核评价体系，从经济发展、社会建设、人口转移、资源节约、基础设施建设与公用服务设施配置、生态环境治理和改善等维度对中原城市群各城市的发展进行考核评价，并作为考核评价地区领导干部的重要依据。

7. 完善法律法规保障

联合河北省、山东省、山西省、安徽省等周边省份，协商出台促进中原城市群发展地方性法规，为促进中原城市群各城市间产业分工合作、基础设施共建共享、生态环境联防联控等提供法规保障，为协调中原城市群发展中的矛盾与问题提供法律依据。

（三）近期构建中原城市群的阶段性目标

力争经过 2014 年、2015 年的努力，中原城市群构建工作取得初步成效，城市群发展呈现出持续向好的发展态势。郑州航空港经济综合实验区建设取得显著成效，重大基础设施建设取得新进展，陆空高效衔接的多式联运新优势逐渐形成，航空都市建设实现新突破，航空物流产业发展取得新进展，航空航材、电子信息、精密机械、生物医药等高端产业快速推进，全球智能终端研发制造基地逐步形成。四大副中心城市培育工作取得积极进展，洛阳、南阳、商丘、安阳等副中心城市实力显著提升。郑州与开封、新乡、焦作、许昌等城市的融合发展取得初步成效，"两干三城"建设取得新进展，郑州至焦作城际铁路、郑州至云台山高速公路、许昌至郑州新郑国际机场快速通道实现通车。中小城市和特色小城镇专项培育工程深入实施,初步形成和培育一批中小城市和特色小城镇。新型城镇化改革试点扎实推进,形成一批新型城镇化发展的实践样本。产业集聚区提质工程深入推进,产业集聚区质量和效益显著提升,培育和形成一批超百亿元的产业集群。

第十五章　河南省黄河滩区移民搬迁问题研究

河南黄河滩区是黄河下游滩区的重要组成部分，发挥着重要的经济、社会和生态等多项功能。在黄河特殊的水沙条件和下游防洪防灾与河道治理工作的双重目标影响下，该区域已经成为河南贫困人口最为集中连片分布的贫困带。连绵数百公里的黄河贫困带既影响当地民生改善、社会和谐稳定，又影响黄河安澜甚至国家安全。实施黄河滩区移民搬迁工程，是河南省委省政府实施"三山一滩"贫困落后地区移民开发战略的重要组成部分，对河南乃至全国同步全面建成小康社会具有十分重要的意义。

一、世界有关国家大规模移民搬迁的主要模式和经验教训述评

世界上一些国家或地区在对河流的治理和利用过程中，通过大规模移民实现了治理目标。由于移民与生俱来的对故土的眷恋等因素的影响，致使在移民实践中遇到许多复杂的困难和问题，大规模移民任务艰巨已成为不争的事实。目前，国际上大规模移民搬迁安置模式基本上可分为三类：美国模式、非洲模式和世界银行模式。

（一）世界有关国家大规模移民搬迁的主要模式

1. 美国模式

美国模式，就是移民搬迁采取市场交易的方式，即国家按照合理的市场价格支付给移民一定数额的补偿费后，由其自己选择去向。在移民搬迁的过程中常常会遇到一些移民希望搬到亲戚或朋友居住的地方和他们一起生活，所以不愿意随着大多数移民共同搬迁。对这些移民，一些国家采取的是美国移民搬迁模式，即按照一定的标准给予他们适当的补偿，鼓励他们自由迁居到自己想去的地方生活。例如，土耳其就规定，对于移民自愿自主外迁（投亲靠友）的，由政府根据土地的质量和经济收入的来源，以年收入40亿土耳其里拉（现折合人民币4000元）的标准进行补偿。

2. 非洲模式

非洲模式，就是移民搬迁采用社区或村庄整体搬迁、集中安置方式，即尽量保持原有

建制，并将移民安置工作纳入国家经济社会发展规划，埃及在修建阿斯旺大坝时采取的就是这种移民搬迁模式。长期以来，非洲的尼罗河（The Nile）定期泛滥成灾。1902年，埃及在尼罗河上修建了阿斯旺老坝。20世纪50年代末，埃及决定在原有老坝的基础上修建阿斯旺大坝。当时，预计水库淹没影响涉及埃及和苏丹两国的努比亚族居民12万人，其中埃及6万人，苏丹6万人。埃及境内居民全部移到了柯孟巴省。埃及政府在柯孟巴周围郊区新建33个努比亚新村。移民区仍保持原来的各村建制。新村住房统一规划，房屋为平房，共修建了15858套，每套住房约600埃磅。房屋分四种标准。住房分配根据家庭人口决定，每一村集中设一活动中心，建一所清真寺，并设有小学、俱乐部、邮电所、医务所等，中学则几个村合办一个。移民经费由政府社会福利部和基本建设部统一掌握，由埃及财政部统一支付。移民区的农田开垦及排灌工程、住房、水电、道路、学校等基础设施的建设，分别由灌溉部、电力部、住房及新垦地部、公共事业部及教育部承担。经费不直接发给移民个人，而是向移民提供与原来差不多面积的土地和住房。移民搬迁后，生产生活条件比搬迁以前好得多，移民都较为满意。

3. 世界银行模式

世界银行模式，就是移民搬迁强调后期"开发计划"，即做好对搬迁居民的前期补偿和后期帮助，使移民在新安置区能很快恢复到原来的生活水平，帮助移民重建生产基地。印度是世界上除中国以外的另一个面对大量工程移民问题的大国，也是该模式的重要践行国家，辛高尔工程采用的就是这种模式。在该工程的西罗尔村居民安置点，与外界联系的道路以及村内的道路已修好，比较漂亮的村公所也已竣工，墙上用红色油漆写着各户的赔偿情况，另辟有一间房子作为一个小生产车间，若干男女青年正在工作，村中供水、供电设施均已完善。但找来找去不见有牛、羊、鸡、鸭，只看见两只狗。每户可得到200平方米的建房宅基地，1500卢比（约32卢比折合1美元）建房款，8000卢比购置生产资料款，每人可得到1000~2000卢比的搬迁费。政府（社会局）给了4.5万卢比帮助四户建了一个苗圃，树苗长势良好；海德拉巴市政府要求一家工厂迁来了一个小车间以解决移民就业问题，车间里25名工人全部是本村移民，月收入600~700卢比。

（二）世界有关国家大规模移民搬迁的经验与启示

1. 强有力的宣传发动和行政主导，是大规模移民搬迁的前提

移民工作是一项复杂的系统工程，如果缺少政府强有力的宣传发动和行政动员，很难得到有效实施。从国外大规模移民情况综合分析来看，对移民工作实行统一行政管理是推动移民工作顺利进行的重要保障。例如，埃及由政府社会福利部、基本建设部和财政部统一掌管和支付尼罗河阿斯旺大坝的移民经费。这些国家在治理河流和修建水利工程的过程中，都遇到了土地征用和大规模移民搬迁问题，并通过对移民工作的统一管理实现了既定的目标。我国在治理河流时遇到类似问题，应当积极借鉴他们的成功经验，成立相应的移民搬迁安置组织对移民工作进行统一的行政管理。

2. 从当地实际出发和最大程度地满足移民的多样化诉求,是大规模移民搬迁的保障

移民工作牵涉广大移民的切身利益,如果不尊重群众意愿,移民的过程就会比较艰难,甚至出现移民回迁现象。国外在进行移民时都十分注重对移民意见的征求和分析,对合理的利益诉求在移民方案设计时加以考虑。比如,埃及在修建阿斯旺大坝时,通过深入调查和征求意见,发现库区多数居民要求与其邻居和亲属住在一起,他们有一种强烈的集体感。政府在设计移民方案时就将这些诉求加以体现,于是移民的过程就相对顺利。我们要学习和借鉴这种行之有效的做法,切实维护移民群众在移民方案设计中的知情权、参与权、表达权和监督权,规划项目选择和确定要尊重移民群众意愿,提高规划编制工作的透明度。只有这样,才能做到从当地实际和移民诉求出发,处理好需要和可能的关系。

3. 让移民能搬出、能安居、能乐业、不返迁,是大规模移民搬迁的关键

要想移民在迁入地安居乐业,扎下根来,做好安置工作是前提,做好发展生产工作是保障。安置工作可以初步解决移民吃住等问题,发展生产则属于造血工程,解决的是移民的长期生产生活问题。比如,在印度辛高尔工程的西罗尔村安置点,海德拉巴市政府给了迁建工厂利率为16%(正常贷款利率)的贷款,45万卢比并给予五年免税的优惠政策;安置前政府组织了就业培训,培训内容为电工、机修工、缝纫、树苗培育等,接受培训的都是年轻人,现在这些人均在附近集镇上打工。我们在进行大规模移民时,也要自觉学习他们的成功做法,不但要做好移民入住新居时的安置工作,还要更加注重对移民的就业培训、提供更多的就业机会,以及在减免税收、子女上学等方面给移民更多的优惠。既要让移民能住得下来,更要让移民生活得下去,生活得更好。

二、我国长江、淮河、海河流域滩区移民搬迁的特点、经验及存在的问题

长江、淮河和海河滩区移民搬迁过程中,因各地的地理条件、环境因素及搬迁目的不同,表现出不同的搬迁特点,但在宅基地置换、生态环境改善、基础设施建设、产业结构调整等方面都出现了创新性的举措和做法,改善了民生,加快了城镇化建设,同时面临着建设经费不足、补偿标准低、资金使用不尽合理等问题,为黄河滩区移民工程建设提供了丰富的经验教训和有益的借鉴模式。

(一)我国长江、淮河、海河流域滩区移民搬迁的主要政策措施与效应分析

我国在长江、淮河和海河流域滩区的移民搬迁中,根据当时的历史背景、自然条件和搬迁目的,国家层面和地方政府都出台了一系列的政策措施,以推动移民搬迁的顺利进行,取得了显著成效(见表15-1)。

表 15-1 长江、淮河、海河流域滩区移民搬迁的主要政策措施与效应

流域	主要措施	主要效应
长江流域	1. 地方与部门紧密结合，编制好移民规划。 2. 制定户口、税收等配套政策措施，丰富资金来源，做好后期产业扶持。 3. 注重思想政治工作在移民搬迁中的作用	1. 基本实现了移民安置规划与土地利用总体规划相衔接。 2. 洞庭湖的水面恢复到新中国成立以前的4350平方公里，鄱阳湖的面积和蓄洪容量恢复到1954年的水平。 3. 移民建镇使人居环境进一步改善；移民生活水平有了较大提升；移民收入得到了一定程度提高。 4. 弘扬了顾大家、舍小家、自力更生、艰苦奋斗的精神，鼓励了群众重建家园
淮河流域	1. 加强组织和管理，建立健全移民迁建组织体系。 2. 力争列入国家级名录，同时争取和整合优惠政策，为移民迁建工作提供政策支持和保障。 3. 落实移民安置用地是做好移民迁建工作的基础。 4. 规模化建设搬迁安置区，保证淮干滩区移民"搬得出、稳得住、能发展"。 5. 加强资金管理，保障移民搬迁工作的相关资金安全	1. 县级人民政府均成立了专门机构，具体负责移民搬迁工作的落实。 2. 经过多年努力，河南省的杨庄、大逍遥于2010年3月正式进入国家蓄滞洪区名录。至此，河南省淮河流域列入国家蓄滞洪区名录达5个。 3. 因地制宜，通过政府统一征用或政府协调、群众购买等多种方式落实了移民安置用地，为移民迁建工作奠定了基础。 4. 搬迁安置区基础设施建设较为完善，医疗、教育、商业等社会服务体系较为齐备。 5. 根据房屋建设进度和老房拆除情况，通过多方签字控制资金支付，确保了移民迁建工作的进度和资金安全
海河流域	1. 将蓄滞洪区建设管理等非工程防洪措施视为海河流域防洪体系的重要组成部分。 2. 加大信息化建设力度，建设完备的通信警报系统。 3. 加强海河流域相关制度法规建设	1. 提高流域整体防洪能力。在保障防洪保护区防洪安全的同时，为蓄滞洪区群众提供具有一定保障的生存和发展条件。 2. 基本上建立起了以信息采集系统为基础，以通信系统为保障，计算机网络系统为依托，决策支持系统为核心的高效而可靠的防汛指挥系统。加强水文基础设施建设，提高水文测报水平。为移民搬迁工作提供决策参考和信息支持。 3. 水利部会同有关省、直辖市研究制定了《海河流域蓄滞洪区管理办法》、《海河流域蓄滞洪区运用补偿细则》、《海河流域河口管理办法》等，依照制度加强项目审批管理。同时，修订了海河流域水库、河道、蓄滞洪区、闸坝等防洪工程设施的调度运用方案，充分发挥了防洪工程的综合效益

（二）长江、淮河、海河流域滩区移民搬迁的基本特点

1. 长江滩区：生态性移民与开发性移民并重

1998年，长江流域特大洪涝灾害后，中共中央提出了治理大江大河的"32字方针"，旨在恢复生态，鄱阳湖和洞庭湖等地开始实施大规模的"平垸行洪、退田还湖和移民建镇"计划。为此，地方政府采取了前期补偿与后期扶持相结合的开发性移民方针，十分重视移民安置后的生产生活水平的恢复和收入的提升，确保移民"移得出、稳得住、能发展、不返迁"。在具体搬迁中，实施就地安置与外迁安置相结合、集中安置与分散安置相结合的办法，多渠道安置移民。另外，还采取了开发性移民模式，这主要体现在资金利用方式和城镇建设等方面。一是统筹使用移民补偿金和其他资金投入，把资源开发、水土保持和经济发展结合起来，通过发展避洪农业、工业和服务业，为移民安置提供产业支撑。二是在城镇建设上，重视配套设施建设，保障移民基本需求的满足。社会公益和公共物品供给等基本建设纳入移民建镇总体规划，统筹安排，提高城市功能水平，并通过提高中心

城镇承载能力,进一步提升城镇化水平。

2. 淮河滩区:渐进式移民为主

淮河滩区移民搬迁中,采取了渐进式移民的方式,其基本特点主要体现在迁建组织、推进方式和建设方式等方面。一是面对2003年和2007年两次洪涝灾害给沿淮群众带来巨大损失,制订移民迁建实施方案,改革移民迁建实施责任主体等建设管理体制。二是实施"搬得出、稳得住、能发展"的措施,逐步推进土地置换、房屋建设、老房拆除等。三是把移民迁建与新农村建设、城镇化、民生水利等相结合,建立长效机制和鼓励机制保证移民工程的实施,从各方面筹集资金保证移民迁建工作的顺利进行。

3. 海河滩区:生态性移民为主

海河滩区移民搬迁中,采取了渐进式移民的方式,其基本特点主要体现在管理措施完善、建立生态修复防线和后期管理等方面。一是制定流域水功能区管理、重点河道入河排污口管理等规章制度;建立流域地下水实时监测系统,加强地下水超采管理;保证必要的生态用水,维持河道基流和湿地面积。二是建立生态修复防线,实施生态移民,在移民区依靠自然力量,减少人为干扰,发挥生态系统的自我修复功能,改善人居环境。三是调整农业种植结构,发展生态农业;规范开发建设活动,减少人为水土流失,保育植被,恢复景观生态,改善水质,美化环境。

(三) 长江、淮河、海河流域滩区移民搬迁的经验总结

1. 加强有关搬迁政策法规的宣传教育和引导,最大程度地消除搬迁群众的疑虑

长江、淮河和海河地区的搬迁工作,特别是对试点搬迁地区,都进行了程度不同的政策法规的宣传和教育工作,对搬迁补助标准、新搬地区的居住条件、后期扶持政策、产业支持政策等进行了宣传,免去了当地居民搬迁的后顾之忧,为顺利开展移民搬迁工作创造了条件。

2. 搬迁全过程要从移民群众关心的热点、难点问题入手,始终贯彻实现移民群众的切实利益

从移民群众关心的热点、难点和移民切实利益入手,及时收集、整理移民反映的实际困难和问题,及时解决移民合理合法诉求,针对移民群众反映的问题,进行收集、整理、归类,对移民提出的问题和实际工作中发现的问题进行讨论研究,在取得各方一致意见后,由地方政府组织实施。

3. 放大试点和示范区效应,鼓励地方创新移民搬迁运作模式

要通过调研、论证,大胆创新移民方式以及移民安置、就业、补偿、土地置换等方式,通过试点和示范推广成功案例,放大试点和示范效应;组织搬迁拆迁专业队伍拆旧建新,规划有序地推进后续工作,是移民搬迁的安全和谐稳定的根本措施;积极争取移民搬迁项目,合理使用,是移民搬迁资金和技术的重要来源。由于黄河滩区涉及的县区情况不同,在加强河南黄河滩区移民搬迁顶层设计的情况下,积极鼓励地方大胆创新移民搬迁运作模式,并且要宽容失败。

4. 实施搬迁激励政策，盘活搬迁过程中涉及的各种要素

要充分考虑移民群众的利益，结合不同地区的搬迁实际，实行移民分期搬迁补助和奖励，通过实施特殊、优惠政策激励移民搬迁，顺利按时完成搬迁任务。在充分体现移民意愿，帮助他们解决好生产和生活实际困难的基础上，政府要采取一系列行之有效的办法促进移民"自主建房"。同时，要与滩区基础设施建设、农田保护建设和宅基地置换建设相结合是移民搬迁顺利开展的重要保障。滩区水利、交通、机井、渠系建筑物、排灌站等的建设，是改善滩区群众生产生活条件的重要措施，很多滩区在保护基本农田的基础上，制定和出台基础设施建设政策，使滩区人民群众的正常生产得到了保证。另外，宅基地置换建设保证了人民群众的基本生活条件和居住条件，这些都使得移民搬迁顺利开展。

（四）长江、淮河、海河流域滩区移民搬迁过程中存在的主要问题

1. 土地问题

（1）滩区内土地流转效果不理想。

一般而言，滩区农村居民点通过搬迁合并，节约了建设用地，便于集中管理，但在实施迁建规划过程中，有的地区实现了耕地的集中经营和聚集效应，而有的地区的耕地依然需要各家各户的分散经营，农民到耕作区的空间距离和时间增大，增加了劳动出行的成本，使其劳动和生活的既有权益受到不同程度的侵害。特别是地形地貌复杂落后、道路交通不便及农业生产技术及装备落后的地区，更是增加了农民的出行时间，给农业生产带来不便。因此应在节约集约用地的基础上，加快土地流转，使搬迁地区的社会效益和搬迁农民的个人利益达到最佳的平衡点。

（2）安置区建设用地指标难以满足搬迁需求。

为破解建设用地难、提高农业效益、实现农民增收等问题，移民迁建用地指标需要在县乡内做出调整，但因大多数移民安置区需占用基本农田，用地手续报批困难，有些农民无法办理土地使用权证和房产证，不能保证用地的合法性，仅有极少数通过土地置换来解决宅基地问题，大部分是通过购买等方式取得，增加了农民的负担。

2. 资金问题

（1）安置区公共基础设施建设资金投入不足，致使社会服务体系不健全。

在移民搬迁过程中，存在着新的安置区的公共基础设施建设不完善、社会服务体系不健全的状况，出现安置区人居环境条件差，医疗教育等社会服务体系不健全，没有或缺乏幼儿园、托儿所、中小学校、敬老院、影剧院、老年活动广场和科技活动室等情况，文化活动单一，从而造成部分移民安置区吸引力低，影响移民迁建效果。基础设施不完善的根本原因在于经费不足，资金投入不足，资金来源单一，仅靠政府财力进行基础设施建设和提供公共产品，无法满足新安置区的生活需要。

（2）移民建设资金监督检查不到位，致使项目建设资金使用不合理。

由于监管不力，在移民建设资金的使用上，存在着使用分散、效率不高等问题，一定程度上影响了资金使用效应的充分发挥。财政资金的投入大多以公共设施建设、水电建

设、产业扶持等为载体,部分产业扶持项目缺乏可行性调研论证,资金投入的随意性大,造成产业亏损,而对于那些急需资金支持的项目因缺乏资金支持无法运行。在一些项目建设上,一些部门把项目资金分配之后,对项目的质量问题缺乏动态监控、效益跟踪和绩效考评,项目资金投入无法发挥相应的作用,影响了资金的使用效率,农户利益受损。

3. 群众工作问题

(1)补偿标准偏低,群众安居乐业问题缺乏应有的保障。

一些由于搬迁被征地的村庄的群众成为失地农民,政府如果不给他们一定的生活补偿,他们将无法生活下去,近几年虽然对搬迁失地农民的补偿标准有所提高,但是由于物价等因素影响,补偿标准仍然偏低,移民迁建工作实施困难。搬到新安置区的农民,因物业、水电、卫生、管理等费用和居住条件的改善,生活成本加大,加之没有了土地收入作为生活成本来源,以及缺乏相应的产业作为支撑,所以群众安居问题缺乏保障。

(2)群众诉求多样化,因搬迁引发的矛盾和纠纷居高不下。

目前群众的自主、平等、参与意识和法制观念不断增强,群众工作也出现了对象多元化和利益诉求多样化的特点。在移民搬迁过程中,面临着土地征用、房屋拆迁、环境保护、企业改制、社会保障、利益分配等问题,如果处理不当,就会给社会带来诸多不稳定因素,但有些党员干部的群众观念淡薄,对群众工作的重要性认识不足,宣传教育工作做得不够,有的甚至用强制命令或压制的手段解决问题,主要表现在:移民安置的前期工作不到位,重工程轻移民,重搬迁轻安置;处理问题简单粗暴,法制观念淡薄,以致有法不依、违法不究;重经济效益轻社会效益,重工程建设进度轻移民安置质量等。

三、黄河流域滩区移民搬迁的经验、做法与成效分析

黄河流域滩区是沉积黄河泥沙、滞蓄大洪水的重要区域,又是百万群众赖以生存的必需场所。1958年大洪水以后,为了解决黄河流域滩区群众生产、生活及财产安全,黄河下游滩区政府和群众采取修建生产堤、建房台、村台等避水工程等措施,但由于避水台工程标准低、质量隐患多,抗水浸泡能力差,以及进度严重滞后等因素影响,滩区毫无安全保障。尤其是随着社会的发展和黄河来水总量的减少,主槽淤积,漫滩状况较多,实施滩区移民搬迁就成为正确处理黄河防洪与滩区开发间矛盾,实现黄河防洪保安全和滩区群众奔小康的有效途径。

(一)黄河流域滩区移民搬迁的经验分析

1. 移民搬迁新址的科学规划,是移民搬迁的首要条件

山东省菏泽市、东明县按照产业、新农村、土地、公共服务和生态规划"五规合一"的要求,以产业发展规划为基础,与土地利用总体规划相衔接,统筹考虑环境容量、国家

补助标准、地方财力及群众经济承受能力,科学编制规划方案,注重针对性、合理性和可操作性。另外,该区域还利用公用土地和大堤内外交换土地的办法,解决了村址。菏泽市所属牡丹区、曹县、定陶、成武和单县5个县区包干帮助建造新村。2004年11月30日,经过菏泽市万名干部群众的集中奋战,东明黄河滩区移民迁建的1~6号新村,5所小学全部竣工。

2. 滩区群众脱贫致富能力的提高,是移民搬迁的基础条件

实践证明,移民搬迁扶贫是一个循序渐进的长期过程,不能完全依靠上级的支持,也不能苦等着搬迁,切实提高滩区移民脱贫致富能力,是移民搬迁的基础保障。自2002年以来,经过黄河调水调沙的运行,清水疏河已见成效。以往盘子式的河床,已出现两米左右的崖头。这就大大减少了河水外溢的机会。例如,东明滩区恢复和修建了三干渠、西干渠等水利工程,逐步改变了守着黄河水用不上水的状况,整修道路,跑起了客车;农业生产稳定发展,一季小麦吃全年,秋季丰收有余粮,不少农户办起了加工业、饲养业。很多青壮年外出做工,农民收入不断增加。东明县已经把劳务输出作为生产自救的突破口,现在长兴集和焦园两个受灾乡镇已输出务工人员6300人。再如,作为传统的劳务输出大县,河南兰考县专门组织了灾区青壮劳力出外打工。以谷营乡金庙村为例,该村1400人中,有380多人出外打工,占到了全村劳动力人口的60%。汽车、拖拉机、机动三轮车、摩托车开进了许多农家。村台上不断增加宽敞的大瓦房和两层小楼。滩区人民和滩外人民一样奔走在通往小康和谐的大道上。

3. 县域产业经济的快速发展,是移民搬迁的根本条件

黄河流域滩区各县区高度重视县域经济发展,注重提高县域综合实力,把这项工作作为做好移民搬迁扶贫开发工作的基础。在具体实施过程中,坚持城乡发展一体化,着力把城镇功能完善好,把城市管理好,把基础设施完善好,把产业培育好,通过多种手段引导人口向城镇流动,最终实现共同富裕,并结合当地资源优势和产业发展趋势,大力发展特色产业,培育壮大主导产业,以产业发展,拓宽就业渠道,加强职业技能培训,增强迁建群众转移就业能力和自我发展能力,促进转移就业,增加群众收入。

(二)黄河流域滩区移民搬迁的做法及成效分析

1. 建立科学有效的移民工作管理体制,加强统筹协调

黄河流域滩区移民安置工作强调以人为本原则,从保护移民合法权益、维护社会稳定的原则出发,明确了移民工作管理体制。围绕中央、省(市)、区(县)等各级政府事权划分,由相关地方政府负责、协调、引导。例如,"96·8"洪水后,山东省委、省政府高度重视滩区村庄的搬迁和移民的安置工作,做出了实施黄河滩区移民工程的重大决策。省政府成立了滩区村庄搬迁领导小组,由省委副书记、常务副省长任组长,分管副省长任副组长,省计委、建设厅、民政厅、公安厅、财政厅、河务局等有关委厅(局)为成员单位,实施对滩区移民工程的领导,并成立了移民搬迁办公室,具体负责滩区移民搬迁工作。领导小组多次召开会议并进行现场办公,及时解决实际问题。滩区村庄搬迁移民一期

规划用了 3 年（1997~1999 年）时间，完成村庄搬迁 300 余个、移民 15 万余人，滩区内筑台 527 个，搬迁群众 33 万余人。

2. 科学编制移民安置规划，执行移民安置规划不走调、不变样

移民规划是实施移民搬迁安置的基础，为节约土地，节省基础设施投资，科学编制新村规划是关键问题之一。滩区村庄移民搬迁需要占用大量的土地，规划的科学性、合理性和可操作性是移民安置工作顺利进行的关键，是区域经济可持续发展和移民生活水平提高的条件。黄河流域滩区地方政府结合当地的自然资源和生态环境，大力强化移民安置规划的法律地位。与规划设计部门充分交流意见，因地制宜地选取合适的移民安置区。在规划过程中认真听取移民的倾向性意见或建议，根据滩区沿岸的实际，把被动移民转化为主动移民。在编制规划时把村庄搬迁移民安置与小城镇建设相结合，与市场建设相结合，打破原有自然村落布局，小村适当合并，有的村庄向乡（镇）驻地集中，实施移民建镇规划。经省级移民管理机构或者国务院移民管理机构审核后，与项目可行性研究报告、项目申请报告一并报请审批（核准）。例如，山东省鄄城县李进士堂乡驻地原来仅有 1500 人，此次搬迁规划将滩区内 10 个村庄群众全部移民搬到了乡驻地，集中连片建设，走"移民建镇"的路子，形成了万余人的小城镇。

3. 保证移民拥有与安置区居民基本相当的生产生活资料，尤其要实现黄河滩内外土地规范有序调整

在滩区移民安置问题上，土地调整是规划和实施过程中遇到的重要问题。在实施过程中既要稳定农村土地承包关系，又要妥善解决实际问题，使滩区移民搬迁工作顺利进行。例如，山东省政府制定政策，特事特办，允许打破原生产队界限调整土地，各地主要是采取兑换土地的办法解决搬迁建设用地问题，一般用 2~3 公顷滩区内的土地兑换滩区外 1 公顷土地。在土地调整过程中，对群众做了大量的思想工作，较好地处理了土地调整中各方面的利益关系。不少村庄充分利用滩区外的荒地、薄地、山坡地等非耕地，安排迁建村庄，节约了土地。据不完全统计，全省一期黄河滩区移民搬迁调整用地共约 1.3 万公顷。

4. 确保移民工程的建设质量，加强移民搬迁全过程监管

滩区村庄经规划后，河南、山东等省各地主要采取统一组织施工，群众自建、互建，政府包建等方式建设新村。各地还制定优惠政策，鼓励施工队承担搬迁建设工程。为抓好施工质量，各地均成立了以县为单位的质量监督检查组，由专业技术人员现场指导。有的地方还采取技术人员与搬迁移民相结合的办法，对竣工房屋进行验收，有效地保证了工程建设质量。

5. 切实保护移民群众的合法权益，提高移民对搬迁安置工作的参与度

在移民搬迁过程中，黄河流域滩区各级政府就群众关心的一系列移民方针、政策、法规等进行公开宣传。充分说明河道防洪工程建设的重大意义、对区域社会经济发展的影响，取得移民的理解和支持。移民区和移民安置区的土地数量、土地种类、补偿范围、补偿标准和金额以及安置方案等向群众公布，群众提出异议的及时核查，不准确的事项及时改正，核查无误的及时向群众解释；有移民安置任务的乡（镇）、村也将资金收支情况张

榜公布，接受群众监督。基层组织也培训了一批熟悉本地情况、懂政策、善宣传的干部，深入滩区宣传移民方针政策，解答移民的疑难问题，讲解政府的优惠政策、扶持措施，解决移民遇到的实际难题，减轻移民迁移的心理压力，使移民树立发展致富的信心。例如，东明市移民迁建指挥部通过设立广播、电视专栏，印发《移民迁建工作简报》，召开搬迁涉及村支部会、党员会、村委会、村民代表会，把形势讲清，把意见讲透，把法规政策讲明。封丘县在移民搬迁村里设立"移民迁建咨询站"，真心实意地听取村民的意见和呼声；同时，忧民所忧，帮民所需，从改变教学条件、修铺道路、解决人畜饮水、开发耕地等方面，认真帮助村民解决实际困难，从而统一了村民的思想认识，使群众实现了由抵触到理解、由理解到支持的思想转化过程，保证了移民迁建工程的全面启动和整体推进。例如，截至1999年底，山东省共完成滩区一期村庄搬迁304个、42948户、16.8万人；滩区内筑台村庄527个、86490户、33.9万余人，搬出滩区的群众彻底摆脱了黄河洪水威胁。山东黄河滩区村庄移民搬迁工程项目2000年获"国际改善居住环境"奖。截至2001年，黄河滩区河南段建设完成避水村台面积3544万平方米，外迁村庄9个，修建撤退道路785.38公里，初步解决了近5万人的避洪问题。通过迁建试点转变了滩区生产方式，改善了滩区移民子女就读、医疗卫生、交通运输、居住环境等生活条件。积极发挥示范带动作用，滩区移民群众的精神面貌焕然一新，有效提高了广大滩区群众自愿搬迁的积极性。

四、河南黄河滩区实施移民搬迁的特殊性与复杂性、必要性和可行性、艰巨性和长期性研究

黄河滩区是黄河河道的重要组成部分，作为黄河行洪、滞洪和沉沙的重要通道和场所，在保障我国社会经济安全中具有重要意义。其中，河南滩区涉及洛阳、郑州、开封、焦作、新乡、濮阳6市17个县（区），面积达2116平方公里，贯穿郑州、新乡、开封和濮阳四市。黄河汛期集中，滩地宽阔，一些滩区粮食产量高于背河耕地，为利用河道内土地居住和进行耕作提供了客观的自然和经济条件，成为滩区群众赖以生存的家园。目前，滩区有耕地228万亩，居住人口125.4万人，经济以农业为主（见表15-2）。

表15-2 河南省黄河滩区人口、村庄基本情况

单位：个、人

市	县（市、区）	乡镇	行政村	自然村	人口
郑州市	2	3	25	28	33279
开封市	4	9	83	128	196391
洛阳市	1	2	20	20	50553
新乡市	4	17	405	535	576882
焦作市	3	10	10	45	74558
濮阳市	3	18	343	416	322223
合计	17	59	886	1172	1253886

第十五章 河南省黄河滩区移民搬迁问题研究

移民是经济社会发展中常见的社会现象，其分类方式多种多样。按照移民的动因，可以分为自愿性移民和非自愿性移民；按照移民时间长短，可以分为临时性移民和永久移民；按照移民去向可分为城镇移民和非城镇移民，就近安置和异地安置，农业安置和非农业安置。由于实际中移民安置的动因很大程度上决定了移民的组织方式、成本分担机制和问题的复杂性，因此更受关注。非自愿性移民大多不完全是由于自身原因产生的，往往更加具有复杂性。常见的非自愿性移民动因有两大类：一类是出于局部或全局发展需要而对一地进行的移民搬迁，这一类往往需要采取一定的补偿措施以使工程能够顺利开展，常见于各种各样的工程性移民。如水库移民、交通建设移民、城中村拆迁移民等。另一类则主要是由于被安置对象所处环境发生变化而不得不进行的搬迁活动，常见于各种非工程性移民，如自然灾害难民、战争难民、扶贫移民等，对这一类移民采取的经济措施往往是扶持性、救助性、救济性或者人道意义的。传统上，往往将生态移民，特别是生态环境退化严重地区移民搬迁归为后一类。然而，随着经济社会发展，人们对人地关系认识的不断深化，越来越多地采取主动措施，通过对局部地区生态环境实施生态建设以实现地区或国家生态环境改善和减灾救灾目的，生态移民也越来越具有工程性移民的特点。同时，由于这些生态工程往往在生态环境敏感地区实施，长期在自然条件和社会环境的限制下这些地区经济社会发展较为滞后。因此，生态移民也常常具有一定的扶贫性特征。

就黄河滩区移民搬迁而言，一方面是为了黄河河道治理的需要，以从根本上缓解"人—河"争地矛盾，与其他移民一样具有明显的生态性、社会性和经济性；另一方面，也是河南统筹区域发展，实现滩区群众与全国全省人民同步实现全面小康社会的重大战略举措。因此，黄河滩区移民搬迁，既具有生态移民的一般特征，又高于这个目标；既是国家实施黄河治理的重要组成部分，又是经济社会发展的重要战略举措。为此，在补偿问题上，黄河滩区移民搬迁应当与其他水利工程建设特别是水库建设一样得到国家的充分补偿，又需要国家和省里给予充分的政策支持，以满足搬迁后地区发展和群众致富的需要。

（一）河南黄河滩区移民搬迁的特殊性与复杂性

1. 特殊性

复杂的水沙条件，使黄河成为世界上最难治理的河流；独特的区位条件，使黄河治理成为关系到中华民族安民兴邦的大事。作为下游河道治理工程和实现全国全省同步实现小康社会的重要组成部分，黄河滩区移民搬迁在当前的时代条件下，呈现出明显的特殊性。

第一，河南黄河滩区移民搬迁属于水利工程移民，与库区移民有相同的性质，但又高于库区移民。黄河滩区移民不仅具有重要的生态、社会和经济效益，而且事关黄河长治久安和国家安全问题。此外，黄河滩区移民搬迁并不影响居民对承包地权益的保留。因此，对于黄河滩区移民，应该参照库区移民政策，对安置成本给予充分补偿，以保证生活水平不降低。尤其在土地权益保护方面，更应该出台更加优惠的土地流转政策，认真做好政策补偿，最大程度地实现搬迁群众的土地权益（见表15-3）。

表15-3 黄河滩区移民搬迁与大型库区移民搬迁对比表

效益/成本	黄河滩区移民搬迁	大型库区移民搬迁
经济效益	全局	区域
其中直接经济效益	无	有
社会效益	全局	区域
房屋财产损失	存在	存在
土地权益损失	部分	全部

注：黄河滩区移民搬迁的经济和社会效益主要表现在国家和地方每年在防灾减灾投入的节约上，但不会产生直接的经济效益；水库建设常常能产生调水供水等直接经济效益。大型库区移民搬迁中异地搬迁比例一般较高，因此往往会丧失原有土地权益。

第二，河南黄河滩区移民搬迁不同于一般的生态移民，需要依靠一定的激励政策来推动。一般情况下，生态移民往往发生在生态环境恶化或者具有较高生态功能保护价值的地方。然而黄河滩区移民搬迁的重要原因在于滩区生产生活与河道治理的相互制约。黄河滩区生态环境状况良好，而且如果没有河道治理的需要，地方政府和滩区群众能够将灾害风险控制在一定范围内。因此，尽管在政策和自然条件限制下，黄河滩区群众具有迫切的搬迁愿望，但是自主搬迁的意愿普遍不强，需要依靠一定的激励政策来推动。

第三，河南黄河滩区移民搬迁范围广、人口多，搬迁规模大。根据不同的情景和防灾减灾需要，河南省会同有关部门拟订了三套搬迁方案，分别涉及5、4、3个地级市和分别有103.69万人、82.02万人和54.68万人需要搬迁。在推荐方案里，一些地市平均每个县需要搬迁达到10万以上人口（见表15-4和表15-5）。移民搬迁涉及的范围、规模和强度，在国内都达到很高的程度。

表15-4 河南省黄河滩区移民搬迁方案比较

单位：个、人

方案	地级市	县（市、区）	乡镇	村庄	人口
方案一	5	14	48	1029	1036916
方案二	4	10	43	817	820218
方案三	3	5	25	598	546774

表15-5 河南省黄河滩区移民搬迁推荐方案基本情况

单位：个、人

市	县（市、区）	乡镇	村庄	人口
郑州市	1	2	12	28262
开封市	3	7	90	136255
新乡市	3	16	324	361214
濮阳市	3	18	391	294087
合计	10	43	817	820218

第四，河南黄河滩区移民搬迁具有很强的主动避让和异地发展性质，在时点上具有一定的特殊性。目前，从国内现有大河滩区移民搬迁情况来看，搬迁较为顺利和彻底的原因

在于大多地区是在灾后重建工程中而发生的搬迁，群众较为被动，尤其在洪水灾害中，居民房产等重要资产损失严重，各级政府很容易组织群众进行就近异地迁建。但在当前河南黄河滩区，多数群众还能利用现有住房等生产生活资料来维持现有的生活条件不降低，在这种情况下组织实施就近异地迁建，黄河滩区群众就必然面临着现有住房等损失，致使黄河滩区移民搬迁具有特殊性。

2. 复杂性

黄河滩区移民搬迁的特殊性，决定了既有一般非自愿性移民的复杂性，又具有一定的特殊复杂性。

黄河滩区移民的复杂性首先来自于非自愿性移民天然的复杂性。由于存在明显的个体差异、移民动力来自于移民群体外部、与第三方利益关系复杂，非自愿性移民往往呈现出明显的复杂性。一是个体差异容易引起安置标准的矛盾，较难以达成一致。一方面，个体差异会形成多样化的安置需求；另一方面，个体差异也意味着各种成本的个体差异。二是外生动力引起的移民群体与实施部门之间的偏差。实施部门一般强调移民搬迁对移民群体的未来效益，而移民群体则更关注现实成本和未来生计。三是与第三方，特别是安置地社群利益关系复杂，融入当地社区困难。此外，移民搬迁实施部门和移民群体之间对项目定位之间的差异，往往会加剧项目的复杂性和双方的矛盾性。

黄河滩区移民搬迁的复杂性还来自于对河道治理、滩区历史和未来发展的不确定性。一是尽管黄河下游河道综合治理已经有了较为明确的目标和方案，但是由于对黄河下游河道治理的不同认识和情景认知，在河道治理方面仍然有一些不同甚至相左的意见；但是不管这些意见如何，现实中滩区发展受到河道治理的影响是客观的，即使仅考虑到滩区群众的生产生活安全和自我发展，移民搬迁也具有一定的必要性。二是一些人认为滩区作为河道的一部分，本来就不应居住人口，政府应该强制搬迁，辅以经济支持。事实上，滩区有着悲惨复杂的历史因素。例如，东坝头以下是1855年改道后形成的新滩，实际上是河夺了当地群众的地。郑州以下至东坝头是老滩，是特定历史环境下为解决人口问题和充分利用土地资源，在政府组织和鼓励下形成的。制定搬迁政策和进行舆论宣传时不应忽略这些历史因素。三是很多人认为滩区洪水风险大，容易遭受周期性灾害，不适宜做工农业开发，搬迁是为了帮助滩区群众找到新的发展空间，类似于生态移民或者扶贫移民。事实上，很多滩区既高于堤防，更高于滩外，之所以洪水风险大，既囿于临水的事实，更多还是为了黄河防洪和治理大局，对滩区安全建设进行了一定的人为限制。四是一些部门认为滩区移民标准过高，会导致其他类似区域反弹。这里，一方面存在通货膨胀因素；另一方面黄河滩区移民搬迁更多地着眼于更大的、覆盖一多半东部地域和人口的防洪安全，其效益是跨区域、跨省域的，中央和相关省域都应该分担相应的成本。此外，一些区域如淮干移民，由于标准低，已经出现了很多问题，亟待解决。五是不少人认为应该充分考虑安置容量和移民习惯问题，尽可能分散安置和采取农业安置方式进行，事实上如果按照传统的水利移民方式来解决移民问题，滩区移民很容易出现容量不足，发展受限。

(二) 河南黄河滩区实施移民搬迁的必要性和可行性

1. 必要性

第一，实施移民搬迁，是实现黄河河道治理、黄河长治久安的根本出路。滩区经济活动对黄河河道治理工作产生了深刻的不利影响。一方面，滩区经济活动客观上成为黄河下游防洪的根本隐患。为了减轻黄河洪水风险的影响，滩区普遍修筑生产堤，导致和加剧了"二级悬河"演化趋势，降低了漫滩的流量条件，较大洪水时，更易形成"横河"、"斜河"；而横河顶冲正是历史上大堤冲决的主要原因。另一方面，滩区经济活动也限制了黄河下游河道的治理力度。为实现治理目标，需在下游河道构造4000~5000立方米/秒的流量。1996年来，黄河小水大灾现象不断出现，小浪底水库不得已对小流量洪水进行调控，导致河道冲刷效率和水库使用年限受到影响。

长期以来，滩区经济发展也一直受到黄河防洪政策的严格限制。一方面，作为黄河河道的重要组成部分，大多数滩区对永久性建设项目进行了严格限制，不能种植高杆作物和高大树木，导致滩区经济长期以种植为主，结构单一。另一方面，为了防止"二级悬河"演化趋势加剧，滩区禁止建设以生产堤为代表的防洪设施，洪水风险较大，形成了"来水就淹，小水大灾"的局面。此外，滩区农田水利设施、道路和通信等基础设施建设也受到了严格限制，投入严重不足，居民生产生活条件远低于滩外。在这些严格限制下，滩区经济社会长期处于低水平发展状态，成为河南省最贫困地区之一。可见，滩区移民搬迁对于改善黄河河道治理中的人地关系具有双重意义。一方面，实施河南黄河滩区移民搬迁对黄河下游河道治理具有重要意义，是实现黄河河道治理、黄河长治久安的根本出路。另一方面，也可以说，是滩区群众长期牺牲发展机会和发展条件，换取了几十年来黄河河道治理和黄河防洪目标的逐步实现。在全国和全省经济社会发展到一定程度、具备一定的财力物力和社会发展条件的情况下，对滩区实施移民搬迁，让滩区群众能够实现"就近移地"发展，是对滩区群众长期牺牲的应有补偿。

第二，实施移民搬迁，是滩区群众与全省乃至全国人民同步建成小康社会的必然选择。长期以来，滩区积弱积贫，河南黄河滩区的县域经济社会发展的总体水平不高。自郑州以下的沿黄县域，除中牟县和开封县以外，全是国家级和省级贫困县。其中，封丘县、兰考县、台前县和范县是国家级贫困县，濮阳县是省级贫困县，也是郑州市以下的新乡市、开封市和濮阳市三市最后剩下的贫困县。这六个县共同的特点是，滩区面积大、人口多、扶贫开发任务重，这些都成为制约从根本上提高当地经济社会发展总体水平的严重障碍。一方面，在黄河河道治理和防洪目标下，滩区群众不得不被动地应对洪水风险，承受着巨大损失。据统计，新中国成立以来的65年里，河南滩区有29年遭受不同程度的洪灾，累积受灾人口464万人次，淹没耕地1361万亩次。实地调查中，群众反映，在20世纪滩区几乎每十几年就要对房屋和村台进行修造和加固。在这种情况下，滩区家庭积累的微薄财富几乎都消耗在应对洪水灾害上，经济积累能力极差。另一方面，滩区薄弱的基础设施建设不仅仅影响着滩区生产和生活，导致农业产出水平低、生活便利性差，同时也使滩区发展处于严重不利位置。据当地群众反映，滩区男青年娶妻成本高，聘礼需人民币"三斤（百元大钞）"；滩区生活成本高，生产物资和生活用品平均高出滩外10%~20%，商贩还不乐意进；滩区产品竞争力差，农产品收购市场价低于滩外；滩区公共服务差，难以留住滩外青年教师和医生在这里服务和发展。2010年，滩区农民人均纯收入为3135元，其中濮阳和台前县分别为1989元和1823元。据测算，这三个数值仅是当年全省的57%、36%和33%，基本上落后10年。然而，按照当前的发展基础和发展趋势，滩区发展速度和质量远远落后于全省和全国，任务艰巨。另外，滩区群众也不甘长期贫困，发展愿望强烈，发展任务逼人。在实地调研中，当地群众强烈要求放宽滩区发展项目限制、改善基础设施、完善公共服务；滩区基层干部和群众也从内心感受到，如果继续按照当前的发展趋势，滩区想吸引人、留住人、引进项目、留住项目将越来越困难。因此，在妥善解决滩区群众财产性权利实现问题的前提下，开展滩区移民搬迁、实施异地开发战略，成为滩区群众实现自我发展、脱贫致富的必由之路。滩区及其所在县域脱贫致富，也成为当地乃至全省当前及今后一段时间内扶贫开发工作的重点和全面建成小康社会的关键环节，成为全省乃至全国全面建成小康社会的迫切任务。

第三，实施移民搬迁，是降低洪灾累积风险和减少滩区大规模重复建设的迫切需要。当前，河南省实施黄河滩区移民搬迁工作还面临洪灾累积风险和滩区大规模建设的双重任务。一方面，河南滩区仍然面临着洪灾累积风险的威胁。小浪底水库运用后，小浪底至花园口区间仍有2.7万平方公里的无工程控制区，百年一遇的洪水可达到15700立方米/秒。目前，小浪底水库拦沙初期运用已经结束，在水库拦沙运用后期，黄河下游发生4000立方米/秒以上中等洪水的概率将增加。黄河自1982年以来没有发生大的洪水，枯水时间越长，潜在的洪水威胁就越大。由于黄河下游河道主槽最小平滩流量与20世纪80年代初相比仍有一定差距，"槽高、滩低、堤根洼"的"二级悬河"河道形态尚未根本改变，遇中等洪水就可能发生大漫滩、"横河"、"斜河"和顺堤行洪，遇大洪水时还可能发生"滚河"，将严重危及滩区群众安全。另一方面，滩区大规模建设压力与日俱增。近年来，滩区建设项目明显增多，对河道自然状况影响越来越大。随着河南省快速城镇化和工业化的发展，滩区要发展及群众要致富、要求改善居住条件和发展条件的愿望越来越强烈，基础设施建设和居住、生产设施建设面临着提速升级的严峻压力。在这些情况下，如果不能尽早实施移民搬迁，一旦经济社会活动在滩区全面蔓延和升级，洪水灾害带来的生命财产损失将呈现爆发性增长。因此，河南黄河滩区移民搬迁事实上面临着洪灾累积风险和滩区大规模建设的双重紧迫压力，到了必须办、尽早办的关键时点。

2. 可行性

第一，综合经济实力和城镇化快速发展，为移民搬迁奠定了坚实的经济和社会基础。一是经济社会的快速发展，为河南黄河滩区实施移民搬迁奠定了坚实的经济基础。截至2013年，全国国内生产总值、中央财政预算收入、全省国内生产总值和地方公共财政预算收入分别达到56.61万亿元、6.02万亿元、3.22万亿元和2413.06亿元。按照现有规划方案测算，河南黄河滩区移民搬迁所需资金为385亿~488亿元。按照分别在五年或者十年内完成搬迁，平均每年所需资金分别为38.5亿~48.8亿元或者76亿~97.6亿元。如果国家和省级财政能够对此进行合理分担，对国家和地方财政不会形成太大负担。二是城镇化工业化的快速发展，为移民搬迁打下了良好的社会基础。按照《河南省科学推进新型城镇化三年行动计划》，到2016年河南省将努力实现促进每年200万左右农村劳动力和随迁家属向城镇转移。按照现有规划方案测算，河南黄河滩区移民搬迁需要安置人口为82万~103.7万人，平均每年需要安置人口为16.4万~20.74万人（分五年安置）或者8.2万~10.37万人（分十年安置）。滩区现有人口中约占1/3的青壮年劳动力已经在城镇长期就业，还有相当比例人口为老年人或者将继续从事农业生产。因此，需要进行城镇化和非农转移的人口和劳动力对河南省和国家带来的压力并不是很大。

第二，国家实施黄河流域中远期综合治理，为移民搬迁创造了有利的政策环境。黄河洪泛影响范围广阔，总土地面积约12万平方公里，耕地1.1亿亩，人口7801万。就一次决溢而言，向北最大影响范围3.3万平方公里，向南最大影响范围4万平方公里。黄河安澜，是关系到国家民族安危的重要保障。治理黄河，历来是中华民族安民兴邦的大事。新中国成立以来，党和政府十分重视黄河治理开发工作。2013年3月，新修编的《黄河流域综合规划（2012~2030年）》得到国务院批复，成为黄河流域中远期综合治理的重要依据。根据规划要求，黄河下游河道将采取"稳定主槽、调水调沙，宽河固堤、政策补偿"的治理方略。为了实现这一治河方略，滩区治理要加强安全建设和实施政策补偿，以达到逐步废除生产堤、理顺河道治理利益关系的目的。为此，黄河水利委员会组织编制完成了《黄河下游滩区安全建设规划》和《黄河下游滩区综合治理规划》，已经水利部审查和相关部委与省区意见反馈，正在等待国家批复。新一轮的黄河流域中远期规划表明了国家对待滩区问题上的一些转变，特别是更加重视滩区群众利益与滩区治理、河道治理之间的利益关系的调谐。为此，国家有意愿并且已经正在逐步加强对滩区群众进行政策补偿和扶持的力度，帮助滩区群众通过移民搬迁和调整生产生活方式，减少其经济活动对河道治理的不利影响，为河南黄河滩区移民搬迁创造了良好的有利条件。

第三，滩区群众生产生活方式加快转变和搬迁意愿较为强烈，为移民搬迁营造了良好的社会氛围。目前，滩区生产生活方式的转变带动了思想方式的转变。在调研中，相当比例群众更加倾向于功能完善、生活方便的城镇小区。群众担心的更多是安置地产业发展前景、基础设施完善程度、公共服务供给能力和承包地稳定获取收益的可持续性。因此，只要能做好滩区群众生计和财产性收入的安排，基本上就可以实现滩外定居，降低群众返迁风险。同时，滩区群众迫切的搬迁意愿，也为移民搬迁奠定了良好的群众基础。实地调研了解到的情况表明，只要能够给予充分且合理的补偿，提供丰富灵活的搬迁模式和搬迁机制，解决好滩区群众发展和财产性收入保障问题，河南黄河滩区移民搬迁工作必定能够顺利完成。

目前，与世纪之交的情况相比，滩区群众生产生活方式已经产生了明显改善。例如，农业机械在农业生产中已经得到普遍应用，播种和收割工作更多依赖第三方生产服务而不是人工作业，并且出现了一些种粮大户租入其他群众土地的现象。大量年轻劳动力外出经商、务工，节日返乡后一些经济条件较好的年轻人甚至在城中租房也不愿返家。因此，总体来说，多数群众对搬迁后的生活能够适应。此外，通过座谈和访谈了解到，由于滩区经济社会发展的各种限制以及贫困落后的现状，滩区大多数群众都十分愿意搬迁，认为搬迁既利于自身发展，又利于黄河治理，是利国利民之举。其中，一成左右的村民，甚至个别村庄1/3村民在没有补偿的情况下也愿意搬迁，大多数群众在能够提供充分补偿或者适当补偿的情况下能够搬迁；只有少数困难群体或者老龄群体搬迁意愿不强，更倾向于维持现状。相比较是否该搬迁，群众更关注的是未来的发展环境、发展空间和发展机遇以及能够得到的预期收益。

（三）河南黄河滩区实施移民搬迁的艰巨性与长期性

河南黄河滩区移民搬迁范围广、规模大、强度高，具有特殊的艰巨性和困难性。目前所涉及的各县区经济社会发展水平参差不齐、群众家庭经济状况差别极大，在这样的情况下完成移民搬迁工作就必然是一个长期的复杂工程。

1. 艰巨性

第一，滩区移民搬迁范围广、规模大、任务重。根据不同的情景和防灾减灾需要，有关部门拟订了三套搬迁方案。按照这些方案，如果将全部有安全风险滩区的群众都进行搬迁，将涉及5个地级市14个县（市、区）的48个乡镇，共计有1029个村庄，103.70万人；如果只是对面临安全风险较大地区的群众进行搬迁，其他采取加固或者临时撤离方式进行安置，将涉及3个地级市5个县（市、区）的25个乡镇，共计有598个村庄，54.68万人；综合考虑群众安全、滩区生产和安置成本，形成的推荐方案涉及4个地级市10个县（市、区）的43个乡镇，共计有817个村庄，82.02万人。

第二，滩区移民搬迁强度高、资金压力大。在搬迁方案里，开封市平均每个县需要搬迁4.54万人，濮阳市平均每个县需要搬迁9.80万人，新乡市平均每个县需要搬迁12.04万人。需要指出的是，在移民搬迁涉及的沿边县域中，相当一部分为国家级和省级贫困县，当地经济社会发展水平有限、群众经济基础薄弱。根据对濮阳县和封丘县典型设计的测算，堤外安置户均需要19万元左右，堤内安置户均需要23万元左右。按照目前国家和省定标准，能够落实的专项补贴仅5.3万元（省级财政直管县为6.1万元，差额为市级财政补助），其他资金均需要通过统筹其他渠道资金进行筹措，群众也需要自筹一部分。然而，郑州以下多数河南黄河滩区所在县域均为贫困县，发展落后、自身财政能力不足，又面临着如此高的搬迁强度，在实地调研中，县乡两级基层干部普遍反映资金统筹难度太大，即使勉强能够统筹好资金，也很容易干扰和影响到其他民生工程。关于群众自筹的问题，从实际调研来看大，约有1/3的群众能够拿得起这部分款项；大约一半的群众需要依靠借债的方式筹措一部分资金，但会对今后生活产生一定的影响；还有一部分群众，主要是老年人、鳏寡孤独人群、有残障人士或者重大疾病患者的家庭，根本无力承担这部分支出。此外，在基层干部和群众看来，滩区移民搬迁与黄河治理密切相关，自己从现有房屋搬出而且有的住房条件还相当不错，国家应该给予解决住房条件，这其实也是黄河滩区移民特殊性和复杂性的一种具体表现。

第三,滩区群众意愿多样化明显,如何分类指导、有序推进成为难题。由于区位、当地经济社会发展水平、家庭经济状况和成员个体生活习惯等经济、社会和个体差异的存在,群众意愿多样化十分明显。其中,特别是区域差异和年龄差异在调研中表现十分明显。在兰考谷营乡,试点群众要求住房按照独院设计,空间要大一些,以满足农业生产需要;在封丘李庄镇和濮阳习城乡,当地群众就普遍期望能够住楼房,过"城里人的生活"。而对年轻人来说,现代化生活更符合他们的意愿;然而还有一些群众,特别是年龄较大的群众,安土重迁,更加倾向于原有滩区生活。另外,在县级资金统筹中,通过"人地挂钩"进行指标交易是各试点乡镇的重要资金筹措来源之一。但"人地挂钩"进行指标交易所得搬迁群众受益不多。另外,现有国内大量移民搬迁经验教训表明,整体搬迁有利于实现稳定搬迁。然而,如何在群众意愿多样化、搬迁成本和巩固搬迁成果之间取得较好的权衡,实现分类指导、有序推进,是一个极大的难题。

第四,滩区群众对安置地生活、后续生计和土地权益普遍存在疑虑,亟待通过加强试点予以解决。课题组在实地调研中发现,当地基层干部和群众对移民搬迁政策和现有移民搬迁群众的生活生产现状都十分了解,对当地产业发展和耕地流转中的实际问题也有深刻的理解。滩区群众普遍认为,在当前物价水平和物价快速增长的条件下,现有补偿和补助标准难以满足住房建设和基础设施建设的要求。滩区群众很担心会像其他一些滩区、蓄滞洪区或退田还湖区移民搬迁一样,搬迁容易,基础设施和公共服务配套难,安置区可能很快陷入无人问津的境地。当地基层干部和群众对安置地产业发展也存在质疑,认为现在滩区发展产业的限制不明确、安置地产业发展的优惠与扶持政策不明朗并且规划中缺乏足够的产业用地,因而对后续生计普遍存在着很大疑虑。尤其在土地流转方面,滩区群众有很深刻的思考,用了一连串"咋办"来表达对通过土地流转获取稳定的土地收益的质疑,有的问"土地流转了,农具咋办",有的问"土地流转一两年不能流转了,咋办",等等。

2. 长期性

第一,移民搬迁要考虑当地经济社会发展水平较低和财力困难等客观因素,不能搞"政绩式"搬迁。尽管国家和河南近年来经济发展迅速、财政收入增长迅速,但由于河南黄河滩区移民搬迁总体规模大,很难实现一步到位。此外,当地财力不强和相当数量的家庭经济困难,配套资金存在较大困难。河南黄河移民搬迁必须坚持实事求是,坚持以社会和生态效益优先,以国家和省级财政为主,合理地划定各方资金承担比例,不能搞"政绩式"搬迁。要以国家和省级财政财力为基准,科学确定移民搬迁规模,合理安排进度。因此,由于受搬迁资金困难等因素的制约,河南黄河滩区移民搬迁要做长期的心理和物质准备。

第二,移民搬迁要考虑滩区群众安全需求和群众意愿等主观因素,不能搞"一厢情愿"式搬迁。河南黄河移民搬迁必须坚持积极稳妥、不搞突击。由于滩区移民搬迁存在着明显的区域差异、个体差异及多样化的利益诉求和意愿选择,河南省滩区移民搬迁应该以滩区群众安全需求、当地情况和群众意愿为根本依据,合理选择试点和实施对象,不能搞

"一厢情愿"式搬迁。要消除这些差异,既需要滩区群众生产生活方式的进一步转变,更需要当地,特别是安置地经济社会发展水平进一步提高,接纳安置能力得到巩固和提升。这需要一定的时间和过程,也决定了移民搬迁的长期性。

第三,移民搬迁要考虑安置区居民点规模和安置地成熟程度等安置条件,不能搞"运动式"搬迁。移民搬迁要坚持有序推进,必须坚持成熟一批实施一批;坚持质量优先,坚持实施一批完善一批,不留死角、不留遗憾,并且为后续移民搬迁工作形成示范带动作用,不能搞"运动式"搬迁。河南黄河滩区移民搬迁要根据滩区居民点安全风险大小、群众意愿、安置地成熟程度,按照先急后缓、先易后难的顺序有序推进。在这个过程中,需要通过宣传、规划和建设等一系列过程进行移民宣传培训、安置地规划建设和产业培育发展。移民搬迁项目的成熟和实施完善都需要一定过程,为了让后续移民群众安心,必须控制好移民搬迁节奏,保障项目质量,以做好示范带动工作。

(四) 当前加快黄河滩区移民搬迁进程需要解决的主要问题

1. 安置区建设用地指标紧张的问题

黄河流域滩区移民搬迁需要占用大量土地,但建设用地指标非常紧张。例如,兰考县谷营乡堤南可使用土地面积较少,现仅余2500余亩,且全是基本农田,无建设用地指标。该区域不成方连片,涉及六个堤南村庄1500余户、6000多人口,清障难度大,兰考至东明主干渠由东至西贯穿全境,四明支河由南到北,把1000余亩的土地分得支离破碎,非常不利于对搬迁户的安置,且搬迁户对目前所有土地的位置不满意。再如,封丘县李庄镇黄河滩区居民迁建需要建设用地6021亩,但目前可申报的用地指标远远不能满足滩区迁建的需要。另外,由于申报的建设用地指标属于土地综合整治项目,规模小、环节多、周期长、程序严,审批困难,也严重影响迁建进度,延长迁建周期。

2. 迁建资金难以落实的问题

黄河滩区移民迁建需要征收大量土地,依据目前山东省、河南省征地补偿标准,约需上亿元资金用于建设项目征地补偿。同时,移民迁建基础设施和公共服务设施总投资巨大。目前,滩区所在县、乡(镇)两级财政比较困难,滩区原始积累薄弱,滩区群众整体迁建又急需大量资金,资金缺口很大。同时,整合政府部门的项目资金周期长,变数多,并且现有政策有的还有棚架现象。例如,发改委给封丘县滩区迁建补助6000元/人,2014年要迁建近3000人,上级只批了不到360万元,只够补助600人。2014年3个整体迁建村申报了土地综合整治项目资金3000万元,实际批复280万元,缺口很大。

3. 基础设施建设难以配套的问题

2002年以来,国家没有安排资金在滩区进行安全建设。目前,黄河滩区河南段安全建设不到滩区人口的5%。例如,兰考县东坝头以上大部分村庄没有避水设施,现有避水台多为孤立的房台,抗洪能力差,不能保证安全。上次搬迁至今10年仍有部分村公共设施未配套,给群众的生产、生活造成了极大的不便,堤北有五个村的群众对此很有意见。尤其是实施移民搬迁后,搬迁户距原耕地最远距离约十二公里,从原来的步行到田间管理土地变成现在的开车甚至租车种地,无形中增加了成本。再者,原来收益比较高、人工投入比较大的经济作物种植因交通成本的增加,使本来就比较低的土地收益率雪上加霜。

4. 搬迁补偿标准偏低的问题

2004年搬迁时,中央下拨每户1.7万元。2004年距现在已有10年,物价平均上涨了8~10倍,地价上涨了10多倍。如果仅仅是简单地参考2004年补偿标准,移民搬迁工作则无法开展。如果按省发改委每户6万元的标准,将会有80%的群众因搬迁返贫,造成新建住房无法按时按标准建成,旧房不能在规定时间拆除,将会出现新村、旧村并存的局面,移民搬迁将失去其应有的实际意义。尤其随着群众生活水平的不断提高,上次搬迁的建房标准远远不能满足现在群众的需求,从节约耕地和满足群众意愿等方面考虑,在征求上级规划部门意见的基础上,可按照实用、经济、美观、大方的原则,确定新建房屋标准应为每户120~150平方米,每平方米裸房造价为900元加上附属门楼院墙及配房,每户需资金约20万元,经过调查摸底,大多数村民的可承受能力为3万~5万元,国家需每户补助建房款15万元以上。

五、河南省黄河滩区移民搬迁的总体设计及对策建议

河南省黄河滩区移民搬迁是一项涉及经济、社会、民生、生态等多个方面的系统工程,要使移民搬迁工程达到利国利民的目标,离不开明晰的思路、科学的规划。

(一) 总体设计思路

1. 指导思想

以邓小平理论、"三个代表"重要思想和科学发展观为指导,深入贯彻党的十八大、十八届三中全会和习近平总书记系列重要讲话精神,以确保黄河长治久安和群众脱贫致富为根本目标,以本乡本县就地安置方式为主,积极探索跨县、市异地远迁和大分散、小集中的安置方式。依托河南省沿京广轴线和陇海轴线两大产业带上的大中城市、县城、中心城镇、产业集聚区,有计划地将滩区居民分期分批外迁安置。以居民外迁安置促进区域经济社会发展,以区域经济社会发展巩固居民外迁安置,确保滩区居民"搬得出、稳得住、能发展、快致富",与全国、全省同步进入全面小康社会,为"四个河南"建设做出积极贡献。

2. 基本原则

政府主导、群众自愿。各级政府是滩区居民迁建的责任主体,要把滩区居民迁建作为建设全面小康社会的一项政治任务,摆上重要议事日程。沿京广轴线和陇海轴线的较发达县市在城镇人口承载力的范围内,应主动制定、上报接收迁入人口规模和计划。要充分体

现"以人为本"的原则，尊重群众意愿，倾听群众诉求，维护群众利益，不搞强迫命令。要加强领导组织，夯实责任，强化措施，各职能部门要各司其职，齐抓共管，形成合力，稳步推进。

产业支撑、集中安置。要把滩区居民迁建与新型城镇化建设相结合，以邻近的大中城市近郊、县城、中心城镇、产业集聚区集中安置为主，关键是选择已有产业发展基础的地方规划安置区。

科学规划、突出重点。科学编制黄河滩区居民迁建规划，科学制定接收迁入人口规模和计划，统一政策标准，合理布局安置区域。要依据县市新型城镇化规划（2014~2020年），统计上报产业集聚区就业规模和发展规划、周边社区规模和人口容量，中心镇建设规划和人口容量，城郊村人口数量和改造规划。由省发改委汇总编制跨县市移民的《河南省黄河滩区移民搬迁总体方案》、《河南省黄河滩区移民搬迁试点方案》。突出搬迁重点，优先安排低滩区和高滩区受洪水威胁较大的"落河村"、"近堤村"群众的搬迁。将"搬迁扶贫"和"当期扶贫"结合起来，部分地方先搬迁，不能立即搬迁的先发展，为搬迁做准备。

因地制宜、分类指导。统筹考虑环境容量和群众经济承受能力，合理确定安置方案，注重科学性、经济性、合理性。对不在搬迁规划范围的群众，修建撤退道路，采取临时避洪措施，保障生命财产安全。

量力而行、稳步实施。充分认识滩区居民迁建的复杂性、艰巨性，妥善处理搬迁需求与投资可能的关系，根据资金筹措能力和安置资源条件，区分轻重缓急，合理确定搬迁目标任务和建设时序，按规划、分年度、有计划地组织实施。

3. 安置方式

要紧密结合新型城镇化建设加速发展的新趋势，坚持"三个靠近"，统筹做好安置区规划，增强移民安置区发展的可持续性。"三个靠近"，就是安置区靠近城市、靠近产业集聚区、靠近中心城镇。安置方式以大分散、小集中安置为主，分散安置为辅。集中安置依托河南省沿京广轴线和陇海轴线两大产业带的大中城市、县城、中心城镇、产业集聚区等建设安置区，尽量保持原有村、组建制，实行整村集中搬迁。大分散是指安置区不宜过大，需要分布于不同的县市和城镇。鼓励有稳定收入来源、自愿投靠亲友、自谋出路的群众自主分散安置，享受集中安置群众的同等政策。对特困群体，配套建设保障性住房安置。

另外，就跨县市异地远迁安置和本乡本县就近安置两种思路比较而言，本乡本县就近安置工作相对简单易行、时间短、成本低，但移民就业、发展困难重重，成本高。而跨县市搬迁，安置工作协调任务重、时间较长、成本较高，但移民就业、发展相对容易，成本低。

安置方案之一："城市近郊"移民安置

河南省沿京广轴线和陇海轴线的大中城市，郑州、新乡、许昌、商丘等，每个城市近郊至少可以分散容纳几万人至十万人的规模移民，还有新郑、巩义等发达县市近郊接收滩区移民。实施"大中城市近郊"移民安置,优点是未来城市近郊的房租收入可以成为滩区移民稳定的收入来源,能够维持基本生活水平而有余。其原因在于:一是根据国际反贫困经验,一个规律性现象是相当数量的贫困家庭真正脱贫致富是在家庭的第二代甚至第三代,第一代人仍然在就业与失业交替中不断挣扎和奋斗。二是城市边缘的城中村或者城乡结合部是大量外来人口进入并融入城市社会的第一站。这个特殊区域,表面看管理无序混乱,实则到处充满生机与活力。另外,"城市近郊"安置,可由政府担保,移民(自愿)贷款,利用人地挂钩政策,在大中"城市近郊"的村庄或小区征地、建房,实行整村集中搬迁。所有的成本可由每个移民家庭按平均成本量贷款支出,未来的房租收入支付银行贷款本息,这样就可以节约移民搬迁财政补贴。

安置方案之二:实施"产业"移民

扶贫搬迁关键是要使移民搬出之后,有活干、有钱挣,实现就地就近非农就业。要选择已形成规模的产业集聚区附近居住小区或城镇建设安置区,进行集中安置。只有这样,扶贫搬迁才能"搬得出、稳得住、能发展、快致富",才能避免先规划建设外迁安置区集中安置、后寻找和安排产业项目的巨大风险和被动局面的出现。

安置方案之三:实施向中心城镇移民

选择各发达县市中心城镇安置的基本理由在于,小城镇发展的地域分布演变趋势是:较发达县市的小城镇发展在前,贫困县市小城镇发展在后;大中城市辐射范围内的小城镇发展在前,偏远地域的小城镇发展在后。滩区所属贫困县,地处偏僻,交通区位条件差,大中城市辐射不到,因此小城镇要成行成市地发展繁荣并实现就近就业不是贫困县近期能完成的任务,但扶贫搬迁不能等,搬迁后的就业更不能等。如果在贫困县内的小城镇盲目规划设计集中外迁安置区,会造成有镇无市、有镇无业的被动局面。因此,要依托各发达县市有产业基础和就业前景的中心城镇,实施集中安置。例如,新郑市的龙湖镇、薛店镇等中心城镇,这些中心城镇人口容量大、就业机会多。另外,移民安置区建设不需要像贫困县内安置那样额外投资大规模的城市公共基础设施,因而资金投入并不是很高。

安置方案之四:本乡本县就地安置

要紧密结合新型城镇化建设,统筹做好安置区规划。搬迁安置原则上以本乡镇、本县区就近就地安置为主,本县区安置确实有困难的,由所在市协调在市域范围内调剂安置。安置方式以集中安置为主,分散安置为辅。集中安置主要依托县城、小城镇、中心村、产业集聚区、农业产业化集群等建设安置区,实行整村集中搬迁。对继续从事滩区农业生产的搬迁群众,尽可能就近沿堤集中安置。

4. 补助标准

住房补贴:迁建居民住房原则上按户均120平方米标准执行,以国家、省两级政府来解决住房投资补助为主。同时,要通过人地挂钩政策等渠道筹措资金,再由滩区各级政府统筹,然后对迁建居民住房建设予以适当资金补助。新房建成搬迁后,必须及时拆除原住房,原住房拆除后由当地政府组织复耕。另外,对采取自主分散安置的迁建居民,也应同样享受同等住房资金补助政策。

生活补贴：要对纳入范围的黄河滩区移民每人每年补助2400元，补助期限是10年。

农业收入损失补贴：要对纳入范围的黄河滩区移民家庭补助农业生产纯收益与土地出租收益的差额部分。开始时每人每年补助600元，以后随着地租收益的上升，将会逐年减少。

5. 实施步骤

第一阶段，2014~2016年，为搬迁试点阶段。涉及濮阳县、范县、台前县、封丘县、兰考县5个县，每县选择一个乡镇若干村庄作为试点，每个试点乡镇人口约1万人。另外，适当选择迁入县市，实行试点县与接收县市对接，科学制定搬迁安置规划，分别实施"城市近郊"移民安置、"产业"移民安置、向中心城镇移民安置。

第二阶段，2017~2023年，为规模推进阶段。计划搬迁77万人，涉及郑州、开封、新乡、濮阳4市以及兰考县、长垣县，共38个乡镇，平均每年搬迁约11万人。

（二）对策建议

1. 尽最大程度地争取国家层面的大力支持，建议在国家层面呼吁抓紧编制《黄河滩区移民搬迁战略规划》

建议在国家层面呼吁抓紧编制《黄河滩区移民搬迁战略规划》，明确实施移民搬迁的重要意义、指导思想、基本原则、阶段目标、重点工作和政策措施，争取在资金和政策上得到国家的重点支持。要努力将黄河滩区移民搬迁工作提升到国家战略高度层面，在税收方面给予优惠政策，尤其在项目对外合作、资源开发、国债资金安排、财政资金转移支付、国家开发银行贷款等方面给予更宽松的政策环境和重点支持。即使没有国家的战略规划，河南也要积极加快完成《河南省黄河滩区移民搬迁总体方案》、《河南省黄河滩区移民搬迁试点方案》和《河南省黄河滩区移民搬迁年度行动计划》，并报国家批准，尽最大程度地争取国家层面的大力支持。

2. 以国家、省级两级政府财政补助为主来筹措迁建资金，加快黄河滩区融资平台建设

要采取通过国家、省级政府两级财政补助为主，项目整合，市场运作等渠道筹措资金，确保移民搬迁安置工作需要。原因在于：黄河滩区内的市县乡三级政府财政非常困难，滩区内的群众基本上很难拿出几万元的现金。要综合参考库区移民、淮干移民政策，积极争取国家提高黄河滩区居民迁建补助标准，省级财政要建立稳定增长的投入保障机制。创新财政资金补助机制，省财政资金可实行"以奖代补"等竞争性分配办法。同时，要加大部门项目资金整合力度，在不改变管理渠道和投向的前提下，由滩区政府统筹协调用于安置区基础设施及公共服务设施建设。要研究利用人地挂钩政策，拓宽资金来源。要制定优惠政策，吸引社会资本参与滩区居民迁建，鼓励企业和个人捐赠。要重视融资平台建设，设立黄河滩区综合开发项目法人，全面负责资源综合开发、资金筹措和偿还及开发后的经营管理，多渠道筹集建设资金，以最大程度地满足滩区搬迁的需要。

3. 加快编制滩区特色产业发展规划，加大滩区产业发展的政策与资金扶持力度

要指导滩区县编制县级特色产业发展规划，大力发展花卉、绿色奶业、水产养殖等优

质高效特色农业，推广"公司+基地+农户"的产业化经营模式。依托农业产业化龙头企业，将黄河滩区建成优质乳制品、绿色饲料、绿色蔬菜、清真肉类、绿色家禽等食品加工基地。支持滩区农田水利基础设施建设，搞好滩区路网、渠网及退水设施建设，改善农业生产条件，做到旱能浇、涝能排、渠相连、水相通、保安全、促发展。支持滩区重大项目优先列入省重点建设项目，纳入联审联批范围，优先安置工业结构调整、农业结构调整和农业产业化发展、服务业发展、文化产业发展等专项资金。积极培育农民合作组织，提高搬迁群众在产业发展中的组织程度。鼓励和引导工商资本到滩区县发展适合企业化经营的现代种养业，建立龙头企业与搬迁群众的利益联结机制，促进搬迁群众稳步增收。积极承接产业转移，调整优化产业结构，对吸纳搬迁安置群众就业达到一定比例的企业，在贷款、税收等方面给予优惠支持。结合黄河沿线生态、人文资源，联动沿线"郑汴洛"古都旅游资源，加大政策资金扶持力度，促进沿黄休闲农业和乡村旅游业发展。支持搬迁群众自主创业，发展非农经济，通过税收优惠、贷款贴息等方式加大对搬迁群众自主创业的扶持力度。

4. 大力培育新型移民，加快构建滩区农业社会化服务体系

要充分整合资源，不断加大滩区居民劳动力技能培训力度，大力发展劳务经济，促进滩区居民收入稳步增加。强化转移就业培训，通过发展"校校联盟"、"订单培训"、"校企联办"模式，建立培训到就业、管理、服务的"一条龙"式劳务输出链。强化职业教育培训，结合"雨露计划"，鼓励滩区学生参加劳务预备制培训，接受中等职业教育，增强就业能力，拓宽就业渠道。强化农村实用技术培训，大力开展农业科技推广，加快构建滩区农业社会化服务体系，实现"科技服务进村入户、良种良法示范到田、技术要领培训到人"。

5. 加快黄河滩区自然生态环境保护，建设黄河生态文化旅游带

要在保护黄河滩区自然生态环境的基础上，做好移民搬迁工作。绝对不能以牺牲黄河滩区自然生态环境为代价来换取移民搬迁任务的完成。要支持在黄河滩区实施湿地恢复与保护项目，构建沿黄生态涵养带，加快沿黄生态保护及低碳经济示范区建设。要防止出现建别墅、非法采沙、阻塞河道泄洪、非法圈占湿地、盲目垦殖、制污排污等非法现象。实施防沙治沙、农田林网、廊道绿化、防浪林等林业生态工程，推进风景林和黄河沿线城镇生态林建设，完善黄河中下游生态安全保障体系。鼓励沿黄上下游生态保护与受益地区之间开展横向生态补偿。紧密结合黄河文化和中原文化，启动建设河南黄河生态文化旅游带工作。

六、今后河南黄河滩区移民搬迁的主要任务、工作重点和政策措施

本次河南省黄河滩区居民迁建涉及面广、任务繁重,要分步、分类实施,先进行试点,及时总结阶段性经验教训,确保各项工作按照正确路径展开。因此,我们建议,除了要做好总体方案、试点方案等顶层设计工作之外,近两年的任务与重点应该集中在两个方面:一是做好试点工作,及时总结经验,为全面展开提供经验借鉴;二是厘清移民意愿,做好宣传动员工作,创造良好氛围。

(一) 主要任务

1. 适当扩大迁建试点范围

试点范围选择科学与否,对于全面完成迁建工作非常重要。要考虑到整个迁建涉及的82万人,课题组认为目前试点范围仅包括3个乡镇的20个村庄,总数2万多人,试点范围明显偏小,并且局限于贫困县内安置。后续还有80万人需要在7年内完成,迁建工作压力太大。另外,试点乡镇代表性也不全面,经验与模式借鉴也受到较大限制。建议适度扩大试点范围,可以分两批进行试点。现在已经确定的3个乡镇作为第一批试点,另外在原阳县、濮阳县、长垣县、开封县四个滩区县各再选择1个乡镇,在郑州市、新乡市选择新郑市等几个接收县市,作为第二批试点。第二批迁建试点可以在2015年下半年展开,力争使第一、第二批试点合计达到5万人规模,一方面可以让迁建规模大的县积累经验,为以后规模化推进提供更多样本;另一方面也为规模化推进减轻压力。

2. 尽快让群众看到迁建试点的成效

目前,试点工作仍然处在做方案阶段,我们在调研中了解到,目前选择的试点都是前期基础较好的,甚至有些前期选好迁建地址,并通过其他方式已经开始实质性建设,由于建设进度缓慢受到滩区群众的质疑,在一定程度上影响了滩区群众搬迁的积极性,也影响了各级政府的信誉。目前,建设进度又受到试点工作的影响,很多具体工作一时难以确定下来。建议应尽快启动试点工作,可以边做前期工作边向国家申报,前期工作包括群众动员、选址、设计、资金筹措、探索部门合作方式等,有关工作人员可以先期介入、先期准备,熟悉居民情况,熟悉有关土地、财政、补偿等政策与流程,为后续工作做好充分准备,让滩区群众早点看到搬迁的曙光。

3. 切实摸清群众搬迁意愿的底数

近两年除了重点做好试点工作外,厘清黄河滩区移民意愿应该是另一项重要工作。前期工作做得越扎实,后续工作就越顺利,不仅是试点范围,对全部需要搬迁居民的意愿都要提前摸底。建议非试点范围的县、乡镇工作人员要对本地搬迁居民进行摸底、调查,最

好以问卷调查的形式，对居民在补偿标准、选址、房屋设计、土地流转、土地整治等方面的想法和建议，让专业研究机构对有关问卷进行系统整理和综合分析，为规模化推进移民搬迁提供基础资料和思路建议。

4. 下大功夫做好宣传动员工作

前期的宣传动员工作是做好迁建工作的基础和前提，黄河滩区居民长期在滩区居住，受传统农耕方式影响较深，生活、生产方式改变起来比较难，既对迁建充满憧憬，也对未来生产生活充满疑虑。建议要下功夫做好宣传动员工作，讲清国家政策，消除各种疑虑。在2014年底国家批复试点方案和总体方案后，我们建议：一是省里统一编制《河南省黄河滩区居民迁建知识问答》，把有关政策、补偿标准、基础设施、公共服务、就业、培训、服务等问题以问答方式，发放到每一个滩区居民手中；二是设置一个省级滩区迁建信息咨询平台，居民可以通过手机、网络、电话等方式咨询问题，了解有关情况。

5. 客观总结迁建试点地区的经验与教训

试点经验总结不能仅仅在试点工作结束后，对于试点中的经验、教训要及时总结，及时反馈到各级领导小组，供各地试点借鉴，避免犯同样错误。试点工作结束后，再由试点乡镇、县写出专题报告，同时，市、省两级也要写出总结报告，尤其是发改委、财政厅、水利厅、国土资源厅、住房城乡建设厅、交通运输厅、农业厅、教育厅、卫生厅、民政厅、扶贫办、河务局等参与部门更要写出专题报告，从自身部门参与工作的视角总结经验教训，为规模化推进提供借鉴和思路。

（二）工作重点

1. 加快推进移民迁建示范社区建设

要按照试点工作安排，加快建成一批移民迁建示范社区。课题组在调研中了解到，当前滩区居民对于迁建社区最为担心的基础设施和公共服务配套跟不上，包括道路、上下水管道、学校、医院、老年人活动场所等，导致居住环境差，迁建居民无奈回流，这种情况在其他地区滩区搬迁中曾经出现过。我们建议示范社区要针对群众比较担心的问题，重点做好社区配套，让群众搬得进、留得住，为规模化推进提供好样板。

2. 逐步建立健全部门合作机制

迁建工作涉及省发改委、财政厅、水利厅、国土资源厅、住房城乡建设厅、交通运输厅、农业厅、教育厅、卫生厅、民政厅、扶贫办、河务局等多个部门，组建领导小组后，在明确各部门分工的基础上，要探索一套部门合作工作机制，重点是把分散到各部门的资金和政策整合起来，形成工作合力。建议结合全面深化改革，本次迁建工作要在土地政策、融资模式、建设模式、资金平台搭建等领域开拓创新，支持各地与各部门进行专项合作，支持各项目争取世界银行、亚洲开发银行等国际资金支持，吸引社会资金介入。

3. 积极实施产业扶贫重点项目

要结合河南产业扶贫规划和项目安排，依托本地资源与产业优势，重点在滩区内和迁建点实施一批产业扶贫重点项目，支持农业产业化龙头企业通过土地流转在滩区内、迁建点周边建设大型种养殖项目，吸纳居民就业，引导滩区居民从事特色养殖、生态观光农业、旅游、物流以及木材加工、纺织服装等劳动密集型产业，在资金、项目上给予支持和补助。

4. 全力打造黄河滩区特色生态示范园区

要根据区域生态和资源特点，在滩区内建设一批湿地生态园、现代农业生态园、文化旅游产业园等，重点构建沿黄生态涵养带，推进国家湿地鸟类自然保护区建设。各级农业部门可以在迁建点区域规划建设一批葡萄园、树莓园、金银花园、桃园、苹果园、观光农业园等，形成特色，发展本地旅游观光业，为移民提供就业支撑。

5. 强化新型专业技能移民培训

目前非熟练劳动力需求缺口很大，根据周边产业需求，对滩区迁建居民加强专业技能培训，培育一批新型专业技能居民，以适应新环境新工作。引导社会培训机构、行业协会等参与到移民培训中，如河南省服装协会近几年开展的"巧媳妇工程"，解决了数百万农村"巧媳妇"在家门口实现就业问题，可以参考引进。另外，可以在社区内设立一个居民创业服务中心，为居民在劳动密集型产业、服务业等领域创业提供资金支持，吸引外地务工的滩区居民回乡创业，我们调研中了解到目前滩区居民中在外务工、创业人员规模庞大，也有回乡创业的需求，是一个比较有潜力的就业提供渠道。

6. 谋划实施土地流转示范项目

黄河滩区居民迁建成功的一个关键点是改变滩区居民的生产方式，其中土地流转规模化经营就是一个主要途径。目前，河南黄河滩区这方面的经验很少。建议滩区各县区要与省内外大型食品企业沟通合作，创新土地流转方式，实施一批示范项目，让滩区群众看到土地流转的好处。在消费者注重食品安全的今天，鉴于黄河滩区土地无污染的强大品牌效应，引导大型企业注册一个"黄河滩区"农副产品品牌，提高滩区农副产品及食品加工业附加值。

（三）政策措施

1. 争取国家层面的政策支持

一是争取国家加大中央财政补助资金，要以动态和长远眼光看待补助资金，物价今非昔比，补助标准应该提高，黄河滩区居民为黄河治理做出了巨大牺牲，长远看，提高补助标准确保本次搬迁成功，未来将为国家节省大批的扶贫资金；二是争取国家在土地政策、产业政策、就业政策、扶贫政策等方面给予黄河滩区迁建更大支持，允许地方进行创新。

2. 完善省级层面的政策措施

一是土地政策，调整相关土地规划，纳入省土地综合整治试点项目，支持各地创新促进土地流转的政策，有关宅基地指标进入土地交易平台；二是产业政策，对于滩区内、迁建点等新建的产业项目、产业园区在各方面给予重点支持，工业结构调整资金、农业结构调整资金、产业扶贫支持资金等优先倾斜；三是就业政策，对由培训机构、行业协会组织的技能培训给予资金支持，通过创业服务平台，对自主创业的滩区居民给予各类支持等；

四是资金支持措施,加大对滩区的财政转移支付力度,引导各类金融机构介入,支持组建各类滩区居民互助基金组织。

3. 分区分批实施差异化策略

我们在调研中了解到,各地滩区居民的需求差异较大,如兰考县滩区居民观念比较传统,短期内留恋农村生活方式,倾向于独家独院设计,而濮阳、新乡等地滩区居民观念相对现代,对多层、高层住房接受度较高。因此,在选址、社区设计、房屋设计以及土地政策、就业政策等方面要分区分批实施差异化策略,以最大化满足居民需求。

4. 明确社会力量参与支持政策

制定优惠政策,吸引社会资本参与滩区居民迁建,对于参与迁建社区建设的企业要明确支持政策,给予合理回报,并在土地流转、土地整治、配套设施建设、周边产业园区建设上给予优先支持。鼓励企业与个人捐赠,捐赠资金可以纳入免税范围,并在滩区农业设施、迁建社区等项目建设上给予其他方面的支持。

5. 鼓励基层政策措施创新

乡镇等基层承担着滩区居民迁建的主要工作,也承载着动员说服滩区居民的巨大压力,在政策范围内要完善容错机制,支持和鼓励基层领导干部创新政策、措施、思路和方法,省级部门要敢于承担责任,不要把责任和压力向基层压,要让他们放心工作。

第十六章　郑州航空港经济综合实验区若干问题研究

自 2013 年 3 月 7 日郑州航空港经济综合实验区成为全国第一个国家级战略的航空港经济发展先行区以来，郑州航空港经济综合实验区迅速展开机场周边产业布局，积极加快大型航空枢纽建设，致力于培育全国区域协调发展的战略支点和重要的现代综合交通枢纽；致力于打造内陆开放高地，培育引领中西部地区发展的重要引擎；努力提升郑州综合交通运输枢纽的区位优势，形成了机场枢纽和产业集聚互动发展的良好态势，其已经成为带动中原经济区及带动中部地区经济发展的重要力量。但是由于郑州航空港经济综合实验区刚刚起步，虽然发展势头迅猛，毕竟还处于孕育、起步阶段，仍面临着诸多需要研究的问题。如何科学借鉴国内外航空港经济区发展的成功经验，找出郑州航空港经济综合实验区建设的"瓶颈"及产生的原因，快速助推其成为中原经济区建设的新引擎、中部区域迅速崛起的"加速器"，是我们必须重视研究的核心问题。

一、国际上主流航空港发展模式综述

自从爱尔兰香农国际航空港自由贸易区 1959 年成立以来，国际上对航空港经济的产业布局开始了持续的实践和探索，经过了几十年的发展，形成了各具特色的发展模式。

（一）国际上航空港发展的典型模式介绍

1. 临空工业区模式——爱尔兰香农国际航空港自由贸易区、北京顺义区临空经济区

1959 年成立的香农国际航空港自由贸易区，作为连接美国、欧洲和中东地区的重要交通枢纽，早期利用自身地处跨越大西洋航线必经之路的特殊地理优势，主要为途经飞机提供中转、加油、维修保养等航空配套服务，同时利用外资和原料发展出口加工业。随着航空制造技术的不断进步，飞机续航能力大幅度提升，来往航线飞机不再需要停靠加油、保养，香农自由贸易区逐渐向航空产业升级，引入通信信息、电子产品制造、软件开发等高技术产业，政府还在附近设立了爱尔兰国家航空研究中心。目前，贸易区产业涵盖了医疗设备、软件开发等高技术产业，世界众多通信信息行业巨头均在香农国际自由贸易区设有基地。

顺义临空经济区也属于典型的临空复合型工业区模式，其依托于北京首都国际机场，设立天竺综合保税区、空港经济开发区、林河开发区、空港物流基地、北京汽车生产基地及国门商务区六大功能区，重点发展高新技术、现代制造业、现代物流、国际商贸、国际会展和文体休闲六种产业。截至2013年初，顺义临空经济区聚集航空类企业超过300家、世界500强企业30余家以及中国民航六大集团，初步形成以航空业的相关企业总部为主体、现代制造业及高端服务业为主的临空产业体系。

2. 航空物流基地模式——美国孟菲斯空港经济区

孟菲斯，20世纪80年代还是一个以棉花种植为主的农业小镇，后来得益于孟菲斯国际机场的建立和发展，自1992年连续18年货运吞吐量雄踞全球第一，成为全球最重要的航空货运中心和全球著名的"航空大都市"，联邦快递、UPS、DHL、KLM、Cathay Pacific等都在其设有航空物流机构。聚焦孟菲斯空港经济区的发展历程，从水运中心、铁路交通中心发展为航空城，联邦快递发挥了至关重要的作用——联邦快递运营着全球最大的货运航空编队，每天在孟菲斯处理3万个包裹，装运货物的运输带长达3公里。追溯至20世纪60年代，美国经济结构开始以高新技术和服务业为核心，诸多"质轻价高"产品的生产摆脱对原材料产地的依赖，逐渐向人才、技术、资本的集聚地转移，在此背景下联邦快递的"隔夜快递"迅速兴起。后来，在联邦快递总部选址中，孟菲斯机场管理局通过精心运作及在资金、土地、税收等方面的优惠支持政策，将联邦快递总部引入孟菲斯，使其成为孟菲斯机场时至今日仍然位居第一的客户，孟菲斯国际机场依托联邦快递超级中心，也一跃成为全球最大货运空港。

尤其在航空物流产业的辐射下，与之相关的计算机维修、制造业、医疗服务业和旅游业得到迅速发展。世界最大的家庭娱乐配送中心——Thomson彩色技术公司每天在孟菲斯包装运出120万件DVD产品，这相当于美国每天DVD购买量的一半；世界最大的便携电脑维修点——Solectron公司每个晚上在孟菲斯维修5000台电脑；美国最大的通宵麻醉药品检测站——Advanced Toxicology每晚对通过联邦快递公司运来孟菲斯的全美5000多份样品进行实验；世界最大的角膜银行——国家眼科银行中心坐落于孟菲斯就是因为孟菲斯的全球通达性和时效性。目前，孟菲斯机场业务的95%以上为航空货运，产生的经济影响达271亿美元，还有7.6亿美元来自机场乘客带来的收入，创造了22万个就业机会，占孟菲斯就业总量的1/3。

3. 商务区模式——德国法兰克福临空物流城

德国法兰克福位于德国中部，拥有德国最大的航空站和铁路枢纽，莱茵—美茵机场是欧洲大陆第二大航空港，也是欧洲重要的中转中心，每天拥有235个直接飞行目的地。法兰克福临空物流城居于机场附近，数百家物流运输以及高效的配送系统，将世界各地产品运进德国，也将德国产品送往世界各地。正是依托于以机场为中心遍及全球的空中运输网络，法兰克福充分发挥贸易中心这一传统优势，大力发展金融业和会展业。目前200多家德国和国际知名银行落户法兰克福，高盛、摩根士丹利、美林证券等诸多国际知名金融机构纷纷设立分支机构；法兰克福会展中心每年举办30多场国际性会展，吸引参观人数多达 220 万，为德国创造 3.25 万个就业岗位，贡献 5.67 亿欧元税收，创造了 31 亿欧元购买力。与此同时，得益于法兰克福多式联运的综合交通物流体系，德国制造的大型机械设备及关键零部件、汽车及汽车零部件在世界各地都能得到及时的供应，这使得法兰克福成为德国重要的工商业、国际展览、金融和交通中心，被誉为"莱茵河畔的曼哈顿"。

4. 总部基地模式——史基浦临空经济区、上海虹桥临空经济园区

荷兰阿姆斯特丹的史基浦机场，在欧洲机场持续保持客运量第四、货运量第三的名次，是法荷航空、汉莎航空的基地。从最初简单的航空港到后来多元化综合性的航空都市城的发展演进，史基浦机场为利益相关者创建可持续发展价值，其优越的交通条件吸引了 200 余家国际物流商在此运营，40 多个世界 500 强企业欧洲总部入驻，紧邻史基浦机场的世界贸易中心成为众多跨国贸易公司总部所在地。目前，阿姆斯特丹临空经济区涉及的产业包括花卉蔬菜、IT、航空航天、汽车、医药、电子、金融、娱乐购物等。

上海虹桥临空经济园区位于长宁区西侧，毗邻世界最大的虹桥综合交通枢纽，坚持高起点的"园林式、高科技、总部型"的发展目标，历时 20 多年的发展已初步形成信息通信技术、电子商务、无线通信、现代物流业、服装服饰业、食品和生活用品制造业等具有航空出行需求高、生产性服务业特征的产业集群，集聚了联合利华、德国博世、美国伊顿等一批国内外知名企业总部，集聚了爱立信、史泰博、携程网等知名信息服务业企业，集聚了联邦快递、扬子江快运、劲达国际等知名现代物流企业。园区已入驻企业达 1800 多家，其中，总部型企业 300 多家，世界 500 强企业 10 家。

5. 高新技术产业模式——美国达拉斯—沃斯堡空港经济区、日本成田机场临空经济区及印度班加罗尔电子城

聚焦美国得克萨斯州达拉斯—沃斯堡空港经济区、日本成田机场临空经济区以及印度班加罗尔电子城的发展历程，高新技术产业的蓬勃发展发挥了巨大的产业带动效应。达拉斯—沃斯堡机场于 2001 年在自身和其他多个相接的高速公路系统附近开发了占地 173 公顷的工业仓储园区——国际商业园区，该区的项目开发以"临空指向"为原则，大力发展电子信息等高科技产业，将地产租售给诸如 Aviall 等大的航空部件供应商和电子商务零售商，形成产业聚集效应。

成田机场临空经济区的筑波科学城，设有 36 家国立科学研究院和 200 多家私营科学研究院，强大的科研力量及技术溢出效应为当地知识技术型产业的发展提供了知识网络支撑，推动了空港区内的经济持续增长。

班加罗尔依托优质的高校资源和英语优势，在机场周边建立了电子城和国际计算机软件技术园，吸引了诸多世界级优秀的技术人才和科学家，积极发展软件设计外包业务，国际知名公司如英特尔、微软、IBM、西门子、通用电气公司、惠普、康柏、奥瑞克、宏碁等都在班加罗尔设立开发中心和生产基地，现已成为美国硅谷在海外的第一大软件开发外包基地。

6. 多功能航空城模式——韩国仁川机场航空城、新加坡樟宜国际机场自由贸易区

在韩国政府 2011 年正式推出的仁川机场航空城的发展规划中，仁川机场经济区包括

机场区、国际商务区、自由贸易及旅游开发区三大部分，力争把航空港发展成为集航运、物流、金融、高新技术于一体的具有多种产业职能的经济区域。在产业支撑上，韩国政府规划到2020年引入以物流、IT为主的64个绿色成长产业，产品涉及半导体及相关部件、网络及通信器械、电脑软件、医药和医疗产品。在配套设施上，仁川机场周围预留大量土地，用于建设商务会展中心、综合娱乐设施、博彩酒店、购物休闲区等文化体验和休闲娱乐设施。此外，仁川机场还将建设磁悬浮列车连接航站楼和航空城区域。

樟宜机场以一流水准的服务享誉航空界，自从1988年获得第一个奖项以来，到2011年5月总共已经拿到包括"全球最佳机场"在内的368个奖项。樟宜机场附近共有三个大型的集商务、休闲、饮食、购物于一体的综合休闲俱乐部，周边还建了3家高尔夫球俱乐部来减少机场噪音。樟宜机场自由贸易区主要包括了樟宜国际机场、樟宜商业园、樟宜国际物流园、新加坡机场物流园、新加坡白沙芯片园和淡滨尼芯片园等专业产业园区，以及展览中心、社区服务中心等配套服务设施，涵盖了总部经济、会展、物流、国际商务、高科技制造、康体休闲等相关产业。

7. 服务业模式——阿联酋迪拜航空港

迪拜机场是中东地区最大的航空港。政府在政策与经济上给予迪拜临空经济区发展以大力支持，进口关税仅为4%。宽松政策促使临空产业快速发展，整个迪拜也成功完成了产业结构调整，服务产业在GDP中的比重高达74%。

（二）国际上主流航空港发展的经验总结

通过梳理国际上主要的航空港经济发展模式可以看出，国内外主流航空港的蓬勃发展有许多共性的特点，更有许多成熟的经验可供借鉴。

1. 多式联运的综合交通枢纽是航空港经济发展的基础条件

通过对比分析国际上主流的航空港发展经验，不难发现，四通八达的多式联运综合交通体系是航空港建设的基础条件。譬如，孟菲斯坐落在密西西比河上，拥有世界领先的航空货运机场、五个一级铁路公司、美国第四大内河港和七条美国国家及洲际高速公路交会，货运集装箱通过卡车可在10个小时抵达美国本土2/3的地区，航程2小时就可覆盖全美所有大城市，便捷的水陆空联运更有利于节省运输成本。法兰克福坐落在德国最繁忙的两条高速公路交会处，拥有欧洲最大的火车站，高速公路、铁路系统与飞机场的无缝衔接把法兰克福与德国各地紧密联系起来。阿姆斯特丹的斯希普霍尔机场，便捷的火车转换枢纽就位于机场大厅下，荷兰最宽阔的4号高速公路成为来往机场的主要通道，使得机场的辐射范围扩大到周边200公里。作为世界级的综合交通枢纽，上海虹桥机场是一个多层次立体式的结构，集航空、高铁、城铁、高速公路、磁悬浮、地铁、公交、出租车等"轨、路、空"多种交通方式于一体，涉及54种换乘模式，枢纽内换乘时间不超过15分钟。

2. 临空指向型产业是航空港经济发展的核心支撑

聚焦这些誉满全球的航港，规划合理、特色显著、优势明显的主导产业是临空经济发展的动力源泉。例如，法兰克福就坚持围绕航空业打造经济核心竞争力，抓住欧洲传统贸易中心这一历史优势，找准产业定位，利用机场提供的便利的空中交通优势大力发展会展与金融业，使得会展与金融成为法兰克福的城市名片。孟菲斯在航空物流的辐射下，推动计算机维修、高端制造、医疗服务及旅游业等具有航空偏好属性的主导产业快速发展。迪拜航空城，最明显的产业标签就是独具特色的旅游购物休闲，其利用的就是诸多国际航班经停迪拜国际机场这一典型的临空经济特征。樟宜自由贸易区主要发展了飞机检修和维护，以及物流和供应链管理，目前是亚洲首屈一指的飞机维护、维修和大修中心，大约有100家航空企业入驻，雇员超过1.9万人，工业产出达到63亿美元，占整个亚洲地区1/4的份额。

表 16-1　临空经济的产业分类

类别	主要产业
核心产业	航空客运、航空货运
与航空运输直接相关的产业	航空物流、航空工业、产品分拨、保税加工、商品展示、票务服务、汇兑服务、交通服务、旅游组织、宾馆服务、餐饮服务、零售服务
支撑航空运输发展的产业	高新技术产业、出口加工产业、总部商务服务、金融保险服务、会议展示服务、中介咨询服务

3. 软硬兼备的配套设施是航空港经济发展的必备因素

完善的机场运行资源、丰富的空中航线网络、便捷的旅客中转流程、舒适的娱乐配套设施是建成大型国际航空枢纽不可或缺的重要举措。例如，仁川国际机场在机场设施上，拥有利用世界尖端技术设计的机场跑道，在视线能见度200米以下时飞机仍能安全起降，此外，机场的自动行李处理系统极为先进，可在10分钟之内将转机乘客的行李处理完毕；北京首都国际机场拥有丰富的航线，世界三大航空联盟将其作为重要中转枢纽，国航、南航、东航、海航等国内主要航空公司均在其设立运营基地，截至2012年，机场运营的国内外航空公司达到94家，通航107个国际及地区航点，机场还联合航空公司推行国际转国内通城行李直挂服务，实现旅客快速高效转机；樟宜机场除了以"旅客体验"为核心的娱乐设施配套外，还内设五个不同主题的花园、一所科学博物馆以及一个4层楼高的滑梯；斯希普霍尔机场除了酒店住宿、银行换汇、餐厅就餐、娱乐购物之外，还增建了博物馆、图书馆甚至是赌场，在机场外围区域，建设了冠以"世界贸易中心"之称的商务写字楼与大片的物流仓储区域。香港机场设有机场邮政局、全球首间机场IMAX影院以及环亚沐浴休闲廊。

4. 快捷便利的通关条件是航空港经济发展的加速引擎

高效的货物运作效率、完善的各项海关服务，在很大程度上能提高航空港对临空产业的吸引力和竞争力。史基浦机场在仓储电脑化的条件基础上，海关允许由制造企业自主管理，并会依企业的仓管系统做货物确认，加上采取有效率的"网上清关"系统，在机场通常半小时内就能清关完毕、把货拉出来。北京首都国际机场投入使用的大通关基地为其迈向国际一流航空枢纽提供了保障，该基地包括航空货运站、快件中心、海关监管区和保税物流中心等板块，使得进关货物可以享受物流、进出口海关和检验检疫的"一站式"服务。中国香港国际机场在快递快件以快运航班来港后再经分拣、并箱、汇集，均可以在翌日指定时间在各大城市交付。迪拜方便的通关手续也是其吸引投资的重要砝码，阿联酋一直应用"单一进口港"原则，进口到阿联酋的商品只需在首次进入海合会时缴纳关税，进而实现快速通关。

5. 完备系统的政策支持体系是航空港经济发展的必要保证

在一个地区，要围绕机场这一交通运输优势发展区域经济，必须充分发挥政府的主导作用。譬如，迪拜航空城就是典型政策创造的投资购物天堂，首先，迪拜实施较为宽松的免签政策，对外籍人士实施96小时过境免签，仅此一项就增加了近2亿美元的收入；其次，迪拜设立众多政策优惠的自由贸易区吸引投资者，最成功的杰贝阿里自贸区推出外资可100%拥有企业所有权、50年免征公司税、资本可自由流动、进口和转口贸易零关税、免征个人所得税、无外汇管制等激励措施；最后，实施优惠的关税政策，普遍税率为5%，另有421个税目向海合会国家免征关税。此外，仁川机场航空城在机场自由贸易区内，七免三减半（七年免费、三年半价）的租金优惠以及减免关税，降低进口增值税，特殊的进口农业税、渔业税、教育税、酒税等税收政策，吸引有实力的物流公司和企业进驻。史基浦机场鼓励航空运输企业发展，出台相关税费优惠政策及经济补贴政策，如减免机场的税费、减免航空公司起降费、实施飞行员个人所得税返还、增加航线补贴等政策。

二、郑州航空港经济综合试验区建设的"瓶颈"及产生的原因

目前，郑州航空港经济综合实验区建设刚刚起步，由于涉及诸多要素，其发展进程并不尽如人意，尤其对比分析国际上主流航空港的成功经验，航空港在发展中还存以下几个方面的问题。

（一）机场发展水平较低，保障能力明显滞后

机场是空港经济发展的基础，机场的发展水平决定了空港经济的发展规模。近些年，新郑机场在郑州航空港经济综合试验区全力建设的背景下快速发展，尤其是在基础设施及多式联运交通上快速推进，但对比国内外一流航空枢纽，机场在旅客货邮吞吐量、飞机起降架次、基地航空公司、国际航线、中转基础设施及货运装载率等方面存在较大差距，机场保障、服务临空经济方面明显滞后，一定程度上制约了航空港经济综合试验区的发展。具体而言，一是机场运行能力仍居国内三流水平。由表16-2可以看出，2013年郑州新郑机场完成旅客吞吐量为1314万人次，货邮吞吐量为25.57万吨，起降架次为12.78万次，在全国民航机场排名中分别列第18、第12及第19位，机场运行主要数据绝对量不仅与北上广差距较大，相比成都、西安、重庆、武汉、长沙等中西部城市也尽显弱势。二是基地

航空公司规模较小。一般大型航空港建设至少拥有 2~3 家以上的基地航空公司，在国内北京首都机场有 6 家、香港国际机场 5 家、上海浦东机场 10 家、广州白云机场 4 家，周边省份的成都双流机场、西安咸阳机场、重庆江北机场和武汉天河机场也分别有 5、5、5、4 家，而在郑州航空港运行的基地航空公司只有南航河南航空有限公司，且机队规模较小，在飞机数量、机型、运力调配等方面显得不足。三是航线网络不健全。目前，郑州航线网络规模总量仍然偏低，国际航线数量与通达能力有限，航线客源结构单一；国内支线航班时刻设计不合理，无法通过郑州衔接国际航班。四是中转基础设施及功能不足。由于郑州航空港中转区域面积、服务设施设备、中转流程如通关手续等方面存在不足，制约了中转服务的开展。五是国际航空货运转载率低。虽然近两年郑州航空港国际货运快速发展，但还存在运价偏高、转载率低的问题。这主要是因为本地货源品种单一、数量少，货运价格偏高，较难吸引周边货物集聚；进出口货物不平衡，出多进少。

表 16-2 2013 年度主要民航机场业务量

机场	旅客吞吐量（人）			货邮吞吐量（吨）			起降架次（次）		
	名次	本期完成	比上年增减（%）	名次	本期完成	比上年增减（%）	名次	本期完成	比上年增减（%）
北京/首都	1	83712355	2.2	2	1843681.1	2.4	1	567757	1.9
广州/白云	2	52450262	8.6	3	1309745.5	4.9	2	394403	5.6
上海/浦东	3	47189849	5.1	1	2928527.1	-0.3	3	371190	2.6
上海/虹桥	4	35599643	5.2	6	435115.9	1.2	7	243916	3.8
成都/双流	5	33444618	5.9	5	501391.2	-1.3	6	250532	3.2
深圳/宝安	6	32268457	9.1	4	913472.1	6.9	4	257446	7.2
昆明/长水	7	29688297	23.8	9	293627.7	12.0	5	255546	26.9
西安/咸阳	8	26044673	11.2	15	178857.5	2.3	8	226041	10.6
重庆/江北	9	25272039	14.6	10	280149.8	4.3	9	214574	9.9
杭州/萧山	10	22114103	15.7	7	368095.3	8.8	11	190639	14.6
厦门/高崎	11	19753016	13.8	8	299490.8	10.3	13	166837	14.1
长沙/黄花	12	16007212	8.5	20	117588.7	6.3	12	137843	8.5
武汉/天河	13	15706063	12.3	19	129450.3	1.0	14	148524	12.2
乌鲁木齐/地窝堡	14	15359170	15.1	16	153275.3	16.7	15	135874	14.5
南京/禄口	15	15011792	7.2	11	255788.6	3.1	17	134913	5.0
青岛/流亭	16	14516669	15.2	14	186195.7	8.3	18	129751	11.7
大连/周水子	17	14083131	5.6	18	132330.4	-3.1	20	107709	7.5
郑州/新郑	18	13139994	12.6	12	255712.7	69.1	19	127835	17.0
三亚/凤凰	19	12866869	13.4	30	62945.5	19.7	25	90748	11.4
沈阳/桃仙	20	12106952	9.9	17	136066.1	3.1	24	92300	12.2
海口/美兰	21	11935470	11.6	21	111813.6	11.9	22	94436	8.2
贵阳/龙洞堡	22	10472589	19.7	26	77425.2	-2.7	23	93646	21.3

续表

机场	旅客吞吐量（人）			货邮吞吐量（吨）			起降架次（次）		
	名次	本期完成	比上年增减（%）	名次	本期完成	比上年增减（%）	名次	本期完成	比上年增减（%）
哈尔滨/太平	23	10259908	12.2	23	92309.6	7.4	26	84532	13.3
天津/滨海	24	10035833	23.3	13	214419.8	10.4	21	100729	20.3

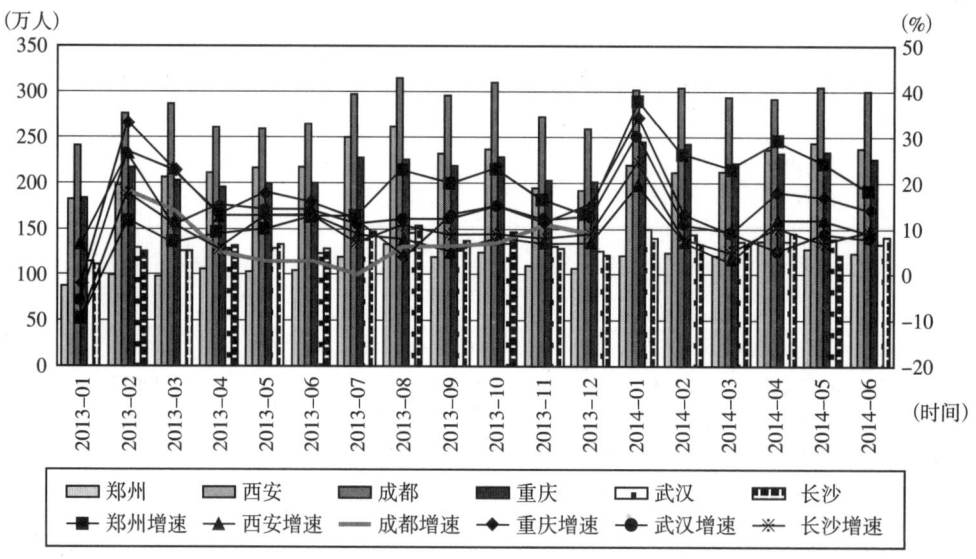

图 16-1　2013~2014 年 6 月郑州与周边机场旅客吞吐量

目前，航空港机场保障能力不足，主要原因是实验区建设时间短，机场高速、郑州高铁南站以及连接郑州市区与实验区的各种公路网等交通设施建设起步晚，航空港、铁路港、公路港、铁路集装箱中心站等多种运输方式之间还不能实现有效衔接，基础路网的铁、公、机综合运输保障能力还不足。此外，航空港实验区综合性配套设施还不完善，各种通信信息网络、综合管道网、公共设施预留基站机房的建设都急需推进。

（二）管理体制不顺畅，项目落地效率偏低

郑州航空港经济综合试验区是中国首个航空港经济发展先行区，而目前的行政管理体制不像是空港经济特区的发展模式，更像是一个城市新区的行政架构，存在着诸多管理体制不顺畅的问题，整体建设执行力偏低。一是管理体制对接不畅。实验区现有机构设置无法满足实验区发展需求，部分部门根本无法实现与上级传统政府部门的一一对接，虽然确立了部分领域的省属报批直通车，但还远远不够。尤其在厅级机构、市管为主、省级辅助的"两级三层"行政架构下，工作推进机制层级多、责任主体不突出，行政效率受限。对比浦东新区、滨海新区，其都是由市里（省级）直接管辖，没有委托下一级政府代管，进

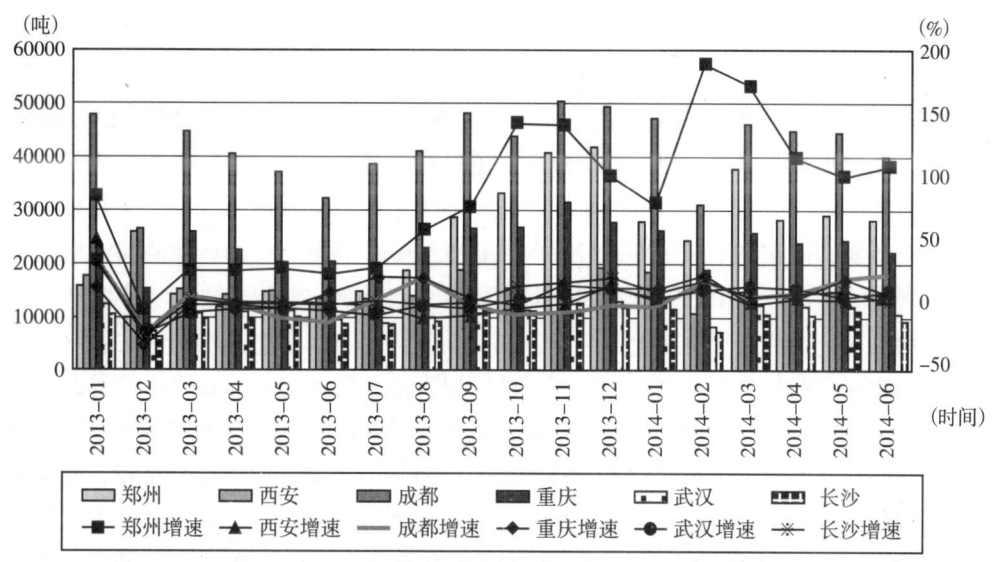

图 16-2 2013~2014 年 6 月郑州与周边机场货邮吞吐量

而避免了牵绊少、力度大、效率高。二是航空港与机场管理割裂发展。目前，航空港经济综合试验区管委会与新郑国际机场管理有限公司同为厅级单位，分别为两套行政班底，这就造成在日常工作中存在规划不同步、目标不统一、工作不协调、项目不对接等诸多问题，作为与郑州航空港极为相似的孟菲斯航空城，在发展之初就设立了孟菲斯机场管理局的专门机构，统一专职处理航空城及机场的相关事务。三是签约项目落地投产率低。据数据统计，2013 年，航空港经济综合实验区围绕航空物流、高端制造、现代服务业三大主导产业，累计签约项目 48 个，总投资 1516 亿元，招商引资形势看似一片大好，但在我们实际调查走访中，发现意向签约项目在后续推进中，项目落地投产难成为普遍问题，实际持续投产项目不足 1/4。

产生上述问题的原因，主要是"两级三层"的管理体制不适应需要极具创新开拓精神、高效率大力度的航空港工作体制，目前航空港还未形成具有"试验区"模式的行政管理架构，相对于社会管理任务，人员力量薄弱；相对于管委会实际人员，编制严重不足。近年来，因乡镇代管移交增加的大量人员没有按照"人随编走"原则将编制划转到实验区，人员素质不齐的同时，又带来较重的财政负担。另外，在招商引资中存在省里相关优惠政策体系不明确、相关配套资金落实慢、招商方式仍偏粗放、精通产业生产经营的高素质招商人才缺乏等问题，直接导致招商引资工作效率不高。

(三) 产业支撑较弱，核心驱动力不强

航空城的发展需要临空产业的支撑，郑州航空港在诸多基础运行数据落后于国内外一流航空枢纽，究其根本反映出了航空港产业经济支撑的较大差距。目前国内临空经济区的产业发展，北京首都临空经济区构建了以航空产业、高新技术产业、现代物流业、现代制造业、会展业为代表的临空产业集群；上海虹桥临空经济园区突出了三大产业集聚态势，

即以信息服务业为主的现代服务业集聚态势,以总部经济为主的企业集聚态势,航空服务业、现代物流业集聚的态势;广州花都空港经济区则以广州新白云国际机场和联邦快递亚太转运中心为依托,大力发展电子信息、生物制药等高新技术和先进制造业以及航空货运、物流、仓储等产业,对比而言,郑州航空港区产业基础相对来说显得较为薄弱。在发展规划中,郑州航空港提出大力发展航空设备制造维修、航空物流以及航空偏好型高端制造和现代服务业,但在临空经济发展过程中也暴露出一些问题,比如产业的临空指向性总体上不显著、临空产业规模小、产业间关联度不强、产业链构建水平不高、产业布局设计缺乏科学性等。一是临空型制造业结构单一。目前,郑州航空港的高端制造主要以智能终端产品及生物医药为核心,其中智能终端产品又以富士康代工的 iPhone 手机为主,具有临空属性的"质轻价昂"产品较为稀缺,高端制造产品单一。二是临空型服务业发展基础较为薄弱。核心产业航空物流虽然引入菜鸟物流"大佬级"企业,发展势头良好,但鉴于产业建设培育周期,大企业规模优势还未显现;商贸会展、国际商务、总部经济等受限于机场二期扩建工程、周边交通设施修建以及经济能力不足等,行业整体发展缓慢。总体而言,涵盖航空物流、高端制造及现代服务业的临空产业体系还未建立,临空型的高新技术产业、现代服务业、现代制造业、现代物流业产业集群优势不明显。

究其原因,首先,河南工业基础偏传统、偏重化,适合航空运输的高端制造业占比相对较小;其次,目前航空港规划中设定的临空指向性产业需要上下游产业配套的硬件的支持和高等院校、科研院所的软件的支撑,但目前这都是郑州乃至河南的"短板";再次,中原地区经济发展相对滞后、人均收入偏低,导致其消费进口产品能力不高;最后,河南远离我国传统国际航空货源的主要生产基地和消费市场,运输成本高限制了集散能力的发挥,在一定程度上限制了航空物流业的发展。以上种种因素造成了航空港临空指向性产业基础较弱,产业引擎功效未能有效发挥。

表 16-3 国内典型临空经济区产业状况

序号	空港经济区	面积(平方千米)	产业状况
1	首都顺义临空经济区	96	航空产业、高技术产业、现代制造业、物流、会展
2	虹桥临空经济园区	5	信息通信技术、电子商务、无线通信、现代物流业、服装服饰业、食品和生活用品制造业
3	广州空港经济区	439	航空总部、航空制造与维修、商贸会展、行政办公、商业服务
4	成都双流临空经济区	68	航空制造、教育、科研产业、医药、光电、机械、航食加工
5	天津临空产业区	102	航空运输、加工物流、民航科教、研发与产业化、航空设备制造和维修
6	深圳机场物流园	150	航空物流、航空配餐
7	重庆航空城	80	航空维修、现代服务业、物流、国际商务、高新制造、会展
8	杭州萧山空港经济区	35	仓储物流、机械制造、数控加工、广告制作
9	青岛临空经济区		航空物流、航空食品、航空器维修、航油航材、航空培训、酒店餐饮、工艺首饰品、生物制药、新材料、纺织加工
10	武汉临空经济区	110	航空运输、航空物流、空港经济

第十六章 郑州航空港经济综合实验区若干问题研究

(四) 高层次人才缺失，空港经济发展受限

航空港建设尤其需要国际化的战略视野，需要开放型思维的人才。一是缺乏一支素质过硬的干部队伍。航空港试验区建设是一项开创性工作，要求建设者必须有开阔的视野、创新的意识和激情的创业精神，在干部匹配上，应该重视所受教育背景、工作履历背景，要具有很强的创新和开拓能力。但是，目前来看，省里在对干部配备上太过循规蹈矩，在事关航空港发展战略、招商引资、产业发展、自主创新等方面干部能力明显不足。二是高端专业技术人才匮乏。一方面，随着临空经济的快速发展，实验区对航空物流、装备制造、产品设计、技术研发、高端技术维修、投融资等方面的高端人才需求将呈几何级数增长，而在港区这类人才的供应非常有限，像熟悉港务管理、跨境电商、报关通关、国际快递、货运代理、航空运输等方面的优秀人才及高级主管已经成为制约实验区发展的瓶颈。另一方面，在现有政府人才队伍中，整体专业素质偏低，尤其在关键岗位、核心部门具有专业知识背景、熟悉相关产业领域、高超谈判水平的专业招商人才、管理人才缺口较大，这也导致航空港在对外招商引资上局面持续不能实现重大突破的原因之一。三是缺少人力资源综合机构。目前，实验区只有一个从事人力资源工作的办事处，实验区企业用人，主要由该机构来办理。但是面对诸如富士康这样的大企业，每年招工量在20万人之多，还有其他企业的用工需求，招工量相当大，工作任务繁重。实验区人力资源办事处，由于精力有限，不能充分服务企业，致使实验区企业经常存在不能及时招到人，影响企业发展。

深入反思，航空港高层次人才匮乏的主要原因仍然在于高层人才引进政策不通畅，还未建立具有高吸引力、高竞争力的人才引进政策体系，现有政策体制还不能有效地落实海内外创业人才、高层次管理人才、尖端科研团队的引进工作。尤其关于优秀高端人才的工资、福利待遇和其他相关的生活问题，包括家庭户口问题、子女上学、配偶就业问题等政策还不成熟，以通过集聚高端人才打造提升技术支撑、促进航空港快速发展上还停留在概念层面。

(五) 海关监管区功能分散，通关条件尚不便利

口岸条件直接决定空港经济发展的快慢和成败，高效的货物运作效率，高质量满足货主服务要求的多功能服务，较少的货物中转时间，便利的VAT（增值税）税制等，都能提高航空港的吸引力和竞争力，但是目前郑州航空港在便利通关上还存在很大的制约。一是三个监管区各为一体、功能分散，未能实现港区联动。郑州市拥有郑州（新郑）综合保税区、保税物流中心、出口加工区三个独立的海关特殊监管区，三个海关特殊监管区目前各自为政，功能分散，有些功能交叉未能实现有效整合。在这方面，郑州应该借鉴上海的做法，指导综合保税区重点建设临空功能服务先导区，大力发展航空口岸物流、贸易和金融服务功能；出口加工区大力发展国际中转、现代物流、商品展示、仓储租赁、期货交割等多层次业务；保税物流中心依托跨境电子贸易，大力开展货物贸易和服务贸易。二是监管区口岸外联少，功能未能有效发挥。综合保税区、保税物流中心、出口加工区三个海关特

殊监管区与国内主要城市口岸合作较少,在区域通关、通检方面,没有发挥应有的口岸功能,口岸集聚货物能力不强,也影响了河南自由贸易区的建设申报。三是边检过境手续烦琐,大通关机制亟待推进。边检基础设施建设和信息技术应用水平不高,实验区内企业管理人员和专业技术人员出境审批,需要到多个部门办理手续,程序烦琐。跨境贸易电子商务和国际邮快件检验检疫混合监管,验放效率很低。

(六) 要素支撑能力不足,先行先试意识不强

目前,航空港试验区在土地利用、资金筹备等方面还存在一些瓶颈问题。具体而言,一是土地利用与土地行政规划缺乏协调性。在概念性总规落地时,机场建设规划的部分区域与综合保税区三期规划的部分区域出现重叠,协调边界时各不相让。实验区内新引进的项目,土地利用涉及多个行政区时,土地的报批要同时协调几个县区,所提交的报批材料要经过几个县区重复审核,效率低下,影响项目落地。二是土地开发利用粗放,预留土地意识淡薄。在土地指标非常紧张的前提下,土地的集约节约利用意识不强,尤其在当下高端临空产业体系还未建立之时,诸多核心地块已经被外围产业瓜分,这就对未来核心产业的引进、大型企业集团的入驻造成了障碍。三是航空港建设资金不足,金融支持方式单一。当前实验区建设中,政府资金渠道主要是财政直接支持,省财政每年安排一定数额专项资金,同时航空港不用上缴地方收入,这些收入由实验区按规定统筹使用,并且地方政府债券资金的分配也在一定时期内向实验区适当倾斜,这种做法在实验区开始发展的时期会有极大的促进作用,但长期下来会给政府财政带来极大压力。此外,适合航空港产业特点的飞机融资租赁等新的金融创新模式还未推进,对吸引货源的跨境电子商务及其支付系统、期货交割系统都不完善。四是缺乏机制灵活的离岸金融平台。目前航空港还没有开展离岸金融业务的平台,以致许多境外成员公司的外汇资金无法有效管理,同时,融资租赁公司也比较缺乏,无法有效支持飞机等大型航空产业的发展。

对比分析,涉及土地问题的深层原因,一是在涉及多个行政区划土地时,没有在土地利用方面进行改革创新。二是没有确立差别化土地经营模式,这主要体现在两方面,一方面是距离机场较近的区域的土地利用和距离机场较远区的土地利用,另一方面是针对不同产业的土地差别化利用。三是缺乏完善的土地集约使用激励机制,尚未将新增建设用地计划指标分配与各地节约集约用地成效挂钩。在涉及资金问题上,主要还是在于融资渠道太窄,资本市场不够活跃。企业债券、中期票据、信托计划、产业投资基金、资产证券化、发行股票、风险投资等多种方式融资,还未给航空港建设提供必要的资金支持。

三、加快推进郑州航空港经济综合实验区建设的对策建议

针对郑州航空港经济综合实验区建设存在的"瓶颈"问题,必须采取有效措施,破解

制约航空港发展的瓶颈因素,加快推进郑州航空港经济综合实验区建设。

(一)面向全球招聘专业高级主管,打造高素质港区管理服务团队

完善郑州航空港经济综合实验区干部教育培养、选拔任用、考核评价、管理监督、激励保障机制,构建有效管用、简便易行的选人用人机制。要注重选拔具有创新意识、服务意识、开拓精神和创造能力的干部,以适应航空港建设的需要。郑州航空港经济综合实验区的配备必须打破常规。一要考虑所受教育背景,要有与航空港经济新形态和航空大都市相关的学科和专业知识,特别是要具备高层次的海外留学经历。二要考虑工作履历情况,要有相关的工作经历和实践经验,能够胜任处置复杂问题的组织协调能力和承担各个层面流程作业的管理工作。三要实现干部来源多元化,必须打破部门和区域限制,在全省多个区域、多个部门选拔领导干部,建议面向全球范公开招聘一批高级主管,如港务管理主管、物流高级主管等。四要具有创新意识和开拓能力,不能循规蹈矩和因循守旧,能够创造性地开展各项工作。五要具有较强的大局意识和团队精神。郑州航空港经济综合实验区的建设是一项复杂的系统工程,更需要领导干部从整体出发,提升管理团队的执行力。

(二)高水平建设产业发展载体,构建临空指向型产业体系

遵循航空产业发展规律,顺应产业发展趋势,结合区域优势特点,突出六大产业载体建设带动相关产业集聚发展。一是加快建设智能终端产业园,打造全球重要的智能终端产业基地。以智能手机为重点,坚持主攻手机、加速配套、龙头带动、集群引进,政府引导、五商并进,硬软结合、同步发展,着力促进品牌商、代工商、配套协力商、运营商、物流商"五商"并进,着力突出做强代工、引进品牌、培育本地企业"三路"并举,着力打造主导突出、功能完备、配套齐全、协同有力的智能终端(手机)产业链条,着力培育"全链条、全要素、全服务、无障碍"的"三全一无"产业集群。二是加快建设航空物流产业园,打造国际航空物流港。三是加快建设航空会展交易中心,打造全国有重要影响力的国际会展基地。四是谋划建设跨境E贸易产业园,打造国家级跨境E贸易引领区,吸引大型电子商务平台企业入驻,引导国内外跨境电子商务企业集聚。一方面,坚持"省市联手、以市为主"原则,切实加强领导,细化各阶段工作方案,健全决策、咨询、协调、督察等工作机制,及时研究解决试点工作遇到的新问题;另一方面,整合资源,畅通渠道,积极整合商贸基础信息资源,规范电子商务数据标准,搭建数据中心,实现数据共享,提供电子商务通关、物流、数据交换、外贸协同、商务信息、商务信用等综合服务,为国内跨境消费者提供实名身份备案、年消费额度控制、税单查询、商品防伪溯源查询等服务,开辟跨境网购新渠道。五是谋划建设移动互联网产业园,打造我国新兴的移动互联网产业基地。六是谋划建设总部经济区,打造区域性现代服务业集聚区。

(三)加快出台"四特"支撑体系,建设省级人才特区

一是建成具有"特殊制度、特别政策、特有机制、特优服务"的"四特"人才集聚

区。出台各类人才引进补贴和扶持政策,对实验区内的航空运输和物流企业引进的高层次人才在子女入学、住房购置等方面放宽户籍限制条件,对航空和机场特殊紧缺人才按政策施行个人所得税优惠;建设海外高层次人才创新创业基地,对创新型企业放宽创业门槛,实施海外创新创业人才引进普惠性政策,对引进的高层次科技人才及其团队优先立项建设研发中心。二是积极争取北京首都功能分散化机会。向最高决策部门提议将国家级与航空有关的院校及科研院所迁移至港区,或者建立分校分院,以加快高素质、高层次人才的引进和培养。三是搭建多层次人才信息互通平台。全方位收集从技术领军人物到熟练技工等各种人才就业信息,加强对各类型人才信息的动态管理;对照港区不同行业科研、用工需求,及时发布不同门类人才的稀缺、平衡或过剩信息,以方便区内外各级人才的选拔、交流。四是建设一流的港区人才交流市场。加强宣传,提供相关管理人员和完善的基础设施,力争使其发展成为中部地区卓有影响力的多层次人才交流大市场。五是超前规划人才战略。从大学教育、职业教育、延续教育和员工培训四个方面建立规制或激励各个行为主体意愿的、操作性强的制度环境和政策措施,切实采取措施抓好空港经济区及周边地区的环保食品安全等生活环境问题,以增强人才挖掘、引进的效率,降低人才流失率。六是加强对现有技术、管理人员的再培训和再教育,打造学习型空港。通过定期组织外出考察、专家讲座或培训班等形式,不断提升现有人才综合素质和工作能力。

(四)积极借鉴上海自贸区可复制可推广经验,力争进入自贸区第二方阵

一是要积极申请进入全国自由贸易区的第二方阵,争取全国深化改革的政策红利。加大制度模仿创新力度,先行先试,学习借鉴上海自贸区"可复制、可推广"的监管服务制度。如先进区、后报关制度;区内自行运输制度;加工贸易工单式核销制度;保税展示交易制度;境内外维修制度;期货保税交割制度;融资租赁制度;批次进出、集中申报制度;简化通关作业随附单证;统一备案清单;内销选择性征税制度;集中汇总纳税制度;保税物流联网监管制度;智能化卡口验放管理制度;等等。二是积极创新基础设施建设融资模式。实验区建设过程中要借鉴 BOT、PPP、TOT 等各种工程建设开发模式,充分利用中长期信贷资金,做到不同成本资金配合使用。加强与金融机构合作,积极利用债券等各类票据市场以降低融资成本。三是引导金融机构实施金融创新。鼓励金融机构结合实验区特点开展有针对性的金融创新,开展航空港区传统商业银行与互联网金融贷款机构的合作与沟通,方便小微型企业的贷款业务。支持企业和金融机构在银行间市场进行直接融资,支持实验区内金融机构创新开展跨境人民币业务。四是促进金融机构的产品创新。以区域经济为依托,实现金融中介的联合,建立区域经济内部物流企业资金流转体系,积极打造知识管理 IT 平台,提升金融机构产品创新能力;通过中小企业联合实现资金联合,再到实体资产联合运营的资金服务体系,完善社会分工系统中的合作机制。五是打造金融创新的软环境。支持跨国公司开展总部外汇资金集中运营管理试点工作,使其能够集中调配境内外成员企业外汇资金;支持开展跨境电子商务外汇支付业务试点工作,便利机构和个人开展跨境电子商务交易,推动跨境电子商务发展;支持符合条件的非金融机构申请在实验区内开办个人

本外币兑换特许业务，推进跨境贸易和投资人民币结算业务，优化和提升实验区投资环境。

（五）加快多式联运体系建设，推进航空物流与贸易一体化

一是加快陆空联运体系建设，形成航空、公路、铁路高效衔接、互动发展的联运格局，为真正实现客运零距离换乘和货运无缝对接奠定坚实基础。争取再开通10条国际、国内货运航线，推动国内外航空公司在郑州机场建立基地公司。推动郑州机场与郑州高铁客运枢纽站紧密对接，大力发展空铁联运，逐步发展成为全国重要的客运中转换乘中心。二是加快建成郑州南站"米"字形高速铁路网；科学打造城际铁路"空港出行圈"；搭建以市域快线为骨架、以地铁普线为补充、以电车为区内主要出行方式的轨道交通网络，内部规划6条地铁通过，覆盖港区周边县区，分别延伸至须水、新郑、白沙、大学南路、中牟、郭店；为进出境人流物流提供"一站式"服务；加快空陆联运等综合性场站及设施建设。三是打造"国际贸易+物流+金融综合服务平台"，为客户提供包括采购、销售、融资、货物监管、原料供应及产品销售在内的整套服务。促进贸易便利化，通过互联网一站式为中小企业和个人提供金融、通关、物流、退税、外汇等所有外贸交易所需的进出口环节服务。四是打造新型的电商物流产业，构建中部国际品牌分销系统，形成覆盖中西部、辐射全国的跨境电子商务分销网络。探索建立跨区域合作产业园，总部设在航空港，工厂设在周边异地，辐射带动中原经济区腹地发展。

四、近期推动郑州航空港经济综合实验区建设的主要任务、工作重点和政策措施

郑州航空港经济综合实验区的战略定位是国际航空物流中心、以航空经济为引领的现代产业基地、内陆地区对外开放重要门户、现代航空都市、中原经济区核心增长极。目标鼓舞人心，工作千头万绪，2015年是郑州航空港经济综合实验区建设的关键时期，务必要抓住主要任务，突出工作重点，科学运作、高效推进。

（一）主要任务和工作重点

1. 突出招大引强，提升招商引资精细化水平

突出招大引强，进一步加大招商引资力度，狠抓项目落地。一是重点瞄准世界500强和中国500强企业、大型跨国公司及中央企业开展招商，努力引进基地型、龙头型、集群式的能带动全局的大项目。二是突出主导产业。以"项目—产业链—产业集群—产业基地"理念开展招商工作，引导产业关联度大、成长性好的项目向产业航空港经济综合实验区集中。创新招商方式，通过建链、补链、延链和强链，着力开展产业链招商。三是突出招商引资的针对性。招商的区域重点，外资以中国港澳台地区和日韩为主；内资重点放在

浙江、福建和广东，制定"一业一企一组一策"的招商办法，有针对性地在这些区域开展专向招商活动。四是着力拓宽招商领域。重点围绕电子信息、航空物流、精密制造和生物医药等若干领域开展招商。五是着力提高招商引资实效。实行重大项目洽谈对接领导负责推进制。对已签约的重点招商项目继续实行领导分包督导责任制，进行跟踪督导和服务，确保提高项目履约率和资金到位率。定期听取重点招商引资项目和重大招商引资项目进展情况，研究解决已签约项目落地中有关立项等方面存在的重大问题。要把招商引资实效作为年终考核各级党政干部政绩的重要内容，表彰和重奖招商引资工作突出贡献的单位和个人。

2. 突出信息网络建设，打造智慧型航空港

以信息化为核心，以发展大物流、培育大产业为支撑点，以高科技人才队伍管理及强有力的智能技术应用为保障，打造智慧航空港。要提升航空港信息制造业，发展现代信息技术产业体系；要大力扶持航空港信息服务业，健全安全保障和高效服务体系；加强制约航空港"E贸易"、陆地运输和航空物流发展的基础设施瓶颈建设；重点推进航空港电子商务发展。逐步制定出台推进信息化和促进信息消费的实施方案，实施信息化和工业化深度融合专项行动计划，实施智慧城市示范工程。推进专业信息服务平台和中小企业信息服务平台建设，大力发展物联网、云计算、大数据等新兴信息服务业态。着力推进北斗导航物流应用和智能交通示范项目，倾力打造空陆一体化智能交通平台和现代物流体系。

3. 突出合作平台搭建，提升对外开放层次

发挥承东接西优势，积极推进郑欧班列加入安智贸协议、郑州成为72小时过境免签城市。以航空港经济实验区建设为突破口，积极融入丝绸之路经济带，更好地发挥速度经济时代的叠加效应。郑州机场要申请72小时过境免签业务。通过举办国际性航空产业发展论坛、智能终端产业发展论坛、生物医药产业发展论坛，吸引国际组织、全球大公司、世界高端人才关注郑州航空港，以优美的居住环境、优厚的政策环境和优越的产业生态环境吸引国际高端品牌入驻航空港。定期组织航空港管理团队赴境外参观学习，拓宽管理人员全球化视野。在全球范围内招聘行政管理人员，注重考察应聘人员的国际化背景、服务意识和创新精神。

4. 突出创新载体培育，完善区域创新体系

围绕航空物流、高端制造业和现代服务业等主导产业建设各类研发机构，形成以企业为主体、以市场为导向的技术创新体系。一是构建开放性的"世界空港经济与产业创新联盟"，形成一个涵盖国内相关企业、机构和研究单位的网络，形成一个面向全球开放的、世界性的联盟。二是完善科技创新评价、激励机制，统筹创新专项资金，向航空偏好型产业倾斜。三是加强创新载体建设，建立工程技术中心、留学人员创业园、科技企业孵化器、大学科技园和重点实验室等研发平台，吸引国内外科研机构、高校和企业入驻。四是重视对高新技术企业的培育，对符合条件的创新型企业施行一定的税收减免，完善知识产权仲裁机制。

5. 突出公共服务体系建设，优化发展软环境

健全公共服务设施和基本公共服务体系，着力发展高品质教育、医疗、文化、就业、社会保障等公共服务，完善港区生活服务功能。科学布局国际学校、双语学校、中小学和幼儿园，加快发展现代职业教育，建设职业教育实训基地。引进国内外优质医疗、教育资源，建设先进的医疗卫生服务机构、教育中心，发展健康产业，满足居民与外来人士的多层次、多样化的需求。规划建设一批设施先进的文化体育基础设施，完善公共就业服务体系。

（二）政策措施

1. 放宽审批权限

结合政府审批权下放，把港区作为特区，放宽审批权限，下放一批审批权，优化流程，让签约项目尽快落地投产。谋划组建港区综合审批局，把相关审批集中在一个部门，省级相关审批部门、郑州市相关审批部门在该局设立办事窗口，"一站式"办理企业审批程序，提高审批效率。

2. 理顺管理架构

学习借鉴上海浦东新区、天津滨海新区等成功地区的先进经验和做法，建立"两级三层"的管理体制，成立省、市两级实验区建设领导小组，设立实验区管委会，建立联席会议制度，形成省市联动机制，共同推动实验区建设。建议港区与机场公司高级主管交叉任职，解决对接不畅问题。

3. 创新土地政策

推行工业用地弹性出让和租赁制，支持存量工业用地盘活利用，建立低效利用土地市场化退出机制。改革完善土地储备制度，创新土地开发经营模式，统一土地规划、项目建设和资本运作。科学安排土地供应，探索建立存量土地盘活、土地产出效益与新增建设用地计划指标分配挂钩制度。全力推进中央商务区和特色商业街区建设，打造高品位的现代城市商业综合体。

4. 强化立法保障

待时机成熟，要从立法层面确认郑州航空港经济综合实验区建设的目标体系，如以省政府"令"或者省人大常委会通过"条例"的形式，对航空港建设的发展目标、区域范围、功能定位、政府管理职责、中长期发展规划等方面进行法规认可，确保航空港建设国之方略不动摇、不走样、不打折扣，真正做到一张蓝图绘到底。

第十七章 美丽河南建设问题研究

美丽河南是美丽中国的重要组成部分。建设美丽河南，是全面建成小康社会的重要内容，是加快经济发展方式转变的重要途径，是改善人居环境、提升生活质量的重要保障，是实施三大国家战略、实现中原崛起河南振兴富民强省目标的必然选择，关系到亿万中原人民的福祉，关乎河南未来长远发展大计，具有重要的战略意义。

一、美丽河南建设的理论阐释与战略意义

中共十八大报告指出，"必须树立尊重自然、顺应自然、保护自然的生态文明理念，把生态文明建设放在突出地位，融入经济建设、政治建设、文化建设、社会建设各方面和全过程，努力建设美丽中国，实现中华民族永续发展"。根据十八大的新要求，结合河南正处于爬坡过坎、转型升级关键阶段的实际，河南提出打造"富强河南、文明河南、平安河南、美丽河南"建设。"美丽河南"建设是河南面临的紧迫任务，关乎河南人民的福祉，关乎河南的长远发展，具有重要的战略意义。

（一）美丽河南建设的理论阐释

改革开放以后，尤其是近些年来，河南经济社会取得快速发展。但是，随着工业化、城镇化的快速推进，资源约束趋紧，环境污染严重，发展与资源和环境之间的矛盾日益突出，传统粗放型发展方式难以为继，必须加快转变发展方式，加大生态文明建设力度，加快建设美丽河南的步伐。建设美丽河南不仅是河南贯彻落实十八大精神的具体行动，也是河南结合省情和所处经济社会发展阶段做出的重大决策部署，是美丽中国建设的重要组成部分，凸显党和政府的执政理念，更加注重自然、人民的感受和人与人、人与自然、人与社会、人与人自身的和谐发展。

狭义上的"美丽河南"是山青水碧、蓝天白云，指的是生态之美；广义上的"美丽河南"，则是散发着富强、文明、平安气息的以及人与自然、人与社会和谐相处的美好家园。在此，美丽河南应从广义理解，包含三个层次：

一是具有良好的生态环境。这是人与自然关系和谐之美的表现，自然的生态文明是美丽河南乃至美丽中国的基本内涵和根本特征。在人类历史长河中，人与自然始终是互相影

响互相改变的关系：在自然环境改变人类的同时，人类的实践活动也改变着自然环境，决定着自然面貌的状况。自然会因为人类不合理的开发利用活动而丑陋，也会因为人类有意识的维护和合理改造而美好。因此，"美丽河南"建设中，必须牢记人是自然的一部分，注重调动人的主观能动性，充分利用科技手段，最大限度地提高资源利用率，开发可再生资源和非耗竭资源，大力发展环保产业，竭力维持人与自然生态的和谐与统一。建构人与自然和谐相处的伦理精神，实现人与自然共生共荣、共同繁荣、和谐发展，建立起自然的生态文明之美。

二是融入生态文明后的科学发展。这既是美丽河南的重要内涵，也是建设美丽河南的基础条件和重要保障。只有科学发展，才能创造人类生存发展必需的物质生活资料，为美丽河南建设提供强大的物质基础。当前，推进科学发展意味着绿色、循环、低碳、可持续发展，具体体现为新型工业化、信息化、城镇化、农业现代化全面推进，经济发展方式取得根本性改变，科技在经济发展中的贡献力显著提高，城镇化进程取得历史性突破，城乡差别、工农差别、区域差别进一步缩小，现代农业和新农村建设取得明显成效，经济实现全面协调可持续发展，为实现中原崛起河南振兴富民强省目标奠定坚实的基础。

三是具有和谐美好的社会生活。人"不仅生活在自然界中，而且生活在人类社会中"。人的活动具有社会性，社会是人与自然关系的纽带，和谐美好的社会生活是美丽河南建设的落脚点和最终归宿，包括人与人之间的和谐关系，以及人与社会的和谐关系。和谐的人际关系是指人与人之间相互尊重、相互帮助、相互诚信、相互理解，这事关社会有机体的健康稳定，关系到社会有机体与自然关系的和谐，是人与自然关系和谐的前提。和谐社会关系的直接体现为"人们热爱生活"，"有更好的教育、更稳定的工作、更满意的收入、更可靠的社会保障、更高水平的医疗卫生服务、更舒适的居住条件、更美的环境"，"孩子们能成长得更好、工作得更好、生活得更好"等。美丽河南建设中，要注重和谐社会建设，加强教育、卫生、就业、社会保障、科技、文化体育、社区建设等，为河南人民提供满意的工作、健全的社会保障、美好的生活条件和舒适的生活环境。

（二）建设美丽河南的战略意义

当前，河南省正处于实施促进中部地区崛起战略、大力推进中原经济区建设、加快中原崛起和河南振兴的关键时期。建设美丽河南，是全面建成小康社会的重要内容，是加快经济发展方式转变的重要途径，是改善人居环境、提升生活质量的重要保障，是实施三大国家战略、实现中原崛起河南振兴富民强省目标的必然选择，关系到亿万中原人民的福祉，关乎河南未来长远发展大计，具有重要的战略意义。

建设美丽河南是全面建成小康社会的重要内容。十八大报告提出，到2020年，我国将全面建成小康社会。这是一个全面发展的目标，不仅是解决温饱问题，而且要从政治、经济、文化等各方面满足城乡发展需要。这表明未来中国不仅注重经济增长目标，还要实现其他方面协调发展、科学发展，更加重视经济发展的质量，更加注重百姓生活的改善。近年来，河南经济社会取得巨大成就，全省经济总量连续多年居于全国第五位。但是，人口多、底子薄、基础弱、发展不平衡的基本省情没有变，人均发展水平和人均公共服务水平低的状况没有变，河南很多经济社会指标还是低于全国平均水平。2020年河南要全面建成小康社会，任务还很艰巨，必须要求贯彻落实科学发展观，坚持走"三化协调"、"四化同步"之路，保持全省经济、社会、自然生态全面协调可持续发展。建设美丽河南就是将生态文明理念融入经济社会发展全过程，共建自然、人与社会和谐相处的美好家园，与全面建成小康社会的目标和要求完全契合，是河南全面建成小康社会的重要内容。

建设美丽河南是加快经济发展方式转变的重要途径。当前，河南经济结构不合理、资源约束增强、环境压力加大等矛盾仍然突出，传统的粗放型经济发展方式难以为继，迫切需要加快转变经济发展方式。尤其是在河南现代化建设进程中，能源、水资源和环境容量是影响长期持续发展最为突出的三大制约因素。要保持今后20年的平稳较快发展，按目前的能源消费弹性系数，即使考虑节能减排因素，到2030年也需要5亿吨以上的标准煤支撑，这对能源保障提出重大挑战。同时，在今后较长时期内，可利用的水、土地等资源总量和环境容量约束不可能有明显缓解，资源和环境对经济发展的硬约束问题将愈加突出。建设美丽河南将从长远、全局、战略上破解三大瓶颈制约，有利于从根本上转变经济发展方式。一是有利于促进资源、能源高效开发和节约利用，大幅度提高资源、能源利用效率。二是有利于倡导环境友好行为，发展循环经济和清洁生产，改善经济结构。三是有利于减少污染物排放，提高环境承载能力，有效缓解经济发展与资源环境之间的矛盾，实现经济社会可持续发展。

建设美丽河南是改善人居环境、提升生活质量的重要保障。改善人居环境是提升人民生活质量的重要方面，是推进新型城镇化的必然要求，是社会经济实现可持续发展的重要保证。人居环境问题正日益得到世界上各国政府和人民的重视。我国政府也高度重视人居环境改善工作尤其是农村人居环境改善工作，国务院办公厅在2014年5月印发了《关于改善农村人居环境的指导意见》，提出到2020年，全国农村居民住房、饮水和出行等基本条件明显改善，人居环境基本实现干净、整洁、便捷，建成一批各具特色的美丽宜居村庄。建设美丽河南，有利于使人与自然的关系更加和谐，建设经济繁荣、环境友好、社会和谐、人民富裕的美好家园，让城乡人民群众喝上干净水，呼吸到清洁空气，吃上放心食品，在良好的环境中生产生活。同时，建设美丽河南可以为子孙后代留下良好的生存和发展空间，保证一代接一代永续发展，实现代际公平，是造福当代、惠及子孙的宏伟事业。

建设美丽河南是实现中原崛起河南振兴富民强省战略目标的必然选择。随着经济国际化的发展，生态环境质量日益成为影响区域竞争力的重要因素。河南提出的中原崛起河南振兴富民强省是提升河南区域竞争力的重要体现。通过大力推进绿色发展、循环发展、低碳发展，持续探索"三化协调"、"四化同步"的科学发展路子，加快建设资源节约型、环境友好型社会，努力建设经济结构优化、资源高效利用、生态环境良好、城乡和谐宜居的美丽河南，将有利于河南增强发展后劲，提升综合实力，为加快实现中原崛起河南振兴富民强省提供有力支撑。

二、国内外生态建设和环境保护的经验借鉴和教训启示

西方发达国家工业革命起步较早,市场经济比较发达,环境污染问题爆发较早,也积累了丰富生态建设和环境保护的经验和理论,通过对国内外生态建设和环境保护典型案例的分析,可以使美丽河南建设得到启发。

(一)国外生态建设和环境保护的典型案例

1. 鲁尔经济区转型

鲁尔区是德国一个以采煤工业起家的老矿区,区内许多城市都因煤而兴。在19世纪中叶开始的100多年里,鲁尔区的煤炭产量始终占全国80%以上,钢铁产量占全国的70%以上。鲁尔区发展初期,由于缺乏对土地利用、城镇布局、环境保护等方面的规划和保护,开发方式比较粗放,造成煤矸石堆积成山,污水遍地,塌陷坑随处可见,铁路线也杂乱无章,居民点布局混乱。尤其是随着煤炭和钢铁等重工业的发展,地区环境质量不断恶化,区域形象受到严重损害。如何协调鲁尔区的经济发展和生态环境保护成为全德国关注的焦点。德国1925年颁布法律,成立了鲁尔煤炭区开发协会作为鲁尔区最高规划机构,综合协调整个鲁尔区的开发和规划工作。1966年,该协会编制了鲁尔区总体发展规划,这是德国区域规划史上第一个地区性总体规划。该规划对整个鲁尔区进行重新规划,一方面加快煤炭和钢铁资源的整合和升级;另一方面,制定多元化产业政策,扶持轻工业、商业的发展。经过一系列规划和改造,鲁尔区从过去过度依赖重工业到注重发展轻工业和新兴产业,成功实现了产业结构多元化转型。此外,鲁尔区的顺利转型与"埃姆瑟公园"成功规划密不可分,埃姆瑟公园原是废旧的工业区,进行工业遗产景观改造以后重新焕发活力,新型产业发展迅速,带动了整个鲁尔区的转型发展。

2. 匹兹堡烟雾治理

匹兹堡是美国历史上著名的钢铁之都,同时也是令人无奈的"烟雾之都"。由于地理上靠近产煤区和便利的水上交通运输,匹兹堡拥有发展钢铁工业的先天优势。1875年卡内基在匹兹堡创立埃德加汤姆森钢铁厂,开启了匹兹堡的钢铁时代,钢铁工业在19世纪成为匹兹堡的支柱产业。烟雾笼罩是匹兹堡迅速发展的钢铁工业的伴生物。为了控制烟雾,匹兹堡做了很多努力和尝试,在1868年出台法令禁止货车在城区内使用烟煤;1869年开始禁止建造蜂窝式焦炭炉;1911年,当地政府创立了烟雾管理局,随后出台了一系列控制烟雾的法令,但由于政策和执行上的宽松和摇摆,这些措施并没有取得明显的效果。20世纪30年代的大萧条给匹兹堡的钢铁行业带来了沉重打击,对于当时的匹兹堡来说,干净的天空、新鲜的空气意味着关闭的工厂和失业的工人,这一时期的烟雾治理工作陷入停顿,烟雾管理局也一度被撤销。1936年,在美国联邦工程局的资助下,有关部门针对烟

雾给当地居民生活带来的影响做了一次深入调查，重新激起了人们对烟雾控制的兴趣。1941年市长消除烟雾委员会成立，委员会经过深入的调查和研究之后得出在匹兹堡控制烟雾是可行的，不但可以改善居民环境，缓解人口流失，而且可以吸引轻工业，创造新的工业和就业机会，最终会带来"一个增长、繁荣富裕的新时代"。1942年，委员会推动了烟雾控制法令的正式出台。匹兹堡控制烟雾法令是当时美国各地最严格和强有力的控烟法令，同时由于当地钢铁行业的衰落，导致了匹兹堡不得不通过治理烟雾来美化环境以实现转型升级，匹兹堡的控烟运动最终取得了良好的效果。多方力量的合作是匹兹堡控烟成功的关键所在，控烟运动当中，曾经作为反对者的矿业主和钢铁工人由于也能获得利益而采取了合作的态度，并且参与和推动了法令的制定。匹兹堡的烟雾治理是当代工业城市治理的经典之作。

3. 莱茵河生态修复

莱茵河是西欧第一大河，河流全长1300多公里，流经瑞士、奥地利、法国、德国等9个国家，流域面积超过22万平方公里。莱茵河承担着流域内200多万人的饮水问题。20世纪后半期，随着欧洲经济的快速发展和沿岸人口的快速膨胀，导致莱茵河污染严重，一度被称为"欧洲的下水道"。为了治理莱茵河的污染问题，恢复莱茵河生态系统，莱茵河流域的几个国家一起成立了保护莱茵河国际委员会。在莱茵河国际委员会的倡议下，沿河各国修建了污水处理厂、水质监测站等大量的工程措施。大规模污水处理厂的投入使用使可降解物质的排放量大大降低，并且使莱茵河水的溶解氧浓度得到了一定程度的降低，大大改善了河流水质。为了加强对水质的检测，莱茵河及其支流上设置了大量监测站，对河流的化学残留物以及生物指数进行持续检测。在流域各国的协同努力下，莱茵河又恢复了往日的绿水如茵，重新成为欧洲引以为傲的母亲河。随着莱茵河水质的恢复，两岸的生态环境也恢复好转，莱茵河两岸的城市也重新充满了生机和活力。莱茵河的治理和生态修复是国际河流治理的典范。

4. 新加坡"花园城市"建设

受中华传统天人合一观念的影响，新加坡人认识到人类社会的繁荣发展应同自然界物种的繁衍进化协调进行，最终创造一个人与自然相和谐的城市。快速膨胀的城市留给自然的空间越来越少，因此新加坡人特别珍视自然，注重人与自然和谐相处。新加坡城市规划特别重视"绿色和蓝色规划"，注重公园和开放空间的建设，并且将各主要公园用绿色廊道相连；还充分利用海岸线并使岛内的水系适合休闲的需求。该规划确保了在新加坡城市化进程快速发展的同时，人们仍拥有绿色和清洁的环境。在这个花园城市中，是植物创造了凉爽的环境，弱化了钢筋混凝构架和玻璃幕墙僵硬的线条，增加了城市的色彩，新加坡城市建设的目标就是让人们在走出办公室、家或学校时，感到自己身处于一个花园式的城市之中。从新加坡城市建设中，我们认识到"园林城市"和"花园城市"的本质应是"天人合一"，而非人为第一位，无限制地向自然索取。

(二) 国内生态建设和环境保护的经验教训

1. 太湖流域水污染治理

太湖位于长江三角洲下游，横跨浙江、江苏、上海等省市，流域面积达36000余平方公里，承载人口3000多万，国内生产总值占长三角地区过半，是我国人口最密集、经济最发达地区之一。环太湖流域经济虽然发达，但水资源保护却相对滞后，造成太湖流域水体污染严重，水质连年下降。自1996以来，太湖就被作为国家水污染治理的重点项目，国家及地方先后投入资金上百亿元。制定了《太湖水污染防治规划》，实行流域内污染排放达标制度，关停污染严重企业，实施"引江济太"工程，实施太湖生态修复工程等措施。但就目前太湖现状来看，虽然取得了一些治污成果，但是由于污染速度仍然大于治理速度，污染总量控制没有达到预期目的，太湖水质污染没有得到根本性改变。不足之处主要在于：守法成本高，违法成本低；地方利益占主导地位，缺乏流域整体利益的法律保护；执法主体责任落实不明晰，工作机制不协调；缺乏有效的法律监督体制；流域内项目审批不严格等。

2. 河北省调结构治雾霾

改革开放以来，随着河北省工业的迅速发展，尤其是钢铁、水泥等重工业的快速扩张，大气污染日益严重，空气质量逐渐恶化，河北成为京津冀地区大气污染的主要来源地。为治理史上最严重的雾霾天气，河北省承担了通过调整经济结构治理雾霾的艰巨任务。河北以习近平总书记"不以GDP论英雄"的科学论断为指导，坚定转变发展思想，坚持走"绿色崛起"的道路。河北在污染物浓度达标排放的基础上，严格控制污染物排放总量，全面推进全省污染减排工作。将污染物总量削减指标作为建设项目审批的前置条件，对没有达到指标的建设项目，坚决不予审批；加大污染治理项目建设的监督力度，对不能按期完成治污项目的企业，停止新上项目；对超过总量控制指标的地区，采取"区域限批"措施，暂停审批该区域有新增污染物排放的建设项目；在环保审批过程中实行评先创优一票否决。全省上下转变发展观念，调结构、治污染已成为目前河北全省经济工作的主旋律。河北通过调结构治雾霾已经初见成效，如能长期坚持下去，不仅蓝天白云终将重回人们身边，而且能为河北经济健康持续发展提供优美的环境保障。

3. 美丽广西清洁乡村建设

广西美丽乡村建设启动较早，成果也比较突出。在中共十八大报告第一次提出美丽中国概念半年后，广西就积极响应，在全区开展以"美丽广西、清洁田园"为主要任务的"美丽广西、清洁乡村"活动。为此，广西专门出台了"美丽广西、清洁乡村"活动实施方案，实施方案中确定了八项主要任务：一是加强农村饮用水源地保护；二是全面清理污染水体；三是加快建设乡村垃圾运收体系；四是科学治理村庄生活污水；五是着力推进畜禽养殖污染防治；六是彻底关闭淘汰农村地区落后企业；七是建立农村环境管理长效机制；八是科学编制规划。通过"美丽广西、清洁乡村"活动，广西乡村面貌有了很大改善，生态环境大为改善。

4. 美丽杭州建设

中央提出"美丽中国"建设目标后,浙江就提出了要建设美丽杭州,将杭州建设成为美丽中国建设先行区。为实现美丽杭州建设目标,杭州市出台了《杭州市生态文明建设规划》以及《"美丽杭州"建设实施纲要(2013~2020年)》两项专门的规划。杭州坚持规划先行,将生态文明理念贯穿到城乡总体规划、分区规划与控制性详规中,提出了产业生态转移、土地生态管理和环境管理模式等现代城市管理思想和理念,并落实到城市空间布局、基础设施、产业发展等各个专项规划,建立了较为完善的规划体系。在具体实施过程中采用分批推进的做法,通过一批"美丽杭州"建设示范镇以及社区(村)、园区和企事业单位分步实施。在政策机制和保障措施方面,最具改革性的措施是制定了"美丽杭州"建设目标绩效考核办法,实施阶段性考核目标和年度工作考核,并将考核结果纳入领导班子和干部的政绩考核范围;此外,杭州还探索建立"美丽杭州"指标体系和监测办法,在全国率先探索形成美丽城市建设评价地方标准,定期发布"美丽杭州"指数。

(三)国内外生态建设和环境保护实践对美丽河南建设的启示

1. 加强生态建设和环境保护法制建设

美丽河南建设的顺利推进以国家有关环境保护、生态建设方面的法律法规为保障,同时还要加快研究制定和修订完善保护环境、节约能源资源、促进生态经济发展等地方性法规,建立与国家法律法规相衔接的地方环境保护法规体系。要加快制定并实施指标更完善、要求更严格的污染物排放标准。加快制定典型污染物排放标准、重点流域水污染物排放标准以及电解铝、化工等行业污染物排放标准。明确环境执法责任和程序,提高执法效率,强化执法监督,做到有法必依、执法必严、违法必究。多方位发力,强化美丽河南建设的法制保障。

2. 经济建设必须和生态文明建设协调发展

对于河南这样一个人口大省、农业大省和新型工业大省来说,发展是解决所有问题的关键,必须继续保持一定的经济发展速度。从发达国家实践来看,牢固树立并全面践行生态文明的发展理念,经济建设和生态建设完全可以实现互相促进、良性循环发展。要想实现经济建设和生态文明的协调发展,必须全面推进产业结构生态化,大力发展高新技术产业和现代服务业,同时严格限制高能耗、高污染、高排放产业的发展。对于河南曾经的支柱产业之一的电解铝行业,我们必须有壮士断腕的减产能决心和西进淘金的冒险精神,一方面加快技术创新向产业链高端发展,另一方面加快淘汰落后产能推进产业输出。河南绝不能走西方"先污染、后治理"的老路,经济建设和生态建设必须两手抓,两手都要硬。必须走有中国特色和河南地方特色的低碳发展、循环发展、绿色发展道路,从而实现经济建设和生态文明建设的协调发展。

3. 完善生态文明建设顶层制度设计

要想实现资源环境的永续利用和经济社会可持续发展,全面实现"四个河南"建设,必须要建立起科学合理的生态文明顶层制度,以实现对生态环境的有效保护。因此,要进一步健全生态环境保护制度，理顺生态环境保护的治理体制，构建能够推动各主体之间良性互动的保护机制，形成促进生态环境保护政策环境；建立健全党政领导班子和领导干部综合考评机制，落实责任制，突出强调生态建设、改善民生、统筹协调发展；要建立跨行政区域的生态补偿协调机制，建立健全污染跨行政区域治理的利益协调和补偿机制，完善污染跨行政区域治理的结构设计和组织功能，构建政府主导、部门履责、市场协调、社会参与的跨行政区域污染治理新模式。在全面落实污染治理省内各地区合作的同时，积极推进跨省域合作；要健全生态保护财政转移支付制度，并逐步加大力度，提高各地保护生态环境的积极性。

4. 统筹城乡推动全省人民共同参与

对河南这样一个农业大省来说，美丽河南建设需要城乡统筹，加强农村环境管理的统筹规划、综合治理，提高农村生态环境保护水平。进一步完善农村环境保护目标责任制，探索将农村环境保护纳入政府目标责任。加强农村环境监测和监察能力建设，提升农村环境监管水平。在全省范围内，尤其是农村地区更要积极开展环境宣传教育活动，广泛宣传环保方针政策、法律法规，普及环境保护知识，增强全社会的环境忧患意识和环境安全意识。落实全民生态文明教育计划，把生态文明教育作为国民素质教育的重要内容，纳入大中小学的课程体系。继续推进绿色学校、绿色社区和环境教育基地等绿色创建活动，引导公众树立善待自然、人与自然和谐相处的环境伦理观，养成崇尚自然、自觉保护环境的行为规范，形成全社会关心、支持、参与环境保护的良好社会氛围。

三、河南生态建设和环境保护的历史考察与现状分析

近年来，河南省在生态建设和环境保护方面进行了多方面的努力和尝试，取得了一定的成效，但问题依然突出，美丽河南建设任重而道远。

（一）近年来河南生态建设和环境保护采取的主要措施

1. 大力推进产业结构转型升级

近年来，河南充分利用金融危机与节能减排形成的"倒逼"机制，牢固树立生态文明的发展理念，坚持绿色发展、低碳发展、循环发展，不断加快产业结构转型升级步伐。把大力发展高成长性产业作为推动经济增长的主要动力，深入挖掘比较优势，大力发展汽车、电子信息、装备制造、食品、轻工、建材等高成长性产业；立足现有产业基础，运用高新技术、先进适用和信息化技术改造提升纺织、化工、有色、钢铁等传统优势产业；以航空港经济综合实验区为载体，内引外联，重点发展航空、物流、新能源汽车、生物医药、新能源、新材料等先导产业。通过产业结构转型升级，河南既夯实了长远发展的经济基础，又为可持续发展提供了宝贵的环境容量。

2. 加快能源资源节约利用

近年来河南全面推进国民经济各领域、生产生活各环节的能源资源节约利用和节能减排工作。重点通过电力、钢铁、有色金属等行业高能耗设备的淘汰和改造，加强工业余热利用，着力提高能源利用效率；加大开发碳捕获和碳固化技术研究，促进单位生产总值二氧化碳排放强度不断下降，促进单位生产总值能耗进一步下降；将能源生产和消费结构的调整作为节能方向，合理开发利用水电，大力发展生物质能、风能、太阳能、地热能等可再生能源，全面推广应用清洁煤发电技术，继续推进甲醇汽油试点推广工作，全面加强智能电网建设。全面推进土地节约利用，重点加强城镇建设用地和工业用地的节约集约利用。着力加强水资源保护与开发，倡导全社会节约用水，实行最严格的水资源管理制度，加快雨水集蓄、工业废水回收再利用、区域性中水回用等项目建设。

3. 持续加强林业生态建设投入

近年来，河南高度重视林业建设，通过林业生态省建设提升工程以及一系列强林惠林政策，尤其是在财政部门的大力支持下，不断加大对林业生态建设的投入，促进林业生态发展。建立和完善多元投融资体制，发挥市场配置资源的基础性作用，采取政府引导、社会投入、市场运作的方式，拓宽林业建设融资渠道，积极引导社会资金和力量投入为河南林业生态建设服务。积极引导林业资源的科学开发、合理利用，依托优势林业资源基础，以林业产业化龙头企业为支撑，以相关服务机构为辅助，以加工集聚地为核心，大力推动林业产业化集群发展，"以林养林"工作成效显著。

4. 大力推动生态示范创建活动

自 2000 年中央号召开展生态示范创建活动以来，河南各地热烈响应、积极参与、精心组织，全省生态示范创建活动呈现出蓬勃发展的态势。全省积极参与全国生态示范县创建活动，栾川成为河南首家国家级生态文明示范县，洛阳白河镇、焦作西虢镇、岸上乡等 12 个乡镇被评为国家级生态文明乡镇；省级生态示范创建活动全面展开，孟津、桐柏、长垣和新县被评为省级生态文明示范县；深入开展省级生态文明乡镇、生态村创建活动。截至目前，已经先后命名了八批生态文明乡镇和七批生态文明村，推动了全省生态文明建设的深入实施，普及了生态文明知识和理念，提高了全省人民生态保护意识和参与建设的积极性。

5. 全面启动生态省建设

2013 年《河南生态省建设规划纲要》正式出台，标志着河南生态省建设全面启动。河南生态省建设紧紧围绕绿色高效的生态经济体系、可持续利用的资源支撑体系、全防全治的环境安全体系、山川秀美的自然生态体系、环境友好的生态人居体系、健康文明的生态文化体系六大体系全面展开。全省林业生态示范创建活动稳步推进，《河南省林业推进生态文明建设示范县考核办法》提出，到 2017 年末全省创建 20 个林业生态文明示范县。尤其是省委省政府提出"美丽河南"建设以来，全省领导干部和广大群众在中央"让中原更出彩"历史使命的感召下，正确认识自身需要承担的双重历史责任，极大地推动了全省生态建设的顺利实施。

（二）近年来河南生态建设和环境保护取得的主要成效

1. 生态建设成效初显

经过全省人民的共同努力，生态建设成效初显，主要表现在以下几个方面：第一，林业生态建设取得巨大成绩，2007~2012年，完成造林任务2546.6万亩，新增森林面积906.8万亩，2012年全省森林面积达到5756.5万亩、森林蓄积量达到14227万立方米，森林覆盖率达到22.98%。第二，生态示范创建成果突出，共创建国家森林城市5个、全国绿化模范城市4个、国家级绿化模范县19个，建成林业生态县134个，目前仍有40多个县（市、区）正在开展生态县（市）建设，其中11个县（市、区）的规划已经编制完成待论证。第三，自然保护区建设硕果累累，全省建立不同级别、不同类型的自然保护区33处，总面积759134公顷，占全省国土面积的4.5%，其中，国家级自然保护区11处，省级自然保护区20处；建立湿地类型自然保护区17处，总面积26.81万公顷，其中，国家级自然保护区3处；建立国家级湿地公园10个，面积27507.25公顷。

2. 污染减排成效显著

通过大力发展循环经济，全面推广低碳技术，加快淘汰落后产能等措施，节能减排成效突出，全省污染物排放量逐年降低。2012年，全省化学需氧量、氨氮、二氧化硫、氮氧化物排放量分别比上年下降3.00%、2.61%、6.90%和2.37%。全省水体环境有了明显改善，2012年全省地表水环境质量断面化学需氧量、氨氮平均浓度同比分别下降12.3%和23.0%；城市集中式饮用水源地取水水质累计达标率保持100%；全省地下水和水库水质总体状况不断改善。全省大气质量触底回升，省辖市、省直管县（市）环境空气质量优、良天数累计百分比有所回升。

3. 环境综合整治成效明显

每年选定若干重点目标，先后对南水北调中线工程水源地、全省主要饮用水源地和贾鲁河、卫河、惠济河等流域，小水泥、小造纸、小耐火材料等比较集中的区域，以及化工（化肥）、医药、电力等高排放行业实施综合整治。通过淘汰落后生产能力和对企业进行深度治理，局部地区的污染物排放总量得到大幅削减，环境质量明显好转。全省各地积极实施了城镇集中污水处理设施升级改造，酒精、化肥、造纸和化工等涉水重点工业行业的污染防治，规模化畜禽养殖场和养殖小区的污染治理，以及机动车环保标志管理制度和建设完善垃圾填埋场渗滤液处理设施等项目，水污染减排工作成果显著。全省城乡生态环境质量都有了明显改善和提升。

4. 生态建设和环境保护制度不断完善

在管理体制和机制上，河南成立了由分管副省长牵头、政府多部门组成河南省环境保护委员会，建立了政府环保目标责任制、领导干部考核责任制，实行环境保护问责制和"一票否决"制，推行了水污染生态补偿制度和排污权交易试点等环境经济政策。在全国率先实施了主要污染物排放总量预算管理制度，有效地控制了污染物排放总量，以资源环境约束推动地区经济转型发展。先后出台了《河南省生态公益林管理办法》、《河南省建设项目环境保护条例》、《河南省水污染防治条例》、《河南省固体废弃物污染环境防治条例》、《河南省减少污染物排放条例》等环保法规。2014年出台的《美丽河南建设的意见》中明确提出要将生态保护成绩纳入政府绩效考核，标志着地方政府绩效考核向生态文明做出重大调整和进步。

(三) 河南生态建设和环境保护存在的主要问题

1. 经济社会快速发展加大生态保护压力

虽然国内外经济环境低迷，全国经济发展进入新常态，但河南在三大国家战略平台的引领下，经济发展继续保持着快速增长的态势。经济社会的快速发展造成资源和生态环境的压力进一步增大，生态环境安全的形势越发严峻。此外，产业结构总体低端化、能源利用效率较低、结构性污染问题依然存在，这些都对河南生态环境保护工作形成了严峻的挑战。尤其是河南省城镇化进入快速发展阶段，城镇人口和经济规模快速膨胀，带来城镇生产生活垃圾、污水和废弃物排放大量增加，对生态环境形成了巨大压力。另外，农村和农业也成为新的环境污染来源，在农村地区，农村居民生活现代化程度不断提高，生活废水和固体废弃物增长迅速；在农业生产过程中，化肥、农药和薄膜的推广使用日益成为保障粮食稳定增产的主要方式，养殖业规模化和集约化程度不断提高，农业生产方式的改变造成农业面源污染和规模养殖污染形势更加严峻。

2. 生态建设和环境保护形势仍然十分严峻

目前，河南生态环境日渐趋紧的形势仍未根本改变，主要表现在资源环境容量严重不足。全省人均森林面积仅为全国平均水平的1/5，湿地面积仅占国土面积的6.6%，森林和湿地生态系统整体功能脆弱，抵御灾害的能力不足，难以满足新型工业化、城镇化和农业现代化对生态环境治理不断提升的要求。目前，整体上河南水环境已无容量，大气尚存在部分容量，并且环境容量还存在着较大的区域差异。全省北部和西部，以及郑州部分地区环境容量已经严重超载，亟待通过加强环境保护和节能减排来减轻经济社会发展对敏感区域和全省生态环境保护的不利影响。环境容量的紧缺对河南经济持续发展的制约作用日益凸显，生态环境保护已经远不能满足人民群众日益提高的环境质量要求。

3. 环境污染治理难度不断加大

造成环境污染的介质愈加多样和复杂，已从以大气和水为主逐渐向大气、水和土壤三种介质共存转变；污染物来源从以工业和生活污染为主向工业、生活和农村、农业面源污染并存转变；污染特征从单一型、点源污染向复合型、区域污染转变；臭氧、细颗粒物、持久性有机物、放射性污染和危险废物、废旧电子电器、污水处理厂污泥等固体废物污染问题日益突出，环境污染治理难度进一步加大。人民群众关注的环境热点、难点、焦点问题难以在短时间内得到全面解决，部分地区因环境问题引发社会矛盾激化的潜在风险不断加大。

4. 生态环保制度问题依然突出

河南生态环境保护制度仍不健全，主要存在以下一些亟须解决的突出问题。首先，相关规章制度还不完善，特别是在大气污染防治、水土污染防治、环境应急管理和生态环境自动监控等重点领域，国家已有的相关政策法规和标准与地方工作的实际要求存在一定差距，缺乏一系列符合自身实际需要的地方性法规和规章来为这些领域的环保工作开展提供法律支撑；其次，体制机制还未完全理顺，在生态环境保护目标考核和责任追究、生态环境保护决策、生态创建激励机制、环境治理和生态修复，以及生态环境监管等方面的工作机制还不够健全，需要进一步完善相关机制以加强和规范地方之间和部门之间的协作，确保生态环境各领域、各环节的各项任务切实有效地推进；最后，缺乏有效的多元参与机制和民主监督机制。目前，有效的环境社会监督和参与机制还没有建立起来，特别是一些地方对生态环境保护中公众参与的重要性认识不足，甚至错误地将一些群众表达环境利益诉求的正常现象视作不和谐的社会因素等，这种错误认识在一定程度上影响了社会公众参与生态环境保护的健康发展。

四、当前及今后一个时期美丽河南建设的总体思路、目标设计及对策建议

（一）当前及今后一个时期美丽河南建设的总体思路

全面贯彻落实中共十八大精神，以邓小平理论、"三个代表"重要思想、科学发展观为指导，深入贯彻落实习近平总书记一系列重要讲话和对河南工作的重要指示，坚持节约资源和保护环境的基本国策，把生态文明建设放在突出地位。以科学发展为主题，以加快转变经济发展方式为主线，以提高人民生活质量为根本目的，以调整产业结构、防治污染、保护生态为主要内容，以提高市民素质、弘扬城市文化、提升城市品质为重要支撑，以加强法治和创新体制机制为有力保障。紧紧围绕粮食生产核心区、中原经济区、郑州航空港经济综合实验区三大战略规划的实施，着力优化国土空间开发格局，推进环境综合整治，加强生态保护建设，加快产业转型升级，全面促进资源节约，树立生态文明理念，积极培育生态文化，加快建立生态文明制度，大力推进绿色发展、循环发展、低碳发展。努力建设经济结构优化、资源高效利用、生态环境良好、城乡和谐宜居的美丽河南，为加快实现中原崛起、河南振兴、富民强省提供有力支撑。

（二）当前及今后一个时期美丽河南建设的目标设计

到 2015 年，"十二五"期间规划确定的资源环境约束性指标全面完成；结构优化、技术先进、清洁安全、附加值高、吸纳就业能力强的现代产业体系加快构建，绿色产业成为新的经济增长点；生态建设和环境保护全面推进，城市空气质量总体改善，城市河流和重要流域水质稳中有升；耕地土壤污染有所遏制；有利于生态文明建设的体制机制框架基本

建立，全社会共同推进生态文明建设的良好氛围初步形成，美丽河南建设迈出坚实步伐。

到2020年，资源节约和环境友好型社会建设取得重大进展，主体功能区布局基本形成，城镇发展和建设模式明显转型；能源资源消耗强度大幅降低，资源循环利用系统基本建立；主要污染物排放总量持续下降，城市空气质量、城市河流和所有流域水质明显改善，人居环境全面改观；森林覆盖率继续提高，生态系统稳定性增强，系统完善的生态文明制度体系基本形成，生态文明水平显著提升。

（三）当前及今后一个时期美丽河南建设的对策建议

1. 推进环境综合治理，加强生态保护建设，打造"碧水蓝天"生态环境

以雾霾治理为重点改善大气质量。深入实施《河南省蓝天工程行动计划》，加强以可吸入颗粒物（PM10）和细颗粒物（PM2.5）为重点的大气污染防治，逐渐消除重污染天气，切实改善环境空气质量。深入实施工业企业大气污染综合治理，实施脱硫脱硝减排工程，加大工业烟粉尘、挥发性有机废气治理。严格控制煤炭消费总量，大力推进煤改气工作，加强高污染燃料禁燃区建设。实行大气污染物排放量等量或倍量削减，大气环境质量超标城市，对新受理的排放大气污染物的项目，实行倍量削减替代，实现增产减污。深化大气面源污染治理，加强城市烟尘整治，加强施工工地、拆迁工地、渣土运输监管，防治各类扬尘污染；严格控制农村废气排放，全面禁止农作物秸秆焚烧。加强机动车污染防治，逐步淘汰黄标车，大力推广新能源汽车等清洁交通工具，切实做好油品提升和城市治堵工作。建立健全重污染天气监测、预警和应急响应体系，建立和完善大气污染区域联防联控机制。

以流域保护为重点改善水环境质量。以重点流域水质全面达标为目标，统筹调水引流、控源截污、生态修复以及小流域综合整治等措施，推进水污染防治，推动全省水环境持续改善。优先保护饮用水水源地水质，划定县城和乡镇集中式饮用水水源地保护区，开展饮用水水源保护区环境综合整治，依法取缔水源保护区内所有违法建设项目和排污口。推进重点流域水污染防治，加快建立河南省淮河、黄河、海河和长江流域水环境质量控制制度，确定流域水质管理目标，建立全面控源的污染防控体系，加大丹江口库区和南水北调中线工程总干渠沿线以及淮河、海河、黄河、长江等重点流域水污染防治力度，确定重点控制区域，建立区域内控制单元，分类开展重点防治。深化工业污染防治，实施产业集聚区、工业园区污水集中处理工程，加强高耗水行业清洁生产和污染深度治理，全面提升涉水企业的防污治污水平。加大水利基础设施和重大水利工程建设，完善城市、县城排涝管网设施，加强城镇污水处理设施建设，提高城乡污水处理效率，提升污泥无害化处置水平，全面开展农村生活污水处理和卫生设施改造。建设河湖水系连通工程，提高水资源统筹调配能力，改善水生态环境状况。

加强土壤保护。坚持控新治旧，强化土壤环境保护和综合治理。全面开展土壤污染防治行动和土壤修复工程，以重点区域为核心，推进污染产业密集、历史遗留问题突出、风险隐患较大的重金属污染区域综合整治，针对不同土壤污染类型选取有代表性的典型区，

以镉、铅、铬、汞、砷等重金属污染场地修复为重点，开展污染场地治理、修复、风险控制试点工作。深化重金属、持久性有机污染物综合防治，建立覆盖危险废物和污泥产生、贮存、转运及处置的全过程监管体系。严格控制新增土壤污染，明确土壤环境保护优先区域，实行严格的土壤保护制度。全面开展重点区域土壤环境调查，建立全省土壤信息数据库，加快构建土壤环境监测体系，逐步实现主要农产品产地土壤环境状况动态监控。排查并划分污染场地环境风险，全面强化污染场地开发利用的监督管理，逐步推进污染企业原址、废弃矿场的土壤污染修复示范工程。

加强重点区域生态保护。构建重要绿色生态屏障。加大对重要生态功能区、生态环境敏感区和脆弱区的保护力度，加快建设桐柏大别山地生态区、伏牛山地生态区、太行山地生态区、平原生态涵养区，沿黄生态涵养带、沿淮生态涵养带和南水北调中线生态保护带，构筑"四区三带"的区域生态格局。增加陆地生态系统固碳能力和水土涵养功能，推进天然林资源保护、退耕还林、防护林体系建设；加强湖泊和湿地生态保护，遏制面积萎缩、功能退化趋势；控制低丘缓坡开发，遏制水土流失。推进自然保护区规范化建设，抵御外来物种入侵，全面加强生物多样性保护。按照保护优先、开发有序的原则，加大土地、矿产、森林等资源重点开发区域的生态监管力度。

加大生态修复力度。坚持自然修复为主、人工修复为辅，通过退耕还林、封山育林、增殖放流等措施，让生态系统休养生息，对无法实现自我修复的生态系统开展工程修复。加强湿地恢复与保护，强化对自然保护区、地质公园、森林公园、湿地公园的建设和监管，让生态系统休养生息。加大对已遭到破坏的生态环境的修复和对生态脆弱地区的投入，逐步恢复生态功能。推进淮河、长江、黄河流域防护林和太行山绿化、平原绿化建设，重点建设水源涵养林、水土保持林、生态能源林，巩固和扩大天然林保护、退耕还林成果，实施林业生态省提升工程。全面加强矿山生态环境整治、复垦的生态修复，严格控制矿山开发对生态环境的破坏。开展生态脆弱区的环境治理，保护省辖淮河、黄河、海河及其主要支流源头区、重点水源涵养区、水土流失严重区、自然保护区、风景名胜区等重点区域的生态环境。深入推进小流域、坡耕地及林地水土流失综合治理。

2. 以科技创新为驱动，加快产业转型升级，坚持绿色循环低碳发展

加强创新驱动发展。全面实施创新驱动发展战略，加快建设创新型省份，依靠科技创新，推进经济结构战略性调整，把推动发展的立足点转到提高质量和效益上来；促进创新驱动发展，大幅提高自主创新能力，提升区域竞争力、抢占发展制高点；以科技创新破解美丽河南建设中资源环境问题的技术瓶颈。以环境容量倒逼发展转型升级，严格落实资源环境总量控制制度，确定全省主要污染物排放总量、水资源开发利用总量、土地开发利用总量控制红线，并将总量控制指标层层分解到各市、县、区，严格落实责任，加强监督考核，倒逼发展方式转变。围绕解决当前节能减排和大气、水、土壤污染等突出的环境问题，大力推进涉及人口健康、食品药品安全、防灾减灾、安全生产、生态环境和应对气候变化等领域的科技创新。有效实施节能环保重大科技专项，重点突破煤层气抽采及综合利用、可吸入颗粒物（PM10）和细颗粒物（PM2.5）污染防治、垃圾资源化利用等河南省急

需的关键技术和装备。建立和完善生态文明建设科技创新成果转化机制，形成一批成果转化平台、中介服务机构，加快先进适用技术的示范和推广，让科技成果惠及民生。坚持以企业为主体，加快创新平台建设，着力推进产学研协同创新，培育壮大一批环保领域科技型企业。加强生态、环境、资源方面学科研究和专业建设，积极培养和引进河南省生态文明建设急需的各类人才。

调整产业结构。加快产业结构调整，大力发展先进制造业、高成长性服务业和现代农业。建设先进制造业大省，抢抓产业转移机遇，强化龙头企业带动，突出发展市场空间大、增长速度快、转移趋势明显的高成长性制造业；突出重点，突破关键核心技术，着力培育战略性新兴产业；综合运用承接产业转移、延伸链条、技术改造、兼并重组等手段加快传统支柱产业转型升级。积极化解钢铁、水泥、电解铝、平板玻璃等行业的过剩产能，加快淘汰落后产能。严格新建项目能耗、污染排放等标准准入，抑制高耗能、高排放行业过快增长。建设高成长服务业大省。发挥比较优势，顺应服务业转移加快的趋势，不失时机地推动服务业重点行业提速升级，大力发展现代物流、信息服务、金融、旅游、文化等高成长性服务业，加快发展科技、教育、商务、健康、养老及家庭服务等新兴服务业，改造提升商贸等传统支柱服务业，努力提高服务业增加值占比和从业人员占比。建设现代农业大省。推进农业规模化经营，建立粮食稳定增产长效机制，加快实施现代农业产业化集群培育工程，形成一批具有区域优势、高成长性、高附加值的现代农业产业化集群。

处理好传统产业"保"和"调"、帮扶传统产业和支持新兴产业的关系。以生态环境保护为前提，加快产业结构调整，重点发展技术含量高、经济效益好、低耗能、低污染的产业。要处理好两个关系，一是处理好传统产业"保"和"调"的关系，转化经济发展中的"拖累点"。对于电解铝、煤炭、煤化工、钢铁等困难行业和企业，要坚持渡难关和促转型相结合，借势倒逼其调结构。二是处理好帮扶传统产业和支持新兴产业的关系，扩大经济发展中的"增长点"。在政策和资金支持方面，要更加倾向于支持新兴产业。

发展绿色经济。大力培育和发展现代循环农业、生物质能产业、节能环保产业、新兴信息产业、新能源产业等绿色新兴战略产业，逐步构建绿色产业体系，为绿色经济发展奠定坚实的基础。加快建立和推广现代生态循环农业模式，推广生态种植、生态养殖技术，大力发展无公害农产品、绿色食品和有机产品。发展现代林业经济，带动山区林农增收致富。加快推动资源利用方式根本转变，加快淘汰高能耗、高排放落后产能，提高天然气使用比例、开发利用新能源和可再生能源以及推广环境友好能源政策等来优化能源消费结构，尽快将能源结构向低碳方向发展。加大绿色技术的推广，开展重点领域节能降耗，积极开发推广高效节能技术设备及产品，有效控制高耗能行业低水平扩张。实施绿色生态产业政策，严格限制乃至禁止能源消耗高、资源浪费大、污染严重产业的发展，取消对资源密集型产品的扶持和保护，鼓励企业开发绿色产品，并把其列入优先发展计划，促进产业生态化，设立绿色生态产业基金，解决中小企业开发绿色市场的资金困难，积极实施绿色采购消费政策。

3. 加强资源节约高效利用，促进资源永续利用，实现资源利用方式转变

强化资源节约高效利用。美丽河南的生产模式是以资源合理利用、减少废弃物的排放为特征，在物质循环中最大限度地利用资源，是一种非线性的、循环的生产模式。因此，要转变资源利用方式，坚持资源节约高效利用。节约资源是保护生态环境的根本之策。坚持节约优先，要坚持供需双向调节，差别化管理，提高水、土地和矿产资源的利用效率，以资源总量控制倒逼资源开发利用方式的转变。一是坚持节约集约用地，按照美丽国土的总体目标，实行最严格的耕地保护和节约集约用地制度，探索建立节约集约用地的激励、约束、监督、低效用地退出等机制，严格执行工业用地投资和产出强度标准，全面建立产业园区土地利用绩效评估制度；拓展新的建设用地空间，盘活处置闲置和低效用地，依法清理处置城市闲置建设用地，加强闲置农用地复垦，实施南水北调渠首及沿线、豫东等地土地整治等重大工程。二是合理利用水资源，实行最严格的水资源管理制度，确立水资源开发利用控制红线、用水效率控制红线、水功能区限制纳污红线，实行用水总量控制和定额管理；加大工业节水力度，发展节水农业，开发利用再生水、矿井水、雨洪水、空中雨水等非常规水资源；严格控制入河湖排污总量，加强水功能区监督管理，加大饮用水水源地保护；建设节水型社会。三是强化矿产资源科学综合开发，加强地质勘查、矿产资源开发和利用等关键环节管理，提升矿山开采装备技术水平，实现矿山绿色开采；要充分利用"两种资源，两个市场"，积极参与全球矿产资源配置，拓展境外资源利用的空间和能力，同时加强矿产资源储备。

全面推进节能减排。坚持以强化节能减排约束性指标为导向，实行强度目标和总量目标"双控"责任制，落实工作责任，完善配套措施，确保完成国家下达节能减排目标任务。抓好工业、建筑、交通运输和公共机构等重点领域节能减排，开展千家企业节能低碳行动，推广应用工业节能技术，落实绿色建筑行动实施方案，推进绿色低碳交通运输体系建设。严格节能减排环保准入，完善固定资产投资项目能评和环评审查制度，把二氧化硫、氮氧化物、烟粉尘和挥发性有机物排放总量指标作为环评审批的前置条件。强化污染物排放总量和源头控制，加大结构、工程、管理减排力度，有效削减化学需氧量、二氧化硫、氨氮、氮氧化物、烟尘、挥发性有机物等污染物排放，有效促进环境质量改善。

提高企业排污成本，试点建立排污权有偿使用和交易制度。加快出台新的排污费收费标准，大幅提高排污费标准，使企业为排污造成的环境污染损害承担相应成本，改变排污成本与治污成本长期倒挂的局面。建立奖优罚劣的机制，鼓励企业加大环保投入，实行阶梯化的排污费收费标准，污染物排放浓度越高，缴费越多。与此同时用收缴的高额排污费，建立奖励"资金池"，对主动减排、治污效果好的企业给予补贴。在此基础上，利用国家财政部将在全国范围内推动建立排污权有偿使用和交易制度的机遇，争取在具备条件的市开展试点，借鉴试点单位的经验，构建适合河南省情的排污权有偿使用和交易政策框架体系。

4. 加强基础设施建设，推进城镇化绿色发展，打造"美丽中原"人居环境

加快美丽城市规划建设。根据环境和人口承载能力、可开发土地资源和经济社会发展水平，进一步完善全省城镇体系，优化城镇的空间形态、就业和生活布局。一是布局美丽。统筹抓好郑州、中心城市、县城和中心镇的规划建设，推动高端要素向都市区集聚，分类指导区域中心城市发展，推动县城、小城市和中心镇成为统筹城乡发展的战略节点。要纠正城市布局的空间失序，改变产业资源和公共服务资源过度地聚集在居住城区的状况，加快资源在整个区域内合理配置；要注重产城互动，融合发展，解决有产无城、空城的问题；要重点发展中小城镇，提高小城镇的综合承载力，解决有城无镇的问题。二是环境美丽。坚守城市发展"边界"，推进绿色城市、智慧城市、人文城市建设。让市民呼吸到新鲜空气，喝到洁净安全的水，吃到放心的食品。三是社会和谐，大力推进城乡一体化和农民工市民化，促进公共服务的均等化，实现社会和谐稳定。四是文化之美，把现代城市之美和历史文化之美有机结合，大力弘扬城市精神和人文精神，不断赋予其新的时代发展内涵，打造富有历史文化个性的现代美丽城市。

积极推进美丽乡村建设。推进农村环境综合整治，加强环境基础设施建设，改善农村居住环境，建设美丽乡村，让广大人民群众望得见山，看得见水，记得住乡愁。进一步完善农村基础设施配套，实施农村道路联网、农民饮水安全、农村电气化等工程，加快建设垃圾处理、污水治理、卫生改厕等环保设施项目，实现道路硬化、路灯亮化、坑塘净化、环境美化。推进农村环境连线成片综合整治，有效控制农业面源污染，建立健全卫生保洁、设施养护等长效管理机制。全面实施农村绿化美化，在村庄周围、道路河岸、房前屋后广植树木，形成绿化格局。创建绿色城镇和生态示范村，保护乡土自然景观和特色文化村落。加强生态文明知识普及教育，引导农民追求科学、健康、文明、低碳的生产生活方式。加强村庄规划和建设，强化农房设计服务，彰显中原农房特色。

推动城镇化绿色发展。将生态文明理念融入新型城镇化发展全过程，强化资源节约、环境保护和生态建设，促进城镇集约、智能、绿色、低碳发展。优化城市功能布局结构，推进老城区、老工业区绿色生态改造，推动中心城区工业企业向外搬迁，引导城市功能区的多样化布局，减少出行成本和碳排放。推广绿色建筑，加快既有建筑节能改造，推进可再生能源规模化应用，新建住宅普遍推广使用节能、节水新技术、新工艺、新型墙体建材和环保装修材料，建设一批低碳园区、低碳社区和低碳小城镇，大力实施农村建筑节能推进工程，推进农村太阳能供电、供热设施进村入户。发展绿色建材，大力推广使用节能、节地、环保、利废的新型墙体材料。发展绿色交通，推进以公共交通为主导的低碳综合交通网络建设，有效削减道路交通的能源消耗和温室气体排放，实施"公交优先"发展战略，不断加大公共交通投入，加快建设城市轨道交通，发展水上公共交通，完善智能交通服务体系。统筹城镇供排水、供热、供气、电力、通信等地下管网建设，鼓励在城乡一体化示范区起步区按照综合管廊模式开发建设。

5. 树立生态文明理念，积极培育生态文化，弘扬具有中原特色的人文精神

提高公民环境意识和人文素养。一是树立环境保护和生态文明理念，积极培育生态文化。不断加大环境保护宣传力度，展示生态环保成就、普及生态环保知识、弘扬生态人文精神。大力弘扬尊重自然、顺应自然、保护自然的理念，积极借鉴发达国家注重生态文明

的先进理念、有效做法和具体制度，强化全社会的生态伦理、生态道德、生态价值意识，形成政府、企业、公众互动的社会行动体系。二是加强环境意识和生态文明教育，着力构建包括学校、社区、家庭、企业和社会公益教育体系等在内的生态文明教育网络体系，加强对企业、城乡社区等基层群众的教育和科普宣传，提高全民生态文明素养。积极开展生态文化重大理论和应用研究，积极发展生态文化产业。建立健全社会监督机制，营造全社会关心、支持、参与环境保护的良好氛围。三是提升公民人文素养。积极培育和践行社会主义核心价值观，全面实施提升市民素质行动计划。培育和激发全体公民建设美丽河南、创造美好生活的主体意识，大力推进志愿服务制度化，推动养成与生态文明建设相适应的思想品德、职业道德、社会公德和家庭美德。增强公民法治观念和科学人文素养，提高全社会节约资源、保护环境的自觉意识。

传承中原传统文化和生态文化。传承优秀传统文化，注重挖掘中原传统文化中的生态理念和生态思想，加强国家重大文化和自然遗产地、重点文物保护单位、重要革命遗址遗迹、历史文化名城名镇名村保护建设，抓好非物质文化遗产保护传承与利用，丰富民间民俗特色文化活动载体，传承乡愁记忆，延续历史文脉。发现和培养扎根基层的乡土文化能人、民族民间文化传承人。开展优秀传统文化教育普及活动，积极打造文化精品，促进传统文化现代化。

倡导绿色消费。增强公民环境意识、生态意识、节约意识，培育绿色低碳消费方式和生活习惯，反对各种形式的奢侈浪费行为，在全民推行简约适度、绿色环保、文明健康的生活方式，形成符合生态文明要求的社会新风尚。倡导城乡居民勤俭节约，广泛使用清洁能源和节能环保设备。倡导绿色低碳出行，推广城市自行车租赁业务，鼓励市民更多选择非机动车和公共交通出行。积极引导绿色消费，推行以政府为主体的绿色采购制度。积极推动消费方式变革，减少使用一次性用品，限制过度包装，提倡健康节约的饮食文化，反对食品浪费，形成符合生态文明要求的社会新风尚。

6. 加快生态文明制度建设，为"美丽河南"建设提供制度保障

严格准入和管理制度。实行最严格的资源开发节约利用和生态环境保护制度，设定并严守生态红线、资源底线、排放上限，加强源头管控、过程监管和绩效考核，形成生态文明建设硬约束的制度环境。一是划定生态保护红线。抓紧划定生态功能保障基线、环境质量安全底线和自然资源利用上限三条红线，建立河南省生态保护红线体系。二是实行最严格的环境准入制度。研究建立资源环境承载能力监测预警机制，对水土环境、环境容量超载区域实行限制性措施。实行空间、总量、项目"三位一体"的环境准入制度，把环境容量与区域总量、环境质量、项目环评紧密挂钩，严把环境准入关。三是实行节能减排降碳总量管制，深入实施能源消费总量和能源消耗强度"双控制"，加强公共机构节能降耗，制定推进用能预算化管理制度，逐步建立省市县三级用能预算化管理体系。健全主要污染物总量控制制度，推进行业性和区域性污染物总量控制。

加强环保法制建设和执法工作。一是健全法规标准。建立和完善具有河南特色的生态文明建设地方法规和标准体系，把生态文明建设纳入法制化轨道。二是推进环境监管制度

改革。建立完善严格监管所有污染物排放、独立进行环境监管和行政执法的环境保护管理制度。三是建立违规严惩的机制。建立环境损害责任终身追究制度。对污染环境、破坏生态行为"零容忍",强化行政执法和刑罚处置,加大责任追究和违法惩治力度,切实保护公民环境权益,维护社会公平正义。建立环境损害惩治制度。建立以环境损害赔偿为基础的环境污染责任追究体系,对造成生态环境损害的责任者严格实行赔偿制度,加大行政强制及行政处罚力度,构成犯罪的,依法追究刑事责任。四是强化法律监督。加强行政执法监督、司法监督、舆论监督和公众监督,加大违法行为查处和惩罚力度。

完善环境经济政策。完善资源有偿使用和生态补偿制度。加快自然资源及其产品价格改革,健全全面反映市场供求、资源稀缺程度、生态环境治理修复成本的资源环境价格形成机制。深化资源性产品价格形成机制改革,完善新能源和可再生能源电价定价机制。按照污染治理实际成本,逐步提高排污费征收标准。坚持谁受益谁补偿,完善生态补偿机制,推动建立省内地区间横向生态补偿制度。积极争取国家支持,加大对丹江口库区及南水北调中线工程干渠沿线、淮河源头等重要生态功能区财力补偿和污染防治资金支持力度。落实国家鼓励绿色产业发展、合同能源管理、资源综合利用等税收优惠政策。积极推进绿色采购,落实节能和环境标志产品强制采购和优先采购制度。

加快建立市县差异化分类考核评价体系。按照《河南省主体功能区划》和各地经济发展水平,将全省县(市、区)分为工业城市区、综合发展区、农业主产区、重点生态区四类,各类县(市、区)分别单独计分,加大生态建设和环境保护类指标的权重。对工业城市区和综合发展区,加大环境综合整治指标的权重,将污染物排放、空气质量、节能减排等纳入评价范畴,引导其绿色发展、低碳发展。对农业主产区和重点生态区,取消对其工业增加值的考核,农业主产区考核更加注重农民增收、农业增产、美丽乡村建设等方面;重点生态区更加注重水源水质、生态旅游等方面的考核,引导其发展生态经济。

五、近期加快美丽河南建设的主要任务、工作重点、政策措施和要达到的阶段性目标

河南省加快美丽河南建设要坚持节约资源和保护环境的基本国策,要坚持节约优先、保护优先、自然恢复为主的方针,着重从优化国土空间开发格局、调整优化产业结构、促进资源节约集约利用、加强生态建设和环境保护、加强生态文明制度建设等关键环节和重点领域加以考虑美丽河南建设的主要任务、工作重点、政策措施和要达到的阶段性目标。

(一)近期美丽河南建设的主要任务和工作重点

1. 优化空间发展格局

改革开放以来,河南的国土空间发生了深刻变化,有力支撑了经济社会的快速发展,

但也出现了耕地减少过多过快、生态系统功能退化、资源开发强度过大、环境问题凸显、空间结构不合理、绿色生态空间减少过多等诸多问题，亟须优化国土空间开发格局。2015年，河南省要加快实施主体功能区战略，控制国土空间开发强度，调整开发结构，推动各个区域按照主体功能定位科学发展，促进生产空间集约高效、生活空间宜居适度、生态空间山清水秀，加快构建高效、协调、可持续的国土空间开发格局，增强环境承载力。

首先，加快实施主体功能区规划。严格按照国家主体功能区划要求，依据环境容量和生态承载力，合理确定重点开发区域、农产品主产区域、重点生态功能区和禁止开发区域的发展方式和发展规模，推动有序发展。其次，加强自然生态系统保护。推进建设桐柏大别山地生态区、伏牛山地生态区、太行山地生态区、平原生态涵养区，构建横跨东西的沿黄生态涵养带、沿淮生态走廊和纵贯南北的南水北调中线生态走廊，形成"四区三带"的区域生态格局。最后，在城镇化推进过程中注重建设生态城市。树立"复合生态"的理念（即自然生态、社会生态、经济生态综合协调发展、整体最优），立足资源环境现状，将生态文明理念融入新型城镇化发展全过程，促进生产空间集约高效、生活空间宜居舒适、生态空间山清水秀。同时，要重视美丽乡村建设。在治理农村污染时，要讲究投入和产出。

2. 调整优化产业结构

近年来，河南经济社会发展取得显著成绩，但粗放型的发展方式没有根本扭转，存在科技创新能力弱、高新技术产业规模小、第三产业比重低、现代服务业发展滞后等一些突出问题。2015年，河南推进美丽河南建设要进一步加快调整产业结构，推动产业发展由要素驱动向创新驱动、由粗放高耗能向集约绿色低碳转变，加快形成有利于生态文明建设的现代产业体系。

首先，积极构建低碳化的现代产业体系。以实施粮食生产核心区、中原经济区和郑州航空港经济综合实验区三大战略规划为依托，以"一个载体、三个体系"为抓手，围绕做大服务业、做强工业、做优农业，突出发展引领带动能力强的高成长性产业，积极培育战略性新兴产业，改造提升传统支柱产业，加快构建结构优化、技术先进、清洁安全、附加值高、吸纳就业能力强的现代产业发展新体系。其次，优化产业空间布局。结合各地产业基础、资源禀赋等，通过培育载体、加强集聚、壮大集群，引导三次产业融合发展，加快形成与主体功能区定位相协调的产业发展空间格局。最后，加快绿色科技创新。下大力气加强对绿色技术的研发和创新，围绕当前节能减排和大气、水、土壤污染等突出环境问题，开展科技创新，推广先进技术装备，提高生态文明建设科技支撑能力。搭建开放的绿色科技研究试验平台、信息资源共享平台和战略联盟平台，促进科技与经济相结合、科技与产业相融合，形成互相融合、互相促进、互动发展的态势。

3. 促进资源节约集约利用

河南省人口总量大、人均占有资源少，经济发展与资源环境的矛盾突出。能源矿产等资源开发程度较高，水资源缺乏且年际与地域分布不均，土地资源承载力较重，资源对经济社会发展的约束日益加剧。2015年，河南要统筹规划、合理布局，加强对自然资源的合理开发利用和保护，优化资源配置，推进集约节约利用资源，提高资源利用效率和综合利用水平，增强资源对经济社会可持续发展的保障能力。

首先，进一步优化能源结构。大力发展非化石能源，优化发展化石能源，构建安全、高效、清洁的现代能源保障体系。加快发展风电，合理开发利用生物质能，稳步发展太阳能发电，积极推进太阳能、地热能开发利用，稳步推进核电项目规划建设，开发利用替代燃料和清洁能源，实施"气化河南"工程。其次，大力推进节能减排。重点推进电力、有色金属、钢铁、化工、石油石化、煤炭、建材、轻纺等高耗能行业节能，大力加强重点行业低碳技术研发应用，逐步建立有利于低碳产业发展的行业排放标准及低碳产品标准。再次，全面加强资源节约和综合利用。坚持节约优先的方针，节约集约利用资源，推动资源利用方式根本转变，加强全过程节约管理，大幅降低能源、水、土地消耗强度，提高资源利用效率和效益。加强水源地保护和用水总量管理，建设节水型社会。严守耕地保护红线，严格土地用途管制。加强矿产资源勘查、保护、合理开发。最后，大力发展循环经济，促进生产、流通、消费过程的减量化、再利用、资源化。

4.加强生态建设和环境保护

当前，河南省污染物排放强度总体偏高，全省生态环境问题仍然严重，生态建设和环境保护的任务仍十分繁重。2014~2015年，坚持预防为主、综合治理，以群众最关心的突出环境问题为重点，大力实施蓝天工程、碧水工程、城市生态提升工程、乡村清洁工程、重大生态修复工程、环境风险防控工程"六大工程"，综合防治大气、水、土壤等污染，加强区域生态网络建设，营造生态宜居的人居环境。

一是加快大气污染治理，实施蓝天工程。加强二氧化硫和氮氧化物排放总量控制，减少大气污染物排放。加强颗粒物污染防治，到2015年，实现省辖市及省直管试点县（市）城市开展环境空气颗粒物（PM2.5）监测，初步掌握全省颗粒物的污染现状。防治挥发性有机物（VOC）及二次污染，推进加油站油气污染治理工作。二是加强水污染防治，实施碧水工程。优先保护饮用水水源地水质。对工业水污染物排放实施全过程污染物排放总量控制，到2015年，全省城镇污水处理率提高至85%以上。加大丹江口库区和南水北调中线工程总干渠沿线以及淮河、海河、黄河、长江等重点流域水污染防治力度。加强地下水污染防治工作，逐步修复地下水污染受损区域。三是优化城市生态环境，实施城市生态提升工程。加强城市生态水系建设，完善城市绿地系统，加强城市基础设施和公共服务设施建设，积极开展生态社区建设，大力开展生态市、县创建工作。到2015年，创建7个生态市、40个生态县（市、区）。四是推进农村环境整治，实施乡村清洁工程。推进农村环境综合整治，加强环境基础设施建设，改善农村居住环境，建设美丽乡村。积极开展生态乡镇、生态村创建工作，到2015年，20%的乡镇创建成生态乡镇，10%的行政村创建成生态村。五是加强生态脆弱区的治理与恢复，实施重大生态修复工程。依托山体、河流、干流等生态空间，构建区域生态网络，加大重点区域生态保护与建设力度，生态脆弱区要深入推进沙化土地治理、加大水土流失治理力度、加强矿山生态保护与恢复治理。六是坚持预防为先，实施环境风险防控工程。加强重大自然灾害防治，构建天地一体生态环境监控体系,对水源涵养、饮用水水源地保护、生物多样性保护、防风固沙、水土流失防治、洪水调蓄等重要地区的地表水和地下水、大气、土壤进行全面监测、预警及防控。

5. 加强生态文明制度建设

制度安排对生态文明建设具有重要的引导作用,生态文明制度建设是生态文明建设的可靠保障。2015年,河南要充分发挥制度安排对生态文明建设的引导作用,综合运用行政、法律、经济和宣传教育等手段,建立权责明确、管理规范的生态文明建设管理机制,通过制度去规范人的各种可能影响环境的行为,强化生态环境教育制度,落实生态环境保护法治,建立生态经济激励制度,从而保护生态环境,促进美丽河南建设。

第一,健全法规标准。建立和完善具有河南特色的生态文明建设地方法规和标准体系,把生态文明建设纳入法制化轨道。第二,建立完善目标考核和责任追究制度,完善考核评价指标体系和考核实施办法,把资源消耗、环境损害、生态效益纳入经济社会发展评价体系,建立体现生态文明要求的目标体系、考核办法、奖惩机制。第三,建立国土空间开发保护制度,完善最严格的耕地保护制度、水资源管理制度、环境保护制度。第四,加强环境监管,健全生态环境保护责任追究制度和环境损害赔偿制度。加强行政执法监督、司法监督、舆论监督和公众监督,加大违法行为查处和惩罚力度。对造成生态环境损害的责任者严格实行赔偿制度,依法追究刑事责任。第五,加强生态文明宣传教育,强化生态环境意识,营造生态文明之风,努力形成资源节约、环境友好的生产方式、生活方式和消费模式。拓宽公众参与渠道,营造全社会共同参与生态省建设的良好氛围。

(二)近期美丽河南建设的政策措施

1. 加强组织领导

成立由省政府主要领导任组长、省直有关部门主要负责同志为成员的美丽河南建设协调领导机构,负责研究解决美丽河南建设中的重大问题。领导小组下设办事机构,负责具体工作的综合协调。各级党委、政府对本辖区内生态文明建设负总责,加快建立高效有力的领导机构和工作机制,切实把生态文明建设纳入国民经济和社会发展总体规划。环保、发改委、工业和信息化、国土资源、林业、财政等有关部门建立推进生态文明建设协调机制,加强指导、协调和督促检查,重大问题及时向党委、政府报告。各有关部门要密切配合、加强协调,依法做好各自领域相关工作,形成齐心协力推进生态文明建设的工作格局。

2. 构建推进机制

美丽河南建设是一项系统性工程,全省上下要在省委、省政府的正确领导下,党委政府统领全局,部门齐抓共管形成合力,社会公众广泛参与,共同推进美丽河南建设目标的早日实现。积极配合美丽河南建设工作大局,各地市要从实际出发,科学把握建设重点、优先顺序、主攻方向,有序推进各项建设。郑州、洛阳等经济发展条件较好的地区可以加大生态建设投入力度,率先完成生态文明建设目标。建立全社会共同推进机制和公众参与机制,广泛开展各个层面的绿色创建活动。积极动员、组织引导公众参与美丽河南建设工作,适时开展公众环境意识调查,了解公众环境意识状况,广泛征求公众意见和建议。

3. 强化责任考核

建立健全对美丽河南建设的考核评价体系和制度。加大美丽河南建设的考核奖惩力度,把资源消耗、环境损害、生态效益等体现生态文明建设状况的指标纳入地区经济社会发展综合评价体系,并提高考核权重。根据不同区域主体功能定位,实行差别化的评价考核制度,对限制开发区域和生态脆弱的国家扶贫开发工作重点县取消地区生产总值考核。建立领导干部任期生态文明建设责任制、问责制和终身追究制,对任期内涉及生态文明建设的各项决策、重点任务、措施贯彻情况开展跟踪问效和评价考核,考核结果作为领导班子和领导干部综合考评的重要内容,对考核不合格、未能按时完成生态文明建设目标任务的地方政府和领导干部,严格实行问责制,情节严重的,要追究相关人员责任。

4. 完善政策体系

建立健全生态文明法规体系。完善现有生态环境保护、生态产业发展的地方性法规和规章,制定资源有偿使用、生态环境补偿、公共环保工程设施有偿服务等地方性法规和规章。严格执行法律法规,严厉打击违法采矿、取水、采沙、取土、弃土(渣)及违法使用土地、采伐林木等行为。严格准入制度、许可证制度、污染物排放总量控制制度,落实限期治理制度。强化对环境保护和生态建设的法律监督,健全生态环境保护责任追究制度和环境损害赔偿制度。建立健全环境应急监管体系,建设环境自动监控系统省级平台,省、市、县三级环境监察、监测、监控、应急、宣教、固体废弃物管理等机构全面达到国家标准化建设要求。

5. 加强宣传教育

加强生态文明教育,强化生态环境意识,营造生态文明之风,努力形成资源节约、环境友好的生产方式、生活方式和消费模式,建立人与自然和谐、良性互动的关系。充分利用各种传媒手段开展持久的生态文明宣传推广活动。结合世界环境日、地球日、国际湿地日、生物多样性日、世界水日、世界防治荒漠化和干旱日及中原环保世纪行等活动,开展形式多样的主题宣传活动。多渠道开展美丽河南宣传,形成提倡节约和保护环境的价值取向,在全社会树立环境生态意识。持续开展创建"绿色学校"、"绿色社区"、"绿色机关"、"绿色医院"、"绿色饭店"、"绿色企业"等绿色创建活动。

(三)近期美丽河南建设要达到的阶段性目标

到 2015 年底,美丽河南建设取得初步成效。在优化国土空间开发格局方面,主体功能区规划加快推进,科学合理的城市化格局、农业发展格局、生态安全格局初步形成,生态城市建设取得初步成效。在调整优化产业结构方面,产业结构调整取得重大进展,服务业占地区生产总值的比重达到 33%,新一代信息技术、生物、新材料、节能环保等战略性新兴产业占地区生产总值的比重达到 7% 以上,研究与开发经费支出占生产总值比重达到 1.6% 左右。在促进资源节约集约利用方面,能源结构得到优化,节能减排和资源节约利用取得明显成效。非化石能源占一次能源消费比重提高到 5% 以上,万元生产总值能耗

(2005年价)下降17%,万元生产总值二氧化碳排放量(2005年价)下降16%,万元工业增加值用水量累计下降30%。在加强生态建设和环境保护方面,生态建设和环境保护全面推进,主要污染物排放强度明显下降,城市空气质量总体改善,城市河流和重要流域水质稳中有升。全省森林覆盖率达到23.61%,山区、丘陵区和平原地区的森林覆盖率分别达到50%、16.82%和11.55%;空气环境质量达到功能区标准;水环境质量达到功能区标准,且过境河流水质达到国家规定要求。在加强生态文明制度建设方面,有利于生态文明建设的体制机制框架基本建立,全社会共同推进生态文明建设的良好氛围初步形成,美丽河南建设迈出坚实步伐。

参考文献

[1] 国家统计局. 中国统计年鉴（2013）[M]. 中国统计出版社，2013.
[2] 河南省统计局. 河南统计年鉴（2013）[M]. 中国统计出版社，2013.
[3] 李振勇. 商业模式：企业竞争的最高形态[M]. 新华出版社，2006.
[4] 江晓兴. 中国商业模式创新线路图[M]. 中国财富出版社，2012.
[5] 危正龙，宋正权. 商业模式突围[M]. 中国经济出版社，2014.
[6] 赵大伟. 互联网思维"独孤九剑"[M]. 机械工业出版社，2014.
[7] 陈光锋. 互联网思维：商业颠覆与重构[M]. 机械工业出版社，2014.
[8] 龚超. 苹果的商业模式创新[J]. 管理学家，2011（8）.
[9] 马尔里希·森德勒. 工业4.0——即将来袭的第四次工业革命[M]. 机械工业出版社，2014.
[10] 王雪冬，董大海. 商业模式创新概念研究述评与展望[J]. 外国经济与管理，2013（11）.
[11] 李扬. 移动互联网时代的商业模式创新[J]. 高科技与产业化，2014（3）.
[12] 麦肯锡全球研究院. 中国的数字化转型：互联网对生产力与增长的影响[R]. 2014，7.
[13] 申万传媒新互联网专题. 非主流到AB站：80、90、00后亚文化属性演替与互联网投资策略[R]. 2014，8.
[14] 工业和信息化部电信研究院. 移动互联网白皮书（2014）[R].
[15] 艾瑞咨询. 2014年中国移动互联网用户行为研究报告[R].
[16] 艾瑞咨询. 2013年互联网创新金融模式研究报告[R].
[17] 易观智库. 2014年上半年中国移动互联网用户行为统计报告[R].
[18] 阿里研究院. 在线产业带：为中国制造赋能[R]. 2013.
[19] 阿里研究院. 阿里农产品电子商务白皮书（2013）[R].
[20] 国泰君安证券. 从商业模式看行业比较分析之一：模式重塑才是关键[R]. 2014，3.
[21] 国泰君安证券. 从商业模式看行业比较分析之三：玩流量的阿里[R]. 2014，7.
[22] 德国联邦教育研究部. 实施工业4.0攻略的建议[R]. 2013，9.
[23] 马健. 产业融合论[M]. 南京大学出版社，2006.
[24] 郑明高. 产业融合：产业经济发展的新趋势[M]. 中国经济出版社，2011.

[25] 厉无畏. 产业融合与产业创新 [J]. 上海管理科学, 2002 (4).

[26] 李向民, 王萌, 王晨. 创意型企业产品特征及其生产决策研究 [J]. 中国工业经济, 2005 (7).

[27] 林民盾, 杜曙光. 产业融合: 横向产业研究 [J]. 中国工业经济, 2006 (2).

[28] [日] 植草益. 信息通信业的产业融合 [J]. 中国工业经济, 2001 (2).

[29] 周正平, 冯德连. 产业融合: 中国制造业优势创造探析 [J]. 福建论坛·人文社会科学版, 2013 (11).

[30] 严奇春, 和金生. 基于学科交叉与产业融合的交叉创新规律探析 [J]. 科技进步与对策, 2013 (4).

[31] 周振华. 产业融合: 新产业革命的历史性标志——兼析电信、广播电视和出版三大产业融合案例 [J]. 产业经济研究, 2003 (1).

[32] 陈柳钦. 论产业融合 [J]. 实事求是, 2007 (3).

[33] 王晓红, 王传荣, 彭玉麒. 当前制造业与服务业融合发展趋势及特点的研究 [J]. 全球化, 2013 (9).

[34] 李秉强. 生产性服务业与制造业实现协同发展的经验与借鉴 [J]. 台州学院学报, 2013 (4).

[35] 河南省新型工业化系列研究编委会. 河南省有色工业发展战略研究 [M]. 河南人民出版社, 2013.

[36] 龚绍东. 河南工业发展报告 (2013) [M]. 社会科学文献出版社, 2013.

[37] 华泰证券. 电解铝: 可以乐观, 但无需疯狂 [R]. 2014, 9.

[38] 安信证券. 有色金属铝专题二: 国内供需再评估 [R]. 2014, 7.

[39] 国家信息中心. 我国电解铝产能过剩问题分析和对策 [R]. 经济预测分析, 2014, 1.

[40] 华泰证券. 重识电解铝: "中国式出清" 悄然开启 [R]. 2014, 7.

[41] 国泰君安. 电解铝——2014 年凤凰磐涅 [R]. 2013, 12.

[42] 招商证券. 西进东不退, 铝行业形势可能进一步恶化 [R]. 2013, 8.

[43] 安信证券. 新产能投放迅猛, 电解铝减产效果有限 [R]. 2013, 6.

[44] 齐鲁证券. 国内现货铝库存继续下降 [R]. 2014, 5.

[45] 周宏仁, 徐愈. 中国信息化形势分析与预测 (2013) [M]. 社会科学文献出版社, 2013.

[46] 周宏仁. 信息化论 [M]. 人民出版社, 2008.

[47] 汪传雷. 安徽省信息化发展研究 [M]. 安徽人民出版社, 2012.

[48] 工业和信息化部. 信息化发展规划, 2013-09-29.

[49] 国务院. 2006~2020 年国家信息化发展战略, 2006-11-14.

[50] 金美江, 秦红涛. "十二五" 初期河南省信息化发展评估分析 [R]. 2013 年河南经济形势分析与预测 [M]. 社会科学文献出版社, 2013.

[51] 张新红. 信息化与智慧中国建设, 智慧中国地理空间智能体系研究报告 (2013) [M]. 社会科学文献出版社, 2013.

[52] 张垚. 网络安全是重大战略问题 [N]. 人民日报, 2014-05-18.

[53] 李广乾. 加大网络安全和信息化发展力度 [N]. 经济日报, 2014-03-18.

[54] 姜爱林. 21 世纪初我国信息化发展问题研究 [J]. 情报理论与实践, 2002 (1).

[55] 工业和信息化部信息化推进司, 中国电子信息产业发展研究院. 2013 年中国信息化发展水平评估报告 [R]. 2013.

[56] 工信部电信研究院. 移动互联网白皮书 [R]. 2014.

[57] 赛迪智库. 2014 年中国信息化一季度形势分析与二季度走势判断 [R]. 2014.

[58] 国务院批转公安部关于解决当前户口管理工作中几个突出问题意见的通知 (国发 [1998] 24 号).

[59] 关于进一步加快我省城镇户籍管理制度改革的通知 (豫政 [2000] 11 号).

[60] 河南省人民政府印发关于加快城镇化进程实施意见和关于加快 25 个重点县市城镇化进程意见的通知 (豫政 [2001] 43 号).

[61] 中共河南省委、河南省人民政府关于加快城镇化进程的决定 (豫发 [2003] 9 号).

[62] 关于进一步促进城镇化快速健康发展的若干意见 (豫发 [2005] 25 号).

[63] 河南省人民政府关于加快推进城乡一体化试点工作的指导意见 (豫政 [2006] 33 号).

[64] 河南省人民政府关于推进城乡建设加快城镇化进程的指导意见 (豫政 [2010] 80 号).

[65] 关于促进农民进城落户的指导意见 (豫政 [2011] 4 号).

[66] 国土资源部、河南省人民政府共同推进土地管理制度改革促进中原经济区建设合作协议, 2012-06-18.

[67] 河南省人民政府批转关于 2013 年深化经济体制改革重点工作意见的通知 (豫政 [2013] 54 号).

[68] 中共河南省委关于科学推进新型城镇化的指导意见, 2013-12-25.

[69] 谷建全, 王建国. 河南城市发展报告 (2014) [M]. 社会科学文献出版社, 2014.

[70] 赵培红, 彭中胜. 广西北部湾经济区组团式城市群发展研究 [J]. 兰州商学院学报, 2010 (2).

[71] 王东东. 促进中原城市群融合发展的对策 [J]. 经济纵横, 2013 (4).

[72] 王永亮. 城市郊区化背景下的小城镇组团建设研究 [D]. 复旦大学硕士学位论文, 2010.

[73] 徐天铁. 组团式城市统筹城乡发展路径研究——以淄博市为例 [J]. 经济与社会发展, 2011 (11).

[74] 梁志峰. 长株潭城市群 "两型社会" 建设中基础设施共建共享之湘潭对策研究

[J].湖南科技大学学报(社会科学版),2009(3).

[75] 李铁.我国城镇化的现状、障碍与推进策略[J].中国党政干部论坛,2010(1).

[76] 吴敬琏.改革要解决三大障碍[J].理论学习,2014(1).

[77] 许小年.城镇化中的几个改革问题[J].理论学习,2013(3).

[78] 范剑勇,莫家伟.城镇化过程中慎重推进土地流转:国际经验及对中国的启示[J].毛泽东邓小平理论研究,2013(1).

[79] 叶齐茂.可持续发展的德国城镇化[J].城乡建设,2010(2).

[80] 叶剑平,毕宇珠.德国城乡协调发展及其对中国的借鉴——以巴伐利亚州为例[J].中国土地科学,2010(5).

[81] 宋迎昌.发达国家城镇化的经验与启示[J].中国报道,2013(3).

[82] 蓝庆新,张秋阳.日本城镇化发展经验对我国的启示[J].城市,2013(8).

[83] 张国梅,薛芳,崔昊.国际城镇化发展对我国政策改革的启示[J].环渤海经济瞭望,2013(9).

[84] 中共中央关于全面深化改革若干重大问题的决定,中共十八届三中全会,2013-11-12.

[85] 王强.湖南当前国企改革的突出问题及治理对策[EB/OL].红网,http://hlj.rednet.cn/c/2013/12/27/3237182.htm,2013-12-27.

[86] 国务院国资委宣传工作局.国企热点面对面(2)[M].中国经济出版社,2014.

[87] 严丽梅.发展混合所有制经济 广东国资改革寻求新突破[N].羊城晚报,2013-12-18.

[88] 厉以宁.国企民企双赢的前提是国资体制改革和民企体制转型[EB/OL].每经网,2013-10-10.

[89] 程伟.深化国企改革必须厘清八大关系[J].新华文摘,2012(15).

[90] 周其仁.国企改革还有巨大潜力可以释放[EB/OL].财新网,http://finance.caixin.com/2014-04-25/100670637.html,2014-04-25.

[91] 黄淑和.国有企业改革在深化[J].求是,2014(3).

[92] 省政府国资委.河南省国有企业改革情况报告[R].2013-10-31.

[93] 肖新明.国有经济改革发展的实践与思考[R].2012-04-28.

[94] 尚雅楠.国企改革走进"黄金时代"[EB/OL].中国央企新闻网,2012-09-11.

[95] 辛忠.省域政经:各地国企改革"锦标赛"亮点频仍[EB/OL].大公网,2014-07-29.

[96] 古灵,韩立等.国企改革的中国地图[J].国企,2014(3).

[97] 上海市委,市政府.关于进一步深化上海国资改革促进企业发展的意见,2013-12-17.

[98] 贵州省委,省政府.贵州省国资委监管企业产权制度改革三年行动计划,2014-02-23.

[99] 天津市委，市政府. 关于进一步深化国资国企改革的实施意见，2014-03-24.

[100] 湖南省委，省政府. 关于进一步深化国有企业改革的意见，2014-04-04.

[101] 重庆市委，市政府. 关于进一步深化国有企业改革的意见，2014-05-08.

[102] 四川省委，省政府. 关于深化国资国企改革促进发展的意见，2014-05-13.

[103] 江苏省委，省政府. 关于全面深化国有企业和国有资产管理体制改革的意见，2014-05-23.

[104] 湖北省委，省政府. 关于深化国有企业改革的意见，2014-05-28.

[105] 江西省委，省政府. 关于进一步深化国资国企改革的意见，2014-06-16.

[106] 山西省委，省政府. 关于深化国资国企改革的实施意见，2014-06-26.

[107] 上海市委，市政府. 关于推进本市国有企业积极发展混合所有制经济的若干意见（试行），2014-07-07.

[108] 山东省委，省政府. 关于深化省属国有企业改革完善国有资产管理体制的意见，2014-07-07.

[109] 云南省委，省政府. 关于全面深化国有企业改革的意见，2014-07-09.

[110] 甘肃省委，省政府. 关于进一步深化国资国企改革促进企业发展的意见，2014-07-30.

[111] 北京市委，市政府. 关于全面深化市属国资国企改革的意见，2014-08-05.

[112] 青海省委，省政府. 关于深化国资国企改革的指导意见，2014-08-11.

[113] 安徽省委全面深化改革领导小组. 2014年深化全省国资国企改革的安排意见，2014-08-16.

[114] 广东省委，省政府. 关于全面深化国有企业改革的意见，2014-08-18.

[115] 中华人民共和国国民经济和社会发展第十二个五年规划纲要[M]. 人民出版社，2011.

[116] 江小涓. 加快改革开放，推动社会事业繁荣发展[N]. 人民日报，2013-03-28.

[117] 刘祖云等. 珠三角地区社会事业发展和社会管理体制创新研究[M]. 广东人民出版社，2013.

[118] 宋会永，沈海滨. 莱茵河流域综合管理成功经验的启示[J]. 世界环境，2012（4）.

[119] 吴锦良. 基层社会治理[M]. 中国人民大学出版社，2014.

[120] 徐新. 和谐社会与社会事业[M]. 上海大学出版社，2009.

[121] 谭磊. 中国城镇社会福利事业社会化转型研究[M]. 华中科技大学出版社，2014.

[122] 言心哲. 现代社会事业[M]. 河北教育出版社，2012.

[123] 彭荣胜. 中部产粮大省的经济空间分异及其协调发展路径研究——以河南省为例[J]. 国土与自然资源研究，2012（6）.

[124] 陆大道等. 中国区域发展的理论与实践[M]. 科学出版社，2003.

[125] 杨保军. 区域协调发展析论［J］. 城市规划，2004（5）.

[126] 方创琳. 中国城市群形成发育的新格局及新趋向［J］. 地理科学，2011（9）.

[127] 程前昌. 中国区域协调发展的多极格局——基于城市群的培育［J］. 城市发展研究，2013（10）.

[128] 孙红玲. "3+4"：三大块区域协调互动机制与四类主体功能区的形成［J］. 中国工业经济，2008（10）.

[129] 覃成林. 国家区域发展战略转型与中部地区经济崛起研究［J］. 中州学刊，2006（1）.

[130] 谢华. 蓝天碧水中的花园城市——新加坡城市美化绿化之研究［J］. 城市规划，2000（11）.

[131] 曾培炎. 推进形成主体功能区［J］. 求是，2008（1）.

[132] 喻新安. 中原经济区策论［M］. 经济管理出版社，2011.

[133] 范恒山. 我国促进区域协调发展的理论与实践［J］. 经济社会体制比较，2011（6）.

[134] 陈秀山，杨艳. 我国区域发展战略的演变与区域协调发展的目标选择［J］. 教学与研究，2008（5）.

[135] 课题组. "十二五"时期促进我国区域协调发展的重点任务和政策建议［J］. 宏观经济研究，2010（5）.

[136] 吴海峰，陈明星. 农业功能区划的理论与实践［M］. 黑龙江人民出版社，2010.

[137] 宁吉喆. 稳中求进 改革创新 推动经济社会持续健康发展［J］. 行政管理改革，2014（4）.

[138] 陈娜. 河南省区域经济差异与协调发展研究［D］. 河南大学硕士学位论文，2011.

[139] 赵强. 河南省区域不平衡问题研究［D］. 郑州大学硕士学位论文，2012.

[140] 王霞，孙中和. 美国区域协调发展实践及对我国的启示［J］. 国际贸易，2009（7）.

[141] 中原经济区规划（2012~2020年）（国函〔2012〕194号）.

[142] 全国资源型城市可持续发展规划（2013~2020年）（国发〔2013〕45号）.

[143] 中共河南省委关于科学推进新型城镇化的指导意见（豫发〔2014〕1号）.

[144] 中共河南省委、河南省人民政府关于加快革命老区发展全面建设小康社会的意见（豫发〔2014〕12号）.

[145] 中共河南省委办公厅、河南省人民政府办公厅关于创新机制扎实推进农村扶贫开发工作的实施意见（豫办〔2014〕14号）.

[146] 河南省主体功能区规划（豫政〔2014〕12号）.

[147] 河南省人民政府. 河南省人民政府关于印发河南省新型城镇化规划（2014~2020年）的通知（豫政〔2014〕55号）.

[148] 河南省人民政府. 关于印发河南省科学推进新型城镇化三年行动计划的通知（豫政〔2014〕45号）.

[149] 杨兰桥. 构建大中原城市群的战略思考[J]. 区域经济评论, 2014 (4).

[150] 杨兰桥. 提高中原城市群协调发展能力研究[R]. 河南城市发展报告, 2014.

[151] 包智明. 关于生态移民的定义、分类及若干问题[J]. 中央民族大学学报, 2006 (1).

[152] 丁新正. 三峡工程移民安置质量若干法律政策问题对策研究——以重庆库区为实证[J]. 三峡文化研究（第七辑）, 2007 (7).

[153] 董学彦. 南水北调中线工程在河南答记者问[N]. 河南日报, 2008-12-05.

[154] 段跃芳. 南水北调中线工程丹江口库区外迁移民安置策略探析[J]. 三峡大学学报（人文社会科学版）, 2010(5).

[155] 康梦霞. 南水北调丹江口库区移民搬迁后生活满意度调查[J]. 青年与社会, 2013 (9).

[156] 胡一三. 黄河下游游荡性河段河道治理的必要性和可治理性[J]. 泥沙研究, 1992 (2).

[157] 黄兴维. 把移民搬迁安置作为科学发展的机遇[N]. 人民日报, 2011-02-01.

[158] 雷亚红, 杨洋, 陈卫国. 洛阳黄河滩区经济发展现状及未来规划构想[J]. 黄河水利职业技术学院学报, 2013 (4).

[159] 李铮, 王永乐. 黄河滩区扶贫攻坚的"濮阳探索"：濮阳市滩区扶贫开发五年攻坚行动纪实[N]. 河南日报, 2014-02-21.

[160] 刘红珍, 王海清, 张建等. 黄河下游滩区洪水风险分析[J]. 人民黄河, 2008 (12).

[161] 刘灵辉. 水库移民共享安置区土地资源补偿问题研究[J]. 水利发展研究, 2012 (12).

[162] 刘兆存, 秦耀辰, 金生. 黄河下游河道治理及滩区问题研究[J]. 地理科学进展, 2008, 27 (2).

[163] 迈克尔·塞尼. 移民与发展——世界银行政策与经验研究[M]. 河海大学出版社, 1996.

[164] 彭宁. 南水北调中线渠首丹江口库区移民社会救助体系设计研究[D]. 山西财经大学硕士学位论文, 2010.

[165] 水利部黄河水利委员会. 黄河流域防洪规划[M]. 黄河水利出版社, 2008.

[166] 孙海兵. 丹江口水库湖北外迁农村移民安置效果调查研究[J]. 三峡大学学报（人文社会科学版）, 2012 (6).

[167] 王俊, 赵彦华. 黄河下游实施滩区受灾国家补偿必要性研究[J]. 人民黄河, 2009, 31 (8).

[168] 伍代春. 我国非自愿移民的制度缺陷及其发展需求研究[D]. 四川大学硕士学

位论文，2006.

[169] 吴贵勤. 淮河行蓄洪区及淮干滩区移民迁建工作情况及问题探讨 [J]. 治淮，2009（11）.

[170] 袁雅莎. 后移民时期移民社会风险及化解机制——南水北调中线工程丹江口库区移民 [J]. 南都学坛（人文社会科学学报），2013（3）.

[171] 杨文健. 中国水库农村移民安置模式研究 [D]. 河海大学硕士学位论文，2004.

[172] 张辉，田建民，李长法等. 河南省黄河滩区贫困问题成因与对策 [J]. 河南农业科学，2010（2）.

[173] 张基尧. 南水北调一期工程库区移民搬迁工作回顾 [J]. 百年潮，2012（9）.

[174] 赵世来，刘桂珍，许建中. 对山东黄河滩区移民安置的探讨 [J]. 人民黄河，2000（10）.

[175] 朱金详. 对淮河行蓄洪区及淮干滩区渐进式移民的认识与思考 [J]. 水利天地，2009（11）.

[176] 中国科学院学部. 关于黄河下游滩区安全和发展的对策与建议 [J]. 中国科学院院刊，2008，23（2）.

[177] 约翰·卡萨达. 航空大都市 [M]. 河南科技技术出版社，2013.

[178] 河南日报报业集团. 奋飞——郑州要建设航空港 [M]. 河南大学出版社，2013.

[179] 沈露莹. 世界空港经济发展模式研究 [J]. 世界地理研究，2008（3）.

[180] 朱前鸿. 国际空港经济的演进历程及对我国的启示 [J]. 学术研究，2008（10）.

[181] 谈琰. 国外空港经济发展对郑州航空港经济综合实验区的启示与借鉴 [J]. 黄河科技大学学报，2013（5）.

[182] 徐瑛. "美丽中国"的内涵、制约因素及实现路径 [J]. 理论界，2013（1）.

[183] 李建华，蔡尚伟. "美丽中国"的科学内涵及其战略意义 [J]. 四川大学学报（哲学社会科学版），2013（5）.

[184] 张文斌，颜毓洁. 从"美丽中国"的视角论生态文明建设的意义与策略 [J]. 生态经济，2013（4）.

[185] 孙丽霞. 谈"美丽中国"建设的内涵和实现途径 [J]. 商业经济，2013（10）.

[186] 王兰，顾浩. 匹兹堡中心城区转型的过程及规划 [J]. 国际城市规划，2013（6）.

[187] 陈桂林. 大数据助推产业升级 [J]. 中国纺织，2013（10）.

[188] 陈开敏. 大数据技术助推贵州智库转型升级 [J]. 管理观察，2014（27）.

[189] 金碚. 全球竞争新格局与中国产业发展趋势 [J]. 中国工业经济，2012（5）.

[190] 康克岩. 大数据：贵阳经济发展升级版新引擎 [N]. 贵州日报，2014-02-02.

[191] 吴之晶，曹莹. 大数据与传统产业的升级 [J]. 浦东开发，2013（7）.

[192] 涂子沛. 大数据：正在到来的数据革命 [M]. 广西师范大学出版社，2013.

[193] [英] 维克托·迈尔·舍恩伯格，肯尼思·库克耶. 大数据时代：生活工作与思维的大变革 [M]. 浙江人民出版社，2012.

[194] [英] 维克托·迈尔·舍恩伯格. 删除 [M]. 浙江人民出版社, 2013.

[195] [美] 大卫·芬雷布. 大数据云图: 如何在大数据时代寻找下一个大机遇 [M]. 浙江人民出版社, 2013.

[196] 东方证券. 新浪潮: 房地产大数代的到来 [R]. 2014-07-24.

[197] 国金证券. 大数据时代的三大发展趋势及投资方向 [R]. 2012-01-04.

[198] 光大证券. 大数据时代之服饰行业的应用 [R]. 2014-09-12.

后 记

近年来，河南深入贯彻中央决策部署，始终围绕加快中原崛起河南振兴富民强省总目标，立足河南省情和发展阶段，遵循经济社会发展规律和趋势，不断拓展、完善和提升中原崛起战略，提出了"坚定总坐标、坚持总思路、完善总方略"的战略谋划，积极抢占发展制高点，不断完善治省方略，保持了经济社会平稳较快发展的良好态势。但是，河南毕竟是一个发展中的大省，人口多、底子薄、基础弱、发展不平衡，在经济发展新常态下，在区域经济发展新棋局中，河南发展面临的机遇前所未有，但任务的艰巨性也前所未有，还正处于爬坡过坎、攻坚转型的关键时期，一些事关经济社会发展的若干重大问题亟待解决。

为此，河南省社科院组织开展了一系列重大应用对策研究，以期为突破当前河南经济社会发展中的瓶颈制约建言献策，为加快中原崛起河南振兴富民强省、让中原在实现中国梦的进程中更出彩贡献更大的智力支持，探索打造具有中原特色、中原风格、中原气派的新型智库。

本书由河南省社会科学院院长喻新安担任主编，副院长谷建全担任副主编，院领导赵保佑、刘道兴、丁同民参加了本书汇编课题的谋划和讨论，袁凯声、毛兵、闫德民、李太淼等对课题研究提出了许多建设性意见，副研究员刘晓萍协助主编进行了全书统稿汇编工作。基于尊重原创的原则，各研究报告内容基本保持原貌，仅对有关标题、格式作了技术性调整。

本书各章作者如下：第一章：喻新安、完世伟、王玲杰、唐晓旺、袁金星；第二章：赵然、陈明星、赵西三、武文超、王芳、石涛、李国英；第三章：陈明星、杜明军、杨兰桥、王元亮、彭俊杰、李斌；第四章：喻新安、谷建全、王玲杰、高璇、李斌、陈锐、崔理想；第五章：唐晓旺、袁金星、侯红昌、崔理想；第六章：完世伟、赵然、赵西三、王芳、李国英、武文超、石涛；第七章：刘晓萍、袁金星、林元春、李斌；第八章：赵西三、龚绍东、唐海峰、王中亚、刘晓萍；第九章：王中亚、龚绍东、赵西三、唐海峰、刘晓萍、张志超；第十章：王建国、王新涛、左雯、郭小燕、郭志远、李建华、韩鹏；第十一章：龚绍东、唐海峰、赵西三、张富禄、刘晓萍、林风霞、王中亚；第十二章：牛苏林、张侃、冯庆林、崔学华、殷格、李怀玉、罗英豪、刘振杰、周全德；第十三章：吴海峰、王元亮、陈明星、郭志远、苗洁、朱丽；第十四章：杨兰桥、王新涛、左雯、王元亮、李建华、郭志远、柏程豫；第十五章：丁同民、吴海峰、龚绍东、张林海、生秀东、王宏源、陈东辉、赵西三、王中亚、赵志浩、韩鹏、欧广远；第十六章：刘道兴、任晓莉、刘晓萍、王中亚、陈萍、刘昱洋、侯红昌、文瑞、吴银毫；第十七章：赵保佑、王建国、郭小燕、郭志远、左雯。

在编辑出版过程中，由于时间紧迫，遗漏差错之处在所难免，敬请读者批评指正。

编 者

2014 年 12 月